Orin Thomas

Administrieren von Windows Server 2012
Original Microsoft Praxistraining

Liebe Leserin, lieber Leser,

mit dem Kauf dieses Buchs haben Sie nicht nur ein gedrucktes Werk erworben, sondern auch ein E-Book in drei verschiedenen Formaten. Damit möchten wir Ihnen ein Leseerlebnis ermöglichen, das ganz auf Ihre Situation zugeschnitten ist – mobil auf dem Smartphone oder Tablet, auf dem PC oder mit dem Buch in der Hand. Auch die Wahl der besten Lesesoftware oder -hardware wollen wir Ihnen überlassen und stellen Ihnen das E-Book in den am weitesten verbreiteten Formaten zur Verfügung:

- **PDF-Datei**   Die seitengetreue Darstellung des gedruckten Buchs mit aktivem Inhaltsverzeichnis. Ideal für die Darstellung auf dem PC oder einem größeren Laptop.

- **EPUB-Datei**   Das am weitesten verbreitete Format zur Darstellung von E-Books. Es passt sich der Bildschirmgröße an und ist deswegen am besten für kleinere Laptops, Smartphones und die meisten Hardware-E-Reader geeignet.

- **MOBI-Datei**   Für alle, die einen Kindle von Amazon besitzen

Alle E-Book-Formate von Microsoft Press sind ohne Kopierschutz (DRM-frei), um Ihnen den Umgang mit den Dateien möglichst einfach zu machen.

Das E-Book zu diesem Titel können Sie nach einem kurzen Registrierungsvorgang unter folgendem Link herunterladen:

www.microsoft-press.de/ebook-anfordern

Wir wünschen Ihnen viel Spaß beim Lesen dieses Buchs, ob in gedruckter oder elektronischer Form.

Ihr Microsoft Press-Team

Administrieren von Windows Server 2012
Original Microsoft Praxistraining

Das deutsche Buch ist die Übersetzung von
Orin Thomas: Training Guide – Administering Windows Server 2012
Veröffentlicht von O'Reilly Media Inc., 1005 Gravenstein Highway North, Sebastopol,
California 95472, USA mit freundlicher Genehmigung der Microsoft Corporation
Copyright 2013 Orin Thomas

Kommentare und Fragen können Sie gerne an uns richten:

Microsoft Press Deutschland
Konrad-Zuse-Straße 1
85716 Unterschleißheim
E-Mail: *mspressde@oreilly.de*

15 14 13 12 11 10 9 8 7 6 5 4 3 2 1
15 14 13

Druck-ISBN 978-3-86645-481-1
PDF-ISBN   978-3-8483-3061-4
EPUB-ISBN   978-3-8483-0220-8
MOBI-ISBN 978-3-8483-1197-2

© 2013 O'Reilly Verlag GmbH & Co. KG
Balthasarstr. 81, 50670 Köln
Alle Rechte vorbehalten

Übertragung ins Deutsche: Michael Ringel, Bonn, und Detlef Johannis, Kempten
Lektorat: Florian Helmchen (florian@oreilly.de)
Korrektorat: Dorothee Klein, Karin Baeyens, Siegen
Satz: Cordula Winkler, mediaService, Siegen (www.mediaservice.tv)
Umschlaggestaltung: HommerDesign GmbH, Haar (www.HommerDesign.com)
Herstellung, Druck und Bindung: Kösel, Krugzell (www.KoeselBuch.de)

Inhaltsverzeichnis

Einführung

Wenn Microsoft Learning die Prüfungsziele für eine Zertifizierungsprüfung zusammenstellt, werden nicht einfach irgendwelche Seiten aus TechNet herausgegriffen. Vielmehr wird in Zusammenarbeit mit Experten und Vertretern des jeweiligen Produktteams eine Liste der Aufgaben und Wissensbereiche erarbeitet, die recht genau widerspiegelt, was jemand wissen und tun muss, der in diesem Bereich tätig ist.

Jede Prüfung bildet ein anderes Tätigkeitsprofil ab. Die Ziele für die Prüfung 70-411 Administering Windows Server 2012 umfassen Aufgaben und Wissensbereiche, die ein Administrator des Betriebssystems Windows Server 2012, der mehrere Jahre praktische Berufserfahrung gesammelt hat (sowohl beim Verwalten anderer Serverbetriebssysteme als auch von Windows Server 2012), beherrschen muss. Die Prüfungsziele decken nicht alles ab, was ein Windows Server 2012-Systemadministrator wissen muss, und es gibt Aufgaben und Themen, die nicht für jeden Administrator gleichermaßen relevant sind, aber die Prüfungsziele spiegeln das Tätigkeitsprofil recht gut wider.

Dieses Buch behandelt die meisten der Themen und Fähigkeiten, die Sie für die Microsoft-Zertifizierungsprüfung 70-411 brauchen. Das Buch verfolgt das Konzept, dass Sie beim Lesen erfahren, wie Sie die Aufgaben erledigen, die Sie in Ihrer täglichen Arbeit als Windows Server 2012-Administrator beherrschen müssen. Wenn Sie die Prüfungsziele als Definition dieses Tätigkeitsprofils heranziehen, hat das außerdem den Vorteil, dass Sie die Themen und Aufgaben, die in den Zielen für die Prüfung 70-411 aufgelistet sind, besser verstehen. Dieses Buch hilft Ihnen, sich auf die Prüfung vorzubereiten, aber es ist keine vollständige Lösung für die Prüfungsvorbereitung. Sofern Sie sich auf die Prüfung vorbereiten, sollten Sie zusätzliche Lernmaterialien heranziehen, um Ihre Praxiskenntnisse zu ergänzen. Tabelle E.1 schlüsselt auf, in welchen Kapiteln und Lektionen die verschiedenen Prüfungsziele behandelt werden.

Tabelle E.1 Zuordnung der Prüfungsziele in der Prüfung 70-411 zu Buchkapiteln

Prüfungsziele/Fähigkeiten	Behandelt in Kapitel
Bereitstellen, Verwalten und Warten von Servern	
Bereitstellen und Verwalten von Serverabbildern	Kapitel 1, Lektionen 1 und 2
Implementieren einer Patchverwaltung	Kapitel 1, Lektion 3
Überwachen von Servern	Kapitel 10, Lektion 1
Konfigurieren von Datei- und Druckdiensten	
Konfigurieren des verteilten Dateisystems	Kapitel 9, Lektion 2

Tabelle E.1 Zuordnung der Prüfungsziele in der Prüfung 70-411 zu Buchkapiteln *(Fortsetzung)*

Prüfungsziele/Fähigkeiten	Behandelt in Kapitel
Konfigurieren des Ressourcen-Managers für Dateiserver	Kapitel 9, Lektion 1
Konfigurieren von Datei- und Laufwerkverschlüsselung	Kapitel 9, Lektion 3
Konfigurieren erweiterter Überwachungsrichtlinien	Kapitel 10, Lektion 2
Konfigurieren von Netzwerkdiensten und Netzwerkzugriff	
Konfigurieren von DNS-Zonen	Kapitel 3, Lektion 2
Konfigurieren von DNS-Einträgen	Kapitel 3, Lektion 3
Konfigurieren von VPN und Routing	Kapitel 8, Lektion 2
Konfigurieren von DirectAccess	Kapitel 8, Lektion 3
Konfigurieren einer Infrastruktur für Netzwerkrichtlinienserver	
Konfigurieren von Netzwerkrichtlinienservern	Kapitel 8, Lektion 1
Konfigurieren von NPS-Richtlinien	Kapitel 7, Lektion 1
Konfigurieren des Netzwerkzugriffsschutzes	Kapitel 7, Lektionen 2 und 3
Konfigurieren und Verwalten von Active Directory	
Konfigurieren der Dienstauthentifizierung	Kapitel 2, Lektion 3
Konfigurieren von Domänencontrollern	Kapitel 4, Lektion 1
Verwalten von Active Directory	Kapitel 4, Lektionen 2 und 3
Konfigurieren von Kontorichtlinien	Kapitel 2, Lektion 2
Konfigurieren und Verwalten von Gruppenrichtlinien	
Konfigurieren der Gruppenrichtlinienverarbeitung	Kapitel 5, Lektion 2
Konfigurieren von Gruppenrichtlinien	Kapitel 6, Lektion 1
Verwalten von Gruppenrichtlinienobjekten	Kapitel 5, Lektion 1
Konfigurieren von Gruppenrichtlinieneinstellungen	Kapitel 6, Lektion 3

Beim Durcharbeiten dieses Trainings lernen Sie folgende Fähigkeiten:

- Bereitstellen, Verwalten und Warten von Servern

- Konfigurieren der Datei- und Druckdienste

- Konfigurieren von Netzwerkdiensten und Netzwerkzugriff

- Konfigurieren einer Infrastruktur für Netzwerkrichtlinienserver

- Konfigurieren und Verwalten von Active Directory

- Konfigurieren und Verwalten von Gruppenrichtlinien

Systemvoraussetzungen

Dieser Abschnitt beschreibt, welche Mindestvoraussetzungen Ihr Computer erfüllen muss, damit Sie die Übungen in diesem Buch durcharbeiten können. Die Beschreibungen in diesem Buch gehen davon aus, dass Sie mit Hyper-V arbeiten – entweder mit der Clientversion, die in einigen Editionen von Windows 8 zur Verfügung steht, oder mit der Version aus Windows Server 2012. Sie können stattdessen auch andere Virtualisierungssoftware einsetzen, zum Beispiel VirtualBox oder VMWare Workstation.

Hardware- und Softwarevoraussetzungen

Dieser Abschnitt nennt die Hardwarevoraussetzungen für Hyper-V und listet die benötigte Software auf.

Hardwarevoraussetzungen für Virtualisierung

Wenn Sie Virtualisierungssoftware einsetzen, genügt ein einziger echter Computer, um die Übungen in diesem Buch durchzuführen. Die Hardware dieses Hostcomputers muss die folgenden Mindestvoraussetzungen erfüllen:

- x64-Prozessor mit den Funktionen für hardwareunterstützte Virtualisierung (AMD-V oder Intel VT) und Datenausführungsverhinderung in Hardware (Data Execution Protection, DEP). Auf AMD-Systemen wird die Datenausführungsverhinderung als No Execute oder NX-Bit bezeichnet, auf Intel-Systemen als Execute Disable oder XD-Bit. Diese Features müssen auch im BIOS aktiviert sein. (Hinweis: Windows Virtual PC können Sie ohne Intel-VT oder AMD-V ausführen.) Wenn Sie Hyper-V unter Windows 8 nutzen, brauchen Sie einen Prozessor, der SLAT (Second Layer Address Translation) unterstützt.

- 8 GB RAM (mehr empfohlen)

- 80 GB freier Festplattenplatz

- Internetverbindung

Softwarevoraussetzungen

Sie brauchen die folgende Software, um die Übungen durchzuarbeiten:

- Windows Server 2012 Evaluation Edition. Sie können eine Evaluierungsversion von Windows Server 2012 im ISO-Format von der *Windows Server and Cloud Platform*-Website unter *http://www.microsoft.com/Server* oder aus dem TechNet Evaluation Center *http://technet.microsoft.com* herunterladen.

Anleitung zum Einrichten der virtuellen Computer

Die Anleitung zum Einrichten der Testumgebung mit den virtuellen Computern, auf denen Sie die Übungen in diesem Buch durcharbeiten, finden Sie in Anhang A.

Danksagungen

Ich möchte den folgenden Personen für ihre unschätzbare Hilfe bei der Entstehung dieses Buchs danken: Troy Mott, Randall Galloway, Nancy Sixsmith, Holly Bauer und Jeff Riley.

Errata und Support

Wir haben uns sehr um die Richtigkeit der in diesem Buch enthaltenen Informationen bemüht. Fehler, die seit der Veröffentlichung dieses englischen Buchs bekannt geworden sind, werden auf unserer Microsoft Press-Website bei *oreilly.com* (in englischer Sprache) aufgelistet:

http://oreilly.com/catalog/errata.csp?isbn=0790145370914

Sollten Sie einen Fehler finden, der noch nicht aufgeführt ist, würden wir uns freuen, wenn Sie uns auf dieser Seite darüber informieren (in englischer Sprache).

Mit Anmerkungen, Fragen oder Verbesserungsvorschlägen zu diesem Buch können Sie sich an Microsoft Press Deutschland wenden:

Per E-Mail:

mspressde@oreilly.de

Per Post:

Microsoft Press
Betrifft: Administrieren von Windows Server 2012
Konrad-Zuse-Straße 1
85716 Unterschleißheim

Weitere Supportinformationen zu diesem Buch finden Sie gegebenenfalls auf der Supportwebsite von Microsoft Press unter *http://www.microsoft-press.de/support/9783866454811*.

Bitte beachten Sie, dass über unsere E-Mail-Adresse kein Software-Support angeboten wird.

Für Supportinformationen bezüglich der Softwareprodukte besuchen Sie die Microsoft-Website *http://support.microsoft.com*.

Bleiben Sie am Ball

Falls Sie News, Updates usw. von Microsoft Press erhalten möchten, wir sind auf Twitter: *http://twitter.com/mspress_de*.

KAPITEL 1

Bereitstellen von Windows Server 2012

Die Bereitstellung und Wartung von Windows Server 2012 sind Routinearbeiten, die Sie in Ihrer Karriere als Systemadministrator häufig ausführen werden. Gewöhnlich erfolgt die Bereitstellung eines Betriebssystems auf jedem Server nur einmal, zumal es inzwischen einfacher ist, ein Systemabbild aus einer Sicherungskopie wiederherzustellen. Zu den Wartungsarbeiten gehört zum Beispiel, die Bereitstellungsabbilder und die bereitgestellten Dienste auf dem neuesten Stand zu halten. Sie werden vermutlich wesentlich mehr Zeit mit diesen Arbeiten verbringen, als mit der Bereitstellung. In diesem Kapitel erfahren Sie, wie man Windows Server 2012-Abbilder konfiguriert und bereitstellt, welche Tools es in Windows Server 2012 für die Automatisierung der Bereitstellung gibt und welche Technologie verfügbar ist, um die Aktualisierung von bereitgestellten Servern mit Hotfixes und Softwareupdates zu automatisieren.

Lektionen in diesem Kapitel:

Bevor Sie beginnen

Für die Durchführung der Übungen dieses Kapitels brauchen Sie eine Testumgebung, wie Sie im Anhang beschrieben wird. Stellen Sie vor den Übungen für jeden virtuellen Computer einen Sicherungspunkt (Snapshot) her, damit Sie die virtuellen Computer nach den Übungen wieder in ihre Originalzustände zurückversetzen können.

Lektion 1: Konfigurieren und Warten von Windows Server 2012-Abbildern

Windows Server 2012 lässt sich zwar direkt vom Installationsmedium installieren, aber die meisten Organisationen verwenden zur Bereitstellung dieses Serverbetriebssystems benutzerdefinierte Abbilder. Solche Abbilder ermöglichen es den Systemadministratoren, Betriebssysteme so zu installieren, dass anschließend nur noch minimale Nacharbeiten erforderlich sind. In dieser Lektion erfahren Sie mehr über Windows-Abbilder, über die Konfiguration dieser Abbilder und über ihre Wartung.

Am Ende dieser Lektion werden Sie in der Lage sein, die folgenden Aufgaben auszuführen:

- Beschreiben von Windows-Abbildern

- Konfigurieren von Windows-Abbildern

- Warten von Windows-Abbildern

Veranschlagte Zeit für diese Lektion: 45 Minuten

Grundlagen der Windows-Abbilder

In älteren Versionen des Windows Server-Betriebssystems wie Windows NT 4.0 und Windows Server 2003 lagen alle Dateien, die zur Installation erforderlich waren, auf dem Installationsmedium in einem speziellen Verzeichnis namens *i386*. Windows-Abbilder fassen dagegen das gesamte Betriebssystem mit den dazugehörigen Treibern, Aktualisierungen und Anwendungen zu einem einzigen *Abbild* (image) zusammen. Bei der Installation wird dieses Abbild auf das Zielvolume angewendet. Windows-Abbilder werden im *Windows Imaging*-Dateiformat (WIM) gespeichert und weisen folgende Vorteile auf:

- **Mehrere Bereitstellungsmethoden**   Es gibt mehrere Wege zur Bereitstellung von Windows-Abbildern. Sie können zum Beispiel *.wim*-Dateien bereitstellen, die auf einer herkömmlichen DVD-ROM, auf einem startfähigen USB-Laufwerk oder auf einer Netzwerkfreigabe gespeichert sind. Oder Sie verwenden spezielle Bereitstellungstechnologien wie die *Windows-Bereitstellungsdienste* (Windows Deployment Services, WDS) oder den *Microsoft System Center 2012 Configuration Manager*.

- **Bearbeitbar**   Sie können ein Abbild bereitstellen (mount) und bearbeiten. Dabei aktivieren, deaktivieren oder entfernen Sie nach Bedarf Rollen und Features des Betriebssystems.

- **Aktualisierbar**   Sie können ein Abbild aktualisieren, ohne es anschließend neu erfassen und aufzeichnen zu müssen. In älteren Windows-Versionen musste zuerst eine Bereitstellung durchgeführt werden. Dann wurden die Updates angewendet. Anschließend musste ein neues Abbild aufgezeichnet werden (capture). Sollte dieses neue, aktualisierte Abbild später aktualisiert werden, musste dieser Vorgang erneut durchgeführt werden.

Im Verzeichnis *Sources* des Windows Server 2012-Installationsmediums gibt es die beiden .wim-Dateien *Boot.wim* und *Install.wim*. *Boot.wim* dient dazu, die Vorinstallationsumgebung zu laden, die für die Bereitstellung von Windows Server 2012 verwendet wird. *Install.wim* enthält ein oder mehrere Betriebssystemabbilder. Wie Abbildung 1.1 zeigt, enthält die Datei *Install.wim* aus der Evaluierungsversion von Windows Server 2012 vier verschiedene Versionen von Windows Server 2012.

Weitere Informationen   Windows Server 2012

In diesem Buch wird die Evaluierungsversion von Windows Server 2012 verwendet, die Sie unter *http://technet.microsoft.com/de-de/evalcenter/hh670538.aspx* von der Microsoft-Website herunterladen können.

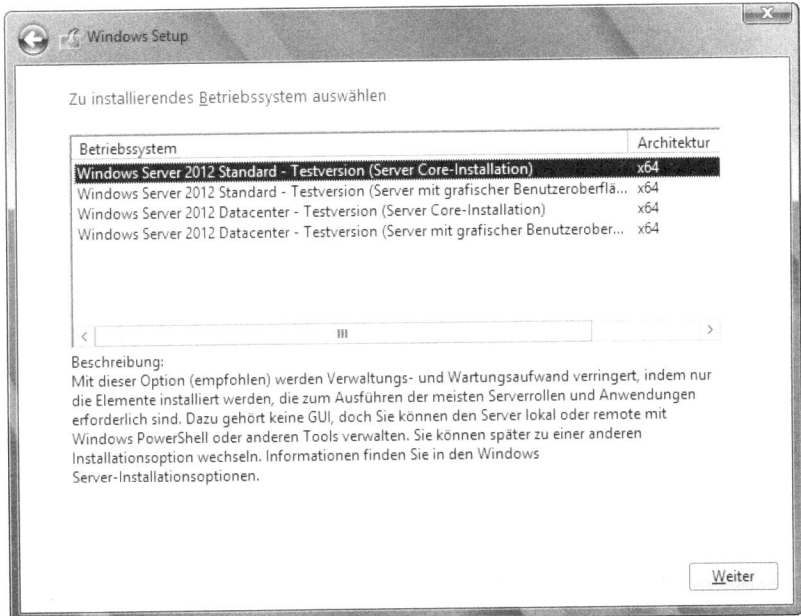

Abbildung 1.1 Die verwendete *Install.wim*-Datei enthält mehrere Evaluierungsversionen des Betriebssystems

Weitere Informationen   Das WIM-Dateiformat

Weitere Informationen über das WIM-Dateiformat (Windows Imaging) erhalten Sie unter *http://www.microsoft.com/en-us/download/details.aspx?id=13096*.

Konfigurieren von Windows-Abbildern

Sie können Windows Server 2012 zwar direkt vom Installationsmedium installieren, aber in Unternehmensumgebungen ist es gewöhnlich sinnvoll, das Abbild zuvor an die Anforderungen des Unternehmens anzupassen. Das *Tool zur Abbildverwaltung für die Bereitstellung* (Deployment Image Servicing and Management, DISM) ist ein Befehlszeilentool, mit dem Sie Abbilder offline bearbeiten können. Der Vorteil der Offlinebearbeitung liegt darin, dass das Betriebssystem nicht installiert werden und nach den Änderungen neu erfasst und gespeichert werden muss, um Änderungen durchzuführen.

Mit *Dism.exe* können Sie folgende Arbeiten durchführen:

- Aktivieren und Deaktivieren von Rollen und Features

- Hinzufügen, Auflisten und Entfernen von Softwareupdates

- Hinzufügen, Auflisten und Entfernen von Gerätetreibern

- Hinzufügen, Auflisten und Entfernen von Softwarepaketen im *.appx*-Format zu einem Windows-Abbild

Sie können zum Beispiel die *Install.wim*-Datei vom Windows Server 2012-Installationsmedium mit *Dism.exe* bearbeiten. Dabei stellen Sie das Abbild bereit, fügen neue Treiber und neue Softwareupdates zum Abbild hinzu und speichern die Änderungen. Dazu brauchen Sie Windows Server 2012 nicht auf einem Computer zu installieren und anschließend neu aufzuzeichnen. Wenn Sie das Betriebssystem mit diesem aktualisierten Abbild bereitstellen, werden auch die Treiber und Updates installiert, die Sie zum Abbild hinzugefügt haben. Sie brauchen diese zusätzliche Software also nicht mehr im Rahmen der Nachinstallationsarbeiten separat zu installieren.

Praxistipp   Suchen von Gerätetreibern

Statt die Websites der Hersteller zu durchforsten, können Sie auch den *Microsoft Update-Katalog* (*http://catalog.update.microsoft.com*) verwenden, um Gerätetreiber, die Sie zu den WIM-Abbildern hinzufügen möchten, zu suchen und herunterzuladen. Auf dieser Website sind alle zertifizierten Gerätetreiber, Softwareupdates und Hotfixes zu finden, die Microsoft veröffentlicht hat. Wenn Sie die gewünschten Gerätetreiber und Softwareupdates heruntergeladen haben, können Sie diese Komponenten mit *Dism.exe* zu Ihren Installationsabbildern hinzufügen.

Warten von Windows-Abbildern

Als Systemadministrator, der für die Bereitstellung von Windows Server 2012 zuständig ist, müssen Sie dafür sorgen, dass Ihre Installationsabbilder auf dem neusten Stand sind. Die neusten Softwareupdates müssen auf das Abbild angewendet werden. Auch die'neusten Treiber für die verwendete Serverhardware sollten berücksichtigt werden.

Die wichtigsten Ziele bei der Wartung eines Abbilds sind:

■ Sicherstellen, dass die neusten Softwareupdates und Hotfixes ins Abbild eingefügt werden, bevor das Abbild auf neuen Servern bereitgestellt wird

■ Sicherstellen, dass die neusten Treiber ins Abbild eingefügt werden, bevor das Abbild auf neuen Servern bereitgestellt wird

Wenn Sie das nicht tun, müssen Sie Updates und Treiber nach der Bereitstellung des Betriebssystems installieren. Das ist ein zusätzlicher Arbeitsgang, der durchaus einige Zeit in Anspruch nehmen kann. Sind Ihre Abbilder dagegen auf dem neusten Stand, brauchen Sie nach der Bereitstellung von Windows Server 2012 nicht darauf zu warten, dass das Betriebssystem eine Verbindung mit Microsoft Update oder dem lokalen WSUS-Server (Windows Server Update Services) herstellt, sondern können gleich mit dem nächsten Schritt fortfahren und zum Beispiel eine Serveranwendung wie Microsoft Exchange 2013, Microsoft SharePoint 2013 oder Microsoft SQL Server 2012 installieren.

Praxistipp   Suchen von Updatedateien

Statt im ganzen TechNet nach bestimmten Updatedateien zu suchen, können Sie auch den *Microsoft Update-Katalog* (*http://catalog.update.microsoft.com*) verwenden. Er enthält alle Updates und Hotfixes, die von Microsoft veröffentlicht wurden. Diese Dateien können Sie mit *Dism.exe* in das Betriebssystemabbild einfügen.

Warten von Abbildern mit Dism.exe

Das Befehlszeilenprogramm *Dism.exe* gehört zum Lieferumfang von Windows Server 2012. Mit *Dism.exe* können Sie das aktuelle Betriebssystem online oder ein Windows-Abbild offline bearbeiten. In dieser Lektion wird allerdings nur die Offlinebearbeitung von Windows-Abbildern behandelt.

Die Wartung von Abbildern mit *Dism.exe* umfasst folgende allgemeine Schritte:

1. Bereitstellen des Abbilds, damit es bearbeitet werden kann

2. Bearbeiten des Abbilds

3. Übernehmen oder Verwerfen der am Abbild durchgeführten Änderungen

Bereitstellen von Abbildern

Nach der Bereitstellung eines Abbilds können Sie Änderungen am Abbild vornehmen. Durch die Bereitstellung verknüpfen Sie das Abbild mit einem Ordner. Anschließend können Sie mit dem Explorer, Windows PowerShell oder *Cmd.exe* wie in jedem anderen Ordner des Dateisystems im Abbild navigieren und arbeiten. Nach der Bereitstellung des Abbilds können Sie auch mit *Dism.exe* Wartungsarbeiten durchführen und zum Beispiel Gerätetreiber und Updates hinzufügen oder entfernen.

Ein WIM-Abbild kann mehrere Betriebssystemabbilder enthalten. Jedem Betriebssystemabbild wird eine Indexnummer zugeordnet, die Sie kennen müssen, um das gewünschte Abbild
mit *Dism.exe* und dem Befehlszeilenparameter `/Get-wiminfo` bereitzustellen. Handelt es sich
zum Beispiel um ein Abbild namens *Install.wim*, das im Ordner *C:\Images* liegt, können Sie
mit folgendem Befehl die enthaltenen Betriebssystemabbilder auflisten:

```
Dism.exe /get-wiminfo /wimfile:c:\images\install.wim
```

Abbildung 1.2 zeigt das Ergebnis dieses Befehls, eine Liste der in der Abbilddatei enthaltenen
Abbilder von Windows Server 2012. Die Standardedition von Windows Server 2012 hat den
Index 2 erhalten, die Server Core-Version den Index 1. Die Server Core-Version der Datacenter
Edition hat den Index 3, die Version mit grafischer Oberfläche den Index 4.

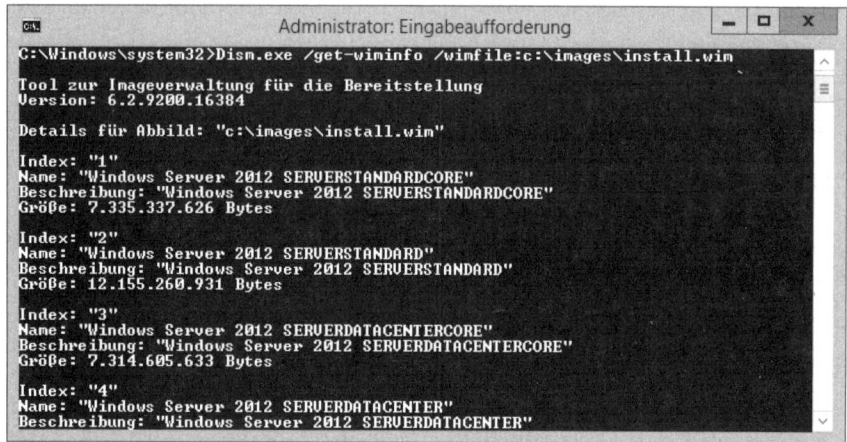

Abbildung 1.2   Liste der Abbilder in einer *.wim*-Datei

Das gewünschte Betriebssystemabbild können Sie mit *Dism.exe* und dem Parameter `/Mount-image`
bereitstellen. Mit folgendem Befehl stellen Sie zum Beispiel die Standard Edition aus der
Install.wim-Datei der Evaluierungsversion von Windows Server 2012 im Ordner *C:\Mount* bereit:

```
Dism.exe /mount-image /imagefile:c:\images\install.wim /index:2 /mountdir:c:\mount
```

Hinzufügen von Treibern und Updates zu Abbildern

Nach der Bereitstellung des Abbilds können Sie es bearbeiten. Die Wartung von Abbildern,
die zur Bereitstellung von Windows Server 2012 verwendet werden, besteht hauptsächlich im
Hinzufügen von Gerätetreibern und Softwareupdates. Um einen Treiber zum Abbild hinzuzufügen, können Sie *Dism.exe* mit dem Parameter `/Add-Driver` verwenden. Wenn Sie einen
einzelnen Treiber hinzufügen, müssen Sie die *.inf*-Datei des Treibers angeben. Statt alle
gewünschten Treiber einzeln hinzuzufügen, können Sie auch die Option `/recurse` verwenden.
Dadurch werden alle Treiber aus dem angegebenen Ordner und seinen Unterordnern hinzugefügt. Der folgende Befehl fügt zum Beispiel alle Treiber aus dem Ordner *C:\Drivers* und
seinen Unterordnern zu dem Abbild hinzu, das im Ordner *C:\Mount* bereitgestellt wurde:

```
Dism.exe /image:c:\mount /Add-Driver /driver:c:\drivers\ /recurse
```

Mit der Option /Get-Drivers können Sie alle Treiber auflisten, die zum Abbild hinzugefügt wurden, und mit der Option /Remove-Driver einen Treiber aus dem Abbild entfernen. Allerdings können Sie nur Treiber entfernen, die Sie oder ein anderer zum Abbild hinzugefügt haben. Treiber, die bereits bei der Veröffentlichung des Abbilds durch Microsoft im Abbild vorhanden sind, lassen sich nicht entfernen. Die Entfernung eines Treibers kann sinnvoll sein, wenn es inzwischen eine neue Version des Treibers gibt.

Weitere Informationen   Hinzufügen von Treibern zu Abbildern

Im TechNet-Artikel unter *http://technet.microsoft.com/en-us/library/hh824971.aspx* erfahren Sie mehr über das Hinzufügen von Treibern zu Abbildern.

Pakete, die im Format *.cab* oder *.msu* vorliegen und Updates oder Pakete enthalten, können Sie mit *Dism.exe* und dem Parameter /Add-Package hinzufügen. Softwareupdates sind auf der Website *Microsoft Update-Katalog* im *.msu*-Format erhältlich. Wenn Sie von dieser Website zum Beispiel ein Update namens »Update für Windows Server 2012 (KB2756872)« heruntergeladen und im Ordner *C:\Updates* gespeichert haben, können Sie es mit folgendem Befehl auf ein im Ordner *C:\Mount* bereitgestelltes Abbild des Betriebssystems Windows Server 2012 anwenden:

```
Dism.exe /image:c:\mount /Add-Package /PackagePath:"c:\updates\Update for Windows Server 2012 (KB2756872)"
```

Praxistipp   Der Ordner *Driverstore*

Sie können Treiber von der Website *Microsoft Update-Katalog* herunterladen. Sie können auch den Ordner *C:\Windows\System32\driverstore* von einer anderen Bereitstellung von Windows Server 2012 oder von Windows 8 auf einer x64-Plattform verwenden. Kopieren Sie diesen Ordner auf ein USB-Laufwerk und speichern Sie ihn separat ab. Der Ordner enthält alle Treiber, die für die aktuelle Hardware heruntergeladen wurden.

Dann werden die Updates, die in diesem Ordner im *.msu*-Format vorliegen, auf das bereitgestellte Abbild angewendet (Abbildung 1.3). Sie können die Option /Get-Packages verwenden, um die Updates und Pakete aufzulisten, die bereits zum Abbild hinzugefügt wurden.

Abbildung 1.3 Hinzufügen von Updates zu einem Abbild

Schnelltest

- Welchen Befehlszeilenparameter verwenden Sie, um mit *Dism.exe* Updates zu einem bereitgestellten Abbild hinzuzufügen?

Antwort zum Schnelltest

- Um Updates zu einem bereitgestellten Abbild hinzuzufügen, verwenden Sie *Dism.exe* mit dem Befehlszeilenparameter /Add-Package

Hinzufügen von Features und App-Paketen

Welche Features in einem bereitgestellten Betriebssystemabbild verfügbar sind, können Sie mit dem Parameter /Get-Features überprüfen. Der folgende Befehl listet zum Beispiel die Features aus dem Abbild auf, das im Ordner *C:\Mount* bereitgestellt wurde:

```
Dism.exe /image:c:\mount /Get-Features
```

Mit dem Parameter /Enable-Feature können Sie ein bestimmtes Feature aktivieren oder deaktivieren. Der folgende Befehl aktiviert zum Beispiel das Feature NetFx3ServerFeatures (die .NET Framework 3.5-Serverfunktionen) im Abbild:

```
Dism.exe /image:c:\mount /Enable-Feature /all /FeatureName:NetFx3ServerFeatures
```

Für manche Features aus dem Windows Server 2012-Abbild wird angegeben, dass die Nutzlast entfernt wurde. Das bedeutet, dass die Installationsdateien für das Feature nicht im Abbild enthalten sind. Wenn Sie ein Feature installieren, dessen Nutzlast entfernt wurde, kann das Betriebssystem die Dateien von den Microsoft Update-Servern aus dem Internet herunterladen. Sie können auch den Speicherort der Installationsdateien angeben. Die Installationsdateien der Features von Windows Server 2012, deren Nutzlast entfernt wurde, liegen auf dem Installationsmedium im Ordner *\sources\sxs*.

Sie können diese Features, deren Nutzlast entfernt wurde, unter Angabe des Quellverzeichnisses mit *Dism.exe* zu einem Abbild hinzufügen. Um zum Beispiel das im Ordner *C:\Mount* bereitgestellte Abbild so zu ändern, dass die Microsoft .NET Framework 3.5-Features installiert werden und verfügbar sind, verwenden Sie folgenden Befehl, wobei das Installationsmedium im Laufwerk *D:* liegt:

```
Dism.exe /image:c:\mount /Enable-Feature /all /FeatureName:NetFx3 /Source:d:\sources\sxs
```

Hinweis   Installieren von .NET Framework 3.5-Funktionen

Bevor Sie die .NET Framework 3.5-Funktionen zu einem Abbild hinzufügen können, müssen Sie die .NET Framework 3.5-Serverfunktionen (NetFx3ServerFeatures) installieren, wie bereits beschrieben.

Sie können auch App-Pakete zu einem Installationsabbild hinzufügen, die hinzugefügten Pakete auflisten und wieder entfernen. App-Pakete liegen als *.appx*-Dateien vor und werden auf Computern verwendet, auf denen Windows 8 oder Windows Server 2012 ausgeführt wird.

Wenn Sie ein App-Paket zu einem Installationsabbild hinzufügen, wird die Anwendung für alle Benutzer installiert. Für die Arbeit mit App-Paketen verwenden Sie *Dism.exe* mit den Parametern `/Add-ProvisionedAppxPackage`, `/Get-ProvisionedAppxPackage` und `/Remove-ProvisionedAppxPackage`.

Praxistipp   .NET Framework 3.5

Ein großer Teil der aktuellen Software verwendet .NET Framework 3.5-Komponenten. Daher gehört das Hinzufügen dieser Komponenten zu den ersten Arbeiten, die ich bei der Anpassung von *Install.wim* durchführe.

Speichern eines geänderten Abbilds

Wenn Sie die Bearbeitung eines Abbilds abgeschlossen haben, können Sie die Änderungen mit dem Parameter `/Unmount-Wim` und der Option `/Commit` speichern. Falls Sie die Änderungen verwerfen möchten, verwenden Sie die Option `/Discard`. Um zum Beispiel die Änderungen zu übernehmen, die Sie an dem im Ordner *C:\Mount* bereitgestellten Abbild vorgenommen haben, verwenden Sie folgenden Befehl:

```
Dism.exe /Unmount-Wim /MountDir:c:\mount /commit
```

Beim Speichern der Änderungen wird die *.wim*-Datei aktualisiert, die Sie bereitgestellt haben. Anschließend können Sie diese *.wim*-Datei in den Windows-Bereitstellungsdiensten oder im System Center 2012 Configuration Manager importieren. Oder Sie bereiten ein startfähiges USB-Installationsmedium vor, mit dem Sie Windows Server 2012 einschließlich der hinzugefügten Updates installieren können.

Installieren und Aufzeichnen

Das Installationsabbild eines Clientbetriebssystems wird gewöhnlich etwas anders vorbereitet als das Abbild eines Serverbetriebssystems. Beim »Installieren und Aufzeichnen« wird zuerst das Betriebssystem auf einem Computer installiert. Dann werden alle erforderlichen Updates, Anwendungen und Gerätetreiber installiert. Anschließend wird ein neues Abbild des Betriebssystems erfasst und gespeichert. Dieser aufwändigere Vorgang ist bei Serverbetriebssystemen weniger gebräuchlich, weil auf ihnen gewöhnlich nicht so viele Anwendungen installiert werden, wie auf Clientbetriebssystemen. Es ist zwar möglich, auf diese Weise auch Anwendungen wie beispielsweise SQL Server 2012 bereitzustellen, aber viele Organisationen gehen dazu über, die Microsoft Server-Anwendungsvirtualisierung zu verwenden, um die Bereitstellung von Anwendungen auf Servern zu vereinfachen.

Weitere Informationen   Server-Anwendungsvirtualisierung

Unter *http://technet.microsoft.com/de-de/library/hh397409.aspx* erfahren Sie mehr über die Server-Anwendungsvirtualisierung.

Wenn Sie Windows Server 2012 zur Anpassung erst installieren und dann wieder neu aufzeichnen, dürfen Sie nicht vergessen, die Installation vor der Erfassung zu verallgemeinern, damit alle Konfigurationsinformationen entfernt werden, die nur für die spezielle Installation gelten. Für diese Aufgabe können Sie das Systemvorbereitungsprogramm *Sysprep.exe* verwenden. *Sysprep.exe* ist in Windows Server 2012 enthalten und meldet sich mit dem Dialogfeld, das Abbildung 1.4 zeigt. Die übliche Einstellung ist *Out-of-Box-Experience (OOBE) für System aktivieren*. Dann weist das installierte Windows Server 2012 beim ersten Start dasselbe Erscheinungsbild wie bei der ersten Installation auf, nur dass in diesem Fall auch die inzwischen hinzugefügten Updates, Anwendungen und Gerätetreiber verfügbar sind.

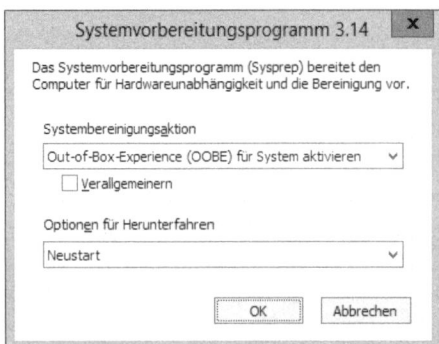

Abbildung 1.4   Das Dialogfeld *Systemvorbereitungsprogramm*

Bei älteren Versionen des Betriebssystems Windows Server würden Sie ein Hilfsprogramm namens *ImageX.exe* verwenden, um Abbilder zu aufzuzeichnen und anzuwenden. Zu diesem Zweck würden Sie den vorbereiteten Server in einer speziellen Windows-Vorinstallationsumgebung (Windows PE) starten, in der diese Tools verfügbar sind. Dann würden Sie *ImageX.exe* verwenden, um ein Abbild des vorbereiteten Betriebssystems im *.wim*-Format zu erfassen und auf einem separaten Volume zu speichern, das im Netzwerk freigegeben wurde. Die Aufzeichnung und die spätere Bereitstellung des Abbilds ist nun mit dem Befehlszeilenprogramm *Dism.exe* möglich. Sie können *Dism.exe* mit dem Parameter /Capture-Image verwenden, um ein Abbild aufzuzeichnen, und mit dem Parameter /Apply-Image, um ein vorhandenes Abbild anzuwenden.

Weitere Informationen   Aufzeichnen und Anwenden von Abbildern

Im TechNet finden Sie unter *http://technet.microsoft.com/de-de/library/hh825258.aspx* weitere Informationen über die Aufzeichnung und Anwendung von Abbildern mit *Dism.exe*.

Zusammenfassung der Lektion

- Die Datei *Install.wim* aus dem Ordner *\sources* des Installationsmediums von Windows Server 2012 enthält die Betriebssystemabbilder von Windows Server 2012

- Mit *Dism.exe* können Sie Gerätetreiber und Softwareupdates zu Installationsabbildern hinzufügen oder entfernen

- Sie müssen ein Installationsabbild in einem Ordner bereitstellen, um es bearbeiten zu können

- Wenn Ihre Änderungen an einem Installationsabbild gespeichert werden sollen, müssen Sie beim Aufheben der Bereitstellung die Option /Commit angeben

- Verwenden Sie *Sysprep.exe*, um ein Abbild für die Aufzeichnung vorzubereiten

Lernzielkontrolle

Beantworten Sie folgende Fragen, um Ihr Wissen über den Stoff dieser Lektion zu überprüfen. Antworten auf diese Fragen und Erklärungen, warum die jeweilige Antwort richtig oder falsch ist, finden Sie im Abschnitt »Antworten« am Ende dieses Kapitels.

1. Sie möchten ein vorhandenes Windows Server 2012-Bereitstellungsabbild mit einigen kürzlich veröffentlichten Softwareupdates konfigurieren, die im *.msu*-Format vorliegen, ohne das Betriebssystem zu installieren und neu aufzuzeichnen. Mit welchen der folgenden Befehle erreichen Sie dies? (Wählen Sie alle zutreffenden Antworten.)

    A. *ImageX.exe*

    B. *Dism.exe*

    C. *Sysprep.exe*

    D. *Diskpart.exe*

2. Welchen der folgenden Parameter des Hilfsprogramms *Dism.exe* verwenden Sie, um Softwareupdates, die im *.msu*-Format vorliegen, zu einem bereitgestellten Abbild hinzuzufügen? (Wählen Sie alle zutreffenden Antworten).

    A. /Add-Driver

    B. /Enable-Feature

    C. /Add-Package

    D. /Add-ProvisionedAppxPackage

3. Welcher der folgenden Arbeitsschritte ist erforderlich, um ein vorhandenes Installationsabbild offline bearbeiten zu können?

    A. Speichern (commit) des Abbilds

    B. Aufzeichnen (capture) des Abbilds

    C. Bereitstellen (mount) des Abbilds

    D. Verwerfen des Abbilds

Lektion 2: Automatisches Bereitstellen von Windows Server 2012-Abbildern

Bei der Bereitstellung eines Serverbetriebssystems muss der Systemadministrator gewöhnlich einige kurze Fragen beantworten, die sich aber über den gesamten Bereitstellungsvorgang verteilen können. Ein Administrator, der diesen Vorgang automatisieren kann, braucht nicht die gesamte Installation vor Ort zu überwachen, sondern kann sich in der Zwischenzeit um andere Aufgaben kümmern. Zudem hat eine automatisierte Betriebssystembereitstellung den Vorteil, dass die Konfigurationsschritte immer in derselben Weise erfolgen. Eine automatisierte Bereitstellung verringert das Risiko, dass eine Bereitstellung wegen Flüchtigkeitsfehlern wiederholt werden muss. Diese Lektion behandelt die Windows-Bereitstellungsdienste und die verschiedenen Abbildtypen, die bei der automatischen Bereitstellung von Betriebssystemen verwendet werden. Außerdem erfahren Sie, wie Antwortdateien erstellt werden, mit denen sich Betriebssysteme ohne ständige Überwachung durch einen Administrator bereitstellen lassen.

Am Ende dieser Lektion werden Sie in der Lage sein, die folgenden Aufgaben auszuführen:

- Erstellen von Antwortdateien

- Verwalten der Windows-Bereitstellungsdienste

- Bereitstellen von Such-, Start- und Installationsabbildern

Veranschlagte Zeit für diese Lektion: 45 Minuten

Automatisieren der Installation

Bei der Installation eines Betriebssystems verwendet man gewöhnlich mehr Zeit darauf, die Fortschrittsanzeige anzustarren, als irgendwelche sinnvollen Eingaben vorzunehmen. Wenn Sie die Bereitstellung der Serverbetriebssysteme *automatisieren*, können Sie den Zeitaufwand verringern, der für die Überwachung der Installation erforderlich ist. Eine Automatisierung des Vorgangs verringert auch die Wahrscheinlichkeit für Konfigurationsfehler, wie sie sich sonst gelegentlich ergeben, wenn sich gelangweilte Administratoren bei der Installation nicht mehr richtig konzentrieren können.

Es gibt zwei verschiedene Methoden, die Bereitstellung von Serverbetriebssystemen zu automatisieren:

- **Antwortdateien**   Sie können ein Betriebssystem mit einer vorbereiteten Antwortdatei bereitstellen. Diese Antwortdatei beantwortet alle Fragen, die sich bei der Installation ergeben. Eine komplexe Antwortdatei kann auch Konfigurationen durchführen, die nach der Installation anfallen. Der Nachteil der Antwortdateien besteht darin, dass es einige Zeit dauern kann, sie korrekt zu erstellen. Wenn sie einmal funktionieren, können Antwortdateien Ihnen aber viele Stunden Arbeit ersparen.

- **Zentrale Bereitstellung**   Statt Betriebssysteme von DVD oder einem USB-Stick zu installieren, können Sie die Bereitstellung auch zentralisieren, um zum Beispiel dasselbe Betriebssystem gleichzeitig auf mehreren Computern zu installieren. Eine zentrale Bereitstellung lässt sich auch mit Antwortdateien kombinieren.

Berücksichtigen Sie bei Ihrer Strategie zur Bereitstellung von Betriebssystemen, was Sie in Lektion 1 über die Wartung von Abbildern erfahren haben. Installationsabbilder auf dem Laufenden zu halten bedeutet, dass das bereitgestellte Betriebssystem bereits mit den neusten Softwareupdates und Treibern versehen ist.

Konfigurieren von Antwortdateien

Mit *Antwortdateien* können Sie die Bereitstellung von Windows Server 2012 automatisieren. Statt bestimmte Installationsoptionen jedes Mal manuell festzulegen und die erforderlichen Nachinstallationsarbeiten ebenfalls manuell durchzuführen, beispielsweise das Hinzufügen des neu bereitgestellten Servers zu einer AD DS-Domäne, können Sie diese Vorgänge mit Antwortdateien automatisieren. Das Installationsprogramm von Windows Server 2012 sucht bei der Installation auf den lokal angeschlossenen Speichermedien nach einer Datei namens *Autounattend.xml*. Ist diese Datei vorhanden, verwendet das Installationsprogramm die darin enthaltenen Einstellungen zur Konfiguration des bereitzustellenden Servers.

Wie aus dem Namen hervorgeht, handelt es sich bei *Autounattend.xml* um eine XML-Datei. Es ist zwar möglich, diese XML-Datei mit einem Texteditor wie *Notepad.exe* manuell zu bearbeiten, aber diese Arbeit ist kompliziert und es schleichen sich leicht Fehler ein, die dazu führen, dass die Datei nicht wie gewünscht funktioniert. Es ist besser, die Antwortdatei mit dem Windows-Systemabbild-Manager zu erstellen, auch *Windows SIM* genannt (Windows System Image Manager). Bei der Arbeit mit diesem Tool müssen Sie angeben, für welches Abbild Sie eine Antwortdatei erstellen möchten. Windows SIM erstellt dann eine Katalogdatei mit allen Optionen, die Sie konfigurieren können. Wenn Sie alle Einstellungen festgelegt haben, die während der Installation und bei den Nachinstallationsvorgängen verwendet werden sollen, kann das Tool eine entsprechende Antwortdatei mit der korrekten XML-Syntax erstellen. Windows SIM ist im Windows ADK (Windows Assessment and Deployment Kit) enthalten, das Sie von der Microsoft-Website herunterladen können.

So erstellen Sie mit Windows SIM eine Antwortdatei:

1. Laden Sie das Windows ADK von der Microsoft-Website herunter und installieren Sie es in der vorgegebenen Standardinstallation.

2. Kopieren Sie die Datei *\sources\install.wim* vom Windows Server 2012-Installations- medium in ein temporäres Verzeichnis des Computers, auf dem Sie das Windows ADK installiert haben.

3. Öffnen Sie über den Startbildschirm Windows SIM.

4. Klicken Sie in Windows SIM auf *Datei* und dann auf *Windows-Abbild auswählen*. Öffnen Sie die Datei *Install.wim*.

5. Wählen aus dem Installationsabbild das Betriebssystemabbild aus, für das Sie eine Ant-
    wortdatei erstellen möchten.

6. Wenn Sie gefragt werden, ob eine Katalogdatei erstellt werden soll, klicken Sie auf *Ja*.

7. Klicken Sie auf *Datei* und auf *Neue Antwortdatei*.

8. Wählen Sie in Windows SIM nacheinander alle Komponenten aus, die Sie konfigurieren
    möchten. Abbildung 1.5 zeigt, wie Sie den Beitritt zur Domäne *contoso.com* festlegen
    können.

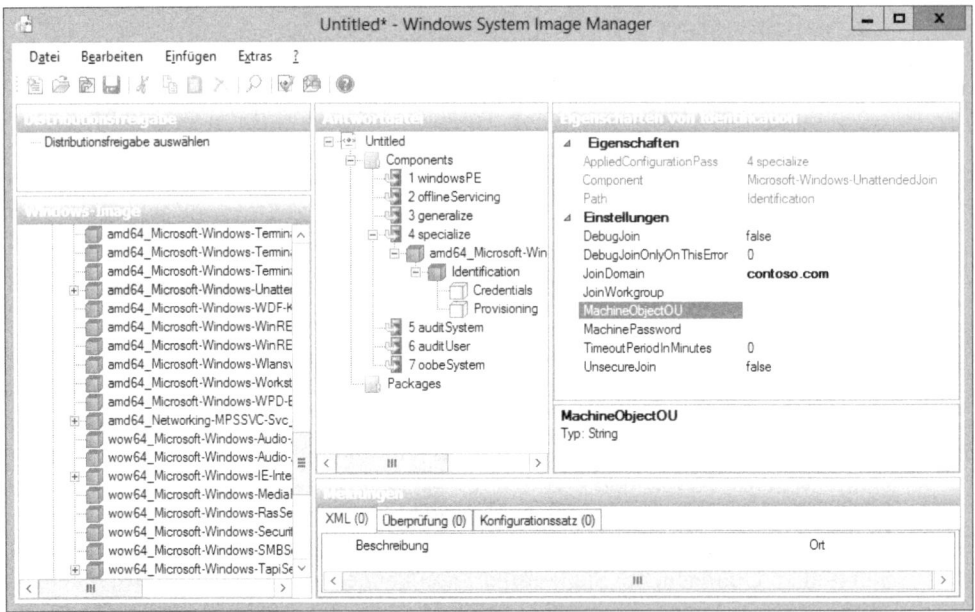

Abbildung 1.5 Konfigurieren einer Antwortdatei

Weitere Informationen   Windows SIM

Unter *http://technet.microsoft.com/de-de/library/hh824929.aspx* erhalten Sie von einer Tech-
Net-Website weitere Informationen über Windows SIM.

Windows-Bereitstellungsdienste

Die Windows-Bereitstellungsdienste (Windows Deployment Services, WDS) sind eine Serverrolle, die Sie auf einem Computer installieren können, auf dem Windows Server 2012 ausgeführt wird. Die WDS ermöglichen die Bereitstellung Windows 8, Windows Server 2012 und
anderen Betriebssystemen über das Netzwerk. Die Betriebssysteme werden mit Multicastübertragungen übertragen, damit mehrere Computer gleichzeitig dasselbe Betriebssystemabbild empfangen können und die Belastung des Netzwerks verringert wird. Wenn Sie

Multicastübertragungen verwenden, spielt es keine Rolle, ob Sie Windows Server 2012 auf einem einzigen Computer bereitstellen oder zum Beispiel auf 50 Computern. Die Belastung des Netzwerks bleibt dabei im Wesentlichen gleich.

Die Bereitstellung von Windows Server 2012 mit WDS erfolgt nach folgendem Muster:

1. Auf dem WDS-Server wird die Übertragung des Betriebssystems zur Bereitstellung vorbereitet.

2. Die Medienzugangssteuerungsadressen (MAC-Adressen) der PXE-fähigen Netzwerkkarten (PXE steht für Pre-Boot Execution Environment) werden für den WDS-Server verfügbar gemacht.

3. Die Computer, auf denen das Betriebssystem bereitgestellt werden soll, starten unter Verwendung ihrer PXE-fähigen Netzwerkkarten.

4. Diese Computer suchen den Windows-Bereitstellungsdiensteserver und beginnen mit der Installation des Betriebssystems. Verfügt der Windows-Bereitstellungsdiensteserver über eine Antwortdatei, wie in Abbildung 1.6, erfolgt die Installation automatisch. Liegt keine Antwortdatei vor, muss ein Administrator die erforderlichen Konfigurationsangaben machen.

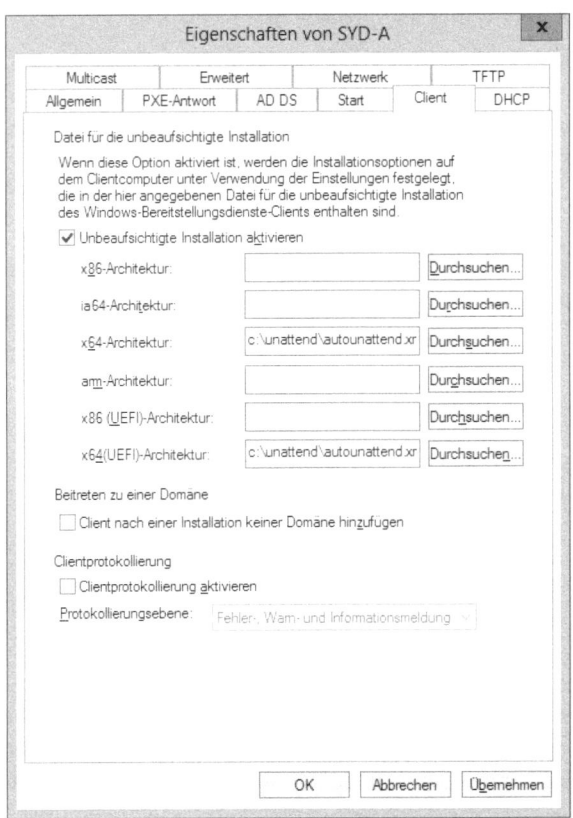

Abbildung 1.6 Konfigurieren von Dateien für die unbeaufsichtigte Installation

Praxistipp   Mehrere WDS-Server

Auf einem Windows-Bereitstellungsdiensteserver kann es für jede Prozessorarchitektur nur jeweils eine Datei für die unbeaufsichtigte Installation geben. Da für Clients und Server unterschiedliche Dateien für die unbeaufsichtigte Installation erforderlich sind, müssen Sie entweder die Antwortdateien auswechseln, wenn Sie zwischen der Installation von Servern und Clients wechseln, oder mehrere WDS-Server bereitstellen. In Umgebungen, in denen häufig Betriebssysteme installiert werden, sollten Sie die Verwendung von System Center 2012 Configuration Manager in Betracht ziehen, weil sich mit ihm leichter unterschiedliche Betriebssystemtypen automatisch installieren lassen.

Voraussetzungen für die Windows-Bereitstellungsdienste

WDS-Clients brauchen PXE-fähige Netzwerkkarten. Gewöhnlich stellt dies kein Problem dar, weil die meisten modernen Netzwerkkarten PXE-fähig sind. Sie können WDS auch verwenden, um Windows Server 2012 auf virtuellen Computern zu installieren, die unter Hyper-V laufen. Der Trick besteht darin, den virtuellen Computer nicht mit einer neuen synthetischen Netzwerkkarte zu erstellen, sondern mit einer älteren Netzwerkkarte.

Wenn ein Computer nicht über eine PXE-fähige Netzwerkkarte verfügt, können Sie ein spezielles Startabbild verwenden, das *Suchabbild* genannt wird. Ein Suchabbild startet eine Umgebung und lädt spezielle Treiber, um die Kommunikation mit dem WDS-Server zu ermöglichen. Sie müssen das Startabbild mit der Datei *Boot.wim* vom Windows Server 2012-Installationsmedium erstellen und die passenden Treiber für die Netzwerkkarte des Computers hinzufügen, der keinen PXE-Start beherrscht.

WDS stellt folgende Anforderungen:

- Ein Windows Server 2012-DNS-Server (Domain Name System) muss im lokalen Netzwerk verfügbar sein. Wenn der Computer Mitglied einer Domäne ist, gibt es auch einen DNS-Server.

- Im Netzwerk muss auch ein autorisierten DHCP-Server (Dynamic Host Configuration Protocol) geben. Sie können WDS und DHCP auf demselben Server installieren, wenn Sie die in Abbildung 1.7 sichtbaren Optionen entsprechend konfigurieren.

Unter Windows Server 2012 können Sie die Windows-Bereitstellungsdienste auch auf einem Computer bereitstellen, der kein Mitglied einer AD DS-Domäne ist. Dieses Leistungsmerkmal ist in Windows Server 2012 neu. Unter Windows Server 2008 oder Windows Server 2008 R2 lässt sich WDS nicht bereitstellen, wenn der Server kein Mitglied einer AD DS-Domäne ist.

Wenn Sie die Windows-Bereitstellungsdienste mit dem *Assistenten zum Hinzufügen von Rollen und Features* installieren, können Sie diese Einstellungen bereits im Assistenten vornehmen. Der WDS-Server verlangt zwar keine statische IP-Adresse, aber es empfiehlt sich, für Infrastrukturrollen wie WDS immer dieselben Netzwerkadressen zu verwenden.

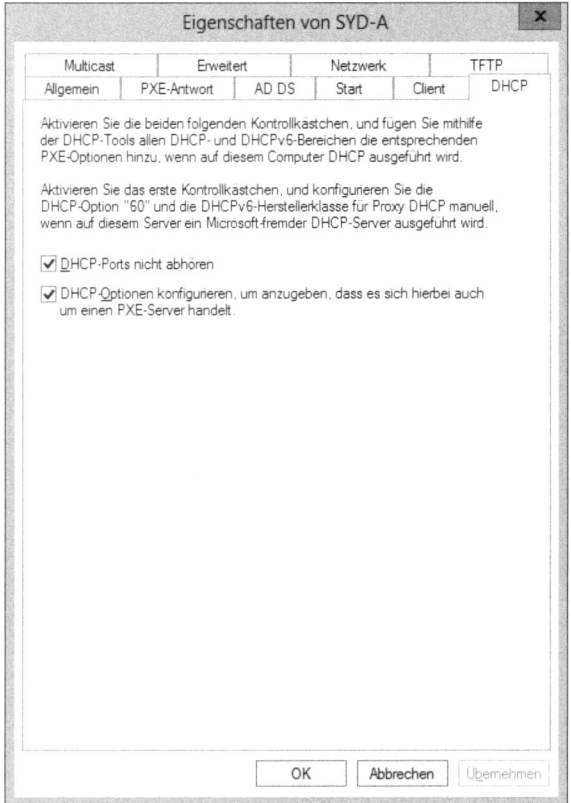

Abbildung 1.7 Einstellungen für DHCP

Sie können WDS auch auf Computern installieren, auf denen eine Server Core-Version von Windows Server 2012 ausgeführt wird. Dazu importieren Sie zuerst mit folgendem Windows PowerShell-Befehl das Windows PowerShell-Modul *ServerManager:*

```
Import-module ServerManager
```

Anschließend installieren Sie mit folgendem Befehl die Serverrolle:

```
Install-WindowsFeature -IncludeAllSubFeature WDS
```

Wenn Sie WDS auf einem Server Core-Computer installieren, müssen Sie den Speicherort der Quelldateien angeben oder dafür sorgen, dass der Server über eine Verbindung ins Internet verfügt, damit er die erforderlichen Dateien automatisch herunterladen kann. Es ist zwar möglich, WDS auch in Windows PowerShell zu verwalten, aber die meisten Administratoren verwenden für diese Aufgabe auf einem Windows 8- oder Windows Server 2012-Computer die grafischen Remoteserver-Verwaltungstools (Remote Server Administration Tools, RSAT). Sie können auch Windows PowerShell verwenden, um die Rolle auf Computern zu installieren, auf denen Windows Server 2012 mit grafischer Oberfläche ausgeführt wird. Wenn Sie dies tun, geben Sie den Parameter `-IncludeManagementTools` an. Wenn Sie WDS mit dem *Assistenten zum Hinzufügen von Rollen und Features* installieren, wählen Sie die Rolle *Windows-Bereitstellungsdienste* (Abbildung 1.8).

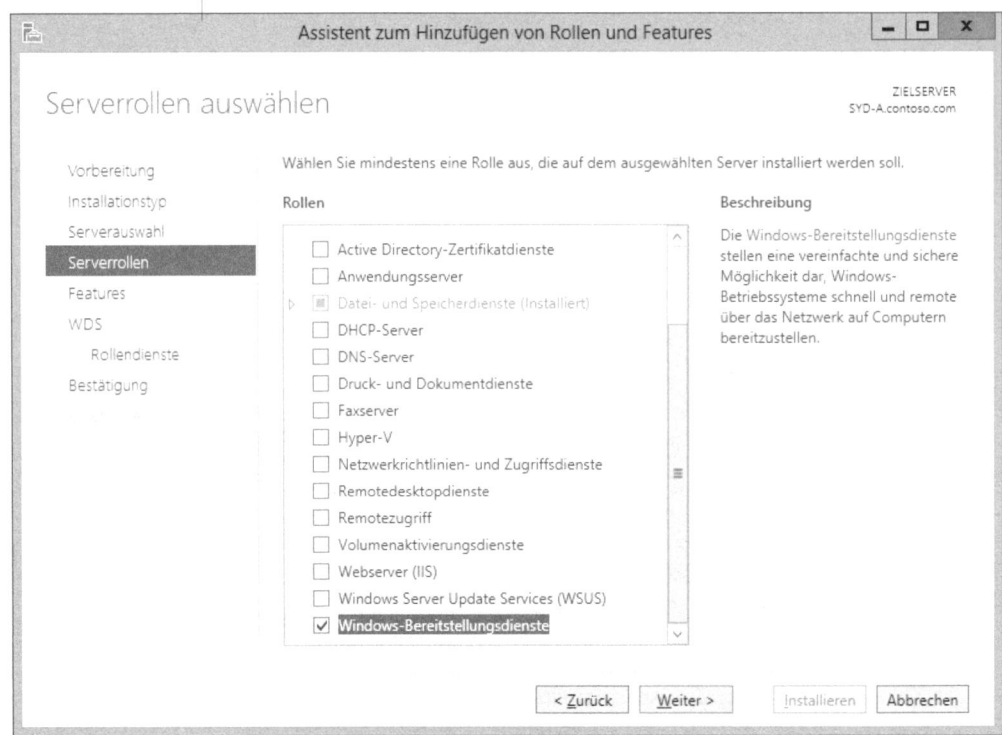

Abbildung 1.8   Installieren der Rolle *Windows-Bereitstellungsdienste*

Weitere Informationen   Übersicht über die Windows-Bereitstellungsdienste

Unter *http://technet.microsoft.com/de-de/library/hh831764.aspx* erfahren Sie mehr über die Bereitstellung der Windows-Bereitstellungsdienste.

Verwalten von Abbildern

Abbilder enthalten entweder vollständige Betriebssysteme oder eine Version eines speziellen minimalistischen Betriebssystems, das *Windows PE* genannt wird. Windows PE dient als eine Art Startbetriebssystem und stellt eine Umgebung bereit, in der komplexere Wartungs- und Installationsarbeiten durchgeführt werden können. WDS verwendet vier Arten von Abbildern: *Startabbilder*, *Installationsabbilder*, *Suchabbilder* und *Aufzeichnungsabbilder*.

- **Startabbild**   Ein spezielles Abbild, das es ermöglicht, einen Computer zu starten und mit einem Installationsabbild ein Betriebssystem zu installieren. Im Ordner *sources* des Windows Server 2012-Installationsmediums liegt ein Standardstartabbild namens *Boot.wim*.

- **Installationsabbild**   Der wichtigste Abbildtyp, der in diesem Kapitel behandelt wird. Er enthält das Betriebssystem und andere Komponenten, zum Beispiel hinzugefügte Softwareupdates und zusätzliche Anwendungen. Im Ordner *sources* des Windows Server 2012-Installationsmediums liegt ein Standardinstallationsabbild namens *Install.wim*.

- **Suchabbild**   Dieses spezielle Abbild ist für Computer vorgesehen, die keinen PXE-Start durchführen können. Es muss die erforderlichen Netzwerktreiber enthalten, um eine Sitzung mit einem Windows-Bereitstellungsdiensteserver einleiten zu können.

- **Aufzeichnungsabbild**   Ein spezieller Abbildtyp, der es ermöglicht, einen entsprechend vorbereiteten Computer zu starten und ein Abbild des installierten Betriebssystems zu erstellen. Aufzeichnungsabbilder werden als Startabbilder zu WDS hinzugefügt.

Schnelltest

- Welche Art von Abbild bearbeiten Sie, wenn Sie die Software für eine bestimmte Netzwerkkarte hinzufügen möchten, damit die Software nach dem ersten Start von Windows Server 2012 verfügbar ist?

Antwort zum Schnelltest

- Sie bearbeiten das Installationsabbild und fügen die gewünschte Software hinzu, damit sie beim ersten Start von Windows Server 2012 verfügbar ist.

So importieren Sie ein Abbild in die Windows-Bereitstellungsdienste:

1. Öffnen Sie die Konsole *Windows-Bereitstellungsdienste*.

2. Klicken Sie auf *Installationsabbilder*. Klicken Sie im Menü *Aktion* auf *Installationsabbild hinzufügen*.

3. Legen Sie fest, ob eine vorhandene Abbildgruppe verwendet oder eine neue erstellt werden soll.

4. Geben Sie den Dateipfad der Abbilddatei an.

5. Wählen Sie auf der Seite *Verfügbare Abbilder* des *Assistenten zum Hinzufügen von Abbildern* die Betriebssystemabbilder aus, die hinzugefügt werden sollen (Abbildung 1.9), und klicken Sie auf *Weiter*. Wenn der Vorgang abgeschlossen ist, klicken Sie auf *Fertig stellen*.

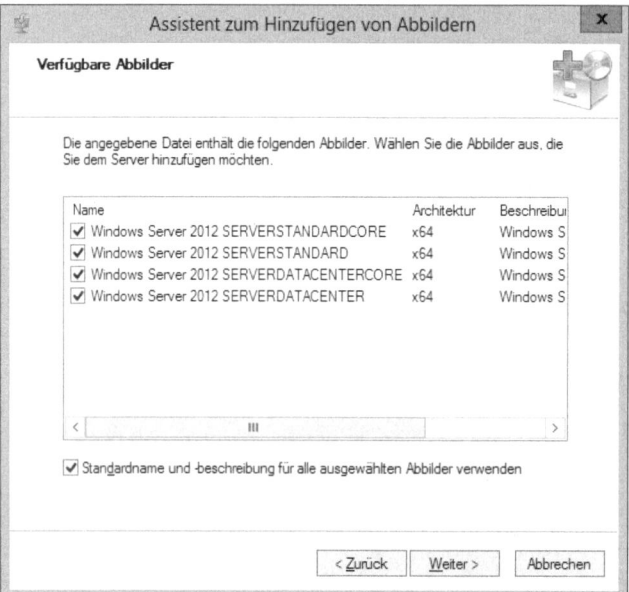

Abbildung 1.9   Auswählen der hinzuzufügenden Abbilder

Praxistipp   Bereitstellen von Betriebssystemen mit System Center 2012 Configuration Manager

Die Windows-Bereitstellungsdienste ermöglichen zwar eine automatisierte Bereitstellung von Betriebssystemen, aber in Unternehmensumgebungen werden Sie wahrscheinlich System Center-Produkte verwenden, um Windows Server 2012 zu installieren. Sie können den System Center 2012 Configuration Manager verwenden, um herkömmliche (physische) Server bereit-zustellen, und die VMM-Komponente (Virtual Machine Manager) von System Center 2012, um virtuelle Windows Server 2012-Computer bereitzustellen.

Konfigurieren der Windows-Bereitstellungsdienste

Die Standardeinstellungen für WDS eignen sich für kleine Umgebungen. Wenn Sie WDS in größeren Umgebungen verwenden und für die Bereitstellung von Betriebssystemen nicht System Center 2012 Configuration Manager einsetzen, kann es sinnvoll sein, die in den folgenden Abschnitten beschriebenen Optionen zu überprüfen und gegebenenfalls zu ändern. Dazu öffnen Sie in der Konsole *Windows-Bereitstellungsdienste* das Eigenschaftsdialogfeld des Windows-Bereitstellungsdiensteservers.

PXE-Antworteinstellungen

Mit den Einstellungen auf der Registerkarte *PXE-Antwort* können Sie festlegen, wie der WDS-Server Computern antwortet. Wie Abbildung 1.10 zeigt, können Sie festlegen, dass die Windows-Bereitstellungsdienste keinem Computer antworten (wodurch WDS praktisch deaktiviert wird), dass sie nur bekannten Clientcomputern antworten oder dass sie allen Computern antworten, wobei Sie für unbekannte Computer noch eine manuelle Genehmigung durch einen Administrator erforderlich machen können. Ein bekannter Computer ist ein Computer, für den es in Active Directory bereits ein vorab bereitgestelltes Konto gibt. Sie können ein Computerkonto vorab bereitstellen, wenn Sie die MAC-Adresse der Netzwerk-karte des Computers kennen. Hersteller liefern beim Kauf von Computern oft eine Liste der MAC-Adressen mit. Diese Liste können Sie verwenden, um die entsprechenden Computer-konten vorab bereitzustellen.

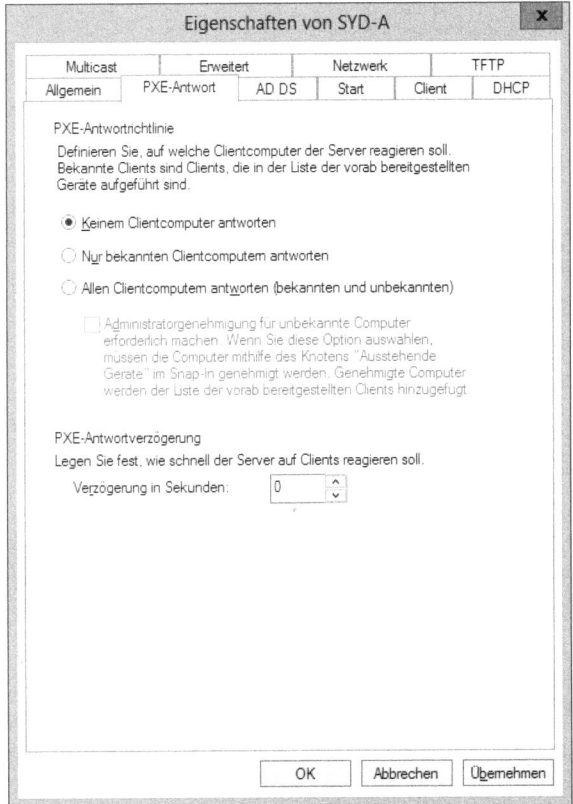

Abbildung 1.10   PXE-Antworteinstellungen

Verwenden Sie die Einstellung *PXE-Antwortverzögerung*, wenn es in einer Umgebung mehrere Windows-Bereitstellungsdiensteserver gibt. Mit dieser Einstellung können Sie dafür sorgen, dass Clients ihre Daten vorrangig von bestimmten Servern erhalten, wobei der Server mit der kleinsten PXE-Antwortverzögerung Vorrang vor anderen WDS-Servern mit höheren Verzögerungswerten hat.

Benennungsrichtlinie für Clients

Mit der *Benennungsrichtlinie für Clients* auf der Registerkarte *AD DS* können Sie festlegen, wie die mit WDS bereitgestellten Computer benannt werden, sofern Sie keine anderen Optionen für die Namensgebung bei der Bereitstellung verwenden. Mit den anderen Einstellungen auf dieser Registerkarte legen Sie fest, zu welcher Domäne oder Organisationseinheit das Computerkonto gehört (Abbildung 1.11).

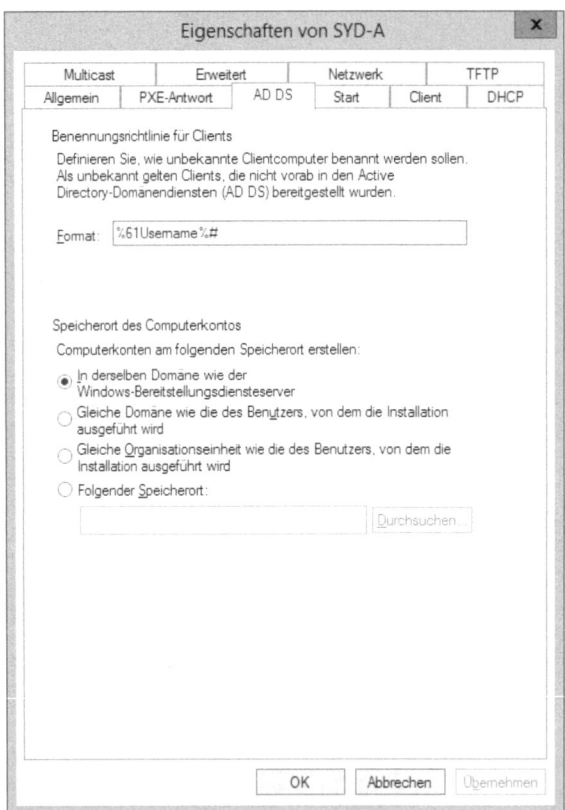

Abbildung 1.11 *Benennungsrichtlinie für Clients*

WDS-Startoptionen

Auf der Registerkarte *Start* des Eigenschaftsdialogfelds eines WDS-Servers legen Sie Details für den PXE-Start fest (Abbildung 1.12). Sie können auch für jede Architektur, die von den Windows-Bereitstellungsdiensten unterstützt wird, ein Standardstartabbild festlegen. Standardmäßig muss jemand die Taste F12 drücken, nachdem der Client eine Verbindung zum WDS-Server hergestellt hat, um den Start fortzusetzen und das Betriebssystem bereitzustellen. In Umgebungen, in denen eine große Zahl von Bereitstellungen gleichzeitig durchgeführt wird, kann sich die Bereitstellung durch die erforderliche manuelle Eingabe verzögern.

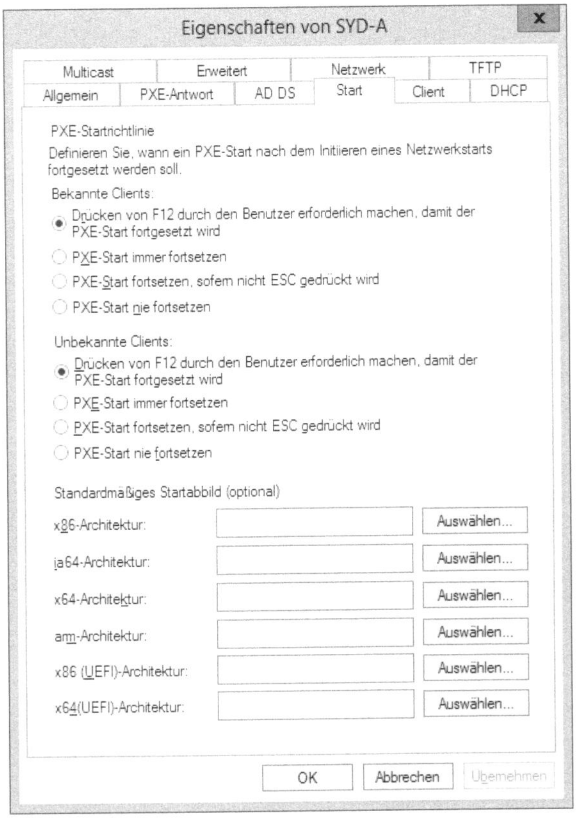

Abbildung 1.12   Startoptionen

Multicastoptionen

Mit den Standardeinstellungen der Windows-Bereitstellungsdienste erhalten alle Computer, die an einer *Multicastübertragung* teilnehmen, das Installationsabbild in derselben Geschwindigkeit. Wenn Sie häufig Betriebssysteme bereitstellen, wird Ihnen vermutlich schon aufgefallen sein, dass es gelegentlich 1 oder 2 Computer gibt, deren Netzwerkkarten den Vorgang sehr stark verlangsamen. Eine Übertragung, die zwischen 15 Minuten und einer halben Stunde dauern sollte, kann sich dann durchaus über einen halben Tag hinziehen. Auf der Registerkarte *Multicast* (Abbildung 1.13) können Sie in solchen Fällen Einstellungen vornehmen, mit denen die Clients separaten Übertragungen zugeteilt werden, je nach ihrer Leistungsfähigkeit beim Empfang von Multicastübertragungen. Langsame Computer brauchen dann zwar immer noch lange, um das vollständige Abbild zu empfangen, aber die Bereitstellung auf den anderen Computern, die an der Übertragung teilnehmen, kann schneller erfolgen.

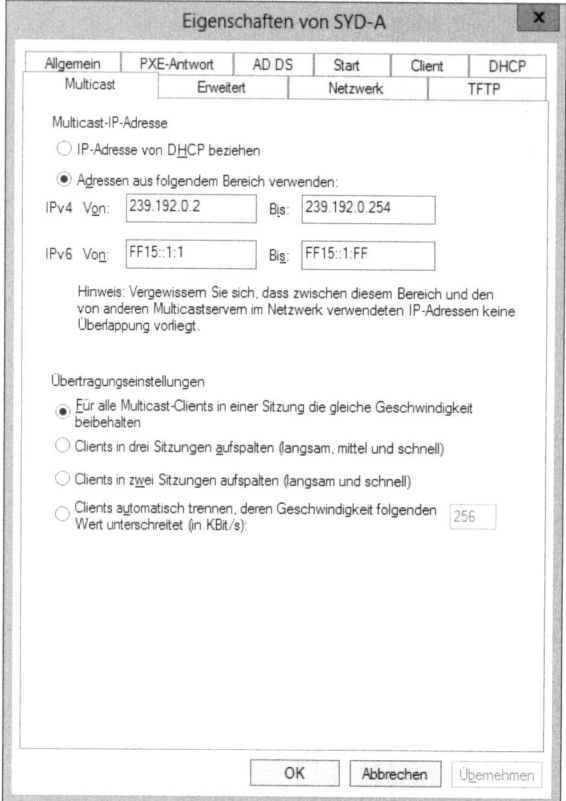

Abbildung 1.13   WDS-Multicastoptionen

Andere Optionen

Auf den folgenden Registerkarten gibt es weitere Optionen, die Sie bei Bedarf konfigurieren können:

- **Registerkarte** *Erweitert*   Sie können die Windows-Bereitstellungsdienste so einstellen, dass sie einen bestimmten Domänencontroller und einen bestimmten Katalogserver verwenden. Außerdem können Sie festlegen, ob die Windows-Bereitstellungsdienste in DHCP autorisiert sind. Die DHCP-Autorisierung erfolgt bei der Installation der Rolle *Windows-Bereitstellungsdienste* automatisch.

- **Registerkarte** *Netzwerk*   Sie können mit einer UDP-Portrichtlinie (User Datagram Protocol) festlegen, welche UDP-Ports für die Übertragungen verwendet werden. Außerdem können Sie in einem Netzwerkprofil angeben, wie schnell das Netzwerk ist, damit die WDS-Übertragungen das Netzwerk nicht zu stark belasten.

- **Registerkarte** *TFTP*   Hier legen Sie die maximale Blockgröße und die Fenstergröße für das TFTP-Protokoll (Trivial File Transfer Protocol) fest

Konfigurieren von Übertragungen

In WDS-Übertragungen können Sie festlegen, wie die Windows-Bereitstellungsdienste das Betriebssystemabbild an PXE-Clients übertragen. Wenn Sie eine WDS-Übertragung konfigurieren, legen Sie auf der Seite *Multicasttyp* des *Assistenten zum Erstellen einer Multicastübertragung* fest, welche Art von Multicastübertragung durchgeführt werden soll (Abbildung 1.14).

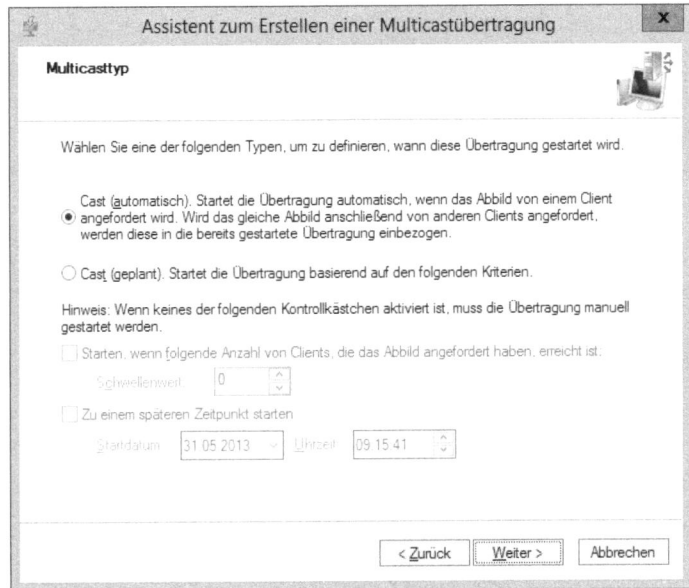

Abbildung 1.14   Multicasttyp

Diese beiden Optionen unterscheiden sich wie folgt:

- **Cast (automatisch)**   Die Übertragung beginnt, wenn ein Client das Abbild anfordert. Wenn andere Clients dasselbe Abbild anfordern, nehmen die Clients an derselben Übertragung teil. Sie speichern die übertragenen Daten und erhalten anschließend die fehlenden Daten, die bereits übertragen wurden, als sie noch nicht an der Übertragung teilnahmen. Das ist die beste Option für die Bereitstellung einzelner Computer oder einer geringen Zahl von Computern.

- **Cast (geplant)**   Die Übertragung beginnt, wenn eine bestimmte Anzahl von Computern das Abbild angefordert hat, oder zu einem bestimmten Zeitpunkt. Das ist die beste Option, wenn Sie ein Betriebssystemabbild auf einer großen Zahl von Computern bereitstellen.

So konfigurieren Sie eine WDS-Übertragung:

1. Öffnen Sie die Konsole *Windows-Bereitstellungsdienste*, erweitern Sie den Knoten des WDS-Servers, der für die Bereitstellung verwendet werden soll, und klicken Sie auf Multicastübertragungen. Klicken Sie im Menü *Aktion* auf *Multicastübertragung erstellen*.

2. Geben Sie einen Namen für die Multicastübertragung ein.

3. Wählen Sie auf der Seite *Abbildauswahl* das Betriebssystemabbild aus, das bereitgestellt werden soll.

4. Wählen Sie auf der Seite *Multicasttyp* zwischen *Cast (automatisch)* und *Cast (geplant)*. Wenn Sie *Cast (geplant)* wählen, geben Sie die Zahl der Clients oder den Startzeitpunkt der Übertragung an.

Praxistipp   Vorlagen für virtuelle Computer

Da sich die Infrastruktur zunehmend in private und öffentliche Clouds verlagert, werden Sie Server zunehmend aus Vorlagen für virtuelle Computer bereitstellen, wie sie beispielsweise mit der VMM-Komponente von System Center 2012 konfiguriert werden können, statt eine herkömmliche Installation mit einem Abbild durchzuführen. Das Konfigurieren von Vorlagen für virtuelle Computer geht zwar über den Rahmen dieses Buchs hinaus und ist auch nicht Teil der Prüfung 70-411, aber in der Praxis werden Sie wahrscheinlich weniger oft Windows Server 2012 mit WDS installieren, sondern häufiger virtuelle Server aus Vorlagen bereitstellen.

Zusammenfassung der Lektion

- Sofern Sie die bereitzustellenden Computer nicht mit einem Suchabbild starten, müssen die Computer über PXE starten können, damit sie von einem Windows-Bereitstellungs-diensteserver ein Betriebssystemabbild empfangen können

- Sind Startabbilder verfügbar, können Computer mit PXE-fähigen Netzwerkkarten über das Netzwerk eine Vorinstallationsumgebung laden, die es dann ermöglicht, ein Betriebssystem zu laden

- Installationsabbilder enthalten das Betriebssystem und gegebenenfalls zusätzliche Komponenten wie Softwareupdates und Anwendungen

- Suchabbilder werden auf Computern verwendet, die nicht über PXE-fähige Netzwerkkarten verfügen. Aufzeichnungsabbilder werden verwendet, um ein Abbild von einem entsprechend vorbereiteten Betriebssystem zu erstellen.

- Multicastübertragungen ermöglichen die gleichzeitige Übertragung eines Installationsabbilds an mehrere Computer

- Wenn auf einem Windows-Bereitstellungsdiensteserver auch die Rolle *DHCP-Server* aktiviert wird, ist es erforderlich, den Server so zu konfigurieren, dass er einen anderen Port abhört, und für alle Bereiche die DHCP-Option 60 zu konfigurieren

- Antwortdateien für die unbeaufsichtigte Installation von Windows-Betriebssystemen lassen sich mit Windows SIM erstellen. Sie können die Windows-Bereitstellungsdiensteserver mit einer Antwortdatei für die unbeaufsichtigte Installation konfigurieren, um die Anzahl der interaktiven Eingaben zu minimieren, die bei der Bereitstellung von Windows Server 2012 erforderlich sind.

Lernzielkontrolle

Beantworten Sie folgende Fragen, um Ihr Wissen über den Stoff dieser Lektion zu überprüfen. Antworten auf diese Fragen und Erklärungen, warum die jeweilige Antwort richtig oder falsch ist, finden Sie im Abschnitt »Antworten« am Ende dieses Kapitels.

1. Sie richten die Windows-Bereitstellungsdienste ein, um damit auf einer Reihe von Computern Windows Server 2012 zu installieren. Alle Computer aus Ihrer Organisation verfügen über PXE-fähige Netzwerkkarten. Welches der folgenden Abbilder müssen Sie in WDS importieren, um ein Betriebssystem bereitstellen zu können? (Wählen Sie alle zutreffenden Antworten.)

    A. Startabbild

    B. Installationsabbild

    C. Aufzeichnungsabbild

    D. Suchabbild

2. Sie haben gerade mit Windows PowerShell die Rolle *Windows-Bereitstellungsdienste* zu einem Computer des Zweigstellenbüros in Melbourne hinzugefügt, auf dem Windows Server 2012 ausgeführt wird. Der Computer dient bereits als Domänencontroller, DHCP-Server und DNS-Server. Zur Überprüfung führen Sie mit dem Windows Server 2012-Installationsabbild eine Testbereitstellung durch, aber die PXE-Netzwerkkarte kann keine Verbindung mit WDS herstellen. Wie können Sie dieses Problem vielleicht lösen? (Wählen Sie alle zutreffenden Antworten.)

    A. Sie konfigurieren die Windows-Bereitstellungsdienste so, dass sie keine DHCP-Ports abhören.

    B. Sie konfigurieren die Windows-Bereitstellungsdienste so, dass sie keine DNS-Ports abhören.

    C. Sie Konfigurieren DHCP so, dass es WDS unterstützt.

    D. Sie autorisieren den Windows-Bereitstellungsdiensteserver in Active Directory.

3. Derzeit antworten die Windows-Bereitstellungsdienste den Clientcomputern nicht. Sie möchten sie so einstellen, dass sie allen Clients antworten, wobei aber Bereitstellung auf Computern mit unbekannten MAC-Adressen von einem Administrator genehmigt werden müssen. Mit welchen der folgenden Einstellungen erreichen Sie dies? (Wählen Sie zwei aus. Jede korrekte Antwort ist Teil der vollständigen Lösung.)

    A. *Keinem Clientcomputer antworten*

    B. *Administratorgenehmigung für unbekannte Computer erforderlich machen*

    C. *Nur bekannten Clientcomputern antworten*

    D. *Allen Clientcomputern antworten (bekannten und unbekannten)*

Lektion 3: Warten und Aktualisieren von bereitgestellten Servern

WSUS 4.0 (Windows Server Update Services) ist als Serverrolle in Windows Server 2012 integriert. WSUS funktioniert wie ein lokaler Spiegel der Microsoft Update-Server aus dem Internet. Organisationen, die über WSUS verfügen, können ihre Client- und Servercomputer mit Gruppenrichtlinien so einstellen, dass sie auf einem lokalen WSUS-Server nach neuen Updates suchen, statt auf den Microsoft Update-Servern aus dem Internet. Die wichtigsten Vorteile liegen darin, dass der Datenverkehr auf den Internetverbindungen der Organisation verringert wird und dass ein Administrator kontrollieren kann, welche Updates auf den Computern der Organisation bereitgestellt werden.

Am Ende dieser Lektion werden Sie in der Lage sein, die folgenden Aufgaben auszuführen:

- Bereitstellen von WSUS

- Verwalten von Updates mit WSUS

Veranschlagte Zeit für diese Lektion: 45 Minuten

Automatisiertes Bereitstellen von Updates mit WSUS

WSUS (Windows Server Update Services) und der Vorgänger SUS (Software Update Services) sind bereits seit mehr als einem Jahrzehnt als kostenlose Add-Ins für Windows Server-Betriebssysteme erhältlich. Die WSUS-Version, die in Windows Server 2012 zur Verfügung steht, ist WSUS 4.0. Anders als bei den Vorgängerversionen von Windows Server, für die man WSUS separat herunterladen oder ein spezielles Update installieren musste, um die Rolle verfügbar zu machen, lässt sich WSUS 4.0 direkt als Serverrolle bereitstellen.

Da es bereits so lange kostenlos erhältlich ist, ist WSUS weit verbreitet. Microsoft hat über eine Million WSUS-Server registriert, die ihren Datenbestand regelmäßig bei den Microsoft Update-Servern aus dem Internet aktualisieren. Obwohl es inzwischen von Microsoft und anderen Herstellern weiter entwickelte Updatelösungen gibt, ist WSUS neben Windows Update die am häufigsten verwendete Lösung zur Bereitstellung von Updates.

Praxistipp Windows Intune und System Center 2012 Configuration Manager

Für Organisationen, die Softwareupdates für Clients bereitstellen müssen, die sich nicht im eigenen privaten Netzwerk befinden, beispielsweise für Mitarbeiter, die zu Hause arbeiten, ist Windows Intune vielleicht eine effizientere Lösung als eine WSUS-Bereitstellung im Umkreis-netzwerk. Windows Intune ist für Clientbetriebssysteme vorgesehen. Daher ist es bei der Verwaltung von Updates für Server weniger wichtig. Organisationen, die die Bereitstellung von Updates für Microsoft-Anwendungen und für Anwendungen von anderen Herstellern automatisieren möchten, werden eher System Center 2012 Configuration Manager wählen. Diese Software bietet viele Werkzeuge für die Bereitstellung von Updates. Allerdings geht System Center 2012 Configuration Manager über den Rahmen dieses Buchs hinaus und ist auch nicht Thema der Prüfung.

Neue WSUS-Funktionen

Administratoren, die bereits mit WSUS 3.0 Service Pack 2 (SP2) gearbeitet haben, werden sich in WSUS 4.0 schnell zurechtfinden. WSUS 3.0 SP2 ließ sich unter Windows Server 2003, Windows Server 2003 R2, Windows Server 2008 und Windows Server 2008 R2 installieren. Die größten Unterschiede zwischen WSUS 3.0 SP2 und WSUS 4.0 sind:

- **Integrierte Verwaltungskonsole**   WSUS 3.0 SP2 hatte eine Konsole, die nicht in die Konsole *Server-Manager* eingebunden war. Die WSUS 4.0-Konsole ist unter Windows Server 2012 in die Konsole *Server-Manager* integriert.

- **Unterstützung von Server Core**   WSUS 4.0 lässt sich auch auf Server Core-Installationen von Windows Server 2012 installieren. Das gilt allerdings nur für Windows Server 2012. Auf Server Core-Installationen von Windows Server 2008 R2 lässt sich WSUS 4.0 nicht installieren.

- **Unterstützung von Windows PowerShell**   Viele Verwaltungsaufgaben für WSUS 4.0 lassen sich mit Windows PowerShell durchführen

Bereitstellen und Verwalten von WSUS

Sie können WSUS 4.0 auf herkömmlichen und auf Server Core-Installationen von Windows Server 2012 als Serverrolle installieren. Der Vorteil einer Server Core-Installation liegt darin, dass sie weniger Updates erfordert. Wenn Sie WSUS auf einer Server Core-Installation verwenden, sollten Sie auf einem anderen Computer die RSAT-Komponenten für WSUS installieren, um WSUS leichter verwalten zu können. Dazu eignet sich ein Computer mit einer herkömmlichen Installation von Windows 8 oder Windows Server 2012. WSUS 4.0 lässt sich zwar auch mit Windows PowerShell steuern, aber in Windows PowerShell stehen nicht alle WSUS-Funktionen zur Verfügung.

Bei der Installation von Windows haben Sie die Wahl zwischen einer internen Windows-Datenbank (Windows Internal Database, WID) und einer SQL Server-Instanz. Eine SQL Server-Instanz hat den Vorteil, dass sie sich leichter sichern lässt und komplexere Berichte ermöglicht. Die meisten WSUS-Bereitstellungen verwenden aber die integrierte WID-Datenbank. Wenn Sie WSUS 4.0 unter Windows Server 2012 installieren, werden automatisch auch alle weiteren erforderlichen Komponenten installiert.

Produkte, Sicherheitsklassifizierungen und Sprachen

Bei der Installation werden Sie aufgefordert, durch die Angabe von Produktnamen, Sicherheitsklassifizierungen und Sprachen die Updates auszuwählen, die heruntergeladen werden sollen. Sie können zwar alle Updates für alle Produktkategorien mit allen Klassifizierungen in allen Sprachen herunterladen, aber Sie verringern den später erforderlichen Arbeitsaufwand, wenn Sie nur Updates für solche Produkte herunterladen, die im Netzwerk Ihrer Organisation verwendet werden.

Praxistipp   Updates müssen genehmigt werden

Vergessen Sie nicht, festzulegen, ob Updates genehmigt werden müssen. Wenn Sie keine Auswahl unter den Updates treffen, müssen Sie vielleicht viel Zeit auf Updates verwenden, die für die Computer aus Ihrem Zuständigkeitsbereich nicht wichtig sind.

Bei der Synchronisation aktualisiert WSUS gegebenenfalls die Liste der Produktnamen, um neu entwickelte Software zu berücksichtigen. Wenn Ihre Organisation ein neues Produkt bereitstellt oder ein altes außer Dienst stellt, oder wenn Sie einfach nur die Auswahl der Updates ändern möchten, können Sie dies im Dialogfeld *Produkte und Klassifizierungen* tun (Abbildung 1.15). Es ist in der Konsole *Update Services* über *Optionen* zugänglich.

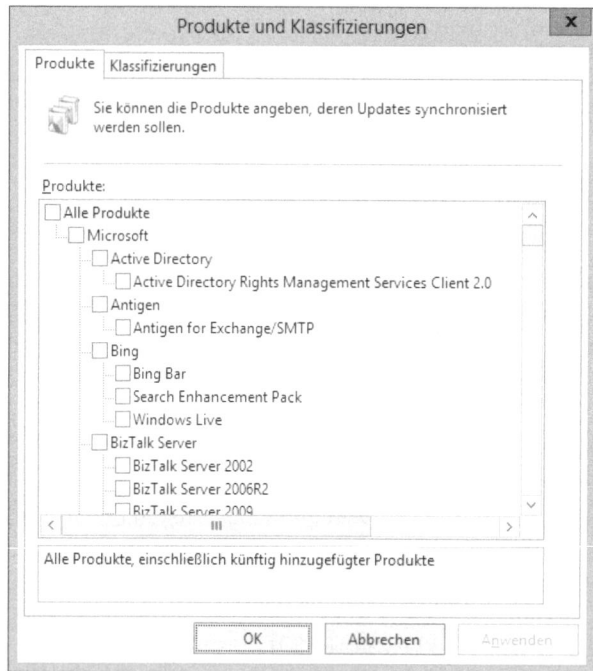

Abbildung 1.15   *Produkte und Klassifizierungen*

Autonome Server und Replikatserver

In großen Organisationen werden gewöhnlich mehrere WSUS-Server eingesetzt. Ein einzelner WSUS-Server kann zwar ungefähr 25000 Clients unterstützen, aber es ist besser, an jedem größeren Standort einen lokalen WSUS-Server einzurichten, statt die Updates und Genehmigungen für die Clients über WAN-Verbindungen (Wide Area Network) zu versenden. Statt nun von den Administratoren zu verlangen, auf jedem WSUS-Server der Organisation dieselben Genehmigungen einzugeben, können Sie einen WSUS-Server als *Replikat* eines anderen Servers konfigurieren. Wenn Sie einen WSUS-Server als Replikat einrichten (Abbildung 1.16), kopiert der Downstreamserver alle Updategenehmigungen, Einstellungen, Computer und Gruppen von seinem übergeordneten Upstreamserver. Im Dialogfeld *Updatequelle und Proxyserver*, das über den Knoten *Optionen* der Konsole *Update Services* zugänglich ist, können Sie festlegen, welcher Server als Upstreamserver dient. Bei Bedarf können Sie auch Einstellungen für einen Proxyserver vornehmen.

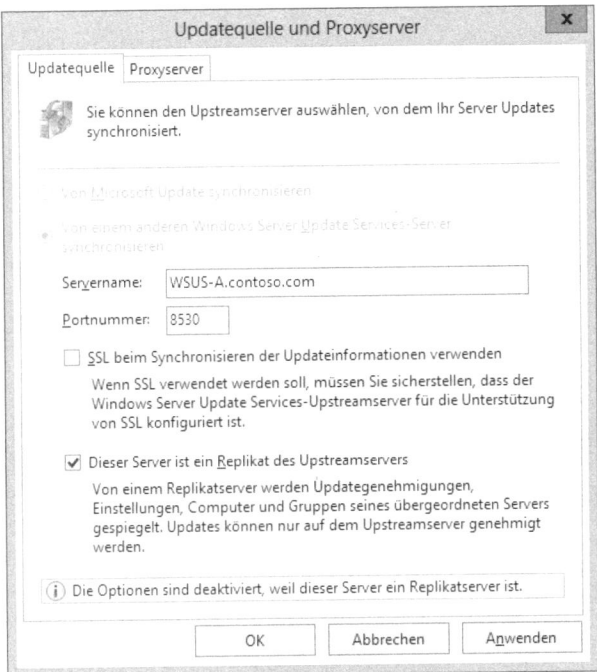

Abbildung 1.16   Ein WSUS Server als Replikat

Weitere Informationen   WSUS-Topologien

Unter *http://technet.microsoft.com/de-de/library/hh852344.aspx* erfahren Sie mehr über WSUS-Topologien.

Updatedateien

Einer der Vorteile von WSUS besteht darin, dass Clients aus dem lokalen Netzwerk ihre Updates vom WSUS-Server herunterladen, statt von den Microsoft Update-Servern aus dem Internet. Die Einstellungen für die Speicherung von Updates nehmen Sie im Dialogfeld *Dateien und Sprachen aktualisieren* vor, das über den Knoten *Optionen* der Konsole *Update Services* zugänglich ist. Folgende Optionen stehen zur Verfügung (Abbildung 1.17):

- **Updatedateien lokal auf diesem Server speichern**   Wenn Sie diese Option wählen, haben Sie die Wahl, nur genehmigte Dateien herunterzuladen, Schnellinstallationsdateien herunterzuladen, die sich auf Clients schneller installieren lassen, oder Dateien von

Microsoft Update statt vom Upstreamserver herunterzuladen. Mit der letzten Option können Sie einen Server als Replikatserver konfigurieren und dafür sorgen, dass er trotzdem seine Dateien von Microsoft Update statt vom Upstreamserver herunterlädt.

- **Updatedateien nicht lokal speichern; Computer installieren von Microsoft Update**   Wenn Sie diese Option wählen, verwenden Clients WSUS zwar für die Genehmigung von Updates, laden die Updates dann aber von den Microsoft Update-Servern aus dem Internet herunter. Diese Option eignet sich für den Fall, dass Sie Updates für Clients genehmigen müssen, die nicht zum Netzwerk der Organisation gehören.

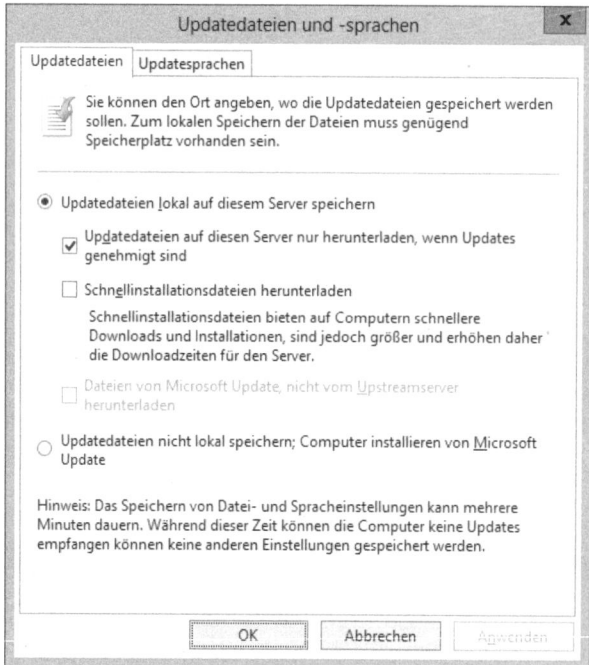

Abbildung 1.17   Speicherung von Updatedateien

Windows PowerShell-Cmdlets

WSUS 4.0 lässt sich mit Windows PowerShell steuern. Sie können auf einen entsprechend eingerichteten WSUS-Server zwar bestimmte Verwaltungsarbeiten mit Windows PowerShell erledigen, aber es ist einfacher, dafür die Konsole *Update Services* zu verwenden. Für WSUS sind folgende Windows PowerShell-Befehle verfügbar:

- **Add-WsusComputer**   Fügt einen Computer zu einer WSUS-Gruppe hinzu
- **Approve-WsusUpdate**   Genehmigt die Bereitstellung eines bestimmten Updates
- **Deny-WsusUpdate**   Lehnt die Bereitstellung eines bestimmten Updates ab
- **Get-WsusClassification**   Zeigt die WSUS-Klassifikationen an

- **Get-WsusComputer**   Ermöglicht die Filterung der Computer, die dem WSUS-Server bekannt sind, nach Betriebssystem, Namen, Updateinstallationsstatus und anderen Kriterien

- **Get-WsusProduct**   Listet alle Produkte auf, die für WSUS verfügbar sind

- **Get-WsusServer**   Liefert Informationen über den WSUS-Server

- **Invoke-WsusServerCleanup**   Räumt WSUS auf und entfernt zum Beispiel abgelöste Updates

- **Set-WsusClassification**   Aktiviert oder deaktiviert die Synchronisierung von bestimmten Updatekategorien

- **Set-WsusProduct**   Aktiviert oder deaktiviert die Synchronisierung von Updates für ein bestimmtes Produkt

- **Set-WsusServerSynchronization**   Ermöglicht die Konfiguration eines Synchronisierungs-zeitplans für den WSUS-Server

WSUS-Sicherheitsrollen

In großen Organisationen werden die Aufgaben des Serveradministrators und des Update-administrators wahrscheinlich verschiedenen Personen übertragen. Bei der Installation von WSUS werden zwei lokale Sicherheitsgruppen angelegt. Indem Sie Benutzer zu diesen Gruppen hinzufügen, können Sie ihnen die Berechtigung geben, die Aufgaben durchzuführen, die zu folgenden Rollen gehören:

- **WSUS Administrators**   Mitglieder der lokalen Gruppe *WSUS Administrators* können alle WSUS-Verwaltungsaufgaben durchführen. Dazu gehören die Genehmigung von Updates, die Verwaltung von Computergruppen, die Konfiguration von automatischen Genehmigungsregeln und die Änderung der Updatequelle des WSUS-Servers.

- **WSUS Reporters**   Mitglieder dieser Gruppe können Berichte über den WSUS-Server erstellen. Diese Berichte beschreiben den Updatestatus auf der Basis von Update und Computer. Ein Mitglied dieser Gruppe kann beispielsweise einen WSUS-Bericht erstellen und überprüfen, auf welchen Computern ein bestimmtes wichtiges Update fehlt.

Schnelltest

- Sie möchten, dass die WSUS-Server in den Zweigstellen dieselben Genehmigungs-einstellungen wie der WSUS-Server in der Zentrale Ihrer Organisation verwenden. Wie konfigurieren Sie die Server in den Zweigstellen, um dies zu erreichen?

Antwort zum Schnelltest

- Sie können die WSUS-Server in den Zweigstellen als Replikate des WSUS-Servers aus der Zentrale konfigurieren. Wenn Sie dies tun, verwenden die Server in den Zweig-stellen dieselben Genehmigungseinstellungen wie der Upstreamserver.

WSUS-Gruppen

Sie können Computer in WSUS-Gruppen zusammenfassen, um die Bereitstellung von Updates übersichtlicher zu gestalten. Sie könnten zum Beispiel eine WSUS-Gruppe für Server in Sydney einrichten und eine zweite für Server in Melbourne. Ein Computer kann Mitglied von mehreren WSUS-Gruppen sein und WSUS-Gruppen können Hierarchien bilden. Die WSUS-Gruppe *Australia* könnte zum Beispiel die WSUS-Gruppen *Melbourne* und *Sydney* als Mitglieder haben. Updates, die für die Gruppe *Australia* genehmigt werden, sind automatisch auch für die Gruppen *Melbourne* und *Sydney* genehmigt, sofern dies nicht explizit außer Kraft gesetzt wird.

Sie können Computer manuell oder durch Gruppenrichtlinien WSUS-Gruppen zuweisen. Durch Gruppenrichtlinien lässt sich ein Computer aber nur dann einer WSUS-Gruppe zuweisen, wenn es die betreffende Computergruppe bereits auf dem WSUS-Server gibt. Für eine manuelle Zuweisung muss der Computer dem WSUS-Server bereits bekannt sein. Computer, die dem WSUS-Server bekannt sind, aber noch keiner Gruppe zugeordnet sind, sind Mitglieder der Gruppe *Nicht zugewiesene Computer*.

WSUS-Gruppen müssen von einem Administrator erstellt werden. So erstellen Sie eine WSUS-Gruppe:

1. Öffnen Sie die Konsole *Update Services*.

2. Klicken Sie die Gruppe an, die als übergeordnete Gruppe dienen soll. Die Gruppe *Computer, Alle Computer* ist die übergeordnete Gruppe für alle Gruppen.

3. Klicken Sie im Menü *Aktion* auf *Computergruppe hinzufügen*.

4. Legen Sie einen Namen für die Computergruppe fest und klicken Sie auf *Hinzufügen*.

Praxistipp   Einfache Namen

Geben Sie den Computergruppen einfache Namen. Dadurch wird es einfacher, die Namen in Gruppenrichtlinien anzugeben, wenn Sie eine clientseitige Zielzuordnung verwenden.

WSUS-Richtlinien

Sie können die meisten WSUS-Clientoptionen in Gruppenrichtlinien konfigurieren. Viele dieser Richtlinien haben damit zu tun, wie Updates auf Clientbetriebssystemen installiert werden, und lassen sich nicht direkt auf die Aktualisierung eines Serverbetriebssystems anwenden. Windows Update-Richtlinien sind im Knoten *Computerkonfiguration*, *Richtlinien*, *Administrative Vorlagen*, *Windows-Komponenten*, *Windows Update* eines Standard-GPOs zu finden (Abbildung 1.18).

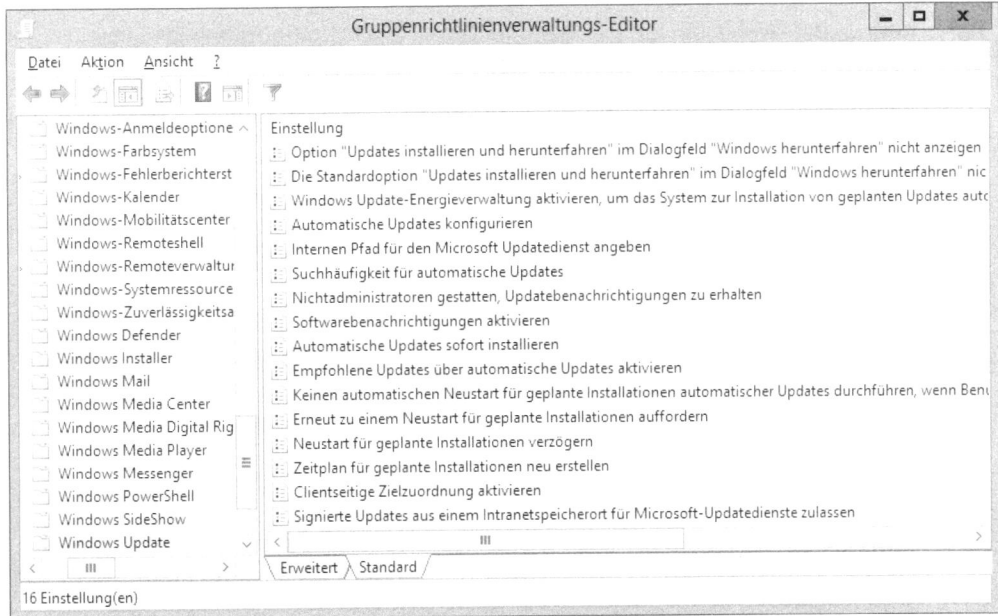

Abbildung 1.18 Gruppenrichtlinien für Windows Update

Aus der Sicht eines Serveradministrators sind folgende Richtlinien am wichtigsten:

- **Automatische Updates konfigurieren**   Sie können die automatische Aktualisierung aktivieren, einen Tag für die Installation von Updates wählen und den Zeitpunkt festlegen, an dem die Installation erfolgen soll. Gewöhnlich ist es aber keine gute Idee, diese eine Richtlinie für alle Server einer Organisation zu verwenden. Führen sämtliche Server zur selben Zeit eine Installation und gegebenenfalls einen Neustart durch, können sich deutliche Unterbrechungen in der Verfügbarkeit ergeben.

- **Internen Pfad für den Microsoft Updatedienst angeben**   Sie können einen WSUS-Server und einen Statistikserver angeben. Der Statistikserver sammelt Informationen über erfolgreiche Updateinstallationen. Gewöhnlich wird der WSUS-Server auch als Statistik-server verwendet.

- **Suchhäufigkeit für automatische Updates**   Legt fest, wie oft der Computer nach Updates sucht

- **Clientseitige Zielzuordnung aktivieren**   Mit dieser Richtlinie legen Sie fest, zu welcher Zielgruppe die Computer gehören. Computer, die keiner bestimmten WSUS-Gruppe angehören, werden in der Gruppe *Nicht zugewiesene Computer* zusammengefasst.

Praxistipp   Wechseln auf den System Center 2012 Configuration Manager

Vergessen Sie nicht, die WSUS-Richtlinien zu deaktivieren, wenn Ihre Organisation die Verwaltung von Softwareupdates auf System Center 2012 Configuration Manager, Windows Intune oder ein anderes Produkt umstellt. Falls Sie dies nicht tun, können sich Konflikte ergeben, die dazu führen, dass Computer ihre Updates nur mit Verzögerung erhalten.

Bereitstellen von Updates

Bei der Bereitstellung von Updates entscheiden Sie, ob ein Update installiert wird, welche Computergruppen das Update erhalten und in welchem Zeitrahmen die Installation erfolgen soll. Sie können ein Update zu unterschiedlichen Zeitpunkten in verschiedenen Gruppen installieren. Daher können Sie das Update zum Beispiel zuerst in einer Testgruppe installieren. Ergeben sich keine Probleme, stellen Sie es zu einem späteren Zeitpunkt für andere Gruppen bereit. So installieren Sie ein Update:

1. Öffnen Sie die Konsole *Update Services* und wählen Sie den Knoten *Updates*, *Alle Updates*. Sie können auch einen anderen untergeordneten Knoten wählen, beispielsweise *Wichtige Updates*, wenn Sie nur die verfügbaren wichtigen Updates überprüfen möchten.

2. Wählen Sie in der Dropdownliste *Genehmigung* den Eintrag *Nicht genehmigt* und in der Dropdownliste *Status* den Eintrag *Alle*, wie in Abbildung 1.19 gezeigt. Klicken Sie auf *Aktualisieren*. Alle nicht genehmigten Updates werden aufgelistet.

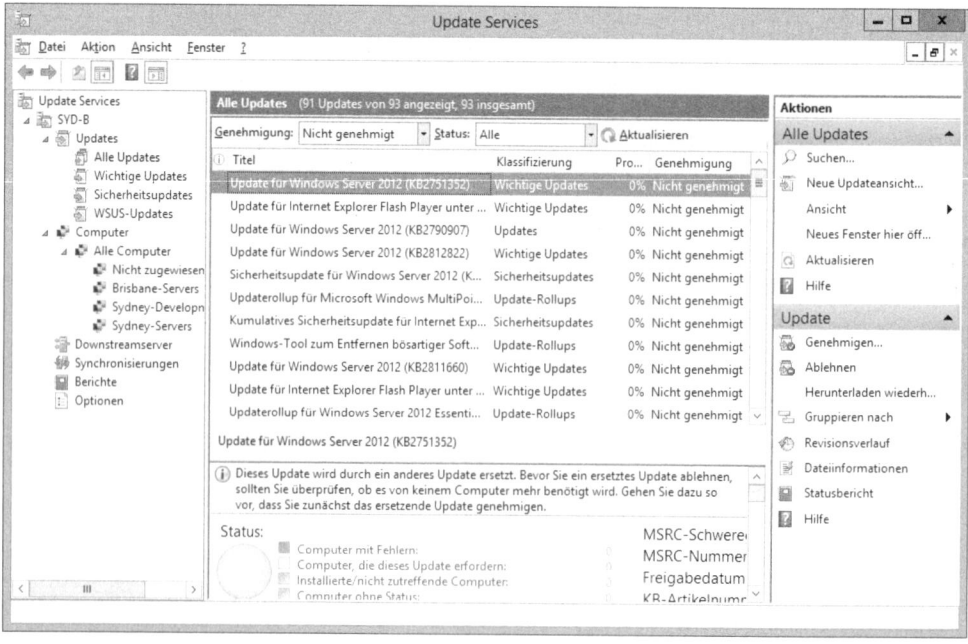

Abbildung 1.19   Die Liste der noch nicht genehmigten Updates

3. Wählen Sie ein oder mehrere Updates aus und klicken Sie im Bereich *Aktionen* unter *Update* auf *Genehmigen*.

4. Wählen Sie im Dialogfeld *Updates genehmigen* die Computergruppen aus, in denen das Update installiert werden soll. Abbildung 1.20 zeigt die Genehmigung von Updates für die Gruppe *Brisbane-Server*. Sie haben die Wahl unter folgenden Einstellungen:

    ▪ **Für die Installation genehmigt**   Das Update wird genehmigt

    ▪ **Zur Entfernung genehmigt**   Ein bereits installiertes Update wird entfernt

    ▪ **Nicht genehmigt**   Das Update wird nicht genehmigt

    ▪ **Vorhandene Genehmigungen beibehalten**   Die Genehmigung wird von der übergeordneten Gruppe geerbt

    ▪ **Stichtag**   Ermöglicht die Festlegung des Installationszeitpunkts

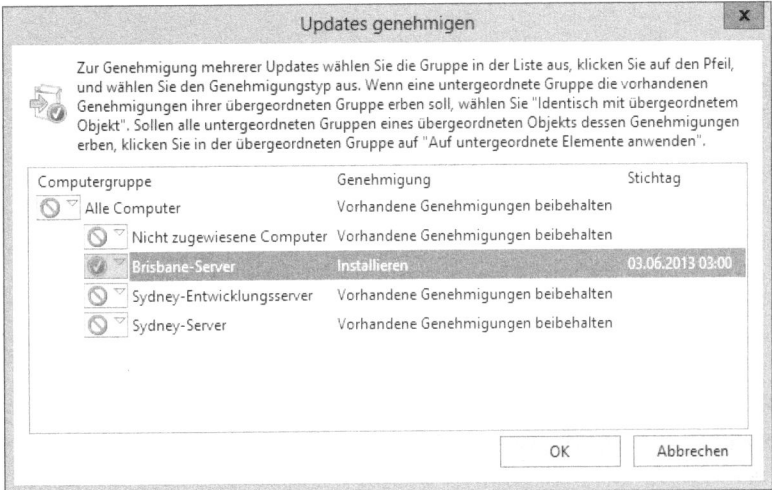

Abbildung 1.20   Genehmigen der Installation von Updates

Vor dem Genehmigen von Updates sollten Sie eine Synchronisierung durchführen, damit der WSUS-Server auf dem neusten Stand ist.

Weitere Informationen   Bereitstellen von Updates mit WSUS

Unter *http://technet.microsoft.com/de-de/library/hh852348.aspx* erhalten Sie weitere Informationen über die Bereitstellung von Updates mit WSUS.

Automatische Genehmigungsregeln

Automatische Genehmigungsregeln ermöglichen die automatische Genehmigung von Updates, die zu einer bestimmten Kategorie gehören. Damit lassen sich zum Beispiel wichtige Updates für die WSUS-Gruppe *Sydney-Entwicklungsserver* automatisch genehmigen (Abbildung 1.21).

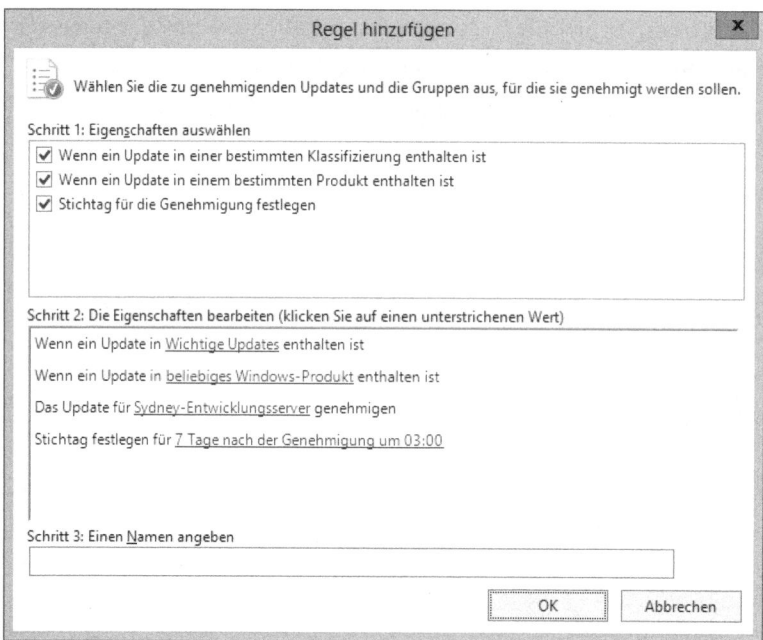

Abbildung 1.21 Automatische Genehmigungsregeln

So konfigurieren Sie eine automatische Genehmigungsregel:

1. Öffnen Sie die Konsole *Update Services*. Dazu können Sie das Menü *Tools* des Server-Managers verwenden, oder Sie klicken einen Server aus einer Servergruppe mit der rechten Maustaste an und klicken auf *Windows Server Update Services*.

2. Klicken Sie in der Konsole *Update Services* auf *Optionen* und dann auf *Automatische Genehmigungen*.

3. Klicken Sie im Dialogfeld *Automatische Genehmigungen* auf *Neue Regel*.

4. Wählen Sie im Dialogfeld *Regel hinzufügen* unter folgenden Optionen:

    ■ **Wenn ein Update in einer bestimmten Klassifizierung enthalten ist**   Damit legen Sie fest, ob die Regel für ein Update gilt, das zu einer bestimmten Kategorie gehört. Wählen Sie eine oder mehrere der folgenden Kategorien aus: *Definitionsupdates*, *Feature Packs*, *Service Packs*, *Sicherheitsupdates*, *Tools*, *Treiber*, *Update-Rollups*, *Updates* und *Wichtige Updates*. Microsoft gibt bei der Veröffentlichung von Updates auch die dazugehörige Klassifizierung an.

- **Wenn ein Update in einem bestimmten Produkt enthalten ist** Sie können Produkte angeben, beispielsweise auf einer allgemeineren Ebene, wie *Exchange*, oder genauer, wie *Exchange-Server 2013*

- **Stichtag für die Genehmigung festlegen** Der Stichtag für das Update, den Sie festlegen, bezieht sich auf den Zeitpunkt der Genehmigung des Updates

- **Das Update für <eine bestimmte Computergruppe> genehmigen** Das Update kann für ausgewählte Computergruppen genehmigt werden

Praxistipp   Kanarienvögel

Automatische Genehmigungsregeln sollten Sie nicht für Produktivserver verwenden, die für die tägliche Arbeit in der Organisation unverzichtbar sind, weil die Updates ohne vorherigen Test installiert werden. Automatische Genehmigungsregeln eignen sich aber gut für Testgruppen. In solche Testgruppen sollten Sie Benutzer aufnehmen, die sich wahrscheinlich melden werden, falls etwas schief geht. Wie Kanarienvögel, die von Bergleuten verwendet wurden, um gefährliche Gase zu erkennen, brauchen Sie Benutzer, die Sie informieren, wenn sich Probleme mit einem Update ergeben. Benutzer, die Probleme einfach ignorieren oder noch nicht einmal bemerken, eignen sich nicht für den Test von Updates.

Zusammenfassung der Lektion

- Installieren Sie WSUS als autonomen Server, wenn ein Administrator die Updates für die Computer verwalten soll, die ihre Updates vom WSUS-Server beziehen. Installieren Sie WSUS im Replikatmodus, wenn der Server seine Konfiguration von einem anderen WSUS-Server übernehmen soll.

- Erstellen Sie in der WSUS-Konsole Computergruppen und verwenden Sie Gruppenrichtlinien, um Computer den Gruppen zuzuordnen

- Erstellen Sie automatische Genehmigungsregeln, wenn Updates automatisch genehmigt werden können. Verwenden Sie solche Regeln nicht für Umgebungen, in denen kein Update ungetestet installiert werden darf.

- Fügen Sie Benutzer, die WSUS-Updates verwalten dürfen, zur Gruppe *WSUS Administrators* hinzu

- Für die Verwaltung von Updates für Computer, die nicht zum Netzwerk der Organisation gehören, eignet sich Windows Intune

- Updates für Produkte von anderen Herstellern können Sie mit System Center 2012 Configuration Manager verwalten

Lernzielkontrolle

Beantworten Sie folgende Fragen, um Ihr Wissen über den Stoff dieser Lektion zu überprüfen. Antworten auf diese Fragen und Erklärungen, warum die jeweilige Antwort richtig oder falsch ist, finden Sie im Abschnitt »Antworten« am Ende dieses Kapitels.

1. Sie richten WSUS 4.0 für die Verwaltung von Softwareupdates für die Computer Ihrer Organisation ein. Sie haben eine WSUS-Computergruppe namens *Sydney-Server* erstellt. Sie möchten, dass alle Computerkonten aus der Organisationseinheit *Sydney-Server* automatisch zu dieser Gruppe hinzugefügt werden. Welche der folgenden Gruppenrichtlinien würden Sie verwenden, um Server aus der Organisationseinheit *Sydney-Server* zur Computergruppe *Sydney-Server* hinzuzufügen? (Wählen Sie alle zutreffenden Antworten.)

    A. *Automatische Updates konfigurieren*

    B. *Clientseitige Zielzuordnung aktivieren*

    C. *Neustart für geplante Installationen verzögern*

    D. *Internen Pfad für den Microsoft Updatedienst angeben*

2. Ihre Organisation verwendet einen WSUS-Server namens *SYDNEY-WSUS*. Sie möchten, das alle wichtigen Updates und alle Sicherheitsupdates für Windows Server 2012 am Standort Sydney automatisch auf einer Computergruppe installiert werden, die zur Entwicklungsumgebung gehört. Die Bereitstellung dieser Updates soll nicht von der Genehmigung durch einen Administrator abhängig sein. (Wählen Sie drei Antworten aus. Jede korrekte Antwort ist Teil der vollständigen Lösung.)

    A. Sie erstellen auf *SYDNEY-WSUS* eine lokale Sicherheitsgruppe namens *UpdateTest*.

    B. Sie erstellen auf *SYDNEY-WSUS* eine WSUS-Gruppe namens *UpdateTest*.

    C. Sie fügen alle Computer aus der Entwicklungsumgebung zu *UpdateTest* hinzu.

    D. Sie erstellen für die Gruppe *UpdateTest* eine automatische Genehmigungsregel für wichtige Updates und Sicherheitsupdates.

3. Sie konfigurieren an den Standorten Melbourne und Perth WSUS-Server. In der Zentrale in Sydney haben Sie bereits einen WSUS-Server eingerichtet. Sie möchten, dass Genehmigungen für Updates in der Organisation einheitlich vergeben werden, aber jeder Standort soll seine Updates direkt von den Microsoft Update-Servern aus dem Internet beschaffen. Die Clientcomputer der verschiedenen Standorte sollen ihre Updates vom lokalen WSUS-Server anfordern. Welche Einstellungen sollten Sie vornehmen? (Wählen Sie alle zutreffenden Antworten.)

    A. Sie konfigurieren den Server in Sydney als Replik der Server aus Melbourne und Perth.

    B. Sie richten die Server in Melbourne und Perth so ein, dass sie Updatedateien lokal speichern. Sie aktivieren die Option *Dateien von Microsoft Update, nicht vom Upstreamserver herunterladen*.

    C. Sie richten die Server in Melbourne und Perth so ein, dass sie keine Updatedateien lokal speichern.

    D. Sie richten die Server in Melbourne und Perth als Replik des WSUS-Servers aus Sydney ein.

Übungen

In den Übungen dieses Abschnitts sammeln Sie Praxiserfahrung zu folgenden Themen:

- Konfigurieren von Windows-Abbildern

- Konfigurieren der Windows-Bereitstellungsdienste

- Bereitstellen und Konfigurieren von WSUS

Um die Übungen in diesem Abschnitt durchzuarbeiten, brauchen Sie virtuelle Computer namens *DC*, *SYD-A* und *SYD-B*, auf denen die Evaluierungsversion von Windows Server 2012 installiert ist. Wie Sie diese Server einrichten, ist im Anhang beschrieben. Legen Sie Snapshots der virtuellen Computer an, damit Sie ihren Ausgangszustand nach Abschluss der Übungen wiederherstellen können.

Übung 1: Konfigurieren von Windows-Abbildern

In dieser Übung laden Sie ein Softwareupdate aus dem Internet herunter und fügen es zu einem Windows Server 2012-Installationsabbild hinzu:

1. Klicken Sie im Hyper-V-Manager *DC* mit der rechten Maustaste an und klicken Sie·auf *Einstellungen*.

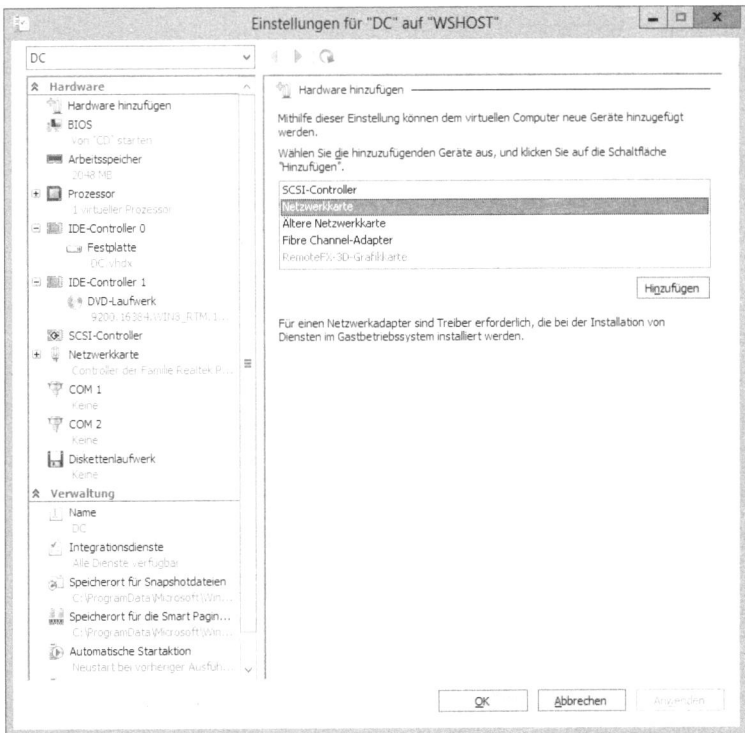

Abbildung 1.22   Hinzufügen einer Netzwerkkarte

2. Klicken Sie im Dialogfeld *Einstellungen für "DC"* auf *Hardware hinzufügen*. Klicken Sie auf *Netzwerkkarte* und auf *Hinzufügen*.

3. Wählen Sie im Dialogfeld *Einstellungen für "DC"* die neue Netzwerkkarte.

4. Klicken Sie den nach unten gerichteten Pfeil des Dropdownmenüs *Virtueller Switch* an und wählen Sie einen virtuellen Switch aus, der mit einer externen Netzwerkkarte verbunden ist.

5. Klicken Sie auf *OK*, um das Dialogfeld *Einstellungen für "DC"* zu schließen.

6. Klicken Sie im Hyper-V-Manager mit der rechten Maustaste auf *DC* und klicken Sie auf *Starten*.

7. Melden Sie sich als *Contoso\Administrator* an.

8. Klicken Sie in der Konsole *Server-Manager* auf den Knoten *Lokaler Server*.

9. Klicken Sie auf den Text rechts neben *Verstärkte Sicherheitskonfiguration für IE*.

10. Sorgen Sie im Dialogfeld *Verstärkte Sicherheitskonfiguration für Internet Explorer* dafür, dass für Administratoren die Einstellung *Aus* gewählt ist, und klicken Sie auf *OK* (Abbildung 1.23).

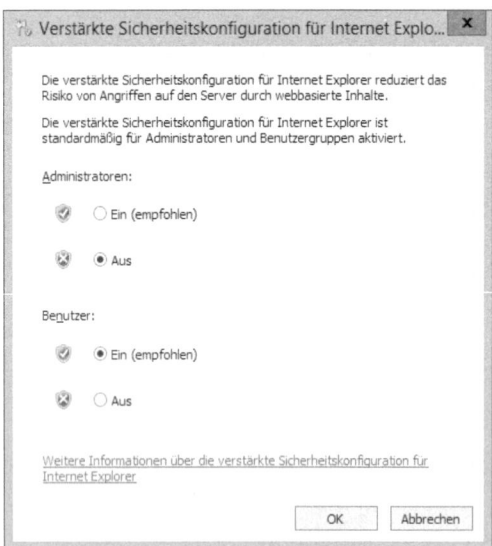

Abbildung 1.23 Konfigurieren der verstärkten Sicherheitskonfiguration für den Internet Explorer

11. Klicken Sie auf der Taskleiste auf den Dateiexplorer.

12. Klicken Sie auf *Computer* und dann doppelt auf *Lokaler Datenträger (C:)*.

13. Klicken Sie in der Titelleiste des Fensters *Lokaler Datenträger (C:)* auf das Symbol *Neuer Ordner*.

14. Nennen Sie den Ordner **Updates.**

15. Legen Sie nach diesem Muster zwei weitere Ordner an. Nennen Sie die neuen Ordner **Images** und **Mount**.

16. Öffnen Sie auf dem Startbildschirm den Internet Explorer.

17. Geben Sie in der Adressleiste **http://catalog.update.microsoft.com** ein.

18. Wenn die Website das Add-In *Microsoft Update-Katalog* installieren möchte, klicken Sie auf *Installieren*.

19. Geben Sie im Suchfeld **KB2756872** ein und klicken Sie auf *Suchen*.

20. Klicken Sie in der Zeile *Update für Windows Server 2012 (KB2756872)* auf *Hinzufügen*.

21. Klicken Sie auf *Auswahlkorb anzeigen*. Klicken Sie auf der Seite *Updates im Auswahl-korb* auf *Herunterladen* (Abbildung 1.24).

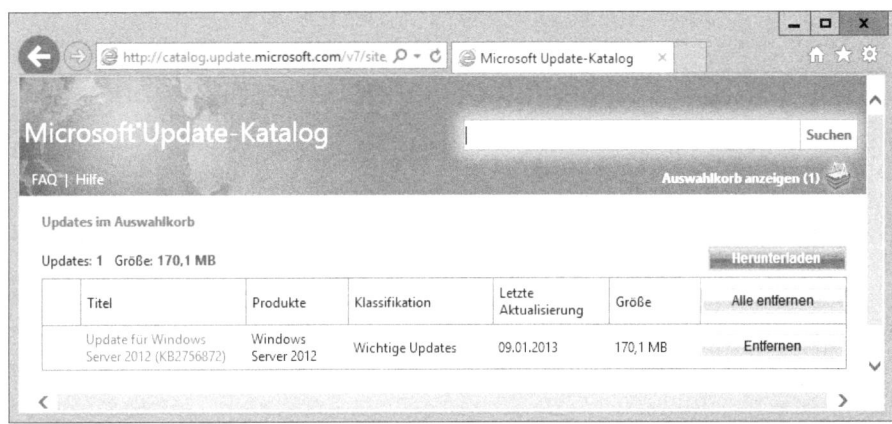

Abbildung 1.24 *Microsoft Update-Katalog*

22. Wechseln Sie auf der Seite *Downloadoptionen* in den Ordner *C:\Updates*, klicken Sie auf *OK* und klicken Sie auf *Weiter*. Wenn das Update vollständig heruntergeladen ist, klicken Sie auf *Schließen*.

23. Kopieren Sie mit dem Dateiexplorer die Datei *Install.wim* aus dem Ordner *sources* des Windows Server 2012-Installationsmediums in den Ordner *C:\Images*.

24. Öffnen Sie eine Eingabeaufforderung mit erhöhten Rechten, indem Sie den Charm *Suchen* öffnen, **cmd** eingeben, mit der rechten Maustaste auf *Eingabeaufforderung* klicken und dann auf *Als Admin ausführen* klicken.

25. Ermitteln Sie mit folgendem Befehl die Indexnummer der Standardversion von Windows Server:

```
Dism.exe /get-wiminfo /wimfile:c:\images\install.wim
```

26. Stellen Sie mit folgendem Befehl das Abbild *SERVERSTANDARD* aus der Datei *Install.wim* im Ordner *C:\Mount* bereit:

```
Dism.exe /mount-image /imagefile:c:\images\install.wim /index:2 /mountdir:c:\mount
```

27. Fügen Sie mit folgendem Befehl das Softwareupdate hinzu, das Sie von der Website *Microsoft Update-Katalog* heruntergeladen haben:

```
Dism.exe /image:c:\mount /Add-Package /PackagePath:"c:\updates\Update for Windows Server 2012
(KB2756872)"
```

28. Aktivieren Sie mit folgendem Befehl die .NET Framework 3.5-Features auf dem bereitgestellten Installationsmedium:

```
Dism.exe /image:c:\mount /Enable-Feature /all /FeatureName:NetFx3 /Source:d:\sources\sxs
```

29. Sorgen Sie mit folgendem Befehl dafür, dass die Änderungen am Installationsabbild übernommen und gespeichert werden:

```
Dism.exe /Unmount-Wim /MountDir:c:\mount /commit
```

30. Schalten Sie *DC* nicht aus, weil Sie diesen Computer noch in den Übungen 2 und 3 brauchen. Versetzen Sie den Computer nicht in den Ausgangszustand zurück, solange Sie die Übungen dieses Kapitels nicht abgeschlossen haben.

Übung 2: Bereitstellen und Konfigurieren der Windows-Bereitstellungsdienste

In dieser Übung installieren und konfigurieren Sie die Windows-Bereitstellungsdienste:

1. Melden Sie sich auf dem Server *SYD-A* als *Contoso\Administrator* an.

2. Legen Sie das Windows Server 2012-Installationsmedium in das emulierte DVD-Laufwerk von *SYD-A* ein (anders gesagt, stellen Sie eine Verbindung mit der ISO-Datei her).

3. Wählen Sie im Menü *Verwalten* der Konsole *Server-Manager* den Menüpunkt *Rollen und Features hinzufügen*.

4. Klicken Sie auf der Seite *Vorbemerkungen* des *Assistenten zum Hinzufügen von Rollen und Features* auf *Weiter*.

5. Klicken Sie auf der Seite *Installationstyp auswählen* auf *Rollenbasierte oder featurebasierte Installation* und klicken Sie auf *Weiter*.

6. Klicken Sie auf der Seite *Zielserver auswählen* auf *SYD-A.contoso.com* und dann auf *Weiter*.

7. Klicken Sie auf der Seite *Serverrollen auswählen* auf *DHCP-Server*. Wenn Sie aufgefordert werden, weitere Features hinzuzufügen, klicken Sie auf *Features hinzufügen*.

8. Klicken Sie auf der Seite *Serverrollen auswählen* auf *Windows-Bereitstellungsdienste*. Wenn Sie dazu aufgefordert werden, klicken Sie auf *Features hinzufügen*. Vergleichen Sie Ihre Auswahl mit Abbildung 1.25 und klicken Sie auf *Weiter*.

9. Klicken Sie auf der Seite *Features auswählen* auf *Weiter*.

10. Klicken Sie auf der Seite *DHCP-Server* auf *Weiter*.

11. Klicken Sie auf der Seite *WDS* auf *Weiter*.

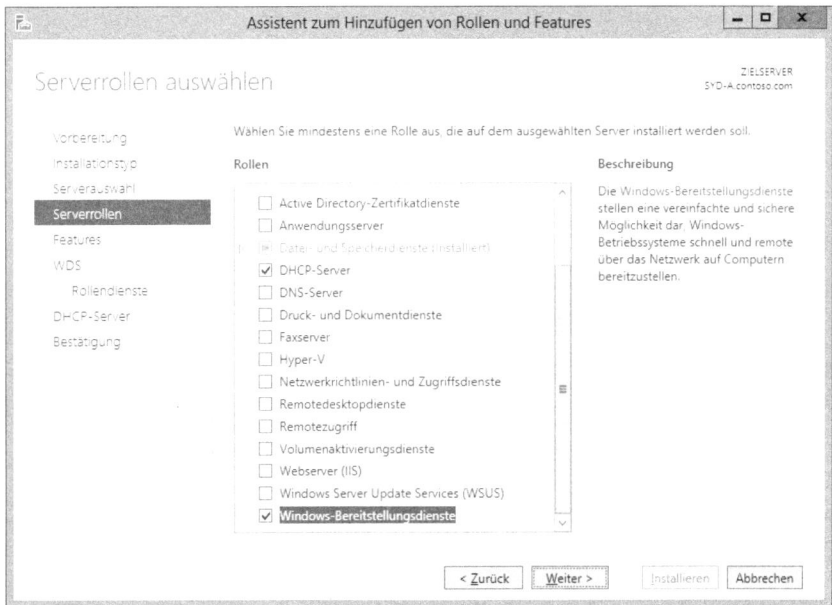

Abbildung 1.25 Hinzufügen von Rollen und Features

12. Sorgen Sie auf der Seite *Rollendienste auswählen* dafür, dass die Kontrollkästchen *Bereitstellungsserver* und *Transportserver* gewählt sind (Abbildung 1.26), und klicken Sie auf *Weiter*.

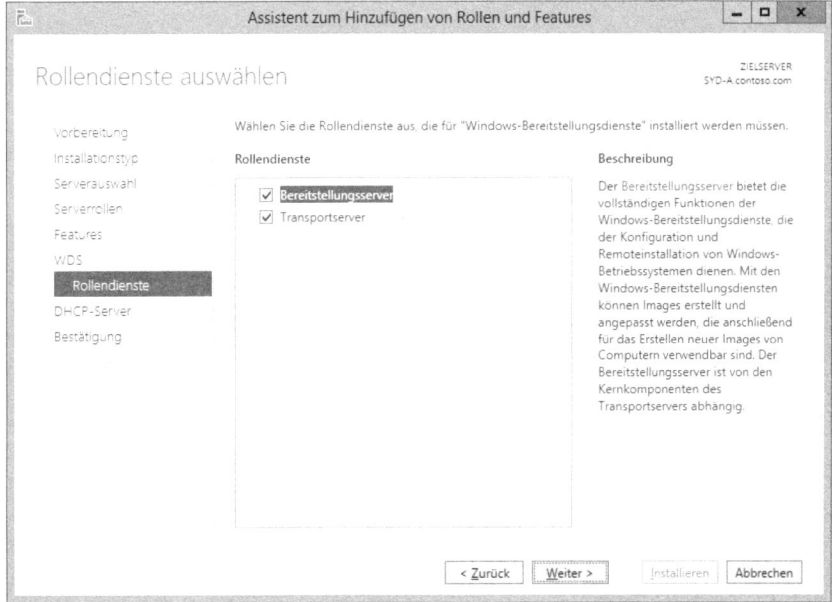

Abbildung 1.26 Hinzufügen der Rollendienste für die Windows-Bereitstellungsdienste

13. Klicken Sie auf der Seite *Installationsauswahl bestätigen* auf *Installieren*.

14. Wenn die Installation abgeschlossen ist, klicken Sie auf *Schließen*, um den *Assistenten zum Hinzufügen von Rollen und Features* zu schließen.

15. Klicken Sie im Menü *Tools* auf *DHCP*.

16. Klicken Sie in der Konsole *DHCP* auf *syd-a.contoso.com*.

17. Klicken Sie im Menü *Aktion* auf *Autorisieren*.

18. Klicken Sie in der Konsole *DHCP* auf *IPv4*. Klicken Sie im Menü *Aktion* auf *Neuer Bereich*. Dadurch wird der *Bereichserstellungs-Assistent* gestartet. Klicken Sie auf *Weiter*.

19. Geben Sie auf der *Bereichsname* den Namen **WDS-Bereich** ein und klicken Sie auf *Weiter*.

20. Geben Sie auf der Seite *IP-Adressbereich* folgende Werte ein und klicken Sie auf *Weiter* (Abbildung 1.27):

   - *Start-IP-Adresse*: **10.10.10.100**

   - *End-IP-Adresse*: **10.10.10.200**

   - *Länge*: **24**

   - *Subnetzmaske*: **255.255.255.0**

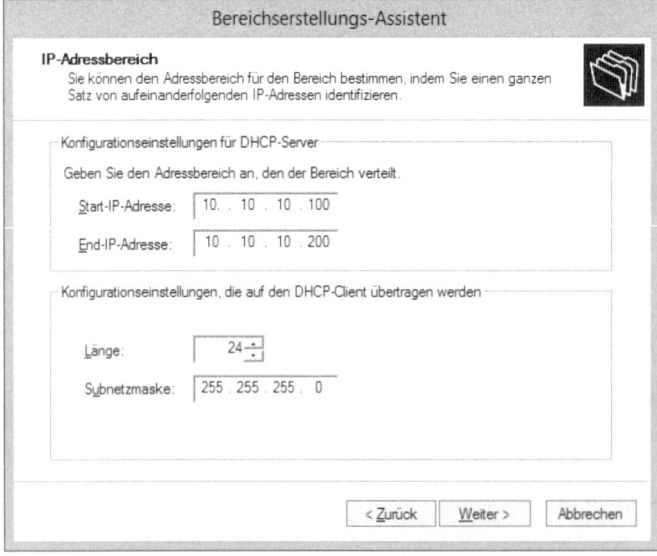

Abbildung 1.27   Erstellen eines DHCP-Bereichs

21. Klicken Sie auf der Seite *Ausschlüsse und Verzögerung hinzufügen* auf *Weiter*.

22. Klicken Sie auf der Seite *Leasedauer* auf *Weiter*.

23. Klicken Sie auf der Seite *DHCP-Optionen konfigurieren* auf *Ja, diese Optionen jetzt konfigurieren* und dann auf *Weiter*.

24. Klicken Sie auf der Seite *Router (Standardgateway)* auf *Weiter*.

25. Überprüfen Sie auf der Seite *Domänenname und DNS-Server*, ob die Adresse 10.10.10.10 eingetragen ist (Abbildung 1.28), und klicken Sie auf *Weiter*.

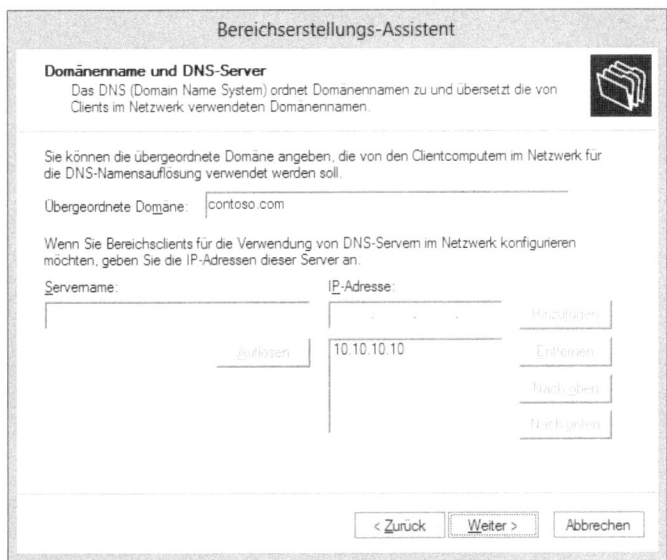

Abbildung 1.28   Konfigurieren der DHCP-Optionen

26. Klicken Sie auf der Seite *WINS-Server* auf *Weiter*.

27. Klicken Sie auf der Seite *Bereich aktivieren* auf *Ja, diesen Bereich jetzt aktivieren* und dann auf *Weiter*.

28. Klicken Sie auf der Seite *Fertigstellen des Assistenten* auf *Fertig stellen*.

29. Schließen Sie die Konsole *DHCP*.

30. Öffnen Sie im Menü *Tools* des Server-Managers die Konsole *Windows-Bereitstellungsdienste*.

31. Erweitern Sie den Knoten *Server*. Klicken Sie auf *SYD-A.contoso.com*. Klicken Sie im Menü *Aktion* auf *Server konfigurieren*. Dadurch wird der *Konfigurations-Assistent für Windows-Bereitstellungsdienste* gestartet. Klicken Sie auf *Weiter*.

32. Klicken Sie auf der Seite *Installationsoptionen* (Abbildung 1.29) auf *In Active Directory integriert* und dann auf *Weiter*.

33. Überprüfen Sie auf der Seite *Remoteinstallationsordner*, ob *C:\RemoteInstall* gewählt ist, und klicken Sie auf *Weiter*.

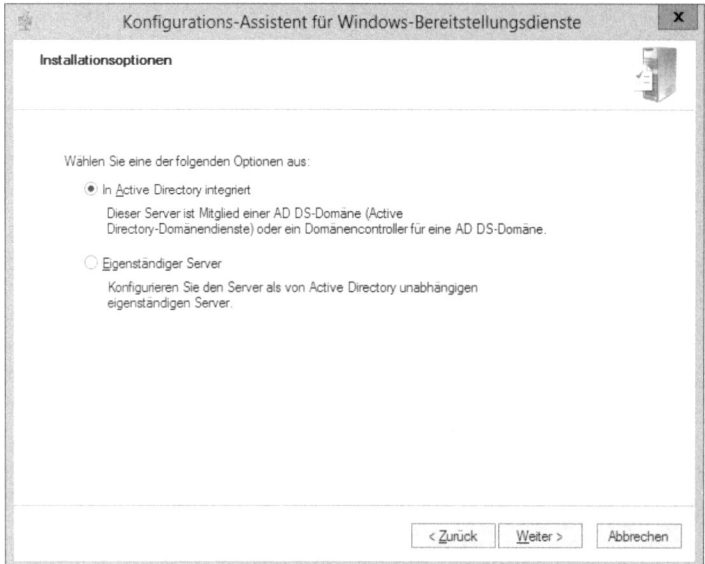

Abbildung 1.29   Konfigurieren der Windows-Bereitstellungsdienste

34. Klicken Sie im Dialogfeld *Systemvolumewarnung* auf *Ja*.

35. Sorgen Sie im Dialogfeld *Proxy-DHCP-Server* (Abbildung 1.30) dafür, dass die Kontrollkästchen *DHCP- und DHCPv6-Ports nicht abhören* und *DHCP-Optionen für Proxy DHCP konfigurieren* gewählt sind, und klicken Sie auf *Weiter*.

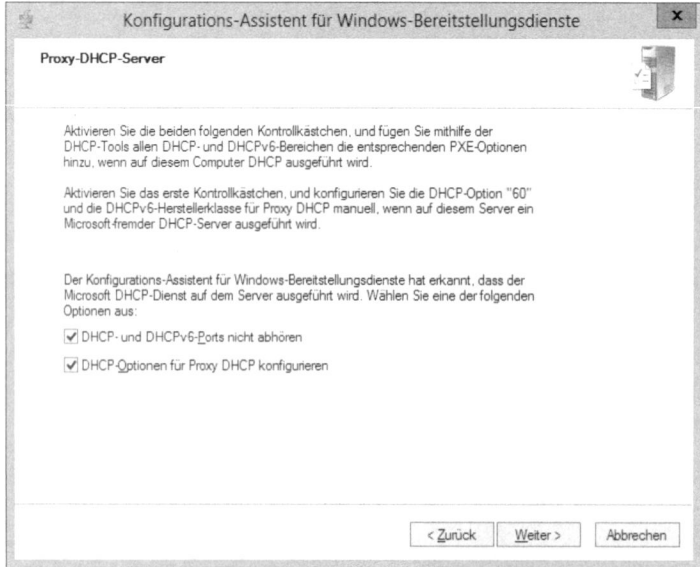

Abbildung 1.30   Konfigurieren des Proxy-DHCP-Servers

36. Wählen Sie im Dialogfeld *PXE-Serveranfangseinstellungen* die Option *Allen Clientcomputern antworten* und das Kontrollkästchen *Administratorgenehmigung für unbekannte Computer erforderlich machen*. Klicken Sie auf *Weiter*. Klicken Sie auf *Fertig stellen*, um den *Konfigurations-Assistenten für Windows-Bereitstellungsdienste* zu schließen.

37. Klicken Sie in der Konsole *Windows-Bereitstellungsdienste* auf *SYD-A.contoso.com*. Klicken Sie im Menü *Aktion* auf *Alle Aufgaben* und dann auf *Starten*.

38. Klicken Sie im Dialogfeld *Server* auf *OK*.

39. Klicken Sie auf *Installationsabbilder*. Klicken Sie im Menü *Aktion* auf *Installationsabbild hinzufügen*.

40. Geben Sie auf der Seite *Abbildgruppe* des *Assistenten zum Hinzufügen von Abbildern* im Textfeld *Abbildgruppe mit folgendem Namen erstellen* den Namen **Contoso-2K12** ein und klicken Sie auf *Weiter*.

41. Geben Sie auf der Seite *Abbilddatei* den Speicherort **\\dc\c$\images\install.wim** ein und klicken Sie auf *Weiter* (Abbildung 1.31).

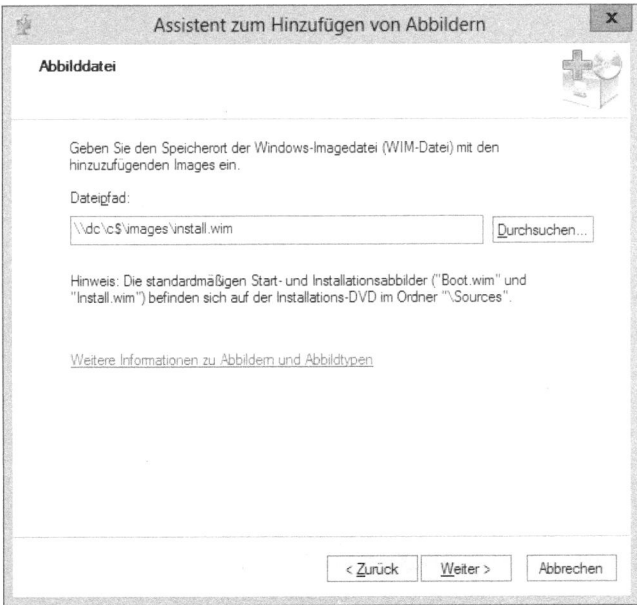

Abbildung 1.31 Hinzufügen eines Abbilds

42. Sorgen Sie im Dialogfeld *Verfügbare Abbilder* dafür, dass alle vier Abbilder ausgewählt sind, und klicken Sie auf *Weiter*.

43. Klicken Sie auf der Seite *Zusammenfassung* auf *Weiter*. Wenn die Abbilder importiert sind, klicken Sie auf *Fertig stellen*.

44. Klicken Sie in der Konsole *Windows-Bereitstellungsdienste* auf *Startabbilder*. Klicken Sie im Menü *Aktion* auf *Startabbild hinzufügen*.

45. Geben Sie im Dialogfeld *Abbilddatei* den Dateipfad **d:\sources\boot.wim** ein und klicken Sie auf *Weiter* (Abbildung 1.32).

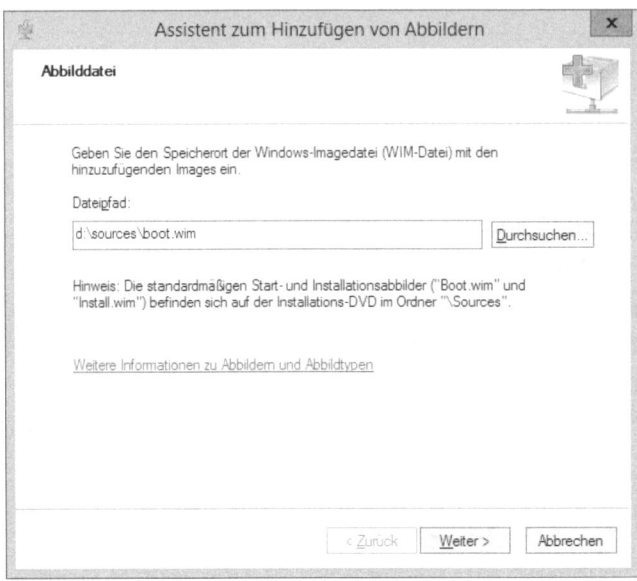

Abbildung 1.32 Hinzufügen eines Startabbilds

46. Übernehmen Sie auf der Seite *Abbildmetadaten* die Vorgaben für den Abbildnamen und die Abbildbeschreibung, indem Sie auf *Weiter* klicken.

47. Klicken Sie auf der Seite *Zusammenfassung* auf *Weiter*. Klicken Sie auf *Fertig stellen*, wenn das Abbild hinzugefügt ist, um den *Assistenten zum Hinzufügen von Abbildern* zu schließen.

48. Klicken Sie auf *Multicastübertragungen*. Klicken Sie im Menü *Aktion* auf *Multicastüber-tragung erstellen*.

49. Geben Sie auf der Seite *Übertragungsname* des *Assistenten zum Erstellen einer Multi-castübertragung* den Namen **Contoso-Serverbereitstellung** ein und klicken Sie auf *Weiter*.

50. Wählen Sie auf der Seite *Abbildauswahl* die Abbildgruppe *Contoso-2K12* und klicken Sie auf *Weiter* (Abbildung 1.33).

51. Wählen Sie auf der Seite *Multicasttyp* die Option *Cast (automatisch)* und klicken Sie auf *Weiter*.

52. Klicken Sie auf der Seite *Der Vorgang ist abgeschlossen* auf *Fertig stellen*.

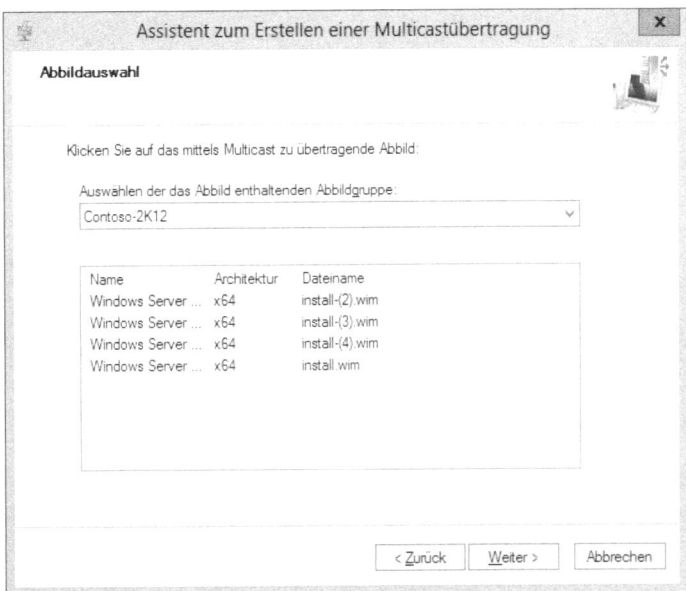

Abbildung 1.33   Erstellen einer Multicastübertragung

Übung 3: Bereitstellen und Konfigurieren von WSUS

In dieser Übung stellen Sie die Serverrolle *WSUS* auf *SYD-B* bereit:

1. Klicken Sie im Hyper-V-Manager mit der rechten Maustaste auf *SYD-B* und klicken Sie auf *Einstellungen*.

2. Klicken Sie im Dialogfeld *Einstellungen für "SYD-B"* auf *Netzwerkkarte* und dann auf *Hinzufügen*.

3. Wählen Sie im Dialogfeld *Einstellungen für "SYD-B"* die neue Netzwerkkarte.

4. Klicken Sie auf den abwärts gerichteten Pfeil des Dropdownmenüs *Virtueller Switch* und wählen Sie einen Switch aus, der mit einer externen Netzwerkkarte verbunden ist.

5. Klicken Sie auf *OK*, um das Dialogfeld *Einstellungen für "SYD-B"* zu schließen.

6. Starten Sie *SYD-B*.

7. Melden Sie sich mit dem Konto *Contoso\Administrator* auf dem Server *SYD-B* an.

8. Klicken Sie auf der Taskleiste auf den Dateiexplorer.

9. Klicken Sie auf *Computer* und dann doppelt auf *Lokaler Datenträger (C:)*.

10. Klicken Sie auf der Titelleiste des Fensters auf das Symbol *Neuer Ordner*. Nennen Sie den neuen Ordner **Updates**.

11. Klicken Sie im Menü *Verwalten* der Konsole *Server-Manager* auf *Rollen und Features hinzufügen*.

12. Klicken Sie auf der Seite *Vorbemerkungen* des *Assistenten zum Hinzufügen von Rollen und Features* auf *Weiter*.

13. Klicken Sie auf der Seite *Installationstyp auswählen* auf *Rollenbasierte oder feature-basierte Installation* und auf *Weiter*.

14. Klicken Sie auf der Seite *Zielserver auswählen* auf *SYD-B.contoso.com* und dann auf *Weiter*.

15. Wählen Sie auf der Seite *Serverrollen auswählen* das Kontrollkästchen *Windows Server Update Services*.

16. Klicken Sie im Dialogfeld *Assistent zum Hinzufügen von Rollen und Features* auf *Features hinzufügen*. Klicken Sie auf *Weiter*.

17. Klicken Sie auf der Seite *Features auswählen* auf *Weiter*.

18. Klicken Sie auf der Seite *Windows Server Update Services* auf *Weiter*.

19. Wählen Sie auf der Seite *Rollendienste auswählen* (Abbildung 1.34) die beiden Rollen-dienste *WID Database* und *WSUS Services* und klicken Sie auf *Weiter*.

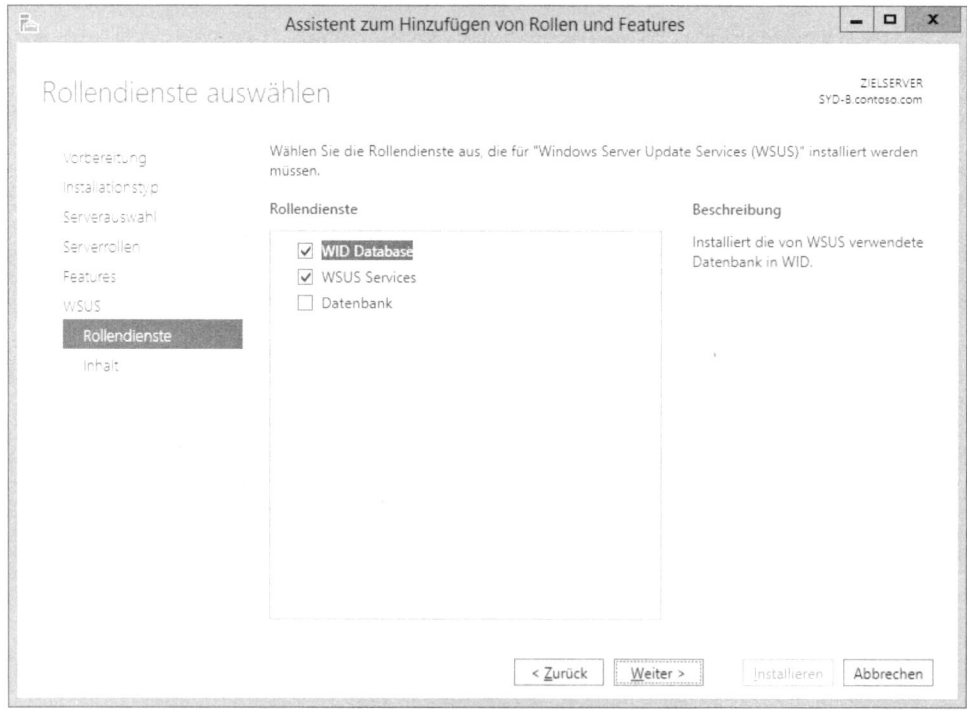

Abbildung 1.34 Hinzufügen von WSUS-Rollendiensten

20. Geben Sie auf der Seite *Auswahl des Inhaltsspeicherorts* den Pfad **c:\updates** ein und klicken Sie auf *Weiter*.

21. Klicken Sie auf der Seite *Rolle "Webserver"* auf *Weiter*. Klicken Sie auf der Seite *Rollendienste auswählen* auf *Weiter*.

22. Klicken Sie auf der Seite *Installationsauswahl bestätigen* auf *Installieren*.

23. Schließen Sie den *Assistenten zum Hinzufügen von Rollen und Features*, wenn die Installation abgeschlossen ist.

24. Öffnen Sie im Menü *Tools* der Konsole *Server-Manager* die Konsole *Windows Server Update Services*.

25. Klicken Sie im Dialogfeld *WSUS-Installation abschließen* auf *Ausführen* (Abbildung 1.35). Klicken Sie auf *Schließen*, wenn der Nachinstallationsvorgang abgeschlossen ist.

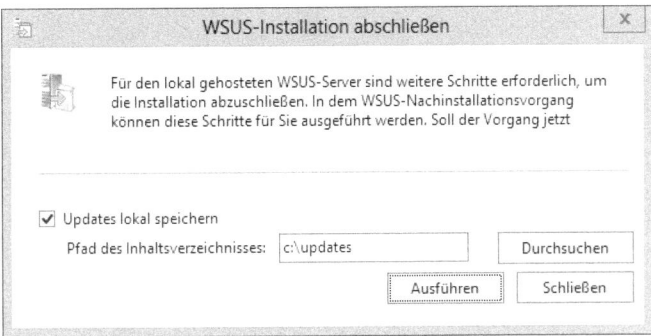

Abbildung 1.35 Dialogfeld *WSUS-Installation abschließen*

26. Klicken Sie auf der Seite *Vorbemerkung* des *Assistenten für die Konfiguration von Windows Server Update Services* auf *Weiter*.

27. Klicken Sie auf der Seite *Am Programm zur Verbesserung von Microsoft Update teilnehmen* auf *Weiter*.

28. Wählen Sie auf der Seite *Upstreamserver auswählen* die Option *Von Microsoft Update synchronisieren* (Abbildung 1.36) und klicken Sie auf *Weiter*.

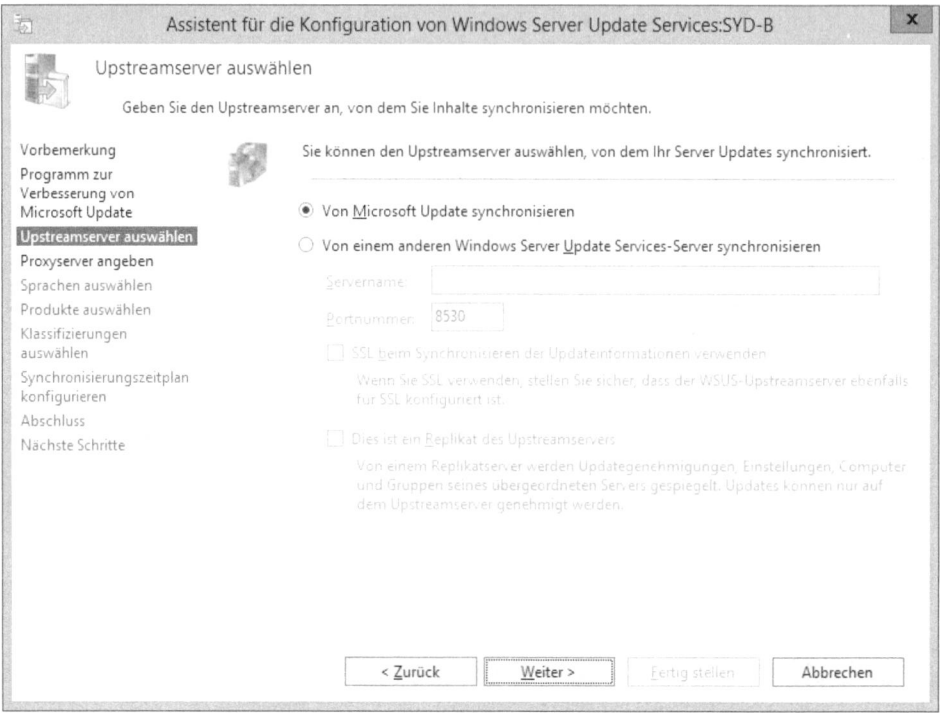

Abbildung 1.36 Auswählen des Upstreamservers

29. Klicken Sie auf der Seite *Proxyserver* auf *Weiter.*

30. Klicken Sie auf der Seite *Mit Upstreamserver verbinden* auf *Verbindung starten.* Dieser
    Vorgang kann einige Minuten dauern. Wenn er abgeschlossen ist, klicken Sie auf *Weiter.*

31. Klicken Sie auf der Seite *Sprachen auswählen* auf *Weiter.*

32. Wählen Sie auf der Seite *Produkte auswählen* das Kontrollkästchen *Windows Server 2012*
    und klicken Sie auf *Weiter* (Abbildung 1.37).

33. Klicken Sie auf der Seite *Klassifizierungen auswählen* auf *Alle Klassifizierungen* und
    dann auf *Weiter.*

34. Klicken Sie auf der Seite *Synchronisierungszeitplan festlegen* auf *Manuell synchronisie-
    ren* und auf *Weiter.*

35. Klicken Sie auf der Seite *Beendet* auf *Fertig stellen.*

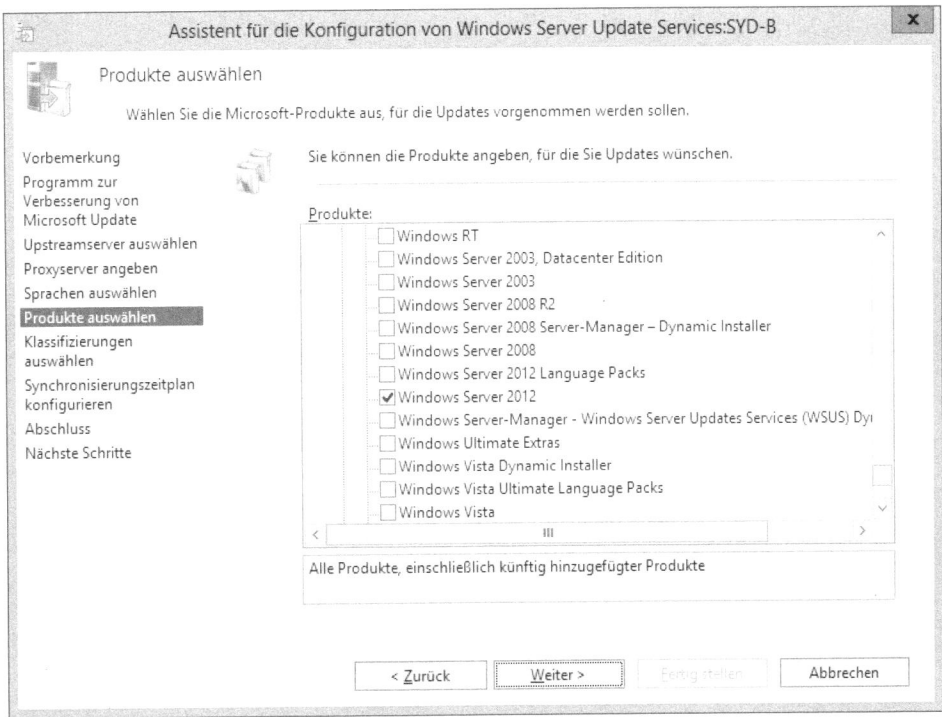

Abbildung 1.37   Auswählen von Produkten

36. Öffnen Sie im Menü *Tools* der Konsole *Server-Manager* die Konsole *Windows Server Update Services.*

37. Erweitern Sie in der Konsole *Update Services* den Knoten *SYD-B* und den Knoten *Computer*. Klicken Sie dann auf *Alle Computer.*

38. Klicken Sie im Bereich *Aktionen* auf *Computergruppe hinzufügen.*

39. Geben Sie im Dialogfeld *Computergruppe hinzufügen* den Namen **Sydney-Server** ein (Abbildung 1.38) und klicken Sie auf *Hinzufügen.*

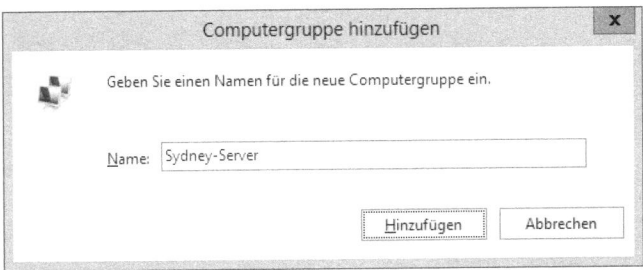

Abbildung 1.38   Das Dialogfeld *Computergruppe hinzufügen*

40. Fügen Sie nach diesem Muster die Computergruppe **Brisbane-Server** hinzu.

41. Klicken Sie auf *Optionen* und dann auf *Automatische Genehmigungen*.

42. Klicken Sie im Dialogfeld *Automatische Genehmigungen* auf *Neue Regel*.

43. Wählen Sie im Dialogfeld *Regel hinzufügen* (Abbildung 1.39) die folgenden Kontroll-
    kästchen, nehmen Sie die erforderlichen Einstellungen und Eingaben vor und klicken Sie
    auf *OK*:

    ■ *Wenn ein Update in einer bestimmten Klassifizierung enthalten ist:* **Wichtige Updates**

    ■ *Wenn ein Update in einem bestimmten Produkt enthalten ist:* **Windows Server 2012**

    ■ *Das Update für* **Sydney-Server** *genehmigen*

    ■ *Name:* **Sydney-Server, wichtige Updates**

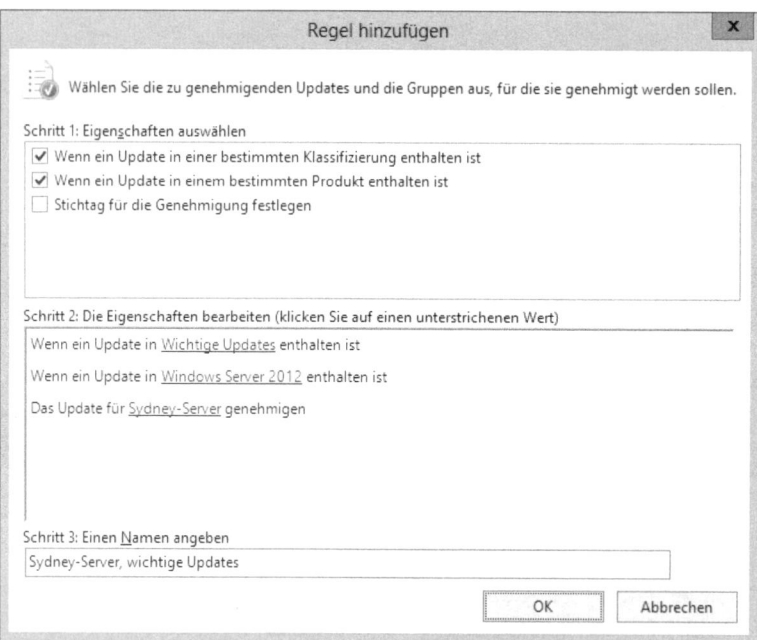

Abbildung 1.39 Hinzufügen einer Genehmigungsregel

Vorgeschlagene Übungen

Die folgenden zusätzlichen Übungen bieten Ihnen weitere Möglichkeiten, die in diesem Kapitel behandelten Themen einzuüben und zu vertiefen.

- **Übung 1** Verwenden Sie den *Microsoft Update-Katalog* und das Befehlszeilenprogramm *Dism.exe*, um Gerätetreiber für Windows Server 2012 herunterzuladen und zum Abbild der Datacenter Edition von Windows Server 2012 hinzuzufügen

- **Übung 2** Verwenden Sie die Windows-Bereitstellungsdienste, um auf einem virtuellen Computer, der noch nicht über ein Betriebssystem verfügt, eine PXE-Bereitstellung von Windows Server 2012 durchzuführen

- **Übung 3** Erstellen Sie WSUS-Gruppen für Exchange- und SQL-Server, die für eine Entwicklungsumgebung vorgesehen sind. Richten Sie Regeln für die automatische Bereitstellung von wichtigen Updates für Exchange und SQL Server auf den Exchange- und SQL-Gruppen ein.

Praxistipp   Automatische Aktualisierung von Entwicklungsservern

Sie sollten Updates grundsätzlich testen, bevor die Updates in Produktivumgebungen auf Servern installiert werden. Einige Organisationen stellen Updates in Entwicklungsumgebungen automatisch bereit und überprüfen dann, ob sich Probleme ergeben, die gegen eine Bereitstellung dieser Updates auf Produktivservern sprechen.

Antworten

Dieser Abschnitt enthält die Antworten auf die Lernzielkontrollfragen dieses Kapitels.

Lektion 1

1. **Richtige Antwort: B**

    A. **Falsch:** Mit *ImageX.exe* können Sie Abbilder bereitstellen (mount), aufzeichnen (capture) und anwenden, aber keine Softwareupdates im *.msu*-Format zu einem vorhandenen Abbild hinzufügen.

    B. **Richtig:** Mit *Dism.exe* können Sie Softwareupdates im *.msu*-Format zu einem vorhandenen Abbild hinzufügen.

    C. **Falsch:** Mit *Sysprep.exe* können Sie eine Installation für die Aufzeichnung eines Abbilds vorbereiten. Damit können Sie aber keine Softwareupdates zu einem vorhandenen Abbild hinzufügen.

    D. **Falsch:** Mit *Diskpart.exe* können Sie Festplatten partitionieren und formatieren. Damit können Sie keine Softwareupdates im *.msu*-Format zu einem vorhandenen Abbild hinzufügen.

2. **Richtige Antwort: C**

A. **Falsch:** Sie verwenden den Parameter /Add-Driver, um Treiber zu einem bereitgestellten Abbild hinzuzufügen.

B. **Falsch:** Sie verwenden den Parameter /Enable-Feature, wenn Sie ein Betriebssystemfeature aktivieren möchten.

C. **Richtig:** Sie verwenden den Parameter /Add-Package, um Softwareupdates im *.msu*-Format zu einem bereitgestellten Betriebssystemabbild hinzuzufügen.

D. **Falsch:** Sie verwenden den Parameter /Add-ProvisionedAppxPackage, um ein App-Paket im *.appx*-Format zu einem bereitgestellten Betriebssystemabbild hinzuzufügen.

3. **Richtige Antwort: C**

A. **Falsch:** Sie speichern ein Abbild nur ab (commit), wenn Sie Änderungen am Abbild vorgenommen haben.

B. **Falsch:** Sie zeichnen ein Abbild auf (capture), wenn Sie ein neues Betriebssystem bereitgestellt und angepasst haben und diese Anpassungen ins Abbild übernehmen möchten.

C. **Richtig:** Sie müssen ein Installationsabbild offline bereitstellen (mount), um das Abbild bearbeiten zu können.

D. **Falsch:** Sie verwerfen ein Abbild nur, wenn die Änderungen, die Sie vorgenommen haben, nicht in das Abbild übernommen werden sollen.

Lektion 2

1. **Richtige Antworten: A und B**

A. **Richtig:** Startabbilder ermöglichen Computern einen PXE-Start.

B. **Richtig:** Das Installationsabbild versorgt Computer mit dem Betriebssystem Windows Server 2012.

C. **Falsch:** Aufzeichnungsabbilder dienen zur Erstellung von Installationsabbildern. Um ein Betriebssystem zu erstellen, brauchen Sie kein Installationsabbild zu erstellen, weil dies bereits auf dem Installationsmedium vorhanden ist.

D. **Falsch:** Suchabbilder werden auf Computern verwendet, die keinen PXE-Start durchführen und daher kein Startabbild empfangen können.

2. **Richtige Antworten: A und C**

A. **Richtig:** Standardmäßig verwenden WDS und DHCP denselben Port. Werden diese beiden Dienste auf demselben Computer aktiviert, müssen Sie dafür sorgen, dass WDS einen anderen Port verwendet.

B. **Falsch:** Ein falsch konfigurierter Windows-Bereitstellungsdiensteserver kann zwar denselben Port wie ein DHCP-Server abhören, aber keinen Port, der von einem DNS-Server verwendet wird, sofern keine beträchtlichen Änderungen an der Konfiguration vorgenommen werden.

C. **Richtig:** Mit den DHCP-Optionen sorgen Sie dafür, dass für DHCP-Bereiche Option 60 festgelegt wird, damit Clients den passenden Port für WDS-Übertragungen ermitteln können.

D. **Falsch:** Standardmäßig braucht WDS nicht autorisiert zu werden. Sie können die Autorisierung für WDS aktivieren, aber das ist keine Standardeinstellung.

3. **Richtige Antworten: B und D**

A. **Falsch:** Der Windows-Bereitstellungsdiensteserver soll Clientcomputern antworten. Also ist dies die falsche Einstellung.

B. **Richtig:** Ein Administrator soll Bereitstellungen auf unbekannten Computern genehmigen. Daher ist dies die richtige Einstellung.

C. **Falsch:** Wenn Sie diese Option wählen, weist WDS alle Verbindungsversuche von Computern mit unbekannten MAC-Adressen ab.

D. **Richtig:** Diese Option muss zusammen mit der Option *Administratorgenehmigung für unbekannte Computer erforderlich machen* gewählt werden. Anschließend erhalten bekannte Computer ohne weiteres Abbilder von WDS, während unbekannte Computer erst nach der Genehmigung ein Abbild erhalten.

Lektion 3

1. **Richtige Antwort: B**

A. **Falsch:** Mit dieser Richtlinie können Sie festlegen, ob ein Computer automatisch Updates erhält. Sie eignet sich nicht, um einen Computer einer WSUS-Computergruppe zuzuweisen.

B. **Richtig:** Mit dieser Richtlinie geben Sie den Namen der WSUS-Gruppe an, zu der der Computer gehören soll.

C. **Falsch:** Diese Richtlinie ermöglicht die Angabe der Zeitspanne, um die ein Neustart des Computers nach der Installation von Updates gegebenenfalls verzögert werden soll. Sie eignet sich nicht, um einen Computer zu einer WSUS-Computergruppe hinzuzufügen.

D. **Falsch:** Mit dieser Richtlinie geben Sie einen WSUS-Server an. Sie eignet sich nicht, um einen Computer zu einer WSUS-Computergruppe hinzuzufügen.

2. **Richtige Antworten: B, C und D**

A. **Falsch:** WSUS-Computergruppen sind keine lokalen Sicherheitsgruppen. Sie müssen auf *SYDNEY-WSUS* eine WSUS-Gruppe erstellen.

B. **Richtig:** Sie müssen eine WSUS-Gruppe erstellen, wenn für die darin enthaltenen Computer eine automatische Genehmigungsregel gelten soll.

C. **Richtig:** Wenn Sie die betreffenden Computer zur Gruppe *UpdateTest* hinzufügen, können Sie für die Gruppe eine automatische Genehmigungsregel erstellen, die für die zugehörigen Computer gilt.

D. **Richtig:** Mit einer automatischen Genehmigungsregel für die Gruppe *UpdateTest* können wichtige Updates und Sicherheitsupdates automatisch für die Computer genehmigt werden, die zu dieser Gruppe gehören.

3. **Richtige Antworten: B und D**

A. **Falsch:** Die Server in Melbourne und Perth sollten Replikatserver des Servers aus der Zentrale in Sydney sein.

B. **Richtig:** Die Server in Melbourne und Perth rufen Updates von Microsoft Update ab und stellen sie den lokalen Clientcomputern zur Verfügung.

C. **Falsch:** Sie müssen die Server in Melbourne und Perth so einrichten, dass Update-dateien lokal gespeichert werden. Wenn Sie das nicht tun, müssen die Clients an diesen Standorten ihre Updates von den Microsoft Update-Servern aus dem Internet abrufen.

D. **Richtig:** Replikatserver rufen Genehmigungsinformationen und Metadaten über Updates von Upstreamservern ab. Auf diese Weise werden die Genehmigungen, die in der Zentrale in Sydney gelten, auch an den Standorten Melbourne und Perth wirksam. Die Replikatserver können trotzdem die entsprechenden Updatedateien direkt von den Microsoft Update-Servern abrufen.

KAPITEL 2

Verwalten von Kontorichtlinien und Dienstkonten

Wenn Sie Benutzer nicht dazu zwingen, regelmäßig ihre Kennwörter zu ändern, werden sie vermutlich immer dieselben Kennwörter verwenden. Je länger jemand dasselbe Kennwort verwendet, desto größer ist die Wahrscheinlichkeit, dass andere es erfahren und das Konto unbefugt verwenden könnten. Mit Kennwortrichtlinien können Sie dafür sorgen, dass Benutzer ihre Kennwörter in regelmäßigen Abständen ändern. Mit Kontosperrungsrichtlinien legen Sie fest, was geschehen soll, wenn ein Benutzer sein Kennwort mehrfach falsch eingibt. Sein Konto kann dann für eine gewisse Zeit oder ohne Zeitbegrenzung gesperrt werden. Dieses Kapitel behandelt Kennwort- und Kontosperrungsrichtlinien. Außerdem erfahren Sie etwas über abgestimmte Kennwortrichtlinien und gruppenverwaltete Dienstkonten. Mit den passenden Richtlinien können Sie dafür sorgen, dass Kennwörter in Ihrer Organisation auf sichere und effiziente Weise verwaltet werden.

Lektionen in diesem Kapitel:

Bevor Sie beginnen

Für die Durchführung der Übungen dieses Kapitels brauchen Sie eine Testumgebung mit den Computern *DC*, *SYD-A*, und *SYD-B*, wie im Anhang beschrieben. Dabei kann es sich um virtuelle Computer handeln, auf denen die Evaluierungsversion von Windows Server 2012 installiert ist.

Lektion 1: Implementieren von Domänenkennwort- und Kontosperrungsrichtlinien

Manche Organisationen verwenden zwar Smartcards und biometrische Authentifizierungs-
verfahren, aber am gebräuchlichsten sind Kennwörter, um die Identität eines Benutzers zu
überprüfen. Kennwörter bestehen gewöhnlich aus einer Kombination von Buchstaben, Ziffern
und bestimmten Sonderzeichen. Die Eigenschaften der Kennwörter und die Weise, in der die
Eigenschaften durchgesetzt werden, haben einen Einfluss auf die Wirksamkeit von Kennwörtern als Sicherheitsmechanismus. Mit Kennwortrichtlinien legen Sie fest, welche Eigenschaften Kennwörter in Ihrer Umgebung haben müssen. Sie können zum Beispiel festlegen,
wie lang Kennwörter mindestens sein müssen, wie oft Benutzer ihre Kennwörter ändern
müssen, wie viele bereits verwendete Kennwörter in Active Directory gespeichert werden und
ob ein Konto gesperrt wird, wenn ein Benutzer sein Kennwort mehrfach hintereinander falsch
eingibt.

**Am Ende dieser Lektion werden Sie in der Lage sein, die folgenden Aufgaben
auszuführen:**

- Konfigurieren von Kennwortrichtlinien für Domänenbenutzer

- Konfigurieren von Kennwortrichtlinien für lokale Benutzer

- Konfigurieren der Kontosperrung

Veranschlagte Zeit für diese Lektion: 60 Minuten

Kennwortrichtlinien für Domänenbenutzer

Die meisten Konten, die in Ihrer Organisation verwendet werden, sind wahrscheinlich keine
lokalen Konten, sondern Domänenkonten. Abgesehen von gelegentlich verwendeten lokalen
Konten authentifizieren sich die meisten Benutzer, Dienste und Computer bei den Active
Directory-Domänendiensten (Active Directory Domain Services, AD DS). Mit *Kennwortrichtlinien* können Administratoren festlegen, welche Bedingungen Kennwörter erfüllen
müssen. Sie legen fest, wie lang und komplex Kennwörter sein müssen, wie oft sie geändert
werden müssen, wie oft sie sich ändern lassen und ob bereits verwendete Kennwörter erneut
verwendet werden dürfen.

Gewöhnlich werden die Eigenschaften von Kennwörtern für Domänenkonten mit Kennwortrichtlinien festgelegt, die für die ganze Domäne gelten. Zur Konfiguration von Kennwortrichtlinien bearbeiten Sie ein Gruppenrichtlinienobjekt, das mit der Domäne verknüpft ist. Das
ist wichtig. Sie können Kennwortrichtlinien zwar auch in Gruppenrichtlinienobjekten einstellen, die mit einer Organisationseinheit oder einem Standort verknüpft sind, aber diese
Richtlinien haben keine Wirkung auf die Eigenschaften von Benutzerkennwörtern.

Berücksichtigen Sie aber, dass Sie in den Gruppenrichtlinien nur einen Satz an Kennwort-richtlinien für eine Domäne festlegen können. Die Reihenfolge der Gruppenrichtlinienobjekte bestimmt, welche Kennwortrichtlinien in der Domäne wirksam sind. In Abbildung 2.1 haben die Kennwortrichtlinieneinstellungen des Objekts *Default Domain Policy* Vorrang vor Kenn-wortrichtlinien aus anderen Gruppenrichtlinienobjekten. Die Ausnahme von der Regel, dass es nur einen Kennwortrichtliniensatz pro Domäne geben kann, sind *abgestimmte Kennwort-richtlinien*. Diese werden nicht direkt in Gruppenrichtlinien konfiguriert. In Lektion 2, »Verwenden von abgestimmten Kennwortrichtlinien«, erfahren Sie mehr darüber.

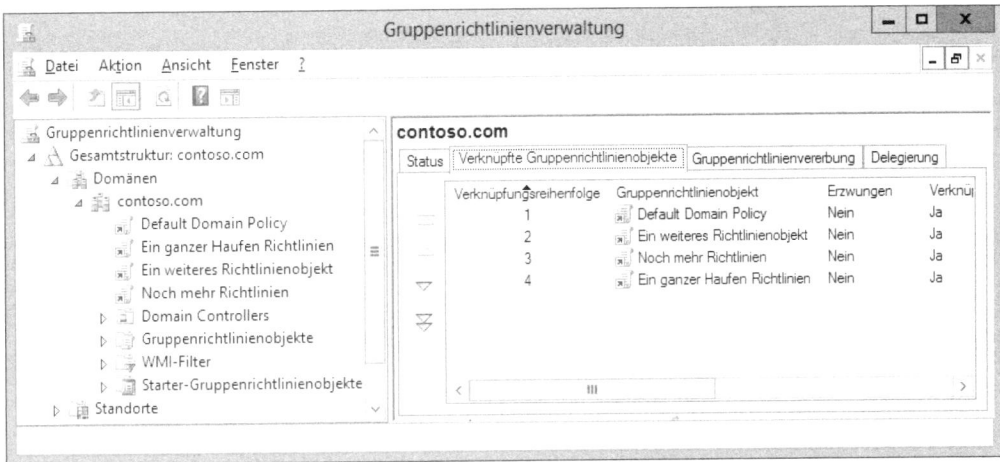

Abbildung 2.1 Mit einer Domäne können mehrere Gruppenrichtlinienobjekte verknüpft sein

Praxistipp   Default Domain Policy

Die meisten Organisationen konfigurieren Kennwortrichtlinien im Gruppenrichtlinienobjekt *Default Domain Policy*. Sie können zwar weitere Gruppenrichtlinienobjekte mit einer Domäne verknüpfen, aber die Verwendung des Objekts *Default Domain Policy* vereinfacht die Suche und Änderung der Kennwortrichtlinien.

Kennwortrichtlinien finden Sie in einem Gruppenrichtlinienobjekt im Knoten *Computer-konfiguration*, *Richtlinien*, *Windows-Einstellungen*, *Sicherheitseinstellungen*, *Kontoricht-linien* (Abbildung 2.2). Die meisten Administratoren sehen Kennwortrichtlinien und Konto-sperrungsrichtlinien als Teile desselben Ganzen an, aber es handelt sich tatsächlich um verschiedene Dinge. Windows Server 2012 wird mit aktivierten Kennwortrichtlinien ausge-liefert, aber die Kontosperrungsrichtlinien sind nicht aktiviert. Dieser Teil der Lektion behandelt die Richtlinien für Kennworteinstellungen. Kontosperrungsrichtlinien werden später beschrieben.

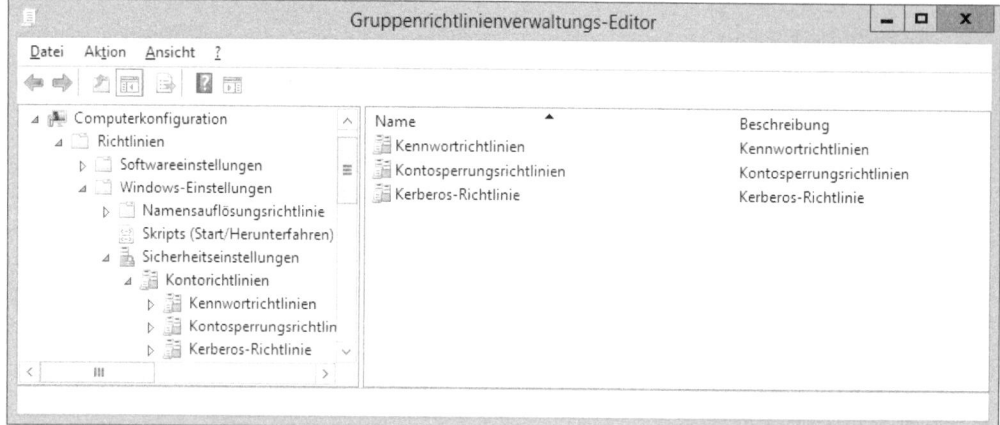

Abbildung 2.2   Kontorichtlinien

Schnelltest

- Auf welcher Ebene können Sie in Active Directory Kennwortrichtlinien anwenden?

Antwort zum Schnelltest

- Kennwortrichtlinien werden auf Domänenebene angewendet. Richtlinien für den Standort oder auf der Ebene der Organisationseinheiten werden bei der Ermittlung der wirksamen Kennwortrichtlinien nicht berücksichtigt.

Die wichtigsten Kennwortrichtlinien

Die folgende Liste beschreibt die fünf wichtigsten Kennwortrichtlinien, die Sie wahrscheinlich in Ihrer Organisation verwenden werden. Es gibt noch eine weitere, die Sie aber vermutlich nicht verwenden werden (Abbildung 2.3):

- **Kennwortchronik erzwingen**   Die angegebene Zahl von bisher verwendeten Kennwörtern wird in Active Directory gespeichert. Dadurch werden Benutzer daran gehindert, immer dieselbe kleine Menge an Kennwörtern zu verwenden. Der Standard- und Höchstwert ist 24 gespeicherte Kennwörter.

- **Maximales Kennwortalter**   Diese Richtlinie legt fest, wie lange ein Kennwort höchstens verwendet werden darf. Der Standardwert ist 42 Tage. Sie können bis zu 999 Tage einstellen. Die Einstellung 0 bedeutet, dass es kein maximales Kennwortalter gibt.

- **Minimales Kennwortalter**   Mit dieser Richtlinie halten Sie Benutzer davon ab, ständig ihr Kennwort zu ändern. Es gibt diese Richtlinie, weil manche Benutzer einige Minuten darauf verwendeten, solange ihr Kennwort zu ändern, bis sie einmal die Kennwortchronik durchlaufen hatten und wieder ihr altes Kennwort verwenden konnten. Benutzer können ihr Kennwort erst wieder nach dem angegebenen Zeitraum ändern. Der Standardwert ist 1 Tag.

- **Minimale Kennwortlänge**   Diese Richtlinie legt fest, wie viele Zeichen ein Kennwort mindestens enthalten muss. Längere Kennwörter sind sicherer als kürzere. Windows Server 2012 unterstützt in der grafischen Oberfläche Kennwörter, die bis zu 128 Zeichen lang sind, und in Windows PowerShell Kennwörter mit bis zu 256 Zeichen.

- **Kennwort muss Komplexitätsvoraussetzungen entsprechen**   Mit dieser Richtlinie sorgen Sie dafür, dass Kennwörter eine Mischung von Ziffern, speziellen Sonderzeichen sowie Groß- und Kleinbuchstaben enthalten. Außerdem verhindert diese Richtlinie, dass Benutzer im Kennwort ihren Kontonamen verwenden können.

Praxistipp   Merksätze

Viele Leute wissen gar nicht, dass sie auch Leerzeichen in Kennwörtern verwenden dürfen und Kennwörter bis zu 128 Zeichen lang sein können. Mit einem passenden Merksatz ist ein Kennwort leichter zu merken und sicherer als eine kurze, schwer zu merkende Zeichenfolge.

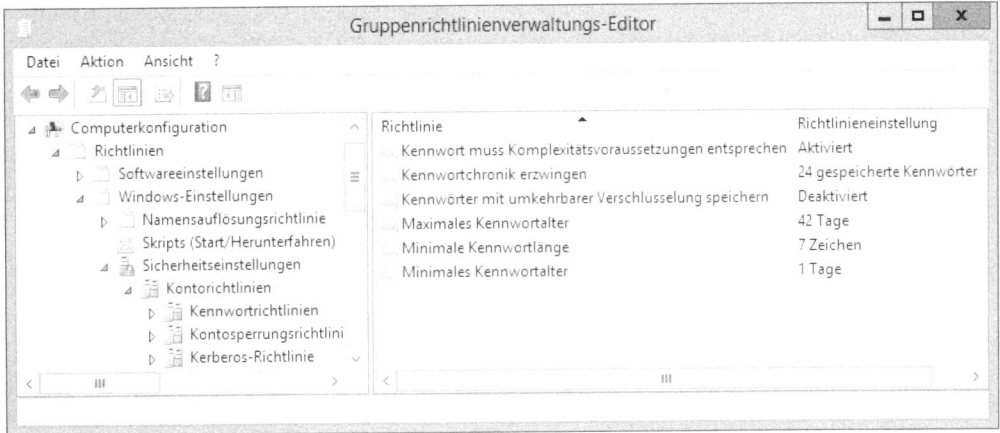

Abbildung 2.3   Kennwortrichtlinien

Praxistipp   Die Richtlinie *Kennwörter mit umkehrbarer Verschlüsselung speichern*

Wahrscheinlich werden Sie die Richtlinie *Kennwörter mit umkehrbarer Verschlüsselung speichern* nie verwenden (Abbildung 2.3). Diese Richtlinie war bereits in den meisten älteren Versionen des Betriebssystems Windows Server verfügbar. Sie bietet Abwärtskompatibilität für Anwendungen, die nicht auf Kennwörter zugreifen können, die mit der üblichen Verschlüsselung in Active Directory gespeichert sind. Sofern Ihre Organisation nicht mit Anwendungen arbeitet, die noch aus der Zeit von Windows NT 4.0 stammen, brauchen Sie diese Richtlinie wahrscheinlich nicht zu aktivieren.

Ausgewogene Kennwortrichtlinien

Kennwortrichtlinien sollten ausgewogen sein. Ist eine Kennwortrichtlinie zu streng, kann sie genauso schädlich sein wie eine Kennwortrichtlinie, die nicht streng genug ist. Einige Organisationen, die sehr strenge Kennwortrichtlinien verwendeten, mussten feststellen, dass ihre Mitarbeiter komplizierte Kennwörter aufschrieben, weil sie sich die Wörter nicht merken konnten. Durch eine Verschärfung der Kennwortrichtlinien könnte die IT-Abteilung Benutzer zu Verhaltensweisen verleiten, durch die die Sicherheit der Organisation geschwächt wird.

Berücksichtigen Sie bei der Konfiguration von Kennwortrichtlinien folgende Aspekte:

- Benutzer ändern nicht gerne ihre Kennwörter. Viele möchten sich einfach anmelden und mit ihrer Arbeit beginnen, statt sich ein neues Kennwort ausdenken zu müssen, das den Anforderungen der Kennwortrichtlinien entspricht und das sie sich merken können.

- Ein neues Kennwort vergisst man leichter als eines, das man schon einige Zeit verwendet hat. Benutzer, die ständig ihre Kennwörter vergessen, neigen dazu, etwas zu tun, was der Sicherheit schadet. Sie könnten das Kennwort beispielsweise aufschreiben und den Zettel an den Monitor kleben.

- Wenn Sie die minimale Kennwortlänge heraufsetzen und Benutzer auf diese Weise zwingen, Merksätze zu verwenden, können Sie auch das maximale Kennwortalter heraufsetzen. Längere Kennwörter sind sicherer, weil sie nicht so leicht zu erraten sind. Ein höheres maximales Kennwortalter verringert zwar die Sicherheit, aber der Effekt ist nicht so stark wie die Verbesserung durch ein längeres Kennwort.

Vergessen Sie nicht, dass jeder Anruf beim Helpdesk der Organisation Zeit und Geld kostet. Sie sollten versuchen, die Zahl der Anforderungen nach einer Kennwortrücksetzung zu minimieren, ohne die Sicherheit der Kennwörter zu verringern.

Kontosperrungseinstellungen

Eine *Kontosperrungsrichtlinie* legt fest, was geschieht, wenn eine Person ihr Kennwort mehrmals hintereinander falsch eingibt. In Windows Server 2012 sind standardmäßig keine Kontosperrungsrichtlinien aktiviert. Benutzer können daher solange falsche Kennwörter eingeben, bis sie aufgeben. Leider ist es aber ein Sicherheitsrisiko, Benutzern die Eingabe von beliebig vielen falschen Kennwörtern zu erlauben, weil dadurch Wörterbuchangriffe (dicitionary attacks) möglich werden. Dabei gibt ein automatisiertes System solange Kennwörter aus einer Liste ein, bis das richtige gefunden ist. Abbildung 2.4 zeigt die Kontosperrungsrichtlinien.

Folgende Richtlinien sind verfügbar:

- **Kontosperrdauer** Mit dieser Richtlinie legen Sie fest, wie lange ein Konto gesperrt wird. Die Standardeinstellung nach der Aktivierung ist 30 Minuten. Wenn Sie 0 angeben, bleibt das Konto solange gesperrt, bis jemand, der über die entsprechenden Berechtigungen verfügt, die Sperrung aufhebt.

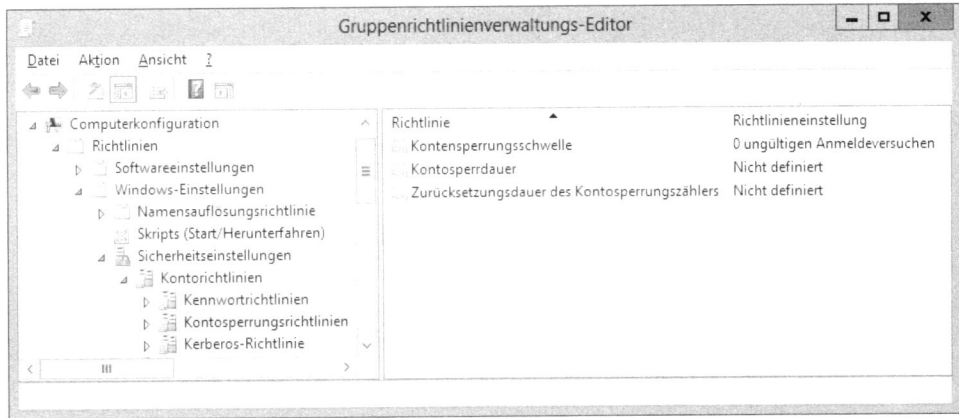

Abbildung 2.4 Kontosperrungsrichtlinien

■ **Kontensperrungsschwelle**   Mit dieser Richtlinie legen Sie fest, nach wie vielen ungültigen Anmeldeversuchen ein Konto gesperrt wird. Die Standardeinstellung nach der Aktivierung ist 5. Sie können aber auch Werte bis zu 999 eingeben. Die Zahl der ungültigen Anmeldeversuche muss in dem Zeitraum erfolgen, der von der Richtlinie *Zurücksetzungsdauer des Kontosperrungszählers* vorgegeben wird, um eine Sperrung auszulösen.

■ **Zurücksetzungsdauer des Kontosperrungszählers**   Mit dieser Richtlinie legen Sie den Zeitraum fest, in dem die festgelegte Zahl ungültiger Anmeldeversuche erfolgen muss, um eine Sperrung auszulösen. Der Standardwert nach der Aktivierung beträgt 30 Minuten. Werden die Standardeinstellungen verwendet und gibt ein Benutzer innerhalb von 30 Minuten dreimal ein falsches Kennwort ein, wird das Konto für 30 Minuten gesperrt. Gibt ein Benutzer aber innerhalb von 31 Minuten dreimal ein falsches Kennwort ein, wird das Konto nicht gesperrt.

Praxistipp Kontensperrung

Bei der Konfiguration von Kontosperrungsrichtlinien brauchen Sie ein gewisses Augenmaß. Nach wie vielen vergeblichen Anmeldungen kann man davon ausgehen, dass ein Benutzer sein Kennwort vergessen hat? Für den durchschnittlichen Benutzer ist eine Sperrdauer von 30 Minuten gleichbedeutend mit einer unbefristeten Sperrung. Selbst wenn Sie den Benutzern tausendmal erklären, dass Sie nur 30 Minuten zu warten brauchen und es dann erneut versuchen können, werden die Benutzer in dem Moment, in dem sie ausgesperrt sind, zum Telefonhörer greifen und das Helpdesk anrufen. Ziehen Sie eine Sperrdauer von einer Minute in Betracht und weisen Sie die Benutzer bei der Anmeldung darauf hin. Dadurch erreichen Sie einen gewissen Schutz gegen Wörterbuchangriffe und verringern vermutlich auch die Anzahl der Anrufe beim Helpdesk.

Kontoverwaltungsaufgaben

Die Konfiguration der Kontorichtlinien ist der erste Schritt in einer umfassenderen Konto-
verwaltungsstrategie. Administratoren müssen regelmäßig den Zustand der Benutzerkonten
überprüfen, um herauszufinden, ob die Kontorichtlinien funktionieren und ob es Konten mit
einer verdächtigen Aktivität gibt.

Konten mit nicht ablaufenden Kennwörtern

Sie können ein Konto so einstellen, dass das Kennwort nie abläuft. Dann braucht der Benutzer,
der das Konto verwendet, sein Kennwort nie zu ändern. Wurde ein Konto so konfiguriert, dass
das Kennwort nie abläuft, wird diese Einstellung nicht durch Kennwortrichtlinien außer Kraft
gesetzt. Durch die Einstellung *Kennwort läuft nie ab* sind keine Kennwortalterrichtlinien mehr
für das Konto wirksam (Abbildung 2.5).

Abbildung 2.5 Die Kontoeinstellung *Kennwort läuft nie ab*

Wenn Kennwortrichtlinien für ein Konto wirksam werden sollen, müssen Sie die Option
Kennwort läuft nie ab löschen. Außerdem sollten Sie den Benutzer zwingen, das Kennwort bei
der nächsten Anmeldung zu ändern, denn man darf wohl annehmen, dass ein Benutzer, dessen
Kennwort nie abläuft, es schon lange nicht mehr geändert hat. Mit dem Active Directory-
Verwaltungscenter können Sie leicht alle Konten suchen, deren Kennwörter nicht ablaufen
(Abbildung 2.6).

Abbildung 2.6   Suche nach Konten, deren Kennwörter nie ablaufen

Sie können die Eigenschaften dieser Konten bearbeiten, indem Sie alle Konten auswählen und dann im Dialogfeld *Mehrere Benutzer* das Kontrollkästchen *Kennwort läuft nie ab* löschen (Abbildung 2.7). Dieses Dialogfeld ist verfügbar, wenn Sie im Active Directory-Verwaltungscenter die Eigenschaften von mehreren ausgewählten Konten anzeigen. Bei dieser Gelegenheit sollten Sie die Benutzer dazu zwingen, ihre Kennwörter bei der nächsten Anmeldung zu ändern. Dadurch wird sichergestellt, dass die geltenden Kennwortrichtlinien berücksichtigt werden.

Praxistipp   Administratorkennwörter

Viele Systemadministratoren haben die schlechte Angewohnheit, ihre Konten so einzustellen, dass die Kennwörter nicht ablaufen, weil es ärgerlich ist, Kennwörter ständig ändern zu müssen. Systemadministratorkonten sind aber die Konten mit dem umfassendsten Berechtigungen. Daher ist es keine gute Idee, sie so einzustellen, dass die Kennwortrichtlinien der Organisation nicht für diese Konten gelten. Sinnvoller wäre, für Systemadministratoren strengere Kennwortrichtlinien als für gewöhnliche Benutzer gelten zu lassen.

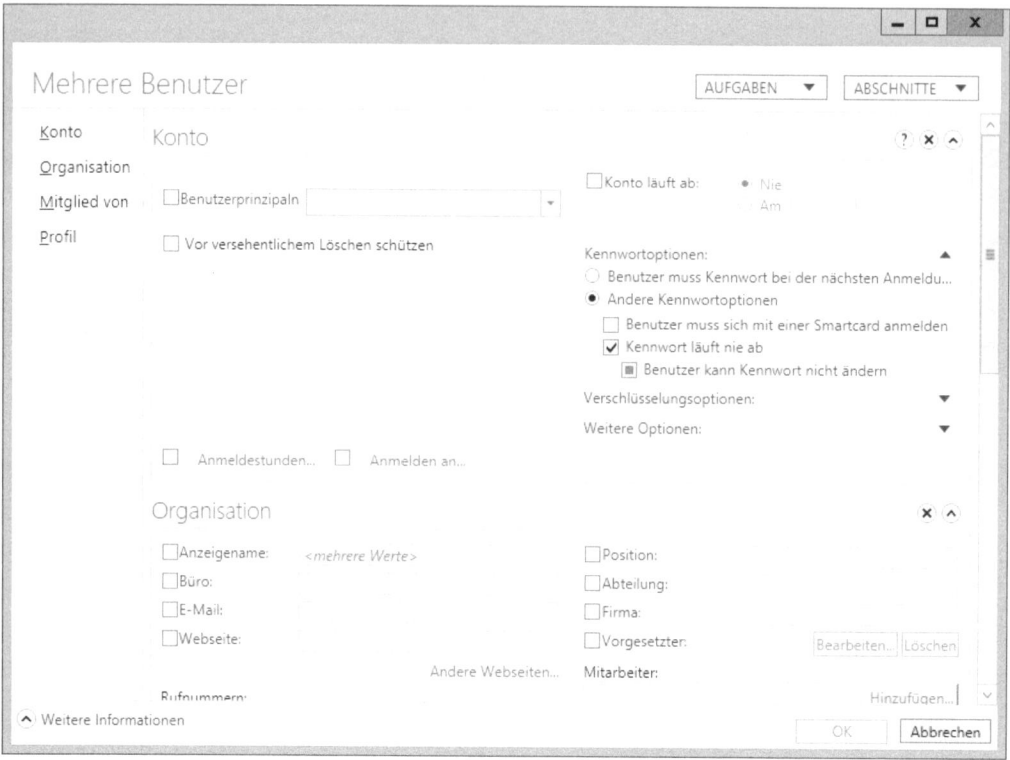

Abbildung 2.7   Anzeigen der Eigenschaften von mehreren ausgewählten Konten

Gesperrte Konten

Wie Sie bereits wissen, hängt es von den Kontosperrungsrichtlinien ab, wie lange ein Konto gesperrt ist. Viele Organisationen, die Konten ohne Zeitbeschränkung sperren, wenn ein Benutzer zu viele falsche Kennwörter in Folge eingibt, warten darauf, dass sich der Benutzer beim Helpdesk meldet und eine Kennwortrücksetzung anfordert. Die meisten Benutzer melden sich zwar schnell beim Helpdesk, wenn ihr Benutzerkonto gesperrt ist, aber es gibt Situationen, in denen dies nicht geschieht, beispielsweise wenn jemand versucht, das Konto eines Kollegen zu verwenden, während der Kollege nicht anwesend ist. Mit der Option *Globale Suche* des Active Directory-Verwaltungscenters können Sie leicht Benutzerkonten finden, die zwar aktiviert, aber gesperrt sind (Abbildung 2.8). Sie sollten gesperrte Konten genauer untersuchen, wenn sich der Benutzer, dem das Konto gehört, nicht beim Helpdesk gemeldet hat.

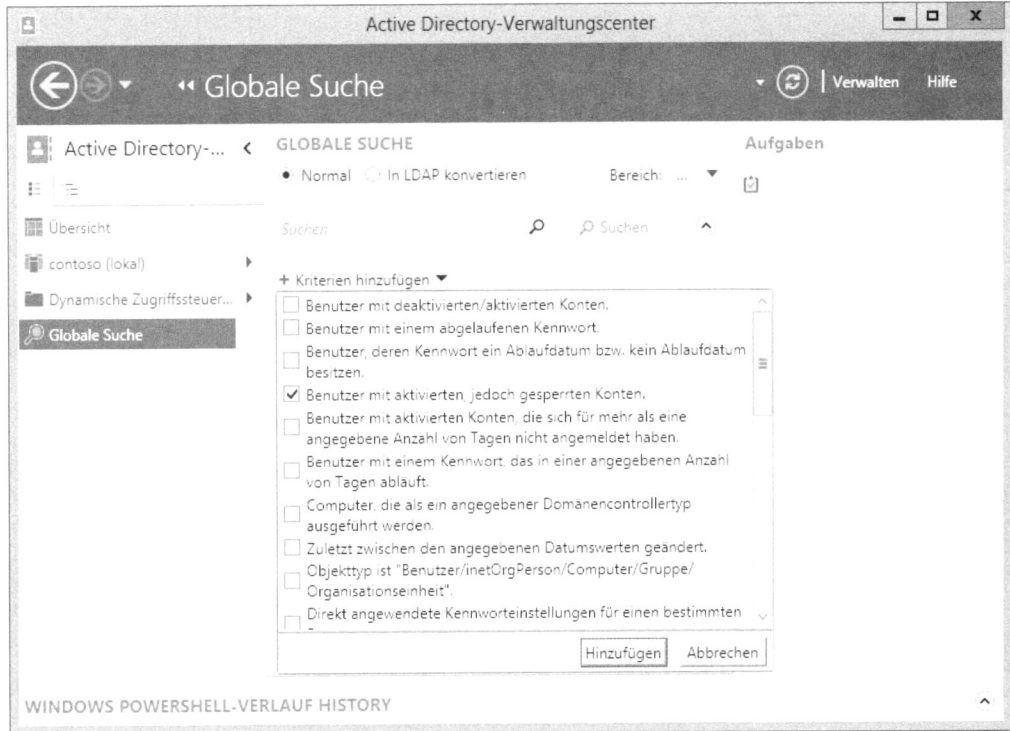

Abbildung 2.8   Suche nach gesperrten Benutzerkonten

Inaktive Konten

Die IT-Abteilung wird gewöhnlich zwar informiert, wenn ein neuer Mitarbeiter der Organisation ein neues Benutzerkonto braucht, aber sie erfährt es nicht immer, wenn jemand die Organisation verlässt. Daher gibt es in Organisationen gewöhnlich eine Reihe von inaktiven Benutzerkonten, deren ehemalige Besitzer die Organisation schon längst verlassen haben. Es kann gute Gründe für die Inaktivität geben, wenn sich eine Mitarbeiterin beispielsweise im Mutterschaftsurlaub oder auf einer langen Dienstreise befindet. Als Administrator sollten Sie routinemäßig nach Konten suchen, deren Besitzer sich eine gewisse Zeit lang nicht angemeldet haben. Die Konten von Benutzern, die für eine gewisse Zeit die Organisation verlassen haben, können Sie deaktivieren. Sobald der Benutzer zurückkehrt, lässt sich das Konto leicht wieder aktivieren. Die Konten von Benutzern, die die Organisation dauerhaft verlassen haben, können Sie später löschen.

Praxistipp   Deaktivieren oder löschen?

Ein deaktiviertes Konto lässt sich bei Bedarf leicht wieder reaktivieren, wenn es zum Beispiel erforderlich sein sollte, auf Ressourcen des Benutzers zuzugreifen, der die Organisation verlassen hat. Manche Organisationen führen eine spezielle Organisationseinheit *Deaktivierte Benutzerkonten*, um solche Konten zu verwalten. Die Löschung eines Kontos ist ein dauerhafter Schritt. Es ist zwar möglich, gelöschte Elemente wiederherzustellen, sofern es entsprechende Sicherungskopien gibt, aber die Wiederherstellung wird zunehmend schwieriger, je länger die Löschung zurückliegt.

Sie können inaktive Konten im Active Directory-Verwaltungscenter mit der Suchfunktion *Globale Suche* ermitteln, wobei Sie nach Benutzern mit aktiven Konten suchen, die sich seit einer gegebenen Zahl von Tagen nicht mehr angemeldet haben. Welcher Wert sinnvoll ist, hängt zwar von der Umgebung ab, aber Sie sollten sich auf jeden Fall aktivierte Konten näher ansehen, mit denen sich seit mehr als 50 Tagen niemand mehr angemeldet hat.

Zusammenfassung der Lektion

- Sie können Kennwort- und Kontosperrungsrichtlinien mit Gruppenrichtlinienobjekten konfigurieren, die mit der Domäne verknüpft sind

- Kennwort- und Kontosperrungsrichtlinien, die auf der Ebene eines Standorts oder einer Organisationseinheit konfiguriert werden, sind wirkungslos

- Konten, die explizit mit Kennwörtern konfiguriert wurden, die nicht ablaufen, lassen sich nicht mehr mit Kennwortrichtlinien steuern

- Sie können im Active Directory-Verwaltungscenter nach Konten suchen, deren Kennwörter nie ablaufen, mit denen sich seit längerer Zeit niemand mehr angemeldet hat oder die gesperrt sind

Lernzielkontrolle

Beantworten Sie folgende Fragen, um Ihr Wissen über den Stoff dieser Lektion zu überprüfen. Antworten auf diese Fragen und Erklärungen, warum die jeweilige Antwort richtig oder falsch ist, finden Sie im Abschnitt »Antworten« am Ende dieses Kapitels.

1. Sie möchten sicherstellen, dass Benutzer keine Kennwörter verwenden, die kürzer als 10 Zeichen sind, und dass sie neue Kennwörter für eine Woche beibehalten müssen. Welche der folgenden Gruppenrichtlinien konfigurieren Sie, um dies zu erreichen? (Wählen Sie alle zutreffenden Antworten.)

    A. *Kennwortchronik erzwingen*

    B. *Minimale Kennwortlänge*

    C. *Minimales Kennwortalter*

    D. *Maximales Kennwortalter*

2. Sie möchten sicherstellen, dass Benutzer ihre Kennwörter alle 4 Wochen ändern und keines der 10 zuletzt verwendeten Kennwörter verwenden. Mit welchen der folgenden Richtlinien erreichen Sie dies? (Wählen Sie alle zutreffenden Antworten.)

   A. *Maximales Kennwortalter*

   B. *Minimales Kennwortalter*

   C. *Minimale Kennwortlänge*

   D. *Kennwortchronik erzwingen*

3. Sie möchten sicherstellen, dass Benutzer im Kennwort keinen Teil ihres Benutzernamens verwenden können. Welche der folgenden Richtlinien müssen Sie konfigurieren, um dies zu erreichen? (Wählen Sie alle zutreffenden Antworten.)

   A. *Minimales Kennwortalter*

   B. *Kennwort muss Komplexitätsvoraussetzungen entsprechen*

   C. *Kennwortchronik erzwingen*

   D. *Minimale Kennwortlänge*

4. Sie möchten sicherstellen, dass die Konten von Benutzern gesperrt werden, die innerhalb von 2 Stunden 5 falsche Kennwörter in Folge eingegeben haben. Fünf falsche Kennwörter innerhalb von 125 Minuten sollen aber keine Sperrung auslösen. Welche der folgenden Gruppenrichtlinien konfigurieren Sie, um dies zu erreichen? (Wählen Sie alle zutreffenden Antworten.)

   A. *Kennwortrichtlinien, Minimale Kennwortlänge*

   B. *Kontosperrungsrichtlinien, Kontosperrdauer*

   C. *Kontosperrungsrichtlinien, Kontensperrungsschwelle*

   D. *Kontosperrungsrichtlinien, Zurücksetzungsdauer des Kontosperrungszählers*

5. Ihre Organisation verfügt über eine AD DS-Gesamtstruktur. Der Name der Domäne lautet *contoso.internal*. Es gibt einen Standort namens *Melbourne*. Alle Benutzerkonten liegen in einer speziellen Organisationseinheit namens *User_Accounts*. Alle Computerkonten sind in einer speziellen Organisationseinheit namens *Computer_Accounts* zu finden. Sie möchten für alle Benutzerkonten der Domäne Kennwort- und Kontosperrungsrichtlinien einrichten. Mit welchen der folgenden Schritte erreichen Sie dies? (Wählen Sie alle zutreffenden Antworten.)

   A. Sie verknüpfen ein Gruppenrichtlinienobjekt mit konfigurierten Kennwort- und Kontosperrungsrichtlinien mit der Organisationseinheit *User_Accounts*.

   B. Sie verknüpfen ein Gruppenrichtlinienobjekt mit konfigurierten Kennwort- und Kontosperrungsrichtlinien mit der Organisationseinheit *Computer_Accounts*.

   C. Sie verknüpfen ein Gruppenrichtlinienobjekt mit konfigurierten Kennwort- und Kontosperrungsrichtlinien mit dem Standort *Melbourne*.

   D. Sie richten die Kennwort- und Kontosperrungsrichtlinien im Standardgruppenrichtlinienobjekt von *contoso.internal* ein.

Lektion 2: Verwenden von abgestimmten Kennwortrichtlinien

Mit fein abgestimmten Kennwortrichtlinien können Sie auf der Ebene von Gruppen oder sogar einzelner Benutzer Kennwortrichtlinien festlegen. Ohne abgestimmte Kennwortrichtlinien gilt eine einzelne Kennwortrichtlinie für alle Benutzerkonten der Organisation. Abgestimmte Kennwortrichtlinien geben den Administratoren eine größere Flexibilität und ermöglichen es zum Beispiel, für bestimmte Konten strengere Kennwortrichtlinien als für gewöhnliche Benutzerkonten einzurichten. Alle Einstellungen, die in einem Active Directory-Gruppenrichtlinienobjekt für Kennwort- und Kontosperrungsrichtlinien möglich sind, lassen sich konfigurieren. Abgestimmte Kennwortrichtlinien sind auf globale Sicherheitsgruppen oder einzelne Benutzerkonten anwendbar.

Am Ende dieser Lektion werden Sie in der Lage sein, die folgenden Aufgaben auszuführen:

- Delegieren von Kennwortberechtigungen

- Konfigurieren von Kennworteinstellungsobjekten

- Verwalten von abgestimmten Kennwortrichtlinien

Veranschlagte Zeit für diese Lektion: 60 Minuten

Delegieren von Kennworteinstellungsberechtigungen

Viele Leute können sich Kennwörter gut merken, die sie bereits seit längerer Zeit verwenden. Neue Kennwörter bleiben den meisten weniger gut im Gedächtnis, insbesondere Kennwörter, die aus einer Kombination von Ziffern, Buchstaben und Sonderzeichen bestehen. Wer seine Kennwörter häufig ändern muss, läuft eher Gefahr, diese Kennwörter zu vergessen. Wird eine Kontosperrungsrichtlinie festgelegt, ist die Wahrscheinlichkeit größer, dass Benutzer das Helpdesk anrufen und die Rücksetzung ihres Kennworts anfordern. Je strenger die Kennwortrichtlinien einer Organisation sind, desto mehr Zeit verbringt der Helpdesk mit Benutzern, die ihre Kennwörter vergessen haben.

Statt von Benutzern zu erwarten, sich für die Rücksetzung eines Kennworts an das Helpdesk zu wenden, können Sie jemandem aus der Abteilung des Benutzers die Berechtigung zum Rücksetzen von Kennwörtern geben, beispielsweise dem Büroleiter oder einem Stellvertreter des Filialleiters. Dieser Schritt kann die Sicherheit erhöhen, weil jemand aus der Abteilung des Benutzers leichter als ein Techniker vom Helpdesk in der Lage ist, die Identität des Benutzers zu überprüfen. Außerdem müssen sich die Techniker vom Helpdesk dann nicht mehr um Dinge kümmern, für die im Grunde kein großes technisches Fachwissen erforderlich ist, und können sich auf andere Aufgaben konzentrieren.

Die Standardeinstellungen von Active Directory geben Mitgliedern der Gruppen *Konten-Operatoren*, *Domänen-Admins* und *Organisations-Admins* die Berechtigung zur Änderung von Benutzerkennwörtern. Sie können die Berechtigung zur Verwaltung von Kennworteinstellungen auf der Basis von Organisationseinheiten mit dem *Assistenten zum Zuweisen der*

Objektverwaltung delegieren. Dabei verlagern Sie Benutzerkonten in bestimmte Organisationseinheiten, die Ihren Anforderungen genügen. Sie können zum Beispiel die Benutzerkonten von allen Mitarbeitern der Forschungsabteilung in die Organisationseinheit *Research* verlagern und das Recht, Kennwörter zurückzusetzen und von den Benutzern bei der nächsten Anmeldung eine Kennwortänderung zu verlangen, an den Leiter der Forschungsabteilung delegieren. Außerdem können Sie die Berechtigung zur Verwaltung von Kennworteinstellungen auf der Domänenebene delegieren. Allerdings geschieht dies in den meisten Organisationen dadurch, dass Benutzer in die Gruppen *Konten-Operatoren*, *Domänen-Admins* oder *Organisations-Admins* aufgenommen werden.

Praxistipp   Erhöhte Sicherheit

Wenn jemand, der die Benutzer persönlich kennt, für die Rücksetzung von Kennwörtern zuständig ist, verringert sich die Wahrscheinlichkeit für erfolgreiche Angriffe, die auf diesem Weg erfolgen. Ist in einer Organisation nicht geregelt, wie die Identität eines Anrufers überprüft wird, bevor ein Kennwort zurückgesetzt wird, könnte ein Unbefugter das Helpdesk anrufen und behaupten, er sei der Benutzer, und auf diese Weise die Rücksetzung des Kennworts erreichen. Kennt aber derjenige, der für die Rücksetzung von Kennwörtern zuständig ist, die Benutzer persönlich, hat diese Art des Angriffs deutlich weniger Aussichten auf Erfolg.

Die Berechtigung zum Rücksetzen von Kennwörtern und zum Erzwingen einer Kennwortänderung bei der nächsten Anmeldung können Sie mit dem *Assistenten zum Zuweisen der Objektverwaltung* delegieren. Um den Assistenten zu starten, klicken Sie in der Konsole *Active Directory-Benutzer und -Computer* mit der rechten Maustaste auf eine Organisationseinheit und dann auf *Objektverwaltung zuweisen*. Achten Sie darauf, nur das Kontrollkästchen *Setzt Benutzerkennwörter zurück und erzwingt Kennwortänderung bei der nächsten Anmeldung* zu wählen, wie in Abbildung 2.9. Geben Sie Benutzern, die nicht zur IT-Abteilung gehören, nicht das Recht, andere Aufgaben durchzuführen.

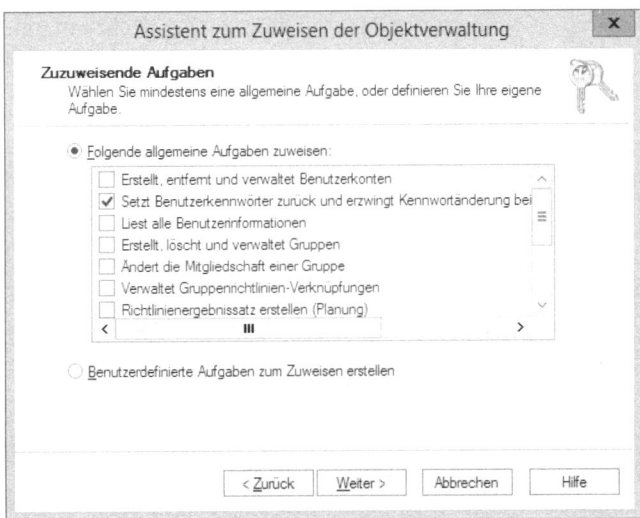

Abbildung 2.9 Delegieren der Berechtigung zum Rücksetzen von Kennwörtern

Weitere Informationen   Delegieren der Verwaltung von Kontoorganisationseinheiten

Unter *http://technet.microsoft.com/de-de/library/cc771454(WS.10).aspx* erhalten Sie weitere Informationen über die Delegierung der Verwaltung von Kontoorganisationseinheiten.

Größere Organisationen sollten die Bereitstellung eines Self-Service-Kennwortzurücksetzungs-portals in Erwägung ziehen. Solche Portale ermöglichen es Benutzern, die Kennwörter ihrer Active Directory-Benutzerkonten zurückzusetzen, nachdem Sie eine Reihe von Aufgaben absolviert haben, um ihre Identität zu beweisen. Dadurch erhalten Benutzer die Möglichkeit, vergessene Kennwörter schnell zurückzusetzen, und die Techniker vom Helpdesk erhalten weniger Kennwortrücksetzungsanforderungen. Eine Self-Service-Kennwortzurücksetzung lässt sich mit Microsoft Forefront Identity Manager 2010 R2 implementieren.

Weitere Informationen   Self-Service-Kennwortzurücksetzung

Unter *http://technet.microsoft.com/en-us/library/hh824694(WS.10).aspx* erhalten Sie weitere Informationen über die Rücksetzung eigener Kennwörter durch Benutzer.

Fein abgestimmte Kennwortrichtlinien

Fein abgestimmte Kennwortrichtlinien machen es möglich, in derselben Domäne mehrere Kennwortrichtliniensätze zu verwenden. Mit abgestimmten Kennwortrichtlinien können Sie zum Beispiel einen Kennwortrichtliniensatz für gewöhnliche Benutzer einrichten und einen zweiten, strengeren für Benutzer mit Konten, die besser geschützt werden müssen, beispiels-weise Konten von Mitgliedern der IT-Abteilung. Anders als die herkömmlichen Kennwort-gruppenrichtlinien, die auf Domänenebene gelten, wenden Sie abgestimmte Kennwortricht-linien auf globale Sicherheitsgruppen oder einzelne Benutzerkonten an. Das bedeutet, dass für ein einzelnes Konto auch mehrere abgestimmte Kennwortrichtlinien gelten können. In solchen Fällen wird durch eine Rangfolge sichergestellt, dass die gewünschte Richtlinie gilt. (Rangfolgen werden im weiteren Verlauf dieser Lektion behandelt.) Abgestimmte Kennwort-richtlinien können nicht auf lokale oder universelle Sicherheitsgruppen angewendet werden, sondern nur auf globale Sicherheitsgruppen.

Die Active Directory-Domäne muss sich auf der Funktionsebene *Windows Server 2008* oder höher befinden, damit sich abgestimmte Kennwortrichtlinien einsetzen lassen. Sie können die Domänenfunktionsebene in der Konsole *Active Directory-Verwaltungscenter* einstellen, indem Sie die Domäne auswählen und auf *Domänenfunktionsebene heraufstufen* klicken (Abbildung 2.10). Sie können die Domänenfunktionsebene auch in den Konsolen *Active Directory-Domänen und -Vertrauensstellungen* und *Active Directory-Benutzer und -Computer* heraufstufen. Außerdem können Sie die Domänenfunktionsebene mit dem Windows PowerShell-Cmdlet `Set-ADDomainMode` einstellen.

Abbildung 2.10 Domänenfunktionsebene

Um beispielsweise die Funktionsebene der Domäne *contoso.com* von *Windows Server 2003* auf *Windows Server 2008* anzuheben, verwenden Sie folgenden Befehl:

```
Set-ADDomainMode -Identity contoso.com -DomainMode 3
```

Änderungen der Domänenfunktionsebene sollten Sie sorgfältig planen. Die Domänen-funktionsebene lässt sich nicht wieder herabsetzen und sie bestimmt, welche Betriebssysteme auf den Domänencontrollern verwendet werden können. Über die Domänenfunktionsebene erfahren Sie in Kapitel 4, »Verwalten von Active Directory«, mehr.

Praxistipp   Viel einfacher

In älteren Versionen des Betriebssystems Windows Server musste man mit ADSIEdit kompli-zierte Konfigurationen vornehmen, um abgestimmte Kennwortrichtlinien zu verwenden. Viele Administratoren hätten diese Kennwortrichtlinien zwar gerne verwendet, aber die Konfigura-tion war ihnen zu aufwändig. Durch eine Vereinfachung der Konfiguration hat Microsoft erreicht, dass abgestimmte Kennwortrichtlinien leichter zugänglich sind.

Verwalten fein abgestimmter Kennwortrichtlinien

Abgestimmte Kennwortrichtlinien erstellen und verwalten Sie im Active Directory-Verwaltungscenter. Um ein neues Kennworteinstellungsobjekt (Password Settings Object, PSO) zu erstellen, öffnen Sie das Active Directory-Verwaltungscenter und navigieren in den Container *Password Settings Container*, der im Container *System* der Domäne zu finden ist (Abbildung 2.11). Klicken Sie im Bereich *Aufgaben* auf *Neu* und dann auf *Kennwortein-stellungen*. Im *Password Settings Container* sehen Sie auch die Rangfolgeeinstellungen der PSOs. Kennworteinstellungen von Objekten mit niedrigem Rangfolgewert haben Vorrang vor Kennworteinstellungen von Objekten mit höherem Rangfolgewert.

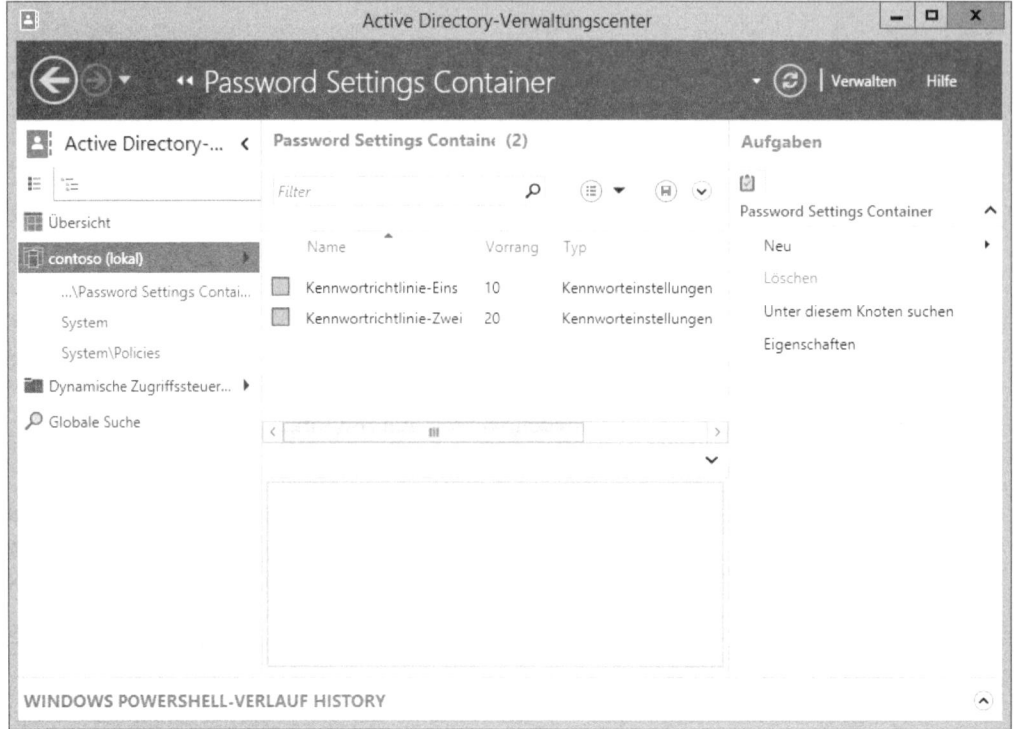

Abbildung 2.11 *Password Settings Container*

Schnelltest

- PSO *Alpha* hat den Rangfolgewert 100, PSO *Beta* den Rangfolgewert 10. Ein Benutzerkonto ist Mitglied verschiedener Gruppen, wobei für einige PSO *Alpha* gilt, für andere PSO *Beta*. Welche PSO-Einstellungen werden für das Benutzerkonto wirksam.

Antwort zum Schnelltest

- Die Einstellungen von PSO *Beta* gelten für das Benutzerkonto, weil die Rangfolge 10 vor der Rangfolge 100 liegt.

Konfigurieren von Kennworteinstellungsobjekten

Ein *Kennworteinstellungsobjekt* (Password Settings Object, PSO) enthält Einstellungen für Kennwortrichtlinien und Kontosperrungsrichtlinien (Abbildung 2.12). Ein PSO gilt für die Gruppen und Benutzer, die im Bereich *Direkt anwendbar auf* angegeben werden. Wenn ein Benutzerkonto über ein PSO verfügt, sei es direkt oder indirekt über eine Gruppenmitgliedschaft, hat dieses PSO Vorrang vor den Kennwort- und Kontosperrungsrichtlinien, die auf der Ebene der Domäne konfiguriert sind.

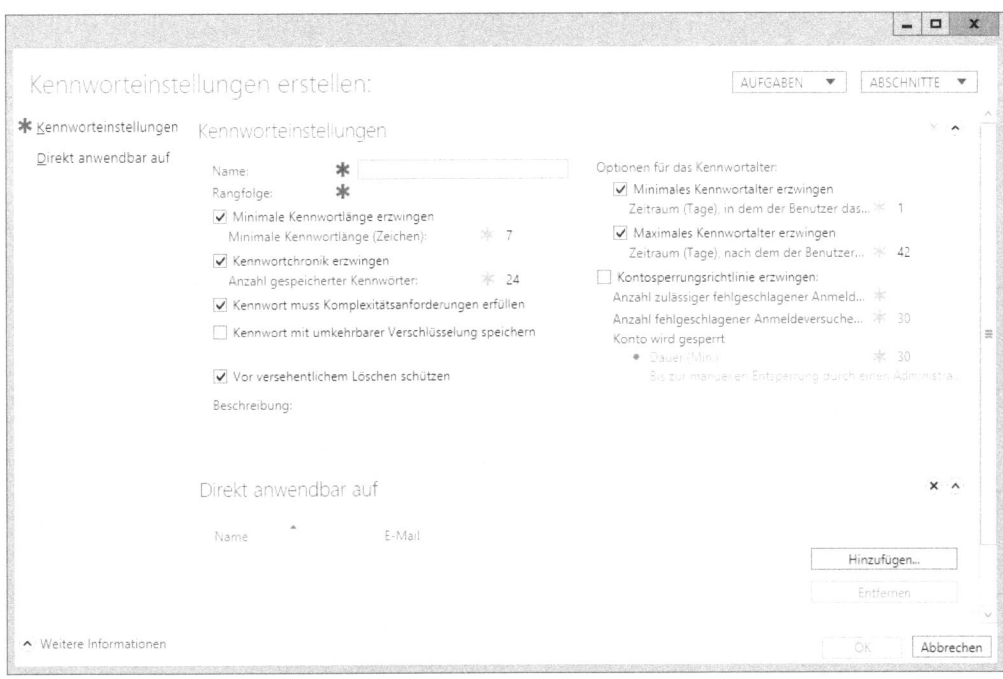

Abbildung 2.12   Kennworteinstellungsobjekt

Kennworteinstellungsobjekte enthalten folgende Angaben:

- **Name**   Ermöglicht die Eingabe eines Namens für das PSO

- **Rangfolge**   Gelten mehrere PSOs für ein Konto, hat das Objekt mit dem kleinsten Rangfolgewert Priorität

- **Minimale Kennwortlänge erzwingen**   Legt die Mindestlänge eines Kennworts fest

- **Kennwortchronik erzwingen**   Die Zahl der bereits verwendeten Kennwörter, die von Active Directory gespeichert werden. Diese Kennwörter können nicht verwendet werden.

- **Kennwort muss Komplexitätsanforderungen erfüllen**   Ein Kennwort muss eine Kombination von Ziffern, Sonderzeichen, Groß- und Kleinbuchstaben enthalten

- **Kennwort mit umkehrbarer Verschlüsselung speichern**   Bietet Abwärtskompatibilität zu älterer Software und wird in Windows Server 2012-Umgebungen nur selten verwendet

- **Vor versehentlichem Löschen schützen**   Das Benutzerkonto kann nicht versehentlich gelöscht werden. Diese Einstellungen ist zwar in den Kennwort- und Kontosperrungseinstellungen der Gruppenrichtlinien nicht verfügbar, kann aber bei einem PSO direkt verwendet werden.

- **Minimales Kennwortalter erzwingen**   Gibt die Zeitspanne an, die ein Kennwort mindestens verwendet werden muss, bevor Benutzer es ändern können

- **Maximales Kennwortalter erzwingen**   Die Zeitspanne in Tagen, die Benutzer ein Kennwort höchstens verwenden können, bevor sie das Kennwort ändern müssen

- **Kontosperrungsrichtlinie erzwingen**   Wenn diese Richtlinie aktiviert ist, können Sie folgende drei Einstellungen vornehmen:

    - **Anzahl zulässiger fehlgeschlagener Anmeldeversuche**   Die Zahl der aufeinanderfolgenden Fehleingaben eines Kennworts, nach denen eine Sperrung ausgelöst wird

    - **Anzahl fehlgeschlagener Anmeldeversuche zurücksetzen nach**   Die Zeitspanne, in der die Fehleingaben des Kennworts erfolgen müssen, um eine Sperrung auszulösen

    - **Konto wird gesperrt**   Kann eine Zeitspanne in Minuten angeben oder so eingestellt werden, dass ein Administrator die Sperrung des Kontos aufheben muss

---

Weitere Informationen   Fein abgestimmte Kennwortrichtlinien

Unter *http://technet.microsoft.com/en-us/library/jj574144.aspx#BKMK_FGPP* erhalten Sie weitere Informationen über fein abgestimmte Kennwortrichtlinien.

Ermitteln der wirksamen Kennworteinstellungen

Wenn Ihre Organisation viele abgestimmte Kennwortrichtlinien verwendet, lässt sich auf den ersten Blick nicht immer sagen, welche Kennwortrichtlinie für einen bestimmten Benutzer wirksam ist, weil PSOs auf viele Gruppen und Benutzer angewendet werden können und Benutzer Mitglieder vieler Gruppen sein können. Sie brauchen aber keine manuelle Überprüfung vorzunehmen. Die Suchfunktion des Active Directory-Verwaltungscenters bietet folgende Kriterien, mit denen sich ermitteln lässt, welche fein abgestimmte Kennwortrichtlinie für einen bestimmten Benutzer oder eine Gruppe gilt:

- **Direkt angewendete Kennworteinstellungen für einen bestimmten Benutzer**   Hiermit können Sie überprüfen, welche PSOs direkt für ein bestimmtes Benutzerkonto gelten. PSOs, die für Sicherheitsgruppen gelten, in denen der Benutzer Mitglied ist, werden nicht aufgelistet.

- **Direkt angewendete Kennworteinstellungen für eine bestimmte globale Sicherheitsgruppe**   Sie können überprüfen, welche PSOs direkt für bestimmte Sicherheitsgruppen gelten

- **Resultierende Kennworteinstellungen für einen bestimmten Benutzer**   Hiermit können Sie überprüfen, welches PSO für ein bestimmtes Benutzerkonto wirksam ist. Dabei werden direkt angewendete PSOs und indirekt durch Gruppenmitgliedschaften geltende PSOs berücksichtigt. Abbildung 2.13 zeigt das Ergebnis einer solchen Abfrage.

Abbildung 2.13   Suchen nach dem resultierenden Kennwortrichtliniensatz

Zusammenfassung der Lektion

- Die Berechtigung zum Rücksetzen von Kennwörtern delegieren Sie mit dem *Assistenten zum Zuweisen der Objektverwaltung*. Die Delegierung lässt sich auf der Ebene einer Domäne oder einer Organisationseinheit durchführen.

- Kennworteinstellungsobjekte (Password Setting Objects, PSOs) können Sie im Active Directory-Verwaltungscenter erstellen und verwalten

- PSOs können auf globale Sicherheitsgruppen oder einzelne Benutzerkonten angewendet werden

- Mit PSOs können Sie alle Kennwort- und Kontorichtlinieneinstellungen anwenden, die in Gruppenrichtlinien verfügbar sind. Außerdem können Sie Konten vor einer versehentlichen Löschung schützen.

- PSOs mit niedrigeren Rangfolgenummern haben Vorrang vor PSOs mit höheren Rangfolgenummern

- Im Active Directory-Verwaltungscenter können Sie überprüfen, welches PSO wirksam ist, falls für ein Konto direkt und indirekt mehrere PSOs gelten

Lernzielkontrolle

Beantworten Sie folgende Fragen, um Ihr Wissen über den Stoff dieser Lektion zu überprüfen. Antworten auf diese Fragen und Erklärungen, warum die jeweilige Antwort richtig oder falsch ist, finden Sie im Abschnitt »Antworten« am Ende dieses Kapitels.

1. Sie möchten für Systemadministratoren eine separate Kennwortrichtlinie verwenden. Die Benutzerkonten der Systemadministratoren liegen alle in der Organisationseinheit *Systems_Administration*. Was können Sie tun, um dieses Ziel zu erreichen? (Wählen Sie alle zutreffenden Antworten.)

   A. Sie erstellen eine Sicherheitsgruppe namens *Systems_Administrators* und fügen die Benutzerkonten aller Systemadministratoren zu dieser Sicherheitsgruppe hinzu.

   B. Sie erstellen ein PSO und wenden es auf die Organisationseinheit *Systems_Administration* an.

   C. Sie erstellen ein PSO und wenden es auf die Sicherheitsgruppe *Systems_Administrators* an.

   D. Sie konfigurieren ein GPO und wenden es auf die Organisationseinheit *Systems_Administration* an.

2. Ihre Organisation verfügt über drei Standorte: Melbourne, Sydney und Brisbane. Die Benutzer an den Standorten Melbourne und Sydney sollen die Standardkennwortrichtlinien der Domäne verwenden, aber für die Benutzer am Standort Brisbane möchten Sie separate Kennwortrichtlinien festlegen. Wie erreichen Sie dies? (Wählen Sie alle zutreffenden Antworten.)

   A. Sie verwenden für den Standort Brisbane ein GPO mit den gewünschten Kennwortrichtlinieneinstellungen.

   B. Sie wenden ein GPO mit den gewünschten Kennwortrichtlinieneinstellungen auf eine Sicherheitsgruppe an, die alle Benutzerkonten für den Standort Brisbane enthält.

   C. Sie wenden ein PSO mit den gewünschten Kennworteinstellungen auf eine Sicherheitsgruppe an, die alle Benutzerkonten für den Standort Brisbane enthält.

   D. Sie wenden ein PSO auf den Standort Brisbane an.

3. Mit welchen der folgenden Tools können Sie abgestimmte Kennwortrichtlinien konfigurieren? (Wählen Sie alle zutreffenden Antworten.)

   A. *Gruppenrichtlinienverwaltung*

   B. *Active Directory-Verwaltungscenter*

   C. *Active Directory-Benutzer und -Computer*

   D. *Active Directory-Standorte und -Dienste*

4. Rooslan und Oksana gehören zur IT-Abteilung. Die Benutzerkonten der Mitglieder dieser Abteilung sind Mitglieder der Sicherheitsgruppe *IT_Staff* und sind in der Organisationseinheit *IT_Dept* gespeichert. Sie möchten, dass für Mitglieder der IT-Abteilung andere Kennwortrichtlinien gelten als für den Rest der Organisation. Rooslan und Oksana wiederum sollen andere Kennwortrichtlinien als alle anderen Mitarbeiter der IT-Abteilung und der Organisation erhalten. Derzeit sind noch keine Richtlinien konfiguriert. Mit welchen der folgenden Schritte erreichen Sie dieses Ziel? (Wählen Sie alle zutreffenden Antworten.)

    A. Sie bearbeiten das GPO *Default Domain Policy* und legen die Kennwortrichtlinien für die Organisation fest.

    B. Sie erstellen ein PSO für die Sicherheitsgruppe *IT_Staff* mit den Kennwortrichtlinien für die IT-Abteilung und weisen diesem PSO den Rangfolgewert 20 zu.

    C. Sie erstellen ein PSO mit den Kennwortrichtlinien für Oksana und Rooslan und wenden es auf deren Benutzerkonten an. Sie weisen diesem PSO den Rangfolgewert 30 zu.

    D. Sie erstellen ein PSO mit den Kennwortrichtlinien für Oksana und Rooslan und wenden es auf deren Benutzerkonten an. Sie weisen diesem PSO den Rangfolgewert 10 zu.

5. Ab welcher Domänenfunktionsebene werden abgestimmte Kennwortrichtlinien unterstützt?

    A. *Windows Server 2003*

    B. *Windows Server 2008*

    C. *Windows Server 2008 R2*

    D. *Windows Server 2012*

Lektion 3: Verwenden von gruppenverwalteten Dienstkonten

Ein *gruppenverwaltetes Dienstkonto* ist ein spezieller Kontotyp, den Sie auf Computern, auf denen Windows Server 2012 ausgeführt wird, für Dienste verwenden können. Das Kennwort eines gruppenverwalteten Dienstkontos wird automatisch in regelmäßigen Abständen geändert. Wenn Sie ein gruppenverwaltetes Dienstkonto verwenden, brauchen Sie das Kennwort des Kontos nicht manuell in Active Directory oder in den Diensten zu ändern, die das Konto verwenden.

Am Ende dieser Lektion werden Sie in der Lage sein, die folgenden Aufgaben auszuführen:

- Erstellen von gruppenverwalteten Dienstkonten

- Installieren von gruppenverwalteten Dienstkonten

- Konfigurieren der Kerberos-Delegierung

Veranschlagte Zeit für diese Lektion: 45 Minuten

Kennwortrichtlinien werden verwendet, um Benutzer aus Sicherheitsgründen dazu zu bewegen, ihre Kennwörter in gewissen Abständen zu ändern. Je länger dasselbe Kennwort verwendet wird, desto höher ist die Wahrscheinlichkeit, dass ein Unbefugter es erfährt. Dienstkonten sind ein spezieller Kontotyp, der einem Dienst eine Identität gibt. Viele Systemadministratoren wollen sich nicht weiter mit Dienstkonten beschäftigen. Wie Benutzerkonten verfügen auch Dienstkonten über Kennwörter, und wie bei anderen Konten sollten auch die Kennwörter von Dienstkonten regelmäßig geändert werden.

Gruppenverwaltete Dienstkonten

Verwaltete Dienstkonten wurden mit Windows Server 2008 R2 eingeführt. Diese Konten funktionierten so ähnlich wie gruppenverwaltete Dienstkonten. Allerdings konnte ein verwaltetes Dienstkonto nicht auf mehreren Servern verwendet werden. Wenn Sie für denselben Dienst auf zwei verschiedenen Servern verwaltete Dienstkonten verwenden wollten, mussten Sie zwei separate verwaltete Dienstkonten erstellen, eines für jeden Server. Wollte ein Administrator auf mehreren Servern dasselbe verwaltete Dienstkonto verwenden, was bei vielen Anwendungen erforderlich ist, die hochverfügbar sein sollen, musste er dafür ein Benutzerkonto verwenden.

Gruppenverwaltete Dienstkonten ermöglichen die Verwendung desselben verwalteten Dienstkontos auf mehreren Servern. Sie lassen sich allerdings nur auf Computern verwenden, auf denen Windows Server 2012 ausgeführt wird. Gruppenverwaltete Dienstkonten, die auf Computern verwendet werden, auf denen Windows Server 2008 R2 ausgeführt wird, funktionieren wie nicht-gruppenverwaltete Dienstkonten und lassen sich nur auf einen einzigen Server installieren.

Gruppenverwaltete Dienstkonten werden im Container *Managed Service Account* gespeichert, der standardmäßig im Active Directory-Verwaltungscenter sichtbar ist (Abbildung 2.14). In der Konsole *Active Directory-Benutzer und -Computer* ist er sichtbar, wenn Sie die Ansichtsoption *Erweiterte Features* aktiviert haben.

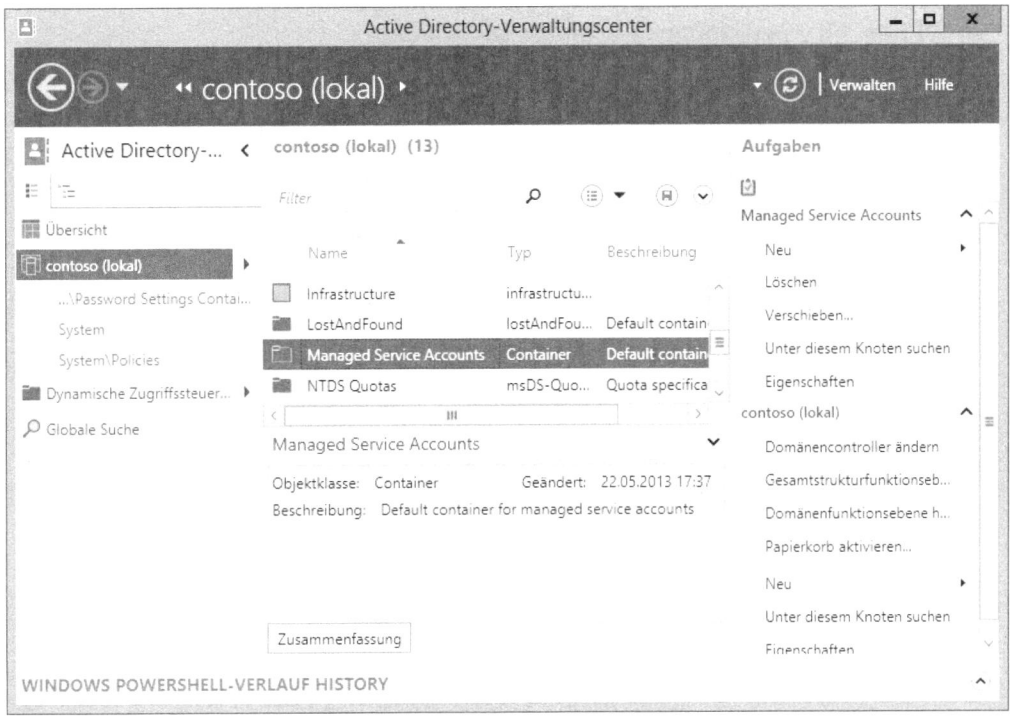

Abbildung 2.14   Der Standardcontainer für verwaltete Dienstkonten

Voraussetzungen für gruppenverwaltete Dienstkonten

Gruppenverwaltete Dienstkonten setzen voraus, dass auf dem lokalen Server .NET Framework 3.5.x installiert ist. Sie können gruppenverwaltete Dienstkonten verwenden, ohne das Active Directory-Schema zu erweitern, wenn die Domäne auf der Funktionsebene *Windows Server 2008 R2* oder *Windows Server 2012* arbeitet. Läuft die Domäne nicht auf einer dieser Funktionsebenen, sondern auf der Ebene *Windows Server 2003* oder *Windows Server 2008*, können Sie das Schema erweitern, damit es gruppenverwaltete Dienstkonten unterstützt. Damit Sie gruppenverwaltete Dienstkonten verwenden können, muss auf mindestens einem Domänencontroller Windows Server 2012 ausgeführt werden.

Bevor Sie das erste gruppenverwaltete Dienstkonto einer Organisation erstellen, müssen Sie mit dem Cmdlet `Add-KDSRootKey` einen *Stammschlüssel für den Schlüsselverteilungsdienst* erstellen. Das können Sie zum Beispiel mit folgendem Befehl:

```
Add-KdsRootKey -EffectiveImmediately
```

Wenn Sie die Option `EffectiveImmediately` verwenden, steht der Schlüssel erst 10 Stunden nach seiner Erstellung zur Verfügung. Wollen Sie ihn sofort verwenden, müssen Sie einen Zeitpunkt angeben, der bereits 10 Stunden zurückliegt, wie in folgendem Befehl:

```
Add-KdsRootKey -EffectiveTime ((get-date).addhours(-10))
```

Erstellen von gruppenverwalteten Dienstkonten

Nach der Erstellung des Stammschlüssels für den Schlüsselverteilungsdienst können Sie mit dem Cmdlet `New-ADServiceAccount` neue gruppenverwaltete Dienstkonten erstellen. Um beispielsweise auf dem Windows Server 2012-Domänencontroller *dc.contoso.com* ein neues gruppenverwaltetes Dienstkonto names *GMSA-Alpha* zu erstellen, verwenden Sie folgenden Befehl:

```
New-ADServiceAccount -Name GMSA-Alpha -DNSHostname dc.contoso.com
```

Mit dem Cmdlet `Set-ADServiceAccount` können Sie festlegen, welche Computer das gruppenverwaltete Dienstkonto verwenden. Geben Sie die Konten mit ihren SAM-Namen (Sicherheitskontenverwaltung, Security Account Manager) an. Soll das gruppenverwaltete Dienstkonto *GMSA-Alpha* zum Beispiel von den Servern *SYD-A* und *SYD-B* verwendet werden, verwenden Sie folgenden Befehl:

```
Set-ADServiceAccount -Identity GMSA-Alpha -PrincipalsAllowedToRetrieveManagedPassword SYD-A$, SYD-B$
```

Statt einzelner Servernamen können Sie auch Gruppennamen angeben. Alle Computer, die zur angegebenen Sicherheitsgruppe gehören, können das gruppenverwaltete Dienstkonto verwenden. Mit dem folgenden Befehl erstellen Sie zum Beispiel ein neues gruppenverwaltetes Dienstkonto namens *GMSA-Beta*, das von allen Computern verwendet werden kann, die zur Gruppe *GMSA-Beta-Group* gehören:

```
New-ADServiceAccount -Name GMSA-Beta -PrincipalsAllowedToRetrieveManagedPassword GMSA-Beta-Group -DNSHost-
name dc.contoso.com
```

Nach seiner Erstellung muss das gruppenverwaltete Dienstkonto auf jedem Server installiert werden, auf dem es von einem Dienst verwendet werden soll. Dazu verwenden Sie das Cmdlet `Install-ADServiceAccount`. Dieses Cmdlet liegt in einem Active Directory-Modul für Windows PowerShell, das Sie auf einem Computer installieren können, indem Sie die Remoteserver-Verwaltungstools installieren. Der folgende Befehl installiert zum Beispiel das gruppenverwaltete Dienstkonto *GMSA-Alpha* auf dem lokalen Server:

```
Install-ADServiceAccount -Identity GMSA-Alpha
```

Nach der Erstellung und Installation eines gruppenverwalteten Dienstkontos können Sie einen Dienst so konfigurieren, dass er das Konto verwendet. Dazu öffnen Sie das Eigenschaftsdialogfeld des Diensts, klicken auf der Registerkarte *Anmelden* auf *Durchsuchen* und suchen im Suchpfad *Gesamtes Verzeichnis* nach Konten (Abbildung 2.15). Es werden zwar auch Konten angezeigt, die nicht auf dem Server installiert sind, aber nur auf dem Server installierte Konten können für den Dienst verwendet werden.

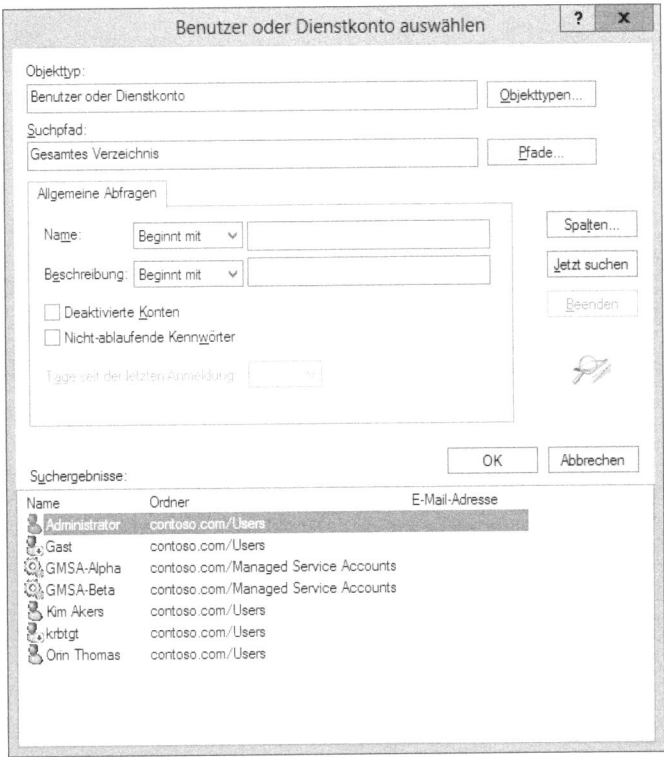

Abbildung 2.15   Auswählen eines Dienstkontos

Weitere Informationen   Gruppenverwaltete Dienstkonten

Unter *http://technet.microsoft.com/de-de/library/hh831782.aspx* erhalten Sie weitere Informationen über gruppenverwaltete Dienstkonten.

Schnelltest

■ Welches Windows PowerShell-Cmdlet müssen Sie verwenden, bevor Sie das erste gruppenverwaltete Dienstkonto erstellen?

Antwort zum Schnelltest

■ Sie müssen das Cmdlet `Add-KDSRootKey` verwenden, bevor Sie das erste gruppenverwaltete Dienstkonto erstellen.

Virtuelle Konten

Ein *virtuelles Konto* ist eine lokale Version eines verwalteten Dienstkontos, die für lokale, auf dem Hostcomputer ausgeführte Dienste verwendet wird. Virtuelle Konten können mit der Identität des Computers auf Ressourcen aus dem Netzwerk zugreifen, wenn der Computer Mitglied einer Domäne ist. Virtuelle Konten werden nur auf Computern unterstützt, auf denen Windows Server 2008 R2, Windows 7, Windows Server 2012 oder Windows 8 ausgeführt wird. Sie brauchen keine speziellen Windows PowerShell-Cmdlets zu verwenden, um das virtuelle Dienstkonto zu erstellen oder einen Dienst so zu konfigurieren, dass er das Konto verwendet. Sie brauchen nur den Namen des Diensts zu kennen, und den erfahren Sie mit dem Cmdlet `Get-Service`. So sorgen Sie dafür, dass ein Dienst ein virtuelles Dienstkonto verwendet:

1. Öffnen Sie die Konsole *Dienste* und das Eigenschaftsdialogfeld des Diensts, den Sie so einstellen möchten, dass er das virtuelle Dienstkonto verwendet.

2. Klicken Sie auf der Registerkarte *Anmelden* auf *Dieses Konto*.

3. Geben Sie im Textfeld *Dieses Konto* den Dienstnamen als **NT Service\<Dienstname>** ein. Abbildung 2.16 zeigt die Konfiguration des Diensts Windows Update mit dem dazugehörigen Dienstnamen. Konfigurieren Sie den Dienst mit einem leeren Kennwort. Das Betriebssystem konfiguriert den Dienst dann mit einem verwalteten Kennwort, wenn Sie den Dienst neu starten.

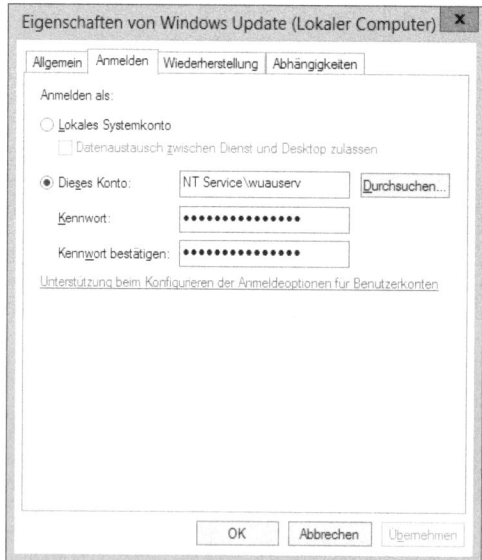

Abbildung 2.16   Angeben eines Dienstkontos

 Weitere Informationen   Virtuelle Konten

Unter *http://technet.microsoft.com/de-de/library/dd548356(v=ws.10).aspx* erhalten Sie weitere Informationen über virtuelle Konten.

Delegieren mit Kerberos

Die *eingeschränkte Kerberos-Delegierung* legt fest, wie und wo Anwendungsdienste im Auftrag des Benutzers verwendet werden können. Konten lassen sich so einrichten, dass sie nur für bestimmte Aufgaben verwendet werden können. Abbildung 2.17 zeigt zum Beispiel die Konfiguration des Computerkontos von *SYD-B* zur Delegierung mit Kerberos für den Dienst *time* auf dem Computer *SYD-A*. Windows Server 2012 ermöglicht eine eingeschränkte Delegierung, bei der der Front-End-Dienst und der Ressourcendienst in verschiedenen Domänen ausgeführt werden. Sie können die Kerberos-Delegierung mit den Cmdlets `Set-ADComputer`, `Set-ADServiceAccount` und `Set-ADUser` konfigurieren, wobei Sie den Parameter `Principals-AllowedToDelegateToAccount` verwenden.

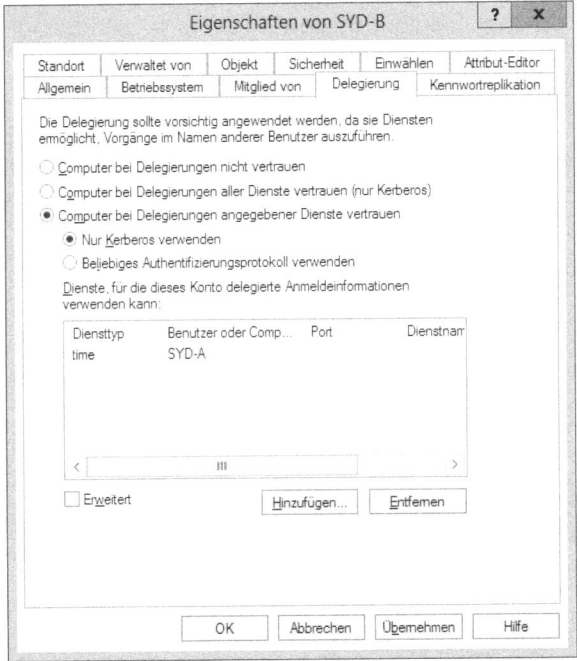

Abbildung 2.17   Kerberos-Delegierung

Weitere Informationen   Eingeschränkte Kerberos-Delegierung

Unter *http://technet.microsoft.com/de-de/library/jj553400.aspx* erhalten Sie weitere Informationen über die eingeschränkte Kerberos-Delegierung.

Kerberos-Richtlinien

Kerberos-Richtlinien legen fest, wie Dienst- und Benutzertickets in einer Active Directory-Domäne bei der Authentifizierung verwendet werden. Wie Kennwort- und Kontosperrungsrichtlinien werden auch Kerberos-Richtlinien auf der Ebene der Domäne angewendet. Kerberos-Richtlinien, die auf der Eben des Standorts oder einer Organisationseinheit angewendet werden, sind unwirksam. Die Kerberos-Richtlinien sind im Knoten *Computerkonfiguration*, *Richtlinien*, *Windows-Einstellungen*, *Sicherheitseinstellungen*, *Kontorichtlinien* zu finden (Abbildung 2.18).

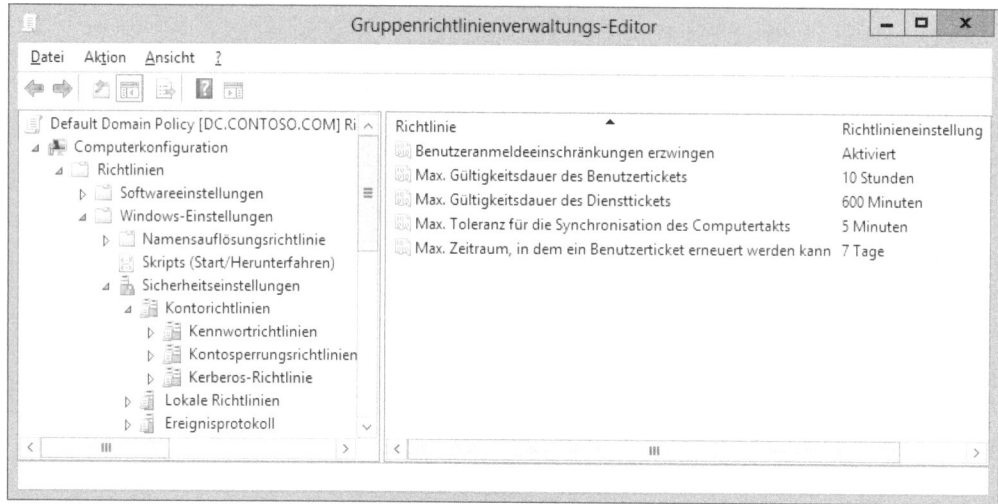

Abbildung 2.18 Kerberos-Richtlinien

Windows Server 2012 ermöglicht die Konfiguration folgender Kerberos-Richtlinien:

- **Benutzeranmeldeeinschränkungen erzwingen**   Sorgt dafür, dass Kerberos jede Anfrage auf ein gültiges Sitzungsticket überprüft, auch Dienstticket genannt

- **Max. Gültigkeitsdauer des Diensttickets**   Legt die maximale Gültigkeitsdauer eines Diensttickets fest, auch Sitzungsticket genannt. Der Standardwert dieser Richtlinie ist 10 Stunden (600 Minuten). Der Wert in dieser Richtlinie muss kleiner oder gleich dem Wert sein, der in der Richtlinie *Max. Gültigkeitsdauer des Benutzertickets* festgelegt ist.

- **Max. Gültigkeitsdauer des Benutzertickets**   Legt die maximale Gültigkeitsdauer eines Benutzertickets fest, auch TGT (Ticket Granting Ticket) genannt. Der Standardwert dieser Richtlinie ist 10 Stunden.

- **Max. Zeitraum, in dem ein Benutzerticket erneuert werden kann**   Legt den maximalen Erneuerungszeitraum eines TGTs fest. Der Standardwert ist 7 Tage.

- **Max. Toleranz für die Synchronisation des Computertakts**   Legt fest, wie weit die Uhren der Domänencontroller voneinander abweichen dürfen, ohne Ticketfehler zu bewirken. Die Standardeinstellung beträgt 5 Minuten.

Weitere Informationen   Kerberos-Richtlinien

Unter *http://technet.microsoft.com/en-us/library/cc961968.aspx* erhalten Sie weitere Informationen über Kerberos-Richtlinien.

Verwalten der Dienstprinzipalnamen

Kerberos-Clients verwenden einen Dienstprinzipalnamen (Service Principal Name, SPN), um eine bestimmte Instanz eines Diensts auf einem Computer eindeutig zu bezeichnen. Wenn es auf den Computern einer Domäne oder einer Gesamtstruktur mehrere Instanzen desselben Diensts gibt, erfordert jeder Dienst einen eindeutigen Dienstprinzipalnamen. Dienstinstanzen können auch mehrere Dienstprinzipalnamen haben, solange diese Namen eindeutig sind.

Sie können das Befehlszeilenprogramm SetSPN verwenden, um auf Computern, auf denen Windows Server 2012 ausgeführt wird, Dienstprinzipalnamen festzulegen. SetSPN verwendet die Syntax `setspn <Dienstklasse>/<Host:Portnummer> <Dienstname>`. Verwenden Sie `SetSPN /?`, um eine Liste aller Optionen zu erhalten. Um beispielsweise den HTTP-Dienst, der auf einem Computer namens *SYD-A* aus der Domäne *contoso.com* ausgeführt wird und den Standardport verwendet, mit einem gruppenverwalteten Dienstkonto namens *SYD-SRVC* zu registrieren, verwenden Sie folgenden Befehl:

```
Setpspn -s http/SYD-A.contoso.com CONTOSO\SYD-SRVC
```

Weitere Informationen   Dienstprinzipalnamen

Unter *http://social.technet.microsoft.com/wiki/contents/articles/717.service-principal-names-spns-setspn-syntax-setspn-exe.aspx* erfahren Sie mehr über Dienstprinzipalnamen.

Zusammenfassung der Lektion

- Sie müssen einen Stammschlüssel für den Schlüsselverteilungsdienst erstellen, bevor Sie gruppenverwaltete Dienstkonten erstellen können

- Mit dem Cmdlet `New-ADServiceAccount` erstellen Sie ein neues gruppenverwaltetes Dienstkonto

- Mit dem Cmdlet `Set-ADServiceAccount` konfigurieren Sie das neue gruppenverwaltete Dienstkonto

- Mit dem Cmdlet `Install-ADServiceAccount` lässt sich ein Konto auf einem neuen Computer installieren

- Die eingeschränkte Kerberos-Delegierung ermöglicht es, festzulegen, welche Dienste und Konten bei der Delegierung verwendet werden können

Lernzielkontrolle

Beantworten Sie folgende Fragen, um Ihr Wissen über den Stoff dieser Lektion zu überprüfen. Antworten auf diese Fragen und Erklärungen, warum die jeweilige Antwort richtig oder falsch ist, finden Sie im Abschnitt »Antworten« am Ende dieses Kapitels.

1. Welches der folgenden Betriebssysteme unterstützt virtuelle Dienstkonten?

    A. Windows Server 2008

    B. Windows Server 2012

    C. Windows Server 2008 R2

    D. Windows Server 2003 R2

2. Sie möchten in Ihrer neuen Windows Server 2012-Umgebung gruppenverwaltete Dienstkonten bereitstellen. Welches der folgenden Windows PowerShell-Cmdlets müssen Sie zuerst verwenden?

    A. `New-ADServiceAccount`

    B. `Install-ADServiceAccount`

    C. `Set-ADServiceAccount`

    D. `Add-KDSRootKey`

3. Sie möchten ein vorhandenes gruppenverwaltetes Dienstkonto auf zusätzlichen Computern verwenden. Welches der folgenden Windows PowerShell-Cmdlets verwenden Sie?

    A. `Install-ADServiceAccount`

    B. `Add-KDSRootKey`

    C. `New-ADServiceAccount`

    D. `Set-ADServiceAccount`

4. Sie möchten eine bestimmtes gruppenverwaltetes Dienstkonto auf einem Computer verwenden, auf dem Windows Server 2012 ausgeführt wird. Sie haben das gruppenverwaltete Dienstkonto bereits in Active Directory erstellt und konfiguriert. Welches der folgenden Cmdlet muss auf dem Computer verwendet werden, bevor Sie einen Dienst mit dem Konto konfigurieren können?

    A. `Set-ADServiceAccount`

    B. `Add-KDSRootKey`

    C. `Install-ADServiceAccount`

    D. `New-ADServiceAccount`

5. Welche der folgenden Richtlinien sollten Sie auf der Ebene der Domäne konfigurieren, um sicherzustellen, dass die Uhren der Domänencontroller für die Verwendung von Kerberos maximal 2 Minuten voneinander abweichen dürfen?

A. *Max. Gültigkeitsdauer des Diensttickets*

B. *Max. Zeitraum, in dem ein Benutzerticket erneuert werden kann*

C. *Max. Toleranz für die Synchronisation des Computertakts*

D. *Max. Gültigkeitsdauer des Benutzertickets*

Übungen

In den Übungen dieses Kapitels sammeln Sie Praxiserfahrung zu folgenden Themen:

■ Konfigurieren von Kennwort- und Kontosperrungsrichtlinien

■ Erstellen von abgestimmten Kennwortrichtlinien

■ Erstellen und Konfigurieren von gruppenverwalteten Dienstkonten

Für die Durchführung dieser Übungen brauchen Sie Zugang zu den Computer *DC*, *SYD-A* und *SYD-B*, wie im Anhang beschrieben.

Übung 1: Konfigurieren von Kennwort- und Kontosperrungsrichtlinien

In dieser Übung konfigurieren Sie eine Kennwortrichtlinie und eine Kontosperrungsrichtlinie für eine AD DS-Domäne. Außerdem suchen Sie mit dem Active Directory-Verwaltungscenter nach Konten, deren Kennwort niemals abläuft:

1. Melden Sie sich als *Contoso\Administrator* auf *DC* an.

2. Klicken Sie im Menü *Tools* des Server-Managers auf *Gruppenrichtlinienverwaltung*.

3. Erweitern Sie in der Konsole *Gruppenrichtlinienverwaltung* (Group Policy Management Console, GPMC) nacheinander die Knoten *Gesamtstruktur: contoso.com*, *Domänen*, *contoso.com* und *Gruppenrichtlinienobjekte* und klicken Sie auf *Default Domain Policy* (Abbildung 2.19).

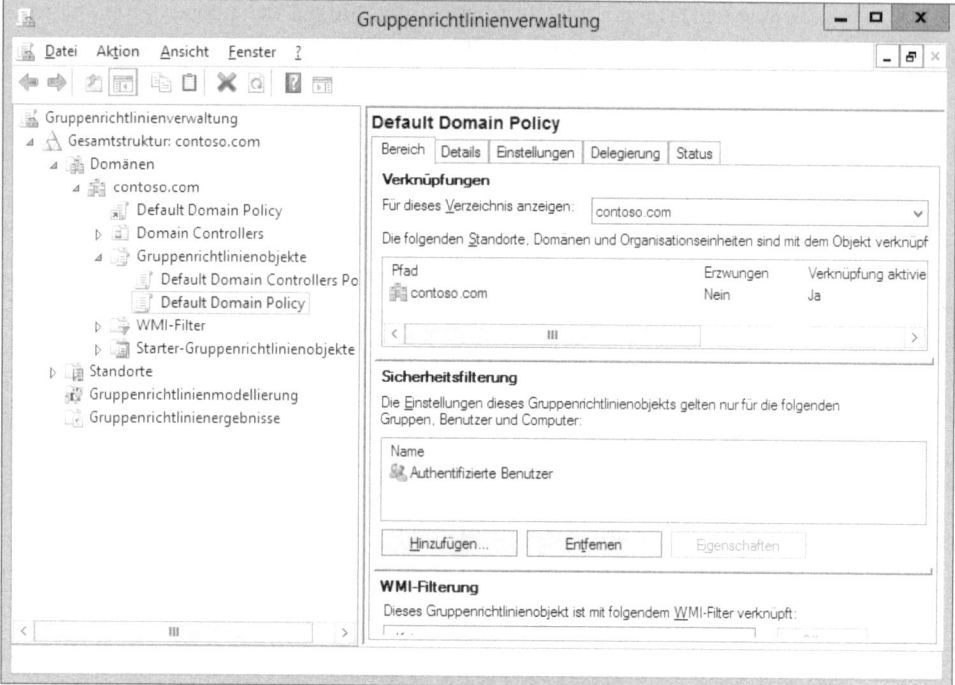

Abbildung 2.19   Das Standardgruppenrichtlinienobjekt *Default Domain Policy*

4.   Klicken Sie im Menü *Aktion* auf *Bearbeiten*.

5.   Erweitern Sie im *Gruppenrichtlinienverwaltungs-Editor* die Knoten *Computerkonfigura-tion*, *Richtlinien*, *Windows-Einstellungen*, *Sicherheitseinstellungen*, *Kontorichtlinien* und *Kennwortrichtlinien*.

6.   Klicken Sie mit der rechten Maustaste auf *Kennwortchronik erzwingen* und klicken Sie auf *Eigenschaften*.

7.   Sorgen Sie im Dialogfeld *Eigenschaften von Kennwortchronik erzwingen* dafür, dass *Diese Richtlinieneinstellung definieren* aktiviert ist. Stellen Sie in *Kennwortchronik behalten* 20 gespeicherte Kennwörter ein und klicken Sie auf *OK* (Abbildung 2.20).

8.   Klicken Sie auf die Richtlinie *Maximales Kennwortalter*. Klicken Sie im Menü *Aktion* auf *Eigenschaften*.

9.   Sorgen Sie im Dialogfeld *Eigenschaften von Maximales Kennwortalter* dafür, dass *Diese Richtlinieneinstellung definieren* aktiviert ist. Stellen Sie den Wert von *Kennwort läuft ab in* auf 88 Tage (Abbildung 2.21) und klicken Sie auf *OK*.

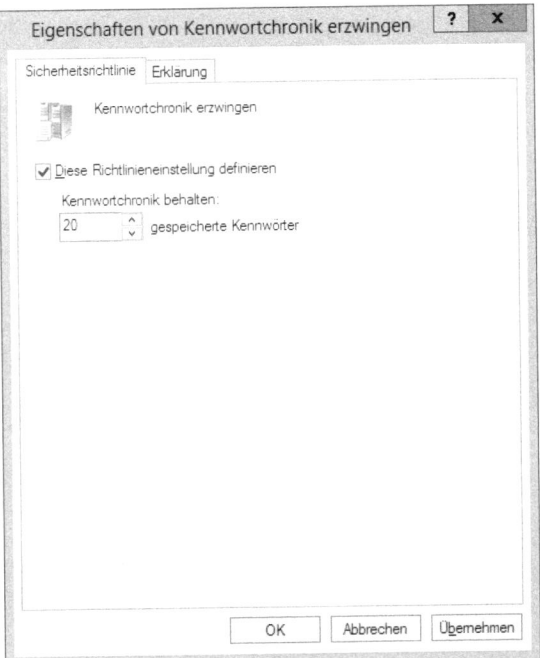

Abbildung 2.20   Kennwortchronik

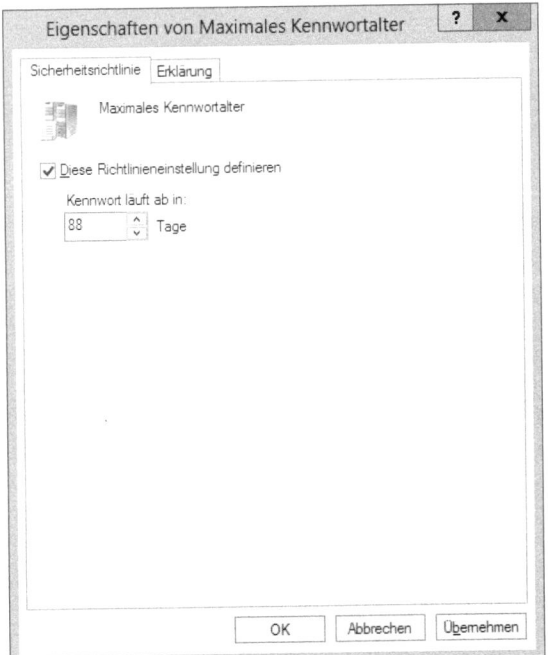

Abbildung 2.21   Maximales Kennwortalter

10. Klicken Sie auf die Richtlinie *Minimales Kennwortalter*. Klicken Sie im Menü *Aktion* auf *Eigenschaften*.

11. Sorgen Sie im Dialogfeld *Eigenschaften von Minimales Kennwortalter* dafür, dass *Diese Richtlinieneinstellung definieren* aktiviert ist. Stellen Sie den Wert in *Kennwort kann geändert werden nach* auf 12 Tage ein (Abbildung 2.22) und klicken Sie auf *OK*.

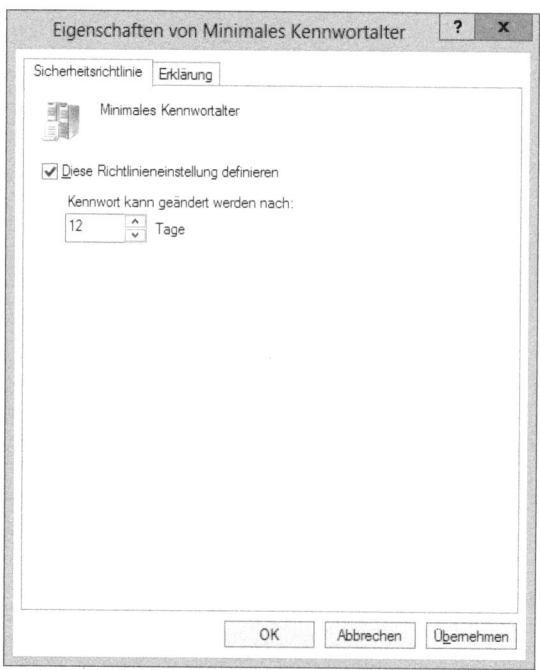

Abbildung 2.22   Minimales Kennwortalter

12. Klicken Sie im *Gruppenrichtlinienverwaltungs-Editor* auf *Minimale Kennwortlänge*. Klicken Sie im Menü *Aktion* auf *Eigenschaften*.

13. Sorgen Sie im Dialogfeld *Eigenschaften von Minimale Kennwortlänge* dafür, dass *Diese Richtlinieneinstellung definieren* aktiviert ist. Stellen Sie in *Minimale Kennwortlänge* eine Mindestkennwortlänge von 10 Zeichen ein (Abbildung 2.23) und klicken Sie auf *OK*.

14. Klicken Sie im *Gruppenrichtlinienverwaltungs-Editor* auf die Richtlinie *Kennwort muss Komplexitätsvoraussetzungen entsprechen*. Klicken Sie im Menü *Aktion* auf *Eigenschaften*.

15. Sorgen Sie im Dialogfeld *Eigenschaften von Kennwort muss Komplexitätsvoraussetzungen entsprechen* dafür, dass das Kontrollkästchen *Diese Richtlinieneinstellung definieren* und das Optionsfeld *Aktiviert* gewählt sind (Abbildung 2.24). Klicken Sie auf *OK*.

16. Schließen Sie den *Gruppenrichtlinienverwaltungs-Editor*.

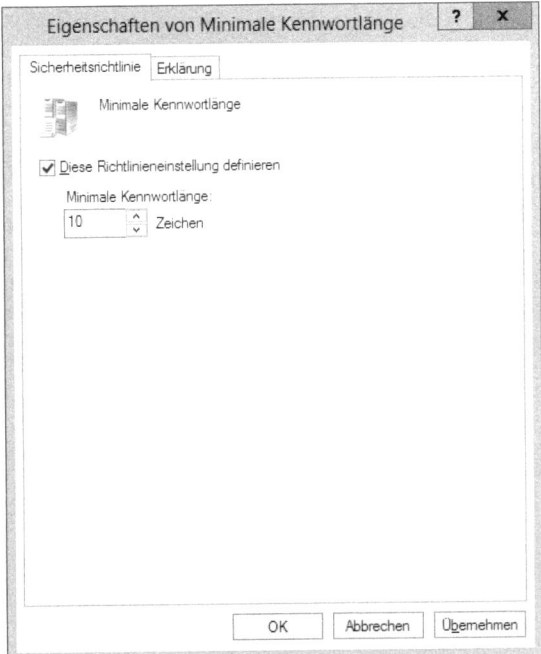

Abbildung 2.23   Minimale Kennwortlänge

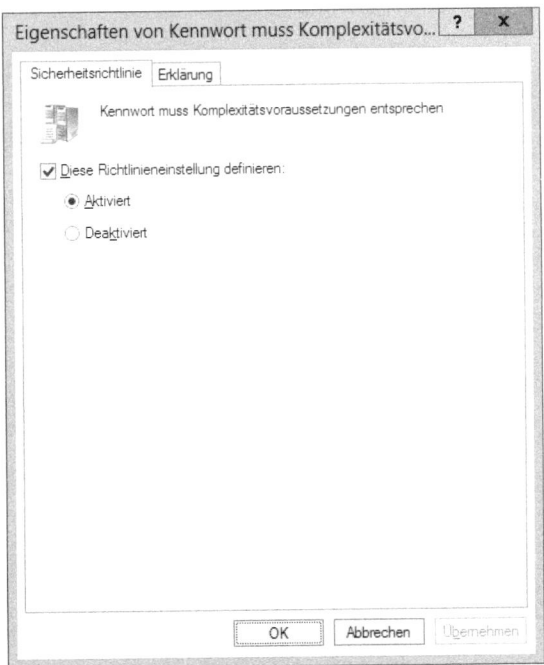

Abbildung 2.24   Kennwort muss Komplexitätsvoraussetzungen entsprechen

Übung 2: Konfigurieren von Kontosperrungsrichtlinien

In dieser Übung konfigurieren Sie in einer AD DS-Domäne eine Kontosperrungsrichtlinie:

1. Erweitern Sie in der Konsole *Gruppenrichtlinienverwaltung* nacheinander die Knoten *Gesamtstruktur: contoso.com, Domänen, contoso.com* und *Gruppenrichtlinienobjekte* und klicken Sie auf *Default Domain Policy.*

2. Klicken Sie im Menü *Aktion* auf *Bearbeiten.*

3. Erweitern Sie im *Gruppenrichtlinienverwaltungs-Editor* die Knoten *Computerkonfiguration, Richtlinien, Windows-Einstellungen, Sicherheitseinstellungen, Kontorichtlinien* und *Kontosperrungsrichtlinien.*

4. Klicken Sie auf die Richtlinie *Kontosperrdauer* und im Menü *Aktion* auf *Eigenschaften.*

5. Wählen Sie im Dialogfeld *Eigenschaften von Kontosperrdauer* das Kontrollkästchen *Diese Richtlinieneinstellung definieren.* Stellen Sie eine Sperrdauer von 120 Minuten ein (Abbildung 2.25) und klicken Sie auf *OK.*

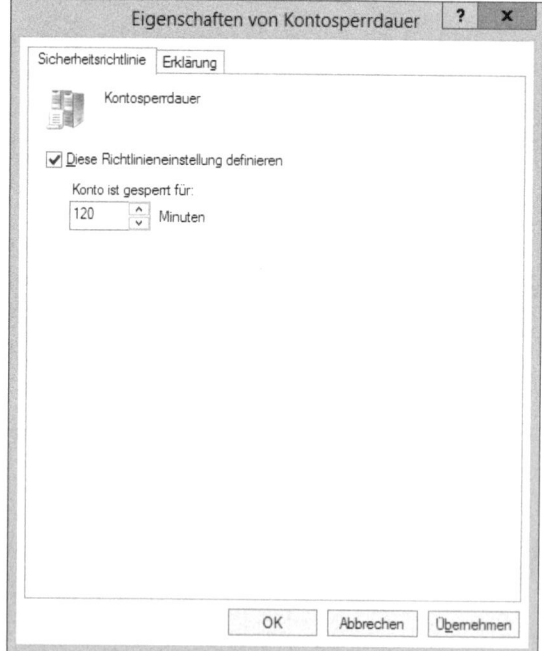

Abbildung 2.25   Kontosperrdauer

6. Klicken Sie im Dialogfeld *Empfohlene Wertänderungen* auf *OK* (Abbildung 2.26).

7. Klicken Sie auf die Richtlinie *Kontensperrungsschwelle* und im Menü *Aktion* auf *Eigenschaften.*

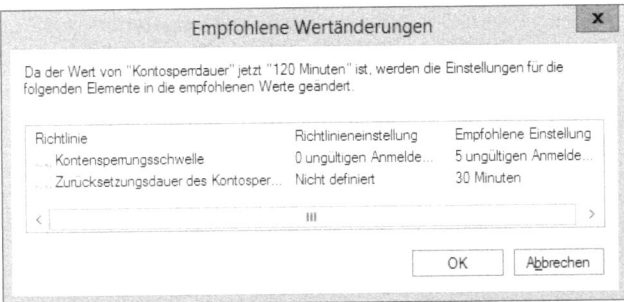

Abbildung 2.26   Empfohlene Wertänderungen

8. Sorgen Sie im Dialogfeld *Eigenschaften von Kontensperrungsschwelle* dafür, dass das Kontrollkästchen *Diese Richtlinieneinstellung definieren* aktiviert ist. Stellen Sie in *Konto wird gesperrt nach* eine Sperrung nach drei ungültigen Anmeldeversuchen ein (Abbildung 2.27) und klicken Sie auf *OK*.

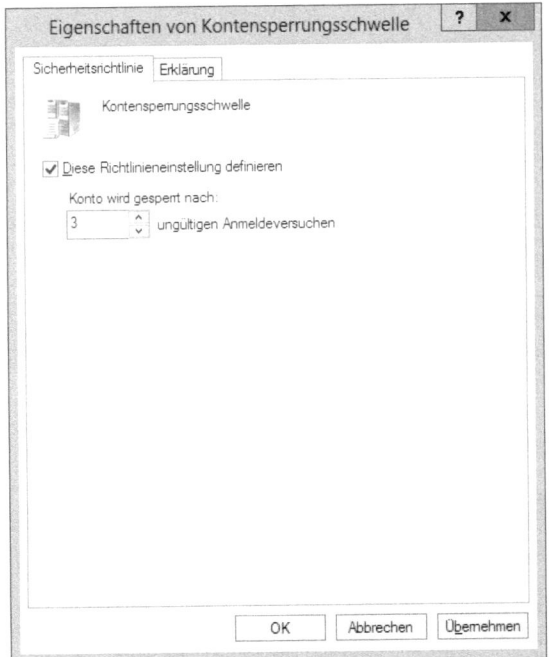

Abbildung 2.27   Kontensperrungsschwelle

9. Klicken Sie im *Gruppenrichtlinienverwaltungs-Editor* auf *Zurücksetzungsdauer des Kontosperrungszählers*. Klicken Sie im Menü *Aktion* auf *Eigenschaften*.

10. Sorgen Sie im Dialogfeld *Eigenschaften von Zurücksetzungsdauer des Kontosperrungs-zählers* dafür, dass das Kontrollkästchen *Diese Richtlinieneinstellung definieren* aktiviert ist. Stellen Sie in *Zurücksetzungsdauer des Kontosperrungszählers* eine Sperrungszeit von 2400 Minuten ein (Abbildung 2.28) und klicken Sie auf *OK*.

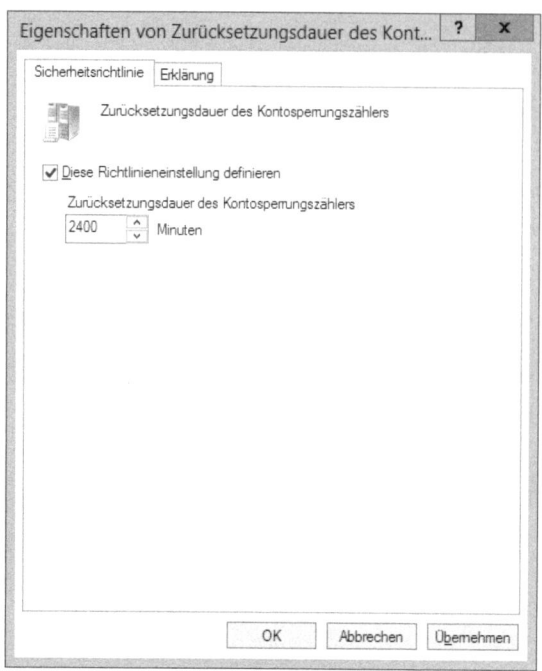

Abbildung 2.28 Zurücksetzungsdauer des Kontosperrungszählers

11. Klicken Sie im Dialogfeld *Empfohlene Wertänderungen* auf *OK*.

12. Schließen Sie den *Gruppenrichtlinienverwaltungs-Editor*.

Übung 3: Gruppenrichtlinienmodellierung

In dieser Übung überprüfen Sie die Einstellungen der Gruppenrichtlinien für Konten:

1. Erweitern Sie in der GPMC den Knoten *Gesamtstruktur: contoso.com* und klicken Sie auf *Gruppenrichtlinienmodellierung*.

2. Klicken Sie im Menü *Aktion* auf *Gruppenrichtlinienmodellierungs-Assistent*.

3. Klicken Sie auf der Seite *Willkommen* auf *Weiter*.

4. Klicken Sie auf der Seite *Domänencontrollerauswahl* auf *Dieser Domänencontroller* und auf *DC.contoso.com* (Abbildung 2.29). Klicken Sie auf *Weiter*.

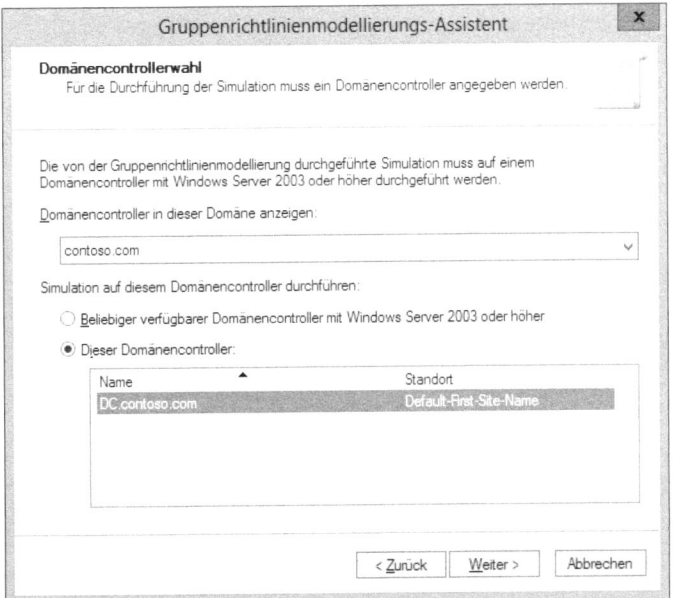

Abbildung 2.29 Domänencontrollerauswahl

5. Klicken Sie auf der Seite *Benutzer- und Computerauswahl* des *Gruppenrichtlinienmodellierungs-Assistenten* im Bereich *Benutzerinformationen* neben dem Feld *Container* auf *Durchsuchen*.

6. Erweitern Sie im Dialogfeld *Benutzercontainer auswählen* den Knoten *Contoso*. Klicken Sie auf *Users* und auf *OK*.

7. Klicken Sie auf der Seite *Benutzer- und Computerauswahl* des *Gruppenrichtlinienmodellierungs-Assistenten* im Bereich *Computerinformationen* neben dem Feld *Container* auf *Durchsuchen*.

8. Erweitern Sie im Dialogfeld *Computercontainer auswählen* den Knoten *Contoso*. Klicken Sie auf *Computers* und auf *OK*.

9. Vergleichen Sie die Seite *Benutzer- und Computerauswahl* mit Abbildung 2.30 und klicken Sie auf *Weiter*.

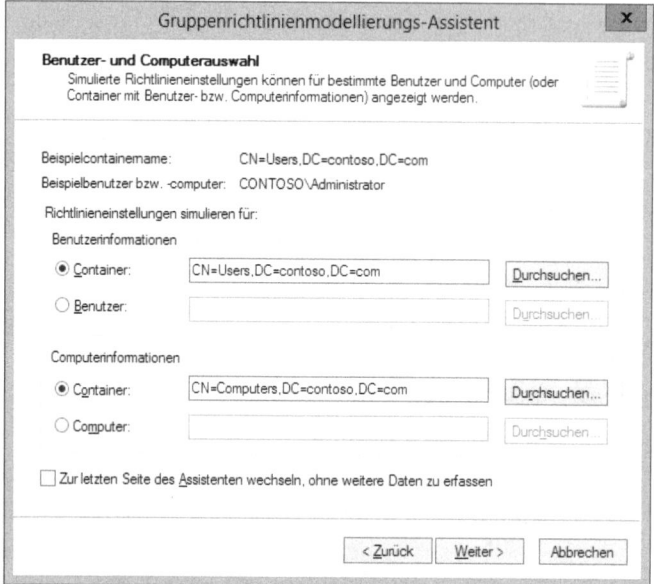

Abbildung 2.30 Benutzer- und Computerauswahl

10. Klicken Sie auf der Seite *Erweiterte Simulationsoptionen* auf *Weiter*.

11. Klicken Sie auf der Seite *Benutzersicherheitsgruppen* auf *Authentifizierte Benutzer* (Abbildung 2.31) und auf *Weiter*.

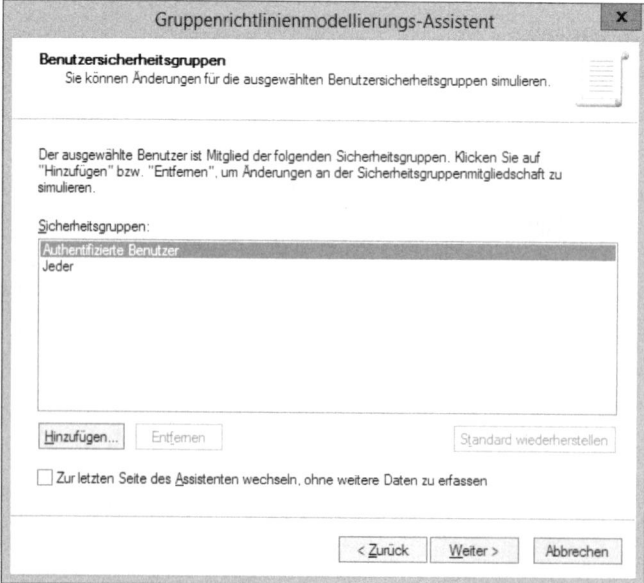

Abbildung 2.31 Auswählen der Benutzersicherheitsgruppe

12. Klicken Sie auf der Seite *Computersicherheitsgruppen* auf *Weiter*.

13. Klicken Sie auf der Seite *WMI-Filter für Benutzer* auf *Weiter*.

14. Klicken Sie auf der Seite *WMI-Filter für Computer* auf *Weiter*.

15. Klicken Sie auf der Seite *Zusammenfassung der Auswahl* auf *Weiter*.

16. Klicken Sie auf der Seite *Fertigstellen des Assistenten* auf *Fertig stellen*.

17. Klicken Sie im Dialogfeld *Internet Explorer* auf *Hinzufügen*.

18. Klicken Sie im Dialogfeld *Vertrauenswürdige Sites* auf *Hinzufügen* und auf *Schließen*.

19. Klicken Sie auf die Registerkarte *Details*.

20. Klicken Sie neben *Sicherheitseinstellungen* auf *show*.

21. Klicken Sie neben *Kontorichtlinien/Kennwortrichtlinien* auf *show*. Klicken Sie auch neben *Kontorichtlinien/Kontosperrungsrichtlinien* auf *show*.

22. Vergleichen Sie die angezeigten Einstellungen mit Abbildung 2.32.

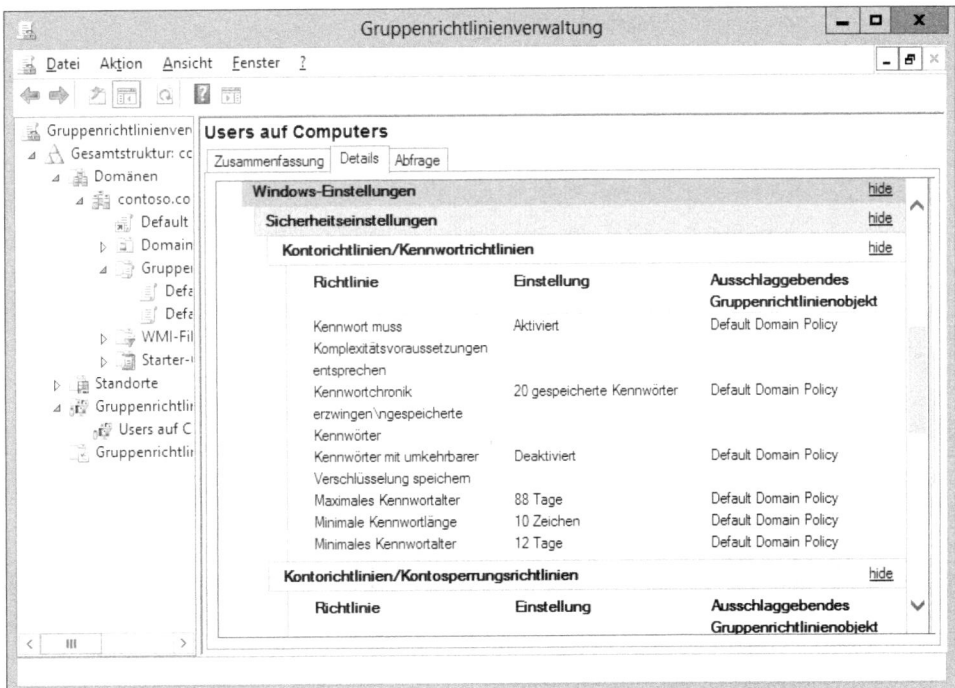

Abbildung 2.32   Überprüfen der Richtlinienkonfiguration

23. Schließen Sie die Konsole *Gruppenrichtlinienverwaltung*.

Übung 4: Suchen nach nicht ablaufenden Kennwörtern

In dieser Übung suchen Sie mit dem Active Directory-Verwaltungscenter nach Konten, deren Kennwörter nie ablaufen:

1. Klicken Sie im Menü *Tools* des Server-Managers auf *Active Directory-Benutzer und -Computer.*

2. Klicken Sie in der Konsole *Active Directory-Benutzer und -Computer* auf den Knoten *Users*. Klicken Sie auf das Menü *Aktion*, zeigen Sie auf *Neu* und klicken Sie auf *Benutzer.*

3. Machen Sie im Dialogfeld *Neues Objekt – Benutzer* folgende Angaben und klicken Sie auf *Weiter* (Abbildung 2.33):

   - Vorname: **Test**

   - Nachname: **Benutzer**

   - Vollständiger Name: **Test Benutzer**

   - Benutzeranmeldename: **Test_Benutzer**

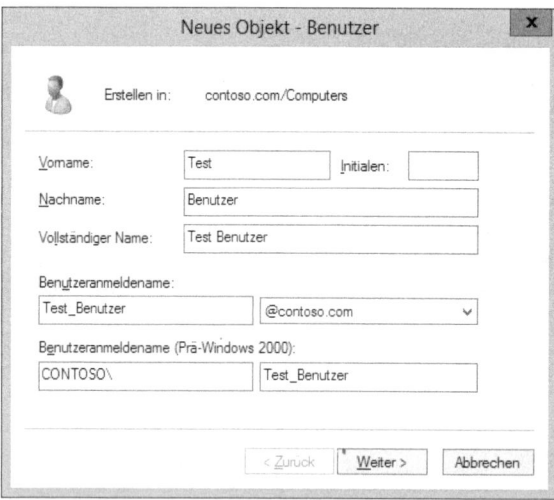

Abbildung 2.33   Erstellen eines neuen Benutzerkontos

4. Geben Sie im Dialogfeld *Neues Objekt – Benutzer* das Kennwort **Pa$$w0rd** ein und bestätigen Sie es. Löschen Sie das Kontrollkästchen *Benutzer muss Kennwort bei der nächsten Anmeldung ändern.* Wählen Sie die Option *Kennwort läuft nie ab* (Abbildung 2.34) und klicken Sie auf *Weiter.*

5. Klicken Sie im Dialogfeld *Neues Objekt – Benutzer* auf *Fertig stellen.*

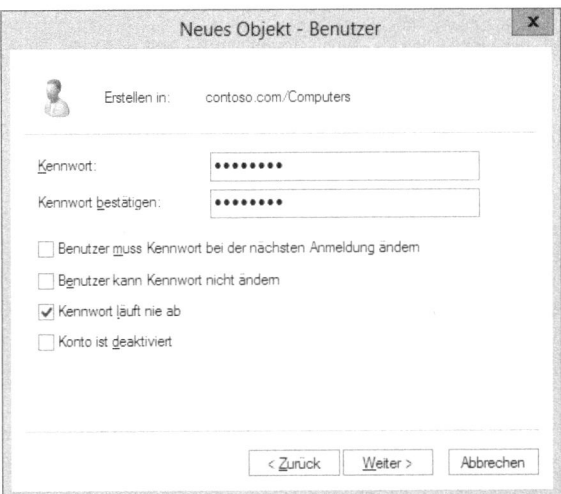

Abbildung 2.34 Das Kennwort des neuen Kontos läuft nie ab

6. Lesen Sie den Text im Dialogfeld *Active Directory-Domänendienste* (Abbildung 2.35).
   Er besagt, dass das Kennwort nicht festgelegt werden kann. Klicken Sie auf *OK*.

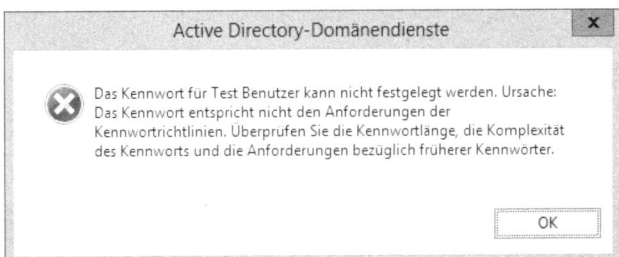

Abbildung 2.35 Fehler bei der Konfiguration des Kennworts

7. Klicken Sie auf *Zurück*. Geben Sie das Kennwort **Pa$$w0rd!!** ein und bestätigen Sie es.
   Klicken Sie auf *Weiter* und auf *Fertig stellen*.

8. Schließen Sie die Konsole *Active Directory-Benutzer und -Computer*.

9. Klicken Sie im Menü *Tools* auf *Active Directory-Verwaltungscenter*.

10. Klicken Sie im Active Directory-Verwaltungscenter auf *Globale Suche*.

11. Klicken Sie auf den nach unten gerichteten Pfeil zur Erweiterung der Suchkriterien (nahe
    der oberen rechten Ecke des mittleren Fensterbereichs).

12. Klicken Sie auf *Kriterien hinzufügen*. Wählen Sie das Kontrollkästchen *Benutzer, deren Kennwort ein Ablaufdatum bzw. kein Ablaufdatum besitzen* und klicken Sie auf *Hinzufügen*.

13. Vergleichen Sie das Ergebnis mit Abbildung 2.36 und überprüfen Sie, ob *Test Benutzer* als Benutzer aufgeführt wird, dessen Kennwort nicht abläuft.

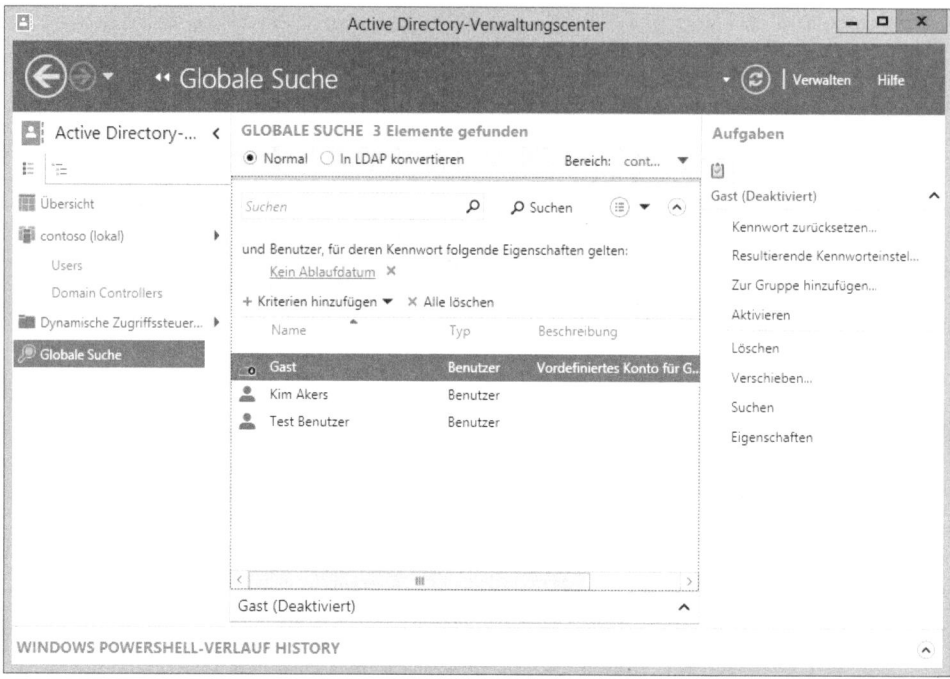

Abbildung 2.36 Suchen nach Kennwörtern, die nicht ablaufen

14. Schließen Sie das Active Directory-Verwaltungscenter.

Übung 5: Erstellen von fein abgestimmten Kennwortrichtlinien

In dieser Übung erstellen Sie zwei verschiedene fein abgestimmte Kennwortrichtlinien, die für verschiedene Sicherheitsgruppen gelten:

1. Klicken Sie im Menü *Tools* des Server-Managers auf *Active Directory-Verwaltungscenter*.

2. Klicken Sie auf *contoso (lokal)* und dann doppelt auf *Users*.

3. Klicken Sie im Bereich *Aufgaben* auf *Neu* und auf *Benutzer*.

4. Machen Sie im Dialogfeld *Benutzer erstellen* folgende Angaben und klicken Sie auf *OK* (Abbildung 2.37):

- *Vollständiger Name*: **Don Funk**

- *SamAccountName*: **contoso\DonFunk**

- *Kennwort*: **Pa$$w0rd!!**

- *Kennwort bestätigen*: **Pa$$w0rd!!**

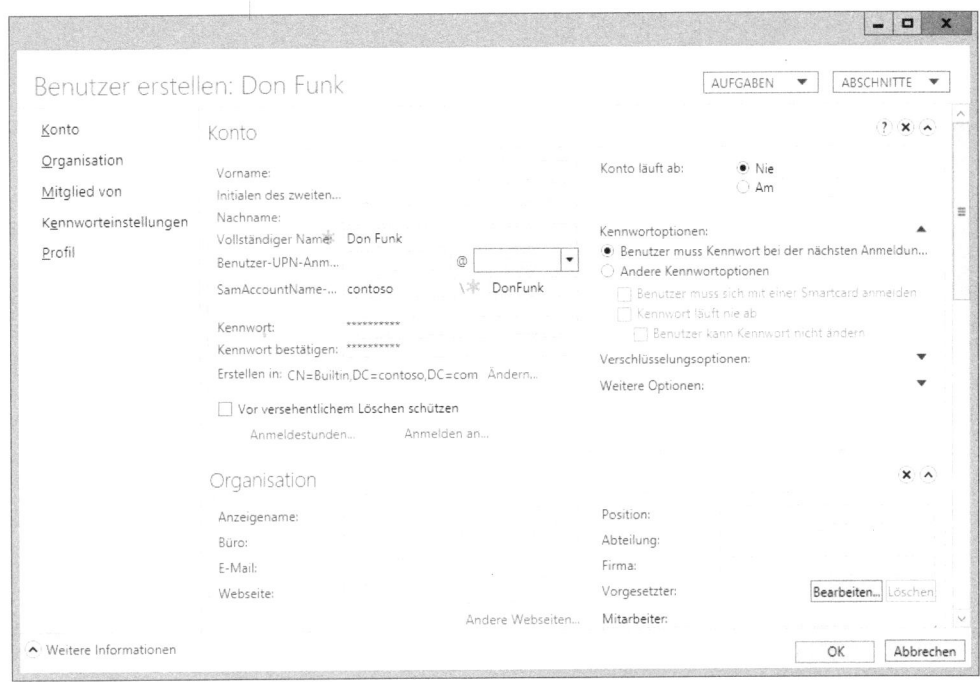

Abbildung 2.37 Erstellen eines Benutzerkontos für Don Funk

5. Klicken Sie im Bereich *Aufgaben* auf *Neu* und dann auf *Gruppe*.

6. Geben Sie im Dialogfeld *Gruppe erstellen* den Gruppennamen **FG_PasswordPolicyOne** ein und klicken Sie auf *OK*.

7. Klicken Sie im Bereich *Aufgaben* auf *Neu* und dann auf *Gruppe*.

8. Geben Sie im Dialogfeld *Gruppe erstellen* den Gruppennamen **FG_PasswordPolicyTwo** ein (Abbildung 2.38) und klicken Sie auf *OK*.

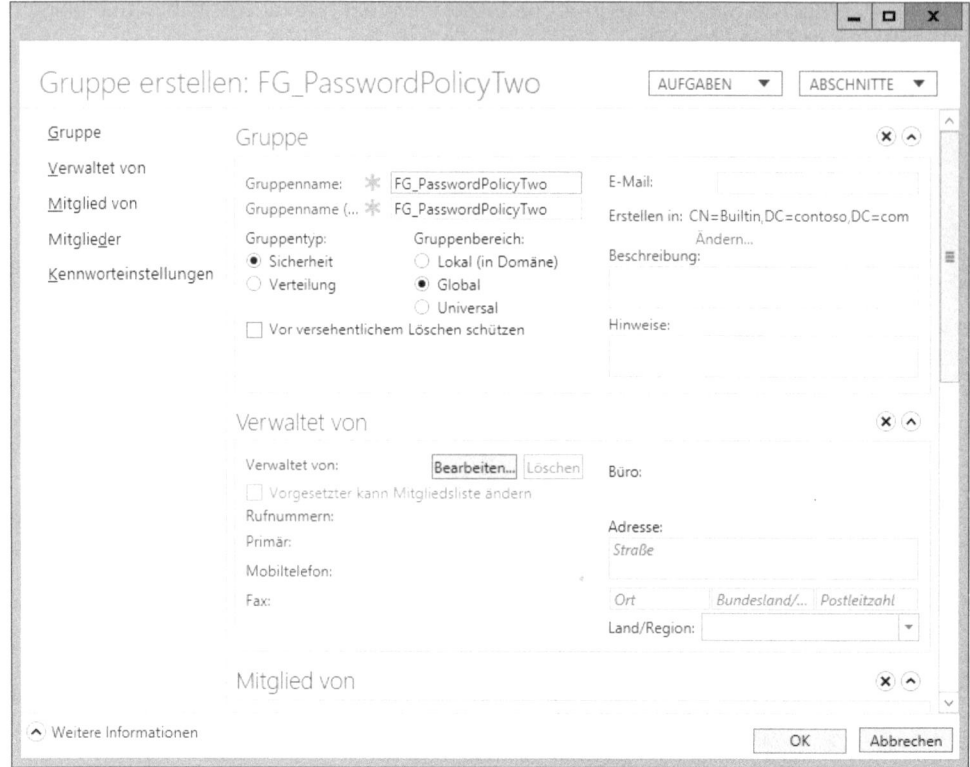

Abbildung 2.38   Erstellen einer Sicherheitsgruppe

9. Klicken Sie im Active Directory-Verwaltungscenter mit der rechten Maustaste auf *Don Funk* und klicken Sie auf *Zur Gruppe hinzufügen*.

10. Geben Sie im Dialogfeld *Gruppen auswählen* die Gruppennamens **FG_PasswordPolicyOne; FG_PasswordPolicyTwo** ein und klicken Sie auf *Namen überprüfen* (Abbildung 2.39). Klicken Sie auf *OK*.

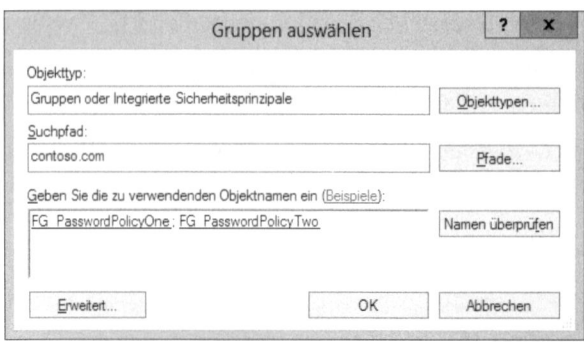

Abbildung 2.39   Hinzufügen eines Kontos zu Sicherheitsgruppen

11. Öffnen Sie im Active Directory-Verwaltungscenter den Container *System* und dann den Container *Password Settings Container*.

12. Klicken Sie im Bereich *Aufgaben* auf *Neu* und auf *Kennworteinstellungen*.

13. Machen Sie im Dialogfeld *Kennworteinstellungen erstellen* folgende Angaben und klicken Sie auf *OK* (Abbildung 2.40):

- *Name*: **FGPW_One**
- *Rangfolge*: **10**
- *Minimale Kennwortlänge erzwingen*: **5**
- *Minimales Kennwortalter erzwingen*: **5**
- *Kennwortchronik erzwingen*: **10**
- *Maximales Kennwortalter erzwingen*: **21**
- *Kontosperrungsrichtlinie erzwingen*
- *Anzahl zulässiger fehlgeschlagener Anmeldeversuche*: **3**
- *Anzahl fehlgeschlagener Anmeldeversuche zurücksetzen nach (Min.)*: **45**
- *Konto wird gesperrt*: *Bis zur manuellen Entsperrung durch einen Administrator*
- *Kennwort muss Komplexitätsanforderungen erfüllen*
- *Direkt anwendbar auf*: **FG_PasswordPolicyOne**

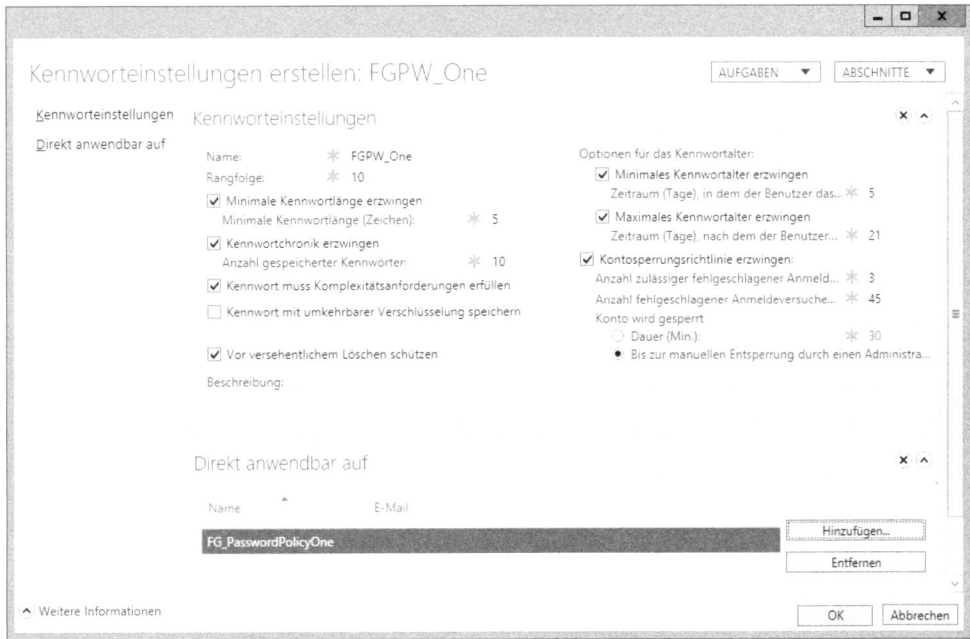

Abbildung 2.40 Erstellen einer fein abgestimmten Kennwortrichtlinie

14. Klicken Sie im Aufgabenbereich für den Container *Password Settings Container* auf *Neu* und dann auf *Kennworteinstellungen*.

15. Machen Sie im Dialogfeld *Kennworteinstellungen erstellen* folgende Angaben und klicken Sie auf *OK*:

  - *Name*: **FGPW_Two**
  - *Rangfolge*: **20**
  - *Minimale Kennwortlänge erzwingen*: **10**
  - *Minimales Kennwortalter erzwingen*: **14**
  - *Kennwortchronik erzwingen*: **15**
  - *Maximales Kennwortalter erzwingen*: **30**
  - *Kontosperrungsrichtlinie erzwingen*
  - *Anzahl zulässiger fehlgeschlagener Anmeldeversuche*: **2**
  - *Anzahl fehlgeschlagener Anmeldeversuche zurücksetzen nach (Min.)*: **60**
  - *Konto wird gesperrt*: *Bis zur manuellen Entsperrung durch einen Administrator*
  - *Kennwort muss Komplexitätsanforderungen erfüllen*
  - *Direkt anwendbar auf*: **FG_PasswordPolicyTwo**

16. Navigieren Sie im Active Directory-Verwaltungscenter in den Container *Users* und klicken Sie auf *Don Funk*.

17. Klicken Sie im Bereich *Aufgaben* auf *Resultierende Kennworteinstellungen anzeigen*.

Übung 6: Erstellen und Konfigurieren von gruppenverwalteten Dienstkonten

In dieser Übung erstellen und konfigurieren Sie zwei gruppenverwaltete Dienstkonten:

1. Klicken Sie auf der Taskleiste von *DC* auf das Symbol von *Windows PowerShell*.

2. Erstellen Sie mit folgendem Befehl einen neuen Stammschlüssel für den Schlüsselverteilungsdienst, den Sie gleich nach der Erstellung verwenden können, nicht erst 10 Stunden später.

```
Add-KdsRootKey -EffectiveTime ((get-date).addhours(-10))
```

3. Erstellen Sie mit den folgenden Befehlen zwei neue gruppenverwaltete Dienstkonten names *GMSA-Alpha* und *GMSA-Beta*, damit sie auf den Servern *SYD-A* und *SYD-B* verwendet werden können:

```
New-ADServiceAccount -Name GMSA-Alpha -PrincipalsAllowedToRetrieveManagedPassword SYD-A$, SYD-B$ -DNS-
Hostname dc.contoso.com
New-ADServiceAccount -Name GMSA-Beta -PrincipalsAllowedToRetrieveManagedPassword SYD-A$, SYD-B$ -DNS-
Hostname dc.contoso.com
```

4. Melden Sie sich mit dem Konto *Contoso\Administrator* auf *SYD-A* an.

5. Verwenden Sie in Windows PowerShell folgende Befehle, um das Konto *GMSA-Alpha* zu installieren:

```
Install-WindowsFeature RSAT-AD-PowerShell
Install-ADServiceAccount -Identity GMSA-Alpha
```

6. Öffnen Sie den Charm *Suchen* und geben Sie **Dienste** ein. Klicken Sie auf *Dienste*.

7. Klicken Sie den Dienst *Windows Update* mit der rechten Maustaste an und klicken Sie auf *Eigenschaften*.

8. Wählen Sie auf der Registerkarte *Anmelden* die Option *Dieses Konto* und klicken Sie auf *Durchsuchen*.

9. Klicken Sie auf *Pfade*, dann auf *Gesamtes Verzeichnis* und schließlich auf *OK*.

10. Geben Sie den Namen **Contoso\GMSA-Alpha** ein, klicken Sie auf *Namen überprüfen* und auf *OK*.

11. Klicken Sie im Dialogfeld *Eigenschaften von Windows Update (Lokaler Computer)* auf *OK* (Abbildung 2.41).

Abbildung 2.41   Konfigurieren eines gruppenverwalteten Dienstkontos

12. Orientieren Sie sich an den Schritten 4 bis 11 und installieren Sie *GMSA-Beta* auf *SYD-B* als Dienstkonto für den Dienst *Windows Update*.

Vorgeschlagene Übungen

Die folgenden zusätzlichen Übungen bieten Ihnen weitere Möglichkeiten, die in diesem Kapitel behandelten Themen einzuüben und zu vertiefen.

- **Übung 1**   Sie konfigurieren Kennwortrichtlinien und Kontosperrungsrichtlinien und lassen dem Computer Zeit, die Gruppenrichtlinien zu aktualisieren. Dann erstellen Sie ein neues Administratorkonto, indem Sie das integrierte Administratorkonto kopieren. Richten Sie das Konto so ein, dass das Kennwort bei der nächsten Anmeldung des Benutzers geändert werden muss. Melden Sie sich ab und mit dem neuen Konto wieder an. Überprüfen Sie, ob die Richtline für die Mindestlänge des Kennworts wirksam ist. Überprüfen Sie, ob die Kontosperrungsrichtlinie funktioniert, indem Sie entsprechend oft ein falsches Kennwort eingeben.

- **Übung 2**   Erstellen Sie zwei neue Benutzerkonten. Fügen Sie das erste Konto zur Sicherheitsgruppe *FG_PasswordPolicyOne* hinzu. Fügen Sie das zweite Benutzerkonto zu den beiden Sicherheitsgruppen *FG_PasswordPolicyOne* und *FG_PasswordPolicyTwo* hinzu. Überprüfen Sie, ob die Rangfolgeeinstellung funktioniert, indem Sie die minimale Kennwortlänge und die Kontensperrungsschwelle testen.

- **Übung 3**   Erstellen Sie eine Sicherheitsgruppe namens *GMSA-Gamma-Group*. Erstellen Sie ein neues gruppenverwaltetes Dienstkonto namens *GMSA-Gamma*. Richten Sie dieses Konto so ein, dass es von Computern verwendet werden darf, die Mitglieder der Gruppe *GMSA-Gamma* sind.

Antworten

Dieser Abschnitt enthält die Antworten auf die Lernzielkontrollfragen dieses Kapitels.

Lektion 1

1. **Richtige Antworten: B und C**

   A. **Falsch:** Sie verwenden die Richtlinie *Kennwortchronik erzwingen*, wenn Sie sicherstellen möchten, dass Benutzer ältere Kennwörter nicht zu schnell wiederverwenden.

   B. **Richtig:** Mit der Richtlinie *Minimale Kennwortlänge* können Sie dafür sorgen, dass die Kennwörter der Benutzer die vorgegebene Mindestanzahl von Zeichen enthalten.

   C. **Richtig:** Mit der Richtlinie *Minimales Kennwortalter* erreichen Sie, dass Benutzer ein Kennwort mindestens für die vorgegebene Zeitspanne verwenden.

   D. **Falsch:** Sie konfigurieren die Richtlinie *Maximales Kennwortalter*, wenn Sie sicherstellen möchten, dass Benutzer ein Kennwort nicht länger als die vorgesehene Zeitspanne verwenden.

2. **Richtige Antworten: A und D**

   A. **Richtig:** Sie konfigurieren die Richtlinie *Maximales Kennwortalter*, wenn Sie sicherstellen möchten, dass Benutzer ein Kennwort nicht länger als die vorgesehene Zeitspanne verwenden.

B. **Falsch:** Mit der Richtlinie *Minimales Kennwortalter* erreichen Sie, dass Benutzer ein Kennwort mindestens für die vorgegebene Zeitspanne verwenden.

C. **Falsch:** Mit der Richtlinie *Minimale Kennwortlänge* können Sie dafür sorgen, dass die Kennwörter der Benutzer die vorgegebene Mindestanzahl von Zeichen enthalten.

D. **Richtig:** Sie verwenden die Richtlinie *Kennwortchronik erzwingen*, wenn Sie sicherstellen möchten, dass Benutzer ältere Kennwörter nicht zu schnell wiederverwenden.

3. **Richtige Antwort: B**

A. **Falsch:** Mit der Richtlinie *Minimales Kennwortalter* erreichen Sie, dass Benutzer ein Kennwort mindestens für die vorgegebene Zeitspanne verwenden.

B. **Richtig:** Mit der Richtlinie *Kennwort muss Komplexitätsvoraussetzungen entsprechen* erreichen Sie, dass Benutzer Kennwörter verwenden müssen, die aus einer Kombination von Ziffern, bestimmten Sonderzeichen, Groß- und Kleinbuchstaben bestehen. Diese Richtlinie verhindert auch, dass Benutzer ihre Namen in den Kennwörtern verwenden.

C. **Falsch:** Sie verwenden die Richtlinie *Kennwortchronik erzwingen*, wenn Sie sicherstellen möchten, dass Benutzer ältere Kennwörter nicht zu schnell wiederverwenden.

D. **Falsch:** Mit der Richtlinie *Minimale Kennwortlänge* können Sie dafür sorgen, dass die Kennwörter der Benutzer die vorgegebene Mindestanzahl von Zeichen enthalten.

4. **Richtige Antworten: C und D**

A. **Falsch:** Diese Richtlinie legt die Mindestlänge eines Kennworts fest, aber nicht, wie viele Kennwörter in einer bestimmten Zeitspanne falsch eingegeben werden müssen, um eine Sperrung des Kontos auszulösen.

B. **Falsch:** Diese Richtlinie legt fest, wie lange ein Konto gesperrt ist. Für die gestellte Aufgabe brauchen Sie die Richtlinie nicht zu konfigurieren. Aber Sie müssen die beiden anderen Kontosperrungsrichtlinien konfigurieren.

C. **Richtig:** Diese Richtlinie legt fest, wie oft das Kennwort nacheinander falsch eingegeben werden muss, um eine Kontosperrung auszulösen.

D. **Richtig:** Diese Richtlinie legt fest, in welchem Zeitraum die festgelegte Anzahl von falschen Kennworteingaben erfolgen muss, um eine Kontosperrung auszulösen.

5. **Richtige Antwort: D**

A. **Falsch:** Kennwortrichtlinien sind nur wirksam, wenn sie in einem Gruppenrichtlinienobjekt konfiguriert werden, das mit der Domäne verknüpft ist.

B. **Falsch:** Kennwortrichtlinien sind nur wirksam, wenn sie in einem Gruppenrichtlinienobjekt konfiguriert werden, das mit der Domäne verknüpft ist.

C. **Falsch:** Kennwortrichtlinien sind nur wirksam, wenn sie in einem Gruppenrichtlinienobjekt konfiguriert werden, das mit der Domäne verknüpft ist.

D. **Richtig:** Kennwortrichtlinien sind nur wirksam, wenn sie in einem Gruppenrichtlinienobjekt konfiguriert werden, das mit der Domäne verknüpft ist.

Lektion 2

1. **Richtige Antworten: A und C**

   A. **Richtig:** Sie können abgestimmte Kennwortrichtlinien auf Sicherheitsgruppen oder Benutzerkonten anwenden. Allerdings sollten Sie die Konten der Systemadministratoren in einer Gruppe zusammenfassen, um die abgestimmte Kennwortrichtlinien leichter auf die Konten anwenden zu können.

   B. **Falsch:** PSOs lassen sich nicht auf Organisationseinheiten anwenden, sondern nur auf Benutzerkonten und Sicherheitsgruppen.

   C. **Richtig:** Sie können PSOs auf Benutzerkonten oder Sicherheitsgruppen anwenden.

   D. **Falsch:** Gruppenrichtlinien können zwar auf der Ebene einer Organisationseinheit angewendet werden, aber Kennwortgruppenrichtlinien nur auf der Ebene einer Domäne.

2. **Richtige Antwort: C**

   A. **Falsch:** Über Gruppenrichtlinien vorliegende Kennworteinstellungen können nur auf der Ebene einer Domäne angewendet werden.

   B. **Falsch:** GPOs können nicht auf Sicherheitsgruppen angewendet werden.

   C. **Richtig:** Sie können eine Sicherheitsgruppe erstellen, die alle Benutzerkonten für den Standort Brisbane enthält, und ein PSO mit den gewünschten Kennworteinstellungen auf diese Sicherheitsgruppe anwenden.

   D. **Falsch:** PSOs lassen sich nicht auf Standorte anwenden, sondern nur auf Sicherheitsgruppen und Benutzerkonten.

3. **Richtige Antwort: B**

   A. **Falsch:** Die *Gruppenrichtlinienverwaltung* ermöglicht die Verwaltung von GPOs. Für die Verwaltung von abgestimmten Kennwortrichtlinien brauchen Sie das Active Directory-Verwaltungscenter.

   B. **Richtig:** Abgestimmte Kennwortrichtlinien verwalten Sie mit dem Active Directory-Verwaltungscenter.

   C. **Falsch:** Mit der Konsole *Active Directory-Benutzer und -Computer* verwalten Sie Benutzerkonten und Organisationseinheiten. Sie eignet sich nicht für abgestimmte Kennwortrichtlinien.

   D. **Falsch:** Mit der Konsole *Active Directory-Standorte und -Dienste* verwalten Sie Active Directory-Standorte und Standortverknüpfungen. Sie eignet sich nicht für abgestimmte Kennwortrichtlinien.

4. **Richtige Antworten: A, B und D**

   A. **Richtig:** Sie müssen auf der Ebene der Domäne Richtlinien für alle Benutzer aus der Organisation festlegen.

   B. **Richtig:** Sie erstellen fein abgestimmte Kennwortrichtlinien und wenden sie auf die Sicherheitsgruppe *IT_Staff* an. Anschließend gelten für diese Benutzer andere Kennwortrichtlinien als für die anderen Benutzer aus der Domäne.

C. **Falsch:** PSOs mit einem niedrigeren Rangfolgewert haben Vorrang vor PSOs mit höheren Rangfolgewerten. Der Wert 30 bedeutet in diesem Fall, dass für Rooslan und Oksana das PSO der Sicherheitsgruppe *IT_Staff* wirksam ist.

D. **Richtig:** Sie müssen dem PSO für Rooslan und Oksana einen kleineren Rangfolgewert als dem PSO für die Sicherheitsgruppe *IT_Staff* geben. Der Rangfolgewert 10 bedeutet, dass dieses PSO Vorrang vor dem PSO hat, das auf die Gruppe *IT_Staff* angewendet wurde.

5. **Richtige Antwort: B**

A. **Falsch:** Abgestimmte Kennwortrichtlinien werden ab der Domänenfunktionsebene *Windows Server 2008* unterstützt.

B. **Richtig:** Abgestimmte Kennwortrichtlinien werden ab der Domänenfunktionsebene *Windows Server 2008* unterstützt.

C. **Falsch:** Abgestimmte Kennwortrichtlinien werden ab der Domänenfunktionsebene *Windows Server 2008* unterstützt.

D. **Falsch:** Abgestimmte Kennwortrichtlinien werden ab der Domänenfunktionsebene *Windows Server 2008* unterstützt.

Lektion 3

1. **Richtige Antworten: B und C**

A. **Falsch:** Windows Server 2008 unterstützt keine virtuellen Dienstkonten.

B. **Richtig:** Windows Server 2012 unterstützt virtuelle Dienstkonten.

C. **Richtig:** Windows Server 2008 R2 unterstützt virtuelle Dienstkonten.

D. **Falsch:** Windows Server 2003 R2 unterstützt keine virtuellen Dienstkonten.

2. **Richtige Antwort: D**

A. **Falsch:** Mit diesem Cmdlet erstellen Sie neue gruppenverwaltete Dienstkonten. Sie müssen den Stammschlüssel für den Schlüsselverteilungsdienst erstellen, bevor Sie gruppenverwaltete Dienstkonten erstellen können.

B. **Falsch:** Mit diesem Cmdlet installieren Sie ein gruppenverwaltetes Dienstkonto nach seiner Erstellung auf einem Computer. Sie müssen den Stammschlüssel für den Schlüsselverteilungsdienst erstellen, bevor Sie gruppenverwaltete Dienstkonten erstellen können.

C. **Falsch:** Dieses Cmdlet konfiguriert die Eigenschaften eines gruppenverwalteten Dienstkontos. Sie müssen den Stammschlüssel für den Schlüsselverteilungsdienst erstellen, bevor Sie gruppenverwaltete Dienstkonten erstellen können.

D. **Richtig:** Sie müssen den Stammschlüssel für den Schlüsselverteilungsdienst erstellen, bevor Sie gruppenverwaltete Dienstkonten erstellen können.

3. Richtige Antwort: D

A. **Falsch:** Mit diesem Cmdlet installieren Sie ein gruppenverwaltetes Dienstkonto nach seiner Erstellung auf einem Computer. Sie müssen das Cmdlet `Set-ADServiceAccount` verwenden, um ein vorhandenes gruppenverwaltetes Dienstkonto so zu konfigurieren, dass es auf zusätzlichen Computern verwendet werden kann.

B. **Falsch:** Mit diesem Cmdlet erstellen Sie den Stammschlüssel für den Schlüssel-verteilungsdienst, bevor Sie gruppenverwaltete Dienstkonten erstellen können.

C. **Falsch:** Mit diesem Cmdlet erstellen Sie ein neues gruppenverwaltetes Dienstkonto. Sie müssen das Cmdlet `Set-ADServiceAccount` verwenden, um ein vorhandenes gruppen-verwaltetes Dienstkonto so zu konfigurieren, dass es auf zusätzlichen Computern verwendet werden kann.

D. **Richtig:** Sie verwenden das Cmdlet `Set-ADServiceAccount`, um ein vorhandenes gruppen-verwaltetes Dienstkonto so zu konfigurieren, dass es auf zusätzlichen Computern verwendet werden kann.

4. Richtige Antwort: C

A. **Falsch:** Sie verwenden das Cmdlet `Set-ADServiceAccount`, um ein vorhandenes gruppen-verwaltetes Dienstkonto so zu konfigurieren, dass es auf zusätzlichen Computern verwendet werden kann. Sie müssen das Cmdlet `Install-ADServiceAccount` verwenden, bevor Sie ein gruppenverwaltetes Dienstkonto auf einem Computer verwenden können.

B. **Falsch:** Mit diesem Cmdlet erstellen Sie den Stammschlüssel für den Schlüssel-verteilungsdienst, bevor Sie gruppenverwaltete Dienstkonten erstellen können. Sie müssen das Cmdlet `Install-ADServiceAccount` verwenden, bevor Sie ein gruppen-verwaltetes Dienstkonto auf einem Computer verwenden können.

C. **Richtig:** Mit diesem Cmdlet installieren Sie ein gruppenverwaltetes Dienstkonto nach seiner Erstellung auf einem Computer. Sie müssen das Cmdlet `Install-ADServiceAccount` verwenden, bevor Sie ein gruppenverwaltetes Dienstkonto auf einem Computer verwenden können.

D. **Falsch:** Mit diesem Cmdlet erstellen Sie ein neues gruppenverwaltetes Dienstkonto.

5. Richtige Antwort: C

A. **Falsch:** Diese Richtlinie legt die maximale Gültigkeitsdauer eines Diensttickets fest und hat nichts mit den Abweichungen der Domänencontrolleruhren zu tun.

B. **Falsch:** Diese Richtlinie legt den Erneuerungszeitraum eines Benutzertickets fest und hat nichts mit den Abweichungen der Domänencontrolleruhren zu tun.

C. **Richtig:** Diese Richtlinie legt fest, wie weit die Uhren der Domänencontroller voneinander abweichen dürfen, ohne Fehlermeldungen für Dienst- und Benutzertickets zu verursachen.

D. **Falsch:** Diese Richtlinie legt die maximale Gültigkeit eines Benutzertickets fest und hat nichts mit den Abweichungen der Domänencontrolleruhren zu tun.

KAPITEL 3

Konfigurieren der Namensauflösung

Namensauflösung bedeutet die Übersetzung von Namen, die für Menschen lesbar sind und gewöhnlich als vollqualifizierte Domänennamen (Fully Qualified Domain Names, FQDNs) vorliegen, in IP-Adressen. Der größte Teil der Namensauflösung in Windows-Netzwerken erfolgt mit DNS (Domain Name System). Es ist zwar möglich, in Active Directory DNS-Lösungen von anderen Herstellern zu verwenden, aber es ist einfacher, die integrierte Rolle *DNS-Server* zu verwenden. Diese Rolle kann auf Server Core-Installationen von Windows Server 2012 und auf Installationen von Windows Server 2012 installiert werden, in denen die vollständige grafische Benutzeroberfläche verwendet wird. Windows Server 2012 unterstützt mit WINS (Windows Internet Naming Service) auch die Namensauflösung mit einfachen Bezeichnern, und Organisationen, die keine WINS-Server mehr betreiben möchten, ist mit DNS ein Wechsel auf *GlobalNames*-Zonen möglich. Außerdem unterstützt Windows Server 2012 die Verwendung des *Peer Name Resolution-Protokolls*, einem Peer-zu-Peer-Namensauflösungs-protokoll für IPv6, das keine zentrale Namensauflösungsserverinfrastruktur braucht.

Lektionen in diesem Kapitel:

Bevor Sie beginnen

Damit Sie die Übungen in diesem Kapitel durcharbeiten können, müssen Sie die Computer *DC*, *SYD-A* und *SYD-B* mit der Evaluierungsversion von Windows Server 2012 bereitgestellt haben, wie im Anhang beschrieben.

Lektion 1: DNS-Zonen und Weiterleitungen

Das DNS-System von Windows Server 2012 unterstützt mehrere verschiedene DNS-Zonentypen. Der Unterschied zwischen DNS-Zonentypen lässt sich auf den Aufbau und die Eigenschaften der Datensätze reduzieren, ob die Datensätze aktualisierbar sind und wie sie auf andere DNS-Server repliziert werden. Teil der Prüfung 70-411 ist es, den richtigen Zonentyp zur Lösung eines bestimmten Problems zu wählen und die Schritte zu kennen, mit denen die Zone so konfiguriert wird, dass sie den Anforderungen der Organisation genügt. Weiterleitungen sind eine Methode zur Umleitung von DNS-Anfragen an bestimmte Server. Man verwendet sie zur Verbesserung der DNS-Leistung oder um Verbindungen in bestimmte DNS-Zonen zu ermöglichen, die sonst nicht direkt zugänglich wären.

Am Ende dieser Lektion werden Sie in der Lage sein, die folgenden Aufgaben auszuführen:

■ Beschreiben der DNS-Zonentypen

■ Erklären von Stubzonen und Weiterleitungen

■ Verwalten der Zonendelegierung

■ Verwalten der Zonenübertragungen

Veranschlagte Zeit für diese Lektion: 45 Minuten

DNS-Zonentypen

Der DNS-Serverdienst von Windows Server 2012 unterstützt mehrere Zonentypen, von denen jeder für eine bestimmte Aufgabe geeignet ist. Um die Prüfung 70-411 zu bestehen, müssen Sie den Unterschied zwischen primären, sekundären und Stubzonen kennen. Außerdem müssen Sie den Unterschied zwischen einer Active Directory-integrierten Zone und einer Zone kennen, die nicht Active Directory-integriert ist. Und Sie sollten die verschiedenen Replikationsbereiche kennen, die für jeden DNS-Zonentyp verfügbar sind.

Active Directory-integrierte Zonen

Active Directory-integrierte Zonen können auf alle Domänencontroller einer Domäne repliziert werden, auf alle Domänencontroller einer Gesamtstruktur oder auf alle Domänencontroller, die für eine bestimmte Active Directory-Partition registriert sind. Eine Active Directory-integrierte Zone kann nur auf einem herkömmlichen (beschreibbaren) Domänencontroller eingerichtet werden. Sie können primäre Zonen und Stubzonen als Active Directory-integrierte Zonen konfigurieren. Domänencontroller mit DNS-Servern, die Active Directory-integrierte Zonen enthalten, können Updates für diese Zonen verarbeiten.

Damit eine neu zu erstellende Zone in Active Directory integriert wird, wählen Sie auf der Seite *Zonentyp* des *Assistenten zum Erstellen neuer Zonen* das Kontrollkästchen *Zone in Active Directory speichern* (Abbildung 3.1).

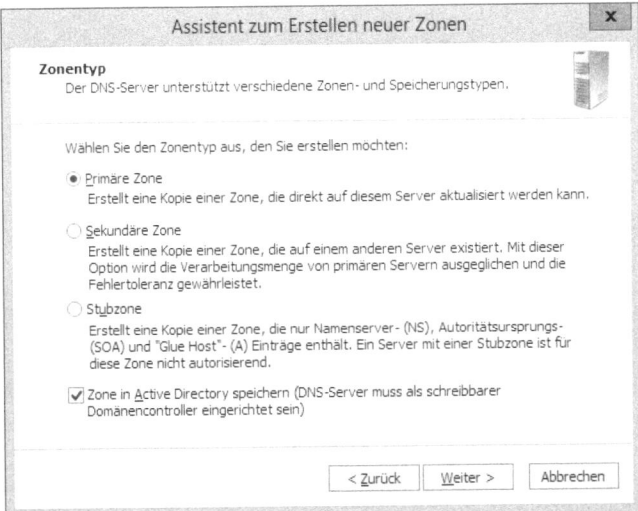

Abbildung 3.1   Konfigurieren einer Active Directory-integrierten primären Zone

Wenn Sie sich dazu entscheiden, eine Zone Active Directory-integriert zu machen, können Sie auch einen Replikationsbereich angeben (Abbildung 3.2). Sie haben die Wahl, ob die Zone auf allen Domänencontrollern der Domäne oder der Gesamtstruktur vorhanden sein soll oder im Bereich einer bestimmten Active Directory-Partition. Sie haben auch die Wahl, die Zone für Windows 2000-Kompatibilität zu replizieren.

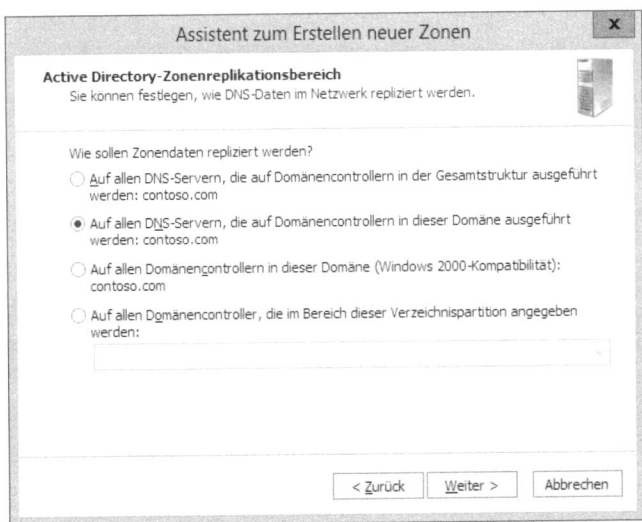

Abbildung 3.2   Replikationsbereich

Die Verwendung benutzerdefinierter Verzeichnispartitionen macht es möglich, die Zone auf bestimmte Domänencontroller zu beschränken. Diese Option können Sie aber nur wählen, wenn es eine Anwendungsverzeichnispartition gibt. Eine Verzeichnispartition lässt sich mit dem Cmdlet `Add-DNSServerDirectoryPartition` erstellen. Um beispielsweise eine DNS-Server-verzeichnispartition namens Tasmania zu erstellen, verwenden Sie folgenden Befehl:

```
Add-DNSServerDirectoryPartition -Name Tasmania
```

Weitere Informationen   Erstellen von Anwendungsverzeichnispartitionen

Unter *http://msdn.microsoft.com/en-us/library/windows/desktop/ms675765(v=vs.85).aspx* erfahren Sie mehr über die Erstellung von benutzerdefinierten Partitionen für die Verwaltung des Bereichs der DNS-Replikation.

Wenn Sie eine DNS-Zone erstellen, müssen Sie angeben, ob die Zone dynamische Updates unterstützt. Dynamische Updates erlauben es Clients, DNS-Datensätze zu aktualisieren. Das ist in Umgebungen nützlich, in denen sich IP-Adressen regelmäßig ändern. Erhält ein Client eine neue IP-Adresse, kann er in der entsprechenden DNS-Zone den Datensatz für seinen Hostnamen aktualisieren. Wie Abbildung 3.3 zeigt, stehen drei Optionen zur Wahl:

- **Nur sichere dynamische Updates zulassen**   Diese Option ist nur bei Active Directory-integrierten Zonen wählbar. Nur authentifizierte Clients können DNS-Datensätze aktualisieren.

- **Nicht sichere und sichere dynamische Updates zulassen**   Mit dieser Option kann jeder Client einen Datensatz aktualisieren. Diese Option ist zwar praktisch, aber auch unsicher, weil jeder Client die DNS-Zone aktualisieren und potenziell Clients umleiten kann, die sich auf die vom DNS-Server gelieferten Informationen verlassen.

- **Dynamische Updates nicht zulassen**   Wenn Sie diese Option wählen, müssen alle DNS-Aktualisierungen manuell durchgeführt werden. Diese Option ist zwar sehr sicher, aber auch arbeitsintensiv.

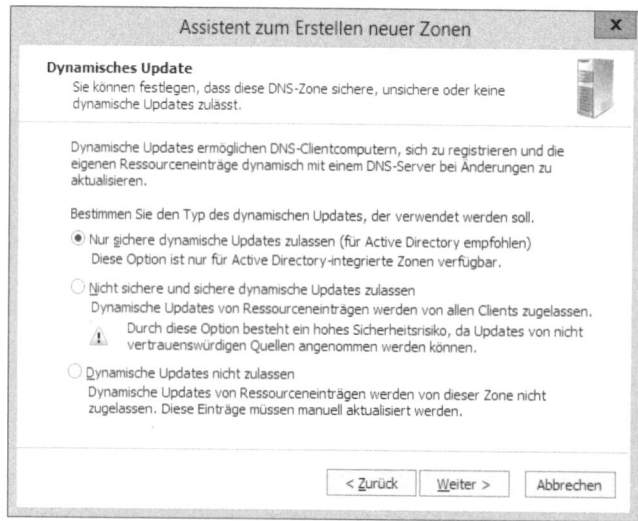

Abbildung 3.3 Optionen für dynamische Updates

Eine Active Directory-integrierte Zone kann zwar auf einen schreibgeschützten Domänencontroller (Read-only Domain Controller, RODC) repliziert werden, aber diese Zone ist
ebenfalls schreibgeschützt und kann im Gegensatz zu herkömmlichen beschreibbaren
Domänencontrollern keine Aktualisierungen durchführen. Ein schreibgeschützter Domänencontroller leitet Aktualisierungen, die an ihn gerichtet sind, an einen beschreibbaren
Domänencontroller weiter.

Mit dem Cmdlet `Add-DnsServerPrimaryZone` können Sie eine Active Directory-integrierte primäre
Zone erstellen, wobei der Parameter `ReplicationScope` den Replikationsbereich angibt. Der
folgende Befehl erstellt zum Beispiel die Active Directory-integrierte Zone *cpandl.com*, die
auf alle Domänencontroller der Gesamtstruktur repliziert wird:

```
Add-DnsServerPrimaryZone -Name cpandl.com -ReplicationScope Forest
```

Bei der Installation von Active Directory wird die DNS-Zone, die mit der Stammdomäne
verknüpft ist, automatisch als eine Active Directory-integrierte Zone konfiguriert, die auf alle
Domänencontroller der Gesamtstruktur repliziert wird.

Primäre und sekundäre Zonen

In herkömmlichen DNS-Implementierungen bearbeitet ein einziger Server, der eine *primäre
Zone* verwaltet, alle Zonenaktualisierungen, und eine Reihe von sekundären Servern repliziert
die Zonendaten von der primären Zone. Dieses Modell hat den Nachteil, dass bei einem
Ausfall des primären Servers keine Zonenaktualisierungen mehr verarbeitet werden können,
bis die primäre Zone wiederhergestellt ist.

Windows Server 2012 unterstützt zwei Arten von primären Zonen: Active Directory-integrierte Zonen und primäre Standardzonen. Active Directory-integrierte Zonen können nur auf
Domänencontrollern verwaltet werden. Computer, auf denen zwar Windows Server 2012
ausgeführt wird, die aber keine Domänencontroller sind, können primäre Standardzonen
verwalten. Wenn Sie auf einem Computer, der kein Domänencontroller ist, eine primäre Zone
erstellen, bietet der Assistent Ihnen nicht die Optionen zur Angabe eines Replikationsbereichs
für die Zone an.

Eine *sekundäre Zone* ist eine schreibgeschützte Kopie einer primären Zone. Sekundäre Zonen
können keine Aktualisierungen verarbeiten. Sie können nur aktualisierte Daten von einer
primären Zone übernehmen. Sekundäre Zonen können nicht Active Directory-integriert sein,
aber Sie können für eine Active Directory-integrierte primäre Zone sekundäre Zonen
konfigurieren. Bevor Sie eine sekundäre Zone einrichten, müssen Sie die primäre Zone, von
der sie ihre Daten erhält, so konfigurieren, dass sie Datenübertragungen zu dieser Zone zulässt.
Das können Sie auf der Registerkarte *Zonenübertragungen* des Eigenschaftsdialogfelds der
Zone tun (Abbildung 3.4). Sekundäre Zonen funktionieren am besten, wenn die primäre Zone,
von der sie ihre Daten übernehmen, nicht häufig aktualisiert wird. Wenn die primäre Zone
häufig aktualisiert wird, ist es möglich, dass Daten in der sekundären Zone veraltet sind.

Abbildung 3.4   Verwenden der Registerkarte *Zonenübertragungen* zur Konfiguration des Replikationsbereichs

Reverse-Lookupzonen

Reverse-Lookupzonen übersetzen IP-Adressen in FQDNs. Sie können IPv4- und IPv6-Reverse-Lookupzonen erstellen, und Reverse-Lookupzonen können als Active Directory-integrierte Zonen konfiguriert werden. Sie können Reverse-Lookupzonen als primäre, sekundäre oder Stubzonen konfigurieren. Beim Heraufstufen eines Domänencontrollers wird auf der Basis der IP-Adresse des ersten in der Organisation heraufgestuften Domänencontrollers automatisch eine Reverse-Lookupzone eingerichtet.

Reverse-Lookupzonen werden aus der Netzwerk-ID des IP-Adressbereichs abgeleitet, den sie repräsentieren. IPv4-Reverse-Lookupzonen können nur /8-, /16- oder /24-Netzwerke repräsentieren (die alten Class A-, Class B- und Class C-Netzwerke). Sie können keine einzelne Reverse-Lookupzone für IP-Subnetze erstellen, die nicht in diese Kategorien passen. Die kleinste Reverse-Lookupzone, die sich erstellen lässt, ist für die Subnetzmaske /24 (255.255.255.0).

So erstellen Sie eine Reverse-Lookupzone:

1. Klicken Sie in der Konsole *DNS-Manager* mit der rechten Maustaste auf *Reverse-Lookupzonen* und klicken Sie auf *Neue Zone*.

2. Wählen Sie auf der Seite *Zonentyp* den Typ der Reverse-Lookupzone aus, die Sie erstellen möchten. Wenn Sie auf einem Domänencontroller einen DNS-Server betreiben, können Sie eine primäre Zone oder eine Stubzone erstellen, die Active Directory-integriert ist. Oder Sie erstellen eine sekundäre Reverse-Lookupzone, die ihre Daten von einer vorhandenen primären Reverse-Lookupzone erhält.

3. Wenn die Reverse-Lookupzone Active Directory-integriert sein soll, müssen Sie einen Zonenreplikationsbereich auswählen.

4. Wählen Sie auf der Seite *Name der Reverse-Lookupzone* zwischen einer *IPv4-* und einer *IPv6-Reverse-Lookupzone.*

5. Sie können die Reverse-Lookupzone auf der Basis der Netzwerk-ID oder des Zonennamens konfigurieren (Abbildung 3.5). Der Name wird automatisch erzeugt, wenn Sie die ID eingeben.

6. Dann können Sie festlegen, ob nur sichere dynamische Aktualisierungen zugelassen werden oder auch unsichere, oder ob keine Aktualisierungen zulässig sind.

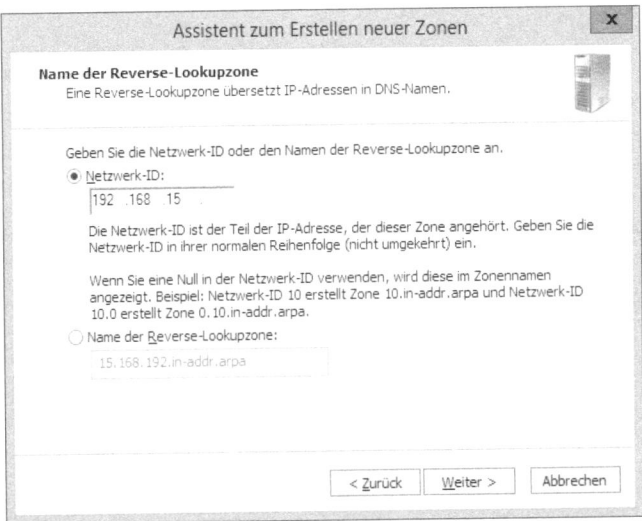

Abbildung 3.5   Konfigurieren einer Reverse-Lookupzone mit einer Netzwerk-ID

Praxistipp   Reverse-Lookupzonen

Nur wenige Anwendungen erfordern tatsächlich die Einrichtung von Reverse-Lookupzonen. In den meisten Organisationen wird die einzige verwendete Reverse-Lookupzone bei der Installation von Active Directory automatisch erstellt. Zu den wenigen Malen, bei denen tatsächlich eine Reverse-Lookupzone erforderlich zu sein scheint, ist die Konfiguration von SMTP-Gateways (Simple Mail Transfer Protocol), weil bei einigen Anti-SPAM-Prüfungen ein Reverse-Lookup durchgeführt wird, um die Identität des SMTP-Gateways zu überprüfen. Die Schwierigkeit liegt darin, dass die IP-Adresse des SMTP-Gateways eine öffentliche Adresse ist und dem ISP gehört. Das bedeutet, dass die Erstellung des Reverse-Lookupzonen-eintrags häufig den Zuständigkeitsbereich eines Systemadministrators überschreitet.

Zonendelegierung

Zonendelegierungen dienen als Zeiger auf die nächste tiefere DNS-Schicht in der DNS-Hierarchie. Wenn Ihre Organisation beispielsweise die DNS-Zone *contoso.com* verwendet und Sie eine separate DNS-Zone namens *australia.contoso.com* einrichten möchten, können Sie eine Zonendelegierung durchführen, damit die DNS-Server für die DNS-Zone *contoso.com* auf die DNS-Server für die Zone *australia.contoso.com* verweisen. Wenn Sie in einer Active Directory-Gesamtstruktur eine neue untergeordnete Domäne erstellen, wird automatisch eine Zonendelegierung durchgeführt. Bei einer manuell durchgeführten Delegierung erstellen Sie zuerst auf dem Ziel-DNS-Server die delegierte Zone, bevor Sie in der übergeordneten Zone die Delegierung durchführen.

So führen Sie eine Zonendelegierung durch:

1. Erstellen Sie auf dem DNS-Server, der die delegierte Zone verwaltet, die primäre Zone, entweder als Standardzone oder Active Directory-integriert.

2. Klicken Sie in der Konsole *DNS-Manager* die Zone, in der Sie eine Delegierung erstellen möchten, mit der rechten Maustaste an und klicken Sie auf *Neue Delegierung*.

3. Geben Sie auf der Seite *Namen der delegierten Domäne* des *Assistenten zum Erstellen neuer Delegierungen* den Namen der delegierten Domäne ein (Abbildung 3.6).

4. Fügen Sie auf der Seite *Namenserver* die Adresse des DNS-Servers hinzu, der die Zone verwaltet, für die Sie eine Delegierung erstellen. Der Assistent überprüft, ob der DNS-Server für die delegierte Zone autorisierend ist.

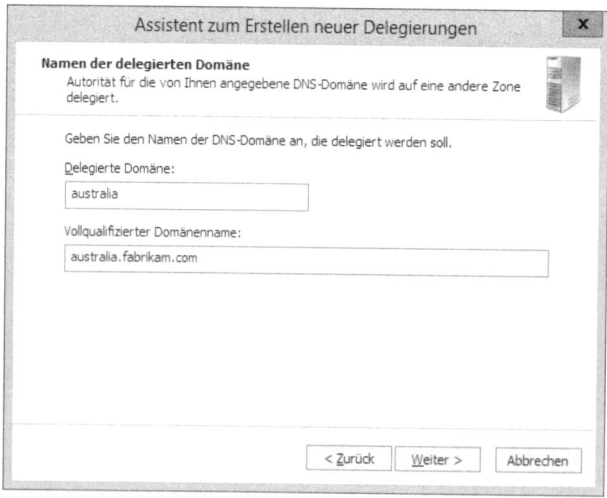

Abbildung 3.6   Hinzufügen einer Zonendelegierung

Sie können Delegierungen auch mit dem Cmdlet `Add-DnsServerZoneDelegation` erstellen. Delegierungen können sich zwar über mehrere Ebenen erstrecken, aber denken Sie daran, dass ein FQDN maximal 255 Byte lang sein kann und die maximale Länge eines FQDN für einen Domänencontroller der Active Directory-Domänendienste 155 Byte beträgt.

Weitere Informationen   Zonendelegierung

Unter *http://technet.microsoft.com/de-de/library/cc771640.aspx* erhalten Sie weitere Informationen zur DNS-Zonendelegierung.

Split-DNS

Split-DNS macht es möglich, für interne und externe Hosts denselben Namespace zu verwenden und dabei sicherzustellen, dass externe Hosts keine internen Namen auflösen können. Vielleicht möchte eine Organisation zum Beispiel dafür sorgen, dass interne Benutzer die Adressen *www.tailspintoys.com* und *aus-fs1.tailspintoys.com* auflösen können, während externe Benutzer nur *www.tailspintoys.com* auflösen können.

Zur Implementierung von Split-DNS erstellen Sie für dieselbe DNS-Zone auf zwei separaten Namensservern jeweils eine Zone. Sie können Split-DNS zum Beispiel folgendermaßen einrichten:

- *Contoso.com* ist eine Active Directory-integrierte primäre Zone, die auf alle Domänencontroller aus dem internen Netzwerk Ihrer Organisation repliziert wird. Interne Clients wenden sich bei Abfragen für die Zone *contoso.com* an diese DNS-Server.

- *Contoso.com* ist eine primäre Standardzone, die auf einem Computer verwaltet wird, auf dem Windows Server 2012 ausgeführt wird und der kein Mitglied einer Domäne ist. Dieser Server gehört zum Umkreisnetzwerk Ihrer Organisation. Externe Clients wenden sich bei Abfragen für die Zone *contoso.com* an diesen DNS-Server.

Sie können die primäre Standardzone, die auf einem Computer im Umkreisnetzwerk verwaltet wird, so konfigurieren, dass sie nur manuelle Aktualisierungen zulässt. Dann tragen Sie manuell die Datensätze ein, die externe Hosts auflösen dürfen, beispielsweise die Adressen von Webservern und Mail-Gateways.

Praxistipp   Split-DNS

Viele Organisationen verwalten die öffentlich zugängliche Zone ihrer Organisation gar nicht selbst, sondern lassen sie auf den DNS-Servern ihrer ISPs verwalten.

Schnelltest

- Unter welchen Umständen können Sie auf einem Computer, auf dem Windows Server 2012 ausgeführt wird und auf dem die Rolle *DNS-Server* installiert ist, keine Active Directory-integrierte primäre Zone erstellen?

Antwort zum Schnelltest

- Sie können keine Active Directory-integrierte primäre Zone erstellen, wenn der Windows Server 2012-Computer, auf dem der DNS-Serverdienst ausgeführt wird, kein Domänencontroller ist.

Weiterleitungen und bedingte Weiterleitungen

Weiterleitungen und bedingte Weiterleitungen ermöglichen es Ihrem DNS-Server, Anfragen an bestimmte DNS-Server weiterzuleiten, wenn sie nicht lokal beantwortet werden können. Wenn Sie keine Weiterleitung konfigurieren oder der konfigurierte Server nicht erreichbar ist, leitet der DNS-Serverdienst die Anfrage an einen DNS-Stammserver weiter und die Anfrage wird normal weiterbearbeitet.

Weiterleitungen

Wahrscheinlich verwenden Sie eine DNS-Weiterleitung, statt Anfragen einfach an den Stammserver zu senden, wenn ein bestimmter DNS-Server aus dem Internet den DNS-Datenverkehr Ihrer Organisation bearbeiten soll. Am wahrscheinlichsten ist es, dass Sie den DNS-Server des ISPs Ihrer Organisation als Weiterleitung konfigurieren. Wenn Sie das tun, bearbeitet der DNS-Server des ISPs die Abfragen und liefert das Ergebnis an den DNS-Server Ihrer Organisation, der sie wiederum an den Client sendet, von dem die Anfrage stammt.

Weiterleitungen werden auf der Ebene der DNS-Server konfiguriert. Sie können eine Weiterleitung im DNS-Manager einrichten, indem Sie das Eigenschaftsdialogfeld eines DNS-Servers öffnen und auf der Registerkarte *Weiterleitungen* die Liste der Weiterleitungen bearbeiten (Abbildung 3.7).

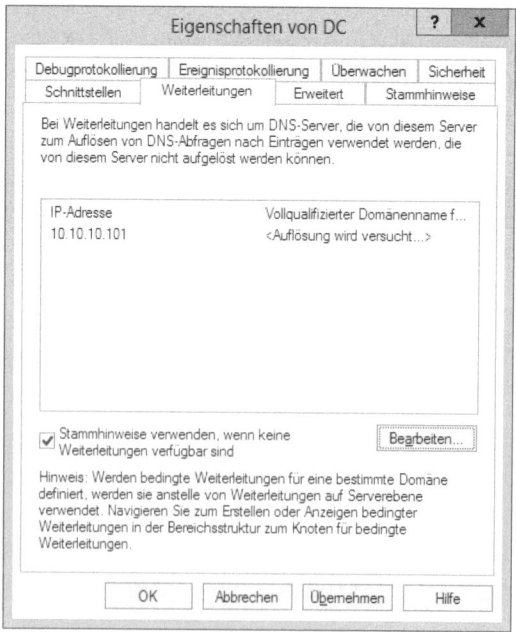

Abbildung 3.7   Konfigurieren einer DNS-Weiterleitung

Sie können eine DNS-Weiterleitung auch mit dem Cmdlet `Add-DnsServerForwarder` erstellen. Um beispielsweise für einen DNS-Server mit der IP-Adresse 10.10.10.111 eine DNS-Weiterleitung zu erstellen, verwenden Sie diesen Befehl:

```
Add-DnsServerForwarder 10.10.10.111
```

Allerdings können Sie keine Weiterleitung auf einem DNS-Server erstellen und diese dann auf alle anderen DNS-Server in der Domäne oder der Gesamtstruktur replizieren, wie es bei bedingten Weiterleitungen und Stubzonen möglich ist.

Praxistipp   DNS-Server der ISPs

Bei der Konfiguration einer Weiterleitung auf den DNS-Server Ihres ISPs sind einige wichtige Punkte zu beachten. Der erste ist, dass Ihr ISP vielleicht ohne Vorwarnung die IP-Adresse des DNS-Servers ändert. Die meisten ISP-Kunden rufen die Adressen der DNS-Server mit DHCP (Dynamic Host Configuration Protocol) ab. Wenn Ihre Organisation den ISP wechselt, müssen Sie die Adressen der Weiterleitungen ändern. Denken Sie daran, dass diese Änderung auf jedem DNS-Server erfolgen muss. Das ist nichts, was man nur auf einem Server erledigt und was dann automatisch auf alle anderen DNS-Server der Organisation repliziert wird.

Bedingte Weiterleitungen

Bedingte Weiterleitungen leiten nur Anfragen nach bestimmten Domänen weiter, statt alle Anfragen, die nicht vom DNS-Server beantwortet werden können. Ist eine bedingte Weiterleitung konfiguriert, hat sie Vorrang vor einer gewöhnlichen Weiterleitung. Bedingte Weiterleitungen sind nützlich, wenn Ihre Organisation eine Vertrauensstellung mit einer anderen Organisation eingerichtet hat. Sie können eine bedingte Weiterleitung konfigurieren, die den entsprechenden Datenverkehr an die Hostnamen dieser Organisation sendet, statt sie mit der DNS-Standardnamensauflösung zu bearbeiten.

So erstellen Sie eine bedingte Weiterleitung:

1. Öffnen Sie die Konsole *DNS-Manager.*

2. Erweitern Sie den Knoten des DNS-Servers, auf dem Sie eine bedingte Weiterleitung einrichten möchten. Da bedingte Weiterleitungen auf alle DNS-Server einer Domäne oder Gesamtstruktur repliziert werden können, brauchen Sie die Weiterleitung nur einmal zu erstellen.

3. Klicken Sie mit der rechten Maustaste auf *Bedingte Weiterleitungen* und wählen Sie *Neue bedingte Weiterleitung.*

4. Geben Sie den DNS-Domänennamen der Zone für die Weiterleitung ein. Wenn zum Beispiel der Datenverkehr für Hosts aus der Zone *wingtiptoys.com* an bestimmte DNS-Server weitergeleitet werden soll, geben Sie **wingtiptoys.com** als DNS-Domänennamen ein.

5. Geben Sie die IP-Adresse oder die IP-Adressen der DNS-Server ein, an die der DNS-Datenverkehr weitergeleitet werden soll.

6. Legen Sie fest, ob die bedingte Weiterleitung in Active Directory gespeichert werden soll. Wählen Sie dann aus, ob die Weiterleitung an alle Server aus der Domäne oder der Gesamtstruktur repliziert werden soll (Abbildung 3.8).

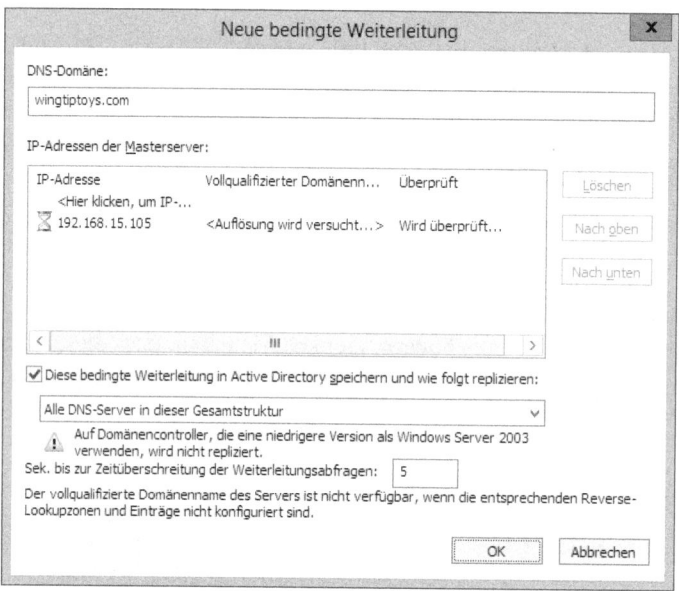

Abbildung 3.8   Konfigurieren einer bedingten Weiterleitung

Mit dem PowerShell-Cmdlet `Add-DnsServerConditionalForwarderZone` können Sie ebenfalls bedingte Weiterleitungen erstellen. Um beispielsweise eine bedingte Weiterleitung für die DNS-Domäne *tailspintoys.com* zu erstellen, die DNS-Abfragen an den Server mit der IP-Adresse 10.10.10.102 weiterleitet, und um diese bedingte Weiterleitung auf alle DNS-Server in der Active Directory-Gesamtstruktur zu replizieren, verwenden Sie folgenden Befehl:

```
Add-DnsServerConditionalForwarderZone -MasterServers 10.10.10.102 -Name tailspintoys.com -ReplicationScope
Forest
```

Stubzonen

Eine *Stubzone* ist eine spezielle Zone, die Datensätze über autorisierende Namenserver für eine Zielzone speichert. Stubzonen sind gegenüber Weiterleitungen günstiger, wenn sich die Adresse des autorisierenden DNS-Servers der Zielzone regelmäßig ändert. Stubzonen werden häufig verwendet, um die Datensätze für autorisierende DNS-Server in delegierten Zonen zu verwalten. Dadurch ist dafür gesorgt, dass die Informationen über die delegierten Zonen auf dem neusten Stand sind. Wenn Sie die Stubzone auf einem beschreibbaren Domänencontroller erstellen (Abbildung 3.9), kann sie in Active Directory gespeichert und auf andere Domänencontroller in der Domäne oder der Gesamtstruktur repliziert werden.

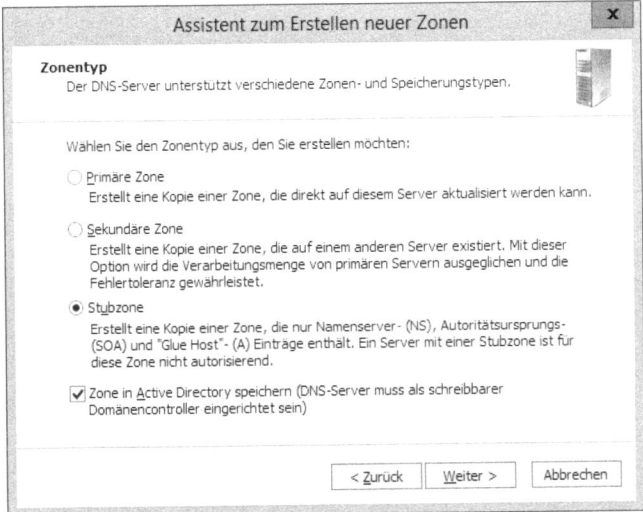

Abbildung 3.9 Erstellen einer Stubzone

So erstellen Sie eine Stubzone:

1. Klicken Sie in der Konsole *DNS-Manager* mit der rechten Maustaste auf *Forward-Look-upzonen* und klicken Sie auf *Neue Zone*.

2. Wählen Sie auf der Seite *Zonentyp* des *Assistenten zum Erstellen neuer Zonen* die Option *Stubzone* (Abbildung 3.9).

3. Wenn Sie das Kontrollkästchen *Zone in Active Directory speichern* wählen, sehen Sie nach dem Klick auf *Weiter* die Seite *Active Directory-Zonenreplikationsbereich*. Legen Sie fest, ob die Stubzone auf alle Domänencontroller der Domäne oder der Gesamtstruktur repliziert werden soll, oder auf alle Domänencontroller in einer bestimmten Verzeichnispartition.

4. Geben Sie der Stubzone den Namen der Ziel-DNS-Zone.

5. Geben Sie auf der Seite *Master-DNS-Server* die Adresse eines autorisierenden DNS-Namensservers für die Zone ein (Abbildung 3.10). Wählen Sie das Kontrollkästchen *Eine lokale Masterserverliste aus den angezeigten Servern erstellen*, um eine Liste aller autorisierenden Namensservern in der Ziel-DNS-Zone zu erstellen.

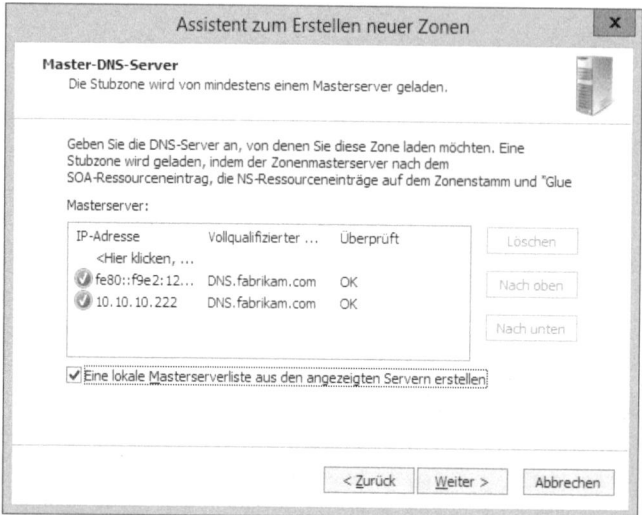

Abbildung 3.10   Angeben des Masterservers

Mit dem Cmdlet `Add-DnsServerStubZone` können Sie eine Stubzone hinzufügen. Um zum Beispiel eine DNS-Stubzone für die Zone *fabrikam.com* zu erstellen, die den Masterserver unter 10.10.10.222 verwendet und auf alle DNS-Server in der Gesamtstruktur repliziert wird, verwenden Sie folgenden Befehl:

```
Add-DnsServerStubZone -MasterServers 10.10.10.222 -Name fabrikam.com -ReplicationScope Forest -LoadExisting
```

Zusammenfassung der Lektion

- Primäre Zonen und Stubzonen können als Active Directory-integrierte Zonen konfiguriert werden

- Active Directory-integrierte Zonen können auf alle Domänencontroller in der Domäne oder der Gesamtstruktur repliziert werden, oder auf Domänencontroller, die zu einer bestimmten DNS-Anwendungspartition gehören

- Reverse-Lookupzonen übersetzen IP-Adressen in FQDNs

- Reverse-Lookupzonen können Active Directory-integriert sein

- Sekundäre Zonen sind schreibgeschützt

- Bei der bedingten Weiterleitungen wird der Datenverkehr für eine bestimmte Zone an einen bestimmten DNS-Server weitergeleitet

- Weiterleitungen leiten den Datenverkehr, für den keine bedingte Weiterleitung vorhanden ist, an einen bestimmten DNS-Server weiter

Lernzielkontrolle

Beantworten Sie folgende Fragen, um Ihr Wissen über den Stoff dieser Lektion zu überprüfen. Antworten auf diese Fragen und Erklärungen, warum die jeweilige Antwort richtig oder falsch ist, finden Sie im Abschnitt »Antworten« am Ende dieses Kapitels.

1. Sie möchten eine neue DNS-Zone erstellen. Nur Computer, die Mitglieder der Domäne sind, sollen die Zone aktualisieren können. Es sollte nicht erforderlich sein, manuell eine Aktualisierung der Zone durchzuführen. Mit welchen der folgenden Schritte erreichen Sie dieses Ziel? (Wählen Sie alle zutreffenden Antworten.)

   A. Sie konfigurieren die Zone *contoso.com* als Active Directory-integrierte primäre Zone.

   B. Sie konfigurieren die Zone *contoso.com* als eine primäre Standardzone.

   C. Sie konfigurieren die Zone so, dass nur sichere dynamische Aktualisierungen zugelassen werden.

   D. Sie konfigurieren die Zone so, dass keine dynamischen Updates möglich sind.

2. Welche der folgenden Netzwerk-IDs ist mit der Reverse-Lookupzone 15.168.192.in-addr.arpa verknüpft?

   A. 192.168.15.0 /16

   B. 15.168.192.0 /24

   C. 192.168.15.0 /24

   D. 15.192.168.0 /24

3. Sie möchten eine Delegierung für die Zone *australia.fabrikam.com* erstellen. Diese Zone wird auf einem DNS-Server mit der IP-Adresse 10.100.10.10 verwaltet. Der autorisierende DNS-Server für die Zone *fabrikam.com* hat die IP-Adresse 10.10.10.10. Welchen der folgenden Arbeitsschritte müssen Sie zuerst durchführen? (Wählen Sie alle zutreffenden Antworten.)

   A. Sie erstellen auf dem Computer mit der IP-Adresse 10.10.10.10 die Zone *australia.fabrikam.com*.

   B. Sie erstellen auf dem Computer mit der IP-Adresse 10.100.10.10 die Zone *australia.fabrikam.com*.

   C. Sie erstellen auf dem Computer mit der IP-Adresse 10.100.10.10 eine Delegierung, wobei Sie die Zone *fabrikam.com* verwenden.

   D. Sie erstellen auf dem Computer mit der IP-Adresse 10.10.10.10 eine Delegierung, wobei Sie die Zone *fabrikam.com* verwenden.

4. Eine Partnerorganisation ändert häufig die IP-Adressen ihrer autorisierenden Namenserver. Auch die Clients in der DNS-Zone des Partners ändern ihre DNS-Datensätze häufig.
   Sie möchten erreichen, dass Clients aus dem Netzwerk Ihrer Organisation Adressen aus
   der DNS-Zone des Partners schnell auflösen können, ohne durch veraltete Datensätze auf
   dem DNS-Server der Organisation behindert zu werden. Was sollten Sie auf Ihrem lokalen DNS-Server einrichten, um dieses Ziel zu erreichen?

   A. Sekundäre Zone

   B. Bedingte Weiterleitung

   C. Weiterleitung

   D. Stubzone

5. Sie möchten erreichen, dass alle DNS-Anfragen nach nichtlokalen Adressen an den
   DNS-Server Ihres ISPs weitergeleitet werden, mit Ausnahme von Anfragen nach Computern aus der Zone *margiestravel.com*. Alle Anfragen nach Computern aus der Zone
   margiestravel.com sollen automatisch an einen DNS-Server mit einer bestimmten IP-
   Adresse weitergeleitet werden. Was sollten Sie konfigurieren, um dieses Ziel zu erreichen? (Wählen Sie alle zutreffenden Antworten.)

   A. Stubzone

   B. Weiterleitung

   C. Bedingte Weiterleitung

   D. Sekundäre Zone

Lektion 2: WINS und GlobalNames-Zonen

WINS und *GlobalNames*-Zonen bieten beide eine Namensauflösung mit einfachen Bezeichnern. Eine Namensauflösung mit einfachen Bezeichnern wird häufig gebraucht, weil benutzerdefinierter Code und Skripts, die zum Teil noch aus der Zeit stammen, als Windows NT 4.0 das Serverbetriebssystem der Wahl war, keine DNS-FQDNs verwenden. In dieser Lektion erfahren Sie, wie Sie für das Netzwerk Ihrer Organisation eine Namensauflösung mit einfachen Bezeichnern erreichen.

Am Ende dieser Lektion werden Sie in der Lage sein, die folgenden Aufgaben auszuführen:

- Konfigurieren von WINS

- Verwalten von *GlobalNames*-Zonen

- Beschreiben des Peer Name Resolution-Protokolls

Veranschlagte Zeit für diese Lektion: 45 Minuten

WINS

WINS ist eine ältere Methode zur Namensauflösung, bei der NetBIOS-Namen in IP-Adressen aufgelöst werden. WINS wurde hauptsächlich in Netzwerken verwendet, die mit Windows NT 4.0 aufgebaut wurden, und ist seitdem immer weniger gebräuchlich. Seit der Veröffentlichung von Windows Server 2003 vor ungefähr einem Jahrzehnt hat sich WINS nicht wesentlich geändert, abgesehen von kleinen Änderungen, die einen besseren Schutz vor Angriffen bieten sollen. In Windows Server 2012 ist die Rolle *WINS* immer noch verfügbar, weil eine große Zahl von Organisationen auf eine Namensauflösung mit einfachen Bezeichnern angewiesen sind. Diese Art der Namensauflösung ist erforderlich, wenn ein Computer aus dem Netzwerk mit einem einfachen Namen angesprochen wird, beispielsweise *wsus*, statt mit einem zusammengesetzten Namen, also einem FQDN wie *wsus.contoso.internal*. Je nach der DNS-Konfiguration können einige Clients ihren DNS-Suffix verwenden, um Computer auf der Basis eines einfachen Namens zu finden. DNS und WINS lassen sich auch kombinieren.

So installieren und konfigurieren Sie die Rolle *WINS* auf einem Computer, auf dem Windows Server 2012 ausgeführt wird:

1. Verwenden Sie das Menü *Verwalten* des Server-Managers, um den *Assistenten zum Hinzufügen von Rollen und Features* zu starten.

2. Wählen Sie das Feature *WINS-Server* (Abbildung 3.11).

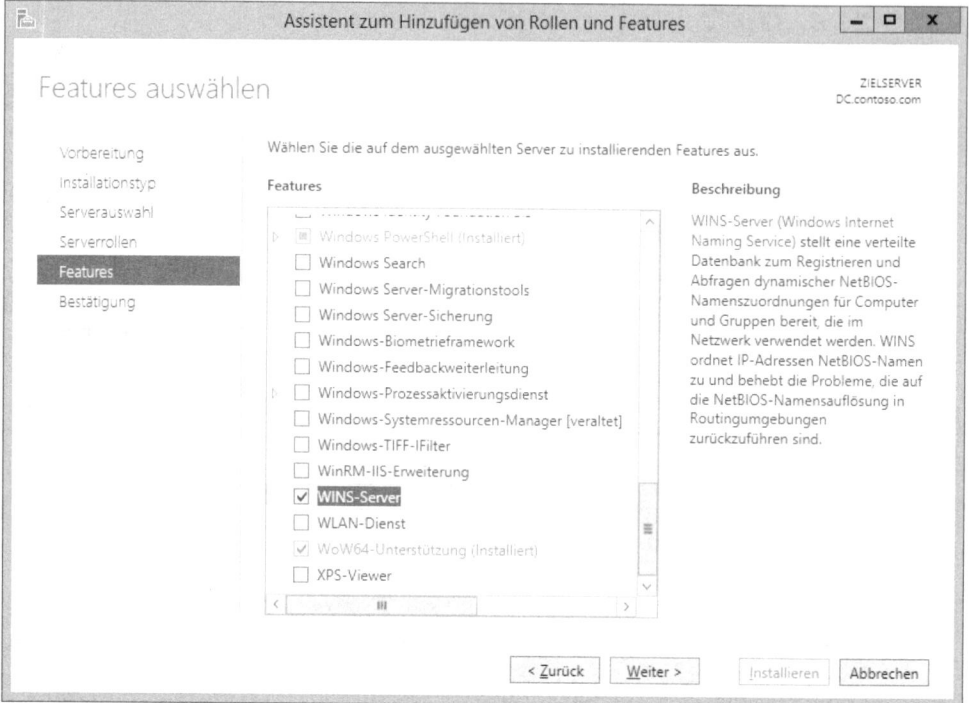

Abbildung 3.11 Hinzufügen des Features *WINS-Server* mit dem *Assistenten zum Hinzufügen von Rollen und Features*

Zur Installation von WINS mit Windows PowerShell verwenden Sie folgenden Befehl:

```
Install-WindowsFeature WINS
```

Sofern die Router nicht speziell konfiguriert sind, überschreitet der NetBIOS-Datenverkehr keine Subnetzgrenzen. Das bedeutet, dass die WINS-Datenbank keine Adresseinträge von Computern aus Remotenetzwerken enthält, wenn Sie keine speziellen Maßnahmen treffen. WINS unterstützt die Erstellung von statischen Adresseinträgen. Daher können Sie die Adressen von wichtigen Computern, die mit einfachen Namen erreichbar sein müssen, manuell in die WINS-Datenbank eintragen. Clientcomputer müssen die Adresse eines WINS-Servers kennen, um ihn für die Namensauflösung mit einfachen Bezeichnern zu verwenden. Sie können einen Client mit der Adresse eines WINS-Servers versorgen, indem Sie die DHCP-Option 044 konfigurieren. Sie können auch im Eigenschaftsdialogfeld einer bestimmten Netzwerkkarte in den TCP/IPv4-Einstellungen die Adresse eines WINS-Servers eintragen (Abbildung 3.12).

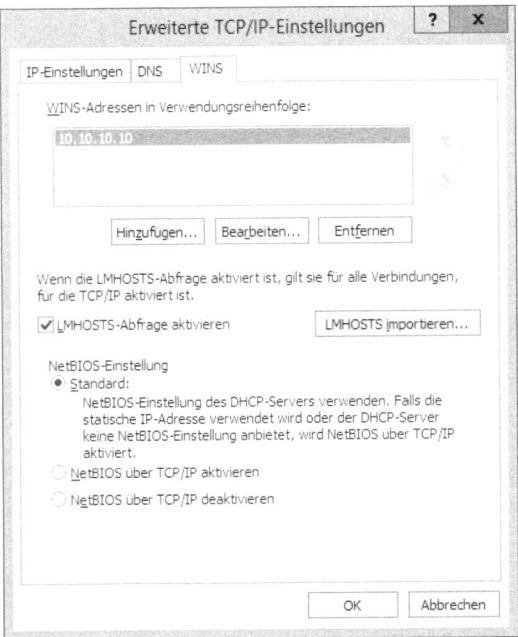

Abbildung 3.12 Hinzufügen der Adresse eines WINS-Servers

WINS-Server aus verschiedenen Subnetzen können Sie als Replikationspartner konfigurieren. Wenn Sie das tun, tauschen diese WINS-Server untereinander Adressdaten aus. WINS verwendet zwei Arten von Replikationspartnern:

- **Push-Partner** Ein WINS-Server, der einen Pull-Partner darüber informiert, dass die WINS-Datenbank aktualisiert wurde. Der Pull-Partner antwortet mit einer Replikations-anforderung und die Datenbankänderungen werden repliziert. Eine Push-Replikation findet erst statt, wenn in der Datenbank eine bestimmte Anzahl von Aktualisierungen erfolgt sind.

- **Pull-Partner** Wartet auf die Benachrichtigung, dass sich die Datenbank geändert hat, und fordert dann die geänderten Daten an

Um Datenbankeinträge in beide Richtungen zu replizieren, muss jeder Server ein Push-Partner und ein Pull-Partner sein. Sie können die Replikation für jeden WINS-Server im Dialogfeld *Eigenschaften von Replikationspartner* einstellen (Abbildung 3.13). Dieses Dialogfeld ermöglicht es, die Intervalle für die Push- und Pull-Replikation festzulegen. Auf der Register-karte *Allgemein* dieses Dialogfelds können Sie WINS so einstellen, dass es nur mit bekannten Partnern Replikationen durchführt. Für kleine Netzwerke können Sie die automatische Konfi-guration des Partners aktivieren. Wenn Sie das tun, erkennt WINS andere WINS-Server automatisch. In größeren Netzwerken sollten Sie diese Einstellung nicht verwenden, weil sie den Datenverkehr erhöht.

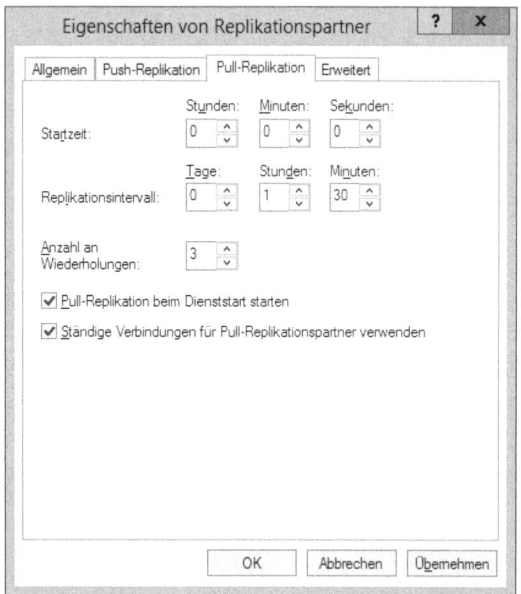

Abbildung 3.13   Konfigurieren der WINS-Replikation

So konfigurieren Sie einen Replikationspartner:

1. Klicken Sie in der Konsole *WINS* mit der rechten Maustaste auf *Replikationspartner* und klicken Sie auf *Neuer Replikationspartner*.

2. Geben Sie im Dialogfeld *Neuer Replikationspartner* den Namen oder die IP-Adresse des Servers ein, den Sie als Replikationspartner hinzufügen möchten (Abbildung 3.14).

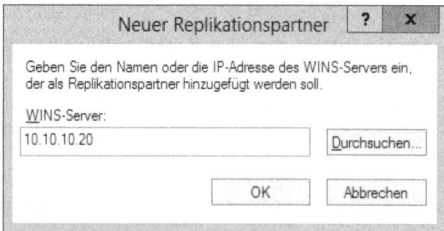

Abbildung 3.14   Das Dialogfeld *Neuer Replikationspartner*

Sie können WINS in DNS integrieren, indem Sie einen Forward-Lookup für WINS konfigurieren. Das können Sie im DNS-Manager auf der Registerkarte *WINS* des Eigenschaftsdialogfelds der Zone tun (Abbildung 3.15). Anschließend wendet sich der DNS-Server an den WINS-Server, wenn er in der abgefragten Zone keinen Datensatz für einen einfachen Namen findet.

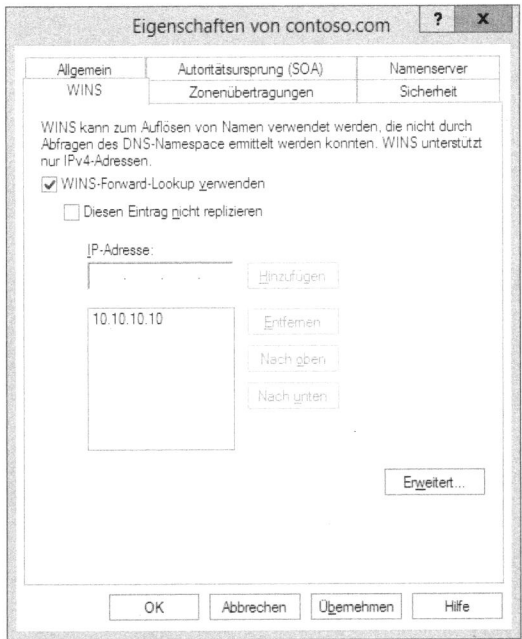

Abbildung 3.15   WINS-Integration

Weitere Informationen   WINS

Unter *http://technet.microsoft.com/en-us/library/hh831671.aspx* erhalten Sie weitere Informationen über WINS.

Schnelltest

■   Sie möchten sicherstellen, dass ein WINS-Server alle 2 Stunden die Aktualisierungen abruft, die auf einem WINS-Remoteserver erfolgt sind. Wie erreichen Sie dies?

Antwort zum Schnelltest

■   Sie konfigurieren das Pull-Replikationsintervall so, dass der WINS-Server alle 2 Stunden die Aktualisierungen abruft, die auf dem Remoteserver erfolgt sind.

GlobalNames-Zonen

GlobalNames-Zonen sind ein Ersatz für die Namensauflösung mit einfachen Bezeichnern, wobei die vorhandene DNS-Infrastruktur verwendet wird. *GlobalNames*-Zonen können WINS ersetzen und geben Organisationen die Möglichkeit, ihre WINS-Server außer Dienst zu stellen. Sie können *GlobalNames*-Zonen verwenden, wenn die DNS-Server Ihrer Organisation auf Windows Server 2008, Windows Server 2008 R2 oder Windows Server 2012 ausgeführt werden.

In folgenden Situationen kommt die Bereitstellung von *GlobalNames*-Zonen statt WINS in Betracht:

1. Ihre Organisation stellt das Netzwerk auf IPv6 um und ist weiterhin auf eine Namens- auflösung mit einfachen Bezeichnern angewiesen. WINS unterstützt kein IPv6.

2. Die Namensauflösung mit einfachen Bezeichnern ist auf eine kleine Zahl von Computern beschränkt, die sich nur selten ändern. *GlobalNames*-Zonen müssen manuell aktualisiert werden.

3. Es gibt wegen einer komplexen Namensgebung oder der Verwendung von mehreren Namespaces eine große Zahl von Suffix-Suchlisten.

Einträge für *GlobalNames*-Zonen müssen manuell vorgenommen werden. *GlobalNames*-Zoneneinträge sind Alias-Datensätze (CNAME) für vorhandene A- oder AAAA-Datensätze. Die vorhandenen A- und AAAA-Datensätze lassen sich dynamisch aktualisieren, was sich dann auch auf die Alias-Datensätze in der *GlobalNames*-Zone auswirkt.

So stellen Sie eine *GlobalNames*-Zone in einer Gesamtstruktur bereit:

1. Erstellen Sie auf einem Domänencontroller, auf dem auch ein DNS-Server betrieben wird, mit dem *Assistenten zum Erstellen neuer Zonen* eine neue Active Directory-integrierte Forward-Lookupzone, die auf jeden Domänencontroller in der Gesamtstruktur repliziert wird.

2. Geben Sie auf der Seite *Zonenname* den Namen **GlobalNames** als Zonennamen ein (Abbildung 3.16). Sie können die Zone auch mit folgendem Windows PowerShell-Befehl erstellen:

```
Add-DnsServerPrimaryZone -Name GlobalNames -ReplicationScope Forest
```

3. Dann müssen Sie die Zone *GlobalNames* auf jedem autorisierenden DNS-Server, der auf einem Domänencontroller der Gesamtstruktur betrieben wird, mit folgendem Windows PowerShell-Befehl aktivieren (darin ist DNSServerName der Name des Domänencontrollers, auf dem der DNS-Server ausgeführt wird):

```
Set-DnsServerGlobalNameZone -ComputerName <DNSServerName> -Enable $True
```

Anschließend erstellen Sie in der *GlobalNames*-Zone Alias-Datensätze (CNAME), die auf A- oder AAAA-Datensätze in vorhandenen Zonen verweisen. Über DNS-Datensätze erfahren Sie in Lektion 3 mehr.

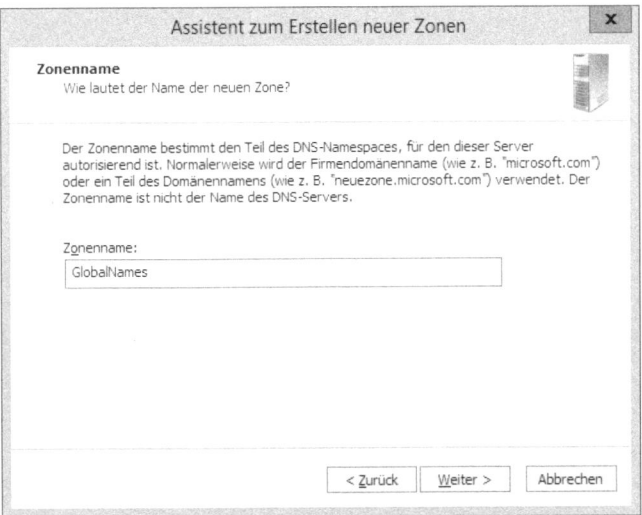

Abbildung 3.16 Hinzufügen einer *GlobalNames*-Zone

Weitere Informationen *GlobalNames-Zonen*

Unter *http://technet.microsoft.com/en-us/library/cc731744.aspx* erhalten Sie weitere Informationen über *GlobalNames*-Zonen.

Peer Name Resolution-Protokoll

Das Peer Name Resolution-Protokoll (Peer Name Resolution Protocol, PNRP) bietet eine Peer-zu-Peer-Namensauflösung für IPv6. Geräte, mit dem Internet verbunden sind und eine IPv6-Adresse erhalten, können ihre Peernamen und Adressen für Peers veröffentlichen (Peers sind »gleichgestellte« Computer, im Unterschied zu Computern in einer Client/Server-Hierarchie). Dazu gehören FQDNs und einfache Namen. Andere Geräte fragen die Peers ab, um die IPv6-Adressinformationen in Erfahrung zu bringen. Stellen Sie sich zum Beispiel vor, dass es die Computer *Sydney, Melbourne, Canberra, Adelaide, Brisbane, Hobart* und *Perth* gibt. Computer *Sydney* braucht die IPv6-Adresse von *Perth*. Sydney liegt in der Nähe von Canberra, Melbourne und Brisbane. *Sydney* fragt also *Canberra, Melbourne* und *Brisbane* ab, um herauszufinden, ob einer dieser Computer die IPv6-Adresse von *Perth* kennt. Statt einen zentralen Server zu verwenden, wie er bei DNS und WINS üblich ist, verwendet PNRP die Informationen, die jeder Computer über jeden anderen Computer hat, um Adressinformationen zu ermitteln. PNRP hat die folgenden Eigenschaften:

- Es ist keine zentrale Infrastruktur erforderlich. Server werden nur in der Startphase gebraucht (Bootstrapping).

- PNRP kann Milliarden von Namen verarbeiten und ist fehlertolerant. Mehrere Computer können Kopien desselben PNRP-Datensatzes speichern.

- Namen werden in Echtzeit aktualisiert und PNRP wurde dafür entworfen, keine veralteten Adressen zu liefern

- PNRP kann auch Dienste benennen, nicht nur Computer

- Namen können auf sichere oder unsichere Weise veröffentlicht werden. Wenn sie in einer sicheren Weise veröffentlicht werden, verwendet PNRP eine Verschlüsselung mit öffentlichem Schlüssel, um Datensätze zu überprüfen.

- PNRP wird als Feature installiert (Abbildung 3.17)

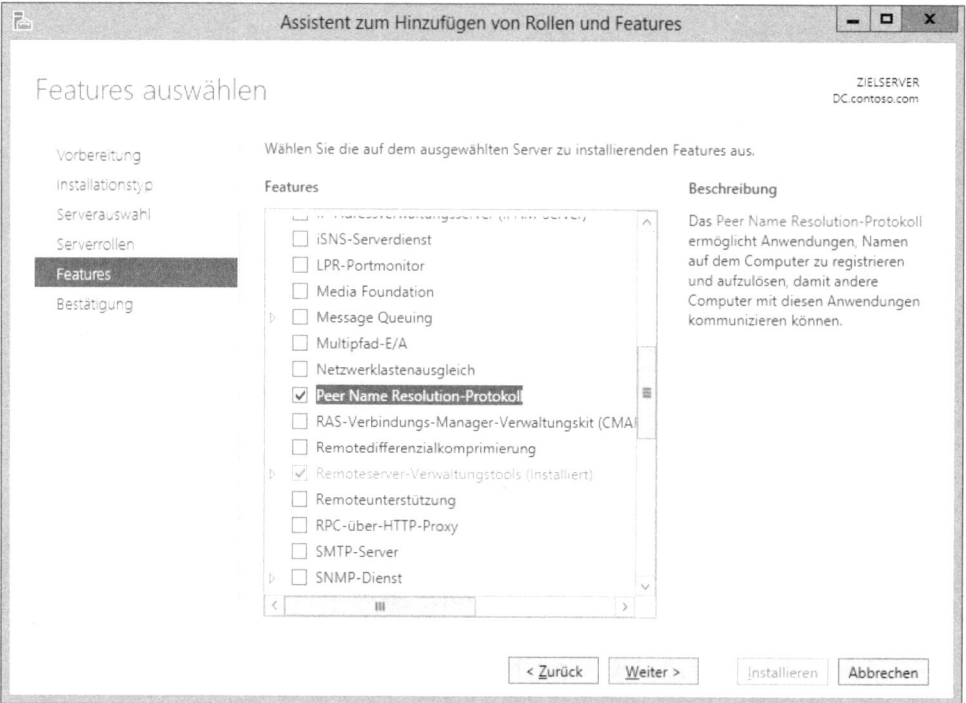

Abbildung 3.17   Das Feature *Peer Name Resolution-Protokoll*

PNRP-Peergruppen werden *Clouds* (»Wolken«) genannt. Nach der Installation kann PNRP folgende Clouds verwenden:

- **Globale Cloud**   Verwendet den globalen IPv6-Adressbereich und repräsentiert alle Computer und Geräte, die mit dem Internet verbunden sind. Es gibt eine globale Cloud.

- **Verbindungslokale Cloud**   Alle Adressen aus dem verbindungslokalen IPv6-Adressbereich. Das entspricht ungefähr dem lokalen Subnetz. Eine Organisation kann über mehrere verbindungslokale Clouds verfügen. (Eine andere gebräuchliche Bezeichnung ist *lokale Linkcloud*.)

Weitere Informationen   Überschrift

Unter *http://technet.microsoft.com/de-de/library/cc732919.aspx* erhalten Sie weitere Informationen über das Peer Name Resolution-Protokoll.

Zusammenfassung der Lektion

- WINS bietet eine Namensauflösung mit einfachen Bezeichnern, die auf einem NetBIOS-Namen beruht

- Sie können statische WINS-Zuordnungen erstellen oder eine automatische Aktualisierung der Zuordnungen aktivieren

- WINS unterstützt kein IPv6

- Eine *GlobalNames*-Zone ist eine spezielle DNS-Zone, die eine Namensauflösung mit einfachen Bezeichnern ermöglicht

- *GlobalNames*-Zonen unterstützen IPv4 und IPv6

- Eine *GlobalNames*-Zone kann wie jede andere DNS-Zone repliziert werden

- Aktualisierungen für die *GlobalNames*-Zone müssen Sie manuell vornehmen

- PNRP ist ein Peer-zu-Peer-Namensauflösungsprotokoll, das ohne eine spezielle Namensserverinfrastruktur eine Namensauflösung ermöglicht

Lernzielkontrolle

Beantworten Sie folgende Fragen, um Ihr Wissen über den Stoff dieser Lektion zu überprüfen. Antworten auf diese Fragen und Erklärungen, warum die jeweilige Antwort richtig oder falsch ist, finden Sie im Abschnitt »Antworten« am Ende dieses Kapitels.

1. Welche der folgenden Techniken können Sie verwenden, um eine IPv6-Namensauflösung mit einfachen Bezeichnern bereitzustellen? (Wählen Sie alle zutreffenden Antworten.)

    A. DHCP

    B. *GlobalNames*-DNS-Zone

    C. WINS

    D. PNRP

2. Welche DHCP-Option müssen Sie konfigurieren, damit Clients die IP-Adresse eines WINS-Servers erhalten?

    A. 006

    B. 044

    C. 004

    D. 015

3. Sie möchten im Netzwerk Ihrer Organisation eine Namensauflösung mit einfachen
    Bezeichnern ermöglichen, ohne WINS bereitzustellen. Es muss möglich sein, die Daten-
    sätze manuell zu aktualisieren. Mit welcher der folgenden Zonen können Sie dieses Ziel
    erreichen?

    A. Reverse-Lookupzone

    B. Stubzone

    C. Sekundäre Zone

    D. *GlobalNames*-Zone

4. Welche der folgenden Techniken ermöglicht es, im lokalen Netzwerk eine Namensauf-
    lösung bereitzustellen, ohne dafür einen zentralen Server aufzubauen? (Wählen Sie alle
    zutreffenden Antworten.)

    A. DNS

    B. WINS

    C. PNRP

    D. DHCP

5. Sie haben auf einem Domänencontroller Ihrer Organisation eine *GlobalNames*-Zone
    erstellt, aktiviert und so eingerichtet, dass sie auf alle Domänencontroller der Gesamt-
    struktur repliziert wird. Nun möchten Sie die *GlobalNames*-Zone auf einem anderen
    Domänencontroller aktivieren, auf dem der DNS-Serverdienst ausgeführt wird. Welche
    der folgenden Windows PowerShell-Cmdlets würden Sie dafür verwenden? (Wählen Sie
    alle zutreffenden Antworten.)

    A. `Set-DnsServer`

    B. `Set-DnsServerConditionalForwarderZone`

    C. `Set-DnsServerGlobalNameZone`

    D. `Set-DnsServerForwarder`

Lektion 3: Erweiterte DNS-Optionen

Nach der Bereitstellung von DNS in Ihrem Netzwerk werden Sie sich vermutlich fragen, was Sie tun können, damit es schnell und sicher läuft. Bis vor kurzem war es für DNS-Clients unmöglich, zu überprüfen, ob ein von einem DNS-Server gelieferter Ressourcendatensatz überhaupt gültig ist. Es war durchaus möglich, dass der DNS-Server, der die Ressourcenanfrage bearbeitet hat, unbemerkt von einem Angreifer übernommen worden war und Clients auf bösartige Websites umleitete, statt die gewünschten Daten zu liefern. DNSSEC (Domain Name System Security Extensions) ist eine Technik, die es DNS-Clients ermöglicht, mit den Mitteln einer gängigen Verschlüsselungstechnik (Verschlüsselung mit öffentlichem Schlüssel) zu überprüfen, ob der von einem DNS-Server gelieferte DNS-Datensatz gültig ist. Mit Aufräumvorgängen und dem Konzept der Alterung von Datensätzen können Administratoren dafür sorgen, dass DNS-Zonen nicht durch veraltete Ressourcendatensätze behindert werden.

Am Ende dieser Lektion werden Sie in der Lage sein, die folgenden Aufgaben auszuführen:

- Verwalten von Ressourceneinträgen

- Konfigurieren von Aufräumvorgängen für Zonen

- Verwalten von DNS-Roundrobin

- Anwenden der DNS-Sicherheit

Veranschlagte Zeit für diese Lektion: 30 Minuten

Ressourceneinträge

DNS unterstützt eine große Zahl von *Ressourceneinträgen*. Der einfachste verknüpft einen FQDN mit einer IP-Adresse. Andere Einträge liefern Informationen über Dienste, beispielsweise über SMTP-Server und Domänencontroller. Mit der Konsole *DNS-Manager* können Sie für eine DNS-Zone 26 verschiedene Arten von Ressourceneinträgen erstellen. Diese Lektion beschreibt die gebräuchlichsten Ressourcendatensatztypen.

Hosteinträge

Hosteinträge sind der gebräuchlichste Datensatztyp. Sie verknüpfen FQDNs mit IP-Adressen. Es gibt zwei Arten von Hosteinträgen, nämlich A-Datensätze, die FQDNs mit IPv4-Adressen verknüpfen, und AAAA-Datensätze, die FQDNs mit IPv6-Adressen verknüpfen. Um einen neuen Hosteintrag für eine Zone zu erstellen, klicken Sie die Zone im DNS-Manager mit der rechten Maustaste an und klicken dann auf *Neuer Host (A oder AAAA)*. Dadurch öffnet sich das Dialogfeld *Neuer Host* (Abbildung 3.18), das Ihnen auch ermöglicht, in der entsprechenden Reverse-Lookupzone, sofern vorhanden, einen Zeigerdatensatz (PTR) zu erstellen. Sie können Hosteinträge mit dem Cmdlet Add-DnsServerResourceRecordA hinzufügen. Außerdem können Sie AAAA-Datensätze mit dem Cmdlet Add-DnsServerResourceRecordAAAA hinzufügen.

Abbildung 3.18   Hinzufügen eines neuen Hosteintrags

Alias (CNAME)

Ein Alias- oder CNAME-Eintrag macht es möglich, für einen bereits vorhandenen Hosteintrag einen anderen Namen zu verwenden. Sie können für einen bestimmten Datensatz so viele Alias-Einträge erstellen, wie Sie möchten. Um einen neuen Alias-Eintrag zu erstellen, klicken Sie im DNS-Manager die gewünschte Zone mit der rechten Maustaste an und klicken auf *Neuer Alias (CNAME)*. Dadurch öffnet sich das Dialogfeld *Neuen Eintrag erstellen* (Abbildung 3.19). Bei der Erstellung eines Alias müssen Sie den Alias auf einen vorhandenen Hosteintrag einstellen. Um den gewünschten Hosteintrag zu finden, können Sie auf die Schaltfläche *Durchsuchen* klicken oder Sie geben den Eintrag manuell ein. In Windows PowerShell können Sie mit dem Cmdlet Add-DnsServerResourceRecordCNAME einen Alias-Eintrag für eine Zone erstellen.

Abbildung 3.19   Hinzufügen eines neuen CNAME-Datensatzes

Mail-Exchanger

Mail-Exchanger-Datensätze (MX) werden für die Suche nach Mail-Gateways verwendet. Wenn zum Beispiel ein Remotemailgateway eine E-Mail an eine für die DNS-Zone Ihrer Organisation gültige E-Mail-Adresse weiterleiten möchte, führt es eine MX-Suche durch, um die Adresse des Mailgateways zu ermitteln. Sobald es die Adresse kennt, übermittelt es die E-Mail an das lokale Gateway. MX-Einträge müssen auf vorhandene Hosteinträge verweisen. Sie können einen MX-Eintrag erstellen, indem Sie die Zone im DNS-Manager mit der rechten Maustaste anklicken, auf *Neuer Mail-Exchanger (MX)* klicken und im Dialogfeld *Neuen Eintrag erstellen* die erforderlichen Angaben machen (Abbildung 3.20). Das Feld *Mailserverpriorität* ermöglicht es, in einer Zone mehrere MX-Einträge zu erstellen. Gewöhnlich wird es verwendet, wenn Organisationen über mehrere Mailgateways verfügen. Falls das Hauptmailgateway der Organisation ausfällt, können Remotemailserver die E-Mails dann an andere Mailgateways übermitteln. MX-Einträge können Sie mit dem PowerShell-Cmdlet `Add-DnsServerResourceRecordMX` erstellen.

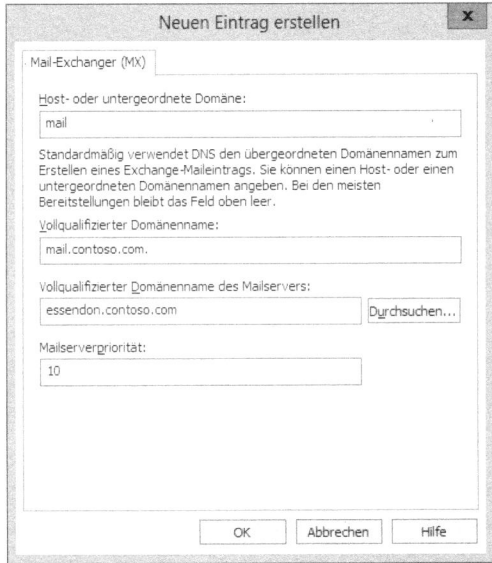

Abbildung 3.20   Hinzufügen eines neuen MX-Eintrags

Zeigereinträge

Zeigereinträge (PTR) ermöglichen die Verknüpfung von IP-Adressen mit FQDNs. PTR-Einträge werden in Reverse-Lookupzonen gespeichert. Wenn Sie einen Hosteintrag erstellen, wird automatisch auch ein PTR-Eintrag erstellt, sofern die entsprechende Reverse-Lookupzone vorhanden ist. Um einen PTR-Eintrag zu erstellen, klicken Sie im DNS-Manager die Reverse-Lookupzone mit der rechten Maustaste an, klicken auf *Neuer Zeiger (PTR)* und machen im Dialogfeld *Neuen Eintrag erstellen* die erforderlichen Angaben (Abbildung 3.21). In Windows PowerShell können Sie mit dem Cmdlet `Add-DnsServerResourceRecordPtr` einen PTR-Eintrag erstellen.

Abbildung 3.21   Hinzufügen eines Zeigereintrags

Weitere Informationen   Ressourceneinträge

Unter *http://technet.microsoft.com/de-de/library/cc730624.aspx* erhalten Sie weitere Informationen über Ressourceneinträge.

Zonenalterung und Aufräumvorgänge

Zonenalterung und *Aufräumvorgänge* sind Mittel, um die Zahl von veralteten Ressourceneinträgen in einer primären Zone zu verringern. *Veraltete Einträge* sind Einträge, die verfallen oder nicht mehr von Bedeutung sind. Wenn Ihre Organisation Zonen eingerichtet hat, in denen es viele Benutzer mit portablen Computern gibt, wie Laptops und Tablets, neigen diese Zonen dazu, veraltete Ressourceneinträge anzusammeln. Das kann zu folgenden Problemen führen:

■   DNS-Abfragen liefern veraltete Daten

■   Große Zonen können zu Problemen mit der Leistung des DNS-Servers führen

■   Veraltete Datensätze verwenden vielleicht Namen, die inzwischen an andere Geräte vergeben wurden

Um diese Probleme zu beheben, können Sie den DNS-Serverdienst so konfigurieren, dass Folgendes geschieht:

■   Ressourceneinträge erhalten Zeitstempel, die in primären Zonen dynamisch hinzugefügt werden. Das geschieht, wenn Sie die Alterung und Aufräumvorgänge aktivieren.

- Ressourceneinträge altern auf der Basis eines Aktualisierungszeitraums

- Ressourceneinträge, die nach dem Aktualisierungszeitraum noch vorhanden sind, werden gelöscht

So konfigurieren Sie die Zonenalterung und Aufräumvorgänge für eine Zone:

1. Klicken Sie die Zone im DNS-Manager mit der rechten Maustaste an und klicken Sie auf *Eigenschaften*.

2. Klicken Sie auf der Registerkarte *Allgemein* des Eigenschaftsdialogfelds auf *Alterung*.

3. Aktivieren Sie im Dialogfeld *Zonenalterung/Eigenschaften für Aufräumvorgang* das Kontrollkästchen *Veraltete Ressourceneinträge aufräumen* und legen Sie die Intervalle für Nichtaktualisierung und Aktualisierung fest (Abbildung 3.22).

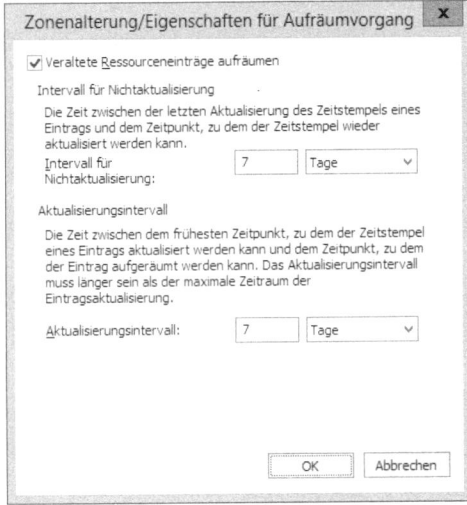

Abbildung 3.22   Das Dialogfeld *Zonenalterung/Eigenschaften für Aufräumvorgang*

Nach der Konfiguration erfolgen die Vergabe von Zeitstempeln und die Aufräumvorgänge automatisch. Aufräumvorgänge lassen sich auch manuell auslösen. Dazu klicken Sie im DNS-Manager den DNS-Server mit der rechten Maustaste an und klicken dann auf *Veraltete Ressourceneinträge aufräumen*. Alterung und Aufräumvorgänge können Sie auch mit dem Cmdlet Set-DnsServerScavenging konfigurieren. Um zum Beispiel in allen Zonen die Löschung von veralteten Ressourceneinträgen zu aktivieren und die Intervalle für Aufräumvorgänge und Aktualisierung auf jeweils 10 Tage festzulegen, verwenden Sie folgenden Befehl:

```
Set-DnsServerScavenging -ApplyOnAllZones -RefreshInterval 10.0:0:0 -ScavengingInterval 10.0:0:0 -Scaven-
gingState $True
```

Weitere Informationen   Serveralterung und der Aufräumvorgang

Unter *http://technet.microsoft.com/de-de/library/cc771677.aspx* erhalten Sie weitere Informationen über die Serveralterung und den Aufräumvorgang.

Schnelltest

■ Welchen Eintragstyp erstellen Sie in einer Reverse-Lookupzone, wenn Sie eine IP-Adresse mit einem FQDN verknüpfen möchten?

Antwort zum Schnelltest

■ Sie erstellen einen PTR-Eintrag, wenn Sie eine IP-Adresse mit einem FQDN verknüpfen möchten.

DNSSEC

DNSSEC (Domain Name System Security Extensions) erhöht die Sicherheit des DNS-Systems, indem es DNS-Servern ermöglicht, die Antworten zu überprüfen, die sie von anderen DNS-Servern erhalten. Mit DNSSEC lassen sich in DNS-Zonen digitale Signaturen verwenden. Wenn ein DNS-Server einen A-Datensatz aus einer signierten Zone anfordert, liefert der autorisierende DNS-Server den Datensatz und eine digitale Signatur, die eine Überprüfung des Datensatzes ermöglicht.

So signieren Sie eine Zone:

1. Klicken Sie die Zone im DNS-Manager mit der rechten Maustaste an, zeigen Sie auf *DNSSEC* und klicken Sie auf *Zone signieren*.

2. Wählen Sie auf der Seite *Signierungsoptionen* die Option *Standardeinstellungen für die Zonensignierung verwenden* (Abbildung 3.23).

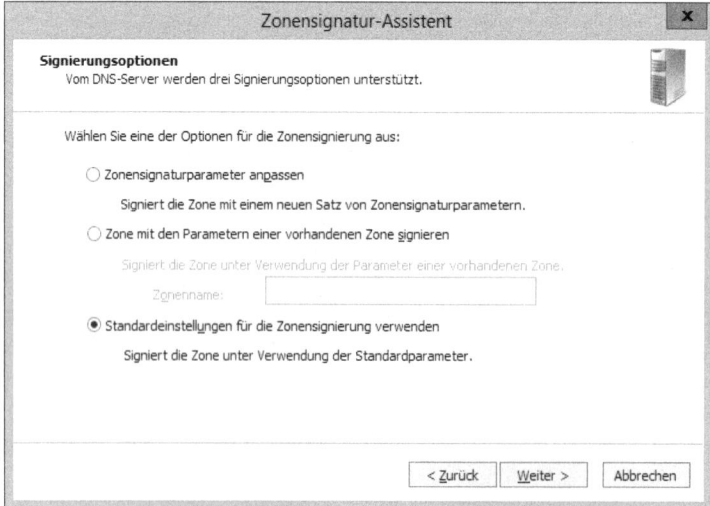

Abbildung 3.23 Verwenden der Standardsignatureinstellungen

Wenn Sie DNSSEC konfigurieren, werden drei neue Arten von Ressourceneinträgen verwendet (Abbildung 3.24).

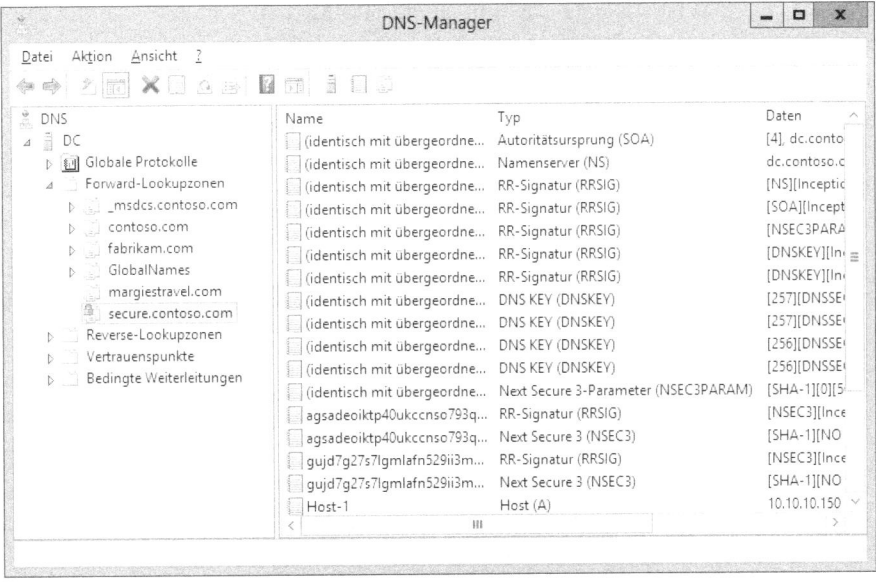

Abbildung 3.24 Eine mit DNSSEC konfigurierte Zone

Diese Datensätze haben folgende Eigenschaften:

- **RRSIG (Resource Record Signature)** Dieser Datensatz wird in der Zone gespeichert und jeder Datensatz ist mit einem anderen Zonendatensatz verknüpft. Wenn von einem DNS-Server ein Zonendatensatz verlangt wird, sendet er den Datensatz und den dazugehörigen RRSIG-Datensatz. RRSIG-Datensätze werden sichtbar, wenn man eine sichere Zone abfragt (Abbildung 3.25).

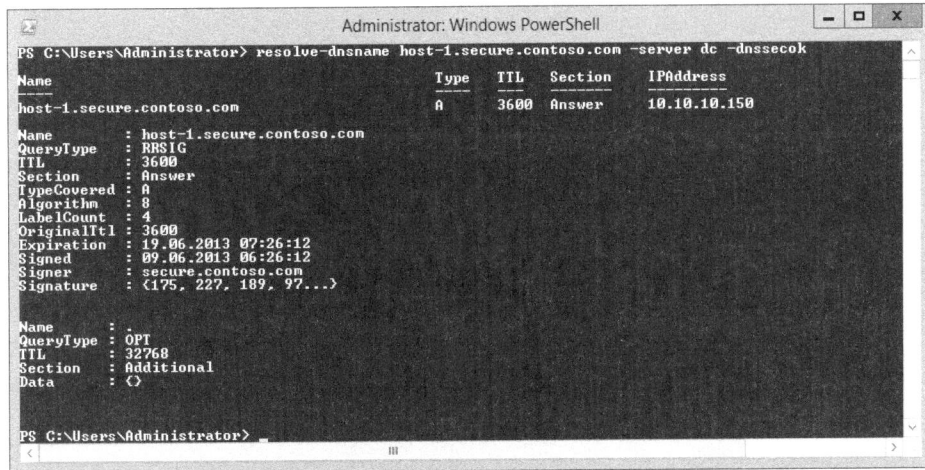

Abbildung 3.25 Anzeigen eines RRSIG-Eintrags

- **DNSKEY**   Das ist ein Datensatz mit einem öffentlichen Schlüssel, der die Überprüfung von RRSIG-Datensätzen ermöglicht

- **NSEC/NSEC3 (Next Secure)**   Diese Datensatz dient als Beweis dafür, dass es den angeforderten A-Datensatz nicht gibt. Wird beispielsweise die IP-Adresse für *ftp.contoso.com* angefordert und gibt es keinen Eintrag für *ftp.contoso.com*, so wird, sofern DNSSEC für *contoso.com* aktiviert ist, der NSEC-Datensatz zurückgesendet. Auf diese Weise wird der Computer, von dem die Anfrage stammt, darüber informiert, dass es keinen entsprechenden Datensatz gibt.

Neben den speziellen Ressourceneinträgen gibt es in einer DNSSEC-Implementierung auch noch folgende Komponenten:

- **Vertrauensanker**   Das ist ein spezieller öffentlicher Schlüssel, der mit einer Zone verknüpft ist. Vertrauensanker ermöglichen es einem DNS-Server, DNSKEY-Ressourceneinträge zu überprüfen. Wenn Sie auf einem DNS-Server, der auf einem Domänencontroller betrieben wird, DNSSEC bereitstellen, können die Vertrauensanker in der Active Directory-Gesamtstruktur gespeichert werden. Dadurch werden die Vertrauensanker auf alle DNS-Server repliziert, die in der Gesamtstruktur auf Domänencontrollern betrieben werden.

- **DNSSEC-Schlüsselmaster**   Ein spezieller DNS-Server, der für die Erstellung und Verwaltung der Signaturschlüssel für eine DNSSEC-geschützte Zone verwendet wird. Jeder Computer, auf dem Windows Server 2012 ausgeführt und eine primäre Zone verwaltet wird, ob Standard oder integriert, kann als DNSSEC-Schlüsselmaster dienen. Ein einzelner Computer kann DNSSEC-Schlüsselmaster für mehrere Zonen sein. Die Rolle des DNSSEC-Schlüsselmasters kann auf einen anderen DNS-Server übertragen werden, der die primäre Zone verwaltet.

- **Schlüsselsignaturschlüssel**   Mit dem Schlüsselsignaturschlüssel (Key Signing Key, KSK) werden die DNSKEY-Einträge im Stamm der Zone signiert. Der KSK lässt sich mit dem DNSSEC-Schlüsselmaster erstellen.

- **Zonensignaturschlüssel**   Mit dem Zonensignaturschlüssel (Zone Signing Key, ZSK) werden Zonendaten signiert, beispielsweise die Datensätze in der Zone. Der ZSK lässt sich mit dem DNSSEC-Schlüsselmaster erstellen.

Um festzulegen, wie Clients mit DNSSEC-geschützten Zonen zusammenarbeiten, legen Sie in der Richtlinientabelle für die Namensauflösung (Name Resolution Policy Table, NRPT) entsprechende Regeln fest. Ein Eintrag in dieser Tabelle kann zum Beispiel festlegen, dass alle Abfragen für eine bestimmte Zone eine DNSSEC-Überprüfung erfordern. Die NRPT lässt sich in den Gruppenrichtlinien oder mit Windows PowerShell konfigurieren.

So erstellen Sie eine NRPT:

1. Öffnen Sie die *Gruppenrichtlinienverwaltung* und bearbeiten Sie *Default Domain Policy*.

2. Navigieren Sie in den Knoten *Computerkonfiguration*, *Richtlinien*, *Windows-Einstellungen*, *Namensauflösungsrichtlinie* und geben Sie den Namespace ein.

3. Machen Sie die erforderlichen Angaben für die Regel. Abbildung 3.26 zeigt eine Regel, die verlangt, dass in der Zone *secure.contoso.com* DNSSEC verwendet wird.

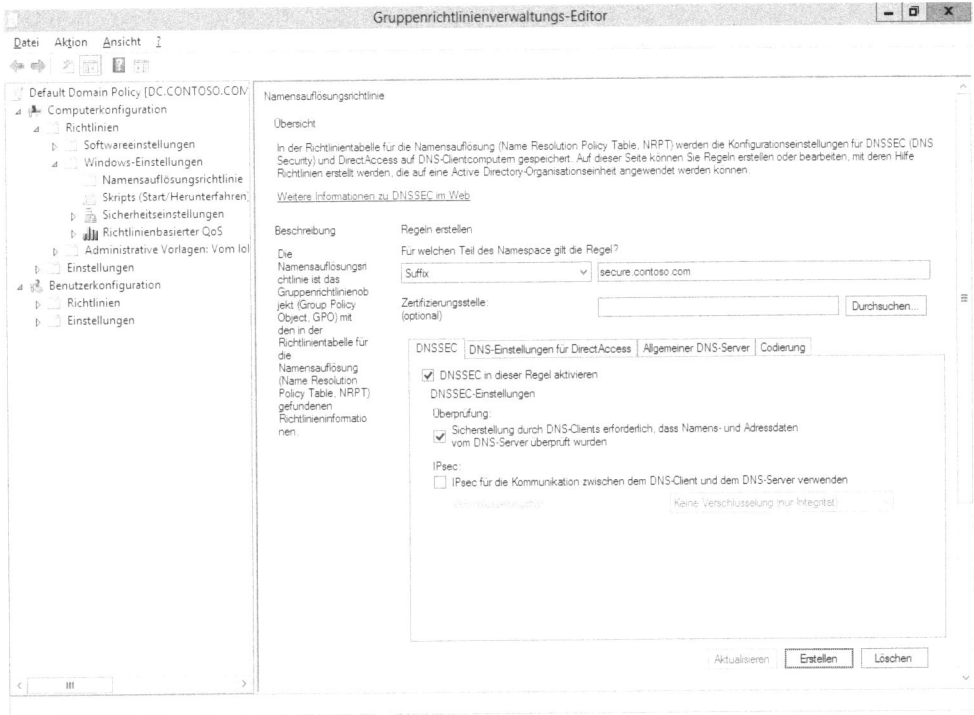

Abbildung 3.26 Eine Namensauflösungsrichtlinie

Weitere Informationen   DNSSEC

Unter *http://technet.microsoft.com/de-de/library/jj200221.aspx* erhalten Sie weitere Informationen über DNSSEC.

Zusammenfassung der Lektion

- A- und AAAA-Einträge verknüpfen FQDNs mit IP-Adressen

- PTR-Einträge verknüpfen IP-Adressen mit FQDNs

- CNAME-Einträge ermöglichen mit einem anderen Namen den Zugriff auf einen Hosteintrag

- MX-Einträge liefern Informationen über Mailserver

- Aufräumvorgänge und die Alterung von Datensätzen ermöglichen es, die Zahl von veralteten Ressourceneinträgen in einer DNS-Zone zu minimieren

- Aufräumvorgänge und die Alterung von Datensätzen können nur dynamisch erstellte Ressourceneinträge löschen

- DNSSEC verwendet eine Kryptografie mit öffentlichem Schlüssel, um DNS-Zonen und Ressourceneinträge zu signieren

- Wenn Daten aus einer mit DNSSEC signierten Zone angefordert werden, liefert der DNS-Server die gewünschten Daten und einen Schlüssel für die Überprüfung der Daten

Lernzielkontrolle

Beantworten Sie folgende Fragen, um Ihr Wissen über den Stoff dieser Lektion zu überprüfen. Antworten auf diese Fragen und Erklärungen, warum die jeweilige Antwort richtig oder falsch ist, finden Sie im Abschnitt »Antworten« am Ende dieses Kapitels.

1. Welche Art von Ressourceneintrag erstellen Sie, wenn Sie mit einem vorhandenen FQDN einen anderen Namen verknüpfen möchten?

   A. A-Eintrag

   B. MX-Eintrag

   C. PTR-Eintrag

   D. CNAME-Eintrag

2. Sie haben gerade einen Server bereitgestellt, der im Umkreisnetzwerk Ihrer Organisation als SMTP-Gateway dient. Diesem Server wurde ein FQDN zugewiesen und es gibt in der Reverse-Lookupzone für die öffentliche IP-Adresse des Servers einen Eintrag, der auf den Server verweist. Welche Art von Ressourceneintrag sollten Sie erstellen, wenn Sie sicherstellen möchten, dass Mailserver von externen Organisationen diesen Server als das externe Mailgateway Ihrer Organisation erkennen?

   A. CNAME-Eintrag

   B. PTR-Eintrag

   C. MX-Eintrag

   D. A-Eintrag

3. Mit welchem der folgenden Windows PowerShell-Cmdlets können Sie einen Hosteintrag erstellen, der einen FQDN mit einer IPv6-Adresse verknüpft?

   A. `Add-DnsServerResourceRecordCNAME`

   B. `Add-DnsServerResourceRecordAAAA`

   C. `Add-DnsServerResourceRecordMX`

   D. `Add-DnsServerResourceRecordPtr`

4. Was eignet sich dazu, die Zahl der veralteten Ressourceneinträge in einer Zone zu verringern?

   A. Sichere dynamische Aktualisierungen

   B. Alterung von Datensätzen und Aufräumvorgänge

   C. DNSSEC

   D. Zonenübertragungen

5. Sie möchten sicherstellen, dass Clients die Authentizität von DNS-Datensätzen aus einigen primären Zonen überprüfen können, die auf DNS-Servern in Ihrer Organisation verwaltet werden. Womit können Sie dies erreichen? (Wählen Sie alle zutreffenden Antworten.)

    A. DNSSEC

    B. Zonenübertragungen

    C. Alterung von Datensätzen und Aufräumvorgänge

    D. Sichere dynamische Aktualisierungen

Übungen

In den Übungen dieses Abschnitts sammeln Sie Praxiserfahrung zu folgenden Themen:

■ Verwalten von DNS-Zonen

■ Namensauflösung mit einfachen Bezeichnern

■ Konfigurieren und Verwalten von DNSSEC

Um die Übungen in diesem Abschnitt durchzuarbeiten, brauchen Sie virtuelle Computer namens *DC*, *SYD-A* und *SYD-B*, auf denen die Evaluierungsversion von Windows Server 2012 installiert ist. Wie Sie diese Server einrichten, ist im Anhang beschrieben. Legen Sie Snapshots der virtuellen Computer an, damit Sie ihren Ausgangszustand nach Abschluss der Übungen wiederherstellen können.

Übung 1: Verwalten von DNS-Zonen

In dieser Übung erstellen Sie eine neue Active Directory-integrierte Zone und konfigurieren diese Zone so, dass sie auf alle Domänencontroller in der Gesamtstruktur repliziert wird und nur sichere dynamische Aktualisierungen zulässig sind:

1. Melden Sie sich als *Contoso\Administrator* auf *DC* an.

2. Klicken Sie im Server-Manager auf das Menü *Tools* und auf *DNS*.

3. Erweitern Sie in der Konsole *DNS-Manager* den Knoten *DC* und klicken Sie auf *Forward-Lookupzonen* (Abbildung 3.27).

4. Klicken Sie im Menü *Aktion* auf *Neue Zone*.

5. Klicken Sie auf der ersten Seite des *Assistenten zum Erstellen neuer Zonen* auf *Weiter*.

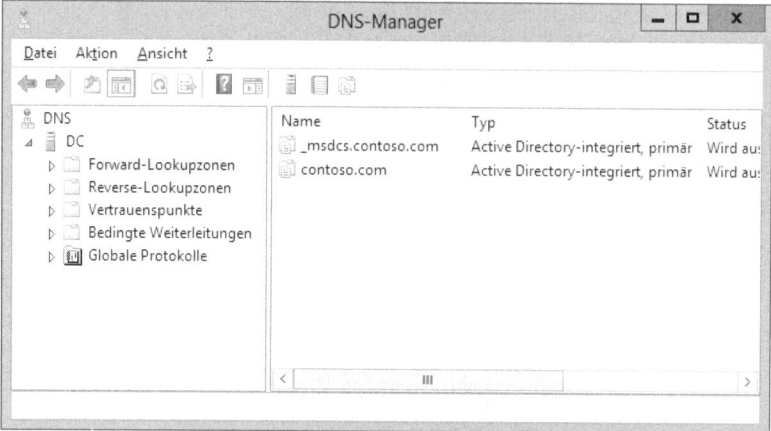

Abbildung 3.27   Forward-Lookupzonen

6. Klicken Sie auf der Seite *Zonentyp* auf *Primäre Zone* und sorgen Sie dafür, dass das Kontrollkästchen *Zone in Active Directory speichern* gewählt ist (Abbildung 3.28). Klicken Sie auf *Weiter*.

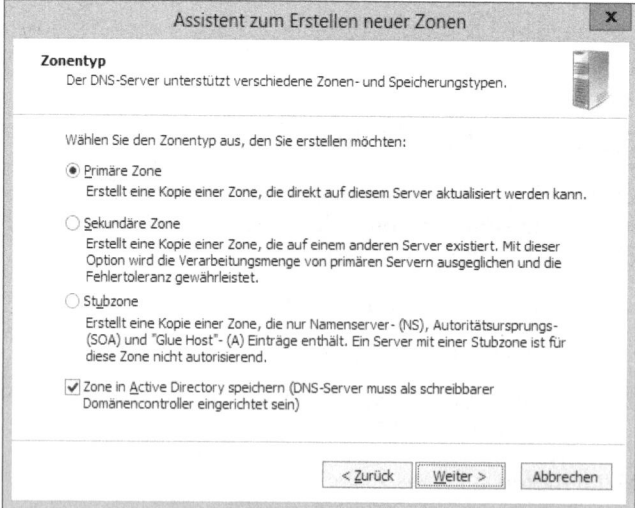

Abbildung 3.28   Erstellen einer Active Directory-integrierten primären Zone

7. Klicken Sie auf der Seite *Active Directory-Zonenreplikationsbereich* auf *Auf allen DNS-Servern, die auf Domänencontrollern in der Gesamtstruktur ausgeführt werden: contoso.com* (Abbildung 3.29) und klicken Sie auf *Weiter*.

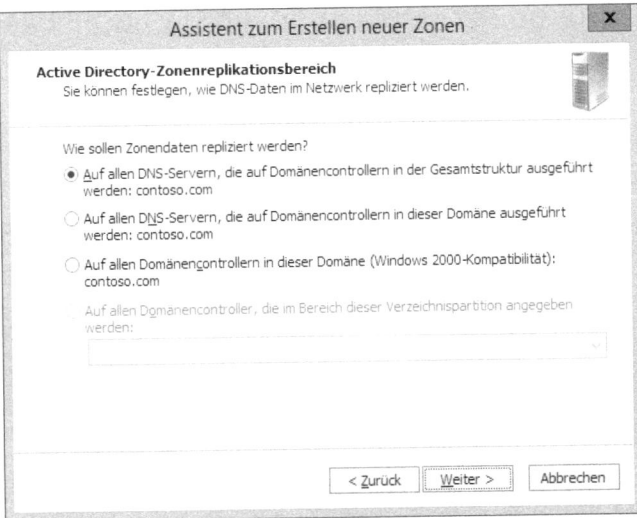

Abbildung 3.29 Zonenreplikationsbereich

8. Geben Sie auf der Seite *Zonenname* den Namen **fabrikam.com** ein und klicken Sie auf *Weiter*.

9. Klicken Sie auf der Seite *Dynamisches Update* auf *Nur sichere dynamische Updates zulassen* (Abbildung 3.30) und klicken Sie auf *Weiter*.

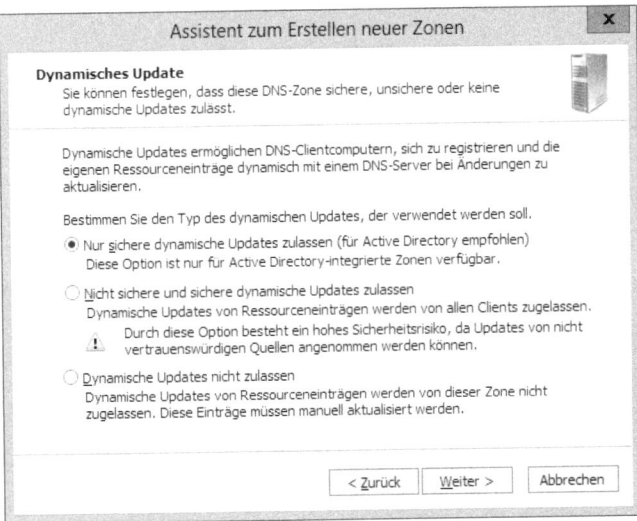

Abbildung 3.30 Konfigurieren von sicheren dynamischen Aktualisierungen

10. Klicken Sie auf *Fertig stellen*, um den *Assistenten zum Erstellen neuer Zonen* zu schließen.

Übung 2: Konfigurieren der Replikation auf Partitionsbasis

In dieser Übung erstellen Sie eine neue DNS-Partition in Active Directory und eine neue Active Directory-integrierte Zone, die auf alle für diese Partition registrierten DNS-Server repliziert wird:

1. Klicken Sie auf *DC* auf das Symbol der *Windows PowerShell*-Eingabeaufforderung.

2. Erstellen Sie mit folgendem Befehl in Active Directory eine neue DNS-Partition namens Tasmania:

    ```
    Add-DNSServerDirectoryPartition -Name Tasmania
    ```

3. Schließen Sie das Fenster *Windows PowerShell*.

4. Klicken Sie in der Konsole *DNS-Manager* auf *Forward-Lookupzonen*.

5. Klicken Sie im Menü *Aktion* auf *Neue Zone*.

6. Klicken Sie auf der Seite *Willkommen* des *Assistenten zum Erstellen neuer Zonen* auf *Weiter*.

7. Klicken Sie auf der Seite *Zonentyp* auf *Primäre Zone*. Sorgen Sie dafür, dass *Zone in Active Directory speichern* gewählt ist, und klicken Sie auf *Weiter*.

8. Klicken Sie auf der Seite *Active Directory-Zonenreplikationsbereich* auf *Auf allen Domänencontroller, die im Bereich dieser Verzeichnispartition angegeben werden* und wählen Sie gegebenenfalls *Tasmania* (Abbildung 3.31). Klicken Sie auf *Weiter*.

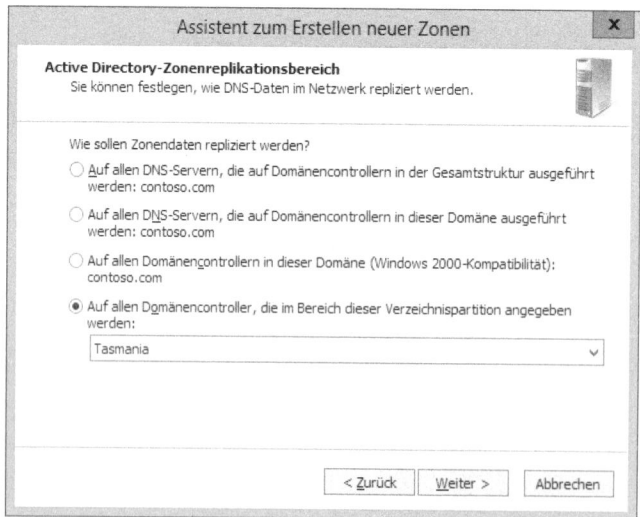

Abbildung 3.31 Replizieren einer bestimmten Verzeichnispartition

9. Geben Sie auf der Seite *Zonenname* den Namen **margiestravel.com** ein (Abbildung 3.32) und klicken Sie auf *Weiter.*

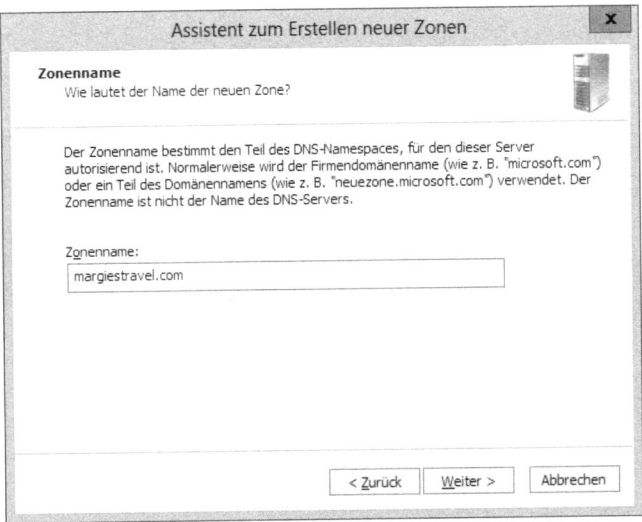

Abbildung 3.32 Angeben eines Zonennamens

10. Klicken Sie auf der Seite *Dynamisches Update* auf *Dynamische Updates nicht zulassen* und klicken Sie auf *Weiter* (Abbildung 3.33).

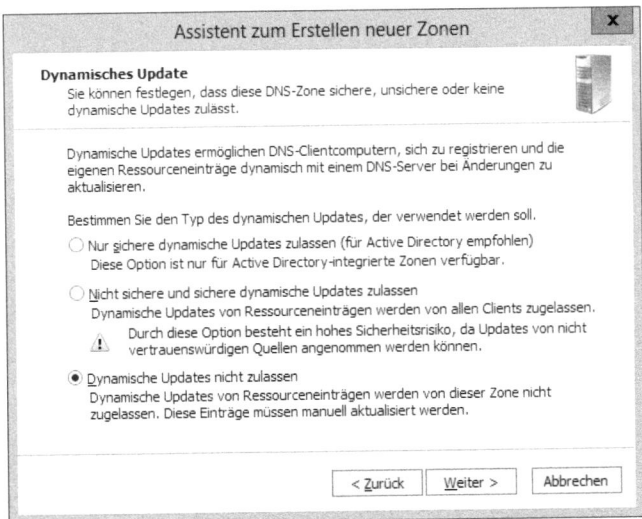

Abbildung 3.33 *Dynamische Updates nicht zulassen*

11. Klicken Sie auf *Fertig stellen*, um den *Assistenten zum Erstellen neuer Zonen* zu schließen.

Übung 3: DNS-Delegierung und sekundäre Zonen

In dieser Übung installieren Sie die Rolle *DNS* und führen eine Zonendelegierung durch:

1. Fahren Sie den Computer *SYD-A* hoch.

2. Melden Sie sich auf *DC* als *Contoso\Administrator* an.

3. Klicken Sie im Server-Manager von *DC* auf *Alle Server*.

4. Klicken Sie im Menü *Verwalten* auf *Server hinzufügen*.

5. Geben Sie im Textfeld *Name* **SYD-A** ein und klicken Sie auf *Suche starten*.

6. Klicken Sie im Dialogfeld *Server hinzufügen* auf *SYD-A* und auf die Schaltfläche mit dem nach rechts gerichteten Pfeil (Abbildung 3.34). Klicken Sie auf *OK*.

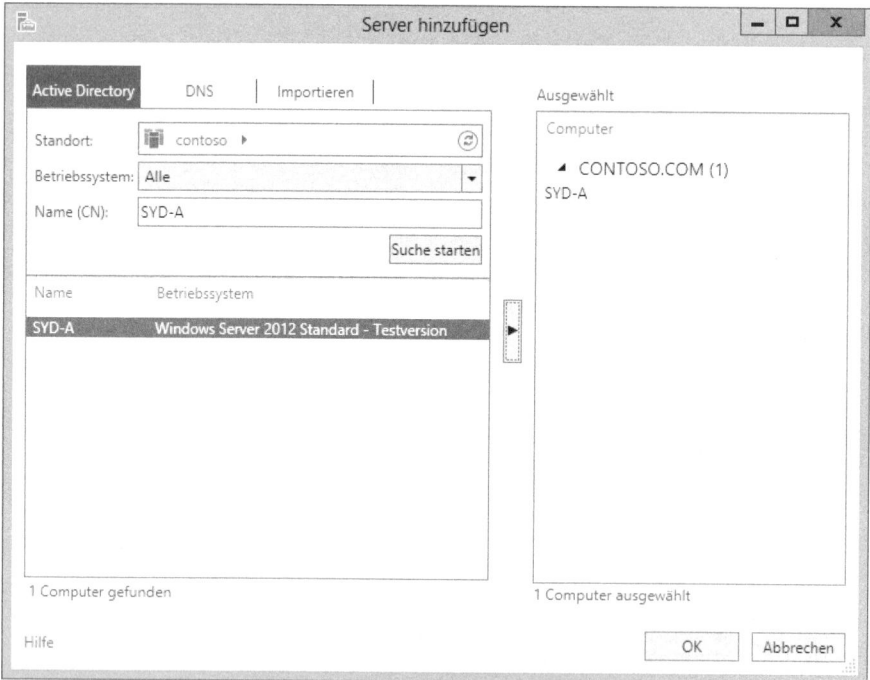

Abbildung 3.34 Hinzufügen von Servern zu einer Gruppe

7. Klicken Sie im Bereich *Alle Server* des Server-Managers von *DC* auf *SYD-A*. Klicken Sie im Menü *Verwalten* auf *Rollen und Features hinzufügen*.

8. Klicken Sie auf der Seite *Vorbemerkungen* des *Assistenten zum Hinzufügen von Rollen und Features* auf *Weiter*.

9. Klicken Sie auf der Seite *Installationstyp auswählen* auf *Rollenbasierte oder feature-basierte Installation* und auf *Weiter.*

10. Klicken Sie auf der Seite *Zielserver auswählen* auf *SYD-A.contoso.com* und auf *Weiter.*

11. Klicken Sie auf der Seite *Serverrollen auswählen* auf *DNS-Server.* Klicken Sie in der Popupliste des *Assistenten zum Hinzufügen von Rollen und Features* auf *Features hinzufügen.*

12. Vergleichen Sie den *Assistenten zum Hinzufügen von Rollen und Features* mit Abbildung 3.35 und klicken Sie auf *Weiter.*

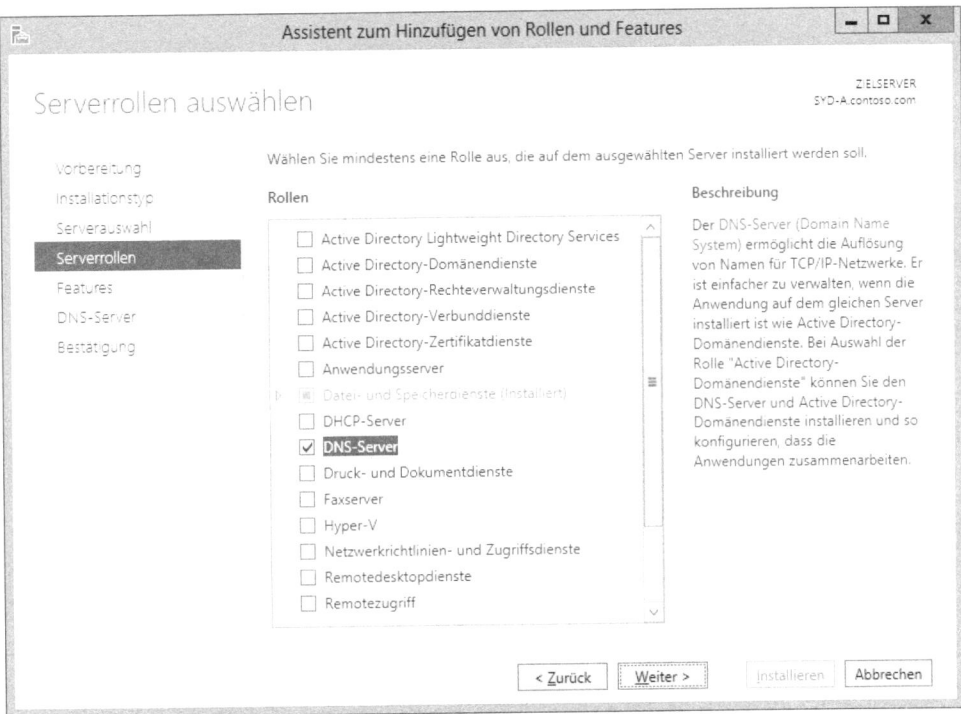

Abbildung 3.35 Installieren der Rolle *DNS-Server*

13. Klicken Sie auf der Seite *Features auswählen* auf *Weiter.*

14. Klicken Sie auf der Seite *DNS-Server* auf *Weiter.*

15. Klicken Sie auf der Seite *Installationsauswahl bestätigen* auf *Installieren* und nach dem Abschluss der Installation auf *Schließen.*

16. Klicken Sie in der Konsole *DNS-Manager* auf *DNS.* Klicken Sie im Menü *Aktion* auf *Mit DNS-Server verbinden.*

17. Klicken Sie im Dialogfeld *Verbindung mit DNS-Server herstellen* auf *Folgendem Compu-ter:* und geben Sie **SYD-A.contoso.com** ein (Abbildung 3.36). Klicken Sie auf *OK*.

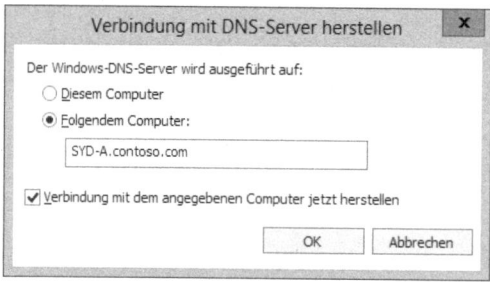

Abbildung 3.36   Verbinden mit einem DNS-Server

18. Klicken Sie in der Konsole *DNS-Manager* unter *SYD-A.contoso.com* auf *Forward-Look-upzonen* (Abbildung 3.37).

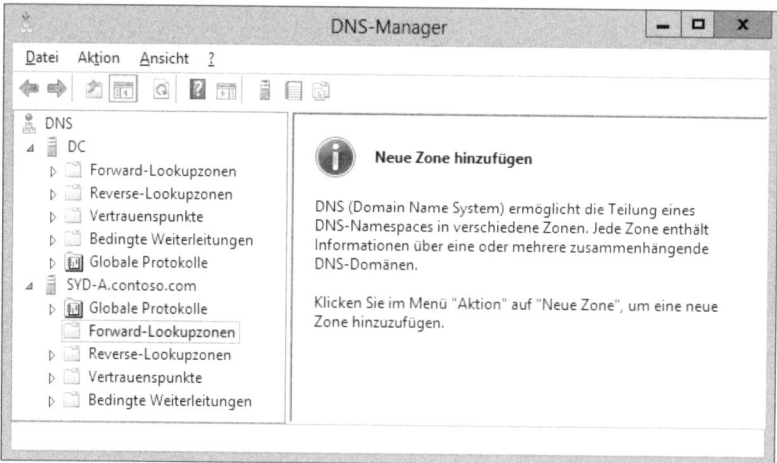

Abbildung 3.37   Verbinden mit zwei DNS-Servern

19. Klicken Sie auf *Aktion* und auf *Neue Zone*.

20. Klicken Sie auf der *Willkommen*-Seite des *Assistenten zum Erstellen neuer Zonen* auf *Weiter*.

21. Klicken Sie auf der Seite *Zonentyp* des *Assistenten zum Erstellen neuer Zonen* auf *Primäre Zone*. Beachten Sie, dass das Kontrollkästchen *Zone in Active Directory speichern* nicht gewählt ist, weil *SYD-A* kein Active Directory-Domänencontroller ist (Abbildung 3.38). Klicken Sie auf *Weiter*.

22. Geben Sie auf der Seite *Zonenname* den Namen **australia.fabrikam.com** ein und klicken Sie auf *Weiter*.

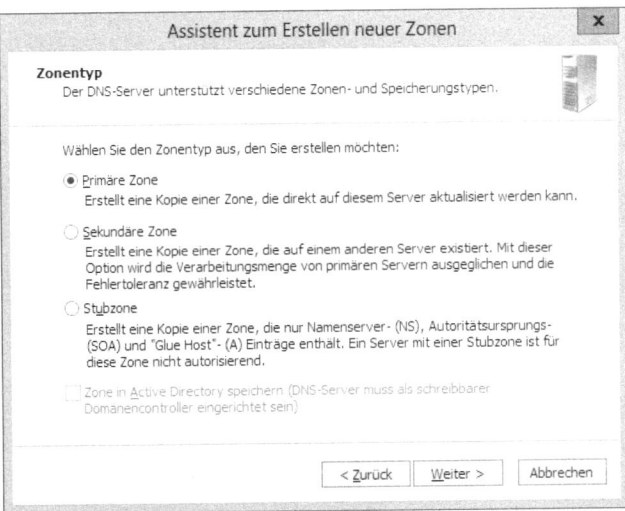

Abbildung 3.38 Konfigurieren einer primären Zone

23. Klicken Sie auf der Seite *Zonendatei* auf *Neue Datei mit diesem Dateinamen erstellen* (Abbildung 3.39) und klicken Sie auf *Weiter*.

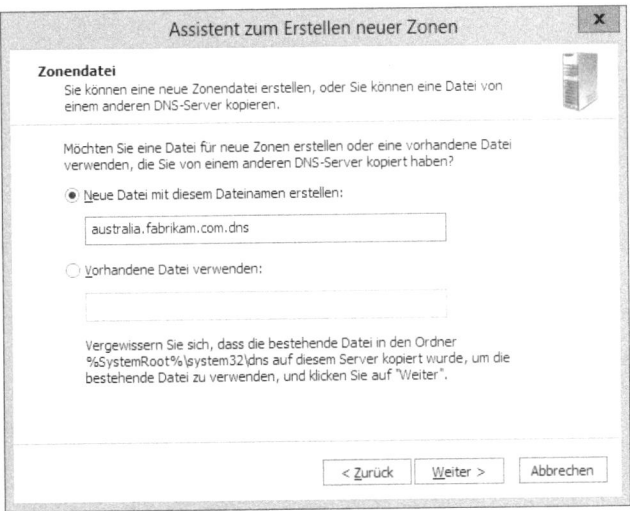

Abbildung 3.39 Erstellen einer neuen Zonendatei

24. Klicken Sie auf der Seite *Dynamisches Update* auf *Dynamische Updates nicht zulassen* und auf *Weiter*.

25. Klicken Sie auf der Seite *Fertigstellen des Assistenten* auf *Fertig stellen.*

26. Erweitern Sie in der Konsole *DNS-Manager* den Knoten *DC*, *Forward-Lookupzonen* und klicken Sie auf *fabrikam.com.*

27. Klicken Sie im Menü *Aktion* auf *Neue Delegierung.*

28. Klicken Sie auf der *Willkommen*-Seite des *Assistenten zum Erstellen neuer Delegierungen* auf *Weiter.*

29. Geben Sie auf der Seite *Namen der delegierten Domäne* den Namen **australia** ein (Abbildung 3.40) und klicken Sie auf *Weiter.*

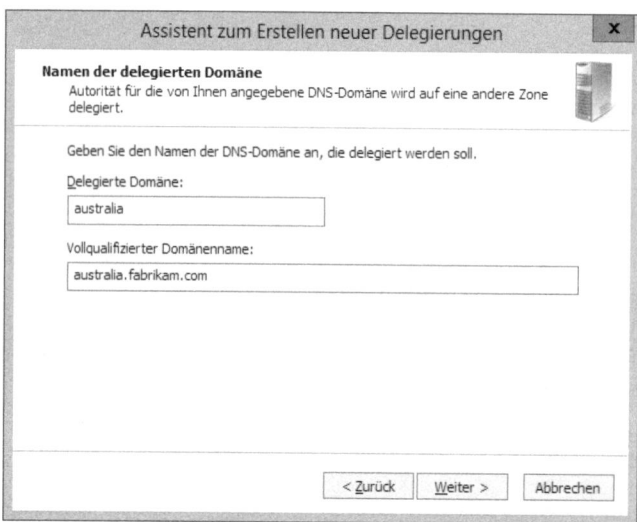

Abbildung 3.40 Konfigurieren einer delegierten Domäne

30. Klicken Sie auf der Seite *Namenserver* auf *Hinzufügen.*

31. Geben Sie im Dialogfeld *Neuer Namenservereintrag* den Namen **syd-a.contoso.com** ein und klicken Sie auf *Auflösen.* Klicken Sie auf *OK.*

32. Vergleichen Sie die Seite *Namenserver* des *Assistenten zum Erstellen neuer Delegierungen* mit Abbildung 3.41 und klicken Sie auf *Weiter.*

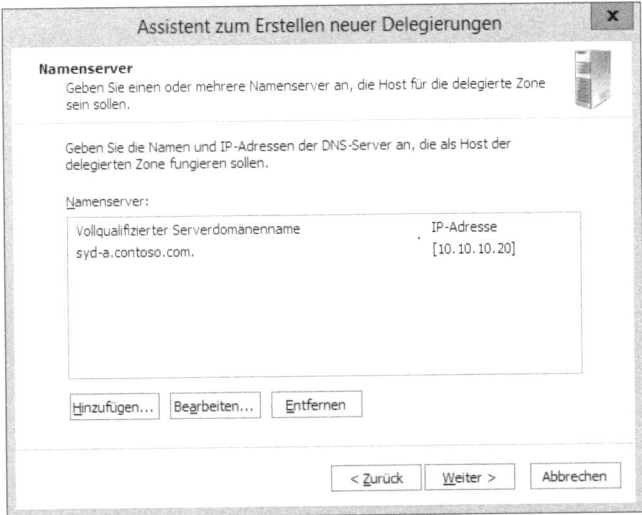

Abbildung 3.41 Delegierter Namensserver

33. Klicken Sie auf *Fertig stellen*, um den *Assistenten zum Erstellen neuer Delegierungen* zu schließen.

Übung 4: Konfigurieren einer sekundären Zone

In dieser Übung konfigurieren Sie eine sekundäre Zonenkopie von einer DNS-Zone:

1. Klicken Sie auf *DC* in der Konsole *DNS-Manager* auf *margiestravel.com*.

2. Klicken Sie im Menü *Aktion* auf *Eigenschaften*.

3. Klicken Sie auf der Registerkarte *Zonenübertragungen* auf *Zonenübertragungen zulassen* und auf *Nur an folgende Server*.

4. Klicken Sie auf *Bearbeiten*. Klicken Sie im Dialogfeld *Zonenübertragungen zulassen* auf den Text *<Hier klicken, um IP-Adresse oder DNS-Name hinzuzufügen>*, geben Sie **syd-a.contoso.com** ein und drücken Sie ⏎.

5. Klicken Sie auf *Der angegebene Host ist unbekannt* und auf *Löschen*. Es ist zwar noch ein Fehlersymbol zu sehen, aber klicken Sie trotzdem auf *OK*.

6. Vergleichen Sie die Registerkarte *Zonenübertragungen* mit Abbildung 3.42 und klicken Sie auf *OK*.

Abbildung 3.42 Konfigurieren von Zonenübertragungen

7. Klicken Sie in der Konsole *DNS-Manager* unter *SYD-A.contoso.com* auf *Forward-Look-upzonen* (Abbildung 3.43).

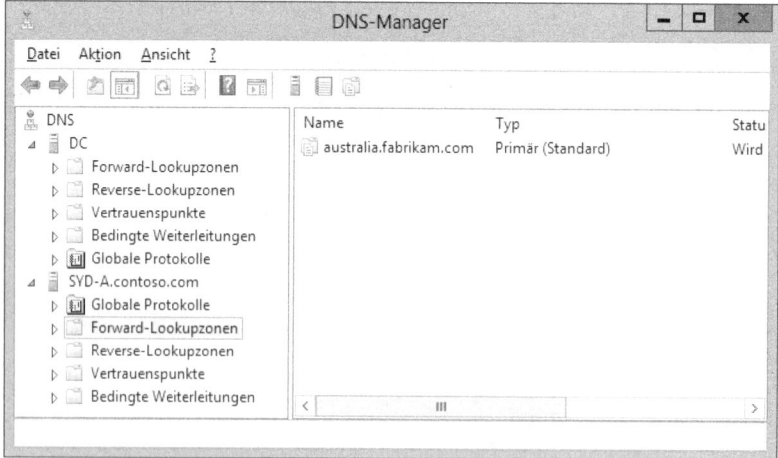

Abbildung 3.43 Forward-Lookupzonen

8. Klicken Sie im Menü *Aktion* auf *Neue Zone*.

9. Klicken Sie auf der *Willkommen*-Seite des *Assistenten zum Erstellen neuer Zonen* auf *Weiter*.

10. Klicken Sie auf der Seite *Zonentyp* auf *Sekundäre Zone* (Abbildung 3.44) und auf *Weiter*.

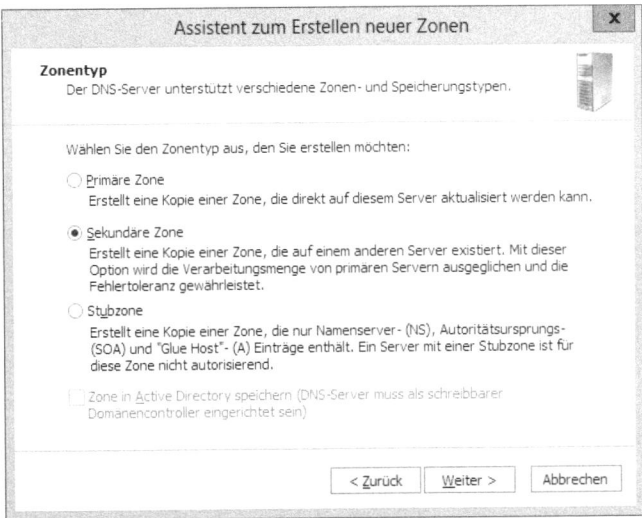

Abbildung 3.44 Sekundäre Zone

11. Geben Sie auf der Seite *Zonenname* den Namen **margiestravel.com** ein und klicken Sie auf *Weiter*.

12. Geben Sie auf der Seite *Master-DNS-Server* **dc.contoso.com** ein, drücken Sie ↵ und klicken Sie auf *Weiter* (Abbildung 3.45).

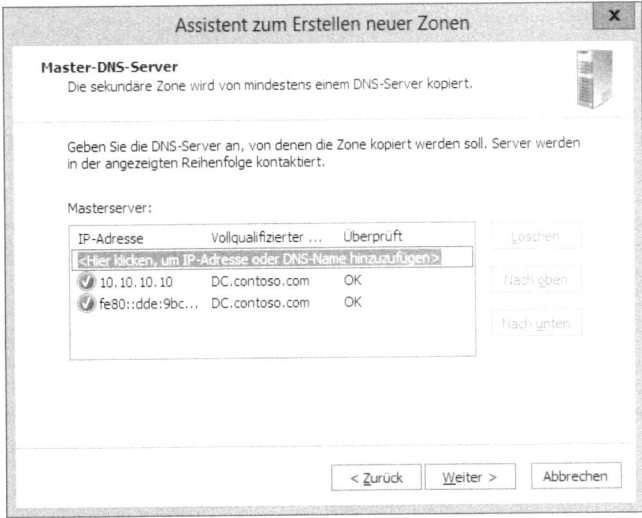

Abbildung 3.45 Die Seite *Master-DNS-Server*

13. Klicken Sie auf *Fertig stellen* und überprüfen Sie, ob *margiestravel.com* als sekundäre Zone auf *SYD-A.contoso.com* geführt wird (Abbildung 3.46).

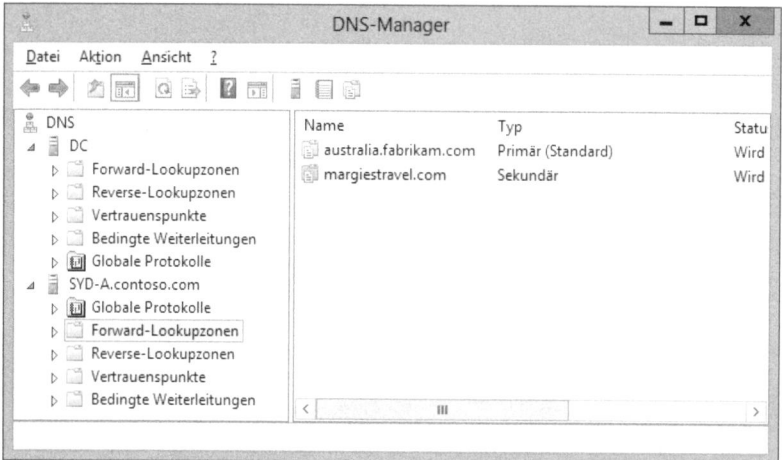

Abbildung 3.46   Eine konfigurierte sekundäre Zone

Übung 5: Namensauflösung mit einfachen Bezeichnern

In dieser Übung konfigurieren Sie die Namensauflösung mit einfachen Bezeichnern (single-label name resolution):

1. Klicken Sie im *DNS-Manager* unter *DC* auf *Forward-Lookupzonen*.

2. Klicken Sie auf das Menü *Aktion* und auf *Neue Zone*.

3. Klicken Sie auf der *Willkommen*-Seite des *Assistenten zum Erstellen neuer Zonen* auf *Weiter*.

4. Klicken Sie auf der Seite *Zonentyp* auf *Primäre Zone* und sorgen Sie dafür, dass *Zone in Active Directory speichern* gewählt ist. Klicken Sie auf *Weiter*.

5. Klicken Sie auf der Seite *Active Directory-Zonenreplikationsbereich* auf *Auf allen DNS-Servern, die auf Domänencontrollern in der Gesamtstruktur ausgeführt werden: contoso.com* und klicken Sie auf *Weiter*.

6. Geben Sie auf der Seite *Zonenname* **GlobalNames** ein (Abbildung 3.47) und klicken Sie auf *Weiter*.

7. Klicken Sie auf der Seite *Dynamisches Update* auf *Dynamische Updates nicht zulassen* und auf *Weiter*.

8. Klicken Sie auf der Seite *Fertigstellen des Assistenten* auf *Fertig stellen*.

9. Klicken Sie auf der Taskleiste auf das *Windows PowerShell*-Symbol.

10. Verwenden Sie folgenden Befehl, um die Zone *GlobalNames* auf *DC* zu aktivieren:

```
Set-DnsServerGlobalNameZone -ComputerName DC -Enable $True
```

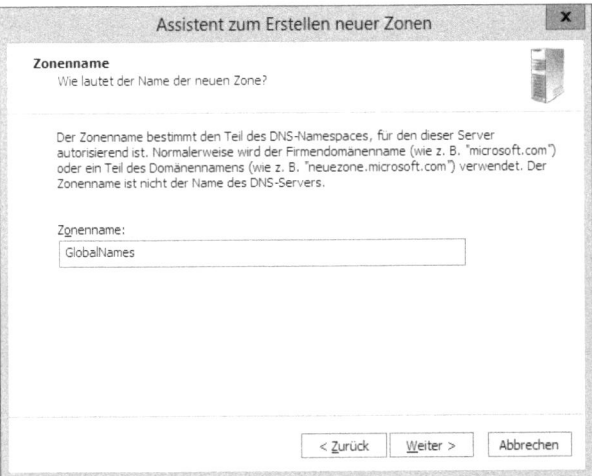

Abbildung 3.47 Die Zone *GlobalNames*

11. Wechseln Sie in den *DNS-Manager*.

12. Klicken Sie auf die Zone *GlobalNames*. Klicken Sie im Menü *Aktion* auf *Neuer Alias (CNAME)*.

13. Machen Sie im Dialogfeld *Neuen Eintrag erstellen* folgende Angaben (Abbildung 3.48) und klicken Sie auf *OK*.

- *Aliasname (bei Nichtangabe wird übergeordnete Domäne verwendet)*: **Wollongong**

- *Vollqualifizierter Domänenname des Zielhosts*: **syd-a.contoso.com**

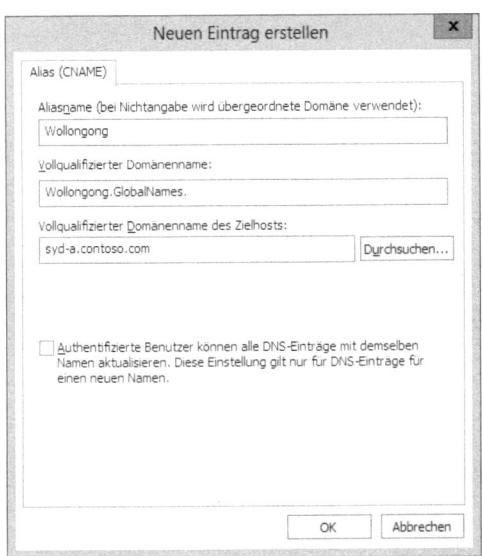

Abbildung 3.48 Ein Datensatz für die Zone *GlobalNames*

14. Überprüfen Sie die Namensauflösung mit einfachen Bezeichnern in der Windows *Power-Shell*-Eingabeaufforderung mit folgendem Befehl:

```
nslookup Wollongong
```

Übung 6: Konfigurieren und Verwalten von DNSSEC

In dieser Übung konfigurieren und verwalten Sie DNSSEC:

1. Klicken Sie im *DNS-Manager* unter *DC* auf *Forward-Lookupzonen*.

2. Klicken Sie im Menü *Aktion* auf *Neue Zone*.

3. Klicken Sie auf der *Willkommen*-Seite des *Assistenten zum Erstellen neuer Zonen* auf *Weiter*.

4. Klicken Sie auf der Seite *Zonentyp* auf *Primäre Zone* und sorgen Sie dafür, dass das Kontrollkästchen *Zone in Active Directory speichern* aktiviert ist. Klicken Sie auf *Weiter*.

5. Klicken Sie auf der Seite *Active Directory-Zonenreplikationsbereich* auf *Auf allen DNS-Servern, die auf Domänencontrollern in der Gesamtstruktur ausgeführt werden: contoso.com*.

6. Geben Sie auf der Seite *Zonenname* den Zonennamen als **secure.contoso.com** ein (Abbildung 3.49) und klicken Sie auf *Weiter*.

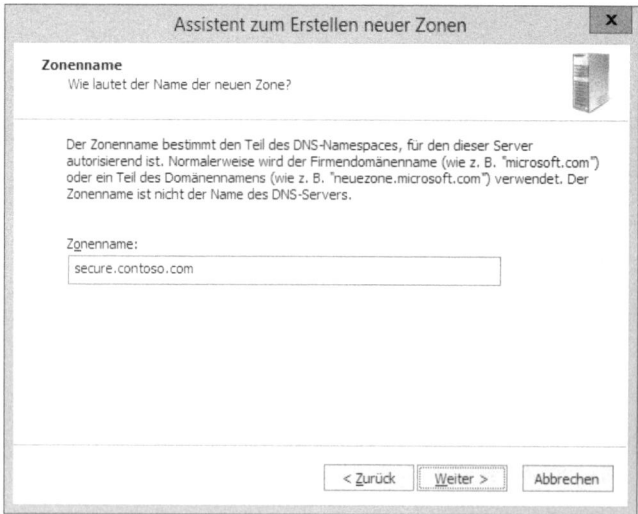

Abbildung 3.49   Erstellen einer neuen Zone

7. Klicken Sie auf der Seite *Dynamisches Update* auf *Nur sichere dynamische Updates zulassen* und auf *Weiter*.

8. Klicken Sie auf der Seite *Fertigstellen des Assistenten* auf *Fertig stellen*.

9. Klicken Sie im *DNS-Manager* unter *Forward-Lookupzonen* auf *secure.contoso.com.*

10. Klicken Sie im Menü *Aktion* auf *Neuer Host (A oder AAAA).*

11. Machen Sie im Dialogfeld *Neuer Host* folgende Angaben (Abbildung 3.50) und klicken Sie dann auf *Host hinzufügen.*

    ■ *Name*: **Host-1**

    ■ *IP-Adresse*: **10.10.10.150**

Abbildung 3.50 Erstellen eines neuen Hosts

12. Machen Sie im Dialogfeld *Neuer Host* nun folgende Angaben, klicken Sie dann wieder auf *Host hinzufügen* und anschließend auf *Der Vorgang ist abgeschlossen*:

    ■ *Name*: **Host-2**

    ■ *IP-Adresse*: **10.10.10.151**

13. Überprüfen Sie mit folgendem Windows PowerShell-Befehl, dass kein *RRSIG*-Datensatz vorhanden ist:

```
Resolve-DNSname host-1.secure.contoso.com -server dc -dnssecok
```

14. Klicken Sie im *DNS-Manager* auf *secure.contoso.com.*

15. Zeigen Sie im Menü *Aktion* auf *DNSSEC* und klicken Sie auf *Zone signieren.*

16. Klicken Sie auf der Seite *DNS-Sicherheitserweiterungen (DNSSEC)* des *Zonensignatur-Assistenten* auf *Weiter.*

17. Klicken Sie auf der Seite *Signierungsoptionen* auf *Standardeinstellungen für die Zonensignierung verwenden* (Abbildung 3.51) und klicken Sie auf *Weiter*.

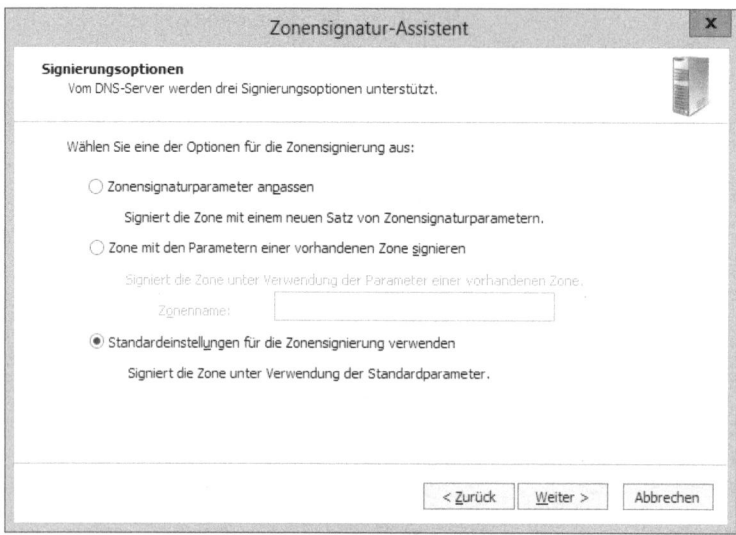

Abbildung 3.51   Signieren einer DNS-Zone

18. Klicken Sie auf der Seite *DNS-Sicherheitserweiterungen* auf *Weiter*.

19. Klicken Sie auf der Seite *Signieren der Zone* auf *Fertig stellen*.

20. Klicken Sie auf *secure.contoso.com* und im Menü *Aktion* auf *Aktualisieren*.

21. Sehen Sie sich im *DNS-Manager* den Inhalt der Zone *secure.contoso.com* an und über-prüfen Sie, ob die neuen *DNSKEY-*, *RRSIG-* und *NSEC3*-Datensätze vorhanden sind.

22. Verwenden Sie noch einmal den Windows PowerShell-Befehls aus Schritt 13. Nun sollte ein *RRSIG*-Datensatz vorhanden sein.

Vorgeschlagene Übungen

Die folgenden zusätzlichen Übungen bieten Ihnen weitere Möglichkeiten, die in diesem Kapitel behandelten Themen einzuüben und zu vertiefen.

■ **Übung 1**   Konfigurieren Sie auf *SYD-A* eine primäre Zone. Konfigurieren Sie auf *DC* eine sekundäre Zone dieser primären Zone. Erstellen Sie in der primären Zone auf *SYD-A* Hosteinträge und überprüfen Sie, ob sie auf die sekundäre Zone auf *DC* repliziert werden.

■ **Übung 2**   Installieren Sie auf *DC*, *SYD-A* und *SYD-B* das Peer Name Resolution-Protokoll. Verwenden PNRP, um die IPv6-Adresse jedes Servers aufzulösen.

■ **Übung 3**   Erstellen Sie in der Zone *secure.contoso.com*, die Sie in Übung 3 erstellt haben, mit Windows PowerShell A-, CNAME-, PTR- und MX-Einträge

Antworten

Dieser Abschnitt enthält die Antworten auf die Lernzielkontrollfragen dieses Kapitels.

Lektion 1

1. **Richtige Antworten: A und C**

   A. **Richtig:** Die Konfiguration der Zone als Active Directory-integrierte primäre Zone ermöglicht es, dynamische Aktualisierungen auf sichere Aktualisierungen zu beschränken.

   B. **Falsch:** Eine primäre Standardzone können Sie nicht so einstellen, dass sie nur sichere dynamische Aktualisierungen akzeptiert. Eine primäre Standardzone kann so eingestellt werden, dass sie sichere und unsichere dynamische Aktualisierungen akzeptiert.

   C. **Richtig:** Die Konfiguration dieser Einstellung sorgt dafür, dass nur Computer, die Mitglieder der Domäne sind, die Zone aktualisieren können.

   D. **Falsch:** Wenn Sie die Zone nicht so einstellen, dass sie dynamische Aktualisierungen zulässt, müssen Sie die Zone manuell aktualisieren.

2. **Richtige Antwort: C**

   A. **Falsch:** Diese Netzwerk-ID wäre mit der Zone 168.192.in-ddr.arpa verknüpft.

   B. **Falsch:** Diese Netzwerk-ID wäre mit der Zone 192.168.15.in-addr.arpa verknüpft.

   C. **Richtig:** In Zonennamen werden die Oktetts in umgekehrter Reihenfolge angegeben und die Null wird aus dem Zonennamen weggelassen.

   D. **Falsch:** Diese Netzwerk-ID wäre mit der Zone 168.192.15.in-addr.arpa verknüpft.

3. **Richtige Antwort: B**

   A. **Falsch:** Sie sollten die Zielzone nicht auf dem Computer erstellen, auf dem Sie die Delegierung durchführen möchten, sofern die Zone nicht auf diesem Computer verwaltet wird. In diesem Beispiel wird die Zielzone auf dem Computer mit der IP-Adresse 10.100.10.10 verwaltet.

   B. **Richtig:** Sie müssen zuerst die Zielzone auf dem Server erstellen, auf dem die Zone verwaltet wird, bevor Sie die Delegierung durchführen.

   C. **Falsch:** Sie müssen die Zielzone erstellen, bevor Sie die Delegierung durchführen.

   D. **Falsch:** Sie müssen die Zielzone erstellen, bevor Sie die Delegierung durchführen.

4. **Richtige Antwort: D**

   A. **Falsch:** Durch die Konfiguration einer sekundären Zone gäbe es zwar eine lokale Kopie der Zone der Partnerorganisation, aber die bessere Lösung ist die Einrichtung einer Stubzone, da die Zone häufig aktualisiert wird. Auf diese Weise können die Clients aus dem Netzwerk Ihrer Organisation die autorisierenden Namensserver in der Zone des Partners schnell finden und Adressen aus dieser Zone korrekt auflösen.

B. **Falsch:** Bedingte Weiterleitungen verwenden für die autorisierenden Server aus der Zielzone statische Einträge. Da sich die Adressen der autorisierenden Server in der Zielzone häufig ändern, ist eine bedingte Weiterleitung schnell veraltet.

C. **Falsch:** Weiterleitungen werden zur Weiterleitung aller Anfragen verwendet, nicht nur zur Weiterleitung von Anfragen für eine bestimmte Zone.

D. **Richtig:** Die beste Lösung ist die Verwendung einer Stubzone. Auf diese Weise können die Clients aus dem Netzwerk Ihrer Organisation die autorisierenden Namensserver in der Zone des Partners schnell finden und Adressen aus dieser Zone korrekt auflösen.

5. **Richtige Antworten: B und C**

A. **Falsch:** Eine Stubzone repliziert Informationen über autorisierende Namensserver aus der Zielzone. In diesem Beispiel geht es einfach nur um die Weiterleitung von DNS-Anfragen für eine bestimmte Zone an einen bestimmten DNS-Server.

B. **Richtig:** Sie müssen eine Weiterleitung konfigurieren, die für die Weiterleitung des gesamten Datenverkehrs an den DNS-Server Ihres ISPs sorgt.

C. **Richtig:** Eine bedingte Weiterleitung leitet Anfragen für die DNS-Zone *margiestravel.com* an einen bestimmten DNS-Server weiter.

D. **Falsch:** Der DNS-Datenverkehr soll entweder an den DNS-Server Ihres ISPs oder an den Server weitergeleitet werden, der für die DNS-Zone *margiestravel.com* zuständig ist. Das erreichen Sie nicht durch die Einrichtung einer sekundären Zone für die DNS-Zone *margiestravel.com*.

Lektion 2

1. **Richtige Antwort: B und D**

A. **Falsch:** DHCP versorgt Clients mit Netzwerkadressen, kann aber keine IPv6-Namensauflösung mit einfachen Bezeichnern durchführen.

B. **Richtig:** *GlobalNames*-Zonen können verwendet werden, um für IPv6 eine Namensauflösung mit einfachen Bezeichnern zu ermöglichen.

C. **Falsch:** WINS unterstützt kein IPv6.

D. **Richtig:** PNRP bietet eine Namensauflösung mit einfachen Bezeichnern für IPv6.

2. **Richtige Antwort: B**

A. **Falsch:** DNS-Option 005 dient dazu, Clients mit den Adressen von DNS-Servern zu versorgen.

B. **Richtig:** DNS-Option 044 dient dazu, Clients mit den Adressen von WINS-Servern zu versorgen.

C. **Falsch:** Option 004 dient dazu, Clients mit den Adressen von Zeitservern zu versorgen.

D. **Falsch:** Option 015 dient dazu, Clients mit ihrem DNS-Domänennamen zu versorgen.

3. **Richtige Antwort: D**

   A. **Falsch:** Reverse-Lookupzonen übersetzen IP-Adressen in FQDNs. Sie eignen sich nicht für eine Namensauflösung mit einfachen Bezeichnern.

   B. **Falsch:** Stubzonen werden verwendet, um die Adressen von autorisierenden Namensservern zu speichern. Sie eignen sich nicht für eine Namensauflösung mit einfachen Bezeichnern.

   C. **Falsch:** Sekundäre Zonen sind schreibgeschützte Repliken von primären Zonen. Allerdings ist es auch möglich, eine sekundäre Zone von einer *GlobalNames*-Zone zu erstellen.

   D. **Richtig:** *GlobalNames*-Zonen ermöglichen ohne WINS eine Namensauflösung mit einfachen Bezeichnern. Sie können die Datensätze für eine *GlobalNames*-Zone manuell aktualisieren.

4. **Richtige Antwort: C**

   A. **Falsch:** DNS erfordert die Bereitstellung eines zentralen Servers für die Bearbeitung von DNS-Anfragen.

   B. **Falsch:** WINS erfordert die Bereitstellung eines zentralen Servers für die Bearbeitung von WINS-Anfragen.

   C. **Richtig:** PNRP bietet auch ohne Bereitstellung eines zentralen Servers eine IPv6-Namensauflösung.

   D. **Falsch:** DHCP liefert IP-Adressen. Es eignet sich nicht zur Namensauflösung.

5. **Richtige Antwort: C**

   A. **Falsch:** Mit `Set-DnsServer` lassen sich zwar die Eigenschaften eines DNS-Servers konfigurieren, aber keine *GlobalNames*-Zonen aktivieren.

   B. **Falsch:** Mit diesem Cmdlet konfigurieren Sie bedingte DNS-Weiterleitungen.

   C. **Richtig:** Mit dem Cmdlet `Set-DnsServerGlobalNameZone` aktivieren Sie bereits vorhandene *GlobalNames*-Zonen.

   D. **Falsch:** Mit diesem Cmdlet konfigurieren Sie DNS-Weiterleitungen.

Lektion 3

1. **Richtige Antwort: D**

   A. **Falsch:** A-Einträge sind mit IP-Adressen verknüpft. In diesem Beispiel soll ein neuer Name mit einem vorhandenen FQDN verknüpft werden.

   B. **Falsch:** MX-Einträge liefern Informationen über Mailgateways.

   C. **Falsch:** PTR-Einträge verknüpfen IP-Adressen mit FQDNs.

   D. **Richtig:** Ein CNAME-Eintrag, auch Alias-Eintrag genannt, ermöglicht die Festlegung eines weiteren Namens für einen vorhandenen A-Eintrag.

2. **Richtige Antwort: C**

   A. **Falsch:** Sie brauchen keinen Alias-Eintrag, sondern einen `MX`-Eintrag, damit externe Mailserver das Mailgateway Ihrer Organisation finden.

   B. **Falsch:** Einen PTR-Eintrag gibt es in diesem Szenario bereits.

   C. **Richtig:** MX-Einträge werden von Mailgateways verwenden, um zur Übertragung von E-Mails die Adressen der Remotemailgateways zu ermitteln.

   D. **Falsch:** Einen A-Datensatz gibt es für den Host bereits.

3. **Richtige Antwort: B**

   A. **Falsch:** Mit dem Cmdlet `Add-DnsServerResourceRecordCNAME` fügen Sie einen Alias hinzu, keinen AAAA-Eintrag.

   B. **Richtig:** Mit dem Cmdlet `Add-DnsServerResourceRecordAAAA` erstellen Sie einen `AAAA`-Eintrag. AAAA-Einträge verknüpfen FQDNs mit IPv6-Adressen.

   C. **Falsch:** Mit dem Cmdlet `Add-DnsServerResourceRecordMX` fügen Sie MX-Einträge zu einer DNS-Zone hinzu.

   D. **Falsch:** Mit dem Cmdlet `Add-DnsServerResourceRecordPtr` fügen Sie einen Zeigereintrag hinzu.

4. **Richtige Antwort: B**

   A. **Falsch:** Sichere dynamische Aktualisierungen sorgen dafür, dass nur autorisierte Computer in einer DNS-Zone Datensätze aktualisieren können. Sie verringern nicht die Zahl veralteter Ressourceneinträge.

   B. **Richtig:** Durch die Speicherung von Zeitstempeln für die Datensätze kann das Alter der Datensätze überprüft werden. Entsprechende Aufräumvorgänge sorgen dafür, dass veraltete Ressourceneinträge frühzeitig aus einer Zone entfernt werden.

   C. **Falsch:** Mit DNSSEC lässt sich die Authentizität von DNS-Datensätzen überprüfen.

   D. **Falsch:** Bei der Konfiguration von Zonenübertragungen legen Sie fest, welche Server in einer DNS-Zone Zonenübertragungen durchführen dürfen.

5. **Richtige Antwort: A**

   A. **Richtig:** Mit DNSSEC lässt sich die Authentizität von DNS-Datensätzen überprüfen.

   B. **Falsch:** Bei der Konfiguration von Zonenübertragungen legen Sie fest, welche Server in einer DNS-Zone Zonenübertragungen durchführen dürfen.

   C. **Falsch:** Die Alterung von Datensätzen und Aufräumvorgänge sorgen dafür, dass veraltete Ressourceneinträge frühzeitig aus einer Zone entfernt werden. Weder die Alterung von Datensätzen noch Aufräumvorgänge ermöglichen eine Überprüfung der Authentizität von Datensätzen.

   D. **Falsch:** Sichere dynamische Aktualisierungen sorgen dafür, dass nur autorisierte Computer in einer DNS-Zone Datensätze aktualisieren können. Damit lässt sich nicht die Authentizität der Ergebnisse einer DNS-Abfrage überprüfen.

KAPITEL 4

Verwalten von Active Directory

Die Verwaltung von Active Directory beschränkt sich nicht nur auf die Bereitstellung von Domänencontrollern. Für Administratoren von Windows Server 2012-Domänen ist es wichtig, mit der Funktion und Zuordnung von Betriebsmasterrollen, schreibgeschützten Domänencontrollern und globalen Katalogservern vertraut zu sein. Außerdem ist es für Systemadministratoren wichtig, die Datenbank der Active Directory-Domänendienste defragmentieren und optimieren zu können und effiziente Datensicherungs- und Wiederherstellungsvorgänge durchführen zu können.

Lektionen in diesem Kapitel:

Bevor Sie beginnen

Damit Sie die Übungen in diesem Kapitel durcharbeiten können, müssen Sie die Computer *DC*, *SYD-A* und *SYD-B* mit der Evaluierungsversion von Windows Server 2012 bereitgestellt haben, wie im Anhang beschrieben.

Lektion 1: Verwalten von Domänencontrollern

In dieser Lektion erfahren Sie etwas über die Betriebsmasterrollen, über die Funktion von globalen Katalogservern und Bereitstellungsstrategien für diese Server sowie über die Verwaltung von schreibgeschützten Domänencontrollern. Außerdem erfahren Sie, unter welchen Bedingungen Sie einen virtuellen Domänencontroller klonen können.

Am Ende dieser Lektion werden Sie in der Lage sein, die folgenden Aufgaben auszuführen:

- Verwalten von Betriebsmasterrollen

- Bereitstellen globaler Katalogserver

- Verwenden der Zwischenspeicherung der universellen Gruppenmitgliedschaft

- Verwalten schreibgeschützter Domänencontroller

- Klonen von Domänencontrollern

Veranschlagte Zeit für diese Lektion: 45 Minuten

Verwalten der Betriebsmaster

In einer Active Directory-Gesamtstruktur mit einer Domäne gibt es fünf Betriebsmaster. Zwei dieser Betriebsmaster lassen sich in der Gesamtstruktur nur auf einem einzigen Computer installieren und dürfen nicht doppelt vorkommen. Drei Betriebsmaster sind in jeder Domäne einer Gesamtstruktur zu finden. Die Betriebsmaster für die Gesamtstrukturebene finden Sie mit dem Cmdlet Get-AdForest, die Betriebsmaster für die Domänenebene mit dem Cmdlet Get-ADDomain. Sie finden die Betriebsmaster für die Domänenebene auch, indem Sie die Domäne in der Konsole *Active Directory-Benutzer und -Computer* mit der rechten Maustaste anklicken und dann auf *Betriebsmaster* klicken. Dadurch erscheint das Dialogfeld *Betriebsmaster* (Abbildung 4.1). Die beiden Cmdlets liegen im Active Directory-Modul von Windows PowerShell, das auf einem Windows Server 2012-Domänencontroller automatisch aufgerufen wird.

Praxistipp   Setzen Sie nicht alles auf eine Karte

In vielen Organisationen übernimmt der erste Domänencontroller, der bereitgestellt wird, alle Betriebsmasterrollen, weil viele Administratoren einfach vergessen, dass es diese FSMO-Rollen (Flexible Single Master Operations) gibt. Mancher Systemadministrator erinnert sich erst wieder an die FSMO-Rollen, wenn der erste Domänencontroller ausfällt oder wenn etwas nicht mehr funktioniert, das von einem funktionierenden Betriebsmaster abhängig ist. Wenn es sich einrichten lässt, sollten Sie die FSMO-Rollen am Hauptstandort Ihrer Organisation auf zwei oder mehr Domänencontroller verteilen. Wenn Sie einen Domänencontroller außer Dienst stellen (oder ein Domänencontroller ausfällt), führen Sie einen Schnelltest durch, um herauszufinden, ob der Domänencontroller eine der FSMO-Rollen übernommen hat.

Abbildung 4.1 Die Betriebsmaster für eine Domäne

Schemamaster

Der Domänencontroller, der die Rolle des *Schemamasters* übernimmt, ist für die Aktualisierung des Active Directory-Schemas zuständig. Diese FSMO-Rolle gibt es nur auf einem einzigen Domänencontroller in der Stammdomäne der Gesamtstruktur. Einige Produkte, die das Active Directory-Schema aktualisieren müssen, wie zum Beispiel Microsoft Exchange, müssen am selben Standort wie der Schemamaster betrieben werden. Andere Produkte, die das Schema aktualisieren, müssen vielleicht auf dem Computer ausgeführt werden, der die Rolle des Schemamasters übernommen hat.

Um den Schemamaster zu finden, brauchen Sie das Snap-In *Active Directory-Schema* für die Microsoft-Verwaltungskonsole. Dieses Snap-In ist nur verfügbar, wenn Sie in einer Eingabeaufforderung mit erhöhten Rechten mit folgendem Befehl die Datei *schmmgmt.dll* registrieren:

```
Regsvr32.exe Schmmgmt.dll
```

Weitere Informationen   Das Snap-In *Active Directory-Schema*

Unter *http://technet.microsoft.com/de-de/library/cc737499(v=WS.10).aspx* erfahren Sie mehr über die Installation des Snap-Ins *Active Directory-Schema*.

Nach dem Hinzufügen des Snap-Ins *Active Directory-Schema* können Sie das Dialogfeld *Schemamaster ändern* öffnen, indem Sie mit der rechten Maustaste auf *Active Directory-Schema* klicken und dann auf *Betriebsmaster* klicken (Abbildung 4.2). Mit diesem Dialogfeld können Sie die Schemamaster-Rolle auch auf einen anderen Computer übertragen.

Abbildung 4.2 Schemamaster ändern

Domänennamenmaster

Der *Domänennamenmaster* ist eine FSMO-Rolle auf der Ebene der Gesamtstruktur. Das bedeutet, dass es in einer Active Directory-Gesamtstruktur nur einen einzigen Domänencontroller geben kann, der diese Rolle übernommen hat. Der Domänennamenmaster ist für das Hinzufügen und Entfernen von Domänen und Anwendungspartitionen in der Gesamtstruktur zuständig. Der Computer, der diese Rolle übernommen hat, ist auch für die Verarbeitung von Verweisen auf Domänen in Gesamtstrukturen zuständig, für die eine Vertrauensstellung mit der Quellgesamtstruktur besteht. Sie können die Rolle des Domänennamenmasters mit dem Dialogfeld *Betriebsmaster* an einen anderen Computer übertragen, das in der Konsole *Active Directory-Domänen und -Vertrauensstellungen* zugänglich ist (Abbildung 4.3).

Abbildung 4.3 Domänennamenmaster

PDC-Emulator

Der *PDC-Emulator* ist eine Rolle auf Domänenebene und für folgendes zuständig:

- **Änderungen der Kennwörter von Domänenkonten** Der PDC-Emulator sorgt dafür, dass Kennwortänderungen so schnell wie möglich auf andere Domänencontroller repliziert werden

- **Zeitsynchronisierung unter Domänenmitgliedern**   Da PDC-Emulatoren in untergeordneten Domänen einer Gesamtstruktur eine Zeitsynchronisierung mit dem PDC-
Emulator aus der Stammdomäne durchführen, sollten Sie den PDC-Emulator in der
Stammdomäne so konfigurieren, dass er eine Zeitsynchronisierung mit einer vertrauenswürdigen externen Zeitquelle durchführt

- **Gruppenrichtlinienänderungen**   Der PDC-Emulator sorgt dafür, dass sich keine
Konflikte ergeben, falls dasselbe Gruppenrichtlinienobjekt gleichzeitig von zwei oder
mehr Leuten bearbeitet wird

- **Hauptsuchdienst der Domäne**   Wenn ein Client eine Suche im Netzwerk durchführt,
versorgt der PDC-Emulator ihn mit einer Liste der Arbeitsgruppen und Domänen

Sie können den PDC-Emulator im Dialogfeld *Betriebsmaster* auf einen anderen Domänencontroller verschieben. Das Dialogfeld erreichen Sie, wenn Sie die Zieldomäne in der Konsole
Active Directory-Benutzer und -Computer mit der rechten Maustaste anklicken (Abbildung 4.4).

Abbildung 4.4 Suchen nach dem PDC-Emulator

Infrastrukturmaster

Der Domänencontroller, der die Rolle *Infrastrukturmaster* übernommen hat, führt Buch über
Änderungen, die in anderen Domänen der Gesamtstruktur erfolgen, und über ihre Auswirkungen
auf Objekte aus der lokalen Domäne. In jeder Domäne einer Gesamtstruktur gibt es einen
Domänencontroller, der die Rolle des Infrastrukturmasters übernommen hat. Sofern nicht jeder
Domänencontroller einer Domäne aus Leistungsgründen auch die Rolle eines globalen Katalogservers ausfüllt, sollten Sie es vermeiden, die Rolle *Infrastrukturmaster* einem Domänencontroller zu geben, der auch als globaler Katalogserver dient. Sie können den Infrastrukturmaster im Dialogfeld *Betriebsmaster* auf einen anderen Domänencontroller verschieben. Das

Dialogfeld erreichen Sie, wenn Sie die Zieldomäne in der Konsole *Active Directory-Benutzer und -Computer* mit der rechten Maustaste anklicken (Abbildung 4.5).

Abbildung 4.5   Suchen nach dem Infrastrukturmaster

RID-Master

Der *RID-Master* ist eine FSMO-Rolle auf Domänenebene, die Anfragen nach relativen Bezeichnern (Relative Identifiers, RIDs) bearbeitet. Wenn auf einem Domänencontroller ein Benutzer- oder Computerkonto oder eine Gruppe erstellt wird, erhält dieses Objekt eine Sicherheitskennung (Security Identifier, SID). SIDs bestehen aus einer Domänen-SID und einem eindeutigen RID, der vom RID-Master erstellt wird. Wenn Sie mit Tools wie *movetree.exe* Objekte zwischen Domänen verschieben, müssen Sie diese Verschiebung auf dem Domänencontroller ausführen, der die Rolle des RID-Masters für die Quelldomäne übernommen hat. Sie können den RID-Master im Dialogfeld *Betriebsmaster* auf einen anderen Computer verschieben. Das Dialogfeld erreichen Sie, wenn Sie die Zieldomäne in der Konsole *Active Directory-Benutzer und -Computer* mit der rechten Maustaste anklicken.

Übernehmen von FSMO-Rollen

Fällt ein Domänencontroller aus, der eine FSMO-Rolle übernommen hat, können Sie die Rolle wahrscheinlich nicht mehr mit den bisher beschriebenen Methoden auf einen anderen Domänencontroller übertragen. In solchen Fällen können Sie die FSMO-Rolle mit dem Cmdlet `Move-ADDirectoryServerOperationMasterRole` übernehmen, wobei Sie den Parameter `Force` angeben. Der Vorgang wird »Übernehmen einer FSMO-Rolle« genannt. Mit folgendem Befehl können Sie zum Beispiel die Rollen des RID-Masters, Infrastrukturmasters und Domänennamenmasters übernehmen und dem Server *SYS-DC2* zuweisen:

```
Move-ADDirectoryServerOperationMasterRole -Identity SYD-DC2 -OperationMasterRole DomainNamingMaster,Infra-
structureMaster,RIDMaster -Force
```

Sie können FSMO-Rollen auch mit dem Hilfsprogramm *ntdsutil.exe* übernehmen, wobei dieser Vorgang allerdings wesentlich komplexer als die Verwendung des Cmdlets `Move-ADDirectoryServerOperationMasterRole` ist. Die Verwendung von Windows PowerShell ist die empfohlene Methode, wenn es unter Windows Server 2012 um den Ersatz von FSMO-Rollen geht.

Schnelltest

■ Welche FSMO-Rolle ist für die Bearbeitung von Kontokennwortänderungen in einer Domäne zuständig?

Antwort zum Schnelltest

■ Der PDC-Emulator ist für die Bearbeitung von Kontokennwortänderungen in einer Domäne zuständig.

Globale Katalogserver

Der erste Domänencontroller in einer neuen Domäne ist standardmäßig ein globaler Katalogserver. Sie können einen Domänencontroller auf der Seite *Domänencontrolleroptionen* des *Konfigurations-Assistenten für die Active Directory-Domänendienste* als globalen Katalogserver konfigurieren (Abbildung 4.6). Herkömmlich bereitgestellte Domänencontroller und schreibgeschützte Domänencontroller können als globale Katalogserver dienen.

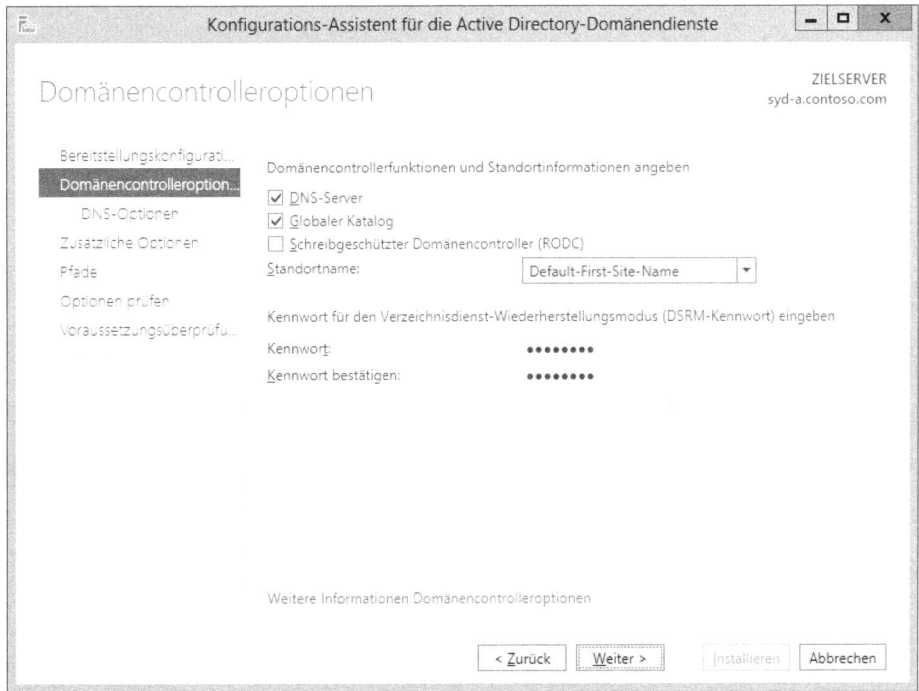

Abbildung 4.6 Installieren eines neuen Domänencontrollers als globalen Katalogserver

Globale Katalogserver liefern in Gesamtstrukturen, die aus mehreren Domänen bestehen, Informationen über Mitgliedschaften in universellen Gruppen. Wenn ein lokaler Domänencontroller Benutzer authentifiziert, verwendet er den globalen Katalogserver, um zu überprüfen, ob das fragliche Benutzerkonto Mitglied von universellen Gruppen ist. Globale Katalogserver sind in Umgebungen, in denen Sie Produkte wie Microsoft Exchange bereitgestellt haben, sehr wichtig.

Im Dialogfeld *Eigenschaften von NTDS Settings* können Sie einen vorhandenen Domänencontroller zu einem globalen Katalogserver machen oder die Rolle *Globaler Katalog* von einem Domänencontroller entfernen. Um dieses Dialogfeld zu erreichen, öffnen Sie die Konsole *Active Directory-Standorte und -Dienste*, suchen den Standort heraus, in dem sich der Domänencontroller befindet, wählen den Domänencontroller und bearbeiten dann die Eigenschaften des Elements *NTDS Settings*. Abbildung 4.7 zeigt das Dialogfeld.

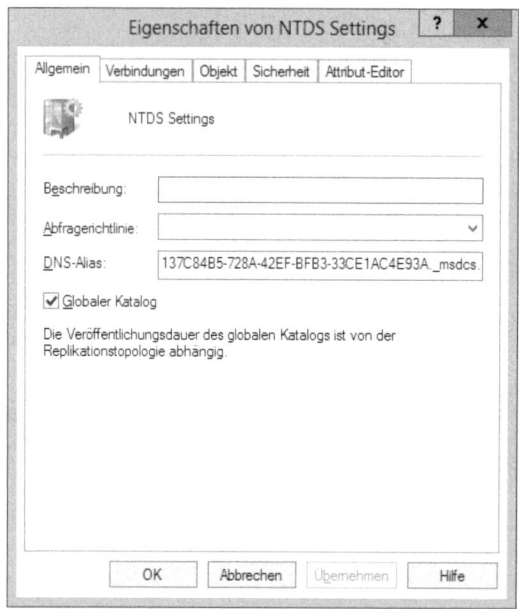

Abbildung 4.7   Konfigurieren eines Domänencontrollers als globalen Katalogserver

Berücksichtigen Sie bei der Bereitstellung von globalen Katalogservern folgende Punkte:

1. Um eine optimale Leistung zu erreichen, machen Sie in einer Gesamtstruktur, die nur über eine einzige Domäne verfügt, jeden Domänencontroller zu einem globalen Katalogserver.

2. In Gesamtstrukturen mit mehreren Domänen stellen Sie an jedem Standort, an dem es mehr als 100 Benutzer gibt, mindestens einen globalen Katalogserver bereit.

Der Nachteil bei der Bereitstellung von globalen Katalogservern in Umgebungen mit mehreren Domänen (und der Grund, warum diese Rolle nicht standardmäßig aktiviert wird) ist die Replikation. In Gesamtstrukturen mit mehreren Domänen, in denen universelle

Gruppen verwendet werden, können globale Katalogserver durch die Replikation ihrer Daten eine beträchtliche Belastung der WAN-Verbindungen (Wide Area Network) hervorrufen. Gibt es an einem Standort weniger als 100 Benutzer, können Sie die Zwischenspeicherung der universellen Gruppenmitgliedschaft aktivieren. Dann erreichen Sie ähnliche Ergebnisse ohne die Netzwerkbelastung, die ein globaler Katalogserver verursacht.

Zwischenspeicherung der universellen Gruppenmitgliedschaft

Die *Zwischenspeicherung der universellen Gruppenmitgliedschaft* kann einen globalen Katalogserver in gewissem Umfang ersetzen. Sie eignet sich für kleinere Standorte, für die sich die Bereitstellung eines globalen Katalogservers nicht lohnt. Im Dialogfeld *Eigenschaften von NTDS Site Settings* können Sie diese Zwischenspeicherung auf Standortebene aktivieren (Abbildung 4.8).

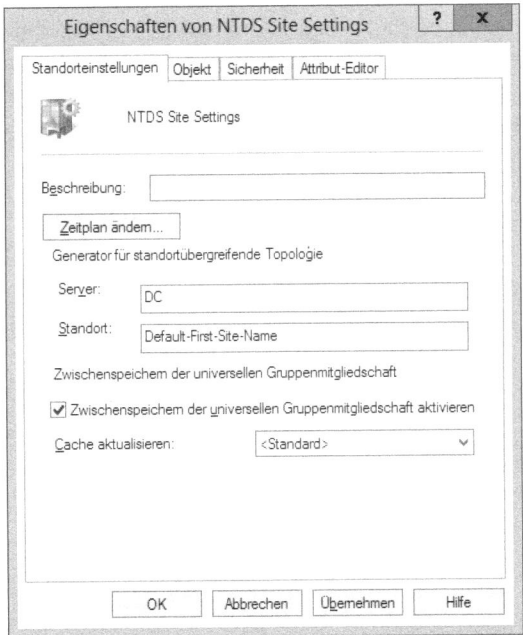

Abbildung 4.8   Aktivieren der Zwischenspeicherung der universellen Gruppenmitgliedschaft

Schreibgeschützte Domänencontroller

Ein *schreibgeschützter Domänencontroller* ist ein spezieller Domänencontrollertyp, der Kennwörter für einige Benutzer speichert, aber nicht für alle. Ein schreibgeschützter Domänen-controller (Read-only Domain Controller, RODC) wird gewöhnlich bereitgestellt, wenn man sich über die Sicherheit des Computers, der als Domänencontroller dient, Gedanken machen muss. Denken Sie zum Beispiel an eine Filiale, die nicht über einen speziell geschützten Serverraum verfügt und in der sich die lokalen Server stattdessen im selben Raum wie die gemeinsam verwendeten Drucker, Fotokopierer und Faxgeräte befinden.

Wird ein Domänencontroller gestohlen, empfiehlt es sich, die Kennwörter aller Konten aus der Domäne zu ändern. Immerhin ist es theoretisch möglich (wenn auch nicht sehr wahrscheinlich), dass es sich bei der Person, die den Domänencontroller gestohlen hat, nicht um jemanden handelt, der die Computerhardware für ein paar Euro verkaufen will, sondern um einen geübten Hacker, der Benutzernamen und Kennwortdaten aus der Active Directory-Datenbank auslesen kann. Wenn jemand das Kennwort von *Sam* in der Organisationseinheit *Sales* erfährt, mag das kein großes Sicherheitsrisiko sein, wird aber das Kennwort von *Anna*, der Systemadministratorin geknackt, hat die Organisation durchaus ein Sicherheitsproblem.

RODCs speichern nur eine ausgewählte Menge an Kennwörtern für Benutzerkonten. Veruntreut jemand den Domänencontroller der Filiale, können Sie schnell überprüfen, welche Benutzerkonten potenziell gefährdet sind, weil ihre Kennwörter vielleicht bekannt geworden sind. Anschließend können Sie diese Kennwörter zurücksetzen. Sie brauchen also nicht alle Kennwörter von allen Konten in der Domäne zurückzusetzen. Wenn Sie sich für die Bereitstellung eines RODCs an einem bestimmten Standort entschieden haben, sollten Sie an diesem Standort nur RODCs aufstellen. Es ist sinnlos, einen RODC neben einem herkömmlichen Domänencontroller aufzustellen. Wenn Sie sich über Sicherheitsaspekte des Standorts Gedanken machen, sollten Sie nicht darauf hoffen, dass jemand, der an diesem Standort Computer stiehlt, sich auf die Computer beschränkt, die nicht über sämtliche Kennwörter der Domäne verfügen.

Für RODCs gelten folgende Voraussetzungen:

- Die Gesamtstrukturfunktionsebene muss auf *Windows Server 2003* oder höher eingestellt werden

- Wird die Gesamtstruktur nicht auf der Funktionsebene *Windows Server 2012* betrieben, muss sie auf die Bereitstellung eines RODCs vorbereitet werden. Dazu verwenden Sie mit einem Konto, das Mitglied der Gruppe *Organisations-Admins* ist, den Befehl `adprep /rodcprep`. *Adprep.exe* finden Sie im Ordner *Support\adprep* des Windows Server 2012-Installationsmediums.

- In jeder Domäne, in der Sie einen RODC bereitstellen möchten, muss ein Domänencontroller vorhanden sein, auf dem Windows Server 2008 oder höher ausgeführt wird

So stellen Sie einen RODC bereit:

1. Starten Sie den *Assistenten zum Hinzufügen von Rollen und Features* und fügen Sie zu dem Computer, der als RODC dienen soll, die Rolle *Active Directory-Domänendienste* und alle für diese Rolle erforderlichen Features hinzu.

2. Starten Sie den *Konfigurations-Assistenten für die Active Directory-Domänendienste* und fügen Sie einen Domänencontroller zu einer vorhandenen Domäne hinzu (Abbildung 4.9). RODCs erfordern, dass es in der Domäne einen beschreibbaren Domänencontroller gibt. Ein RODC kann nicht der erste Domänencontroller in einer Domäne sein.

3. Auf der Seite *Domänencontrolleroptionen* müssen Sie das Kontrollkästchen *Schreibgeschützter Domänencontroller (RODC)* wählen. Außerdem legen Sie den Standort für den Domänencontroller fest und geben ein Kennwort für den Verzeichnisdienst-Wiederherstellungsmodus ein (Abbildung 4.10). Sie können einen RODC auch als DNS-Server konfigurieren. Wenn Sie das tun, bearbeitet der DNS-Server keine Aktualisierungen, sondern gibt die Aktualisierungen zur Bearbeitung an einen beschreibbaren Domänencontroller weiter.

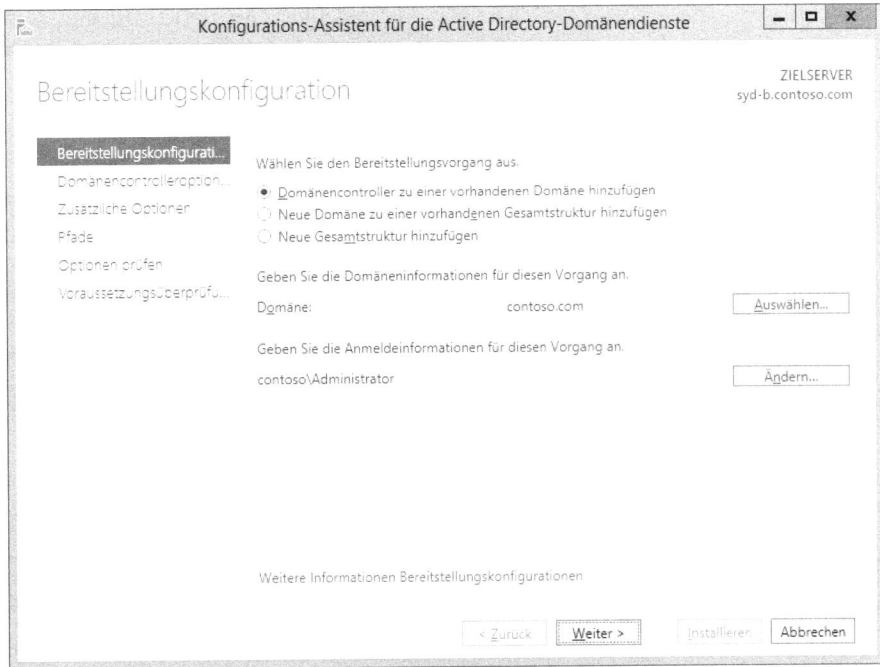

Abbildung 4.9 Hinzufügen eines Domänencontrollers zu einer vorhandenen Domäne

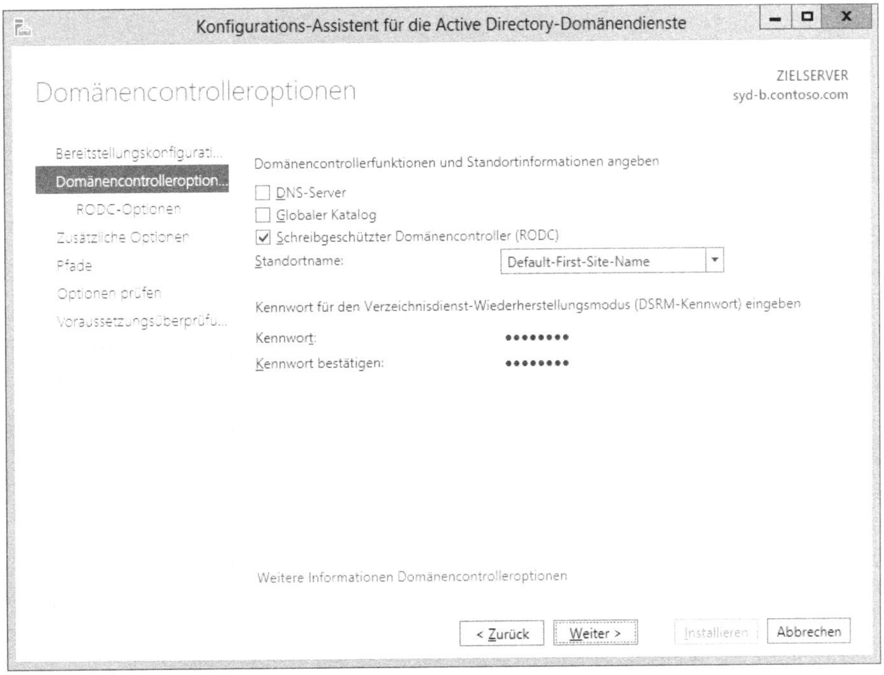

Abbildung 4.10 Konfigurieren eines Domänencontrollers als RODC

4. Auf der Seite *RODC-Optionen* (Abbildung 4.11) können Sie festlegen, welche Konten eine Replikation auf den neuen RODC durchführen dürfen. Sie können auch die Liste der Konten bearbeiten, die keine Replikation von Kennwörtern auf den RODC durchführen dürfen. Diese Einstellungen lassen sich auch nach der Bereitstellung eines RODCs ändern.

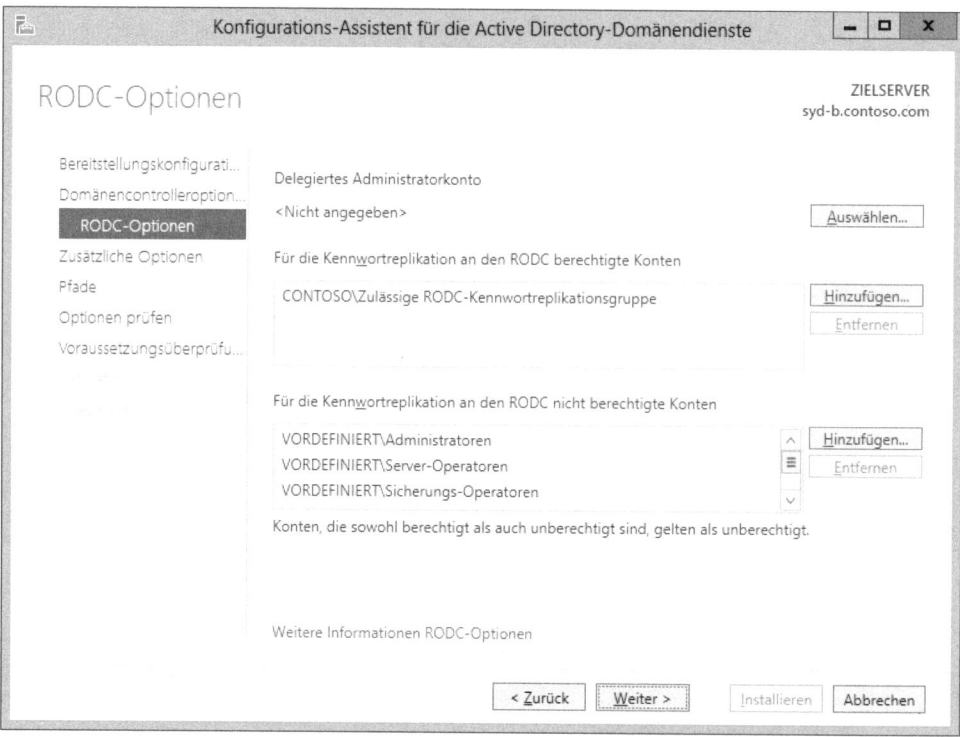

Abbildung 4.11   *RODC-Optionen*

5. Die restlichen Optionen im *Konfigurations-Assistenten für die Active Directory-Domänendienste* sind dieselben wie bei der Bereitstellung eines herkömmlichen Domänencontrollers. Wenn Sie die Arbeit im Assistenten abschließen, wird der Computer, auf dem Sie die Rolle *RODC* bereitstellen, neu gestartet.

Sie können ein RODC-Computerkonto vorab bereitstellen, indem Sie im Active Directory-Verwaltungscenter auf *Konto für schreibgeschützten Domänencontroller vorab erstellen* klicken (Abbildung 4.12) oder das Cmdlet Add-ADDSReadOnlyDomainControllerAccount verwenden. Um beispielsweise ein Konto für einen RODC namens *Sydney-RODC* am Standort Sydney der Domäne *Contoso* vorab bereitzustellen, verwenden Sie folgenden Befehl:

```
Add-ADDSReadOnlyDomainControllerAccount -DomainControllerAccountName Sydney-RODC -DomainName Contoso
-SiteName Sydney
```

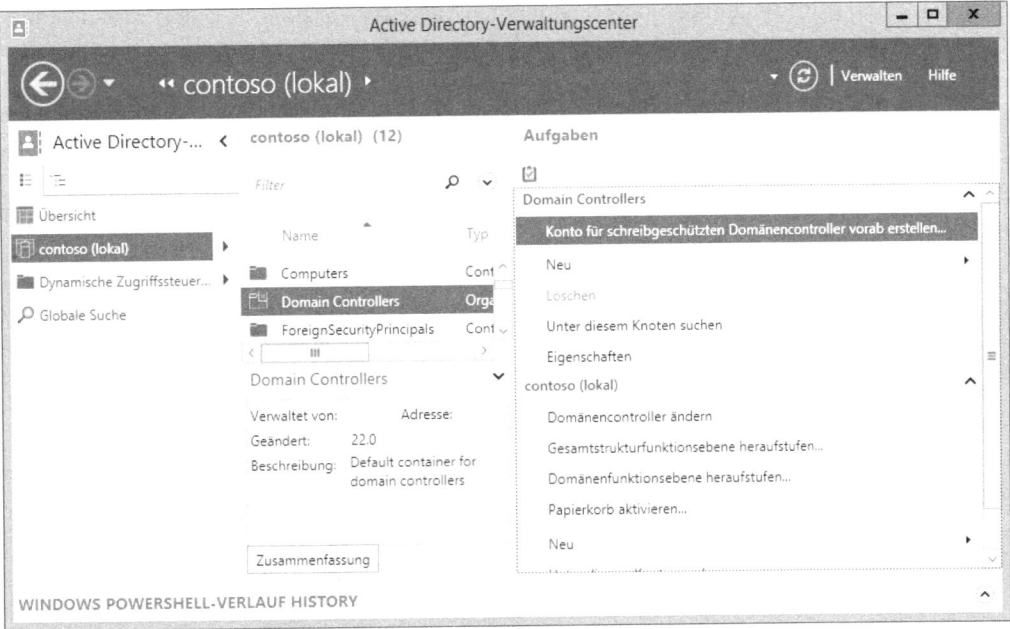

Abbildung 4.12 Vorabbereitstellen eines RODC-Kontos

Nach der Bereitstellung eines RODCs müssen Sie überprüfen, für welche Konten die Kennwörter auf den RODC repliziert werden können. Ein Benutzer, dessen Konto nicht auf den RODC repliziert wurde, kann sich trotzdem anmelden, wenn er sich an einem Standort befindet, der nur über RODCs verfügt. Die Authentifizierung dieses Benutzers erfordert dann natürlich die Kommunikation mit einem Domänencontroller von einem anderen Standort. Ist die Verbindung zu einem Domänencontroller, der das Kennwort gespeichert hat, unterbrochen, kann sich kein Benutzer anmelden, dessen Kennwort nicht auf den RODC repliziert wurde und der vom RODC authentifiziert werden muss.

Standardmäßig lassen sich Konten, die Mitglieder der Gruppe *Zulässige RODC-Kennwortreplikationsgruppe* sind, auf den RODC replizieren. Die Replikation von Konten, die Mitglieder der folgenden Gruppen sind, ist gesperrt:

- *VORDEFINIERT\Administratoren*

- *VORDEFINIERT\Server-Operatoren*

- *VORDEFINIERT\Sicherungs-Operatoren*

- *VORDEFINIERT\Konten-Operatoren*

- *<DOMÄNE>\Abgelehnte RODC-Kennwortreplikationsgruppe*

Konten, die Mitglieder einer abgelehnten Sicherheitsgruppe sind, dürfen nicht auf den RODC repliziert werden, selbst wenn sie Mitglieder von Gruppen sind, deren Replikation explizit zugelassen wurde. Welche Konten für die Kennwortreplikation gesperrt oder zugelassen sind, können Sie festlegen, wenn Sie das Eigenschaftsdialogfeld eines RODCs öffnen und die Registerkarte *Kennwortreplikationsrichtlinie* wählen (Abbildung 4.13).

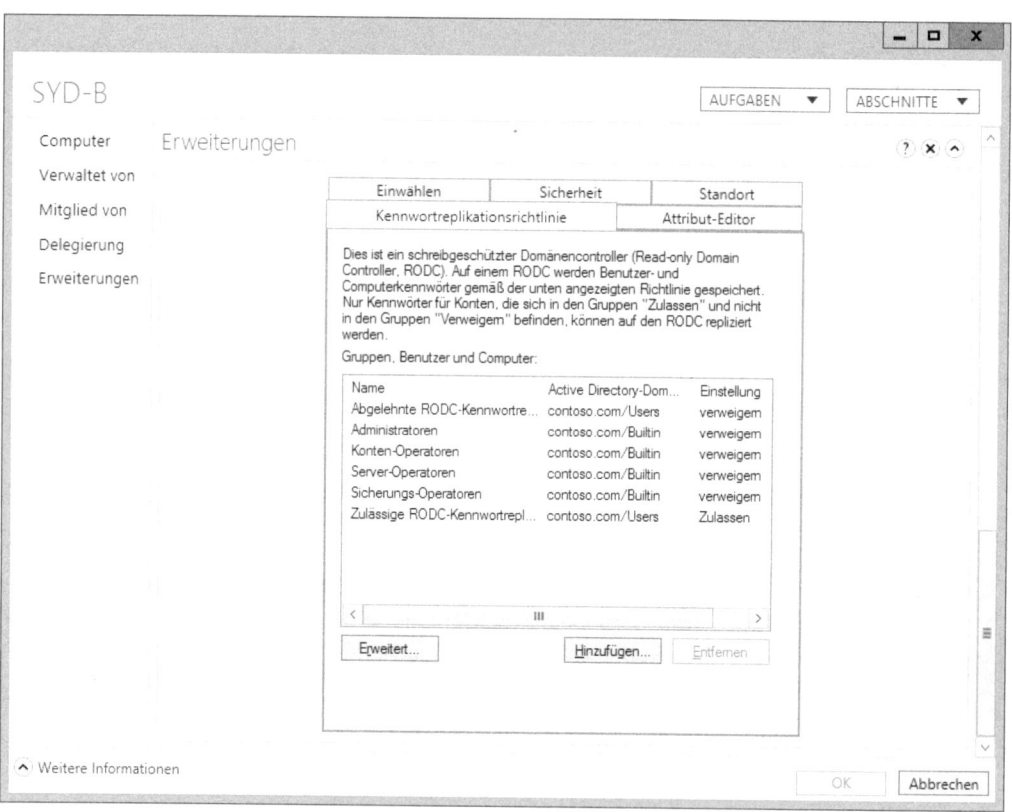

Abbildung 4.13   Kennwortreplikationsrichtlinie

Mit dem Dialogfeld *Richtlinie für erweiterte Kennwortreplikation* können Sie überprüfen, welche Kennwörter auf den RODC repliziert wurden (Abbildung 4.14). Falls tatsächlich jemand den RODC gestohlen hat, erfahren Sie in diesem Dialogfeld, welche Konten gefährdet sind. Verwenden Sie die Schaltfläche *Kennwörter auffüllen*, um die Kennwörter von allen Benutzern zu replizieren, die unter diese Kennwortreplikationsrichtlinie fallen. Auf der Registerkarte *Richtlinienergebnis* können Sie überprüfen, ob das Kennwort eines bestimmten Benutzerkontos auf den RODC repliziert wird.

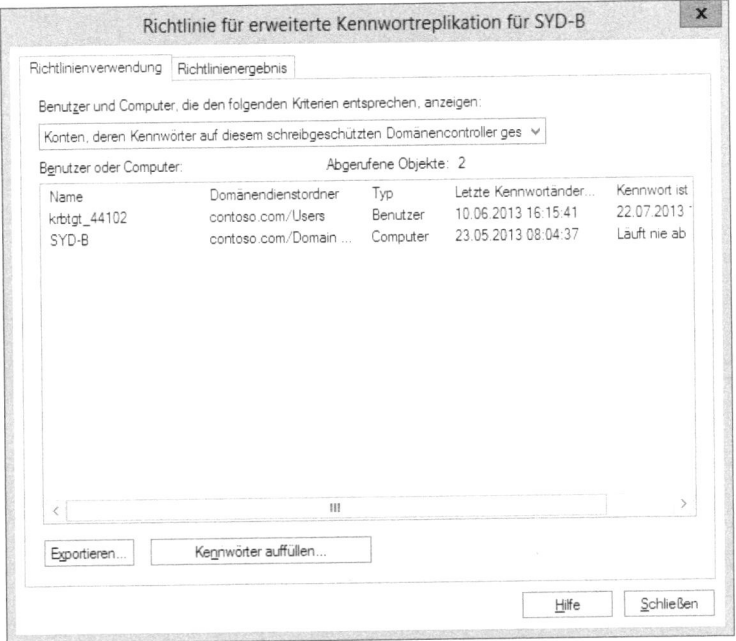

Abbildung 4.14 Kennwörter auf einem RODC

Die Bereitstellung eines Domänencontrollers als RODC ist nur der erste Schritt, um einen Domänencontroller in einer Zweigstelle abzusichern. Wenn Sie über die Sicherheit besorgt sind, dann konfigurieren Sie den RODC mit BitLocker. Ein RODC, der auf einem Hyper-V-Host als virtueller Computer bereitgestellt wird und BitLocker verwendet, um seine Festplatten zu verschlüsseln und seine Startumgebung zu schützen, ist für einen Angreifer nur schwer zu knacken. Trotzdem sollten Sie auch nach dem Diebstahl eines mit BitLocker geschützten virtuellen RODCs die Kennwörter aller Benutzerkonten ändern, die davon betroffen sind.

Praxistipp   Spezielle Einsatzbereiche

RODCs haben sehr spezielle Einsatzbereiche. Sie werden an Standorten verwendet, an denen man die Sicherheit der (physischen) Computer nicht garantieren kann. Wenn Sie den Sicherheitsvorkehrungen vertrauen können, die an einem Standort für Server getroffen wurden, ist ein herkömmlicher Domänencontroller die bessere Wahl. Vielleicht ist für Sie auch die Verwendung von Windows Azure Active Directory eine Alternative zur Bereitstellung eines RODCs, wenn die Sicherheitsmaßnahmen nicht für herkömmliche Domänencontroller ausreichen.

Gewöhnlich muss ein Benutzer Mitglied einer Gruppe wie *Domänen-Admins* sein, um auf einem Domänencontroller Verwaltungsarbeiten durchzuführen. Da RODCs für die Bereitstellung an Standorten entworfen wurden, die weit von der Zentrale einer Organisation entfernt sind, können Sie die Verwaltung von RODCs delegieren. Dann kann sich auch ein

Benutzer, der in der Domäne nicht über umfangreiche Berechtigungen verfügt, anmelden und Verwaltungsarbeiten durchführen. Dazu verwenden Sie die Registerkarte *Verwaltet von* im Eigenschaftsdialogfeld des RODC-Computerkontos (Abbildung 4.15).

Weitere Informationen Bereitstellen von RODCs

Unter *http://technet.microsoft.com/en-us/library/jj574152.aspx* erhalten Sie weitere Informationen über die Bereitstellung von RODCs.

Abbildung 4.15 Die Verwaltung des RODCs wurde an die Gruppe *BranchOffice Technicians* delegiert

Schnelltest

■ Welche Konsole können Sie verwenden, um einen Domänencontroller als globalen Katalogserver zu konfigurieren oder für einen Standort die Zwischenspeicherung der universellen Gruppenmitgliedschaft zu aktivieren?

Antwort zum Schnelltest

■ Sie verwenden die Konsole *Active Directory-Standorte und -Dienste*, um einen Domänencontroller als globalen Katalogserver zu konfigurieren oder für einen Standort die Zwischenspeicherung der universellen Gruppenmitgliedschaft zu aktivieren.

Klonen von Domänencontrollern

Das Klonen von Domänencontrollern ist eine neue Funktion von Windows Server 2012, mit der Sie unter folgenden Bedingungen Kopien von virtuellen Domänencontrollern erstellen können:

■ Der Hypervisor unterstützt VM-GenerationID. Hyper-V 3.0, die in Windows Server 2012 verfügbare Version, unterstützt VM-GenerationID. Einige Hypervisorprodukte von anderen Herstellern unterstützen dieses Feature ebenfalls.

■ Auf dem Domänencontroller muss Windows Server 2012 ausgeführt werden

■ Die FSMO-Rolle *PDC-Emulator* muss online, verfügbar und einem Computer zugewiesen worden sein, auf dem Windows Server 2012 ausgeführt wird

■ Der Domänencontroller, der geklont werden soll, muss Mitglied der Sicherheitsgruppe *Klonbare Domänencontroller* sein

Sind diese Bedingungen erfüllt, müssen Sie noch eine neue XML-Konfigurationsdatei namens *DCCloneConfig.xml* erstellen. Diese Datei enthält alle Einstellungen, die der geklonte Domänencontroller beim Start hat, wie Computername, Netzwerkeinstellungen, DNS und Active Directory-Standortname. Sie können die Datei *DCCloneConfig.xml-Datei* mit dem Windows PowerShell-Cmdlet New-ADDCCloneConfigFile erstellen. Vor diesem Befehl sollten Sie aber mit dem Cmdlet Get-ADDCCloningExcludedApplicationList überprüfen, ob auf dem Quellcomputer Dienste ausgeführt werden, die beim Klonen Probleme bereiten können. Sie können zum Beispiel keinen Domänencontroller klonen, der als DHCP-Server dient. Sie müssen diese Rolle entfernen, um den Domänencontroller erfolgreich zu klonen.

Weitere Informationen   Klonen von Domänencontrollern

Über das Klonen von Domänencontrollern erfahren Sie unter *http://blogs.technet.com/b/askpfeplat/archive/2012/10/01/virtual-domain-controller-cloning-in-windows-server-2012.aspx* mehr.

Zusammenfassung der Lektion

■ Es gibt 5 Betriebsmaster. Der Schemamaster kontrolliert Aktualisierungen des Schemas. Der Domänennamenmaster verwaltet das Hinzufügen und Entfernen von Domänen aus der Gesamtstruktur. Der PDC-Emulator verarbeitet Kennwortänderungen und verwaltet die Zeitsynchronisierung. Der Infrastrukturmaster führt Buch über Änderungen in anderen Domänen, von denen Objekte aus der lokalen Domäne betroffen sind. Der RID-Master bearbeitet Anfragen nach relativen Bezeichnern.

■ Globale Katalogserver erleichtern in Gesamtstruktur mit mehreren Domänen die Überprüfung von Mitgliedschaften von Benutzerkonten in universellen Gruppen

■ Verwenden Sie für Zweigstellen mit weniger als 100 Benutzern die Zwischenspeicherung der universellen Gruppenmitgliedschaft

- Mit der RODC Kennwortreplikationsrichtlinie können Sie die Replikation von Kennwörtern auf RODCs steuern

- Das Klonen von Domänencontrollern setzt voraus, dass die Virtualisierungsplattform VM-GenerationID unterstützt, dass auf dem Domänencontroller Windows Server 2012 ausgeführt wird und dass der PDC-Emulator ebenfalls auf Windows Server 2012 ausgeführt wird und online ist

- Der Quelldomänencontroller muss Mitglied der Sicherheitsgruppe *Klonbare Domänencontroller* sein

Lernzielkontrolle

Beantworten Sie folgende Fragen, um Ihr Wissen über den Stoff dieser Lektion zu überprüfen. Antworten auf diese Fragen und Erklärungen, warum die jeweilige Antwort richtig oder falsch ist, finden Sie im Abschnitt »Antworten« am Ende dieses Kapitels.

1. Sie möchten von einem virtuellen Domänencontroller eine Kopie erstellen. Welche der folgenden Voraussetzungen müssen erfüllt sein? (Wählen Sie alle zutreffenden Antworten.)

   A. Der Hypervisor muss VM-GenerationID unterstützen.

   B. Der Quelldomänencontroller muss Mitglied der Sicherheitsgruppe *Klonbare Domänencontroller* sein.

   C. Der Schemamaster muss auf Windows Server 2012 ausgeführt werden und online sein.

   D. Der PDC-Emulator muss auf Windows Server 2012 ausgeführt werden und online sein.

2. Welcher Betriebsmaster ist dafür verantwortlich, dass die Uhren aller Mitglieder einer Domäne auf dieselbe Zeit eingestellt sind?

   A. Infrastrukturmaster

   B. PDC-Emulator

   C. RID-Master

   D. Domänennamenmaster

   E. Schemamaster

3. Sie müssen eine Änderung am Active Directory-Schema vornehmen. Welcher Betriebsmaster muss online sein, damit Sie die Aktualisierung durchführen können?

   A. Infrastrukturmaster

   B. PDC-Emulator

   C. RID-Master

   D. Domänennamenmaster

   E. Schemamaster

4. Welcher Betriebsmaster erstellt einen Pool an eindeutigen relativen Bezeichnern, um sicherzustellen, dass die Domänen-SIDs eindeutig sind? (Wählen Sie alle zutreffenden Antworten.)

    A. Infrastrukturmaster

    B. PDC-Emulator

    C. RID-Master

    D. Domänennamenmaster

    E. Schemamaster

5. Sie möchten einige neue Anwendungspartitionen zur Gesamtstruktur hinzufügen. Welcher Betriebsmaster muss für diese Aufgabe verfügbar sein? (Wählen Sie alle zutreffenden Antworten.)

    A. Infrastrukturmaster

    B. PDC-Emulator

    C. RID-Master

    D. Domänennamenmaster

    E. Schemamaster

Lektion 2: Warten von Domänencontrollern

Dafür zu sorgen, dass Domänencontroller so reibungslos wie möglich laufen, ist ein wichtiger Teil der Arbeit eines Systemadministrators. Schlecht laufende Domänencontroller können bedeuten, dass Anmeldungen von Benutzern nur langsam bearbeitet werden. Je länger ein Benutzer braucht, um sich anzumelden, desto unzufriedener ist er. Sie können Folgendes tun, um dafür zu sorgen, dass Active Directory effizient arbeitet: Defragmentieren Sie die Datenbank, überprüfen Sie, ob die Datenbankdatei in Ordnung ist, und überprüfen Sie die logische Struktur der Datenbank mit einer semantischen Analyse. In dieser Lektion erfahren Sie, wie man diese Arbeiten durchführt. Außerdem erfahren Sie, wie man in den Metadaten aufräumt und Datenbanksnapshots erstellt und anzeigt.

Am Ende dieser Lektion werden Sie in der Lage sein, die folgenden Aufgaben auszuführen:

- Implementieren der Active Directory-Datenbankoptimierung

- Implementieren der Active Directory-Metadatenbereinigung

- Implementieren von Active Directory-Snapshots

Veranschlagte Zeit für diese Lektion: 25 Minuten

Active Directory-Datenbankoptimierung

Die Optimierung der Active Directory-Datenbank umfasst mehrere Schritte: Defragmentierung, Integritätsprüfung der Datenbankdatei und semantische Integritätsprüfung der Datenbank. Wenn Sie die Active Directory-Datenbank defragmentieren, wird eine neue Kopie der Datenbankdatei *ntds.dit* erstellt. Sie können die Active Directory-Datenbank aber nur defragmentieren oder andere Arbeiten mit der Datenbank durchführen, wenn sie offline ist. Um die Active Directory-Datenbank offline zu schalten, stoppen Sie den AD DS-Dienst. Das können Sie in der Konsole *Dienste* tun, oder Sie geben in einer Windows PowerShell-Eingabeaufforderung mit erhöhten Rechten folgenden Befehl ein:

```
Stop-Service NTDS -force
```

Die Defragmentierung führen Sie mit dem Hilfsprogramm *ntdsutil.exe* durch. Verwenden Sie folgenden Befehl (Abbildung 4.16):

```
ntdsutil.exe "activate instance ntds" files "compact to c:\\" quit quit
```

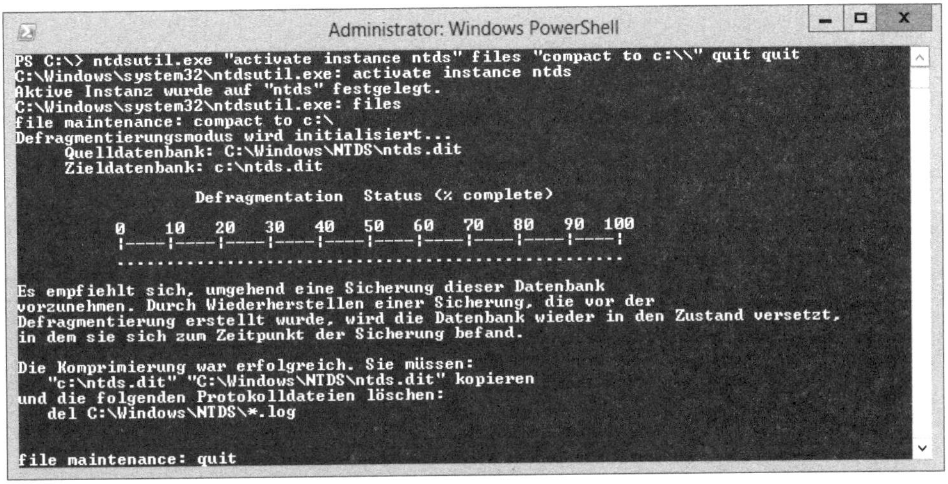

```
PS C:\> ntdsutil.exe "activate instance ntds" files "compact to c:\\" quit quit
C:\Windows\system32\ntdsutil.exe: activate instance ntds
Aktive Instanz wurde auf "ntds" festgelegt.
C:\Windows\system32\ntdsutil.exe: files
file maintenance: compact to c:\
Defragmentierungsmodus wird initialisiert...
     Quelldatenbank: C:\Windows\NTDS\ntds.dit
     Zieldatenbank: c:\ntds.dit

                  Defragmentation  Status (% complete)

          0    10   20   30   40   50   60   70   80   90  100
          |----|----|----|----|----|----|----|----|----|----|
          ...................................................

Es empfiehlt sich, umgehend eine Sicherung dieser Datenbank
vorzunehmen. Durch Wiederherstellen einer Sicherung, die vor der
Defragmentierung erstellt wurde, wird die Datenbank wieder in den Zustand versetzt,
in dem sie sich zum Zeitpunkt der Sicherung befand.

Die Komprimierung war erfolgreich. Sie müssen:
   "c:\ntds.dit" "C:\Windows\NTDS\ntds.dit" kopieren
und die folgenden Protokolldateien löschen:
   del C:\Windows\NTDS\*.log

file maintenance: quit
```

Abbildung 4.16 Defragmentieren der Active Directory-Datenbank

Nach dem Abschluss der Defragmentierung kopieren Sie die defragmentierte Datenbank über die alte Datenbank *C:\Windows\NTDS\ntds.dit* und löschen alle Protokolldateien im Ordner *C:\Windows\NTDS*.

Mit dem Befehl *ntdsutil.exe* können Sie auch die Integrität der Datei überprüfen, in der die Datenbank liegt (Abbildung 4.17). Bei dieser Prüfung darf der AD DS-Dienst nicht laufen. Geben Sie in einer Eingabeaufforderung mit erhöhten Rechten folgenden Befehl ein:

```
ntdsutil.exe "activate instance ntds" files integrity quit quit
```

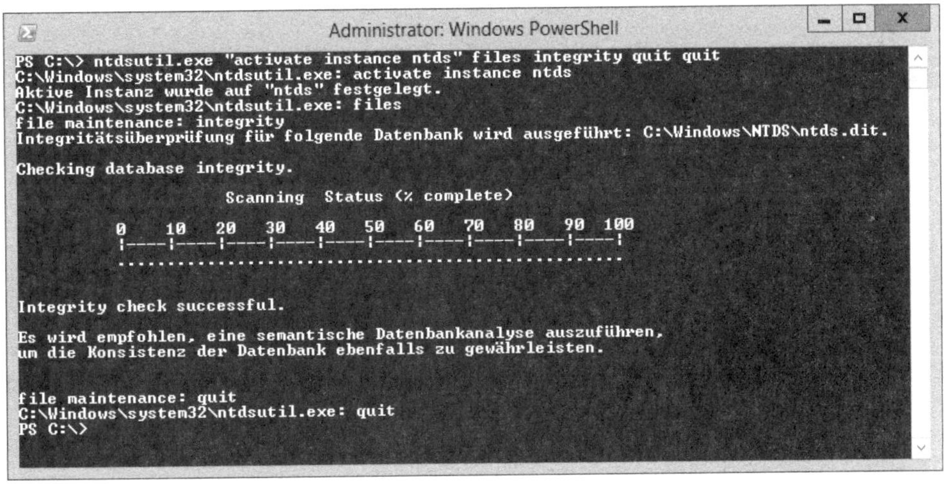

```
PS C:\> ntdsutil.exe "activate instance ntds" files integrity quit quit
C:\Windows\system32\ntdsutil.exe: activate instance ntds
Aktive Instanz wurde auf "ntds" festgelegt.
C:\Windows\system32\ntdsutil.exe: files
file maintenance: integrity
Integritätsüberprüfung für folgende Datenbank wird ausgeführt: C:\Windows\NTDS\ntds.dit.

Checking database integrity.

                  Scanning  Status (% complete)

          0    10   20   30   40   50   60   70   80   90  100
          |----|----|----|----|----|----|----|----|----|----|
          ...................................................

Integrity check successful.

Es wird empfohlen, eine semantische Datenbankanalyse auszuführen,
um die Konsistenz der Datenbank ebenfalls zu gewährleisten.

file maintenance: quit
C:\Windows\system32\ntdsutil.exe: quit
PS C:\>
```

Abbildung 4.17 Integritätsprüfung der Datenbank

Um den internen Aufbau der AD DS-Datenbank zu überprüfen, führen Sie eine semantische Datenbankprüfung durch (Abbildung 4.18). Bei dieser Prüfung lässt sich die Datenbank auch reparieren, falls Probleme erkannt werden. Für die semantische Prüfung der Datenbank mit *ntdsutil.exe* können Sie folgenden Befehl verwenden:

```
ntdsutil.exe "activate instance ntds" "semantic database analysis" "verbose on" "go fixup" quit quit
```

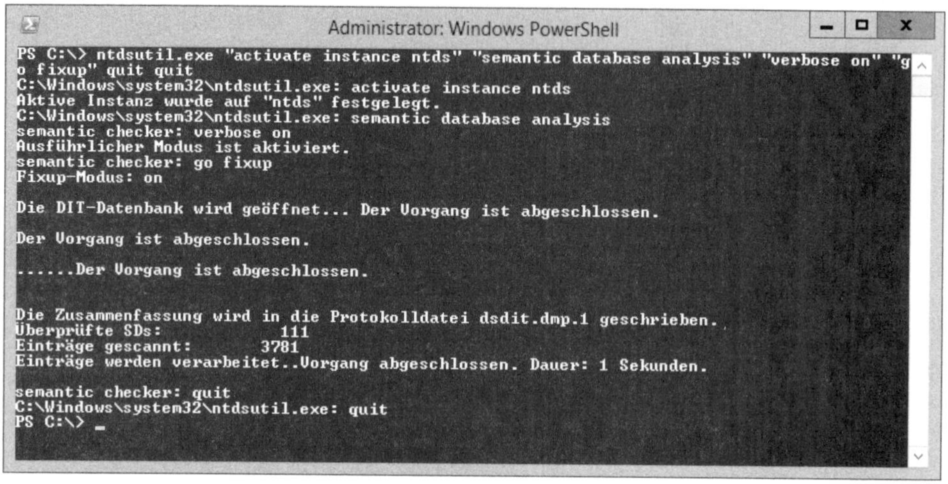

Abbildung 4.18   Semantische Datenbankanalyse

Schnelltest

- Wie lautet der Standardpfadname der Datei, in der die AD DS-Datenbank liegt?

Antwort zum Schnelltest

- *C:\Windows\NTDS\ntds.dit* ist der Standardpfadname der Datei, in der die AD DS-Datenbank liegt.

Active Directory-Metadatenbereinigung

Der ordnungsgemäße Weg, um einen Domänencontroller zu entfernen, führt über die Konsole *Konfigurations-Assistent für die Active Directory-Domänendienste* (Abbildung 4.19). Sie können einen Domänencontroller auch mit dem Cmdlet `Uninstall-ADDSDomainController` ordnungsgemäß entfernen. Dabei wird der Domänencontroller entfernt, alle Verweise in Active Directory auf den Domänencontroller werden ebenfalls entfernt, und alle FSMO-Rollen, die der Domänencontroller übernommen hat, werden auf andere Domänencontroller in der Domäne übertragen.

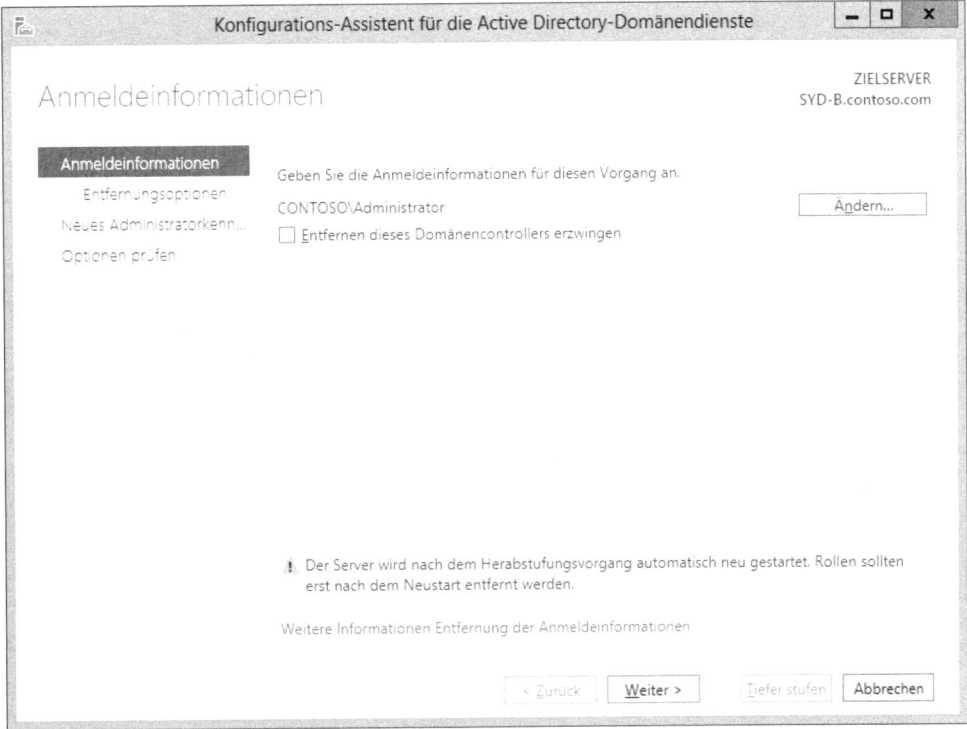

Abbildung 4.19 Entfernen von Active Directory

Eine *Active Directory-Metadatenbereinigung* ist erforderlich, wenn ein Domänencontroller nicht ordnungsgemäß aus Active Directory entfernt wurde. Ein Beispiel: Ein vorhandener Domänencontroller ist ausgebrannt oder wurde versehentlich von einem Systemadministrator, der einfach einen schlechten Tag hatte, aus dem Fenster geworfen. In diesem Fall sind noch alle Verweise auf den Domänencontroller in Active Directory erhalten. Diese Verweise können Probleme verursachen, wenn sie nicht entfernt werden, insbesondere dann, wenn der Domänencontroller eine oder mehrere FSMO-Rollen übernommen hatte. Die Entfernung dieser Verweise nennt man Metadatenbereinigung.

Wenn Sie in der Konsole *Active Directory-Benutzer und -Computer* oder *Active Directory- Standorte und -Dienste* das Computerkonto eines Domänencontrollers löschen, werden die Metadaten für diesen Domänencontroller automatisch bereinigt. Die Konsole öffnet ein Meldungsdialogfeld, wenn Sie das Konto eines Domänencontrollers löschen, zu dem keine Verbindung hergestellt werden kann (Abbildung 4.20). Sie bestätigen, dass sich keine Verbindung zum Domänencontroller herstellen lässt. Wenn Sie das tun, erfolgt automatisch eine Metadatenbereinigung.

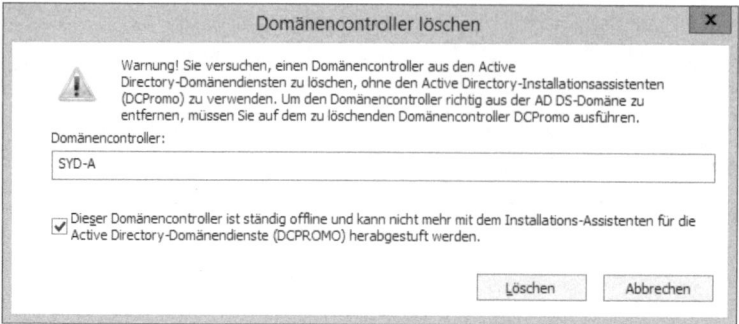

Abbildung 4.20   Löschen eines Domänencontrollers

Um mit ntdsutil Servermetadaten zu entfernen, verwenden Sie folgenden Befehl, wobei <Servername> der definierte Name (Distinguished Name, DN) des Domänencontrollers ist, dessen Metadaten Sie aus Active Directory entfernen möchten:

```
Ntdsutil "metadata cleanup" "remove selected server <Servername>"
```

Weitere Informationen   Bereinigen von Active Directory-Metadaten

Unter *http://technet.microsoft.com/en-us/library/cc816907(WS.10).aspx* erhalten Sie weitere Informationen über die Bereinigung von Active Directory-Metadaten.

Active Directory-Snapshots

Mit *ntdsutil.exe* können Sie *Snapshots* der Active Directory-Datenbank erstellen. Ein Snapshot hält den Zustand fest, in dem sich die Datenbank zu einem bestimmten Zeitpunkt befindet. Anschließend können Sie mit geeigneten Tools den Inhalt der Datenbank untersuchen, der zu diesem Zeitpunkt vorhanden war. Außerdem ist es möglich, Objekte von einem Snapshot der Active Directory-Datenbank in die aktuelle Version der Datenbank zu übertragen. Der AD DS-Dienst muss laufen, damit ein Snapshot erstellt werden kann.

Zur Erstellung eines Snapshots verwenden Sie folgenden Befehl:

```
Ntdsutil snapshot "Activate Instance NTDS" create quit quit
```

Jeder Snapshot erhält eine eindeutige GUID. Mit einer geplanten Aufgabe können Sie regelmäßig Snapshots erstellen. Um alle auf einem Domänencontroller vorhandenen Snapshots aufzulisten, verwenden Sie folgenden Befehl:

```
Ntdsutil snapshot "list all" quit quit
```

Um einen Snapshot bereitzustellen, notieren Sie sich die GUID des Snapshots, der bereitgestellt werden soll, und verwenden dann folgenden Befehl:

```
Ntdsutil "activate instance ntds" snapshot "mount {GUID}" quit quit
```

Hinweis   Bereitstellen von Snapshots

Bei der Bereitstellung eines Snapshots müssen Sie die GUID in geschweiften Klammern angeben. Sie können den Snapshot mit *ntdsutil.exe* auch unter Angabe der Snapshotnummer bereitstellen. Diese Nummer ist immer ungerade.

Notieren Sie sich nach der Bereitstellung eines Snapshots den dazugehörigen Pfad. Diesen Pfad verwenden Sie, wenn Sie den Snapshot mit dsamain bereitstellen. Um beispielsweise den Snapshot, der als *c:\$SNAP_201212291630_VOLUMEc$* bereitgestellt wurde, mit dsamain zu verwenden, geben Sie folgenden Befehl ein:

```
Dsamain /dbpath "c:\$SNAP_201212291630_VOLUMEC$\Windows\NTDS\ntds.dit" /ldapport 50000
```

Sie können den Snapshot mit jeder verfügbaren TCP-Portnummer bereitstellen. 50000 ist nur einfach zu merken. Lassen Sie das Windows PowerShell-Fenster geöffnet, wenn Sie diesen Befehl verwenden. Nach der Bereitstellung des Snapshots können Sie mit *Active Directory-Benutzer und -Computer* darauf zugreifen:

1. Öffnen Sie die Konsole *Active Directory-Benutzer und -Computer.*

2. Klicken Sie den Stammknoten mit der rechten Maustaste an und klicken Sie auf *Domänencontroller ändern.*

3. Geben Sie im Dialogfeld *Verzeichnisserver ändern* den Namen des Domänencontrollers und den Port ein und klicken Sie auf *OK* (Abbildung 4.21). Anschließend können Sie sich mit *Active Directory-Benutzer und -Computer* den Inhalt des Snapshots in derselben Weise ansehen, wie Sie sich den Inhalt des aktuellen Verzeichnisses ansehen würden.

Abbildung 4.21   Verbinden mit einem Snapshot

Um die Bereitstellung des Snapshots aufzuheben, schließen Sie dsamain mit `Strg`+`C` und verwenden dann folgenden Befehl:

```
Ntdsutil.exe "activate instance ntds" snapshot "unmount {GUID}" quit quit
```

Zusammenfassung der Lektion

- *C:\Windows\NTDS\ntds.dit* ist der Standardpfadname der Active Directory-Datenbankdatei

- Sie können die Active Directory-Datenbankdatei mit *ntdsutil.exe* defragmentieren. Tun Sie das nur, wenn der AD DS-Dienst angehalten wurde.

- Mit dem Befehl *ntdsutil.exe* können Sie die Integrität der Datei überprüfen, in der die Active Directory-Datenbank liegt. Das ist nur zulässig, wenn der AD DS-Dienst angehalten wurde.

- Mit dem Befehl *ntdsutil.exe* können Sie auch eine semantische Überprüfung der Datenbank durchführen. Sollte *ntdsutil.exe* bei dieser Überprüfung Probleme ermitteln, können diese behoben werden.

- Falls ein Domänencontroller gewaltsam von Active Directory getrennt wurde, können Sie mit der Konsole *Active Directory-Benutzer und -Computer* oder mit dem Cmdlet `Uninstall-ADDSDomainController` eine Metadatenbereinigung durchführen. Die Metadatenbereinigung lässt sich auch mit dem Hilfsprogramm *ntdsutil.exe* durchführen.

- Sie können das Hilfsprogramm *ntdsutil.exe* verwenden, um Snapshots von Active Directory zu erstellen. Um einen Snapshot zu erstellen, muss die AD DS-Datenbank online sein.

- Mit dem Befehlszeilenprogramm dsamain können Sie Active Directory-Snapshots bereitstellen. In einem bereitgestellten Snapshot können Sie mit *Active Directory-Benutzer und -Computer* navigieren.

Lernzielkontrolle

Beantworten Sie folgende Fragen, um Ihr Wissen über den Stoff dieser Lektion zu überprüfen. Antworten auf diese Fragen und Erklärungen, warum die jeweilige Antwort richtig oder falsch ist, finden Sie im Abschnitt »Antworten« am Ende dieses Kapitels.

1. Welchen der folgenden Befehle verwenden Sie, um einen Snapshot der Active Directory-Datenbank bereitzustellen, wobei {GUID} die GUID des Snapshots ist?

   A. ntdsutil.exe "activate instance ntds" snapshot "unmount {GUID}" quit quit

   B. Ntdsutil "activate instance ntds" snapshot "mount {GUID}" quit quit

   C. Ntdsutil snapshot "Activate Instance NTDS" create quit quit.

   D. ntdsutil.exe "activate instance ntds" "semantic database analysis" "verbose on" "go fixup" quit quit.

2. Welchen der folgenden Befehle verwenden Sie, um die Datei zu defragmentieren, in der die Active Directory-Datenbank liegt?

   A. ntdsutil.exe "activate instance ntds" files integrity quit quit

   B. ntdsutil.exe "activate instance ntds" files "compact to c:\\" quit quit

   C. ntdsutil.exe "activate instance ntds" snapshot "unmount {GUID}" quit quit

   D. Ntdsutil "activate instance ntds" snapshot "mount {GUID}" quit quit

3. Welchen der folgenden Befehle verwenden Sie, um einen Snapshot der Active Directory-Datenbank zu erstellen?

   A. Ntdsutil snapshot "Activate Instance NTDS" create quit quit

   B. ntdsutil.exe "activate instance ntds" "semantic database analysis" "verbose on" "go fixup" quit quit

   C. ntdsutil.exe "activate instance ntds" files integrity quit quit

   D. ntdsutil.exe "activate instance ntds" files "compact to c:\\" quit quit

4. Mit welchem der folgenden Befehle überprüfen Sie die Integrität der Datei, in der die Active Directory-Datenbank liegt?

   A. ntdsutil.exe "activate instance ntds" "semantic database analysis" "verbose on" "go fixup" quit quit

   B. ntdsutil.exe "activate instance ntds" files "compact to c:\\" quit quit

   C. ntdsutil.exe "activate instance ntds" files integrity quit quit

   D. Ntdsutil "activate instance ntds" snapshot "mount {GUID}" quit quit

5. Mit welchem der folgenden Befehle überprüfen Sie die logische Integrität der Active Directory-Datenbank?

   A. Ntdsutil snapshot "Activate Instance NTDS" create quit quit

   B. ntdsutil.exe "activate instance ntds" files integrity quit quit

   C. Ntdsutil "activate instance ntds" snapshot "mount {GUID}" quit quit

   D. ntdsutil.exe "activate instance ntds" "semantic database analysis" "verbose on" "go fixup" quit quit

Lektion 3: Wiederherstellen von Active Directory

In dieser Lektion erfahren Sie, wie man Datensicherungen von Active Directory durchführt und Active Directory wiederherstellt. Außerdem wird die Verwendung des Papierkorbs behandelt, mit dem sich gelöschte Objekte wiederherstellen lassen.

Am Ende dieser Lektion werden Sie in der Lage sein, die folgenden Aufgaben auszuführen:

■ Verwenden des Active Directory-Papierkorbs

■ Durchführen einer Active Directory-Datensicherung

■ Wiederherstellen von Active Directory

Veranschlagte Zeit für diese Lektion: 45 Minuten

Active Directory-Papierkorb

Der *Active Directory-Papierkorb* ermöglicht die Wiederherstellung von gelöschten Active Directory-Objekten, ohne einen Neustart des Domänencontrollers im Verzeichnisdienst-Wiederherstellungsmodus zu erfordern. Der Active Directory-Papierkorb war zwar schon in Windows Server 2008 R2 verfügbar, aber die Bedienung war nur auf der Befehlszeile möglich. Eine Wiederherstellung von Objekten aus dem Active Directory-Papierkorb war genauso kompliziert wie die Verwendung des Verzeichnisdienst-Wiederherstellungsmodus. Zusammen mit der Notwendigkeit, die Gesamtstruktur auf die Funktionsebene Windows Server 2008 R2 anzuheben, waren viele Administratoren der Ansicht, die Nachteile seien größer als die Vorteile, und kümmerten sich nicht weiter um den Papierkorb.

Für den Active Directory-Papierkorb von Windows Server 2012 gibt es eine grafische Benutzeroberfläche. Für einen Administrator ist es nun sehr einfach, gelöschte Elemente wiederherzustellen. Der Active Directory-Papierkorb hat den Vorteil, dass alle wichtigen Attribute von gelöschten Active Directory-Objekten mit dem Objekt gespeichert werden. Das bedeutet, dass wiederhergestellte Objekte über dieselben Attribute wie vor der Löschung verfügen, beispielsweise über dieselben Gruppenmitgliedschaften und Berechtigungen. Der Active Directory-Papierkorb wird auf der Ebene der Gesamtstruktur aktiviert. Der Vorgang ist nur in eine Richtung möglich. Wenn Sie den Active Directory-Papierkorb aktiviert haben, können Sie ihn nicht mehr deaktivieren.

So aktivieren Sie den Active Directory-Papierkorb:

1. Sorgen Sie dafür, dass die Gesamtstrukturfunktionsebene auf *Windows Server 2008 R2* oder *Windows Server 2012* eingestellt ist.

2. Wählen Sie im Active Directory-Verwaltungscenter die Stammdomäne und klicken Sie dann im Bereich *Aufgaben* auf *Papierkorb aktivieren*. Es erscheint das Dialogfeld *Papierkorbaktivierung bestätigen* (Abbildung 4.22).

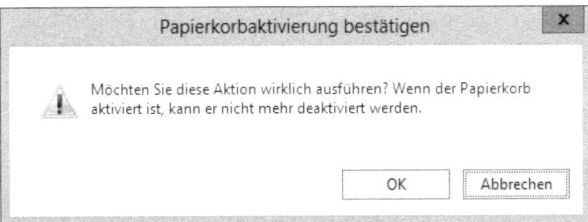

Abbildung 4.22 Aktivieren des Active Directory-Papierkorbs

3. Wenn Sie auf *OK* klicken, wird der Active Directory-Papierkorb in allen Domänen der Gesamtstruktur aktiviert.

Sie können den Active Directory-Papierkorb nur zur Wiederherstellung von Objekten verwenden, die seit der Aktivierung des Papierkorbs gelöscht wurden. Falls Sie andere Objekte wiederherstellen müssen, die vor der Aktivierung des Papierkorbs gelöscht wurden, sind Sie auf den Verzeichnisdienst-Wiederherstellungsmodus angewiesen.

Wenn Sie den Active Directory-Papierkorb mit seinen Standardeinstellungen aktivieren, können gelöschte Objekte 180 Tage lang wiederhergestellt werden. Sie können diesen Wert mit dem Attribut `msDS-deletedObjectLifetime` ändern. Zur Änderung des Attributwerts können Sie das Cmdlet `Set-ADObject` oder das Hilfsprogramm *ldp.exe* verwenden (Abbildung 4.23).

Abbildung 4.23 Ändern der Aufbewahrungszeit eines gelöschten Objekts

So stellen Sie Elemente aus dem Active Directory-Papierkorb wieder her:

1. Öffnen Sie das Active Directory-Verwaltungscenter.

2. Navigieren Sie in den Container *Deleted Objects*.

3. Wählen Sie das Objekt aus, das Sie wiederherstellen möchten. Klicken Sie im Bereich *Aufgaben* auf *Wiederherstellen*, wenn es an seinem ursprünglichen Ort in Active Directory wiederhergestellt werden soll, oder auf *Wiederherstellen in*, wenn es an einem anderen Ort wiederhergestellt werden soll (Abbildung 4.24).

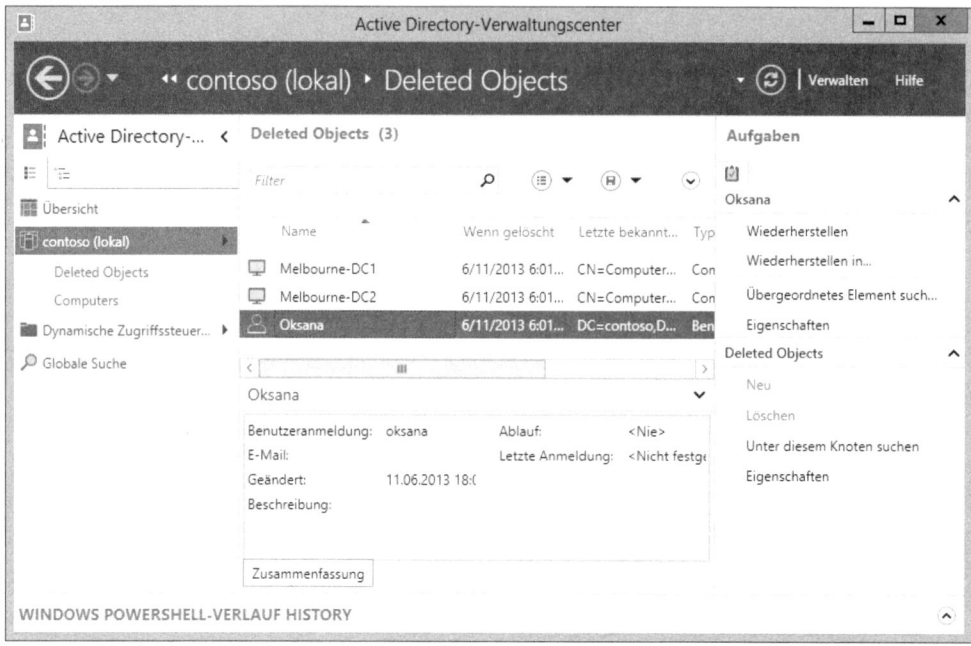

Abbildung 4.24   Wiederherstellen eines Elements aus dem Active Directory-Papierkorb

Mit dem Active Directory-Papierkorb lassen sich keine untergeordneten Objekte wiederherstellen, wenn ein übergeordnetes Objekt gelöscht wird. Sie können zum Beispiel kein einzelnes Benutzerkonto wiederherstellen, wenn die Organisationseinheit, in der es verwaltet wurde, ebenfalls gelöscht wurde. Es ist erforderlich, zuerst die gelöschte Organisationseinheit wiederherzustellen, und dann das gelöschte Benutzerkonto.

Schnelltest

■   Wie lange bleibt ein gelöschtes Objekt standardmäßig im Active Directory-Papierkorb?

Antwort zum Schnelltest

■   Gelöschte Objekte bleiben standardmäßig 180 Tage im Active Directory-Papierkorb.

Active Directory-Datensicherung

Active Directory wird gesichert, wenn Sie eine Sicherung des Systemstatus des Servers durchführen. Das geschieht, wenn Sie alle wichtigen Volumes eines Domänencontrollers sichern. Das wichtigste Werkzeug für die Sicherung der Daten ist die *Windows Server-Sicherung*, die allerdings auf Computern, auf denen Windows Server 2012 ausgeführt wird, nicht standardmäßig installiert wird. Sie können die *Windows Server-Sicherung* mit dem *Assistenten zum Hinzufügen von Rollen und Features* als Feature installieren (Abbildung 4.25).

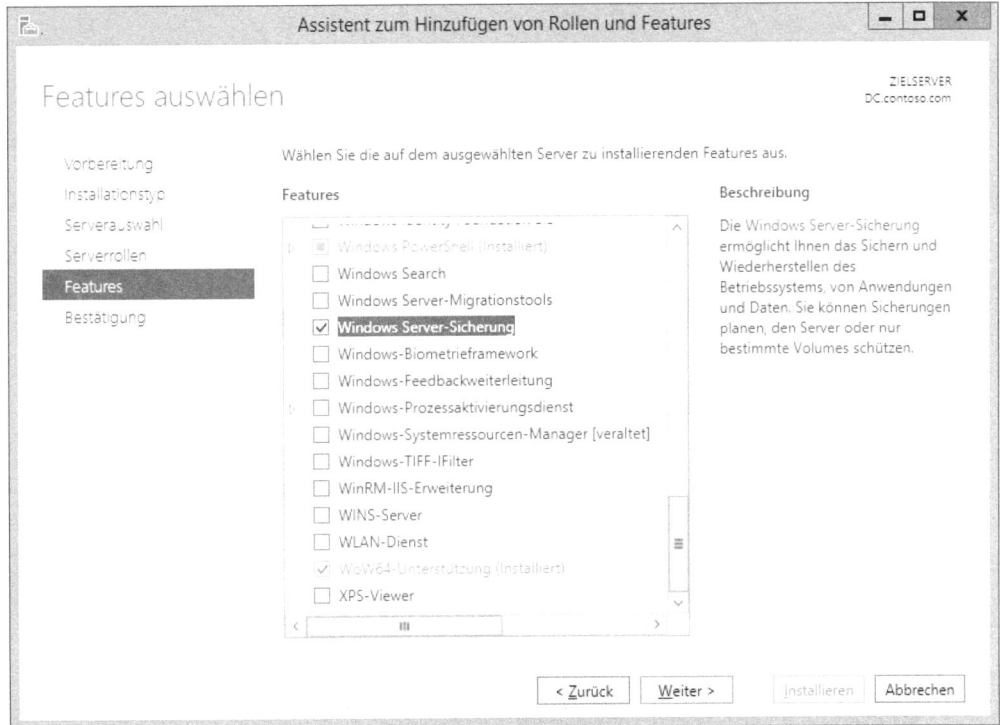

Abbildung 4.25   Installieren der *Windows Server-Sicherung*

Nach der Installation der *Windows Server-Sicherung* können Sie wie in Abbildung 4.26 eine Sicherung des vollständigen Servers durchführen, damit auch die AD DS-Datenbank gesichert wird.

Der größte Teil der Wiederherstellungsvorgänge erfolgt, weil Active Directory-Objekte versehentlich gelöscht wurden, also nicht absichtlich. Sie können Objekte durch eine entsprechende Einstellung in den Objekteigenschaften vor einer versehentlichen Löschung schützen (Abbildung 4.27). Wenn Sie versuchen, ein Objekt zu löschen, das vor einer versehentlichen Löschung geschützt ist, erscheint ein Meldungsfeld und informiert Sie darüber, dass eine Löschung nicht möglich ist. Der Schutz vor versehentlichem Löschen muss aufgehoben werden, bevor eine Löschung möglich ist.

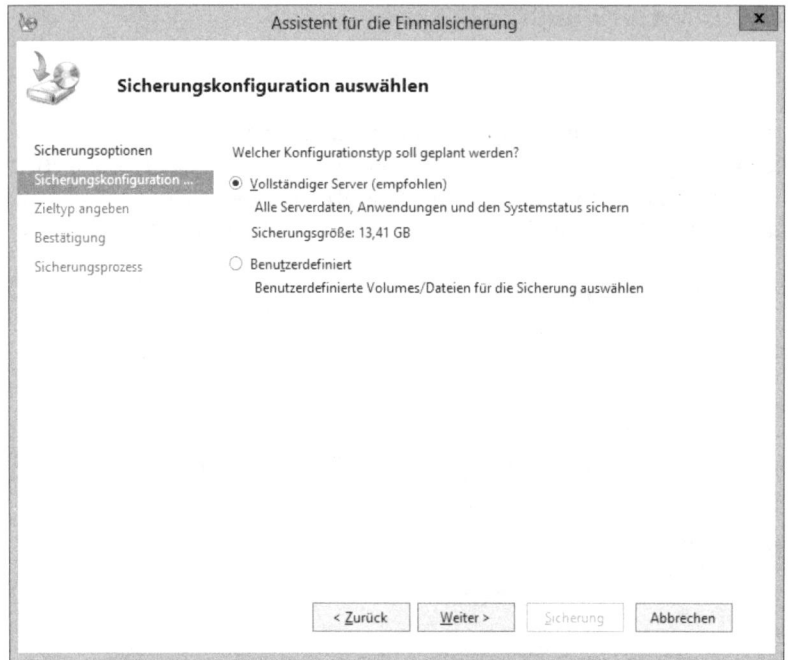

Abbildung 4.26 Eine vollständige Sicherung schützt Sie vor versehentlichen Löschungen

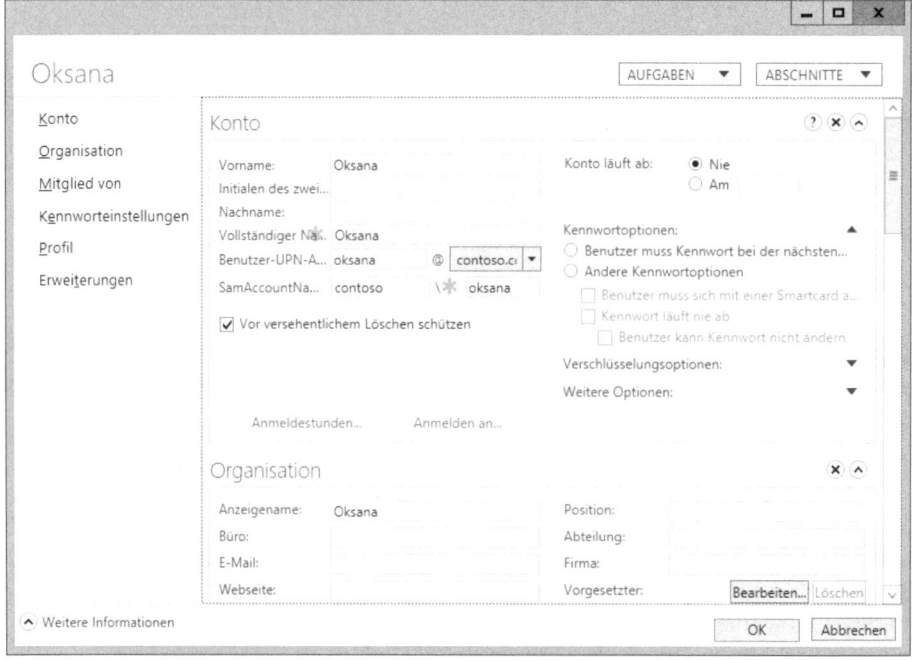

Abbildung 4.27 Vor versehentlichem Löschen schützen

Wiederherstellen von Active Directory

Die einfachste Methode zur Wiederherstellung von gelöschten Active Directory-Objekten ist, sie wieder aus dem Papierkorb zu holen. In manchen Umgebungen ist der Active Directory-Papierkorb vielleicht nicht aktiviert, weil die Gesamtstruktur noch auf der Funktionsebene *Windows Server 2003* oder *Windows Server 2008* arbeitet. Falls kein Active Directory-Papierkorb verfügbar ist und Sie ein gelöschtes Objekt wiederherstellen müssen, müssen Sie den Computer im Verzeichnisdienst-Wiederherstellungsmodus starten und eine autorisierende Wiederherstellung durchführen.

Autorisierende Wiederherstellung

Eine *autorisierende Wiederherstellung* dient dazu, gelöschte Active Directory-Objekte wiederherzustellen. Sie können eine autorisierende Wiederherstellung für Objekte durchführen, die seit der Löschung noch nicht die Ablaufzeit für gelöschte Objekte (die »Tombstonelebensdauer«) überschritten haben. Der Standardwert für die Tombstonelebensdauer beträgt 180 Tage für Gesamtstrukturen, die auf den Funktionsebenen *Windows Server 2003*, *Windows Server 2008*, *Windows Server 2008 R2* oder *Windows Server 2012* arbeiten. Diese Wert können Sie mit ADSIEdit oder mit dem Windows PowerShell-Cmdlet `Set-ADObject` ändern. Wenn möglich, sollten Sie eine autorisierende Wiederherstellung auf einem Server durchführen, auf dem auch die Rolle *Globaler Katalog* aktiviert ist.

Führen Sie die Wiederherstellung mit einer Datensicherung durch, in der es die gewünschten Elemente noch gibt. Dann markieren Sie diese Elemente als autorisierend, bevor eine Replikation erfolgen kann. Wenn Sie ein Objekt für eine autorisierende Wiederherstellung kennzeichnen, erhält es eine höhere Versionsnummer als das gelöschte Objekt. Diese höhere Versionsnummer bedeutet, dass das wiederhergestellte Objekt das gelöschte Objekt mit der niedrigeren Versionsnummer überschreibt.

Mit einer autorisierenden Wiederherstellung können Sie folgende Objekte wiederherstellen:

- Objekte in Domänenverzeichnispartitionen. Diese Objekte müssen auf einem Domänencontroller der Domäne wiederhergestellt werden.

- Objekte in Anwendungsverzeichnispartitionen. Diese Objekte müssen auf Domänencontrollern wiederhergestellt werden, die diese Anwendungsverzeichnispartition verwalten. Wurde die Anwendungsverzeichnispartition vollständig gelöscht, muss die Wiederherstellung auf dem Computer erfolgen, der die FSMO-Rolle *Domänennamenmaster* übernommen hat.

- Objekte in Konfigurationsverzeichnispartitionen. Diese Objekte können auf einem beliebigen Domänencontroller der Gesamtstruktur wiederhergestellt werden.

Eine autorisierende Wiederherstellung wird im Verzeichnisdienst-Wiederherstellungsmodus (Directory Services Restore Mode, DSRM) durchgeführt. Das ist ein spezieller Modus, in dem man einen Domänencontroller starten kann. Um einen Domänencontroller im DSRM-Modus zu starten, starten Sie *msconfig.exe*, wählen die Registerkarte *Start* und dann das Kontrollkästchen *Abgesicherter Start* und die Option *Active Directory-Reparatur* (Abbildung 4.28).

Sie müssen das Kennwort für den DSRM-Modus eingeben, damit der Computer in diesen Modus wechselt. Dieses Kennwort wird bei der Installation des Domänencontrollers festlegt, aber es lässt sich mit folgendem Befehl zurücksetzen:

```
Ntdsutil.exe "Set DSRM Password" "Reset Password on server NULL" quit quit
```

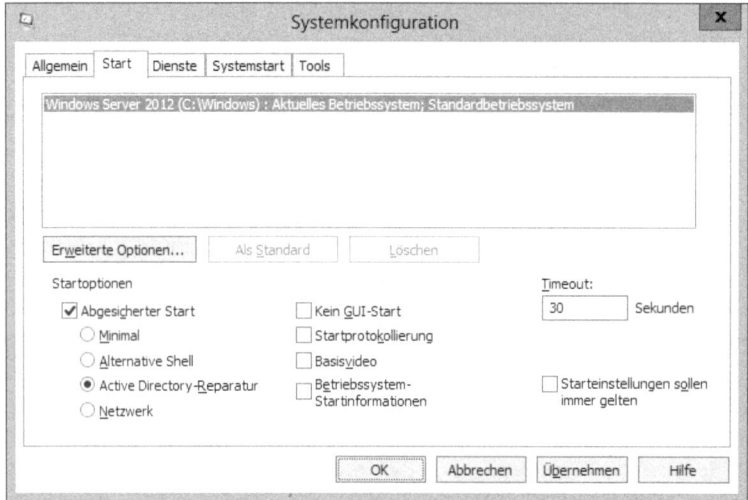

Abbildung 4.28 Vorbereiten des Starts im Verzeichnisdienst-Wiederherstellungsmodus

So führen Sie eine autorisierende Wiederherstellung durch:

1. Suchen Sie die neuste Systemstatussicherung für den Domänencontroller heraus, den Sie wiederherstellen möchten.

2. Starten Sie den Domänencontroller im DSRM-Modus und geben Sie das DSRM-Kennwort ein.

3. Stellen Sie die Systemstatusdaten mit der *Windows Server-Sicherung* wieder her.

4. Verwenden Sie den Befehl *ntdsutil.exe* mit der Option »authoritative restore«, um das Element wiederherzustellen. Um zum Beispiel in der Domäne *contoso.com* das Objekt *Neptune* aus der Organisationseinheit *Planets* wiederherzustellen, verwenden Sie folgenden Befehl:

    ```
    Ntdsutil.exe "authoritative restore" "restore object cn=Neptune,ou=Planets,dc=contoso,dc=com" quit
    quit
    ```

5. Wenn Sie eine Organisationseinheit und alle darin enthaltenen Objekte wiederherstellen müssen, können Sie die Option »restore subtree« verwenden. Mit dem folgenden Befehl stellen Sie zum Beispiel in der Domäne *contoso.com* alle Objekte in der Organisationseinheit *Planets* wieder her.

    ```
    Ntdsutil.exe "authoritative restore" "restore subtree OU=Planets,dc=contoso,dc=com" quit quit
    ```

6. Starten Sie den Domänencontroller neu. Die Änderungen werden repliziert, wodurch die gelöschten Elemente wiederhergestellt werden.

Weitere Informationen   Autorisierende Wiederherstellung

Der Artikel unter *http://technet.microsoft.com/en-us/library/cc816878(WS.10).aspx* wurde zwar für Windows Server 2008 R2 geschrieben, aber die enthaltenen Informationen gelten auch für Windows Server 2012.

Nichtautorisierende Wiederherstellung

Bei einer nichtautorisierenden Wiederherstellung stellen Sie ein Active Directory wieder her, das sich in einem bekannten guten Zustand befindet. Nach dem Neustart nimmt der Domänencontroller Kontakt zu allen Replikationspartnern auf und überschreibt den Inhalt der nichtautorisierenden Wiederherstellung mit allen Aktualisierungen, die sich seit der Datensicherung ergeben haben. Nichtautorisierende Wiederherstellungen können sinnvoll sein, wenn die Active Directory-Datenbank auf einem Domänencontroller beschädigt ist und wiederhergestellt werden muss. Eine nichtautorisierende Wiederherstellung verwendet man nicht zur Wiederherstellung von gelöschten Elementen, weil alle gelöschten Elemente, die bei der nichtautorisierenden Wiederherstellung wiederhergestellt werden, bei der anschließenden Replikation der Änderungen von anderen Domänencontrollern wieder gelöscht werden.

Die vollständige Wiederherstellung eines Domänencontrollers funktioniert so ähnlich wie eine nichtautorisierende Wiederherstellung. Nach dem Start des wiederhergestellten Domänencontrollers werden alle Änderungen, die sich seit der Erstellung der Datensicherung in Active Directory ergeben haben, auf den wiederhergestellten Domänencontroller repliziert.

Andere Methoden zur Wiederherstellung gelöschter Elemente

Die empfohlenen Methoden, eine Wiederherstellung von gelöschten Active Directory-Objekten zu ermöglichen, sind die Aktivierung des Active Directory-Papierkorbs oder die Durchführung einer autorisierenden Wiederherstellung mit DSRM. Sie können ein gelöschtes Objekt aber auch mit der »Tombstone-Wiederbelebung« (tombstone reanimation) wiederherstellen. Dabei werden die Attribute des gelöschten Objekts mit dem Hilfsprogramm *ldp.exe* so bearbeitet, dass das Objekt nicht länger als gelöscht gekennzeichnet ist. Diese Methode kann aber zu unvorhersehbaren Ergebnissen führen und sollte daher nur angewendet werden, wenn es keine Datensicherungen des Systemstatus gibt und der Active Directory-Papierkorb nicht aktiviert wurde.

Active Directory-Snapshots bieten zwar Kopien der Active Directory-Datenbank, wie sie zu einem bestimmten Zeitpunkt vorlag, aber sie sollten die bereitgestellten Snapshots nur verwenden, um herauszufinden, welche Sicherung die Elemente enthält, die Sie wiederherstellen möchten. Es ist zwar möglich, unter Verwendung von Tools wie LDIFDE Objekte aus Snapshots zu exportieren und sie in Active Directory zu importieren, aber das kann unvorhersehbare Folgen haben.

Zusammenfassung der Lektion

- Der Active Directory-Papierkorb lässt sich auf Gesamtstrukturbasis aktivieren, nach seiner Aktivierung aber nicht mehr deaktivieren

- Der Active Directory-Papierkorb setzt eine Gesamtstrukturfunktionsebene von mindestens *Windows Server 2008 R2* voraus

- Standardmäßig bleiben gelöschte Objekte für 180 Tage im Active Directory-Papierkorb. Sie können diese Aufbewahrungszeit mit dem Attribut `msDS-deletedObjectLifetime` ändern, wobei Sie den gewünschten Wert mit dem Cmdlet `Set-ADObject` oder dem Hilfsprogramm *ldp.exe* festlegen.

- Elemente, die aus dem Active Directory-Papierkorb wiederhergestellt werden, behalten ihre Originalattribute, wie Gruppenmitgliedschaften und Berechtigungen

- Mit dem Active Directory-Papierkorb lässt sich kein Element wiederherstellen, das vor der Aktivierung des Papierkorbs gelöscht wurde

- Sie können eine Datensicherung der Active Directory-Datenbank durchführen, indem Sie die Systemstatusdaten eines Domänencontrollers sichern

- Führen Sie zur Wiederherstellung von gelöschten Objekten eine autorisierende Wiederherstellung im Verzeichnisdienst-Wiederherstellungsmodus (DSRM) aus, falls der Active Directory-Papierkorb nicht aktiviert ist

- Wenn möglich, sollten Sie autorisierende Wiederherstellungen auf einem globalen Katalogserver durchführen

Lernzielkontrolle

Beantworten Sie folgende Fragen, um Ihr Wissen über den Stoff dieser Lektion zu überprüfen. Antworten auf diese Fragen und Erklärungen, warum die jeweilige Antwort richtig oder falsch ist, finden Sie im Abschnitt »Antworten« am Ende dieses Kapitels.

1. Welche Gesamtstrukturfunktionsebene ist für die Aktivierung des Active Directory-Papierkorbs mindestens erforderlich?

   A. Windows Server 2003

   B. Windows Server 2008

   C. Windows Server 2008 R2

   D. Windows Server 2012

2. Mit welcher Konsole können Sie den Active Directory-Papierkorb verwenden? (Wählen Sie alle zutreffenden Antworten.)

   A. *Active Directory-Benutzer und -Computer*

   B. *Active Directory-Verwaltungscenter*

   C. *Active Directory-Standorte und -Dienste*

   D. *Active Directory-Domäne*

3. Die AD DS-Datenbank eines Domänencontrollers wurde beschädigt. Sie haben vom Anfang der Woche eine Sicherung aller wichtigen Volumes, die auch die Systemstatusdaten enthält. Es wurden keine wichtigen Active Directory-Objekte gelöscht. Was müssen Sie tun, um Active Directory wiederherzustellen? (Wählen Sie alle zutreffenden Antworten)

   A. Sie starten den Computer im Verzeichnisdienst-Wiederherstellungsmodus neu.

   B. Sie stellen die Systemstatusdaten wieder her.

   C. Sie führen eine autorisierende Wiederherstellung durch.

   D. Sie führen eine nichtautorisierende Wiederherstellung durch.

4. Mit welchen der folgenden Methoden können Sie in einer Gesamtstruktur mit drei Domänen, die auf der Gesamtstrukturfunktionsebene *Windows Server 2008* arbeitet, gelöschte Benutzerkonten wiederherstellen? (Wählen Sie alle zutreffenden Antworten.)

   A. Autorisierende Wiederherstellung im DSRM-Modus

   B. Nichtautorisierende Wiederherstellung im DSRM-Modus

   C. Wiederherstellung aus dem Active Directory-Papierkorb

   D. Wiederherstellung durch Bearbeitung von Active Directory-Attributen mit *ldp.exe*

5. Sie möchten das Risiko verringern, dass wichtige Benutzer- und Computerkonten gelöscht werden. Mit welchem der folgenden Schritte erreichen Sie dies?

   A. Aktivieren des Active Directory-Papierkorbs

   B. Konfigurieren des Schutzes vor versehentlichem Löschen

   C. Aktivieren von DSRM

   D. Ändern des Werts des Attributs `msDS-deletedObjectLifetime`

Übungen

In den Übungen dieses Abschnitts sammeln Sie Praxiserfahrung zu folgenden Themen:

- Verwalten von FSMO-Rollen

- Bereitstellen eines schreibgeschützten Domänencontrollers

- Konfigurieren globaler Katalogserver

- Aktivieren und Verwenden des Active Directory-Papierkorbs

Um die Übungen in diesem Abschnitt durchzuarbeiten, brauchen Sie virtuelle Computer namens *DC*, *SYD-A* und *SYD-B*, auf denen die Evaluierungsversion von Windows Server 2012 installiert ist. Wie Sie diese Server einrichten, ist im Anhang beschrieben. Legen Sie Snapshots der virtuellen Computer an, damit Sie ihren Ausgangszustand nach Abschluss der Übungen wiederherstellen können.

Übung 1: Installieren eines Domänencontrollers

In dieser Übung führen Sie einige Verwaltungsarbeiten mit Domänencontrollern durch, wie die Übertragung von FSMO-Rollen, die Bereitstellung eines RODC, die Konfiguration eines globalen Katalogservers und die Verwendung der Zwischenspeicherung der universellen Gruppenmitgliedschaft (Universal Group Membership Caching, UGMC):

1. Schalten Sie die Computer *DC* und *SYD-A* ein.

2. Melden Sie sich auf dem Computer *DC* als *Contoso\Administrator* an.

3. Klicken Sie im Server-Manager auf *Alle Server*.

4. Klicken Sie im Menü *Verwalten* auf *Server hinzufügen*.

5. Klicken Sie im Dialogfeld *Server hinzufügen* auf *Suche starten*.

6. Klicken Sie in der Serverliste auf *SYD-A* und dann auf den nach rechts gerichteten Pfeil, um *SYD-A* zur Liste *Ausgewählt* hinzuzufügen (Abbildung 4.29). Klicken Sie auf *OK*.

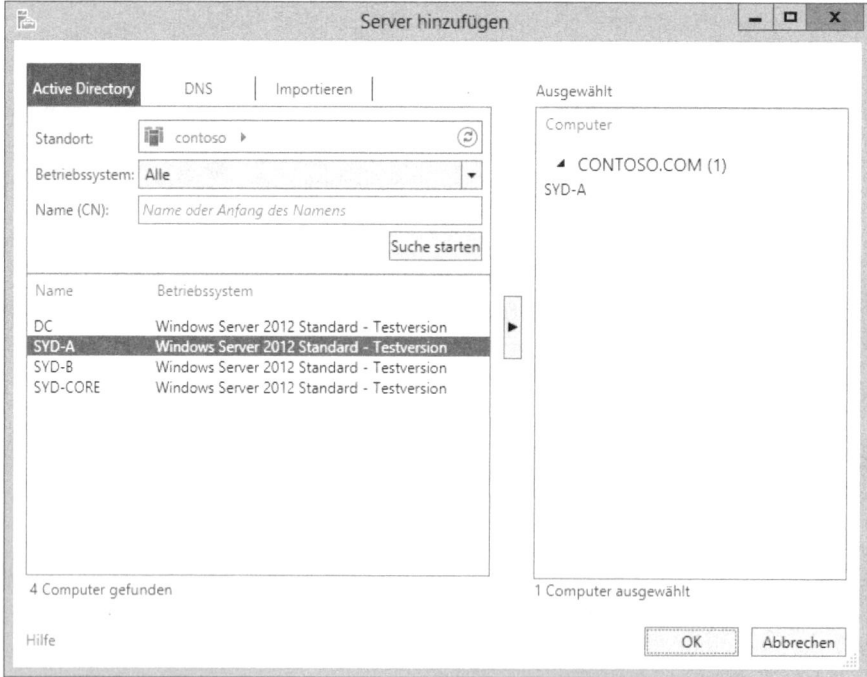

Abbildung 4.29 Hinzufügen eines Servers

7. Klicken Sie im Server-Manager auf *Alle Server* und auf *SYD-A*.

8. Klicken Sie im Menü *Verwalten* auf *Rollen und Features hinzufügen*.

9. Klicken Sie auf der Seite *Vorbemerkungen* des *Assistenten zum Hinzufügen von Rollen und Features* auf *Weiter*.

10. Klicken Sie auf der Seite *Installationstyp auswählen* auf *Rollenbasierte oder featurebasierte Installation* und klicken Sie auf *Weiter*.

11. Klicken Sie auf der Seite *Zielserver auswählen* auf *SYD-A.contoso.com* und auf *Weiter* (Abbildung 4.30).

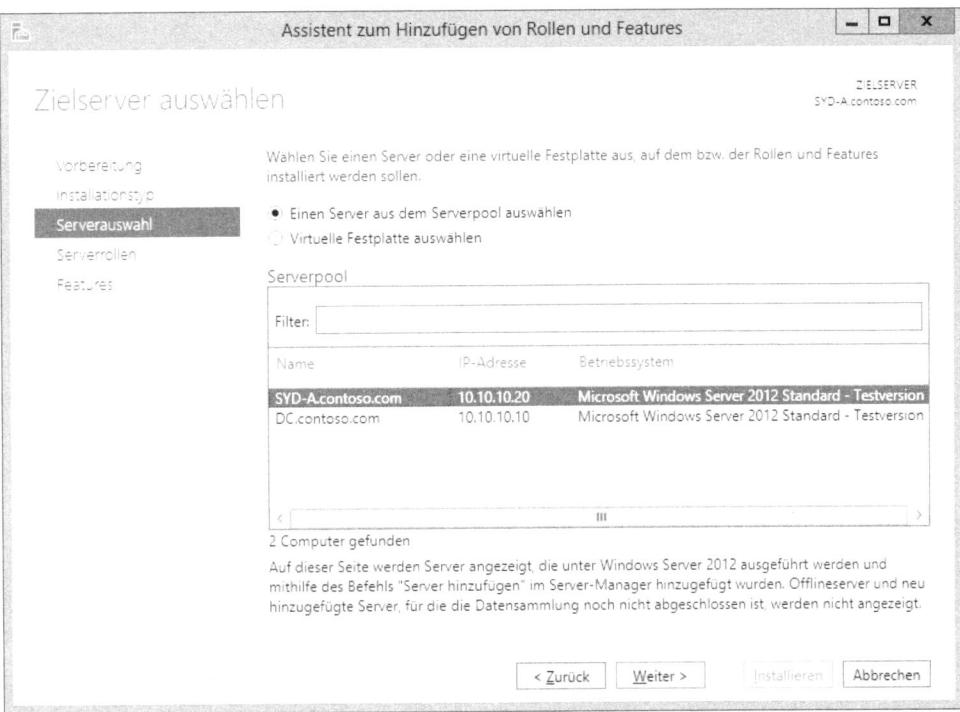

Abbildung 4.30   Auswählen eines Zielservers

12. Klicken Sie auf der Seite *Serverrollen auswählen* auf *Active Directory-Domänendienste*, wie in Abbildung 4.31. Es erscheint das Dialogfeld *Assistent zum Hinzufügen von Rollen und Features*.

13. Klicken Sie im Dialogfeld *Assistent zum Hinzufügen von Rollen und Features* auf *Features hinzufügen*.

14. Klicken Sie auf der Seite *Serverrollen auswählen* auf *Weiter*.

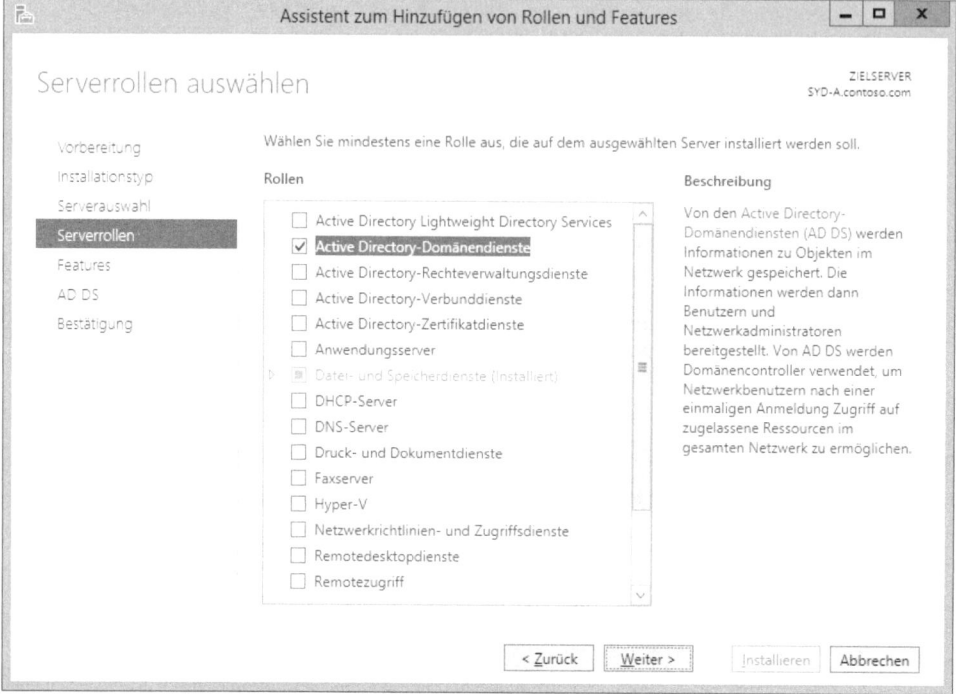

Abbildung 4.31 Hinzufügen der Rolle *Active Directory-Domänendienste*

15. Klicken Sie auf der Seite *Features auswählen* auf *Weiter*.

16. Klicken Sie auf der Seite *Active Directory-Domänendienste* auf *Weiter*.

17. Wählen Sie auf der Seite *Installationsauswahl bestätigen* das Kontrollkästchen *Zielserver bei Bedarf automatisch neu starten* (Abbildung 4.32). Klicken Sie auf *Installieren* und nach dem Abschluss der Installation auf *Schließen*.

18. Klicken Sie im Server-Manager auf *Alle Server* und auf *SYD-A*. Klicken Sie auf das Warnsymbol und dann auf *Server zu einem Domänencontroller heraufstufen*.

19. Klicken Sie auf der Seite *Bereitstellungskonfiguration* des *Konfigurations-Assistenten für die Active Directory-Domänendienste* auf *Domänencontroller zu einer vorhandenen Domäne hinzufügen* und sorgen Sie dafür, dass als Domäne *contoso.com* gewählt ist (Abbildung 4.33).

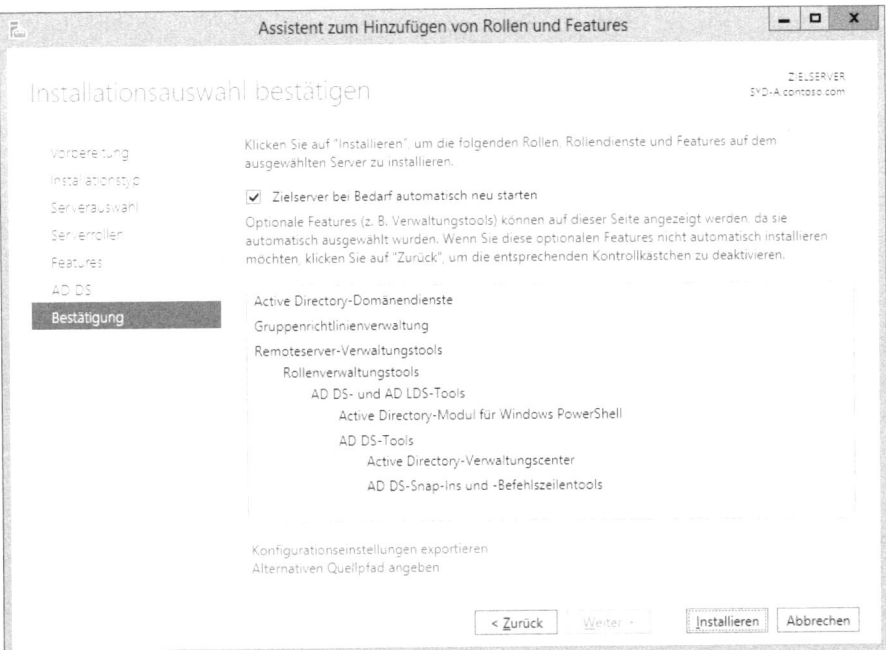

Abbildung 4.32 Der Server wird bei Bedarf neu gestartet

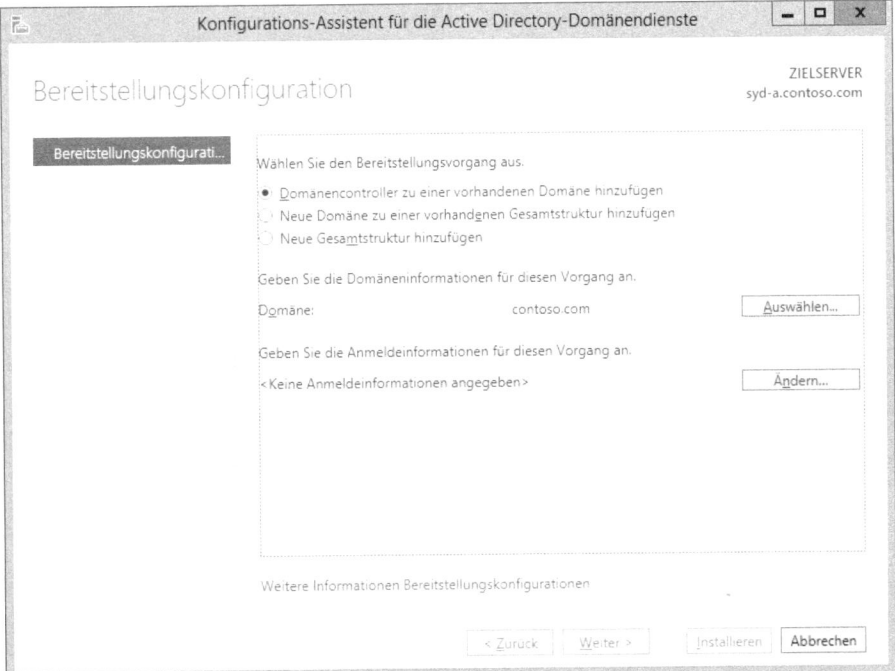

Abbildung 4.33 Hinzufügen eines Domänencontrollers zu einer vorhandenen Domäne

20. Klicken Sie auf *Ändern*. Machen Sie im Dialogfeld *Windows-Sicherheit* folgende Angaben und klicken Sie auf *OK*:

   - *Benutzername*: **Contoso\Administrator**
   - *Kennwort*: **Pa$$w0rd**

21. Klicken Sie im Dialogfeld *Bereitstellungskonfiguration* auf *Weiter*.

22. Geben Sie auf der Seite *Domänencontrolleroptionen* das Kennwort **Pa$$w0rd** für den Verzeichnisdienst-Wiederherstellungsmodus ein und bestätigen Sie das Kennwort durch eine zweite Eingabe (Abbildung 4.34).

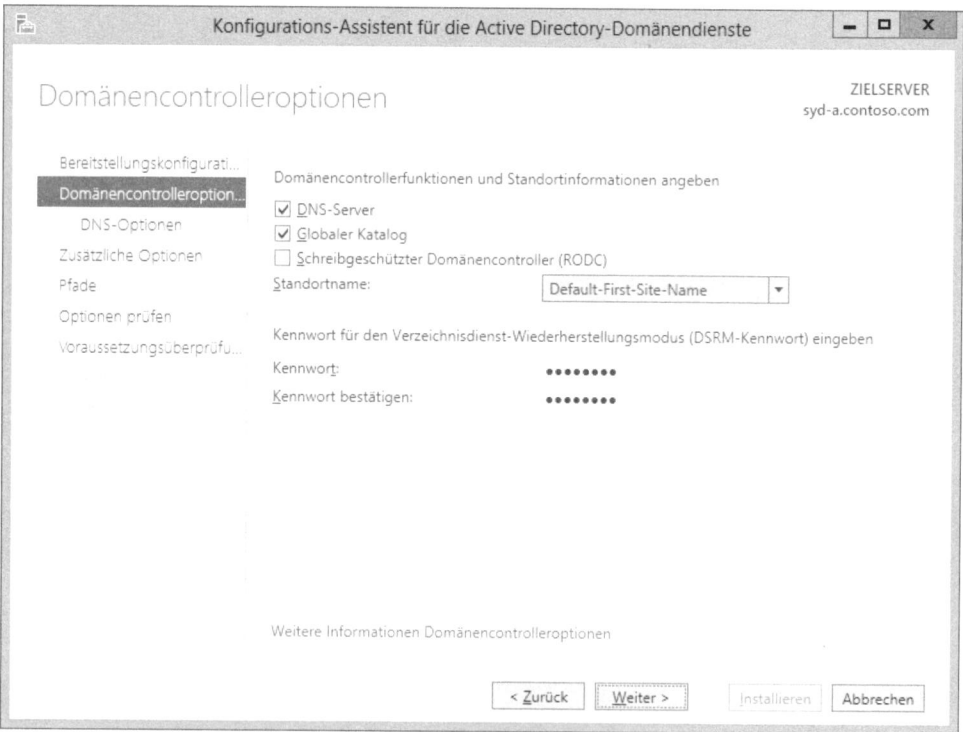

Abbildung 4.34 Konfigurieren der Domänencontrolleroptionen

23. Klicken Sie auf der Seite *DNS-Optionen* auf *Weiter*.

24. Klicken Sie auf der Seite *Zusätzliche Optionen* auf den Pfeil neben *Replizieren von* und dann auf *dc.contoso.com* (Abbildung 4.35). Klicken Sie auf *Weiter*.

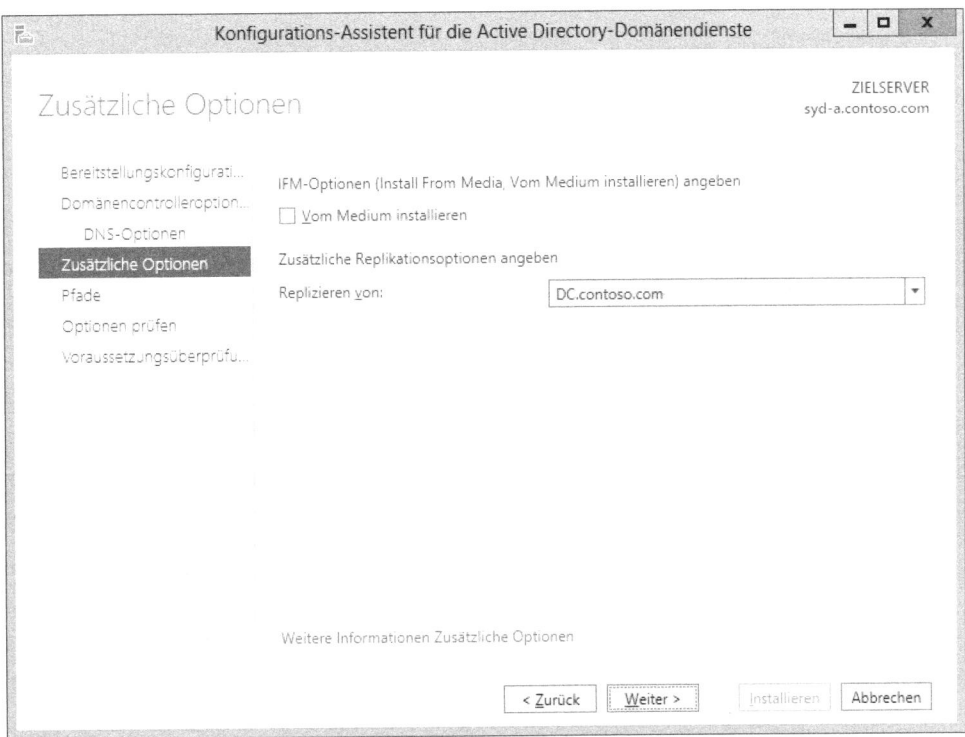

Abbildung 4.35 Konfigurieren zusätzlicher Optionen

25. Klicken Sie auf der Seite *Pfade* auf *Weiter*.

26. Klicken Sie auf der Seite *Optionen prüfen* auf *Weiter*.

27. Überprüfen Sie die Ergebnisse auf der Seite *Voraussetzungsüberprüfung*. Es dürfen nur Warnungen vorhanden sein, aber keine Fehlermeldungen (Abbildung 4.36). Klicken Sie dann auf *Installieren*.

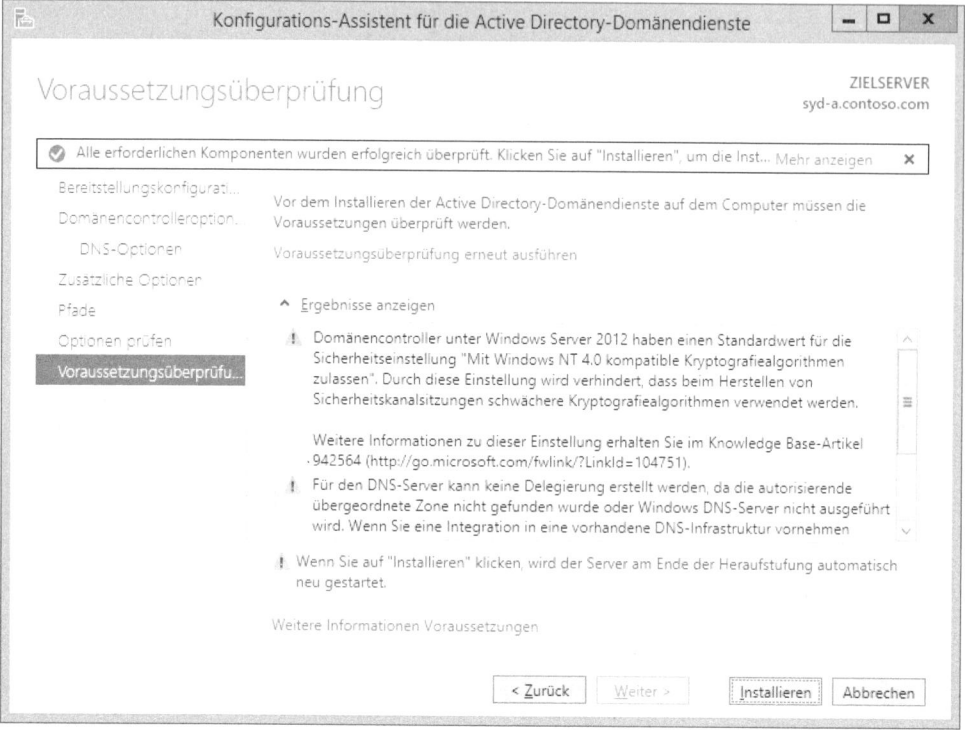

Abbildung 4.36 Überprüfen der Voraussetzungen

28. Klicken Sie auf *Schließen*.

29. Klicken Sie im Server-Manager auf den Knoten *AD DS* und überprüfen Sie, ob *SYD-A* als Domänencontroller vorhanden ist.

Übung 2: Bereitstellen eines RODC

In dieser Übung stellen Sie einen schreibgeschützten Domänencontroller (Read-only Domain Controller, RODC) bereit:

1. Schalten Sie den Computer *SYD-B* ein.

2. Klicken Sie im Server-Manager von *DC* auf *Alle Server*.

3. Klicken Sie *Verwalten* und dann auf *Server hinzufügen*.

4. Klicken Sie im Dialogfeld *Server hinzufügen* auf *Suche starten*.

5. Klicken Sie auf *SYD-B* und auf den nach rechts gerichteten Pfeil, um *SYD-B* zur Liste der ausgewählten Computer hinzuzufügen (Abbildung 4.37). Klicken Sie auf *OK*.

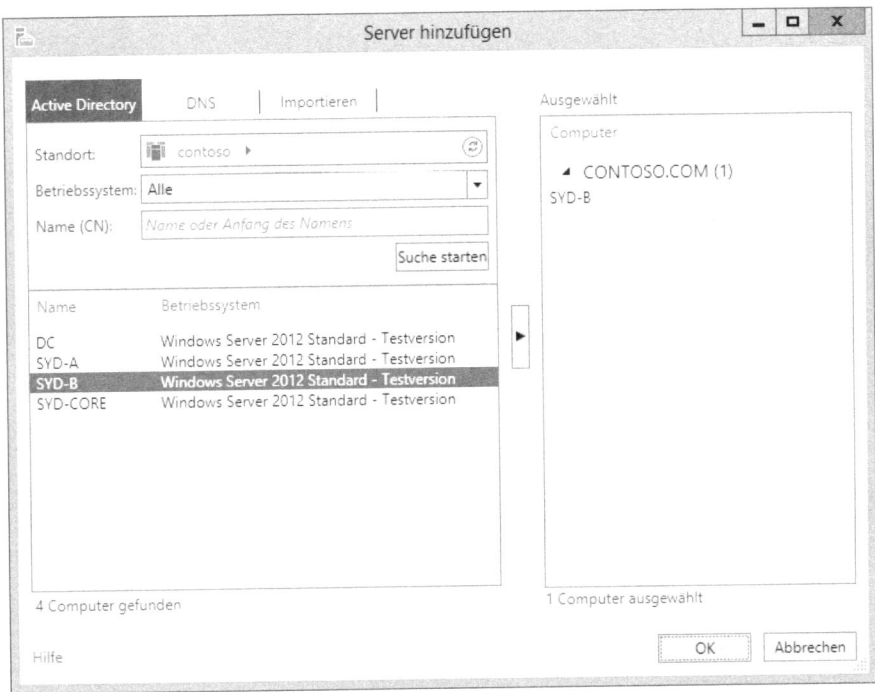

Abbildung 4.37 Hinzufügen eines Servers

6. Klicken Sie auf *Alle Server* und dann auf *SYD-B*. Klicken Sie im Menü *Verwalten* auf *Rollen und Features hinzufügen*.

7. Klicken Sie auf der Seite *Vorbemerkungen* auf *Weiter*.

8. Klicken Sie auf der Seite *Installationstyp auswählen* auf *Rollenbasierte oder feature-basierte Installation* und auf *Weiter*.

9. Klicken Sie auf der Seite *Zielserver auswählen* auf *SYD-B.contoso.com* (Abbildung 4.38). Klicken Sie auf *Weiter*.

10. Klicken Sie auf der Seite *Serverrollen* auf *Active Directory-Domänendienste*. Dadurch öffnet sich das Dialogfeld *Assistent zum Hinzufügen von Rollen und Features*. Klicken Sie auf *Features hinzufügen* und auf *Weiter*.

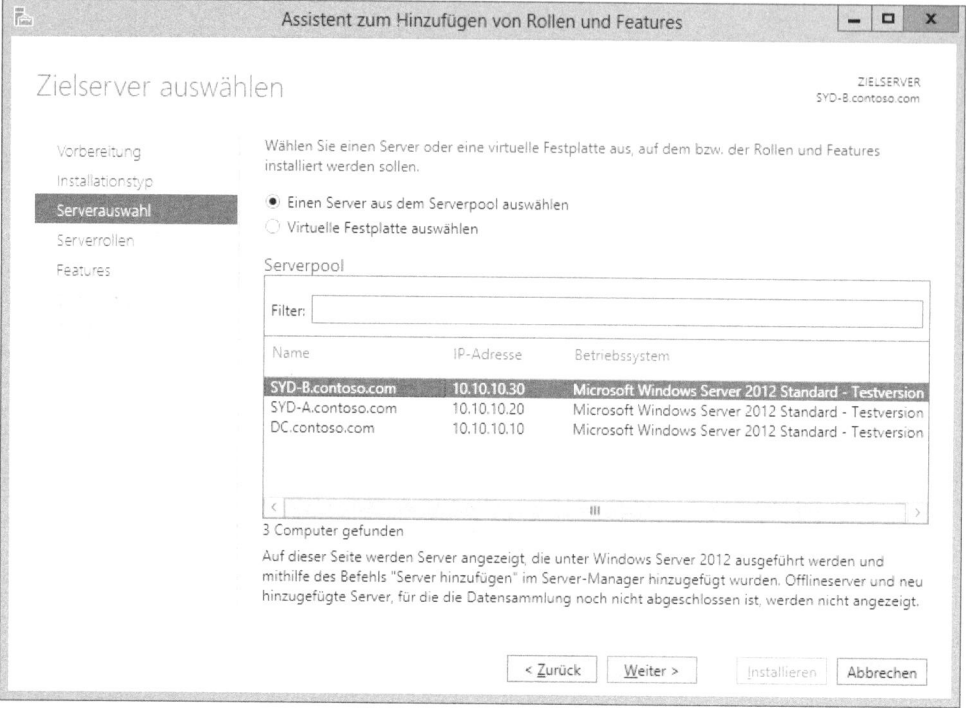

Abbildung 4.38   Auswählen des Servers *SYD-B.contoso.com*

11. Klicken Sie auf der Seite *Features* auf *Weiter*.

12. Klicken Sie auf der Seite *Active Directory-Domänendienste* auf *Weiter*.

13. Wählen Sie auf der Seite *Installationsauswahl bestätigen* das Kontrollkästchen *Zielserver bei Bedarf automatisch neu starten* aus und klicken Sie auf *Installieren*. Klicken Sie nach dem Abschluss der Installation auf *Schließen*.

14. Klicken Sie im Server-Manager auf *Alle Server* und auf *SYD-B*.

15. Klicken Sie auf das Warnsymbol und klicken Sie auf *Server zu einem Domänencontroller heraufstufen*.

16. Klicken Sie auf der Seite *Bereitstellungskonfiguration* auf *Domänencontroller zu einer vorhandenen Domäne hinzufügen* und auf *Ändern*.

17. Geben Sie im Dialogfeld *Windows-Sicherheit* folgende Anmeldeinformationen ein und klicken Sie auf *OK* (Abbildung 4.39).

    - *Benutzername*: **Contoso\Administrator**
    - *Kennwort*: **Pa$$w0rd**

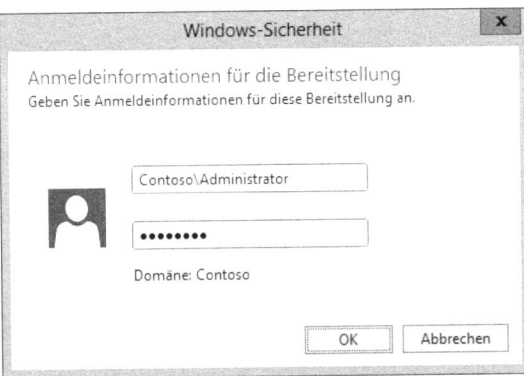

Abbildung 4.39 Eingeben der Anmeldeinformationen für das
Heraufstufen zu einem Domänencontroller

18. Klicken Sie auf der Seite *Bereitstellungskonfiguration* auf *Weiter*.

19. Wählen Sie auf der Seite *Domänencontrolleroptionen* das Kontrollkästchen *Schreibgeschützter Domänencontroller (RODC)* und konfigurieren Sie folgendes Kennwort für den
Verzeichnisdienst-Wiederherstellungsmodus: **Pa$$w0rd** (Abbildung 4.40). Klicken Sie
auf *Weiter*.

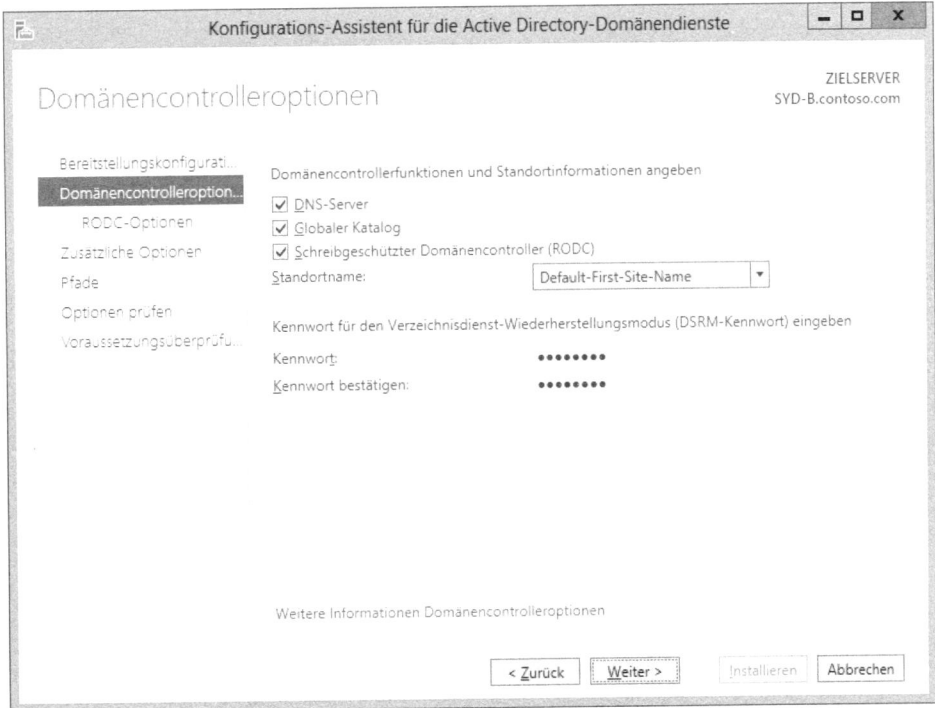

Abbildung 4.40 Konfigurieren eines Domänencontrollers als RODC

20. Klicken Sie auf der Seite *RODC-Optionen* auf *VORDEFINIERT\Sicherungs-Operatoren* und klicken Sie auf *Entfernen*. Klicken Sie auf *VORDEFINIERT\Konten-Operatoren* und auf *Entfernen*. Klicken Sie auf *Weiter* (Abbildung 4.41).

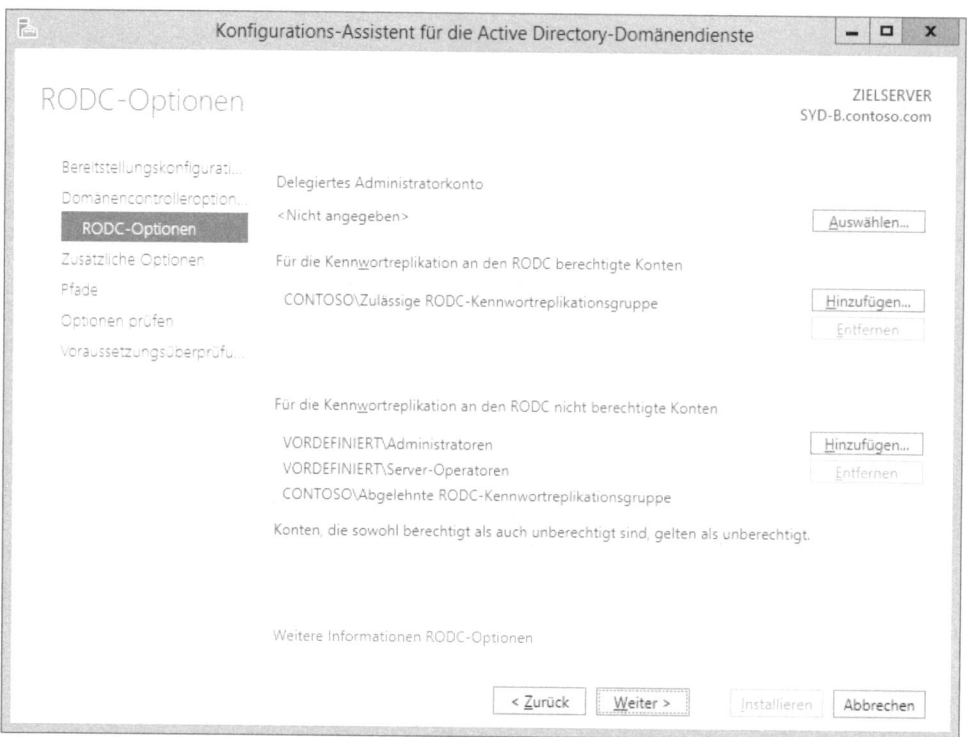

Abbildung 4.41   Konfigurieren der Konten für die Kennwortreplikation

21. Klicken Sie auf der Seite *Zusätzliche Optionen* auf *Beliebige Domänencontroller* und dann auf *SYD-A.contoso.com*. Klicken Sie auf *Weiter*.

22. Überprüfen Sie auf der Seite *Pfade* die Standardpfade (Abbildung 4.42) und klicken Sie auf *Weiter*.

23. Klicken Sie auf der Seite *Optionen prüfen* auf *Weiter*.

24. Überprüfen Sie auf der Seite *Überprüfung der erforderlichen Komponenten*, ob keine Fehlermeldungen angezeigt werden, und klicken Sie auf *Installieren*. Klicken Sie nach dem Abschluss der Installation auf *Schließen*.

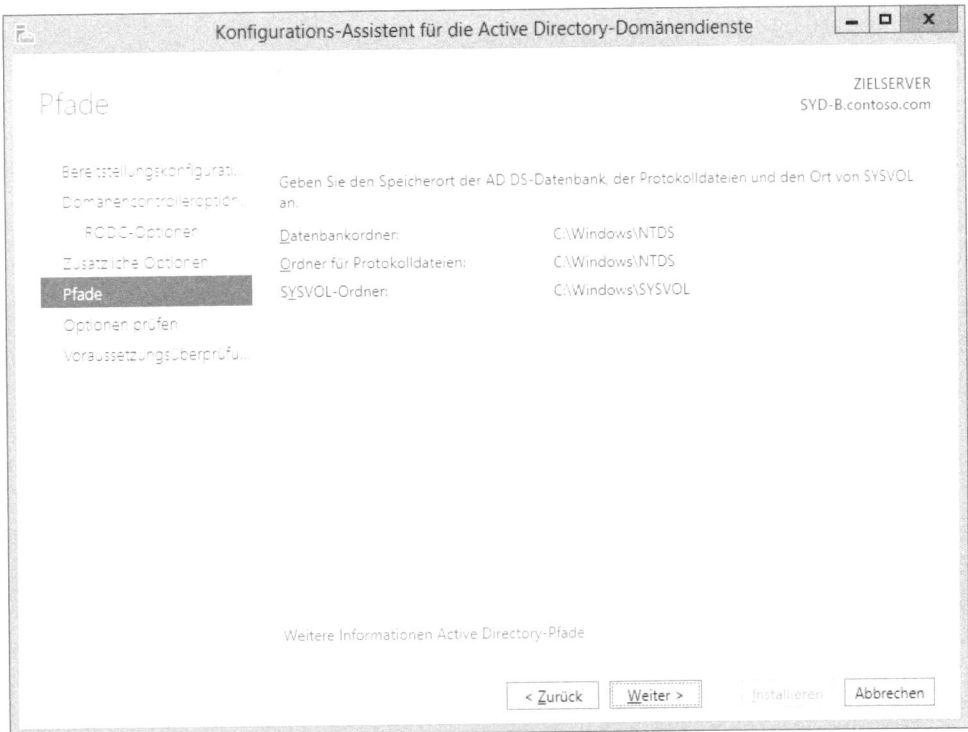

Abbildung 4.42 Konfigurieren der Pfade für Datenbank, Protokolldateien und SYSVOL

Übung 3: Übertragen von FSMO-Rollen

In dieser Übung übertragen Sie einige FSMO-Rollen von *DC* auf *SYD-A*:

1. Klicken Sie im Server-Manager des Computers *DC* auf das Menü *Tools* und auf *Active Directory-Benutzer und -Computer*.

2. Klicken Sie auf *contoso.com*. Klicken Sie im Menü *Aktion* auf *Domänencontroller ändern*.

3. Klicken Sie im Dialogfeld *Verzeichnisserver ändern* auf *SYD-A.contoso.com* (Abbildung 4.43) und auf *OK*.

4. Klicken Sie in *Active Directory-Benutzer und -Computer* auf *contoso.com*. Klicken Sie im Menü *Aktion* auf *Betriebsmaster*.

5. Klicken Sie auf der Registerkarte *PDC* des Dialogfelds *Betriebsmaster* auf *Ändern*.

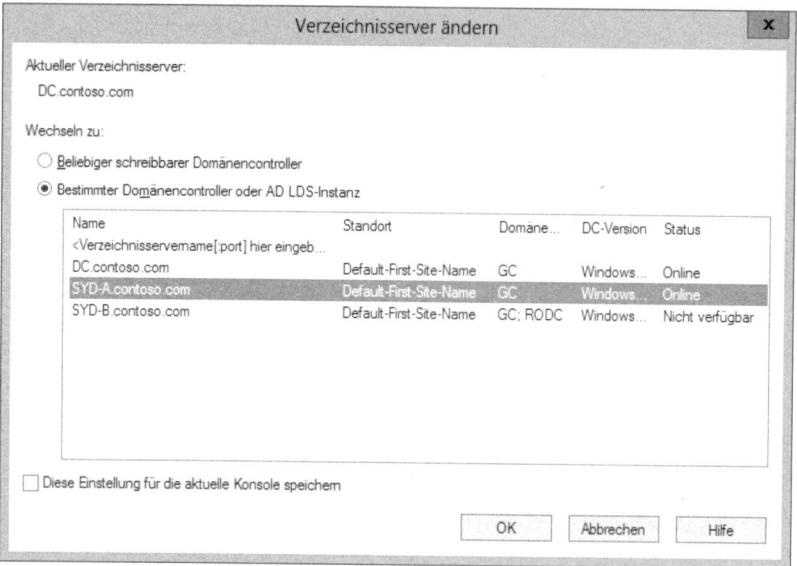

Abbildung 4.43   Auswählen eines Domänencontrollers

6. Klicken Sie im Dialogfeld *Active Directory-Domänendienste* auf *Ja* und auf *OK*.

7. Überprüfen Sie auf der Registerkarte *PDC* des Dialogfelds *Betriebsmaster*, ob als PDC-Betriebsmaster *Syd-A.contoso.com* eingetragen ist (Abbildung 4.44). Klicken Sie dann auf die Registerkarte *Infrastruktur*.

Abbildung 4.44   Übertragen der Rolle *PDC-Emulator*

8. Klicken Sie auf der Registerkarte *Infrastruktur* auf *Ändern*.

9. Klicken Sie im Dialogfeld *Active Directory-Domänendienste* auf *Ja* und auf *OK*.

10. Überprüfen Sie, ob die Rolle *Infrastrukturmaster* an *SYD-A.contoso.com* übertragen wurde (Abbildung 4.45), und klicken Sie auf *Schließen*.

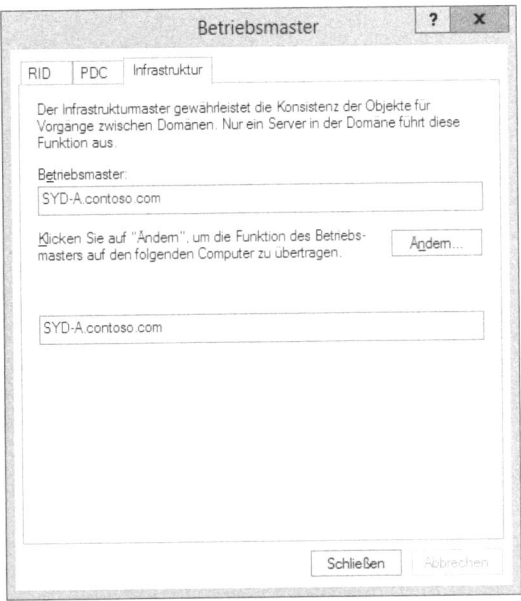

Abbildung 4.45   Übertragen der Rolle *Infrastrukturmaster*

11. Schließen Sie *Active Directory-Benutzer und -Computer*.

12. Klicken Sie auf der Taskleiste auf das *Windows PowerShell*-Symbol.

13. Geben Sie folgenden Befehl ein, um das Snap-In *Active Directory-Schema* zu registrieren:

```
Regsvr32.exe schmmgmt.dll
```

14. Klicken Sie im Dialogfeld *RegSvr32* auf *OK*.

15. Schließen Sie das Windows PowerShell-Fenster.

16. Geben Sie im Charm *Suchen* **mmc.exe** ein. Klicken Sie unter *Apps* auf *mmc*.

17. Klicken Sie im Fenster *Konsole1 – [Konsolenstamm]* auf Datei und auf *Snap-In hinzufügen/entfernen*.

18. Klicken Sie im Dialogfeld *Snap-Ins hinzufügen bzw. entfernen* auf *Active Directory-Schema* und auf *Hinzufügen* (Abbildung 4.46). Klicken Sie auf *OK*.

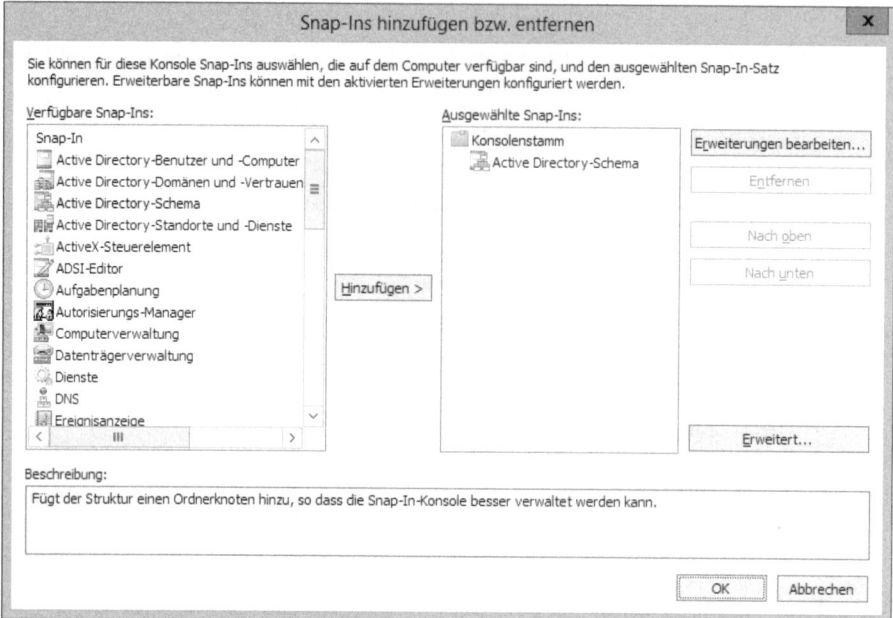

Abbildung 4.46 Hinzufügen des Snap-Ins *Active Directory-Schema*

19. Klicken Sie in *Konsole1* auf *Active Directory-Schema*.

20. Klicken Sie im Menü *Aktion* auf *Active Directory-Domänencontroller ändern*.

21. Klicken Sie im Dialogfeld *Verzeichnisserver ändern* auf *SYD-A.contoso.com* und auf *OK*.

22. Klicken Sie im Dialogfeld *Active Directory-Schema* auf *OK*.

23. Klicken Sie in *Konsole1* auf *Active Directory-Schema*.

24. Klicken Sie im Menü *Aktion* auf *Betriebsmaster*.

25. Klicken Sie im Dialogfeld *Schemamaster ändern* auf *Ändern* (Abbildung 4.47).

Abbildung 4.47 Ändern des Schemamasters

26. Klicken Sie im Dialogfeld *Active Directory-Schema* auf *Ja* und auf *OK*.

27. Überprüfen Sie, ob die Rolle *Schemamaster* auf *syd-a.contoso.com* übertragen wurde, und klicken Sie auf *Schließen*.

28. Schließen Sie *Konsole1*.

29. Klicken Sie im Menü *Tools* auf *Active Directory-Domänen und -Vertrauensstellungen*.

30. Klicken Sie im Menü *Aktion* der Konsole *Active Directory-Domänen und -Vertrauensstellungen* auf *Active Directory-Domänencontroller ändern*.

31. Klicken Sie im Dialogfeld *Verzeichnisserver ändern* auf *SYD-A.contoso.com* und auf *OK*.

32. Klicken Sie im Menü *Aktion* auf *Betriebsmaster*.

33. Klicken Sie im Dialogfeld *Betriebsmaster* auf *Ändern*.

34. Klicken Sie im Dialogfeld *Active Directory-Domänen und -Vertrauensstellungen* auf *Ja* und auf *OK*.

35. Überprüfen Sie, ob die Rolle *Domänennamenmaster* auf *syd-a.contoso.com* übertragen wurde, und klicken Sie auf *Schließen*.

Übung 4: Active Directory-Papierkorb

In dieser Übung löschen Sie in Active Directory einige Objekte und stellen sie wieder her:

1. Klicken Sie im Menü *Tools* der Konsole *Server-Manager* auf *Active Directory-Verwaltungscenter*.

2. Klicken Sie im Active Directory-Verwaltungscenter auf *contoso (lokal)*.

3. Klicken Sie im Bereich *Aufgaben* auf *Domänencontroller ändern*.

4. Klicken Sie im Dialogfeld *Domänencontroller ändern* auf *SYD-A* und auf *Ändern*.

5. Klicken Sie im Bereich *Aufgaben* des Active Directory-Verwaltungscenters auf *Papierkorb aktivieren*.

6. Klicken Sie im Dialogfeld *Papierkorbaktivierung bestätigen* auf *OK* (Abbildung 4.48).

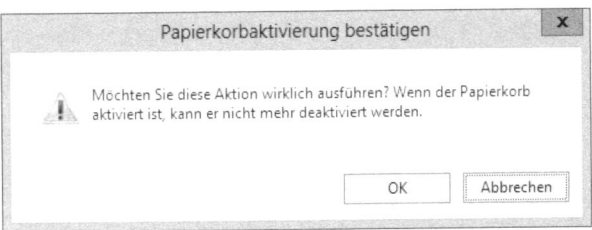

Abbildung 4.48   Aktivieren des Active Directory-Papierkorbs

7. Lesen Sie die Meldung im Dialogfeld *Active Directory-Verwaltungscenter* und klicken Sie auf *OK*.

8. Klicken Sie im Active Directory-Verwaltungscenter doppelt auf den Container *Users*.

9. Klicken Sie im Bereich *Aufgaben* auf *Neu* und auf *Benutzer*.

10. Geben Sie im Dialogfeld *Benutzer erstellen* folgende Informationen ein und klicken Sie auf *OK*:

    ■ *Vollständiger Name*: **Don Funk**

    ■ *SamAccountName*: **contoso\don_funk**

11. Klicken Sie im Bereich *Aufgaben* auf *Neu* und dann auf *Gruppe*.

12. Geben Sie im Dialogfeld *Gruppe erstellen* folgende Informationen ein und klicken Sie auf *OK*:

    ■ *Gruppenname*: **Funk_Reports**

    ■ *Mitglieder*: **Contoso\don_funk**

13. Halten Sie im Active Directory-Verwaltungscenter ⌨Strg gedrückt und klicken Sie auf *Don Funk* und *Funk_Reports*.

14. Klicken Sie im Bereich *Aufgaben* auf *Löschen*.

15. Klicken Sie im Dialogfeld *Löschbestätigung* auf *Ja*.

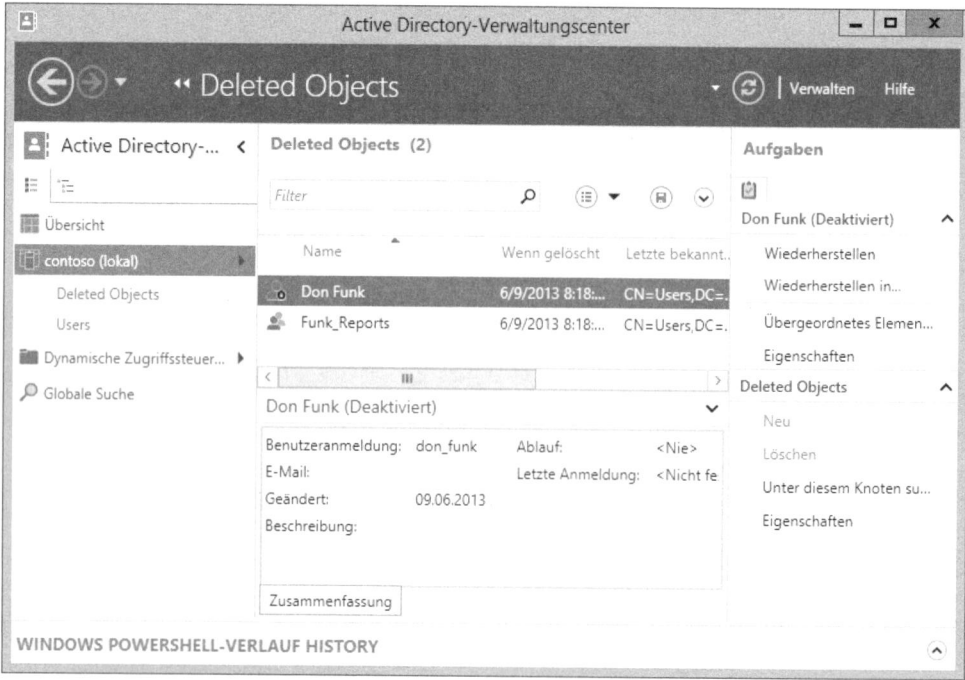

Abbildung 4.49 Der Inhalt des Papierkorbs

16. Klicken Sie im Active Directory-Verwaltungscenter auf *contoso (lokal)*.

17. Klicken Sie doppelt auf den Container *Deleted Objects*. Falls dieser Container nicht angezeigt wird, klicken Sie auf *Aktualisieren*.

18. Überprüfen Sie, ob die Datensätze *Don Funk* und *Funk_Reports* vorhanden sind, wie in Abbildung 4.49.

19. Klicken Sie im Bereich *Aufgaben* auf *Wiederherstellen*.

20. Klicken Sie auf den Container *Users* und überprüfen Sie, ob die Einträge *Don Funk* und *Funk_Reports* wiederhergestellt wurden.

Vorgeschlagene Übungen

Die folgenden zusätzlichen Übungen bieten Ihnen weitere Möglichkeiten, die in diesem Kapitel behandelten Themen einzuüben und zu vertiefen.

- **Übung 1**   Entfernen Sie die Rolle *Globaler Katalogserver* von *DC*

- **Übung 2**   Schalten Sie *SYD-A* aus, um einen Ausfall dieses Servers zu simulieren. Verwenden Sie die Konsole *Active Directory-Benutzer und -Computer*, um die Active Directory-Metadaten zu bereinigen. Überprüfen Sie, ob die FSMO-Rollen auf *DC* übertragen wurden.

- **Übung 3**   Erstellen Sie eine neue Organisationseinheit und legen Sie zwei Benutzerkonten in dieser Organisationseinheit an. Richten Sie eines dieser Konten so ein, dass es vor versehentlichem Löschen geschützt ist. Versuchen Sie, das Benutzerkonto zu löschen. Entfernen Sie den Löschschutz und löschen Sie dann die Organisationseinheit und die beiden Benutzerkonten. Stellen Sie eines dieser Benutzerkonten wieder her.

Antworten

Dieser Abschnitt enthält die Antworten auf die Lernzielkontrollfragen dieses Kapitels.

Lektion 1

1. **Richtige Antworten: A, B und D**

    A. **Richtig:** Für die Erstellung von Kopien von virtuellen Domänencontrollern muss der Hypervisor, auf dem der virtuelle Computer ausgeführt wird, VM-GenerationID unterstützen.

    B. **Richtig:** Zur Erstellung einer Kopie von einem virtuellen Domänencontroller muss der Quelldomänencontroller Mitglied der Sicherheitsgruppe *Klonbare Domänencontroller* sein.

C. **Falsch:** Der Schemamaster braucht nicht online zu sein und muss auch nicht auf Windows Server 2012 ausgeführt werden, damit sich Domänencontrollern klonen lassen.

D. **Richtig:** Der PDC-Emulator muss online sein und auf Windows Server 2012 ausgeführt werden, damit sich Domänencontrollern klonen lassen.

2. **Richtige Antwort: B**

A. **Falsch:** Der Infrastrukturmaster führt Buch über Änderungen, die in anderen Domänen erfolgen und sich auf Objekte aus der lokalen Domäne auswirken können.

B. **Richtig:** Der PDC-Emulator ist für die Verwaltung von Kennwortänderungen und für die Synchronisation der Uhren verantwortlich. Er dient als Hauptsuchdienst der Domäne und verwaltet die Aktualisierung der Gruppenrichtlinien.

C. **Falsch:** Der RID-Master erstellt einen Pool an relativen Bezeichnern. Sie werden mit Kennungen kombiniert, die Domänencontroller erstellen, um sicherzustellen, dass Domänen-SIDs eindeutig sind.

D. **Falsch:** Der Domänennamenmaster ist für das Hinzufügen und Löschen von Domänen und Anwendungspartitionen in der Gesamtstruktur zuständig.

E. **Falsch:** Der Schemamaster ist für die Verwaltung von Änderungen am Active Directory-Schema zuständig.

3. **Richtige Antwort: E**

A. **Falsch:** Der Infrastrukturmaster führt Buch über Änderungen, die in anderen Domänen erfolgen und sich auf Objekte aus der lokalen Domäne auswirken können.

B. **Falsch:** Der PDC-Emulator ist für die Verwaltung von Kennwortänderungen und für die Synchronisation der Uhren verantwortlich. Er dient als Hauptsuchdienst der Domäne und verwaltet die Aktualisierung der Gruppenrichtlinien.

C. **Falsch:** Der RID-Master erstellt einen Pool an relativen Bezeichnern. Sie werden mit Kennungen kombiniert, die Domänencontroller erstellen, um sicherzustellen, dass Domänen-SIDs eindeutig sind.

D. **Falsch:** Der Domänennamenmaster ist für das Hinzufügen und Löschen von Domänen und Anwendungspartitionen in der Gesamtstruktur zuständig.

E. **Richtig:** Der Schemamaster ist für die Verwaltung von Änderungen am Active Directory-Schema zuständig.

4. **Richtige Antwort: C**

A. **Falsch:** Der Infrastrukturmaster führt Buch über Änderungen, die in anderen Domänen erfolgen und sich auf Objekte aus der lokalen Domäne auswirken können.

B. **Falsch:** Der PDC-Emulator ist für die Verwaltung von Kennwortänderungen und für die Synchronisation der Uhren verantwortlich. Er dient als Hauptsuchdienst der Domäne und verwaltet die Aktualisierung der Gruppenrichtlinien.

C. **Richtig:** Der RID-Master erstellt einen Pool an relativen Bezeichnern. Sie werden mit Kennungen kombiniert, die Domänencontroller erstellen, um sicherzustellen, dass Domänen-SIDs eindeutig sind.

D. **Falsch:** Der Domänennamenmaster ist für das Hinzufügen und Löschen von Domänen und Anwendungspartitionen in der Gesamtstruktur zuständig.

E. **Falsch:** Der Schemamaster ist für die Verwaltung von Änderungen am Active Directory-Schema zuständig.

5. **Richtige Antwort: D**

A. **Falsch:** Der Infrastrukturmaster führt Buch über Änderungen, die in anderen Domänen erfolgen und sich auf Objekte aus der lokalen Domäne auswirken können.

B. **Falsch:** Der PDC-Emulator ist für die Verwaltung von Kennwortänderungen und für die Synchronisation der Uhren verantwortlich. Er dient als Hauptsuchdienst der Domäne und verwaltet die Aktualisierung der Gruppenrichtlinien.

C. **Falsch:** Der RID-Master erstellt einen Pool an relativen Bezeichnern. Sie werden mit Kennungen kombiniert, die Domänencontroller erstellen, um sicherzustellen, dass Domänen-SIDs eindeutig sind.

D. **Richtig:** Der Domänennamenmaster ist für das Hinzufügen und Löschen von Domänen und Anwendungspartitionen in der Gesamtstruktur zuständig.

E. **Falsch:** Der Schemamaster ist für die Verwaltung von Änderungen am Active Directory-Schema zuständig.

Lektion 2

1. **Richtige Antwort: B**

A. **Falsch:** Mit diesem Befehl heben Sie die Bereitstellung eines Snapshots auf.

B. **Richtig:** Mit diesem Befehl stellen Sie einen Snapshot bereit.

C. **Falsch:** Mit diesem Befehl erstellen Sie einen Snapshot.

D. **Falsch:** Mit diesem Befehl führen Sie eine semantische Analyse der Active Directory-Datenbank durch.

2. **Richtige Antwort: B**

A. **Falsch:** Mit diesem Befehl überprüfen Sie die Integrität der Datei, in der die Active Directory-Datenbank liegt.

B. **Richtig:** Mit diesem Befehl defragmentieren Sie die AD DS-Datenbank.

C. **Falsch:** Mit diesem Befehl heben Sie die Bereitstellung eines Snapshots auf.

D. **Falsch:** Mit diesem Befehl stellen Sie einen Snapshot bereit.

3. **Richtige Antwort: A**

A. **Richtig:** Mit diesem Befehl erstellen Sie einen Snapshot.

B. **Falsch:** Mit diesem Befehl überprüfen Sie die logische Integrität der Active Directory-Datenbank.

C. **Falsch:** Mit diesem Befehl überprüfen Sie die Integrität der Datei, in der die Active Directory-Datenbank liegt.

D. **Falsch:** Mit diesem Befehl defragmentieren Sie die AD DS-Datenbank.

4. **Richtige Antwort: C**

   A. **Falsch:** Mit diesem Befehl überprüfen Sie die logische Integrität der Active Directory-Datenbank.

   B. **Falsch:** Mit diesem Befehl defragmentieren Sie die AD DS-Datenbank.

   C. **Richtig:** Mit diesem Befehl überprüfen Sie die Integrität der Datei, in der die Active Directory-Datenbank liegt.

   D. **Falsch:** Mit diesem Befehl stellen Sie einen Snapshot bereit.

5. **Richtige Antwort: D**

   A. **Falsch:** Mit diesem Befehl erstellen Sie einen Snapshot.

   B. **Falsch:** Mit diesem Befehl überprüfen Sie die Integrität der Datei, in der die Active Directory-Datenbank liegt.

   C. **Falsch:** Mit diesem Befehl stellen Sie einen Snapshot bereit.

   D. **Richtig:** Mit diesem Befehl überprüfen Sie die logische Integrität der Active Directory-Datenbank.

Lektion 3

1. **Richtige Antwort: C**

   A. **Falsch:** Für die Aktivierung des Active Directory-Papierkorbs ist mindestens die Gesamtstrukturfunktionsebene *Windows Server 2008 R2* erforderlich.

   B. **Falsch:** Für die Aktivierung des Active Directory-Papierkorbs ist mindestens die Gesamtstrukturfunktionsebene *Windows Server 2008 R2* erforderlich.

   C. **Richtig:** Für die Aktivierung des Active Directory-Papierkorbs ist mindestens die Gesamtstrukturfunktionsebene *Windows Server 2008 R2* erforderlich.

   D. **Falsch:** Für die Aktivierung des Active Directory-Papierkorbs ist mindestens die Gesamtstrukturfunktionsebene *Windows Server 2008 R2* erforderlich.

2. **Richtige Antwort: B**

   A. **Falsch:** Der Active Directory-Papierkorb ist im Active Directory-Verwaltungscenter zugänglich.

   B. **Richtig:** Der Active Directory-Papierkorb ist im Active Directory-Verwaltungscenter zugänglich.

   C. **Falsch:** Der Active Directory-Papierkorb ist im Active Directory-Verwaltungscenter zugänglich.

   D. **Falsch:** Der Active Directory-Papierkorb ist im Active Directory-Verwaltungscenter zugänglich.

3. **Richtige Antworten: B und D**

   A. **Falsch:** Einen Neustart im DSRM-Modus müssen Sie nur bei einer autorisierenden Wiederherstellung durchführen.

   B. **Richtig:** Bei der Wiederherstellung der Systemstatusdaten wird die unbeschädigte Active Directory-Datenbank wiederhergestellt.

   C. **Falsch:** Sie brauchen eine autorisierende Wiederherstellung nur durchzuführen, wenn Sie gelöschte Elemente wiederherstellen.

   D. **Richtig:** Eine nichtautorisierende Wiederherstellung ermöglicht die Wiederherstellung einer beschädigten Active Directory-Datenbank.

4. **Richtige Antworten: A und D**

   A. **Richtig:** In Umgebungen, in denen kein Active Directory-Papierkorb verfügbar ist, müssen Sie zur Wiederherstellung von gelöschten Active Directory-Objekten eine autorisierende Wiederherstellung durchführen.

   B. **Falsch:** Eine nichtautorisierende Wiederherstellung eignet sich nicht zur Wiederherstellung gelöschter Objekte.

   C. **Falsch:** Sie können den Active Directory-Papierkorb nicht in einer Gesamtstruktur verwenden, die auf der Gesamtstrukturfunktionsebene *Windows Server 2008* arbeitet.

   D. **Richtig:** Es ist zwar möglich, Elemente durch die Bearbeitung ihrer Active Directory-Attribute wiederherzustellen, aber diese Methode wird nicht empfohlen.

5. **Richtige Antwort: B**

   A. **Falsch:** Durch die Aktivierung des Active Directory-Papierkorbs verringert sich nicht das Risiko, dass Elemente versehentlich gelöscht werden.

   B. **Richtig:** Die Konfiguration des Schutzes vor versehentlichem Löschen verringert die Wahrscheinlichkeit, dass das betreffende Element versehentlich gelöscht wird.

   C. **Falsch:** DSRM wird zur Wiederherstellung gelöschter Elemente verwendet. Dieser Modus verringert nicht die Wahrscheinlichkeit, dass Elemente gelöscht werden.

   D. **Falsch:** Mit einer Änderung dieses Wertes ändern Sie den Zeitraum, in dem Elemente aus dem Active Directory-Papierkorb wiederhergestellt werden können.

KAPITEL 5

Verwalten von Gruppenrichtlinien

Die Verwaltung von Gruppenrichtlinien bedeutet mehr als nur zu wissen, wo man bestimmte Richtlinienelemente findet. Haben sich erst einmal ein Dutzend Gruppenrichtlinienobjekte in der Umgebung angesammelt, müssen Sie sich darüber Gedanken machen, wie die Objekte wirken, wer sie bearbeiten darf, was man tun kann, wenn umfangreiche Änderungen in den Richtlinien zurückgenommen werden müssen, und wie man nachverfolgen kann, welche Änderungen sich im Lauf der Zeit in den Richtlinen ergeben. In diesem Kapitel erfahren Sie, wie man Gruppenrichtlinienobjekte sichert, wiederherstellt und importiert. Zudem beschreibt dieses Kapitel, wie man die Bearbeitung und Anwendung von Gruppenrichtlinienobjekten delegiert und wie sich Konfigurationsprobleme lösen lassen, die sich vielleicht bei der Anwendung von Gruppenrichtlinien ergeben.

Lektionen in diesem Kapitel:

Bevor Sie beginnen

Damit Sie die Übungen in diesem Kapitel durcharbeiten können, müssen Sie die Computer *DC*, *SYD-A* und *SYD-B* mit der Evaluierungsversion von Windows Server 2012 bereitgestellt haben, wie im Anhang beschrieben.

Lektion 1: Warten von Gruppenrichtlinienobjekten

Als erfahrener Systemadministrator, der sich auf eine Prüfung vorbereitet, haben Sie eine Vorstellung davon, wie Gruppenrichtlinien angewendet werden. Die Verwaltung von Gruppenrichtlinien beschränkt sich nicht nur auf die Konfiguration von einzelnen Richtlinien. In großen Organisationen, in denen viele Richtlinien verwendet werden, ist zum Beispiel eine geeignete Strategie für die Wartung erforderlich. Wichtige Gruppenrichtlinienobjekte (Group Policy Objects, GPOs) zu sichern und dafür zu sorgen, dass sie sich wiederherstellen lassen, ist ebenso wichtig wie die Sicherung und Wiederherstellung von anderen unverzichtbaren Diensten wie DNS (Domain Name System) und DHCP (Dynamic Host Configuration Protocol). Diese Lektion behandelt das Kopieren, die Sicherung und Wiederherstellung sowie den Import von GPOs. Außerdem erfahren Sie, wie man die Verwaltung von GPOs delegiert.

Am Ende dieser Lektion werden Sie in der Lage sein, die folgenden Aufgaben auszuführen:

- Sichern, Importieren, Kopieren und Wiederherstellen von GPOs

- Übertragen von GPOs auf andere Domänen und Gesamtstrukturen

- Delegieren der GPO-Verwaltung

Veranschlagte Zeit für diese Lektion: 45 Minuten

Verwalten von Gruppenrichtlinienobjekten

Als erfahrener Systemadministrator ist Ihnen bewusst, dass Sie mit GPOs Einstellungen vornehmen können, die für viele Benutzer und Computer gelten. Wenn Sie die Bearbeitung von GPOs soweit beherrschen, dass Sie die gewünschten Einstellungen vornehmen können, müssen Sie sich auch um andere Aspekte Gedanken machen, beispielsweise um die Wartung von GPOs. Geht zum Beispiel ein wichtiges Dokument verloren, müssen Sie wissen, wie man es aus einer Datensicherung wiederherstellt. Wissen Sie, was zu tun ist, wenn jemand versehentlich ein GPO löscht, das über Hunderte von Einstellungen verfügt, die im Lauf der Zeit erfolgt sind?

Das wichtigste Werkzeug für die Verwaltung von GPOs ist die in Abbildung 5.1 gezeigte Konsole *Gruppenrichtlinienverwaltung* (Group Policy Management Console, GPMC). Sie können diese Konsole verwenden, um Gruppenrichtlinienobjekte zu sichern, wiederherzustellen, zu importieren, zu kopieren und auf andere Domänen zu übertragen. In dieser Konsole können Sie auch die Verwaltung von GPOs delegieren.

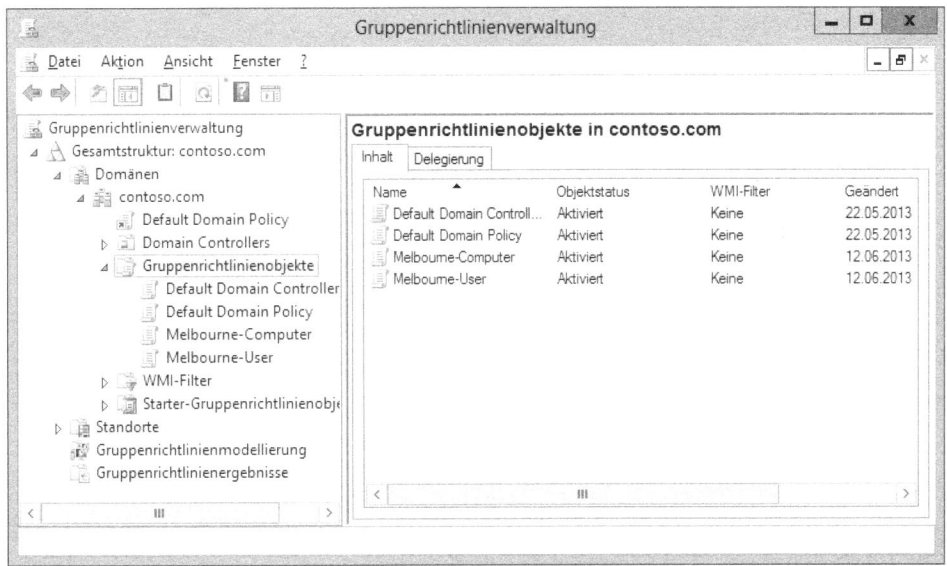

Abbildung 5.1 Die Konsole *Gruppenrichtlinienverwaltung*

Im Gruppenrichtlinienmodul von Windows PowerShell gibt es zudem eine Anzahl von Cmdlets für die Verwaltung von Gruppenrichtlinienobjekten, darunter folgende:

- **Get-GPO** Ermöglicht die Anzeige von GPOs. Abbildung 5.2 zeigt einen Auszug aus der Ausgabe dieses Cmdlets.

- **Backup-GPO** Ermöglicht die Sicherung von GPOs

- **Import-GPO** Ermöglicht den Import eines gesicherten GPOs in ein anderes GPO

- **New-GPO** Ermöglicht die Erstellung eines neuen GPOs

- **Copy-GPO** Ermöglicht es, ein GPO zu kopieren

- **Rename-GPO** Ermöglicht die Änderung des Namens eines GPOs

- **Restore-GPO** Ermöglicht die Wiederherstellung eines gesicherten GPOs an seinem ursprünglichen Speicherort

- **Remove-GPO** Ermöglicht das Löschen eines GPOs

```
Σ                    Administrator: Windows PowerShell           _  □  X

DisplayName      : Default Domain Controllers Policy
DomainName       : contoso.com
Owner            : CONTOSO\Domänen-Admins
Id               : 6ac1786c-016f-11d2-945f-00c04fb984f9
GpoStatus        : AllSettingsEnabled
Description      :
CreationTime     : 22.05.2013 17:37:33
ModificationTime : 22.05.2013 17:37:32
UserVersion      : AD Version: 0, SysVol Version: 0
ComputerVersion  : AD Version: 1, SysVol Version: 1
WmiFilter        :

DisplayName      : Melbourne-Computer
DomainName       : contoso.com
Owner            : CONTOSO\Domänen-Admins
Id               : 8e68d2cb-44ed-4702-a7fe-5d9d811eb3e9
GpoStatus        : AllSettingsEnabled
Description      :
CreationTime     : 12.06.2013 15:34:15
ModificationTime : 12.06.2013 15:34:14
UserVersion      : AD Version: 0, SysVol Version: 0
ComputerVersion  : AD Version: 0, SysVol Version: 0
WmiFilter        :


PS C:\Users\Administrator> _
```

Abbildung 5.2   Auszug aus der Ausgabe des Cmdlets Get-GPO

Sichern und Wiederherstellen von Gruppenrichtlinienobjekten

Durch die Sicherung eines GPOs erstellen Sie eine Kopie, die den Zustand des GPOs zum Zeitpunkt der Sicherung repräsentiert. Um ein GPO sichern zu können, muss ein Benutzer über die Berechtigung verfügen, das GPO zu lesen. Bei jeder Sicherung eines GPOs wird die Sicherungsversionsnummer des GPOs inkrementiert. Es empfiehlt sich, GPOs vor der Bearbeitung zu sichern, damit sie sich wiederherstellen lassen, falls etwas Unvorhergesehenes geschieht.

Praxistipp   Sichern von Gruppenrichtlinienobjekten

Wenn Ihre Organisation nicht über das Microsoft Desktop Optimization Pack (MDOP) verfügt, sollten Sie Sicherungskopien der GPOs erstellen, bevor andere Leute sie verändern können. Falls ein Problem auftritt, geht es schneller, die GPOs aus einer Sicherung wiederherzustellen, als die Einstellungen, die sich inzwischen angesammelt haben, neu vorzunehmen.

So sichern Sie ein Gruppenrichtlinienobjekt:

1. Öffnen Sie die Konsole *Gruppenrichtlinienverwaltung*.

2. Klicken Sie das GPO, das Sie sichern möchten, mit der rechten Maustaste an und klicken Sie auf *Sichern*.

3. Geben Sie im Dialogfeld *Gruppenrichtlinienobjekt sichern* den Speicherort der Sicherung und eine passende Beschreibung ein (Abbildung 5.3) und klicken Sie auf *Sichern*.

Bei der Wiederherstellung wird die aktuelle Version des GPOs überschrieben, sofern vorhanden, oder das GPO wird neu erstellt, falls es inzwischen gelöscht wurde. Um ein GPO wiederherzustellen, klicken Sie in der *Gruppenrichtlinienverwaltung* den Knoten *Gruppenrichtlinienobjekte* mit der rechten Maustaste an und klicken auf *Sicherungen verwalten*. Im

Dialogfeld *Sicherungen verwalten* (Abbildung 5.4) wählen Sie das GPO aus, das Sie wiederherstellen möchten, und klicken auf *Wiederherstellen*. Wenn es von einem GPO mehrere Sicherungen gibt, können Sie die Version auswählen, die Sie wiederherstellen möchten. Zur Wiederherstellung eines GPOs können Sie auch das Cmdlet `Restore-GPO` verwenden.

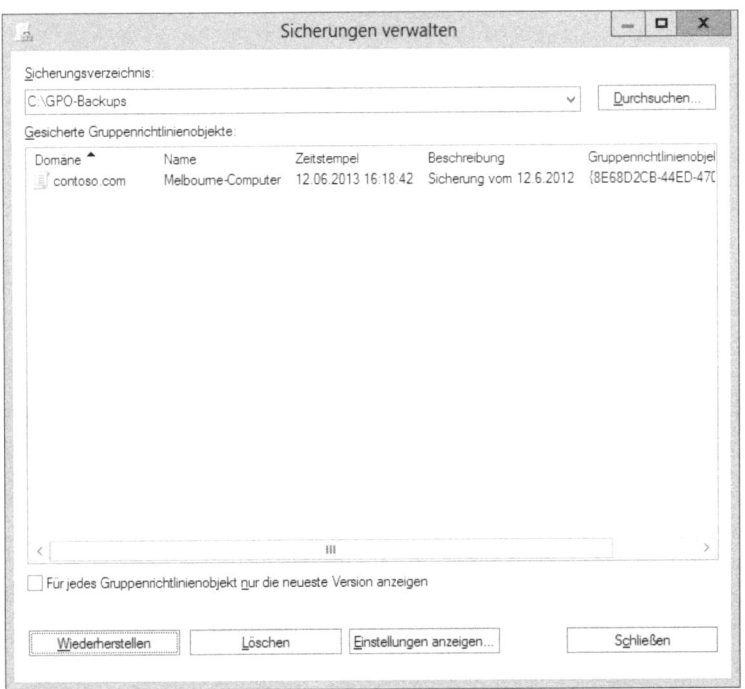

Abbildung 5.3 Sichern eines Gruppenrichtlinienobjekts

Abbildung 5.4 Wiederherstellen eines Gruppenrichtlinienobjekts aus einer Sicherung

Importieren und Kopieren von Gruppenrichtlinienobjekten

Durch den Import eines GPOs können Sie die Einstellungen eines gesicherten GPOs in ein vorhandenes GPO übernehmen. So importieren Sie ein GPO:

1. Klicken Sie ein GPO in der *Gruppenrichtlinienverwaltung* mit der rechten Maustaste an und klicken Sie auf *Einstellungen importieren*.

2. Im *Importeinstellungen-Assistent* erhalten Sie die Gelegenheit, die Einstellungen des Ziel-GPOs zu sichern. Dadurch können Sie den Import gegebenenfalls rückgängig machen.

3. Geben Sie den Ordner an, in dem das gesicherte GPO liegt.

4. Wählen Sie auf der Seite *Quell-GPO* des *Importeinstellungen-Assistenten* das Quell-GPO aus (Abbildung 5.5). Sie können sich die Einstellungen des Quell-GPOs anzeigen lassen, bevor Sie die Einstellungen importieren. Schließen Sie die Arbeit im Assistenten ab, um die Einstellungen zu importieren.

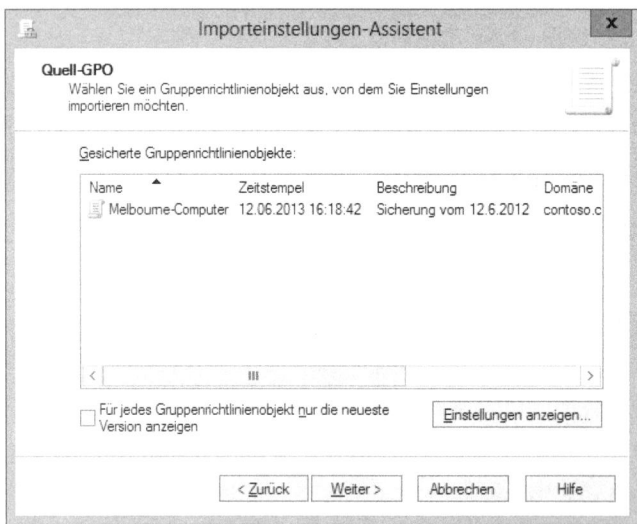

Abbildung 5.5 Importieren von Gruppenrichtlinienobjekteinstellungen

Vergessen Sie nicht, dass die Einstellungen aus dem gesicherten GPO die Einstellungen des Ziel-GPOs überschreiben, wenn Sie Einstellungen aus einem gesicherten GPO importieren.

Beim Kopieren eines GPOs wird ein neues GPO erstellt, das alle Konfigurationseinstellungen aus dem Original erhält. Sie können GPOs auch von einer Domäne zu einer anderen kopieren. Außerdem können Sie beim Kopieren eines GPOs eine *Migrationstabelle* verwenden, um die Sicherheitsprinzipale aus der Quelldomäne auf die Sicherheitsprinzipale aus der Zieldomäne abzubilden.

So kopieren Sie ein Gruppenrichtlinienobjekt:

1. Klicken Sie das GPO, das Sie kopieren möchten, mit der rechten Maustaste an und klicken Sie auf *Kopieren*.

2. Klicken Sie den Ort, zu dem Sie das GPO kopieren möchten, mit der rechten Maustaste an und klicken Sie auf *Einfügen*.

3. Wählen Sie im *Assistenten zum domänenübergreifenden Kopieren* zwischen der Verwendung der Standardberechtigungen und dem Erhalt der für das GPO vorhandenen Berechtigungseinstellungen (Abbildung 5.6).

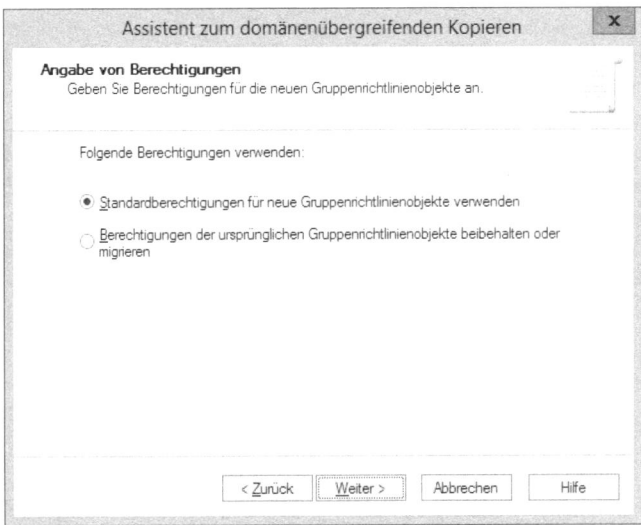

Abbildung 5.6   Kopieren eines Gruppenrichtlinienobjekts

Migrieren von Gruppenrichtlinienobjekten

Bei der Verschiebung von GPOs zwischen Domänen oder Gesamtstrukturen müssen Sie dafür sorgen, dass domänenspezifische Informationen entsprechend berücksichtigt werden. So werden zum Beispiel Speicherorte und Sicherheitsprinzipale aus der Quelldomäne nicht in der Zieldomäne verwendet. Diese Ortsangaben und Sicherheitsprinzipale lassen sich in Migrationstabellen berücksichtigen. Migrationstabellen werden gewöhnlich beim Kopieren oder Importieren von GPOs verwendet.

Migrationstabellen ermöglichen die Änderung von Verweisen, wenn ein GPO von einer Domäne in eine andere oder von einer Gesamtstruktur in eine andere verschoben wird. Denken Sie zum Beispiel an GPOs, die Sie zur Bereitstellung von Software verwenden. Die Adressen der gemeinsam verwendeten Ordner, in denen die Installationsdateien liegen, müssen so geändert werden, dass sie in der Zieldomäne gelten. Sie können den Migrationstabellen-Editor öffnen, indem Sie in der *Gruppenrichtlinienverwaltung* mit der rechten Maustaste *Domänen* anklicken und auf *Migrationstabellen-Editor öffnen* klicken (Abbildung 5.7).

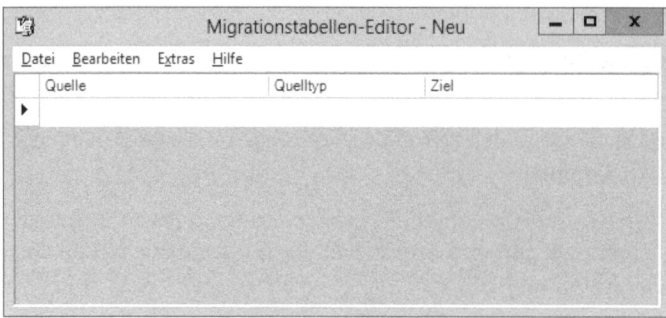

Abbildung 5.7   Der Migrationstabellen-Editor

Wenn Sie den Migrationstabellen-Editor verwenden, haben Sie die Wahl, ob er seine Daten von einem GPO aus der aktuellen Domäne oder von einem gesicherten GPO erhält. Wenn Sie dies tun, erscheinen im Migrationstabellen-Editor Einstellungen, die auf lokale Objekte verweisen. Ergeben sich bei diesem Vorgang keine sichtbaren Ergebnisse, werden von dem GPO, das Sie migrieren möchten, keine lokalen Verweise verwendet.

Weitere Informationen   Arbeiten mit Migrationstabellen

Unter *http://technet.microsoft.com/de-de/library/cc754682.aspx* erfahren Sie mehr über die Arbeit mit Migrationstabellen.

Delegieren der GPO-Verwaltung

In größeren Umgebungen besteht die IT-Abteilung gewöhnlich nicht nur aus einer Person. In sehr großen Organisationen kann es geschehen, dass ein Mitarbeiter ausschließlich für die Erstellung und Bearbeitung von GPOs zuständig ist. Die *Delegierung* ermöglicht es, die Berechtigung zur Durchführung bestimmter Arbeiten an bestimmte Benutzer oder Benutzergruppen zu übertragen. Sie können einige oder alle der folgenden Arbeiten delegieren:

- GPO-Erstellung

- GPO-Bearbeitung

- Verknüpfung von GPOs mit bestimmten Standorten, Organisationseinheiten oder Domänen

- Analysen mit der Gruppenrichtlinienmodellierung auf der Ebene von Organisationseinheiten oder Domänen

- Anzeigen von Gruppenrichtlinienergebnissen auf der Ebene von Organisationseinheiten oder Domänen

- Erstellen von WMI-Filtern

Benutzer in den Gruppen *Domänen-Admins* und *Organisations-Admins* können alle Aufgaben der Gruppenrichtlinienverwaltung durchführen. Benutzer, die Mitglieder der Gruppe *Richtlinien-Ersteller-Besitzer* sind, können GPOs erstellen. Sie haben auch das Recht, alle GPOs zu bearbeiten und zu löschen, die sie erstellt haben.

Sie können die Berechtigungen für GPOs direkt in der *Gruppenrichtlinienverwaltung* delegieren (Abbildung 5.8).

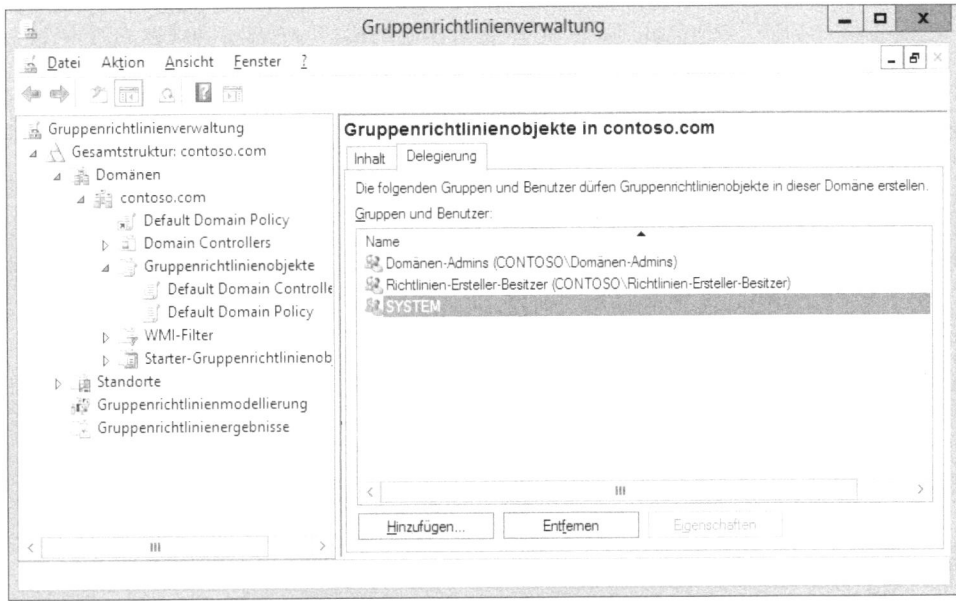

Abbildung 5.8 Berechtigungen für Gruppenrichtlinienobjekte

Erstellen von Gruppenrichtlinienobjekten

Wenn Sie die Berechtigung zur Erstellung von GPOs an Benutzer delegieren möchten, können Sie die Benutzer zur Gruppe *Richtlinien-Ersteller-Besitzer* hinzufügen. Sie können ihnen auch in der *Gruppenrichtlinienverwaltung* explizit die Berechtigung zum Erstellen von GPOs zuweisen:

1. Öffnen Sie die *Gruppenrichtlinienverwaltung* im Menü *Tools* des Server-Managers.

2. Erweitern Sie die Domäne, in der Sie die Erstellung von GPOs delegieren möchten. Klicken Sie auf *Gruppenrichtlinienobjekte* und klicken Sie auf die Registerkarte *Delegierung*.

3. Klicken Sie auf *Hinzufügen* und wählen Sie die Gruppe oder den Benutzer aus, der in dieser Domäne GPOs erstellen darf.

Schnelltest

■ Zu welcher Gruppe müssen Sie Benutzer hinzufügen, wenn die Benutzer nicht zur Gruppe der *Domänen-Admins* oder *Organisations-Admins* gehören sollen, aber in der Domäne GPOs erstellen dürfen?

Antwort zum Schnelltest

■ Fügen Sie die Benutzer zur Gruppe *Richtlinien-Ersteller-Besitzer* hinzu.

Bearbeiten von Gruppenrichtlinienobjekten

Um ein GPO zu bearbeiten, müssen Benutzer Mitglieder der Gruppen *Domänen-Admins* oder *Organisations-Admins* sein. Sie können ein GPO bearbeiten, wenn sie es erstellt haben oder wenn sie in der GPMC die Berechtigungen *Lesen* und *Schreiben* für das GPO erhalten haben.

So geben Sie einem Benutzer die Berechtigung zur Bearbeitung eines GPOs:

1. Klicken Sie das GPO in der GPMC an.

2. Klicken Sie auf die Registerkarte *Delegierung* (Abbildung 5.9).

3. Klicken Sie auf *Hinzufügen*, geben Sie den Benutzer oder die Gruppe an, der Sie die Berechtigung zur Bearbeitung des GPOs geben möchten, und legen Sie die Berechtigungen fest, die der Benutzer oder die Gruppe erhalten sollen. Sie haben die Wahl unter folgenden Berechtigungen:

   ■ *Lesen*

   ■ *Einstellungen bearbeiten*

   ■ *Einstellungen bearbeiten, löschen, Sicherheit ändern*

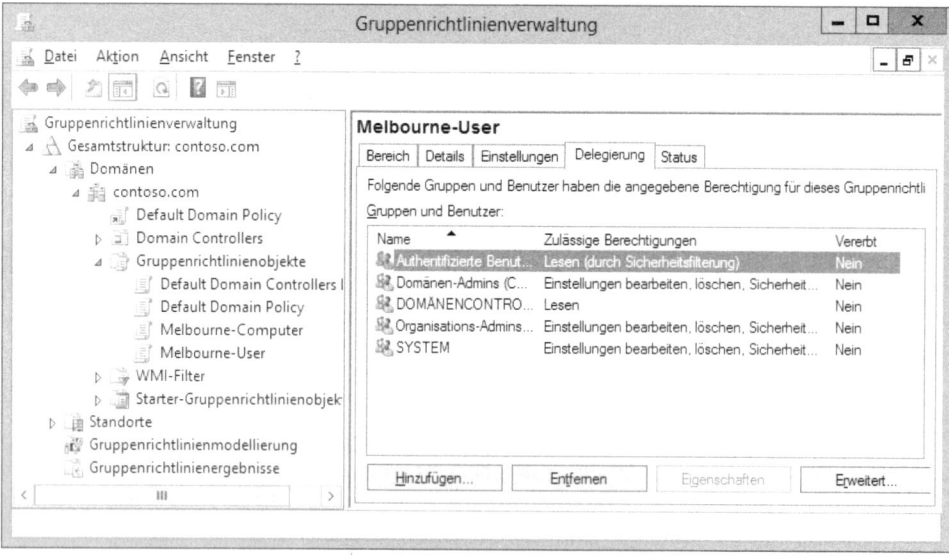

Abbildung 5.9   Delegieren von Berechtigungen

Verknüpfen von Gruppenrichtlinienobjekten

Soll ein Benutzer in der Lage sein, ein GPO mit einem bestimmten Objekt zu verknüpfen, müssen Sie die Berechtigungen für dieses Objekt bearbeiten. Dazu verwenden Sie wieder die GPMC (Abbildung 5.10). Um einem Benutzer oder einer Gruppe zum Beispiel die Berechtigung zu geben, ein GPO mit einer Organisationseinheit zu verknüpfen, wählen Sie die Organisationseinheit in der GPMC aus, wählen die Registerkarte *Delegierung*, klicken auf *Hinzufügen* und wählen dann den Benutzer oder die Gruppe aus, der Sie die Berechtigung geben möchten.

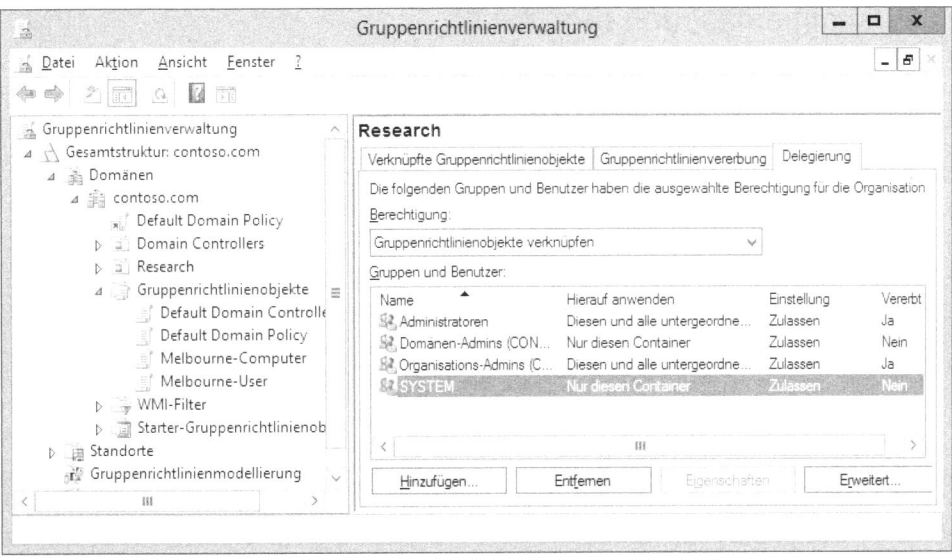

Abbildung 5.10 Delegieren der Berechtigung zum Verknüpfen von Gruppenrichtlinienobjekten

Gruppenrichtlinienergebnisse, Modellierung und WMI-Filter

Die Berechtigung für die Arbeit mit der Gruppenrichtlinienmodellierung und mit Gruppen-
richtlinienergebnissen wird auf Domänenebene vergeben (Abbildung 5.11). Sie können auch die
Berechtigung zum Erstellen von WMI-Filtern delegieren, indem Sie in der GPMC den Knoten
WMI-Filter wählen und dann auf der Registerkarte *Delegierung* die Berechtigung vergeben.

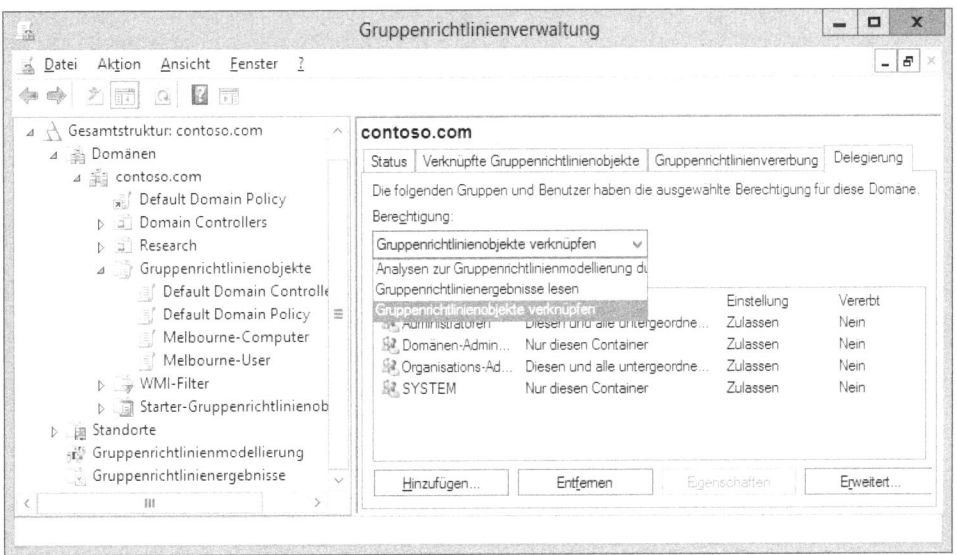

Abbildung 5.11 Delegieren der Berechtigungen zur Durchführung von Analysen zur Gruppenrichtlinienmodellierung und zum Lesen von Gruppenrichtlinienergebnissen

Zusammenfassung der Lektion

- Wenn Sie ein Gruppenrichtlinienobjekt (Group Policy Object, GPO) sichern, erstellen Sie dadurch eine Kopie des GPOs in dem Zustand, in dem es zu diesem Zeitpunkt vorliegt

- Bei der Wiederherstellung eines GPOs wird das vorhandene GPO überschrieben, sofern es noch vorhanden ist, oder wiederhergestellt, falls es in der Zwischenzeit gelöscht wurde

- Beim Import eines GPOs werden die Einstellungen des Ziel-GPOs mit den Einstellungen aus dem importierten GPO überschrieben

- Durch das Kopieren eines GPOs entsteht ein Duplikat des GPOs

- Bei der Verschiebung von GPOs zwischen Domänen und Gesamtstrukturen können Sie lokale Verweise, die nur in der Quelldomäne gelten, mit Migrationstabellen berücksichtigen

- Sie können die Berechtigung zur Erstellung, Bearbeitung und Verknüpfung von GPOs in der Gruppenrichtlinienverwaltung (Group Policy Management Console, GPMC) an Benutzer oder Gruppen delegieren. Dann können auch Benutzer, die nicht zu den Administratoren gehören, bestimmte Arbeiten durchführen und zum Beispiel Richtlinien bearbeiten, ohne nicht benötigte Rechte zu erhalten.

Lernzielkontrolle

Beantworten Sie folgende Fragen, um Ihr Wissen über den Stoff dieser Lektion zu überprüfen. Antworten auf diese Fragen und Erklärungen, warum die jeweilige Antwort richtig oder falsch ist, finden Sie im Abschnitt »Antworten« am Ende dieses Kapitels.

1. Das gesicherte GPO *Melbourne-2012* enthält ungefähr 200 Einstellungen, die Sie in ein vorhandenes GPO namens *Sydney-2013* übernehmen möchten. Mit welchem der folgenden Windows PowerShell-Cmdlets erreichen Sie dies?

   A. `Backup-GPO`

   B. `Import-GPO`

   C. `Restore-GPO`

   D. `Copy-GPO`

2. Bevor sie Gruppenrichtlinien bearbeitet, sichert Ihre Assistentin das zu bearbeitende GPO. Leider ist die Konfiguration des GPOs anders verlaufen, als geplant. Sie müssen das GPO in den Zustand zurückversetzen, in dem es sich vor der letzten Bearbeitung befand. Mit welchem der folgenden Windows PowerShell-Cmdlets erreichen Sie dies?

   A. `Copy-GPO`

   B. `Restore-GPO`

   C. `Import-GPO`

   D. `Backup-GPO`

3. Sie möchten ein GPO innerhalb einer Gesamtstruktur von einer Domäne in eine andere Domäne kopieren. Mit welchem Tool können Sie dafür sorgen, dass Verweise auf Objekte in der Quelldomäne in der Zieldomäne sinnvoll und gültig sind? (Wählen Sie alle zutreffenden Antworten.)

   A. *Active Directory-Standorte und -Dienste*

   B. *Active Directory-Benutzer und -Computer*

   C. *Migrationstabellen-Editor*

   D. *Gruppenrichtlinienverwaltungs-Editor*

4. Welche der folgenden Sicherheitsgruppen verfügen standardmäßig über die Berechtigung zur Bearbeitung von GPOs? (Wählen Sie alle zutreffenden Antworten.)

   A. *Richtlinien-Ersteller-Besitzer*

   B. *Organisations-Admins*

   C. *Domänen-Admins*

   D. *Domänencontroller*

5. Sie möchten umfangreiche Änderungen am Standard-GPO der Domäne durchführen. Sie möchten sicherstellen, dass Sie den aktuellen Zustand des GPOs wiederherstellen können, falls sich durch die Änderungen Probleme ergeben. Welches der folgenden Windows PowerShell-Cmdlets verwenden Sie?

   A. `Copy-GPO`

   B. `Restore-GPO`

   C. `Import-GPO`

   D. `Backup-GPO`

Lektion 2: Anwenden von Gruppenrichtlinien

In Umgebungen, in denen mehrere Gruppenrichtlinienobjekte (Group Policy Objects, GPOs) verwendet werden, ist es wichtig, die Vorrangregeln zu verstehen. Für den Einfluss eines GPOs ist es nicht nur wichtig, wo es angewendet wird. Auch eine deaktivierte Vererbung, Sicherheitsfilter oder die Loopbackverarbeitung können dazu führen, dass ein GPO unwirksam wird. In dieser Lektion erfahren Sie mehr über die Aktualisierung von Gruppenrichtlinien und die Ermittlung der wirksamen Gruppenrichtlinieneinstellungen in komplexen Umgebungen.

Am Ende dieser Lektion werden Sie in der Lage sein, die folgenden Aufgaben auszuführen:

- Bestimmen der Verarbeitungsreihenfolge und des Vorrangs von Richtlinien

- Konfigurieren von erzwungenen oder blockierten Richtlinien

- Durchführen einer Sicherheitsfilterung der Gruppenrichtlinien

- Konfigurieren der WMI-Filterung

- Aktivieren der Loopbackverarbeitung

- Konfigurieren einer Bearbeitung mit langsamen Verbindungen

Veranschlagte Zeit für diese Lektion: 45 Minuten

Rangfolge in der Verarbeitung von Gruppenrichtlinien

In Organisationen, die viele Gruppenrichtlinien konfigurieren, können für ein einzelnes Computer- oder Benutzerkonto durchaus mehrere GPOs gelten. Meldet sich ein Benutzer an einem bestimmten Computer an, gelten vielleicht für beide Konten mehrere GPOs. Die Reihenfolge der Gruppenrichtlinienverarbeitung wird durch Regeln bestimmt, die darüber entscheiden, welche Gruppenrichtlinienelemente wirksam werden, wenn mehrere GPOs konfiguriert sind.

Gruppenrichtlinien werden in folgender Weise ausgewertet:

- **Lokal**   Erst einmal gelten Einstellungen, die für die lokale Ebene vorgenommen wurden. Gibt es mehrere lokale Richtlinien, gelten erst einmal die Einstellungen in den Computerrichtlinien. Sie werden durch Einstellungen in den lokalen Richtlinien für Administratoren und Nicht-Administratoren (admin/nonadmin) überschrieben. Einstellungen in den Benutzerrichtlinien setzen alle Einstellungen außer Kraft, die auf der Ebene des Computers und auf der Ebene der Administratoren und Nicht-Administratoren vorgenommen wurden.

- **Standort**   Dann werden die Richtlinien der Standortebene wirksam. Einstellungen, die auf der Ebene des Standorts durchgeführt wurden, setzen lokale Einstellungen außer Kraft. Sie können mehrere GPOs mit dem Standort verknüpfen. Wenn Sie dies tun, haben Richtlinien mit der kleineren Verknüpfungsreihenfolgenummer Vorrang vor Richtlinien mit einer höheren Verknüpfungsreihenfolgenummer. In Abbildung 5.12 haben zum Beispiel die Richtlinien aus dem GPO *Melbourne-Computer* Vorrang vor den Einstellungen aus dem GPO *Melbourne-User*.

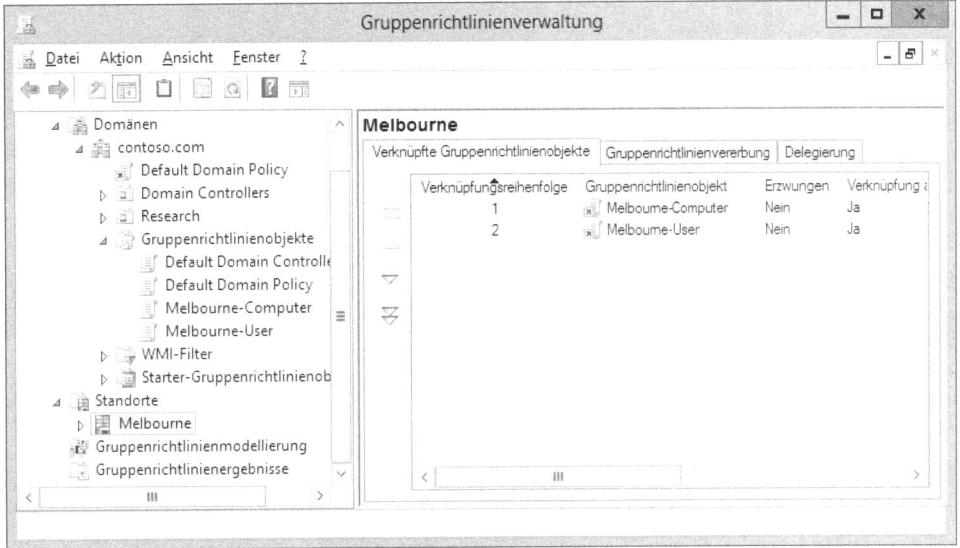

Abbildung 5.12   Verknüpfungsreihenfolge der Gruppenrichtlinienobjekte

- **Domäne**   Einstellungen, die auf der Ebene der Domäne vorgenommen wurden, haben Vorrang vor Einstellungen auf Standortebene und lokalen Einstellungen. Sie können mehrere GPOs mit einer Domäne verknüpfen. Richtlinienobjekte mit einer kleineren Verknüpfungsreihenfolgenummer haben Vorrang vor Richtlinienobjekten mit einer höheren Verknüpfungsreihenfolgenummer.

- **Organisationseinheit**   Einstellungen, die auf der Ebene einer Organisationseinheit (Organizational Unit, OU) durchgeführt werden, haben Vorrang vor Einstellungen auf Domänen- und Standortebene und vor lokalen Einstellungen. Wenn ein Konto Mitglied einer untergeordneten OU ist, haben GPOs, die mit der untergeordneten OU verknüpft sind, Vorrang vor den GPOs der übergeordneten OU. Mit einer OU können mehrere GPOs verknüpft sein. GPOs mit einer kleineren Verknüpfungsreihenfolgenummer haben Vorrang vor GPOs mit einer höheren Verknüpfungsreihenfolgenummer.

Die Reihenfolge der Gruppenrichtlinienverarbeitung ist nur von Bedeutung, wenn sich Konflikte zwischen Richtlinien ergeben. Gilt Richtline A auf Domänenebene, Richtlinie B auf OU-Ebene, so gelten beide Richtlinien.

Erzwingen und Sperren von Richtlinien

Bei der Konfiguration eines GPOs können Sie festlegen, dass die Richtlinien zwangsweise durchgesetzt werden. Um ein GPO zu erzwingen, klicken Sie das GPO an dem Ort mit der rechten Maustaste an, mit dem es verknüpft ist, und klicken auf *Erzwungen*. Wenn Sie eine Richtlinie erzwingen, hat sie Vorrang vor Einstellungen, die auf anderen Ebenen konfiguriert werden. Normalerweise hätte zum Beispiel ein GPO, das mit einer OU verknüpft ist, Vorrang vor einem GPO, das mit einer Domäne verknüpft ist. Wenn Sie das GPO auf Domänenebene als *Erzwungen* konfigurieren, hat es stattdessen Vorrang vor dem GPO aus der OU-Ebene.

Die Funktion *Vererbung deaktivieren* ermöglicht es, Richtlinen aus bereits ausgewerteten Ebenen zu sperren. Sie können zum Beispiel die Vererbung auf OU-Ebene deaktivieren, um Richtlinien aus der Domänen- und Standortebene zu sperren. Die Deaktivierung der Vererbung verhindert nicht die Anwendung von Richtlinien, die als *Erzwungen* konfiguriert sind. Abbildung 5.13 zeigt zum Beispiel die OU *Research* mit deaktivierter Vererbung. Das GPO *Melbourne-Computer*, das auf Domänenebene erzwungen wird, gilt trotzdem noch, weil die Einstellung *Erzwungen* Vorrang vor der Einstellung *Vererbung deaktivieren* hat.

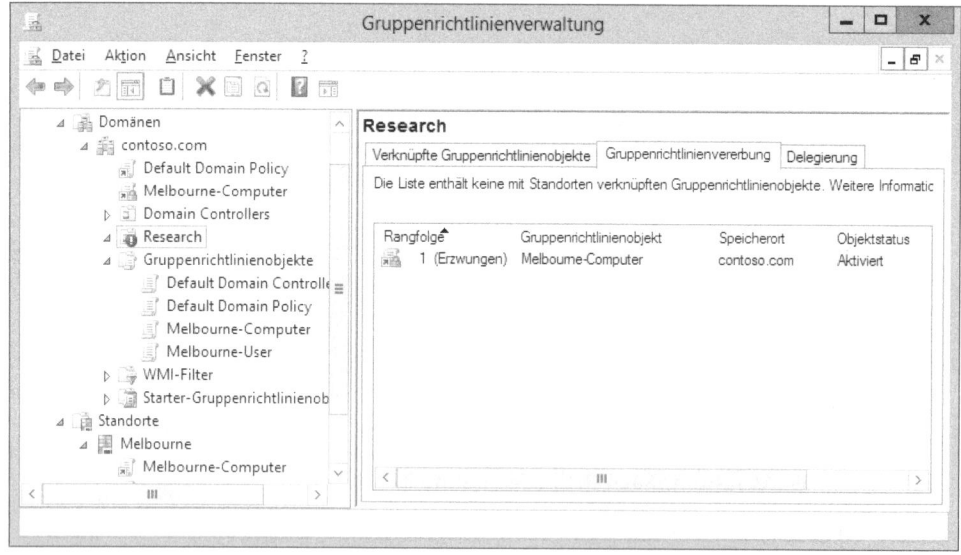

Abbildung 5.13 Die Auswertungsreihenfolge lässt sich durch die Einstellung *Erzwungen* beeinflussen

Sicherheitsfilterung von Gruppenrichtlinienobjekten

Eine *Sicherheitsfilterung* ermöglicht es, Berechtigungen für GPOs festzulegen. Standardmäßig gelten Gruppenrichtlinien für die Gruppe *Authentifizierte Benutzer.* Durch die Änderung der Standardberechtigungen erreichen Sie es, dass ein GPO nur für eine bestimmte Gruppe gilt. Wenn Sie zum Beispiel die Gruppe *Authentifizierte Benutzer* entfernen und eine andere Sicherheitsgruppe wie *Melbourne-Users* hinzufügen (Abbildung 5.14), gilt das GPO nur für diese Sicherheitsgruppe.

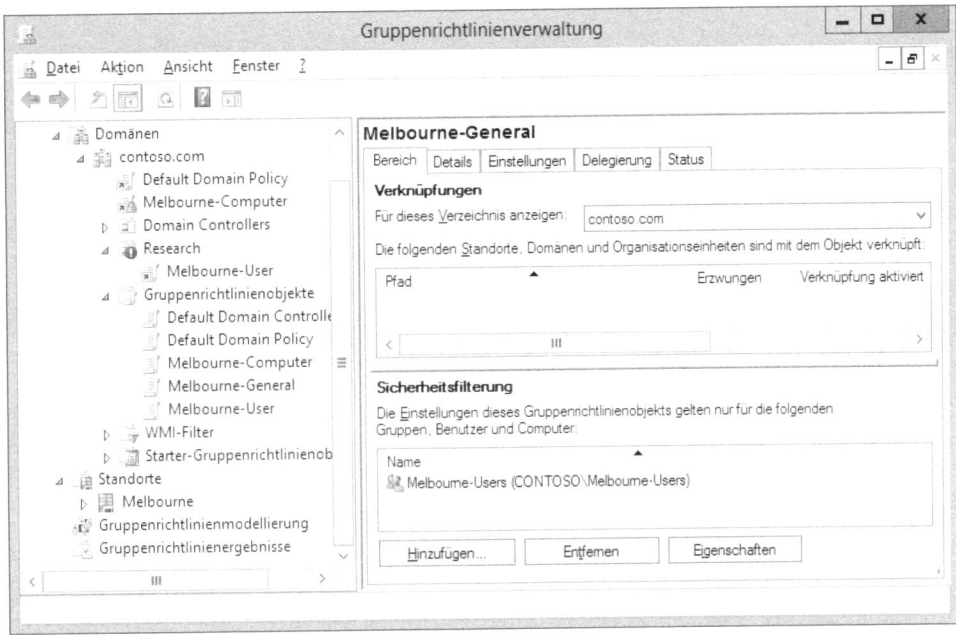

Abbildung 5.14 Sicherheitsfilterung

Berücksichtigen Sie bei der Anwendung der Sicherheitsfilterung folgende Aspekte:

- Ein Sicherheitsfilter gilt auf der Ebene des GPOs und wird überall wirksam, wo das GPO verwendet wird. Man kann nicht ein bestimmtes Sicherheitsfilter für das GPO einrichten, wenn es auf Domänenebene verwendet wird, und ein anderes für die Verwendung des GPOs auf OU-Ebene.

- Gefilterte Richtlinien müssen ebenfalls bei der Gruppenrichtlinienverarbeitung überprüft werden. Das kann den Zeitaufwand für die Gruppenrichtlinienverarbeitung erhöhen. Der Zeitaufwand für den Start eines Computers und die Anmeldung eines Benutzers kann steigen.

Es ist auch möglich, bestimmten Sicherheitskonten oder Gruppen Berechtigungen zu verweigern. Berechtigungsverweigerungen haben Vorrang vor Berechtigungszulassungen. Um
einer bestimmten Sicherheitsgruppe die Anwendung der Gruppenrichtlinien zu verweigern,
legen Sie für die erweiterte Berechtigung *Gruppenrichtlinie übernehmen* die Einstellung
Verweigern fest, wie es Abbildung 5.15 für die Benutzergruppe *Sydney-Users* des GPOs
Melbourne-General zeigt. Dazu verwenden Sie die Registerkarte *Delegierung* statt der
Registerkarte *Bereich*.

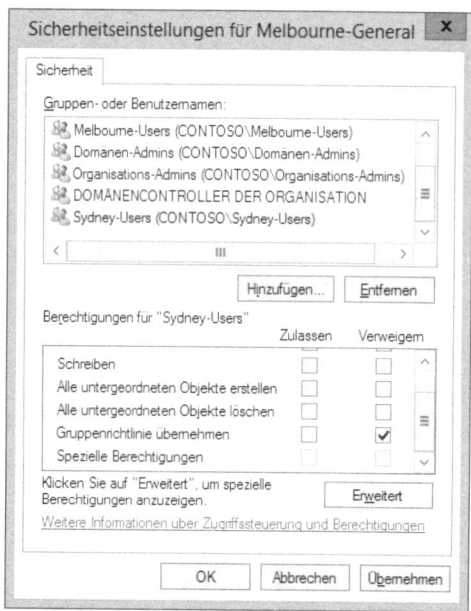

Abbildung 5.15   Die Anwendung von Gruppenrichtlinien lässt sich auch explizit verweigern

Schnelltest

- Wie würden Sie verhindern, dass ein GPO für die Mitglieder einer bestimmten
  Sicherheitsgruppe gilt?

Antwort zum Schnelltest

- Sie wählen in der GPMC die Registerkarte *Delegierung* des GPOs und konfigurieren in
  den erweiterten Berechtigungen die Berechtigung *Gruppenrichtlinie übernehmen* mit
  der Einstellung *Verweigern*.

WMI-Filterung von Gruppenrichtlinien

Die WMI-Filterung ermöglicht es, die Richtlinienanwendung von den Ergebnissen einer WMI-Abfrage abhängig zu machen. Sie können zum Beispiel eine WMI-Abfrage schreiben, um herauszufinden, ob der Computer über einen x86- oder einen x64-Prozessor verfügt oder ob mehr als eine bestimmte Menge Speicherplatz auf der Festplatte frei ist. WMI-Abfragen werden häufig in Richtlinien zur Softwarebereitstellung verwendet, um zu überprüfen, ob der Zielcomputer über die entsprechenden Systemressourcen verfügt, die für die zu installierende Anwendung erforderlich sind.

Allerdings haben WMI-Abfragen den Nachteil, dass sie für Systemadministratoren, die sich über einfache Skripts hinaus noch nicht mit Programmierung beschäftigt haben, sehr kompliziert sind. Außerdem können WMI-Abfragen die Gruppenrichtlinienverarbeitung beträchtlich verzögern. In Umgebungen, in denen für die Bereitstellung von Anwendungen eine komplizierte Logik erforderlich ist, sind Produkte wie Microsoft System Center 2012 Configuration Manager besser geeignet. Dieses Produkt ermöglicht Systemadministratoren, vor der Bereitstellung von Software die Hardwarekonfiguration zu überprüfen, ohne Abfragen in WQL (WMI Query Language) zu schreiben.

WMI-Filter können Sie im Dialogfeld *Neuer WMI-Filter* erstellen (Abbildung 5.16).

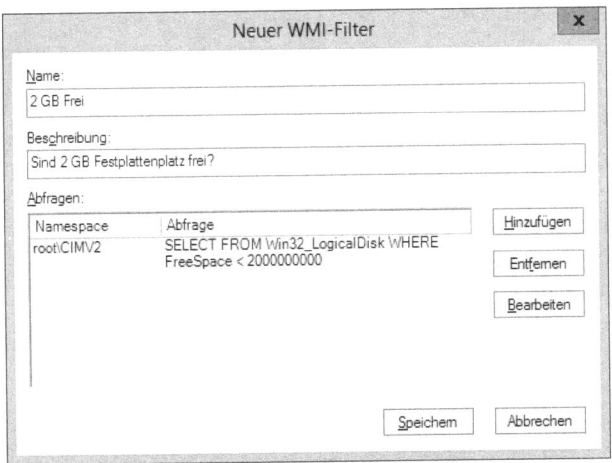

Abbildung 5.16   Erstellen eines WMI-Filters

Weitere Informationen   WMI-Abfragen

Unter *http://msdn.microsoft.com/de-de/library/ms186146(VS.80).aspx* erhalten Sie weitere Informationen über WMI-Abfragen.

Loopbackverarbeitung

Wie Sie wissen, gibt es in einem GPO die beiden Abschnitte *Computerkonfiguration* und *Benutzerkonfiguration* (Abbildung 5.17). Welche Richtlinien für einen Benutzer wirksam werden, hängt von den Benutzerkonfigurationseinstellungen in den GPOs ab, die auf der Ebene des Standorts, der Domäne und der Organisationseinheit für Benutzerkonten gelten. Welche Richtlinien für Computer gelten, hängt in vergleichbarer Weise von den Computerkonfigurationseinstellungen in den GPOs ab, die auf der Ebene des Standorts, der Domäne und der Organisationseinheit für Benutzerkonten gelten.

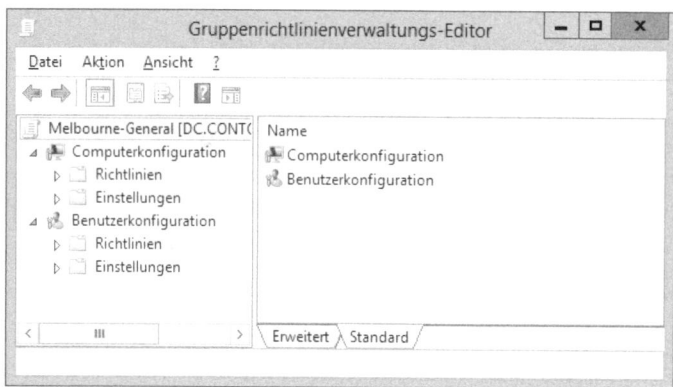

Abbildung 5.17   Aufbau eines GPOs

In manchen Situationen möchten Sie vielleicht, dass nur die GPOs wirksam werden, die für Computerkonten gelten, beispielsweise in Konferenzräumen, in denen sich die Leute mit Domänenkonten anmelden, in denen aber die Computer über eine sehr eingeschränkte Konfiguration verfügen. Wenn Sie die *Loopbackverarbeitung* aktivieren, werden die Benutzereinstellungen auf der Basis der Einstellungen in der Benutzerkonfiguration der GPOs festgelegt, die für das Computerkonto gelten.

Es gibt zwei Arten von Loopbackverarbeitung, die Sie in der Richtlinie *Loopbackverarbeitungsmodus für Benutzergruppenrichtlinie konfigurieren* festlegen können. Diese Richtlinie ist in Abbildung 5.18 zu sehen und unter *Computerkonfiguration*, *Richtlinien*, *Administrative Vorlagen*, *System*, *Gruppenrichtlinie* zu finden.

- **Ersetzen**   Bei dieser Einstellung werden nur GPOs wirksam, die für das Computerkonto gelten. Einstellungen aus dem Bereich *Benutzerkonfiguration* der GPOs, die für das Computerkonto wirksam werden, werden ebenfalls wirksam.

- **Zusammenführen**   Die Einstellungen aus dem Bereich *Benutzerkonfiguration* der GPOs, die für das Benutzerkonto gelten, werden zwar noch wirksam, aber gegebenenfalls durch Einstellungen aus dem Bereich *Benutzerkonfiguration* der GPOs außer Kraft gesetzt, die für das Computerkonto gelten

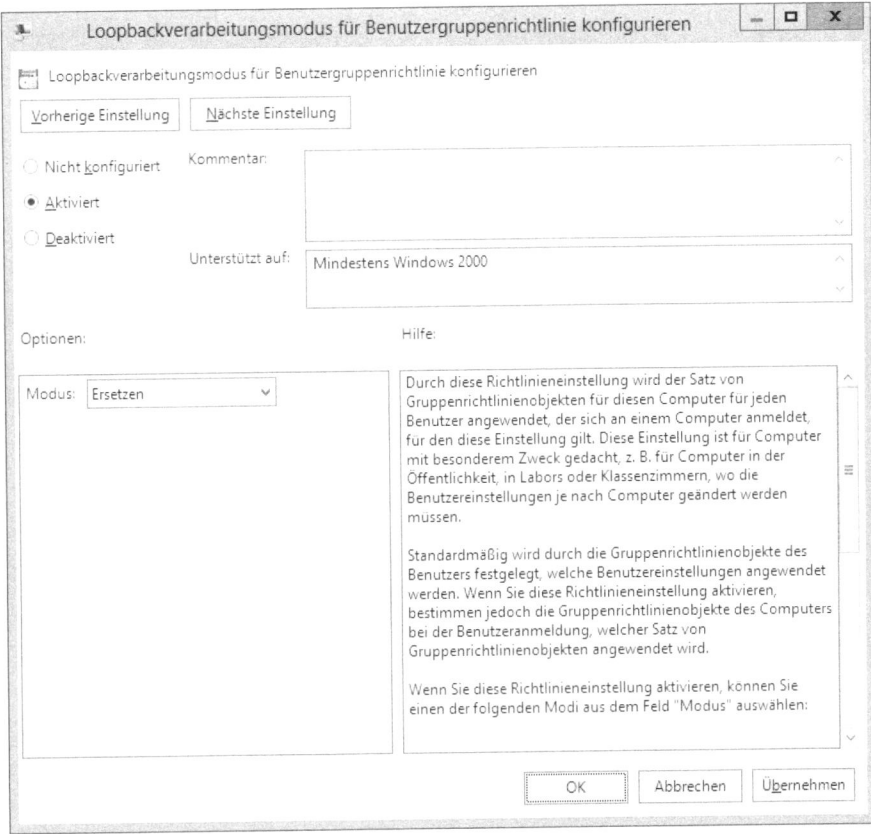

Abbildung 5.18 Die Richtlinie für die Loopbackverarbeitung

Erkennen von langsamen Verbindungen

Die *Gruppenrichtlinien zur Erkennung von langsamen Verbindungen* ermöglichen es, die Geschwindigkeit der Verbindung zwischen dem Client und dem Domänencontroller zu berücksichtigen, wenn Gruppenrichtlinien angewendet und aktualisiert werden. Sie können zum Beispiel die Bereitstellung von Software sperren, wenn die Übertragungsrate der Verbindung zwischen Active Directory und dem Client unter einen bestimmten Schwellenwert fällt. Die Erkennung von langsamen Verbindungen wird mit der *Gruppenrichtlinie zur Erkennung von langsamen Verbindungen konfigurieren* konfiguriert (Abbildung 5.19), zu finden unter *Computerkonfiguration*, *Richtlinien*, *Administrative Vorlagen*, *System*, *Gruppenrichtlinie*.

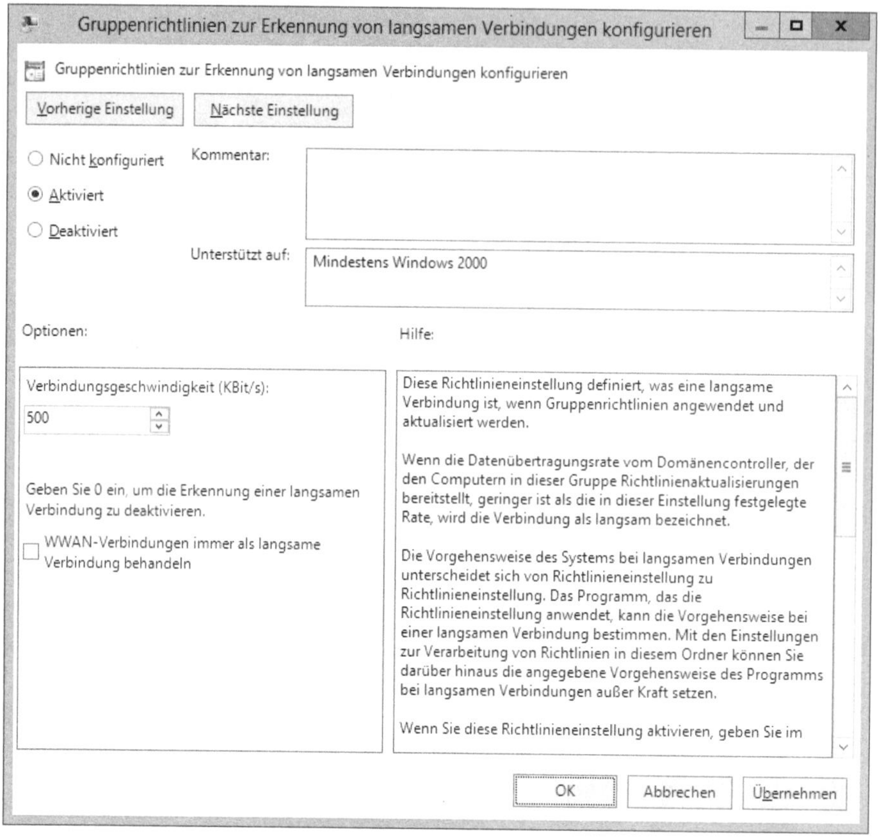

Abbildung 5.19   Erkennung von langsamen Verbindungen

Zusammenfassung der Lektion

- Gruppenrichtlinien werden in folgender Reihenfolge ausgewertet: lokal, Standort, Domäne und Organisationseinheit (Organizational Unit, OU). Richtlinien, die später ausgewertet werden, haben Vorrang vor Richtlinien, die früher ausgewertet werden.

- Gibt es übergeordnete und untergeordnete OUs und ist das Benutzer- oder Computerkonto Mitglied einer untergeordneten OU, haben die Richtlinien für die untergeordnete OU Vorrang vor den Richtlinien der übergeordneten OU

- Die Verarbeitungsreihenfolge von Richtlinien ist nur dann wichtig, wenn sich Konflikte zwischen den Richtlinien ergeben

- Eine Richtlinie mit der Einstellung *Erzwungen* hat Vorrang vor anderen Richtlinien in der Verarbeitungsreihenfolge, auch wenn die Vererbung deaktiviert ist

- Eine Sicherheitsfilterung gilt für ein GPO, unabhängig davon, womit es verknüpft ist

- Die Loopbackverarbeitung macht es möglich, dass GPO-Einstellungen für das Computerkonto Vorrang vor GPO-Einstellungen für das Benutzerkonto haben

- Die Erkennung von langsamen Verbindungen macht es möglich, Richtlinien so zu konfigurieren, dass sie nicht verarbeitet werden, wenn eine langsame Verbindung mit Active Directory erkannt wird

Lernzielkontrolle

Beantworten Sie folgende Fragen, um Ihr Wissen über den Stoff dieser Lektion zu überprüfen. Antworten auf diese Fragen und Erklärungen, warum die jeweilige Antwort richtig oder falsch ist, finden Sie im Abschnitt »Antworten« am Ende dieses Kapitels.

1. Sie möchten sicherstellen, dass eine Gruppenrichtlinie nur auf Computern angewendet wird, die über mehr als 2 GB freien Speicherplatz verfügen. Womit erreichen Sie dies?

   A. Sicherheitsfilterung

   B. WMI-Filterung

   C. Loopbackverarbeitung

   D. Erkennung von langsamen Verbindungen

2. Eine Gruppenrichtlinie namens *Alpha* gilt auf der Ebene des Standorts. Eine Gruppenrichtlinie namens *Beta* steht auf Domänenebene in der Verknüpfungsreihenfolge an zweiter Stelle. Eine Gruppenrichtlinie namens *Gamma* steht auf Domänenebene in der Verknüpfungsreihenfolge an erster Stelle. Eine Gruppenrichtlinien namens *Delta* wurde mit der OU *Research* verknüpft. In der OU *Research* gibt es ein Computerkonto. Wenn dieselbe Einstellung auf den GPOs *Alpha*, *Beta*, *Gamma* und *Delta* unterschiedlich konfiguriert wurde, von welchem GPO wird die Einstellung dann auf dem Computer wirksam?

   A. *Alpha*

   B. *Beta*

   C. *Gamma*

   D. *Delta*

3. Eine Gruppenrichtlinie namens *Alpha* gilt auf der Ebene des Standorts. Eine Gruppenrichtlinie namens *Beta* steht auf Domänenebene in der Verknüpfungsreihenfolge an zweiter Stelle. Eine Gruppenrichtlinie namens *Gamma* steht auf Domänenebene in der Verknüpfungsreihenfolge an erster Stelle. Eine Gruppenrichtlinien namens *Delta* wurde mit der OU *Research* verknüpft. In der OU *Research* gibt es ein Computerkonto. Das GPO *Gamma* wurde mit der Einstellung *Erzwungen* konfiguriert. Wenn dieselbe Einstellung auf den GPOs *Alpha*, *Beta*, *Gamma* und *Delta* unterschiedlich konfiguriert wurde, von welchem GPO wird die Einstellung dann auf dem Computer wirksam?

    A. *Alpha*

    B. *Beta*

    C. *Gamma*

    D. *Delta*

4. Eine Gruppenrichtlinie namens *Alpha* gilt auf der Ebene des Standorts. Eine Gruppen-richtlinie namens *Beta* steht auf Domänenebene in der Verknüpfungsreihenfolge an zweiter Stelle. Eine Gruppenrichtlinie namens *Gamma* steht auf Domänenebene in der Verknüpfungsreihenfolge an erster Stelle. Eine Gruppenrichtlinien namens *Delta* wurde mit der OU *Research* verknüpft. In der OU *Research* gibt es ein Computerkonto. Das GPO *Beta* wurde mit der Einstellung *Erzwungen* konfiguriert. Die OU *Research* wurde mit der Einstellung *Vererbung deaktivieren* konfiguriert. Wenn dieselbe Einstellung auf den GPOs *Alpha*, *Beta*, *Gamma* und *Delta* unterschiedlich konfiguriert wurde, von welchem GPO wird die Einstellung dann auf dem Computer wirksam?

    A. *Alpha*

    B. *Beta*

    C. *Gamma*

    D. *Delta*

5. Sie haben auf Domänenebene eine Richtlinie konfiguriert, die für 5 Computer aus der Organisation nicht wirksam werden soll. Wie erreichen Sie dies?

    A. Sicherheitsfilterung

    B. WMI-Filterung

    C. Loopbackverarbeitung

    D. Erkennung von langsamen Verbindungen

Übungen

In den Übungen dieses Abschnitts sammeln Sie Praxiserfahrung zu folgenden Themen:

- Erstellen, Sichern und Wiederherstellen von GPOs

- Delegieren von Berechtigungen für GPOs

- Aktivieren der Loopbackverarbeitung

- Konfigurieren der Erzwingung und der Sperre von GPOs

- Konfigurieren der Sicherheitsfilterung von GPOs

Um die Übungen in diesem Abschnitt durchzuarbeiten, brauchen Sie virtuelle Computer namens *DC*, *SYD-A* und *SYD-B*, auf denen die Evaluierungsversion von Windows Server 2012 installiert ist. Wie Sie diese Server einrichten, ist im Anhang beschrieben. Legen Sie Snapshots der virtuellen Computer an, damit Sie ihren Ausgangszustand nach Abschluss der Übungen wiederherstellen können.

Übung 1: Erstellen von GPOs, Sicherheitsgruppen und OUs

In dieser Übung erstellen Sie Gruppenrichtlinienobjekte:

1. Melden Sie sich mit dem Konto *Contoso\Administrator* auf *DC* an.

2. Klicken Sie im Server-Manager auf das Menü *Tools* und auf *Gruppenrichtlinienverwaltung*.

3. Erweitern Sie den Knoten *Gesamtstruktur: contoso.com*, *Domänen*, *contoso.com* und klicken Sie auf *Gruppenrichtlinienobjekte* (Abbildung 5.20).

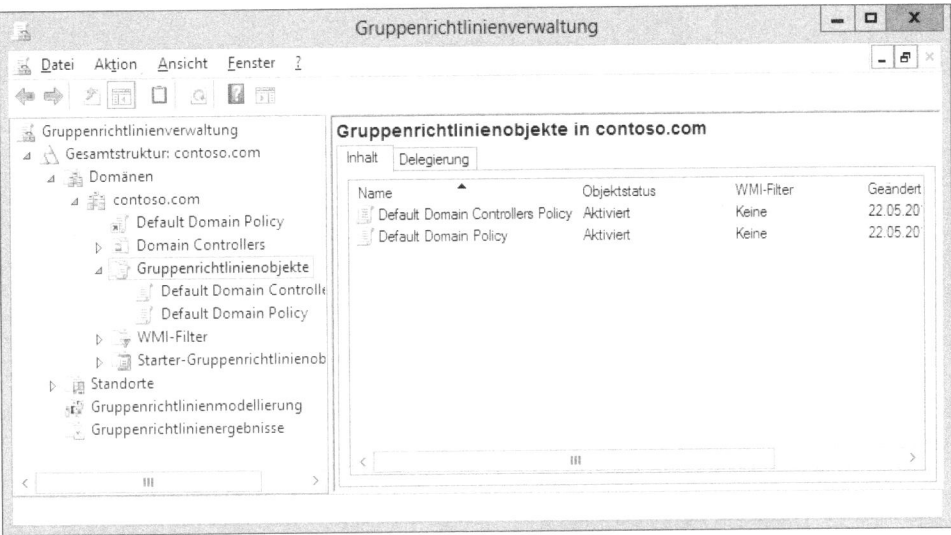

Abbildung 5.20   Die Gruppenrichtlinienobjekte in der Domäne *contoso.com*

4. Klicken Sie im Menü *Aktion* auf *Neu*.

5. Im Dialogfeld *Neues Gruppenrichtlinienobjekt* geben Sie **Melbourne** ein und klicken auf *OK* (Abbildung 5.21).

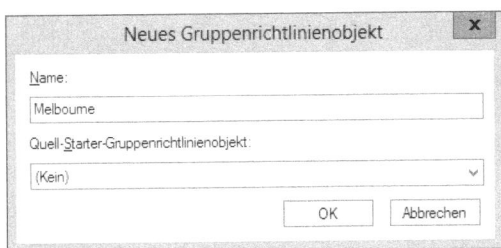

Abbildung 5.21   Das Dialogfeld *Neues Gruppenrichtlinienobjekt*

6. Wiederholen Sie die Schritte 4 und 5, um die neuen GPOs **Sydney** und **Adelaide** zu erstellen.

7. Überprüfen Sie, ob nun 5 GPOs aufgelistet werden (Abbildung 5.22).

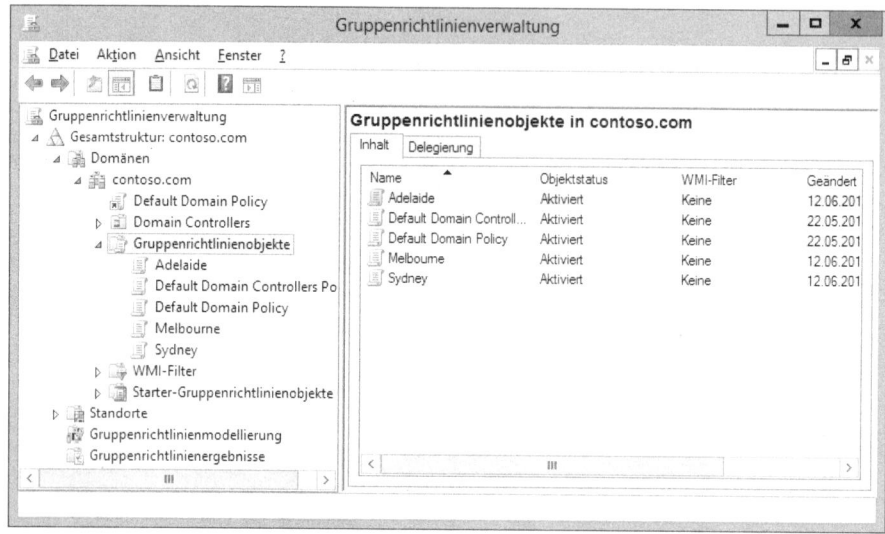

Abbildung 5.22   Es gibt drei neue Gruppenrichtlinienobjekte

8. Klicken Sie im Menü *Tools* des Server-Managers auf *Active Directory-Verwaltungscenter.*

9. Klicken Sie im Active Directory-Verwaltungscenter auf *contoso (lokal)* und dann auf *Users* (Abbildung 5.23).

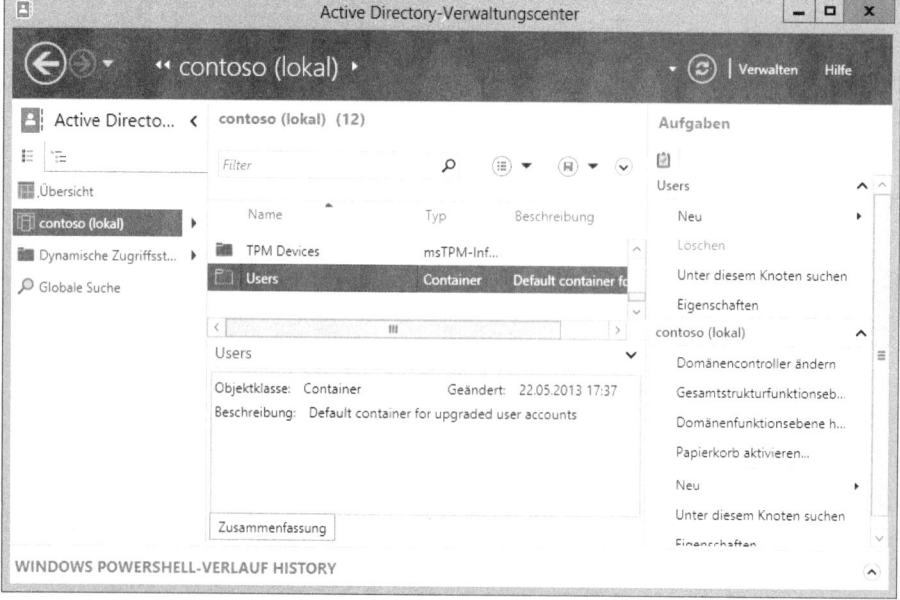

Abbildung 5.23   Der Container *Users*

10. Klicken Sie im Bereich *Aufgaben* auf *Neu* und dann auf *Gruppe*.

11. Geben Sie im Dialogfeld *Gruppe erstellen* den Gruppennamen
    Melbourne_GPO_Editors ein. Wählen Sie die Optionen *Sicherheit* und *Global* und das
    Kontrollkästchen *Vor versehentlichem Löschen schützen* (Abbildung 5.24). Klicken Sie
    auf *OK*.

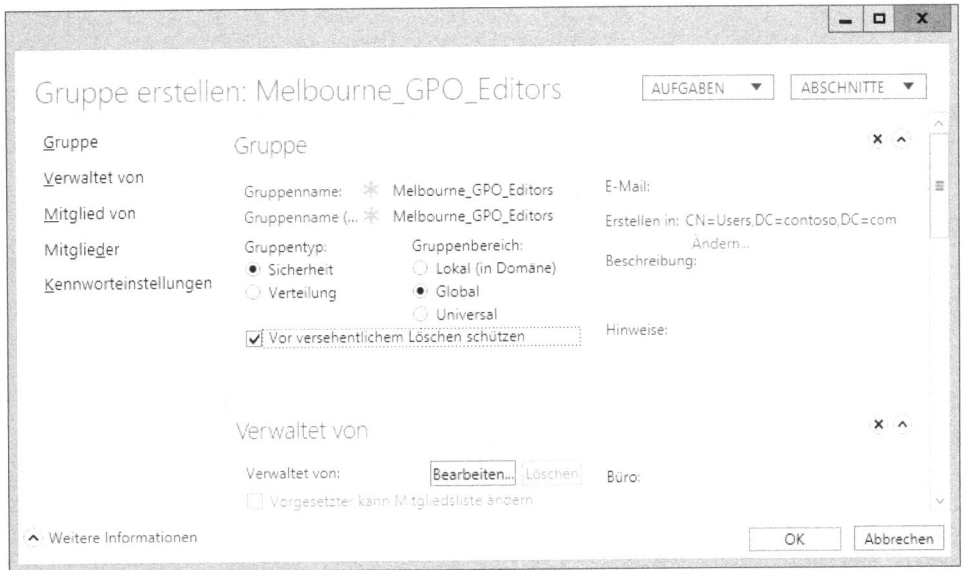

Abbildung 5.24   Erstellen einer Sicherheitsgruppe

12. Wiederholen Sie die Schritte 10 und 11, um die Sicherheitsgruppe **Adelaide_Computers**
    zu erstellen.

13. Klicken Sie im Active Directory-Verwaltungscenter im Bereich *Aufgaben* unter *contoso
    (lokal)* auf *Neu* und auf *Organisationseinheit*.

14. Geben Sie im Dialogfeld *Organisationseinheit erstellen* den Namen
    Melbourne_Computers ein (Abbildung 5.25) und klicken Sie auf *OK*.

15. Schließen Sie das Active Directory-Verwaltungscenter.

16. Klicken Sie auf der Taskleiste auf das Symbol *Explorer*.

17. Klicken Sie im *Explorer* auf *Computer* und dann doppelt auf *Lokaler Datenträger (C:)*.

Abbildung 5.25 Das Dialogfeld *Organisationseinheit erstellen*

18. Klicken Sie in der Titelleiste des Fensters *Lokaler Datenträger (C:)* auf das Symbol *Neuer Ordner*.

19. Nennen Sie den neuen Ordner **GPO_Backup**.

20. Schließen Sie das Fenster *Lokaler Datenträger (C:)*.

Übung 2: Verwalten von GPOs

In dieser Übung arbeiten Sie mit der *Gruppenrichtlinienverwaltung*:

1. Klicken Sie in der GPMC auf das GPO *Melbourne*.

2. Wenn das GPO *Melbourne* gewählt ist, klicken Sie auf die Registerkarte *Delegierung* (Abbildung 5.26).

3. Klicken Sie auf der Registerkarte *Delegierung* auf *Hinzufügen*.

4. Im Dialogfeld *Benutzer, Computer oder Gruppe auswählen* geben Sie **Melbourne_GPO_Editors** ein, klicken auf *Namen überprüfen* und auf *OK*.

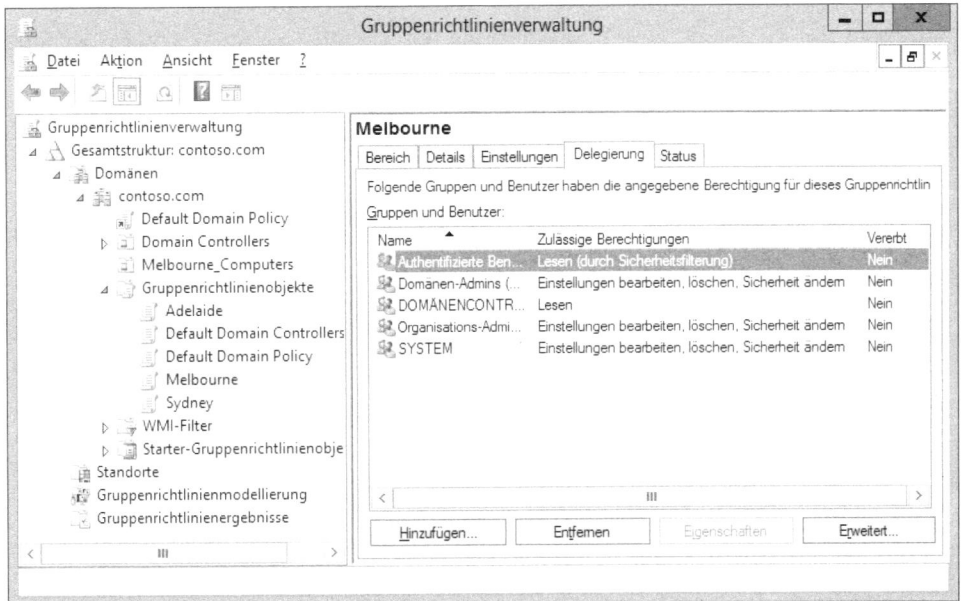

Abbildung 5.26 Die Registerkarte *Delegierung*

5. Wählen Sie im Dropdownmenü des Dialogfelds *Benutzer oder Gruppe hinzufügen* die Berechtigungen *Einstellungen bearbeiten, löschen, Sicherheit ändern* (Abbildung 5.27) und klicken Sie auf *OK*.

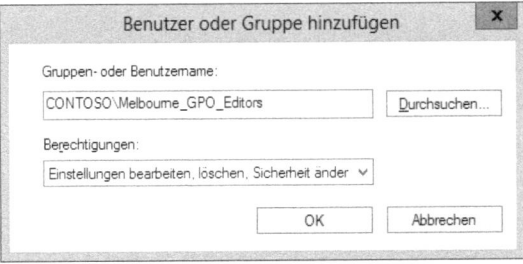

Abbildung 5.27 Die neue Gruppe erhält ihre Berechtigungen

6. Klicken Sie in der GPMC auf das GPO *Sydney.*

7. Klicken Sie im Menü *Aktion* auf *Sichern.*

8. Geben Sie im Dialogfeld *Gruppenrichtlinienobjekt sichern* als Speicherort **C:\GPO_Backup** ein (Abbildung 5.28) und klicken Sie auf *Sichern.*

9. Klicken Sie im Dialogfeld *Sichern* auf *OK.*

Abbildung 5.28   Das Dialogfeld *Gruppenrichtlinienobjekt sichern*

10. Wählen Sie in der GPMC das GPO *Sydney*.

11. Klicken Sie im Menü *Aktion* auf *Löschen*.

12. Klicken Sie im Dialogfeld *Gruppenrichtlinienverwaltung* auf *Ja*.

13. Überprüfen Sie, ob das GPO *Sydney* noch unter *Gruppenrichtlinienobjekte* aufgelistet wird (Abbildung 5.29).

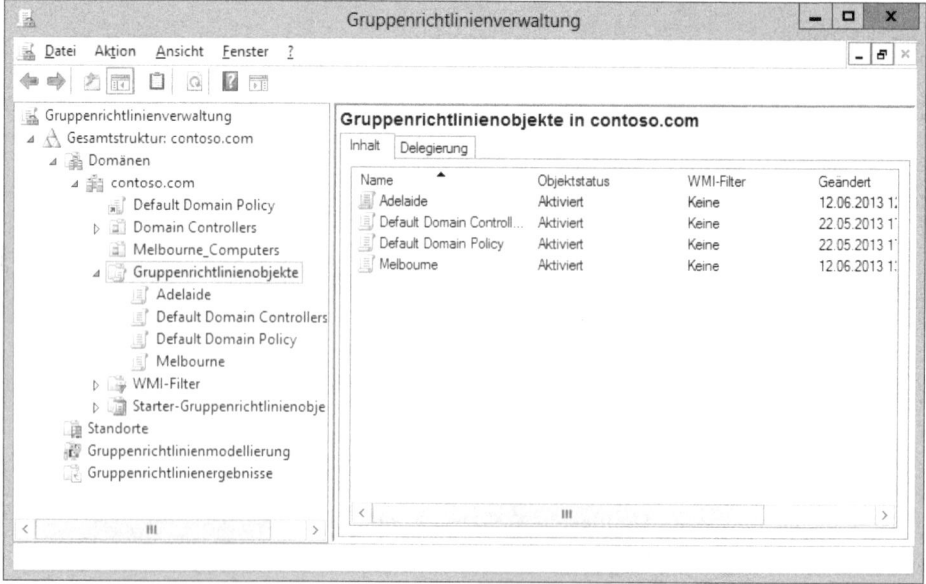

Abbildung 5.29   Überprüfen der Löschung eines GPOs

14. Klicken Sie auf *Gruppenrichtlinienobjekte*. Klicken Sie im Menü *Aktion* auf *Sicherungen verwalten*.

15. Klicken Sie im Dialogfeld *Sicherungen verwalten* auf das GPO *Sydney* (Abbildung 5.30) und auf *Wiederherstellen*.

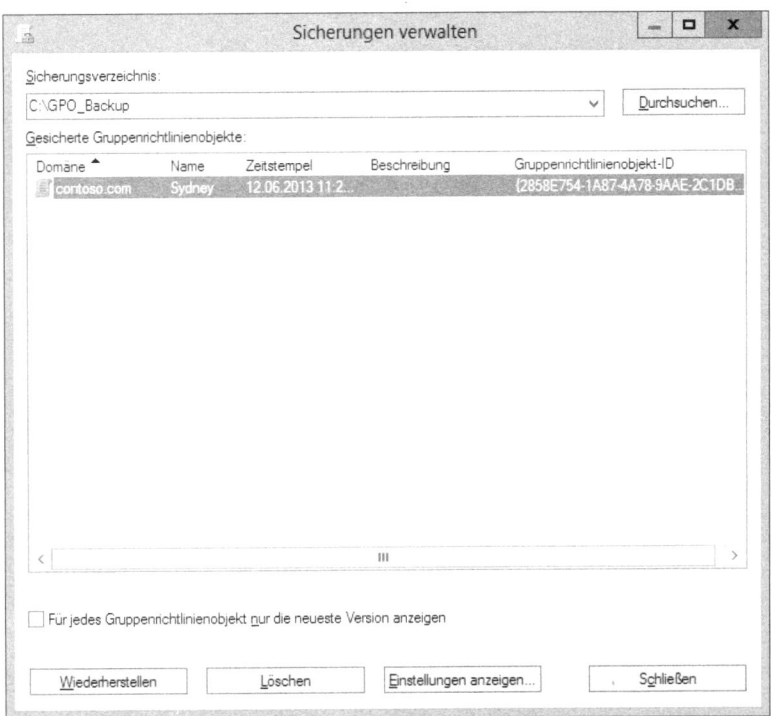

Abbildung 5.30 Das Dialogfeld *Sicherungen verwalten*

16. Klicken Sie im Dialogfeld *Gruppenrichtlinienverwaltung* auf *OK*.

17. Klicken Sie im Dialogfeld *Wiederherstellung* auf *OK*.

18. Klicken Sie im Dialogfeld *Sicherungen verwalten* auf *Schließen*.

19. Überprüfen Sie, ob das GPO *Sydney* wieder als Gruppenrichtlinienobjekt angezeigt wird.

Übung 3: Verwalten der Gruppenrichtlinienverarbeitung

In dieser Übung führen Sie einige Verwaltungsarbeiten durch, die mit der Gruppenrichtlinienverarbeitung zu tun haben:

1. Klicken Sie in der GPMC auf das GPO *Adelaide*.

2. Klicken Sie im Menü *Aktion* auf *Bearbeiten*.

3. Erweitern Sie im *Gruppenrichtlinienverwaltungs-Editor* den Knoten *Computerkonfiguration*, *Richtlinien*, *Administrative Vorlagen*, *System*, *Gruppenrichtlinie* und wählen Sie die Richtlinie *Loopbackverarbeitungsmodus für Benutzergruppenrichtlinie konfigurieren* (Abbildung 5.31).

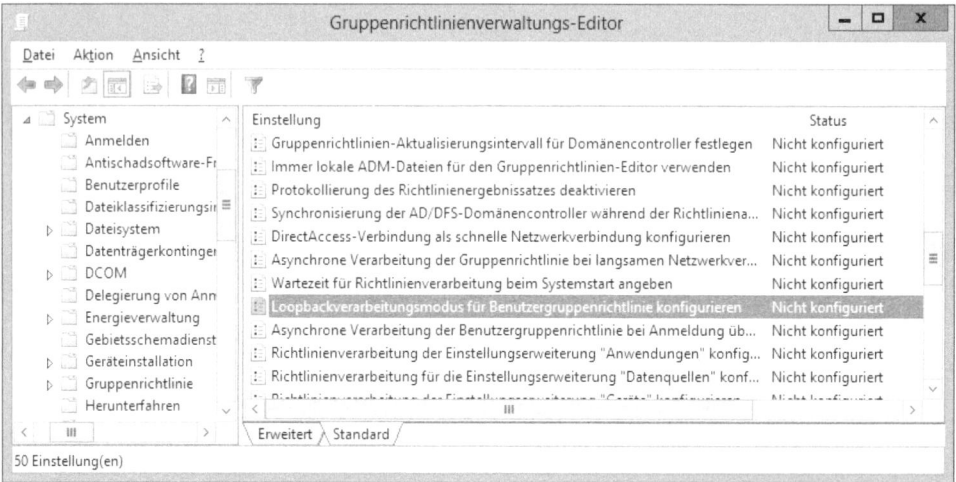

Abbildung 5.31   Auswählen der Richtlinie *Loopbackverarbeitungsmodus für Benutzergruppenrichtlinie*

4. Klicken Sie im Menü *Aktion* auf *Bearbeiten*.

5. Klicken Sie im Dialogfeld *Loopbackverarbeitungsmodus für Benutzergruppenrichtlinie konfigurieren* auf *Aktiviert*. Stellen Sie den Modus *Ersetzen* ein (Abbildung 5.32) und klicken Sie auf *OK*.

6. Schließen Sie den *Gruppenrichtlinienverwaltungs-Editor*.

7. Klicken Sie in der GPMC auf das GPO *Adelaide* und auf die Registerkarte *Bereich*.

8. Klicken Sie auf der Registerkarte *Bereich* auf die Gruppe *Authentifizierte Benutzer* und auf *Entfernen*.

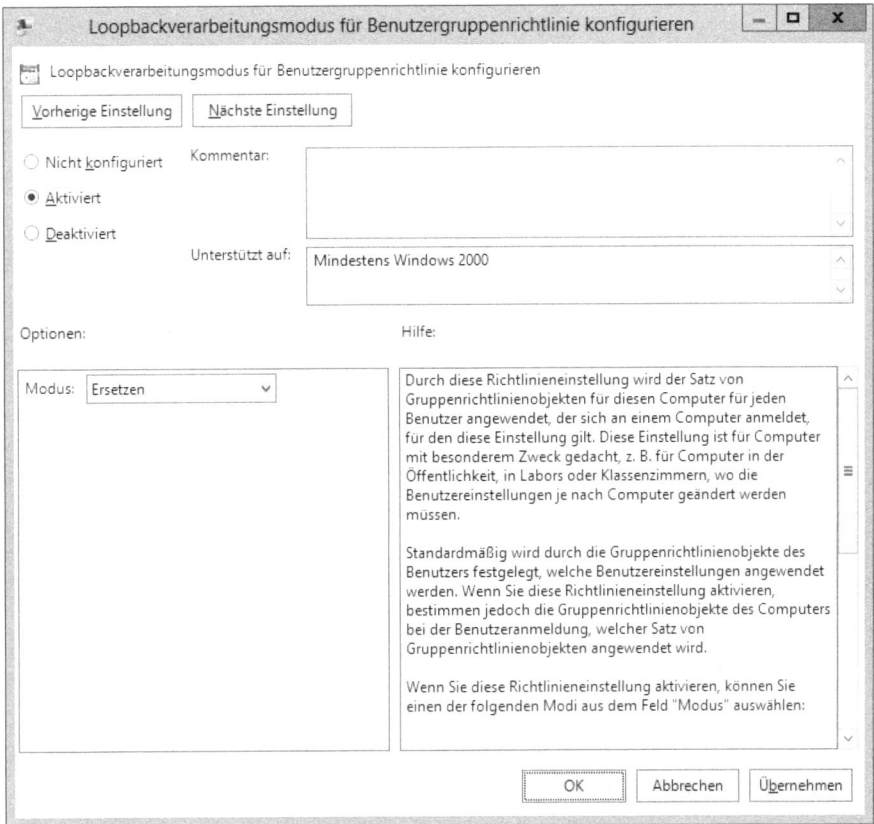

Abbildung 5.32 Konfigurieren des Ersetzungsmodus

9. Klicken Sie im Dialogfeld *Gruppenrichtlinienverwaltung* auf *OK*.

10. Klicken Sie unter *Sicherheitsfilterung* auf *Hinzufügen*.

11. Im Dialogfeld *Benutzer, Computer oder Gruppe auswählen* geben Sie **Adelaide_Computers** ein, klicken auf *Namen überprüfen* und auf *OK*.

12. Überprüfen Sie, ob die Sicherheitsfilterungseinstellungen des GPOs *Adelaide* mit den Einstellungen aus Abbildung 5.33 übereinstimmen.

13. Klicken Sie in der GPMC auf *contoso.com* und auf die Registerkarte *Verknüpfte Gruppenrichtlinienobjekte*.

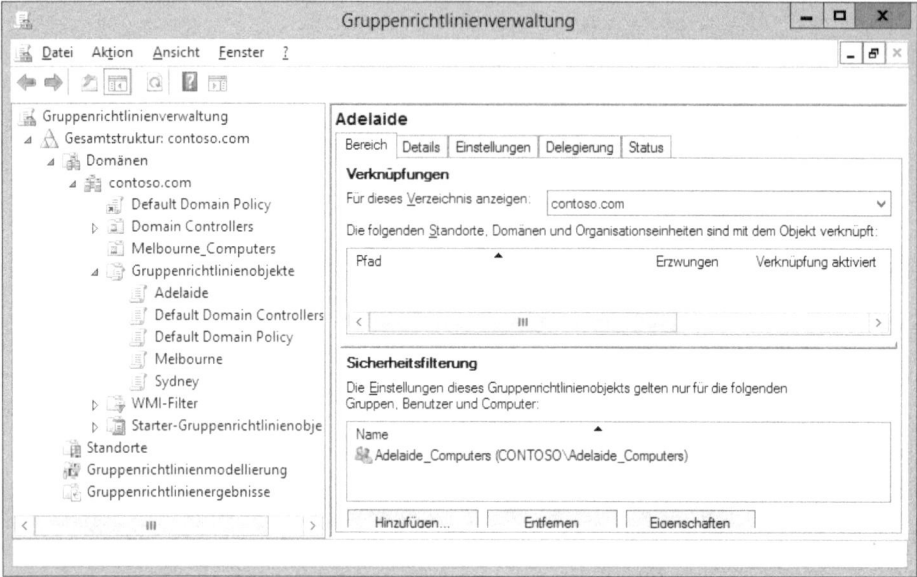

Abbildung 5.33   Konfigurieren der Sicherheitsfilterungseinstellungen

14. Klicken Sie auf *contoso.com* und im Menü *Aktion* auf *Vorhandenes Gruppenrichtlinien-objekt verknüpfen*.

15. Wählen Sie im Dialogfeld *Gruppenrichtlinienobjekt auswählen* das GPO *Adelaide* und klicken Sie auf *OK* (Abbildung 5.34).

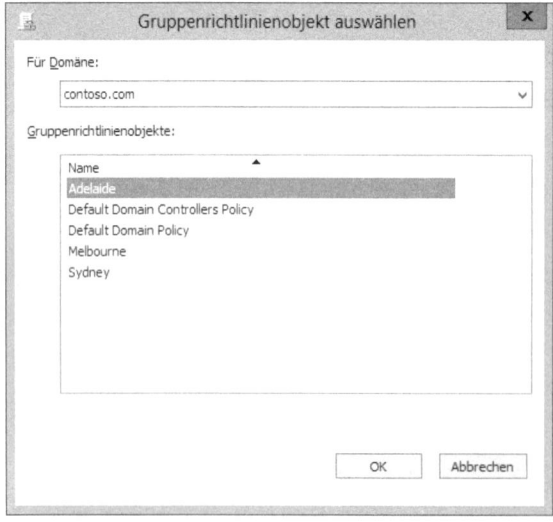

Abbildung 5.34   Auswählen eines Gruppenrichtlinienobjekts für die Domäne

16. Überprüfen Sie in der GPMC, ob nun die GPOs *Adelaide* und *Default Domain Policy* mit der Domäne verknüpft sind (Abbildung 5.35).

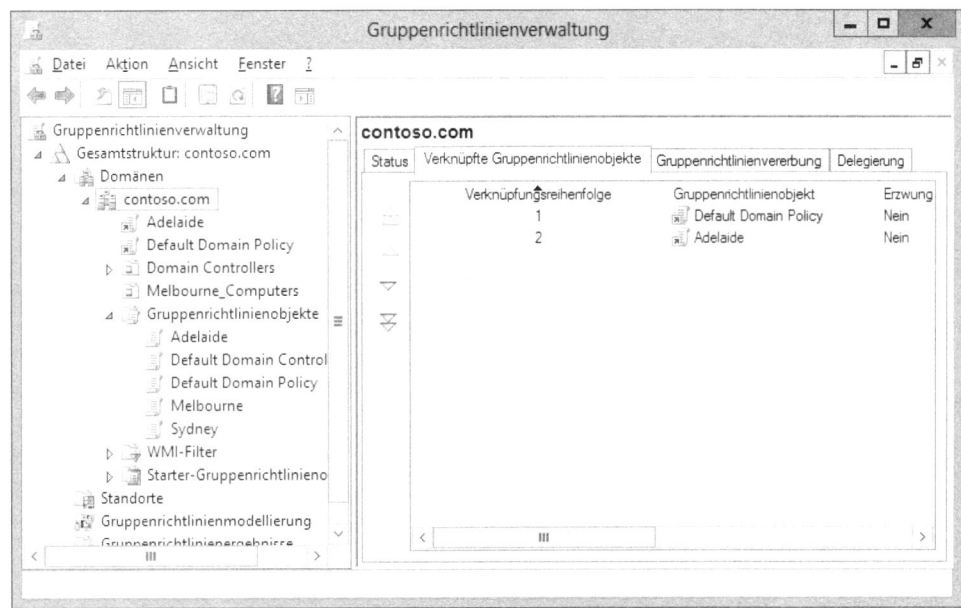

Abbildung 5.35   Anzeigen der GPOs, die mit der Domäne verknüpft sind

Übung 4: Vererben und Durchsetzen von Gruppenrichtlinien

In dieser Übung führen Sie wieder einige Verwaltungsarbeiten durch, die mit der Gruppenrichtlinienverarbeitung zu tun haben:

1. Klicken Sie in der GPMC auf die Organisationseinheit *Melbourne_Computers*.

2. Klicken Sie im Menü *Aktion* auf *Vererbung deaktivieren*.

3. Klicken Sie in der GPMC auf *contoso.com*.

4. Klicken Sie im Menü *Aktion* auf *Vorhandenes Gruppenrichtlinienobjekt verknüpfen*.

5. Wählen Sie im Dialogfeld *Gruppenrichtlinienobjekt auswählen* das GPO *Melbourne* und klicken Sie auf *OK*.

6. Klicken Sie unter *contoso.com* auf das GPO *Melbourne*.

7. Klicken Sie im Menü *Aktion* auf *Erzwungen*.

8. Überprüfen Sie, ob die GPMC das GPO *Melbourne* als *Erzwungen* anzeigt und ob sie die OU *Melbourne_Computers* mit deaktivierter Vererbung anzeigt (Abbildung 5.36).

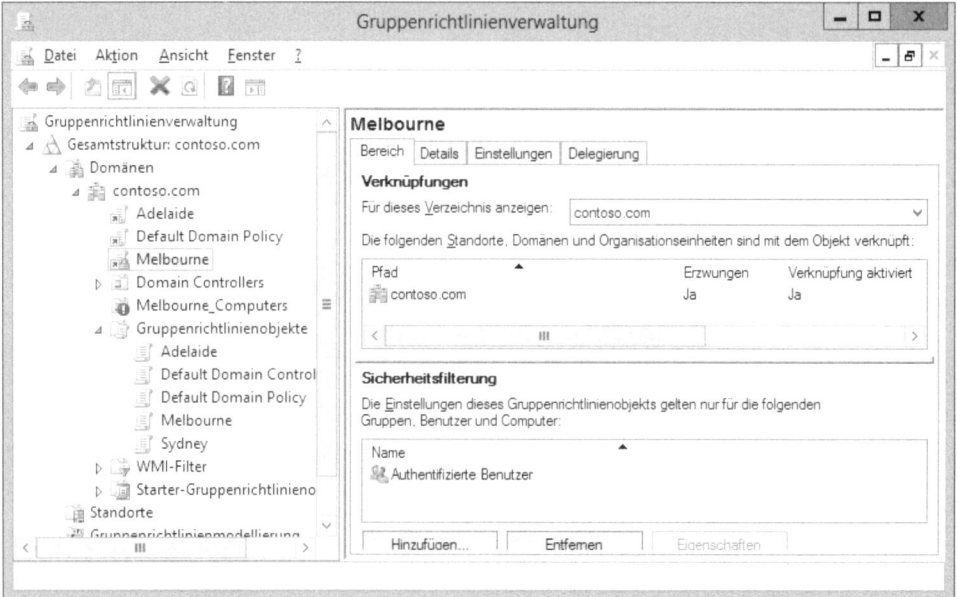

Abbildung 5.36 Eine OU mit deaktivierter Vererbung und ein erzwungenes GPO

9. Klicken Sie in der GPMC auf den Knoten Gruppenrichtlinienmodellierung.

10. Klicken Sie im Menü *Aktion* auf *Gruppenrichtlinienmodellierungs-Assistent*.

11. Klicken Sie auf der *Willkommen*-Seite des *Gruppenrichtlinienmodellierungs-Assistenten* auf *Weiter*.

12. Klicken Sie auf der Seite *Domänencontrollerauswahl* auf *Dieser Domänencontroller* und auf *DC.contoso.com*. Klicken Sie auf *Weiter*.

13. Klicken Sie auf der Seite *Benutzer- und Computerauswahl* im Abschnitt *Computerinformation* neben *Container* auf *Durchsuchen*.

14. Erweitern Sie im Dialogfeld *Computercontainer auswählen* den Knoten *contoso* und klicken Sie auf *Melbourne_Computers* und auf *OK*.

15. Vergleichen Sie die Seite *Benutzer- und Computerauswahl* mit Abbildung 5.37 und klicken Sie auf *Weiter*.

16. Klicken Sie auf der Seite *Erweiterte Simulationsoptionen* auf *Zur letzten Seite des Assistenten wechseln, ohne weitere Daten zu erfassen* und auf *Weiter*.

17. Klicken Sie auf der Seite *Zusammenfassung der Auswahl* auf *Weiter* und dann auf *Fertig stellen*.

18. Klicken Sie gegebenenfalls im Dialogfeld *Internet Explorer* auf *Hinzufügen*.

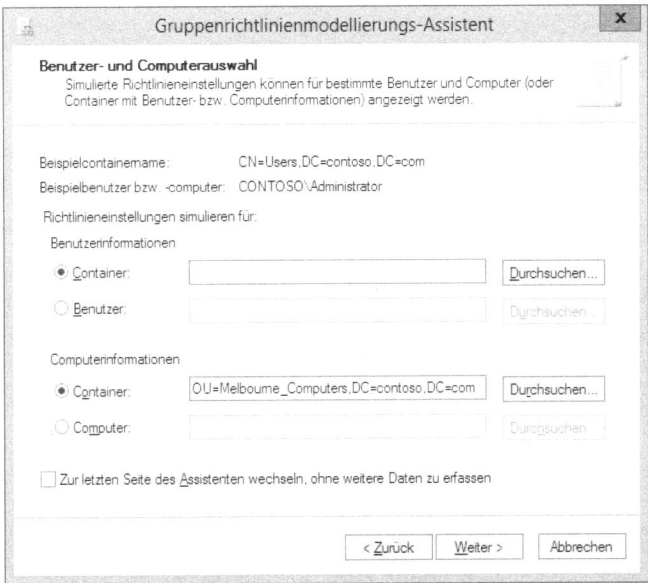

Abbildung 5.37 Computerauswahl im *Gruppenrichtlinienmodellierungs-Assistent*

19. Vergleichen Sie den Bericht für die OU *Melbourne_Computers* mit Abbildung 5.38 und überprüfen Sie, ob nur das GPO *Melbourne* aufgelistet wird.

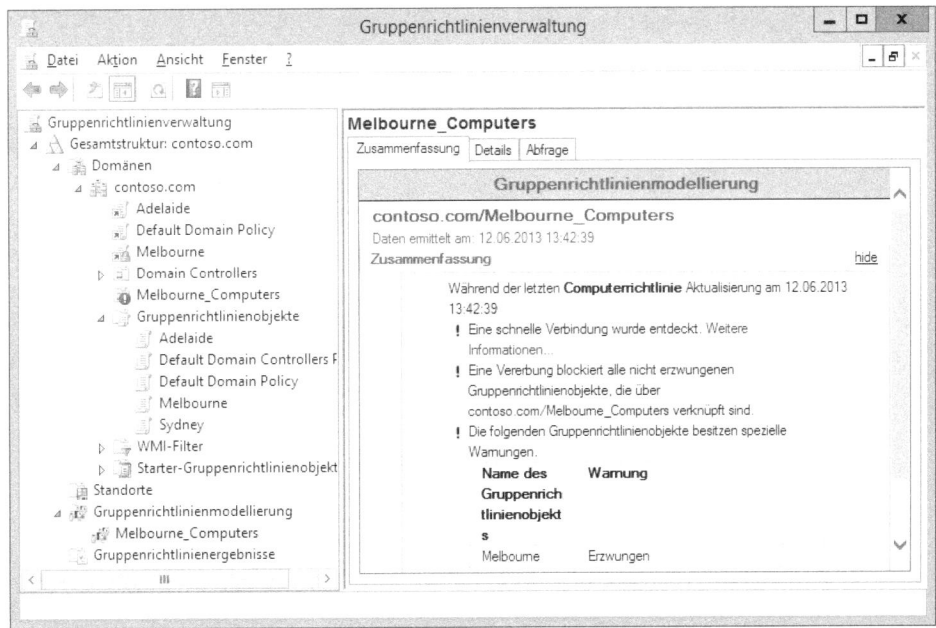

Abbildung 5.38 Ergebnisse der Gruppenrichtlinienmodellierung

Vorgeschlagene Übungen

Die folgenden zusätzlichen Übungen bieten Ihnen weitere Möglichkeiten, die in diesem Kapitel behandelten Themen einzuüben und zu vertiefen.

- **Übung 1**   Konfigurieren Sie Einstellungen im GPO *Melbourne*. Importieren Sie diese Einstellungen in das GPO *Sydney*.

- **Übung 2**   Konfigurieren Sie das GPO *Melbourne* so, dass es nicht für Mitglieder der Gruppe *Adelaide_Computers* gilt

Antworten

Dieser Abschnitt enthält die Antworten auf die Lernzielkontrollfragen dieses Kapitels.

Lektion 1

1. **Richtige Antwort: B**

    A. **Falsch:** Mit dem Cmdlet `Backup-GPO` sichern Sie ein vorhandenes GPO.

    B. **Richtig:** Mit dem Cmdlet `Import-GPO` importieren Sie Einstellungen von einem gesicherten GPO in ein vorhandenes Ziel-GPO.

    C. **Falsch:** Mit dem Cmdlet `Restore-GPO` stellen Sie ein gesichertes GPO in einem früheren Zustand wieder her.

    D. **Falsch:** Mit dem Cmdlet `Copy-GPO` stellen Sie von einem vorhandenen GPO eine Kopie her.

2. **Richtige Antwort: B**

    A. **Falsch:** Mit dem Cmdlet `Copy-GPO` stellen Sie von einem vorhandenen GPO eine Kopie her.

    B. **Richtig:** Mit dem Cmdlet `Restore-GPO` stellen Sie ein gesichertes GPO in einem früheren Zustand wieder her.

    C. **Falsch:** Mit dem Cmdlet `Import-GPO` importieren Sie Einstellungen von einem gesicherten GPO in ein vorhandenes Ziel-GPO. Es würde zwar die Einstellungen aus dem gesicherten GPO wiederherstellen, aber es ist durchaus möglich, dass Ihre Assistentin auch noch andere Einstellungen vorgenommen hat, die im gesicherten GPO nicht enthalten sind.

    D. **Falsch:** Mit dem Cmdlet `Backup-GPO` sichern Sie ein vorhandenes GPO.

3. **Richtige Antwort: C**

    A. **Falsch:** Mit der Konsole *Active Directory-Standorte und -Dienste* können Sie Active Directory-Standorte verwalten. Sie eignet sich nicht zur Konfiguration der GPO-Migrationseinstellungen.

    B. **Falsch:** Mit dieser Konsole verwalten Sie Active Directory-Sicherheitsprinzipale und Container. Sie eignet sich nicht zur Konfiguration der GPO-Migrationseinstellungen.

C. **Richtig:** Mit diesem Tool können Sie eine Migrationstabelle erstellen, die für die Migration von Objekten von einer Domäne oder einer Gesamtstruktur in eine andere erforderlich ist.

D. **Falsch:** In dieser Konsole bearbeiten Sie GPOs. Sie eignet sich nicht zur Konfiguration der GPO-Migrationseinstellungen.

4. **Richtige Antworten: A, B und C**

A. **Richtig:** Mitglieder der Gruppe *Richtlinien-Ersteller-Besitzer* können standardmäßig GPOs erstellen.

B. **Richtig:** Mitglieder der Gruppe *Organisations-Admins* können standardmäßig GPOs erstellen.

C. **Richtig:** Mitglieder der Gruppe *Domänen-Admins* können standardmäßig GPOs erstellen.

D. **Falsch:** Die Gruppe *Domänencontroller* ist für die Konten von Domänencontrollern vorgesehen. Sie gewährt keine Berechtigungen für GPOs.

5. **Richtige Antwort: D**

A. **Falsch:** Mit dem Cmdlet `Copy-GPO` stellen Sie von einem vorhandenen GPO eine Kopie her. Es ermöglicht keine Wiederherstellung des Standard-GPOs der Domäne im Originalzustand.

B. **Falsch:** Mit dem Cmdlet `Restore-GPO` stellen Sie ein gesichertes GPO in einem früheren Zustand wieder her. Sie müssen das GPO vorher sichern.

C. **Falsch:** Mit dem Cmdlet `Import-GPO` importieren Sie Einstellungen von einem gesicherten GPO in ein vorhandenes Ziel-GPO.

D. **Richtig:** Mit dem Cmdlet `Backup-GPO` sichern Sie ein vorhandenes GPO.

Lektion 2

1. **Richtige Antwort: B**

A. **Falsch:** Sie verwenden eine Sicherheitsfilterung, um die Anwendung von GPOs auf der Basis der Mitgliedschaft in Sicherheitsgruppen zu filtern.

B. **Richtig:** Sie können eine WMI-Abfrage verwenden, um die Anwendung von GPOs auf der Basis der Eigenschaften eines Zielcomputers zu filtern, beispielsweise anhand der Größe des freien Speicherplatzes auf der Festplatte.

C. **Falsch:** Mit einer Loopbackverarbeitung können Sie Einstellungen festlegen, die für ein Computerkonto gelten, statt für ein Benutzerkonto.

D. **Falsch:** Die Erkennung von langsamen Verbindungen ermöglicht es, Gruppenrichtlinien so einzurichten, dass sie bei langsamen Verbindungen nicht angewendet werden.

2. **Richtige Antwort: D**

    A. **Falsch:** In diesem Szenario hat das GPO *Delta* Vorrang vor den anderen GPOs.

    B. **Falsch:** In diesem Szenario hat das GPO *Delta* Vorrang vor den anderen GPOs.

    C. **Falsch:** In diesem Szenario hat das GPO *Delta* Vorrang vor den anderen GPOs.

    D. **Richtig:** In diesem Szenario hat das GPO *Delta* Vorrang vor den anderen GPOs.

3. **Richtige Antwort: C**

    A. **Falsch:** In diesem Szenario bedeutet die Einstellung *Erzwungen* des GPOs *Gamma*, dass es Vorrang hat.

    B. **Falsch:** In diesem Szenario bedeutet die Einstellung *Erzwungen* des GPOs *Gamma*, dass es Vorrang hat.

    C. **Richtig:** In diesem Szenario bedeutet die Einstellung *Erzwungen* des GPOs *Gamma*, dass es Vorrang hat.

    D. **Falsch:** In diesem Szenario bedeutet die Einstellung *Erzwungen* des GPOs *Gamma*, dass es Vorrang hat.

4. **Richtige Antwort: B**

    A. **Falsch:** Die Einstellung *Erzwungen* hat Vorrang vor der Einstellung *Vererbung deaktivieren*. Daher wird die Einstellung von GPO *Beta* auf dem Computer wirksam.

    B. **Richtig:** Die Einstellung *Erzwungen* hat Vorrang vor der Einstellung *Vererbung deaktivieren*. Daher wird die Einstellung von GPO *Beta* auf dem Computer wirksam.

    C. **Falsch:** Die Einstellung *Erzwungen* hat Vorrang vor der Einstellung *Vererbung deaktivieren*. Daher wird die Einstellung von GPO *Beta* auf dem Computer wirksam.

    D. **Falsch:** Die Einstellung *Erzwungen* hat Vorrang vor der Einstellung *Vererbung deaktivieren*. Daher wird die Einstellung von GPO *Beta* auf dem Computer wirksam.

5. **Richtige Antwort: A**

    A. **Richtig:** Sie verwenden eine Sicherheitsfilterung, um die Anwendung von GPOs auf der Basis der Mitgliedschaft in Sicherheitsgruppen zu filtern. In diesem Fall konfigurieren Sie die erweiterte Berechtigung *Gruppenrichtlinie übernehmen* mit der Einstellung *Verweigern*.

    B. **Falsch:** Sie können eine WMI-Abfrage verwenden, um die Anwendung von GPOs auf der Basis der Eigenschaften eines Zielcomputers zu filtern, beispielsweise anhand der Größe des freien Speicherplatzes auf der Festplatte.

    C. **Falsch:** Mit einer Loopbackverarbeitung können Sie Einstellungen festlegen, die für ein Computerkonto gelten, statt für ein Benutzerkonto.

    D. **Falsch:** Die Erkennung von langsamen Verbindungen ermöglicht es, Gruppenrichtlinien so einzurichten, dass sie bei langsamen Verbindungen nicht angewendet werden.

KAPITEL 6

Gruppenrichtlinieneinstellungen

Gruppenrichtlinien ermöglichen eine zentrale Konfigurierung von vielen Computern. Sie brauchen also nicht mehr auf jedem einzelnen Computer immer wieder dieselben Einstellungen vorzunehmen, dieselben Netzlaufwerke zuzuordnen und dieselben Netzwerkdrucker einzurichten. Auch beim Einsatz von Serveranwendungen wie Exchange und SQL Server haben Sie mit Gruppenrichtlinien zu tun. Statt nun jede denkbare Gruppenrichtlinieneinstellung zu beschreiben, beschränkt sich dieses Kapitel auf drei Lektionen, in denen häufig verwendete einfache Gruppenrichtlinieneinstellungen beschrieben werden. Sie erfahren, wie man die Gruppenrichtlinien durch Administrative Vorlagen erweitern kann und wie sich Anmelde- und Startskripts in den Gruppenrichtlinien konfigurieren lassen.

Lektionen in diesem Kapitel:

Bevor Sie beginnen

Damit Sie die Übungen in diesem Kapitel durcharbeiten können, müssen Sie die Computer *DC*, *SYD-A* und *SYD-B* mit der Evaluierungsversion von Windows Server 2012 bereitgestellt haben, wie im Anhang beschrieben.

Lektion 1: Ordnerumleitung, Softwareinstallation und Skripts

In einem gewöhnlichen Gruppenrichtlinienobjekt (Group Policy Object, GPO) gibt es ungefähr 3600 Richtlinien. Daher kann man wohl ohne Übertreibung sagen, dass vermutlich nur sehr wenige Leute genau wissen, was diese vielen Gruppenrichtlinien tun – falls es überhaupt jemanden gibt. Als Serveradministrator spezialisieren Sie sich zum Beispiel auf Bereiche, die für Sie interessant und nützlich sind. Wenn Sie für die Verwaltung von Clientcomputern verantwortlich sind, auf denen Windows 7- und Windows 8-Betriebssysteme verwendet werden, dann sind für Sie solche Gruppenrichtlinien wichtiger, die man für Clientcomputer braucht. Da geht es zum Beispiel um Themen wie die Umleitung von Ordnern, die Installation von Software und die Kontrolle von Skripts, die beim Starten und Herunterfahren von Computern und bei der An- und Abmeldung von Benutzern verwendet werden.

Am Ende dieser Lektion werden Sie in der Lage sein, die folgenden Aufgaben auszuführen:

- Konfigurieren der Ordnerumleitung

- Durchführen einer Softwareinstallation mit Gruppenrichtlinien

- Konfigurieren von Skripts in den Gruppenrichtlinien

Veranschlagte Zeit für diese Lektion: 45 Minuten

Ordnerumleitung

In vielen Organisationen gibt es keine feste Zuordnung zwischen Computern und Benutzern, beispielsweise in Callcentern oder beim Unterricht in Schule und Universität. Wenn kein Benutzer einen festen Computer hat, ergeben sich gewisse Schwierigkeiten bei der Anpassung der Computer nach den Vorlieben der Benutzer und bei der Speicherung von Benutzerdaten. Die *Ordnerumleitung* ermöglicht Ihnen die Umleitung von üblicherweise verwendeten Ordnern, wie *Desktop* und *Startmenü*, von einer lokalen Festplatte auf einen Speicherort im Netzwerk.

Der Vorteil liegt darin, dass Benutzer durch die Umleitung der Ordner auf jedem Computer, auf dem sie sich anmelden, dieselbe Umgebung vorfinden. Sie könnten zum Beispiel den Ordner *Desktop* auf einem Speicherort im Netzwerk umleiten. Dann wären alle Dateien oder Ordner, die ein Benutzer auf dem Desktop speichert, automatisch auf jedem anderen Computer, auf dem sich der Benutzer bei der Domäne anmeldet, auf dem Desktop verfügbar.

Die Ordnerumleitung lässt sich auch mit Offlinedateien kombinieren. Dann haben Benutzer auch noch Zugriff auf umgeleitete Ordner, wenn sie einen Laptop verwenden oder wenn die Verbindung zum Netzwerk unterbrochen ist. Vorrausetzung ist, dass Offlinedateien konfiguriert sind und dass der Benutzer eine erste Verbindung mit dem Netzwerk herstellt. Das ist eine weitere Methode, dafür zu sorgen, dass Benutzer unabhängig von dem Computer, auf dem sie arbeiten, über dieselbe Umgebung verfügen.

Mit Gruppenrichtlinien können Sie folgende Ordner umleiten:

- *AppData(Roaming)*
- *Desktop*
- *Startmenü*
- *Dokumente*
- *Bilder*
- *Musik*
- *Videos*

- *Favoriten*
- *Kontakte*
- *Download*
- *Verknüpfungen*
- *Suchvorgänge*
- *Gespeicherte Spiele*

Die Richtlinien zur Ordnerumleitung liegen im Knoten *Benutzerkonfiguration*, *Richtlinien*, *Windows-Einstellungen*, *Ordnerumleitung* eines GPOs (Abbildung 6.1).

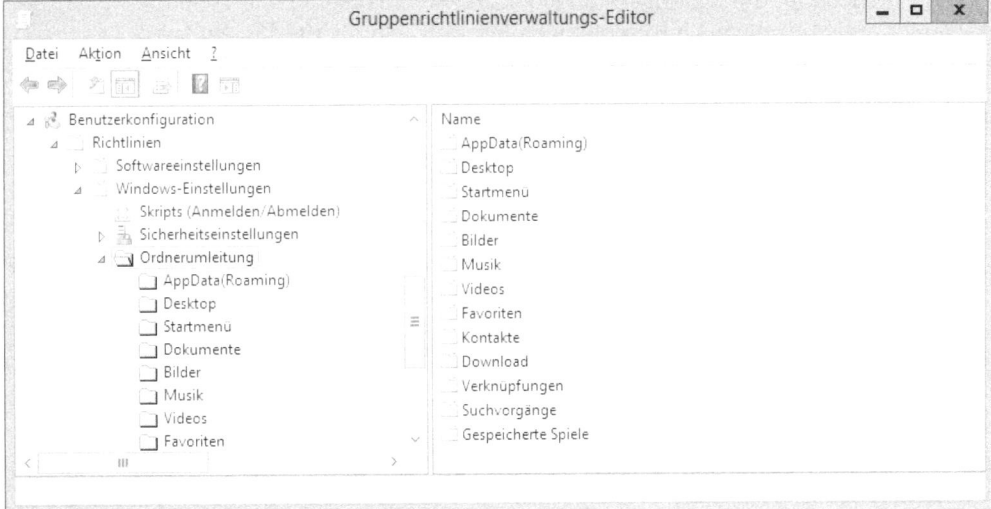

Abbildung 6.1 Ordnerumleitungsrichtlinien

Die Ordnerumleitung führt nicht nur dazu, dass Benutzer ihre gewohnte Arbeitsumgebung erhalten, sie ermöglicht auch eine einfache Sicherung wichtiger Benutzerdaten. Statt auf vielen einzelnen Clientcomputern eine Datensicherung durchzuführen, konfigurieren Sie die Ordnerumleitung und sorgen dafür, dass der Server, auf dem die umgeleiteten Ordner liegen, regelmäßig und sorgfältig gesichert wird.

Praxistipp Sichern der auf Clients gespeicherten Daten

In einigen Organisationen werden bis zu 60 Prozent der wichtigen Daten auf Clients gespeichert. Die meisten Leute schätzen dies nicht als großes Risiko ein, denn wenn sich 60 Prozent der Daten auf ein paar Hundert Clients verteilen, bedeutet der Ausfall eines Clients keinen großen Datenverlust. Tatsächlich kann der Verlust der Daten eines Clients eine Organisation aber Tausende oder Zehntausende von Euros kosten. Die Benutzerdaten, die auf einem Clientcomputer gespeichert sind, sind häufig mehr als der Computer wert, denn jemand, der einen bestimmten Stundenlohn erhält, hat viele Stunden daran gearbeitet, diese Daten zusammenzustellen. Gehen diese Daten verloren, ist das Geld, das die Organisation in die Erstellung der Daten investiert hat, auch verloren.

Die Ordnerumleitung wird auf Basis der Ordner konfiguriert. Dabei haben Sie die Wahl unter folgenden Optionen:

- **Standard** Diese Option ermöglicht es, alle Ordner aus dem Gültigkeitsbereich der Richtlinie auf den gleichen Pfad umzuleiten. Wenn Sie diese Option wählen, können Sie eine der folgenden Einstellungen für den Zielordner festlegen:

    - **Einen Ordner für jeden Benutzer im Stammpfad erstellen** Diese Einstellung ist in Abbildung 6.2 zu sehen. Die Ordner der Benutzer werden automatisch erstellt.

    - **An folgenden Pfad umleiten** Verwenden Sie diese Einstellung, wenn Ordner an einen gemeinsam verwendeten Ort umgeleitet werden sollen, statt an individuelle Ordner

    - **An lokalen Benutzerprofilpfad umleiten** Verwenden Sie diese Option, um die Ordner in den lokalen Profilpfad auf dem Computer umzuleiten. Diese Option deaktiviert die Umleitung der Benutzer.

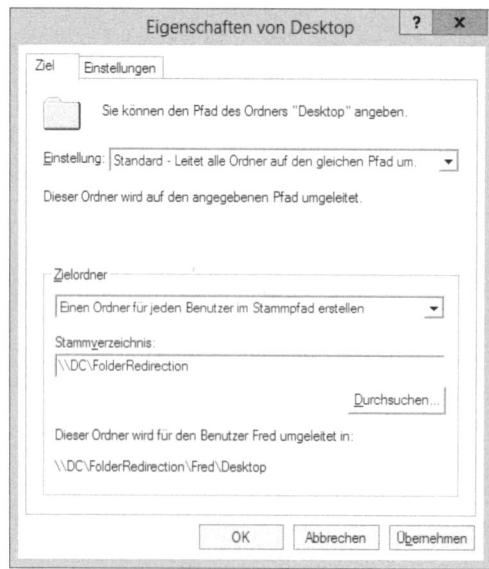

Abbildung 6.2 Die Einstellung *Standard* für die Ordnerumleitung

- **Erweitert**   Die Option *Erweitert* bietet dieselben Einstellungen wie die Einstellung *Standard*. Allerdings können Sie die Einstellungen auf der Basis von Sicherheitsgruppen vornehmen. So können Sie Mitglieder der Gruppe *Research* zum Beispiel auf *\\FS1\FolderRedirection* umleiten und Mitglieder der Gruppe *Astronomy* auf *\\FS2\FolderRedirection*.

Bei der Umleitung der Ordner *Bilder*, *Musik* und *Videos* können Sie auch die Einstellung *Dem Ordner Dokumente folgen* wählen. Dadurch werden diese Ordner Unterordner des Ordners *Dokumente*.

Praxistipp   Einfache Lösungen sind besser als komplizierte

Wenn die Ordner *Bilder*, *Musik* und *Videos* dem Ordner *Dokumente* folgen, ist die Verwaltung der freigegebenen Ordner einfacher. Andererseits gibt es in den meisten Organisationen, die sich nicht mit der Erstellung von Musik- und Videoinhalten beschäftigen, strenge Regeln für die Speicherung solcher Inhalte auf den Servern. Wahrscheinlich werden diese speziellen Ordner nicht auf einen Server umgeleitet.

Legen Sie bei der Erstellung von Netzwerkfreigaben für umgeleitete Ordner folgende Berechtigungen fest, damit die umgeleiteten Ordner automatisch erstellt werden können:

- **Freigabeberechtigungen für den Stammordner**
    - Sicherheitsgruppe *Benutzer*: *Lesen* und *Schreiben*

- **NTFS-Berechtigungen**
    - Sicherheitsgruppe *Benutzer*: *Ordner auflisten / Daten lesen*, *Ordner erstellen / Daten anhängen*
    - *System*: *Vollzugriff*

Berücksichtigen Sie bei der Konfiguration der Ordnerumleitung folgende Punkte:

- Aktivieren Sie auf allen Computern, auf denen die Richtlinien zur Ordnerumleitung wirksam werden, Offlinedateien. Dadurch sind die umgeleiteten Ordner auch noch zugänglich, wenn keine Netzwerkverbindung besteht. Sorgen Sie außerdem dafür, dass für den freigegebenen Ordner die Funktion Offlineordner konfiguriert wird.

- Sorgen Sie dafür, dass die umgeleiteten Ordner auf einem fehlertoleranten Volume liegen

- Sorgen Sie dafür, dass auf den Servern, auf denen umgeleitete Ordner liegen, regelmäßig eine Datensicherung durchgeführt wird

- Eine Umleitung sollte nur auf freigegebene Ordner erfolgen, die am selben Standort verfügbar sind. Laptops, für die eine Ordnerumleitung konfiguriert wurde, werden zwar gelegentlich in Zweigstellen verwendet (dann erweisen sich Offlinedateien als nützlich), aber konfigurieren Sie keine Ordnerumleitung, bei der lokale Ordner in Remotenetzwerke umgeleitet werden.

So leiten Sie einen Ordner um:

1. Konfigurieren Sie einen freigegebenen Ordner mit den entsprechenden Berechtigungen.

2. Erstellen und Bearbeiten Sie ein Gruppenrichtlinienobjekt, das für die Benutzer gilt, deren Ordner Sie umleiten möchten.

3. Klicken Sie im Knoten *Benutzerkonfiguration, Richtlinien, Windows-Einstellungen, Ordnerumleitung* den ersten Ordner mit der rechten Maustaste an, für den Sie eine Umleitung einrichten möchten, und klicken Sie auf *Eigenschaften*.

4. Wählen Sie im Dropdownmenü *Einstellung* die Einstellung *Standard* oder *Erweitert* und legen Sie den Zielordner fest.

5. Wiederholen Sie die Schritte 3 und 4 für jeden Ordner, den Sie umleiten möchten.

Hinweis   Es sind mehrere Anmeldungen erforderlich

Der Benutzer muss sich einige Male anmelden, bis die Umleitung vollständig konfiguriert ist. Dadurch wird die Erstellung von Ordnern ermöglicht und zwischengespeicherte Anmeldeinformationen werden aktualisiert.

Softwareinstallation

Es gehört zu den Kernaufgaben von IT-Fachleuten, auf den Computern der Benutzer Software zu installieren. Zu Zeiten von Windows 95 und Windows NT 4.0 bedeutete dies, mit einem Kasten voller Disketten oder CD-ROMS zu den Benutzern zu gehen. Statt die Software vor Ort zu installieren, können Sie nun Gruppenrichtlinien verwenden, um Software auf den Computern bereitzustellen. Die Software wird über das Netzwerk installiert und es ist nicht mehr erforderlich, persönlich zu jedem einzelnen Computer zu gehen und ein Programm zu installieren. Mit Gruppenrichtlinien lassen sich Anwendungen installieren, die im *.msi*-Format (Windows Installer) oder im *.exe*-Format vorliegen. Für die Installation von *.exe*-Dateien brauchen Sie allerdings speziell vorbereitete *.zap*-Dateien. Darüber erfahren Sie in den folgenden Abschnitten mehr.

MSI-Dateien

MSI-Dateien sind Anwendungen, die im MSI-Format (Microsoft Windows Installer) verpackt sind. Solche Dateien enthalten Informationen, die erforderlich sind, um die Anwendung zu installieren, zu reparieren und zu entfernen. Anwendungen, die mit *.msi*-Dateien installiert werden, lassen sich wahrscheinlich besser wieder entfernen als Anwendungen, die auf andere Weise installiert werden, weil bei der Erstellung des Pakets auch die Änderungen aufgezeichnet werden, die bei der Installation der Anwendung auf einem Computer erfolgen. Anwendungen, die im MSI-Format vorliegen, können mit Gruppenrichtlinien bereitgestellt werden. Sie können solche Anwendungen auch manuell oder mit komplexeren Verwaltungsprogrammen installieren, wie Windows Intune oder System Center 2012 Configuration Manager.

Praxistipp   Verpacken von Anwendungen

Zur Verpackung einer Anwendung gehört, sie mit einem herkömmlichen Installationsprogramm auf einem Referenzcomputer zu installieren und die Änderungen aufzuzeichnen, die
am System erfolgen, also an Dateien, Ordnern, Einstellungen und an der Registrierung. Es gibt
Tools, mit denen sich Anwendungen mit Installationsprogrammen im EXE-Format so verpacken lassen, dass sie im MSI-Format bereitgestellt werden können. Außerdem können Sie mit
dem App-V-Sequencer aus dem Microsoft Desktop Optimization Pack (MDOP) virtuelle
Anwendungen im MSI-Format erstellen.

ZAP-Dateien

Mit Gruppenrichtlinien können Sie auch Dateien bereitstellen, die im EXE-Format vorliegen,
sofern Sie geeignete *.zap*-Dateien vorbereiten. Das sind einfache Textdateien, mit denen sich
EXE-Programme unter folgenden Bedingungen mit den Gruppenrichtlinien bereitstellen
lassen:

- Die Installation muss sich ohne Angabe von erhöhten Berechtigungen durchführen lassen

- Eine *.zap*-Datei kann nur für Benutzer veröffentlicht werden. Sie können nicht den Bereit-
  stellungstyp *Zugewiesen* für Benutzer und Computer verwenden.

- Nach der Veröffentlichung muss der Benutzer den Abschnitt *Programme und Features* der
  Systemsteuerung verwenden

Da die Installation keine erhöhten Berechtigungen anfordern kann, lassen sich die meisten
Programme im EXE-Format nicht mit *.zap*-Dateien bereitstellen, da viele Anwendungen zur
Installation unter Windows Vista, Windows 7 oder Windows 8 erhöhte Berechtigungen
erfordern.

ZAP-Dateien müssen folgende Felder enthalten:

- **FriendlyName**   Ein einfacher Name, der es ermöglicht, die Anwendung zu identifizieren

- **SetupCommand**   Gibt einen Pfad zum Installationsprogramm der Anwendung an

Nehmen Sie zum Beispiel an, Sie möchten eine Anwendung namens CompanyApp installieren.
Das Installationsprogramm *Setup.exe* für diese Anwendung liegt in einem freigegebenen
Ordner mit dem UNC-Pfad *\\Sydney-FS\Deployment*. Eine *.zap*-Datei zur Installation dieser
Anwendung könnte so aussehen:

```
[Application]

FriendlyName = "CompanyApp"

SetupCommand = "\\Sydney-FS\Deployment\setup.exe"
```

Praxistipp   Grenzen der Nützlichkeit

Wahrscheinlich haben Sie noch nie etwas von *.zap*-Dateien gehört. Das liegt wohl daran, dass die meisten *.exe*-Dateien zur Installation erhöhte Rechte erfordern. *.zap*-Dateien haben also nur einen geringen praktischen Nutzen.

Bei der Bereitstellung von Software mit Gruppenrichtlinien haben Sie die Wahl unter zwei verschiedenen Methoden: Sie können eine Anwendung zuweisen oder Sie können sie veröffentlichen (Abbildung 6.3). Mit der Option *Erweitert* können Sie erweiterte Einstellungen für die Veröffentlichung oder Zuweisung festlegen.

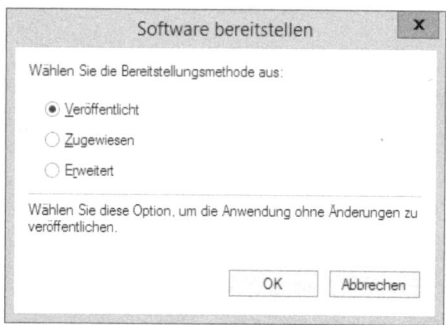

Abbildung 6.3   Veröffentlichen oder zuweisen

Zuweisen von Anwendungen

Die Zuweisung einer Anwendung bedeutet, dass die Anwendung automatisch installiert wird. Wie die Installation im Detail erfolgt, hängt davon ab, ob die Anwendung einem Benutzer oder einem Computer zugewiesen wird. Wenn Sie eine Anwendung einem Computer zuweisen, wird die Anwendung beim Start des Computers installiert. Weisen Sie die Anwendung einem Benutzer zu, erfolgt die Installation nach der Anmeldung des Benutzers.

Wenn Sie eine Anwendung zuweisen, können Sie folgende Optionen für die Bereitstellung wählen (Abbildung 6.4):

- *Anwendung deinstallieren, wenn sie außerhalb des Verwaltungsbereichs liegt*

- *Paket in der Systemsteuerung unter "Software" nicht anzeigen*

- *Anwendung bei Anmeldung installieren*

Wenn Sie das Kontrollkästchen *Anwendung deinstallieren, wenn sie außerhalb des Verwaltungsbereichs liegt* wählen, wird sie wieder entfernt, sobald die Richtline, die ihre Installation bewirkt hat, nicht mehr gilt. Haben Sie die Richtline zum Beispiel für die Zuweisung der Anwendung an eine Organisationseinheit verwendet, die ein bestimmtes Benutzerkonto enthielt, und wurde die Anwendung installiert, weil sich dieser Benutzer mit seinem Konto angemeldet hat, so wird die Anwendung wieder entfernt, wenn sich ein Benutzer anmeldet, dessen Konto sich in einer anderen OU befindet.

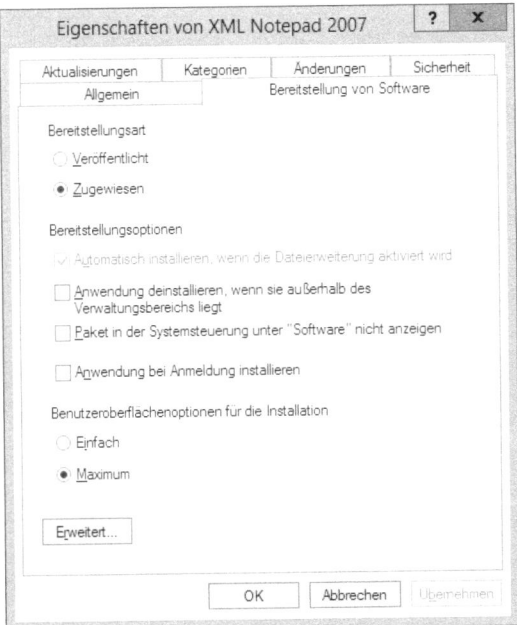

Abbildung 6.4 Optionen für die Installation von zugewiesenen Anwendungen

Praxistipp   Außerhalb des Verwaltungsbereichs

Wenn Sie sicherstellen möchten, dass eine Anwendung entfernt wird, sobald sich ein Benutzer von einem bestimmten Computer abmeldet, verwenden Sie besser App-V, mit dem ein Streamen von Anwendungen möglich ist. Das bedeutet, dass eine Anwendung automatisch über das Netzwerk bereitgestellt wird, wenn sich ein Benutzer anmeldet, der diese Anwendung braucht. App-V ist Teil des MDOP.

Veröffentlichen von Anwendungen

Anwendungen können nur für Benutzer veröffentlicht werden, nicht für Computer. Wenn Sie eine Anwendung für Benutzer veröffentlichen, wird die Anwendung auf folgende Weisen zugänglich:

- Wenn ein Benutzer doppelt auf eine Dateinamenserweiterung klickt, die mit der Anwendung verknüpft ist, wird die Anwendung automatisch installiert

- Der Benutzer kann das Programm in der Systemsteuerung unter *Programme und Features* zur Installation auswählen. Für die Installation braucht der Benutzer keine Administratorberechtigungen.

Praxistipp   Verwenden des Configuration Managers oder von Windows Intune

Eine Softwareinstallation über Gruppenrichtlinien funktioniert in kleineren Umgebungen, aber da es keine Berichtfunktion gibt, können Sie nie sicher sein, ob eine bestimmte Anwendung tatsächlich installiert wurde. In großen Umgebungen sollten Sie die Verwendung von System Center 2012 Configuration Manager oder Windows Intune in Betracht ziehen. Mit diesen Produkten können Sie überprüfen, ob die bereitgestellte Software für die Zielbenutzer oder -computer installiert wurde.

Empfehlungen zur Softwarebereitstellung

Bei der Bereitstellung von Software mit Gruppenrichtlinien sollten Sie folgende Punkte beachten:

- Sorgen Sie dafür, dass die Gruppe *Jeder* über Lesezugriff auf die Netzwerkfreigabe verfügt, auf der die Installationsdateien liegen. Verfügt eine Organisation über mehrere Standorte, sollten Sie die Verwendung von DFS (Distributed File System, verteiltes Dateisystem) in Betracht ziehen, weil dadurch die Wahrscheinlichkeit sinkt, dass eine Installation über eine WAN-Verbindung (Wide Area Network) erfolgt.

- Ziehen Sie in Betracht, für jede Anwendung ein separates GPO zu erstellen. Das erleichtert die Überprüfung, welches GPO für welche Anwendung verwendet wird.

- Verknüpfen Sie das GPO so nahe wie möglich mit dem Computer- oder Benutzerkonto. Wenn Sie zum Beispiel eine Anwendung für Benutzer in der Organisationseinheit *Astronomy* bereitstellen, verknüpft Sie das GPO mit der OU *Astronomy*. Müssen Sie anschließend dieselbe Anwendung für Benutzer aus einer anderen OUs bereitstellen, verknüpfen Sie das GPO mit dieser OU.

- Wenn Sie eine Anwendung nur für eine kleine Zahl von Benutzern bereitstellen müssen, richten Sie auf dem GPO ein Sicherheitsfilter ein und verknüpfen das GPO so nahe wie möglich mit den Benutzerkonten

- Stellen Sie häufig verwendete Anwendungen im Installationsabbild bereit. Verwenden Sie Gruppenrichtlinien nur zur Bereitstellung von Anwendungen, die im Installationsabbild nicht vorhanden sind.

Bereitstellen von Software

So weisen Sie eine Anwendung zu:

1. Speichern Sie die *.msi*-Datei der Anwendung auf einem freigegebenen Ordner, auf dem die Gruppe *Jeder* Lesezugriff hat.

2. Erstellen Sie ein neues GPO und verknüpfen Sie es mit dem passenden Ort, beispielsweise mit der OU, in der die Benutzer- oder Computerkonten liegen, für die Sie Software bereitstellen möchten.

3. Wenn Sie Software für ein Benutzerkonto bereitstellen, erweitern Sie den Knoten *Benutzerkonfiguration*, *Richtlinien*, *Softwareeinstellungen* und klicken *Softwareinstallation* mit der rechten Maustaste an. Wenn Sie Software für ein Computerkonto bereitstellen, erweitern Sie den Knoten *Computerkonfiguration*, *Richtlinien*, *Softwareeinstellungen* und klicken *Softwareinstallation* mit der rechten Maustaste an.

4. Klicken Sie auf *Neu* und auf *Paket*.

5. Navigieren Sie in den freigegebenen Ordner, in dem das Paket liegt, wählen Sie das Paket aus und klicken Sie auf *Öffnen*. Achten Sie darauf, dass Sie nicht zu einer lokalen Adresse navigieren.

6. Wenn Sie eine Bereitstellung für einen Benutzer durchführen, wählen Sie zwischen *Veröffentlicht* und *Zugewiesen*. Andernfalls wählen Sie *Zugewiesen*.

7. Klicken Sie das Softwarepaket bei Bedarf mit der rechten Maustaste an und legen Sie die gewünschten erweiterten Bereitstellungsoptionen fest.

Schnelltest

■ Welche der folgenden Optionen ist möglich: Veröffentlichen oder Zuweisen von Software mit Gruppenrichtlinien an einen Computer?

Antwort zum Schnelltest

■ An einen Computer können Sie mit Gruppenrichtlinien nur Software zuweisen, nicht veröffentlichen.

Aktualisieren von Paketen

Mit einer Bereitstellung durch Gruppenrichtlinien können Sie auch bereits installierte Pakete aktualisieren. Dazu erstellen Sie einen neuen Bereitstellungseintrag für das Aktualisierungspaket. Anschließend bearbeiten Sie die Eigenschaften des neuen Pakets. Auf der Registerkarte *Aktualisierungen* geben Sie an, welches Paket ersetzt werden soll (Abbildung 6.5).

Praxistipp   Testen Sie die Software vor der Installation in einer Produktivumgebung

Jedes Paket verhält sich anders. Die Aktualisierung von Paketen kann zu unerwarteten Ergebnissen führen, wenn man die Pakete nicht sorgfältig testet. Das ist ein weiterer Bereich, in dem ich App-V vor lokal bereitgestellten Paketen empfehlen würde. Wenn Sie App-V verwenden, wird keine vorhandene Version des Pakets aktualisiert, sondern eine neue Version der serialisierten Anwendung bereitgestellt.

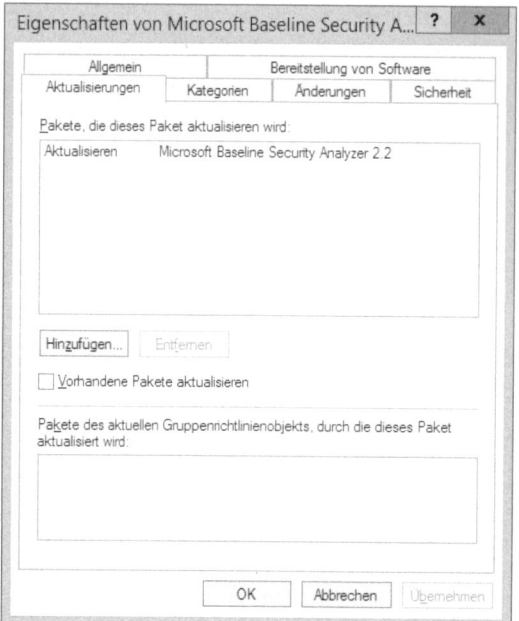

Abbildung 6.5 Aktualisierung einer Anwendung

Skripts

Als erfahrener Administrator wissen Sie, was ein Skript ist und wie es funktioniert. Vermutlich haben Sie selbst schon einige Skripts geschrieben. Mit Gruppenrichtlinien ist es auf einfache Weise möglich, Skripts für viele Benutzer und Computer bereitzustellen. Gewöhnlich werden Skript mit Gruppenrichtlinien kombiniert, um Aufgaben durchzuführen, die mit Gruppenrichtlinien allein nicht zu erledigen sind. Früher ging es dabei hauptsächlich um die Zuordnung von Druckern und freigegebenen Netzlaufwerken, aber das lässt sich inzwischen mit Gruppenrichtlinien erreichen. Skripts können jedes Format haben, das auf dem Client ausführbar ist. Werden Skripts verwendet, die nicht als *.bat*- oder *.cmd*-Datei oder im Windows PowerShell-Format vorliegen, muss der Client vielleicht noch speziell konfiguriert werden, um das verwendete Format zu unterstützen.

Praxistipp Gruppenrichtlinieneinstellungen

Ich habe auf der Microsoft TechEd schon Referenten sagen hören, Gruppenrichtlinieneinstellungen seien eine Möglichkeit, völlig ohne Anmelde- und Startskripts auszukommen. Das stimmt zwar in vielen Fällen, insbesondere wenn die Skripts für die Zuordnung von Laufwerken und Druckern verwendet wurden, aber gelegentlich werden Sie ein Skript verwenden müssen, um spezielle Arbeiten durchzuführen. Werden die Gruppenrichtlinieneinstellungen richtig verwendet, wird das eher die Ausnahme sein.

In den Gruppenrichtlinien können Sie vier Arten von Skripts konfigurieren:

- **Startskript** Dieses Skript wird nach dem Start des Computers ausgeführt, aber bevor sich ein Benutzer anmeldet. Das Skript weisen Sie in einem GPO zu, das für das Computerkonto gilt.

- **Anmeldeskript** Dieses Skript wird bei der Anmeldung eines Benutzers ausgeführt. Sie weisen das Skript in einem GPO zu, das für das Benutzerkonto gilt.

- **Abmeldeskript** Dieses Skript wird bei der Abmeldung eines Benutzers ausgeführt. Sie weisen das Skript in einem GPO zu, das für das Benutzerkonto gilt. Abbildung 6.6 zeigt die Gruppenrichtlinienelemente für die Zuweisung von An- und Abmeldeskripts.

- **Skript zum Herunterfahren** Dieses Skript wird beim Herunterfahren des Computers ausgeführt. Das Skript weisen Sie in einem GPO zu, das für das Computerkonto gilt.

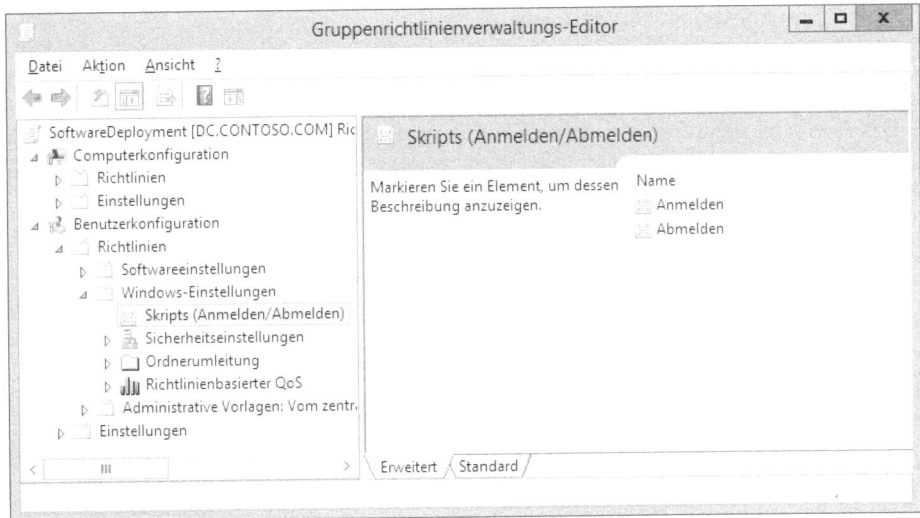

Abbildung 6.6 Richtlinien für die Zuweisung von An- und Abmeldeskripts

Skripts für den Computer werden mit den Rechten und Berechtigungen des Kontos *Lokales System* ausgeführt. Skripts für den Benutzer werden mit den Rechten und Berechtigungen des Benutzers ausgeführt. Die Skripts müssen in einem freigegebenen Ordner im Netzwerk verfügbar sein. Legen Sie die Sicherheitsberechtigungen für diese Ordner sehr sorgfältig fest, denn wenn Sie es anderen Leuten ermöglichen, Skripts aus dem freigegebenen Ordner zu ändern, können diese Leute auf den Computern anderer Leute Änderungen vornehmen. Microsoft empfiehlt zur Speicherung von Skripts, die in Active Directory veröffentlicht werden, die Freigabe *NETLOGON*. Sie können zu diesem Zweck auch jede andere richtig konfigurierte Freigabe verwenden.

So stellen Sie Skripts bereit:

1. Erstellen Sie eine Netzwerkfreigabe, in der die Gruppe *Jeder* nur über Lesezugriff verfügt.

2. Kopieren Sie das Skript, das bereitgestellt werden soll, auf diese Freigabe.

3. Bearbeiten Sie das GPO, mit dem Sie das Skript bereitstellen möchten.

   ■ Wenn Sie ein An- oder Abmeldeskript konfigurieren möchten, navigieren Sie zum Knoten *Benutzerkonfiguration, Richtlinien, Windows-Einstellungen, Skripts (Anmelden/Abmelden)*

   ■ Wenn Sie ein Startskript oder ein Skript zum Herunterfahren des Computers konfigurieren möchten, navigieren Sie zum Knoten *Computerkonfiguration, Richtlinien, Windows-Einstellungen, Skripts (Start/Herunterfahren)*

4. Klicken Sie mit der rechten Maustaste den Skripttyp an, den Sie konfigurieren möchten, und klicken Sie auf *Eigenschaften*.

5. Klicken Sie auf der Registerkarte *Skripts* auf *Hinzufügen*, wenn Sie ein Skript im Batchdateiformat hinzufügen möchten (Abbildung 6.7). Sofern Sie ein Windows PowerShell-Skript hinzufügen, wählen Sie die Registerkarte *PowerShell-Skripts*. Falls mehrere Skripts ausgeführt werden sollen, können Sie in diesem Dialogfeld auch die Reihenfolge festlegen, in der die Skripts ausgeführt werden sollen.

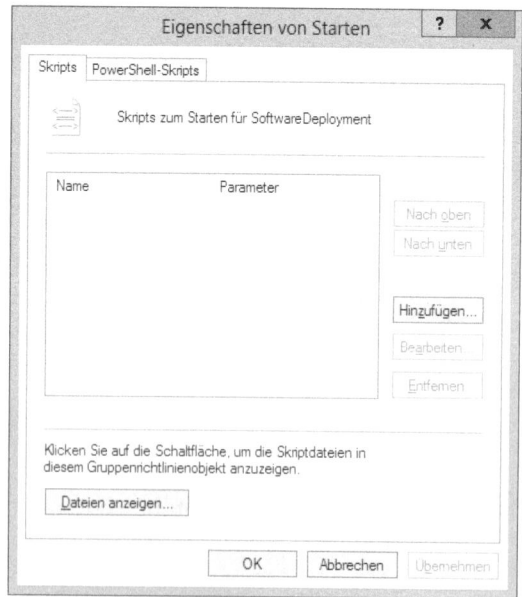

Abbildung 6.7   Das Eigenschaftsdialogfeld der Richtlinie *Starten*

Zusammenfassung der Lektion

- Die Ordnerumleitung ermöglicht es, wichtige Ordner von Clientcomputern auf Speicherorte im Netzwerk umzuleiten

- Sie können die Ordnerumleitung mit Offlinedateien kombinieren, damit die umgeleiteten Ordner auch bei fehlender Netzwerkverbindung zur Verfügung stehen

- Mit Gruppenrichtlinien können Sie Software installieren, die im MSI- oder ZAP-Format vorliegt

- Das ZAP-Format eignet sich nur zur Installation von Software, die ohne Erhöhung der Rechte installiert werden kann

- Sie können Software Computern und Benutzern zuweisen. Dann wird die entsprechende Software beim nächsten Start des Computers oder bei der nächsten Anmeldung des Benutzers installiert.

- Sie können Software für Benutzer veröffentlichen. Dadurch wird die Software in der Systemsteuerung unter *Programme und Features* für Benutzer zugänglich.

- In den Gruppenrichtlinien können Sie Skripts konfigurieren, die beim Starten oder Herunterfahren des Computers oder bei der An- oder Abmeldung eines Benutzers ausgeführt werden. Diese Skripts können jedes Skriptformat aufweisen, dass der Client ausführen kann.

Lernzielkontrolle

Beantworten Sie folgende Fragen, um Ihr Wissen über den Stoff dieser Lektion zu überprüfen. Antworten auf diese Fragen und Erklärungen, warum die jeweilige Antwort richtig oder falsch ist, finden Sie im Abschnitt »Antworten« am Ende dieses Kapitels.

1. Sie planen die Bereitstellung von Skripts mit Gruppenrichtlinien. Sie möchten ein Skript verwenden, dass bei der Abmeldung eines Benutzers alle lokalen Dateien zur Datensicherung auf einen Speicherort im Netzwerk kopiert. Was konfigurieren Sie in den Gruppenrichtlinien?

    A. Ein Startskript

    B. Ein Abmeldeskript

    C. Ein Skript zum Herunterfahren

    D. Ein Anmeldeskript

2. Ein bestimmter Benutzer, der über das einzige Konto in einer bestimmten OU verfügt, verwendet immer denselben Computer. Das Computerkonto liegt in einer separaten OU. Sie möchten, dass beim nächsten Start des Computers ein bestimmtes Softwarepaket installiert wird. Mit welchem der folgenden Schritte erreichen Sie dieses Ziel?

   A. Sie veröffentlichen das Paket im Knoten *Computerkonfiguration, Richtlinien, Softwareeinstellungen.*

   B. Sie weisen das Paket im Knoten *Computerkonfiguration, Richtlinien, Softwareeinstellungen* zu.

   C. Sie veröffentlichen das Paket im Knoten *Benutzerkonfiguration, Richtlinien, Softwareeinstellungen.*

   D. Sie weisen das Paket im Knoten *Benutzerkonfiguration, Richtlinien, Softwareeinstellungen* zu.

3. Sie möchten, dass drei Netzlaufwerke automatisch zugeordnet werden, wenn sich ein Benutzer am Computer anmeldet. Dafür soll ein Skript verwendet werden, das in den Gruppenrichtlinien angegeben wird. Was konfigurieren Sie?

   A. Ein Startskript

   B. Ein Abmeldeskript

   C. Ein Skript zum Herunterfahren

   D. Ein Anmeldeskript

4. Sie möchten sicherstellen, dass ein Benutzer unabhängig davon, auf welchem Computer aus der Active Directory-Domäne Ihrer Organisation er sich anmeldet, immer die Ordner und Dokumente zur Verfügung hat, die er auf seinem Desktop speichert. Welche der folgenden Ordnerumleitungsrichtlinien konfigurieren Sie, um dies zu erreichen?

   A. *AppData(Roaming)*

   B. *Desktop*

   C. *Dokumente*

   D. *Favoriten*

5. Ein bestimmter Benutzer, der über das einzige Konto in einer bestimmten OU verfügt, verwendet immer denselben Computer. Das Computerkonto liegt in einer separaten OU. Sie möchten, dass bei der nächsten Anmeldung des Benutzers ein bestimmtes Softwarepaket installiert wird. Mit welchen der folgenden Schritte erreichen Sie dieses Ziel? (Wählen Sie alle zutreffenden Antworten.)

   A. Sie weisen das Paket im Knoten *Benutzerkonfiguration, Richtlinien, Softwareeinstellungen* zu.

   B. Sie veröffentlichen das Paket im Knoten *Benutzerkonfiguration, Richtlinien, Softwareeinstellungen.*

   C. Sie weisen das Paket im Knoten *Computerkonfiguration, Richtlinien, Softwareeinstellungen* zu.

   D. Sie veröffentlichen das Paket im Knoten *Computerkonfiguration, Richtlinien, Softwareeinstellungen.*

6. Sie möchten sicherstellen, dass Benutzer auf jedem Computer, auf dem sie sich bei der Active Directory-Domäne Ihrer Organisation anmelden, ihre Lesezeichen für den Internet Explorer zur Verfügung haben. Welche der folgenden Ordnerumleitungsrichtlinien sollten Sie konfigurieren? (Wählen Sie alle zutreffenden Antworten.)

   A. *Favoriten*

   B. *Dokumente*

   C. *Desktop*

   D. *AppData(Roaming)*

7. Sie möchten erreichen, dass jeder Computer, dessen Konto in einer bestimmte Active Directory-OU liegt, bei seinem Start eine Zeitsynchronisierung mit einem bestimmten Zeitserver durchführt. Sie haben ein Skript für diese Aufgabe geschrieben. Mit welchen der folgenden Schritte erreichen Sie, dass das Skript in der geplanten Weise ausgeführt wird? (Wählen Sie zwei aus. Jede korrekte Antwort ist Teil der vollständigen Lösung.)

   A. Sie erstellen ein GPO und verknüpfen es mit der OU, in der die Computerkonten liegen.

   B. Sie erstellen ein GPO und verknüpfen es mit der Domäne.

   C. Sie konfigurieren eine Richtlinie aus dem Knoten *Computerkonfiguration, Richtlinien, Windows-Einstellungen, Skripts (Start/Herunterfahren)*.

   D. Sie konfigurieren eine Richtlinie aus dem Knoten *Benutzerkonfiguration, Richtlinien, Windows-Einstellungen, Skripts (Anmelden/Abmelden)*.

8. Sie möchten ein bestimmtes Softwarepaket für Benutzer bereitstellen, aber die Benutzer sollen selbst entscheiden, ob sie es installieren. Daher soll das Paket in der Systemsteuerung unter *Programme und Features* verfügbar sein. Wie erreichen Sie dieses Ziel?

   A. Sie veröffentlichen das Paket im Knoten *Benutzerkonfiguration, Richtlinien, Software-einstellungen*.

   B. Sie weisen das Paket im Knoten *Benutzerkonfiguration, Richtlinien, Software-einstellungen* zu.

   C. Sie veröffentlichen das Paket im Knoten *Computerkonfiguration, Richtlinien, Softwareeinstellungen*.

   D. Sie weisen das Paket im Knoten *Computerkonfiguration, Richtlinien, Software-einstellungen* zu.

Lektion 2: Administrative Vorlagen

Administrative Vorlagen ermöglichen eine Erweiterung der Gruppenrichtlinien. Dadurch lassen sich Anwendungen und Betriebssystemeinstellungen mit Gruppenrichtlinien verwalten. Sie können zum Beispiel eine administrative Vorlage, die Einstellungen für eine bestimmte Anwendung bietet, in ein Gruppenrichtlinienobjekt (Group Policy Object, GPO) importieren. Dann verwenden Sie dieses erweiterte GPO, um die Einstellungen für Benutzer und Computer wirksam zu machen, wie bei einem herkömmlichen GPO. In dieser Lektion erfahren Sie etwas über administrative Vorlagen und über die Konfiguration des Gruppenrichtlinienspeichers, damit Sie administrative Vorlagen importieren und in GPOs verwenden können. Außerdem wird der ADMX Migrator und die Filterung von administrativen Vorlagen beschrieben, damit im *Gruppenrichtlinienverwaltungs-Editor* nur die gewünschten Vorlagen angezeigt werden.

Am Ende dieser Lektion werden Sie in der Lage sein, die folgenden Aufgaben auszuführen:

- Bearbeiten der Einstellungen von administrativen Vorlagen

- Importieren von Vorlagen

- Verwenden des ADMX Migrators

- Verwenden des Eigenschaftsfilters für administrative Vorlagen

Veranschlagte Zeit für diese Lektion: 60 Minuten

Administrative Vorlagen

Administrative Vorlagen werden im XML-Format in Dateien mit der Namenserweiterung *.admx* gespeichert. ADMX-Dateien sind sprachneutral. Die Sprachkomponente wird in einer gebietsspezifischen *.adml*-Datei gespeichert. ADMX-Dateien werden im Ordner *Windows\ PolicyDefinitions* gespeichert und *.adml*-Dateien in einem Unterordner dieses Ordners.

Vor der Veröffentlichung von Windows Vista wurde für administrative Vorlagen ein Format namens ADM verwendet, das kein XML-Format ist. ADM-Dateien lassen sich unter Windows Server 2012 immer noch für GPOs anwenden. Die meisten Anwendungen, die auf Windows 7- und Windows 8-Clients laufen, wurden nach der Veröffentlichung von Windows Vista geschrieben. Sollten sie eigene administrative Vorlagen enthalten, liegen diese wahrscheinlich im ADMX-Format vor.

Weitere Informationen   Verwalten von ADMX-Dateien

Unter *http://technet.microsoft.com/en-us/library/cc709647(WS.10).aspx* erfahren Sie mehr über die Verwaltung von *.admx*-Dateien.

Einstellungen für administrative Vorlagen

Die Einstellungen für administrative Vorlagen werden genauso bearbeitet wie die anderen Gruppenrichtlinieneinstellungen. Richtlinien, die unter dem Knoten *Administrative Vorlagen* liegen, werden genauso wie andere Gruppenrichtlinien ausgewertet. In einem GPO von Windows Server 2012 gibt es über 1500 Elemente in administrativen Vorlagen. Davon sind einige in Abbildung 6.8 zu sehen. Sie können weitere Einstellungen hinzufügen, indem Sie administrative Vorlagen in den zentralen Speicher importieren. Administrative Vorlagen gehören häufig zum Lieferumfang von Anwendungen, oder sie können von den Support-websites der Anwendungshersteller heruntergeladen werden.

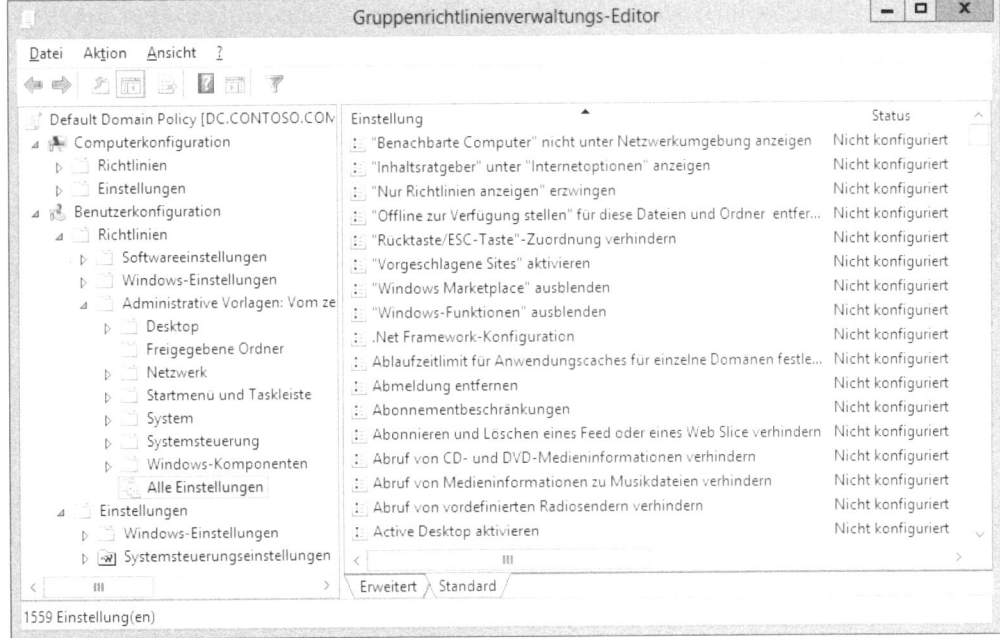

Abbildung 6.8   Administrative Vorlagen

Weitere Informationen   Richtlinieneinstellungen für administrative Vorlagen

Unter *http://technet.microsoft.com/de-de/library/cc771104.aspx* erhalten Sie weitere Informationen über Richtlinieneinstellungen für administrative Vorlagen.

Zentraler Speicher

Um administrative Vorlagen im ADMX-Format hinzuzufügen, müssen Sie einen zentralen Speicher erstellen. Anschließend sind alle administrativen Vorlagen aus diesem Speicher für alle vorhandenen und neuen GPOs verfügbar. Der zentrale Speicher wird manuell erstellt und Sie müssen die neuen *.admx*- und *.adml*-Dateien in die entsprechenden Ordner des zentralen Speichers kopieren, wenn die Dateien in Ihrer Organisation in GPOs verwendet werden sollen. So erstellen Sie einen zentralen Speicher:

1. Melden Sie sich auf einem Domänencontroller der Domäne mit einem Konto an, das über die Berechtigungen eines Domänenadministrators verfügt.

2. Öffnen Sie im Dateiexplorer folgenden Ordner: *<Domäne.fqdn>*\sysvol*<Domäne.fqdn>*\ *Policies*. Für die Domäne *contoso.com* wäre dies *contoso.com*\sysvol*contoso.com**Policies*.

3. Kopieren Sie den Ordner *C:\Windows\PolicyDefinitions* und seinen Inhalt in den Ordner *<Domäne.fqdn>*\sysvol*<Domäne.fqdn>**Policies*. Abbildung 6.9 zeigt das Ergebnis dieses Vorgangs für die Domäne *contoso.com*.

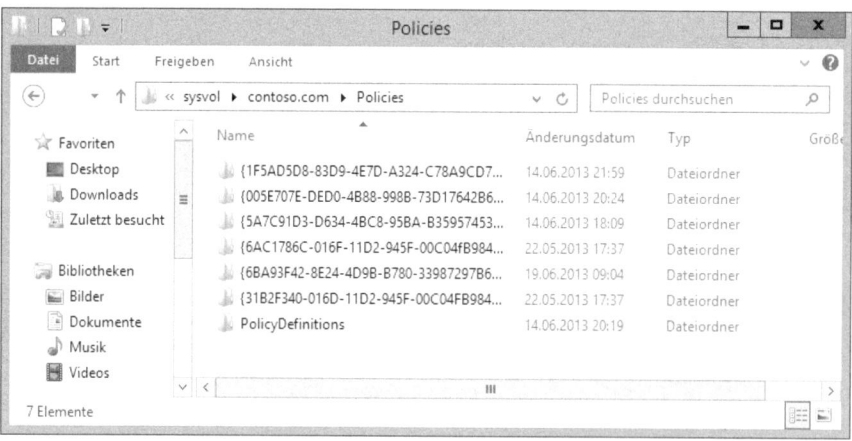

Abbildung 6.9   Der zentrale Gruppenrichtlinienspeicher

Wenn Sie Vorlagen zum zentralen Speicher hinzufügen, damit sie in allen GPOs verwendet werden können, müssen Sie die *.admx*- und *.adml*-Dateien in verschiedenen Ordnern ablegen. Wenn Sie den zentralen Speicher erstellen, wird ein Unterordner für das Gebiet angelegt. Auf Computern in Deutschland heißt er *de-DE*. Befinden sich die Computer in anderen Gebieten, erhält dieser Unterordner den entsprechenden gebietsbezogenen Namen. So importieren Sie eine administrative Vorlage:

1. Kopieren Sie die *.admx*-Datei in den Ordner *<Domäne.fqdn>*\sysvol*<Domäne.fqdn>*\ *Policies\PolicyDefinitions*.

2. Kopieren Sie die *.adml*-Datei in den passenden Gebietsordner unter *<Domäne.fqdn>*\ *sysvol\<Domäne.fqdn>\Policies\PolicyDefinitions*. Liegt die Domäne *contoso.com* zum Beispiel in Nordamerika, heißt der Gebietsordner *contoso.com*\sysvol*contoso.com*\ *Policies\PolicyDefinitions\en-US*.

Praxistipp   Achten Sie auf Updates

Microsoft und andere Hersteller, die administrative Vorlagen verwenden, aktualisieren diese gewöhnlich, wenn ein Service Pack für das entsprechende Produkt veröffentlicht wird. Erscheint zum Beispiel ein Service Pack für Microsoft Office, so gibt es gewöhnlich auch eine aktualisierte administrative Vorlage. Administrative Vorlagen werden nicht über Windows Update oder WSUS (Windows Server Update Services) aktualisiert. Ist eine neue administrative Vorlage verfügbar, müssen Sie die *.admx-* und *.adml-*Dateien von Hand in den Gruppenrichtlinienspeicher kopieren.

Wenn Sie eine Vorlage im ADM-Format importieren und sie nicht ins ADMX-Format konvertieren möchten, können Sie die Vorlage mit dem *Gruppenrichtlinienverwaltungs-Editor* in ein einzelnes GPO importieren. Dazu öffnen Sie das GPO im *Gruppenrichtlinienverwaltungs-Editor* und klicken im Menü *Aktion* auf *Vorlagen hinzufügen/entfernen*. Im Dialogfeld *Vorlagen hinzufügen/entfernen* klicken Sie auf *Hinzufügen*, um eine Vorlage hinzuzufügen (Abbildung 6.10). Um eine Vorlage aus einem GPO zu entfernen, verwenden Sie die Schaltfläche *Entfernen*.

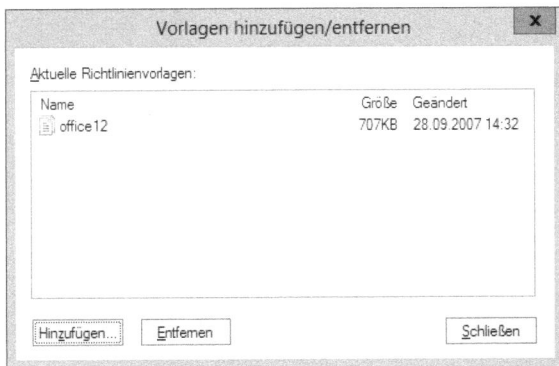

Abbildung 6.10   Importieren einer administrativen Vorlage im ADM-Format

Schnelltest

■ Welchen Ordner sollten Sie kopieren, wenn Sie einen Gruppenrichtlinienspeicher einrichten?

Antwort zum Schnelltest

■ Sie sollten den Ordner *C:\Windows\PolicyDefinitions* kopieren.

ADMX Migrator

Der ADMX Migrator ist ein Tool, mit dem Sie administrative Vorlagen vom ADM-Format ins ADMX-Format konvertieren können. Er hat eine grafische Benutzeroberfläche. Es gibt ihn aber auch als Befehlszeilenprogramm, mit dem sich die Umsetzung von administrativen Vorlagen ins ADMX-Format automatisieren lässt. Zum ADMX Migrator gehört auch der ADMX-Editor, mit dem sich administrative Vorlagen im ADMX-Format erstellen und bearbeiten lassen. Abbildung 6.11 zeigt den ADMX-Migrator.

Hinweis   Herunterladen von ADMX Migrator

Auf der Seite *http://www.microsoft.com/en-in/download/details.aspx?id=15058* können Sie den ADMX Migrator herunterladen.

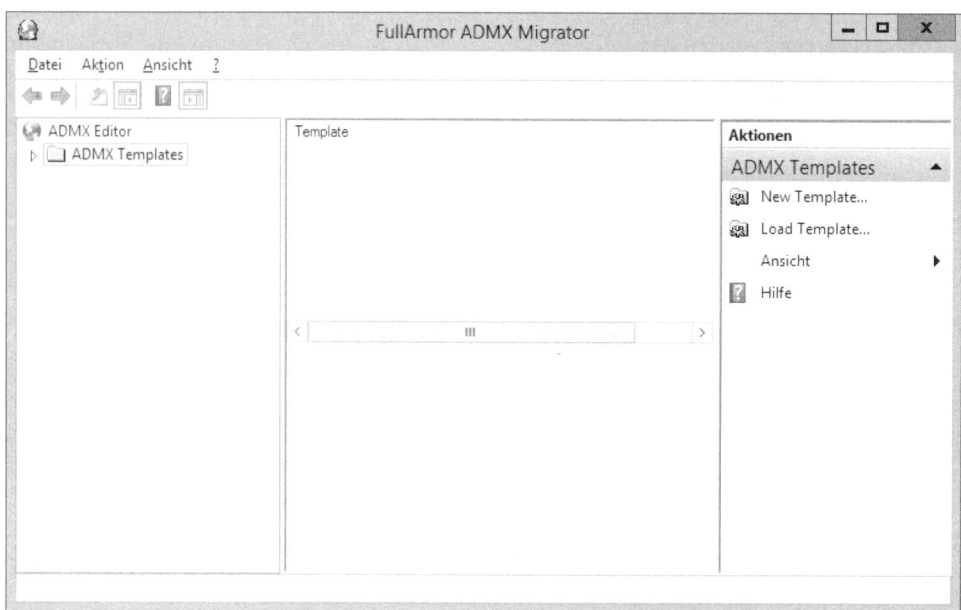

Abbildung 6.11   ADMX Migrator

Praxistipp   Konvertieren von ADM nach ADMX

Das letzte Update vom ADMX Migrator ist 2009 erfolgt. Der größte Teil der Software wird ohne administrative Vorlagen geliefert. Software für Windows 8, die mit administrativen Vorlagen ausgeliefert wird, enthält diese gewöhnlich im ADMX-Format.

Filtern der Einstellungen

Ein Standard-GPO von Windows Server 2012 enthält im Abschnitt *Administrative Vorlagen* des Bereichs *Computerkonfiguration* über 1800 Richtlinieneinstellungen. Im entsprechenden Abschnitt unter *Benutzerkonfiguration* gibt es über 1500 Richtlinieneinstellungen. Wenn Sie nicht genau wissen, wo eine bestimmte Richtlinie zu finden ist, kann die Suche nach einer Einstellung oder Richtlinie durchaus lange dauern.

Um die Suche nach bestimmten Richtlinienelementen zu erleichtern, lassen sich die Einstellungen aus dem Abschnitt *Administrative Vorlagen* filtern. Im Dialogfeld *Filteroptionen* können Sie administrative Vorlagen nach folgenden Kategorien und Wörtern filtern (Abbildung 6.12):

- Einstellungen für die Kategorien *Verwalteter Computer*, *Konfiguriert* und *Kommentiert*

- Schlüsselwörter im Namen der Richtlinien, im Hilfetext oder in Kommentaren

- Anforderungsfilter schränken die Richtlinien auf bestimmte Produkte ein

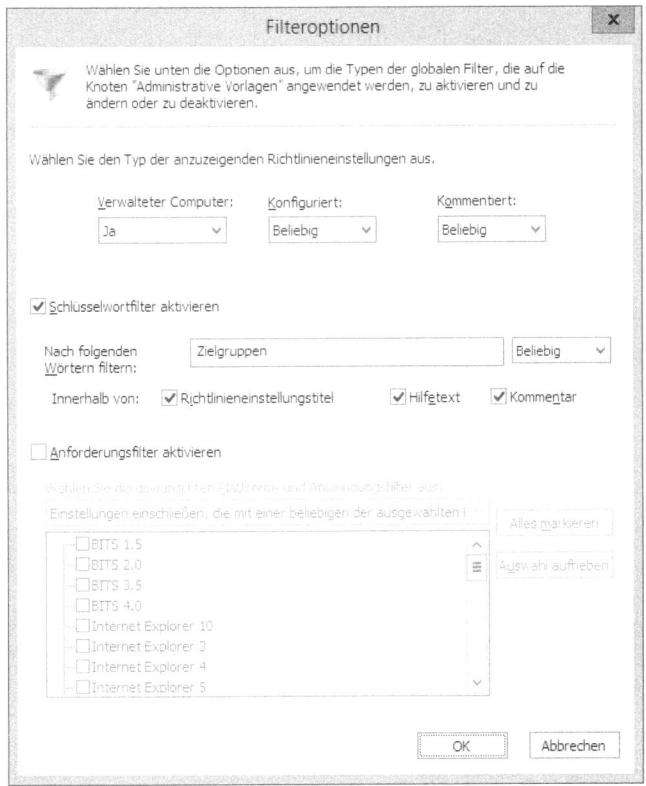

Abbildung 6.12 Filtern administrativer Vorlagen

So filtern Sie administrative Vorlagen:

1. Öffnen Sie den *Gruppenrichtlinienverwaltungs-Editor*. Wählen Sie den gewünschten Knoten *Administrative Vorlagen* aus und klicken Sie im Menü *Aktion* auf *Filteroptionen*.

2. Legen Sie im Dialogfeld *Filteroptionen* die gewünschten Filteroptionen fest:

    ■ **Schlüsselwortfilter aktivieren**   Geben Sie das Schlüsselwort ein, nach dem Sie suchen

    ■ **Anforderungsfilter aktivieren**   Legen Sie fest, für welche Produkte Einstellungen aus den administrativen Vorlagen angezeigt werden sollen

3. Klicken Sie auf *OK*. Klicken Sie im Menü *Aktion* auf *Filter aktivieren*.

4. In den Knoten *Administrative Vorlagen* der Computer- und Benutzerkonfiguration werden nur noch die gefilterten Richtlinien angezeigt.

5. Schalten Sie den Filter aus, indem Sie im Menü *Aktion* die Auswahl von *Filter aktivieren* aufheben.

Hinweis   Filtern der Ansicht administrativer Vorlagen

Unter *http://technet.microsoft.com/de-de/library/cc772295.aspx* erhalten Sie Informationen über das Filtern der Ansicht administrativer Vorlagen.

Zusammenfassung der Lektion

■ Administrative Vorlagen ermöglichen eine Erweiterung der Gruppenrichtlinien

■ Administrative Vorlagen im XML-Format haben die Dateinamenserweiterung *.admx*

■ Ältere administrative Vorlagen verwenden das ADM-Format

■ Sie müssen einen Gruppenrichtlinienspeicher einrichten, bevor Sie administrative Vorlagen im ADMX-Format importieren können

■ Die *.admx*-Datei einer Vorlage ist sprachunabhängig. Die bereichsspezifischen Informationen stehen in einer *.adml*-Datei.

■ Mit dem ADMX Migrator können Sie Vorlagen vom ADM-Format ins ADMX- und ADML-Format konvertieren

■ Die Zahl der angezeigten administrativen Vorlagen lässt sich durch ein entsprechend konfiguriertes Filtern verringern

Lernzielkontrolle

Beantworten Sie folgende Fragen, um Ihr Wissen über den Stoff dieser Lektion zu überprüfen. Antworten auf diese Fragen und Erklärungen, warum die jeweilige Antwort richtig oder falsch ist, finden Sie im Abschnitt »Antworten« am Ende dieses Kapitels.

1. Sie sind als Administrator für *contoso.com* verantwortlich und möchten einen zentralen Speicher für Gruppenrichtlinien einrichten. Mit welchem der folgenden Schritte erreichen Sie dies?

    A. Sie kopieren den Ordner *C:\Windows\PolicyDefinitions* samt Inhalt nach *\\contoso.com\ sysvol\contoso.com\Policies*.

    B. Sie kopieren den Ordner *\\contoso.com\sysvol\contoso.com\Policies* samt Inhalt in den Ordner *C:\Windows\PolicyDefinitions*.

    C. Sie kopieren den Ordner *C:\Windows\SYSVOL* samt Inhalt nach *\\contoso.com\ sysvol\contoso.com\Policies*.

    D. Sie kopieren den Ordner *\\contoso.com\sysvol\contoso.com\Policies* samt Inhalt in den Ordner *C:\Windows\SYSVOL*.

2. Sie sind als Systemadministrator für *contoso.com* in Nordamerika verantwortlich und möchten eine neue administrative Vorlage in den Gruppenrichtlinienspeicher importieren. Die administrative Vorlage besteht aus zwei Dateien: *Anwendung.admx* und *Anwendung.adml*. Mit welchen der folgenden Schritte importieren Sie die administrative Vorlage? (Wählen Sie zwei aus. Jede korrekte Antwort ist Teil der vollständigen Lösung.)

    A. Sie kopieren *Anwendung.admx* nach *\\contoso.com\sysvol\contoso.com\Policies\ PolicyDefinitions*.

    B. Sie kopieren *Anwendung.adml* nach *\\contoso.com\sysvol\contoso.com\Policies\ PolicyDefinitions*.

    C. Sie kopieren *Anwendung.admx* nach *\\contoso.com\sysvol\contoso.com\Policies\ PolicyDefinitions\en-US*.

    D. Sie kopieren *Anwendung.adml* nach *\\contoso.com\sysvol\contoso.com\Policies\ PolicyDefinitions\en-US*.

Lektion 3: Gruppenrichtlinieneinstellungen

Gruppenrichtlinieneinstellungen machen es möglich, Einstellungen, die früher auf andere Weise erfolgen mussten, durch Gruppenrichtlinien vorzunehmen. Die Zuordnung von Laufwerken und Druckern war zum Beispiel nur in Anmeldeskripts möglich. Gruppenrichtlinieneinstellungen sind zuverlässiger, weil sie erneut angewendet werden, wenn Gruppenrichtlinien angewendet werden. In dieser Lektion erfahren Sie, wie Drucker, Netzlaufwerkszuordnungen, Energiesparplanoptionen und andere Einstellungen durch Gruppenrichtlinieneinstellungen vorgenommen werden können.

Am Ende dieser Lektion werden Sie in der Lage sein, die folgenden Aufgaben auszuführen:

- Konfigurieren von Druckern, zugeordneten Netzlaufwerken und Energiesparplänen mit Gruppenrichtlinieneinstellungen

- Konfigurieren von Registrierungseinstellungen und Internet Explorer-Einstellungen mit Gruppenrichtlinieneinstellungen

Veranschlagte Zeit für diese Lektion: 60 Minuten

Verwenden von Gruppenrichtlinieneinstellungen

Gruppenrichtlinieneinstellungen ermöglichen die Konfiguration von vielen Einstellungen, die vorher in Start- und Anmeldeskripts erfolgen mussten. Gruppenrichtlinieneinstellungen (Group Policy Preferences) unterscheiden sich von anderen Einstellungen in Gruppenrichtlinien (Group Policy Settings) auf folgende Weisen:

- Gruppenrichtlinieneinstellungen (Preferences) werden nicht erzwungen, während Gruppenrichtlinien dem Benutzer die Möglichkeit nehmen, die betreffende Einstellung zu ändern.

- Gruppenrichtlinieneinstellungen werden nicht entfernt, wenn die Richtlinie nicht mehr gilt. Ein Benutzer kann eine Konfigurationseinstellung, die durch Gruppenrichtlinieneinstellungen erfolgt, manuell entfernen.

In den Gruppenrichtlinieneinstellungen gibt es einige Optionen, die praktisch für alle Elemente verfügbar sind (Abbildung 6.13).

Abbildung 6.13 Gemeinsame Optionen

- **Elementverarbeitung in dieser Erweiterung bei Fehler stoppen**   Sollte ein Fehler auftreten, werden keine Einstellungen aus dem GPO auf den Zielbenutzer oder den Zielcomputer angewendet.

- **Im Sicherheitskontext des angemeldeten Benutzers ausführen (Benutzerrichtlinienoption)**   Eine Gruppenrichtlinieneinstellung aus einem GPO, das für ein Computerkonto wirksam wird, wird mit den Rechten des Kontos *Lokales System* ausgeführt. Die Aktivierung dieser Option bedeutet, dass die Gruppenrichtlinieneinstellung, die auf das Computerkonto angewendet wird, im Sicherheitskontext des angemeldeten Benutzers erfolgt.

- **Element entfernen, wenn es nicht mehr angewendet wird**   Die Wahl dieses Kontrollkästchens bewirkt, dass die Einstellung wieder entfernt wird, wenn die Richtlinie nicht mehr wirksam ist. Normalerweise bleiben Gruppenrichtlinieneinstellungen erhalten und können vom Benutzer geändert werden.

- **Nur einmalig anwenden**   Wird dieses Kontrollkästchen gewählt, erfolgt die Einstellung nur beim Start oder bei der Anmeldung. Andernfalls wird die Einstellung bei jeder Aktualisierung der Gruppenrichtlinien erneut angewendet.

Praxistipp Testen der Gruppenrichtlinieneinstellungen

Je komplexer ein GPO ist, desto größer ist die Wahrscheinlichkeit, dass etwas nicht so funktioniert, wie man es erwartet. Überprüfen Sie jede Option, die Sie hinzufügen, bevor Sie weitere Optionen hinzufügen. Das ist übersichtlicher, als alle Einstellungen auf einmal vorzunehmen und dann herausfinden zu müssen, warum etwas nicht funktioniert.

Zielgruppenadressierung auf Elementebene

Die Zielgruppenadressierung auf Elementebene macht es möglich, festzulegen, wann eine bestimmte Einstellung wirksam werden soll. Mit der Zielgruppenadressierung auf Element-ebene können Sie zum Beispiel festlegen, dass eine Einstellung nur für einige Benutzer und Computer, für die das GPO gilt, wirksam werden soll, aber nicht für alle. Bei der Konfigura-tion der Zielgruppenadressierung auf Elementebene haben Sie die Wahl unter folgenden Kategorien:

- *Akku vorhanden*
- *Computername*
- *CPU-Geschwindigkeit*
- *Datumsübereinstimmung*
- *Festplattenspeicher*
- *Domäne*
- *Umgebungsvariable*
- *Dateiübereinstimmung*
- *IP-Adressbereich*
- *Sprache*
- *LDAP-Abfrage*
- *MAC-Adressbereich*
- *MSI-Abfrage*
- *Netzwerkverbindung*

- *Betriebssystem*
- *Organisationseinheit*
- *PCMCIA vorhanden*
- *Tragbarer Computer*
- *Verarbeitungsmodus*
- *RAM*
- *Registrierungsübereinstimmung*
- *Sicherheitsgruppe*
- *Standort*
- *Terminalsitzung*
- *Zeitbereich*
- *Benutzer*
- *WMI-Abfrage*

Es ist auch möglich, diese Kategorien zu kombinieren. Sie können zum Beispiel mit der Zielgruppenadressierung auf Elementebene festlegen, dass eine Gruppenrichtlinieneinstellung nur wirksam wird, wenn auf dem Computer Windows 8 ausgeführt wird, wenn er über mindestens 4 GB Arbeitsspeicher verfügt, wenn der Prozessor mit mindestens 1 GHz getaktet wird und auf dem Systemlaufwerk mindestens 80 GB Speicherplatz frei ist. Abbildung 6.14 zeigt diese Kombination von Bedingungen.

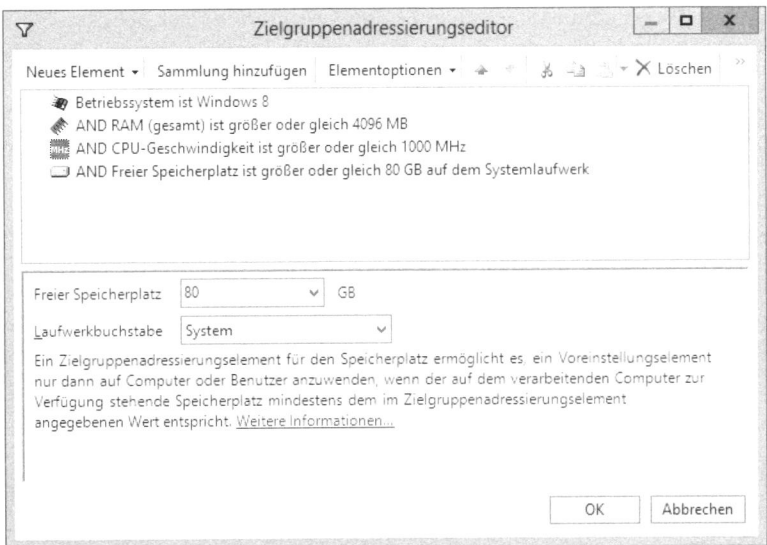

Abbildung 6.14 Der *Zielgruppenadressierungseditor*

Praxistipp   Zielgruppenadressierung auf Elementebene

Die Zielgruppenadressierung auf Elementebene macht es möglich, Gruppenrichtlinieneinstellungen sehr gezielt anzuwenden. Sie können auf einfache Weise Bedingungen festlegen,
für die Sie vorher wahrscheinlich relativ komplizierte WMI-Abfragen (Windows Management
Instrumentation) schreiben mussten. Wenn Sie regelmäßig und viel mit Gruppenrichtlinieneinstellungen arbeiten, sollten Sie vielleicht den Microsoft System Center 2012 Configuration
Manager verwenden. Darin können Sie zum Beispiel Sammlungen erstellen, in denen Sie
Computer auf der Basis von Systemeigenschaften zusammenfassen, wie die Betriebssystem-
version, die Taktgeschwindigkeit des Mikroprozessors, den freien Festplattenplatz und die
Größe des Arbeitsspeichers.

Zuordnen von Netzlaufwerken

Eine der häufigsten Verwendungen von Anmeldeskripts in Unternehmensumgebungen ist die
Zuordnung von Netzlaufwerken. Mit Gruppenrichtlinieneinstellungen können Sie dies nun
erreichen, ohne in einem Anmeldeskript den Befehl net use verwenden zu müssen.

So konfigurieren Sie eine Gruppenrichtlinieneinstellungen für die Zuordnung von
Netzlaufwerken:

1. Suchen Sie im Bereich *Benutzerkonfiguration* eines GPOs unter *Einstellungen*, *Windows-
    Einstellungen* das Element *Laufwerkzuordnungen*. Diese Einstellung lässt sich nicht im
    Bereich *Computerkonfiguration* vornehmen.

2. Klicken Sie mit der rechten Maustaste auf *Laufwerkzuordnungen*. Klicken Sie auf *Neu* und auf *Zugeordnetes Laufwerk*.

3. Machen Sie im Dialogfeld *Neue Laufwerkeigenschaften* die Angaben, die für die gewünschte Einbindung des Laufwerks erforderlich sind (Abbildung 6.15).

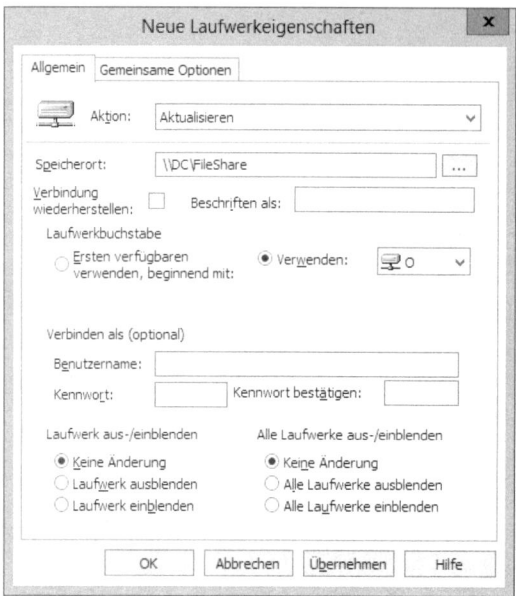

Abbildung 6.15 Zuordnen eines Netzlaufwerks

Bei der Einrichtung einer Laufwerkszuordnung können Sie relativ viele Einstellungen vornehmen:

- **Aktion** Die Standardeinstellung ist *Aktualisieren*, aber es sind auch die Einstellungen *Erstellen*, *Ersetzen* und *Löschen* verfügbar. Damit wird festgelegt, was mit der Zuordnung geschehen soll. *Aktualisieren* bedeutet, dass eine bereits vorhandene Zuordnung die neuen Werte erhält. In den meisten Fällen entsprechen die neuen Einstellungen den alten.

- **Speicherort** Die Netzwerkfreigabe für die Zuordnung

- **Verbindung wiederherstellen** Wählen Sie dieses Kontrollkästchen, wenn eine Verbindung, die der Benutzer getrennt hat, wiederhergestellt werden soll

- **Beschriften als** Eine Volumebezeichnung für das zugeordnete Netzlaufwerk

- **Laufwerkbuchstabe** Sie können wählen, ob der erste verfügbare Laufwerksbuchstabe oder ein bestimmter Laufwerksbuchstabe für das zugeordnete Laufwerk verwendet wird

- **Verbinden als**   Verwenden Sie diese Einstellungen, wenn die Zuordnung mit bestimmten Berechtigungen erfolgen soll

- **Laufwerk aus-/einblenden**   Legt fest, ob das Laufwerk im Dateiexplorer zu sehen ist

- **Alle Laufwerke aus-/einblenden**   Legt für alle Laufwerke fest, ob sie im Dateiexplorer zu sehen sind

Sie können für jedes Element auch die gemeinsamen Optionen und eine Zielgruppen-adressierung auf Elementebene festlegen. Da sich auch Sicherheitsgruppen in die Ziel-gruppenadressierung auf Elementebene einbeziehen lassen, können Sie das Element *Laufwerkzuordnungen* eines einzelnen GPOs, das auf Domänenebene wirksam wird, zur Konfiguration der Laufwerkszuordnungen für alle Benutzer in der Domäne verwenden.

Praxistipp   Laufwerkzuordnungen

Viele Organisationen verwenden Skripts, die im Lauf der Zeit sehr unübersichtlich geworden sind, um die Sicherheitsgruppenmitgliedschaft eines Benutzers zu ermitteln und ihm dann die passenden Laufwerke zuzuordnen. Die Verwendung von Gruppenrichtlinieneinstellungen macht die Zuordnungen wesentlich einfacher und übersichtlicher.

Konfigurieren von Druckern

Mit Gruppenrichtlinieneinstellungen können Sie Computern auch Netzwerkdrucker zuordnen. Dabei haben Sie die Wahl, ob der zugeordnete Drucker immer als Standarddrucker dienen soll, oder nur dann, wenn kein lokaler Drucker verfügbar ist.

Für die Zuordnung eines Druckers können Sie zwar die Bereiche *Computerkonfiguration* und *Benutzerkonfiguration* eines GPOs verwenden, aber nur im Bereich *Benutzerkonfiguration* ist es möglich, einen freigegebenen Drucker zu konfigurieren, der mit anderen Computern gemeinsam verwendet wird. In beiden Bereichen lassen sich aber lokale Drucker und TCP/IP-Drucker zuordnen. So ordnen Sie einen Drucker zu:

1. Navigieren Sie in den Knoten *Einstellungen*, *Systemsteuerungseinstellungen*. Klicken Sie *Drucker* mit der rechten Maustaste an und klicken Sie auf *Neu*. Wählen Sie dann unter *Freigegebener Drucker*, *TCP/IP-Drucker* und *Lokaler Drucker*. Lokale Drucker müssen direkt am Computer angeschlossen sein und freigegebene Drucker müssen von einem Computer freigegeben worden und mit einem UNC-Pfad (Universal Naming Convention) erreichbar sein.

2. Wählen Sie im Dialogfeld *Neue Eigenschaften für freigegebene Drucker* zwischen *Aktualisieren*, *Ersetzen*, *Erstellen* und *Löschen* (Abbildung 6.16). Geben Sie die Netzwerkadresse des Druckers ein und legen Sie fest, ob der Drucker als Standarddrucker dienen soll.

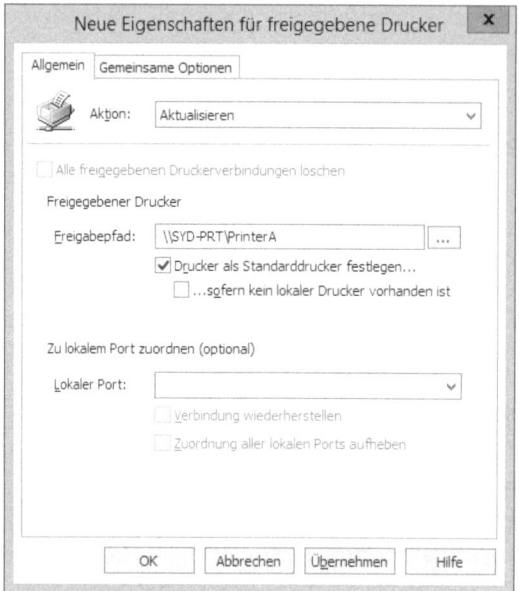

Abbildung 6.16 Zuordnen eines Druckers

Praxistipp   Druckertreiber

Computer, auf denen Windows 8 ausgeführt wird, nehmen zwar automatisch eine Verbindung zu WSUS oder Windows Update auf, falls ein Druckertreiber fehlt, aber in älteren Versionen der Windows-Clientbetriebssysteme ist dies nicht so. Vielleicht müssen Sie Gruppenricht-linien oder die Verwaltungssoftware Ihrer Organisation verwenden, um diese Computer mit Treibern zu versorgen.

Windows 8-Clients suchen den erforderlichen Druckertreiber in ihrem lokalen Treiberspeicher oder sie versuchen, ihn vom lokalen WSUS-Server oder von Windows Update abzurufen. In älteren Versionen der Windows-Clientbetriebssysteme hat der Clientcomputer versucht, den Druckertreiber von dem Server abzurufen, an dem der freigegebene Drucker angeschlossen war.

Schnelltest

■ Woher erhalten Clientcomputer, auf denen Windows 8 ausgeführt wird, ihre Druckertreiber für Netzwerkdrucker?

Antwort zum Schnelltest

■ Clientcomputer, auf denen das Betriebssystem Windows 8 ausgeführt wird, überprüfen, ob der gewünschte Druckertreiber lokal installiert ist. Ist dies nicht der Fall, versucht der Client, den Treiber vom lokalen WSUS-Server oder von Windows Update abzurufen.

Konfigurieren von Energieoptionen

Mit Energieoptionen legen Sie fest, wie Computer, die über eine kompatible Hardware verfügen, mit elektrischer Leistung umgehen. Außerdem können Sie damit festlegen, wie Laptops reagieren sollen, wenn der Deckel zugeklappt wird oder der Computer aus dem Ruhezustand heraus seine Arbeit wieder aufnimmt. Bei der Konfiguration von Energieoptionen haben Sie die Wahl zwischen folgenden Menüpunkten:

- *Energieoptionen (Windows XP)*

- *Energieschema (Windows XP)*

- *Energiesparplan (mindestens Windows 7)*

Bei der Zielgruppenadressierung auf Elementebene können Sie zum Beispiel Folgendes einstellen:

- **Zielbetriebssysteme**   Sie können mit der Zielgruppenadressierung auf Elementebene zum Beispiel sicherstellen, dass die Einstellungen unter *Energieoptionen (Windows XP)* und *Energieschema (Windows XP)* auf Computern verwendet werden, auf denen Windows XP ausgeführt wird. Die Einstellungen wirken sich zwar nicht negativ auf Computer unter Windows Vista, Windows 7 oder Windows 8 aus, aber es empfiehlt sich, betriebssystemspezifische Einstellungen nur für die jeweiligen Betriebssysteme zu verwenden.

- **Unterschiedliche Energieoptionen für unterschiedliche Tageszeiten**   Sie können Einstellungen wählen, die während der üblichen Bürozeiten eine hohe Leistung ermöglichen, während außerhalb dieser Zeiten mehr Energie gespart wird. Legen Sie zum Beispiel für die Bürozeiten eine längere Zeitspanne fest, bevor ein Computer, auf dem keine Eingaben erfolgen, in einen Energiesparmodus wechselt, während dies außerhalb normaler Bürozeiten schneller erfolgen kann.

Bei der Einstellung der Energieoptionen ist es wichtig, den Unterschied zwischen Standby (Standby) und Ruhezustand (Hibernation) zu verstehen. Außerdem sollte man wissen, dass nicht alle Computer diese erweiterten Energieoptionen unterstützen.

- Im Standbymodus befindet sich der Computer in einem Energiesparmodus, wobei die Daten, die für eine Wiederherstellung des normalen Arbeitsmodus erforderlich sind, noch im Arbeitsspeicher vorhanden sind. Das ermöglicht einen schnellen Wechsel vom Standbymodus in den normalen Betriebsmodus. Der Nachteil besteht darin, dass dieser Modus mehr Strom als der Ruhezustand verbraucht.

- Wechselt ein Computer in den Ruhezustand, werden die Daten, die für eine Rückkehr in den Normalbetrieb erforderlich sind, an einem speziellen Ort auf der Festplatte gespeichert. Der Computer kann den Normalbetrieb wieder aufnehmen, ohne einen vollständigen Startvorgang durchzuführen. Stattdessen werden die Daten von dem speziellen Speicherort wieder in den Arbeitsspeicher geladen.

Praxistipp   Energiesparpläne für Windows Vista

Wenn es in Ihrer Umgebung Computer gibt, auf denen Windows Vista ausgeführt wird, können Sie einen Windows 7-Energiesparplan verwenden.

Energieoptionen (Windows XP)

Diese Optionen verwenden Sie nur für Einstellungen, die für Computer gelten sollen, auf denen Windows XP ausgeführt wird (Abbildung 6.17). Dabei können Sie folgende Einstellungen vornehmen:

- *Symbol in der Taskleiste anzeigen*

- *Kennwort beim Reaktivieren aus dem Standbymodus anfordern*

- *Ruhezustand aktivieren*

- *Netzschalter*:

  - **Beim Schließen des Laptops**   Diese Option legt fest, wie ein Laptop reagiert, wenn der Deckel zugeklappt wird. Die Einstellungen sind *Nichts unternehmen*, *Standby* und *Ruhezustand*.

  - **Beim Drücken des Netzschalters am Computer**   Diese Option legt fest, wie ein Computer nach einem Druck auf den Netzschalter reagiert. Die Einstellungen sind *Nichts unternehmen*, *Zur Vorgangsauswahl auffordern*, *Standby*, *Herunterfahren* und *Ruhezustand*.

  - **Beim Drücken des Schalters für den Ruhezustand am Computer**   Diese Option legt fest, wie ein Computer nach einem Druck auf die Ruhezustandstaste reagiert. Die Einstellungen sind *Nichts unternehmen*, *Zur Vorgangsauswahl auffordern*, *Standby*, *Herunterfahren* und *Ruhezustand*.

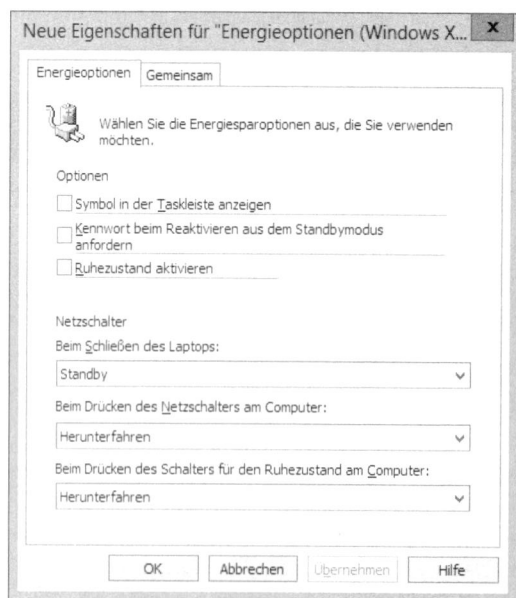

Abbildung 6.17   *Energieoptionen (Windows XP)*

Energieschema (Windows XP)

Energieschemata sind ebenfalls für Computer vorgesehen, auf denen Windows XP ausgeführt wird. Sie unterscheiden sich von Energieoptionen, weil man mit ihnen zum Beispiel festlegen kann, wann der Monitor eines bestimmten Computers ausgeschaltet wird, wann der Computer in den Standbymodus wechselt oder wann er in den Ruhezustand versetzt wird. Dabei können Sie unterschiedliche Einstellungen für den Betrieb am Stromnetz und für den Akkubetrieb festlegen.

Ein Windows XP-Energieschema bietet folgende Optionen:

- **Energieschema**   Ermöglicht die Auswahl eines Energieschemas. Die Einstellungen sind *Heim-/Büroschreibtisch*, *Tragbar/Laptop*, *Präsentation*, *Immer ON*, *Energieverwaltung für minimalen Stromverbrauch* und *Minimale Batteriebelastung* (Abbildung 6.18).

- **Monitor ausschalten**

- **Festplatten ausschalten**

- **Standby**

- **Ruhezustand**   Gibt an, nach welcher Zeitspanne der Inaktivität ein unterstützter Computer in den Ruhezustand wechselt

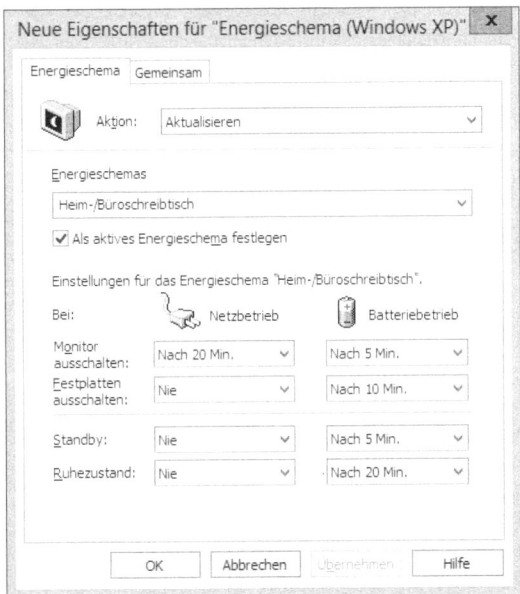

Abbildung 6.18   Konfigurieren eines Energieschemas

Energiesparpläne

Mit Energiesparplänen können Sie Einstellungen für Computer vornehmen, auf denen Windows Vista, Windows 7 oder Windows 8 ausgeführt wird. Sie sind nicht darauf beschränkt, festzulegen, was beim Druck auf einen Netzschalter oder dann geschehen soll, wenn der Computer längere Zeit nicht benutzt wird. In Energiesparplänen können Sie auch andere Einstellungen vornehmen, beispielsweise für PCI Express oder die Prozessorenergie- verwaltung. In einem Energiesparplan können Sie Einstellungen für folgende Bereiche festlegen, sei es für den Betrieb am Stromnetz oder mit Akku (Abbildung 6.19):

- **Zusätzliche Einstellungen**   Hier legen Sie fest, ob bei der Reaktivierung ein Kennwort eingegeben werden muss

- **Festplatte**   Ermöglicht die Angabe der Zeitspanne, nach der eine im Leerlauf befindliche Festplatte abgeschaltet wird

- **Energie sparen**   Hier können Sie folgende Einstellungen vornehmen: *Deaktivierung nach*, *Hybriden Standbymodus zulassen* und *Ruhezustand nach*. Der Energiesparmodus funktioniert wie der Standbymodus auf Computern, auf denen Windows XP ausgeführt wird. Damit diese erweiterten Energieoptionen erzwungen werden können, müssen sie vom Computer unterstützt werden.

- **Netzschalteraktion und Zuklappen**   Ermöglicht die Angabe des Vorgangs, der nach dem Schließen des Deckels, nach einem Druck auf den Netzschalter oder einem Klick auf den Netzschalter im Startmenü erfolgen soll. Die Einstellungen sind *Nichts unternehmen*, *Energie sparen*, *Ruhezustand* und *Herunterfahren*.

- **PCI Express**   Ermöglicht eine *Verbindungszustand-Energieverwaltung* für PCI Express- Komponenten, die eine Energieverwaltung unterstützen. Die Einstellungen sind *Aus*, *Mittlere Energieeinsparungen* und *Maximale Energieeinsparungen*.

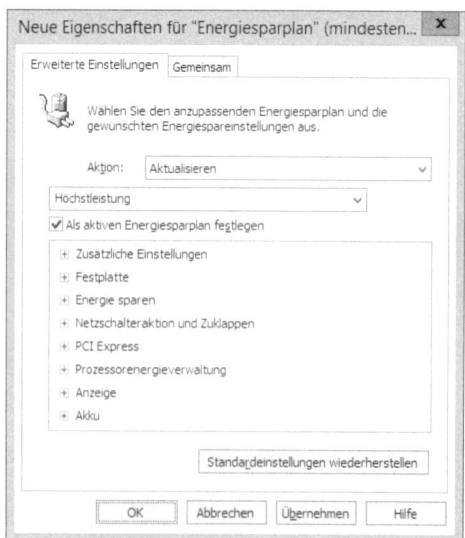

Abbildung 6.19 Ein Windows 7-Energiesparplan

- **Prozessorenergieverwaltung**   Ermöglicht Einstellungen für den minimalen und maximalen Leistungszustand des Prozessors (in Prozent). Sie können zum Beispiel festlegen, dass der Prozessor beim Akkubetrieb nur mit 50 Prozent seiner maximalen Leistung arbeiten soll.

- **Anzeige**   Hier legen Sie fest, nach welcher Zeitspanne der Inaktivität des Benutzers der Monitor abgeschaltet wird

- **Akku**   Hier sind Einstellungen für die *Aktion bei kritischer Akkukapazität*, *Niedrige Batteriekapazität*, *Kritische Batteriekapazität*, *Benachrichtigung bei niedriger Akkukapazität* und *Aktion bei niedriger Akkukapazität* möglich. Schwellenwerte werden in Prozent angegeben. Als Aktionen sind folgende Einstellungen verfügbar: *Nichts unternehmen*, *Energie sparen*, *Ruhezustand* oder *Herunterfahren*.

Praxistipp   Konfigurieren der Energieoptionen

Der System Center 2012 Configuration Manager bietet umfangreichere Energieoptionen als die Gruppenrichtlinieneinstellungen. Außerdem können Sie mit ihm Berichte über den Stromverbrauch erstellen und so die Auswirkungen der Energieoptionen auf die Leistungsaufnahme der Computer überprüfen.

Konfigurieren der Registrierung

Gruppenrichtlinieneinstellungen lassen sich auch verwenden, um Einstellungen zur Registrierung hinzuzufügen oder vorhandene Einstellungen zu ändern oder zu löschen. Sie können die in der Registrierung eines Computers vorhandenen Einstellungen als Ausgangsbasis für die Einstellungen verwenden, die Sie konfigurieren möchten, oder die Einstellungen manuell vornehmen (Abbildung 6.20). Registrierungseinstellungen können in den beiden Bereichen *Computerkonfiguration* oder *Benutzerkonfiguration* eines GPOs erfolgen.

Abbildung 6.20   Verwenden von Gruppenrichtlinieneinstellungen zur Remotedesktopkonfiguration

Praxistipp   Hier ist große Sorgfalt erforderlich

Eine direkte Änderung der Registrierung sollten Sie nach Möglichkeit vermeiden, insbesondere dann, wenn eine große Zahl von Computern davon betroffen ist. Der wahrscheinlichste Anwendungsfall für diese Art von Gruppenrichtlinieneinstellungen ist der Zwang zu einer schnellen Reaktion auf eine Sicherheitsbedrohung. Hersteller schlagen häufig Änderungen in der Registrierung vor, um schnell auf Sicherheitsprobleme zu reagieren, während sie eine Softwarelösung entwickeln und testen. In solch einer Situation haben Sie die Wahl, auf die Softwarelösung zu warten oder mit Gruppenrichtlinien die Registrierung zu ändern. Jede Strategie hat Vor- und Nachteile. Was für eine Organisation die richtige Entscheidung ist, kann für eine andere unvorteilhaft sein.

Internetoptionen

Mit Gruppenrichtlinieneinstellungen können Sie für folgende Versionen des Internet Explorers Internetoptionen konfigurieren:

- Internet Explorer 5 und 6

- Internet Explorer 7

- Internet Explorer 8 und 9

- Internet Explorer 10

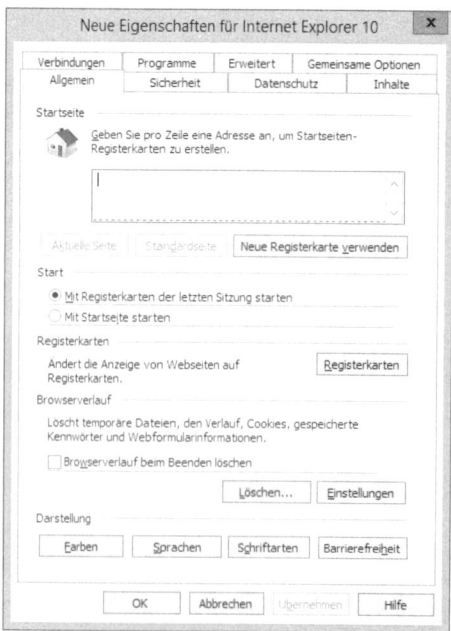

Abbildung 6.21   Mit Gruppenrichtlinieneinstellungen lässt sich auch der Internet Explorer konfigurieren

Die Gruppenrichtlinieneinstellungen werden für jede Version des Internet Explorers so angezeigt, wie in der Systemsteuerung unter *Internetoptionen*. Abbildung 6.21 zeigt die Gruppenrichtlinieneinstellungen für den Internet Explorer 10.

Lokale Benutzer und Gruppen

Mit den Einstellungen unter *Lokale Benutzer und Gruppen* können Sie Konten für lokale Benutzer erstellen und konfigurieren (Abbildung 6.22) und Mitglieder zu lokalen Gruppen hinzufügen. Mit diesen Einstellungen können Sie Benutzerkonten erstellen, aktualisieren, ersetzen und löschen. Bei der Einrichtung neuer Benutzerkonten sollten Sie das Kennwort so einstellen, dass der Benutzer es bei der nächsten Anmeldung ändern muss, denn das Kennwort wird unverschlüsselt im *SYSVOL*-Container (Sytem Volume) gespeichert. Wegen dieses Sicherheitsrisikos sollten Sie es vermeiden, mit Gruppenrichtlinieneinstellungen lokale Benutzerkonten mit umfangreichen Rechten zu erstellen.

Abbildung 6.22   Hinzufügen eines lokalen Benutzers mit Gruppenrichtlinieneinstellungen

Mit den Einstellungen für lokale Gruppen können Sie Mitglieder zu lokalen Gruppen hinzufügen. Mit dieser Richtlinie können Sie zum Beispiel die Mitgliedschaft in der lokalen Gruppe *Administratoren* auf jedem Computer steuern und kontrollieren (Abbildung 6.23). Außerdem können Sie mit dieser Richtlinie folgende Aufgaben durchführen:

- Hinzufügen von Benutzern zu einer lokalen Gruppe

- Entfernen von Benutzern aus einer lokalen Gruppe

- Löschen aller Gruppenmitglieder, also aller Benutzer und aller Gruppen, die Mitglieder sind

Abbildung 6.23   Konfigurieren einer lokalen Gruppe mit Gruppenrichtlinieneinstellungen

Zusätzliche Einstellungen

Wie Sie in Abbildung 6.24 sehen, gibt es noch viele zusätzliche Einstellungen, die Sie mit Gruppenrichtlinieneinstellungen vornehmen können. Diese Einstellungen sind in die beiden Gruppen *Windows-Einstellungen* und *Systemsteuerungseinstellungen* aufgeteilt. Die folgenden Abschnitte geben Ihnen einen kurzen Überblick über die Einstellungen, die noch nicht beschrieben wurden.

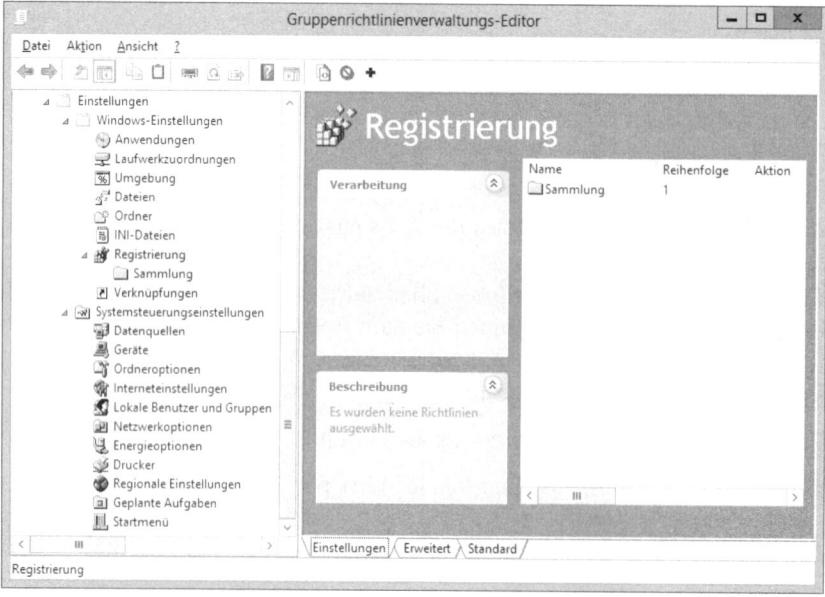

Abbildung 6.24   Gruppenrichtlinieneinstellungen

Windows-Einstellungen

Die Gruppenrichtlinieneinstellungen unter dem Knoten *Windows-Einstellungen* ermöglichen folgendes:

- **Anwendungen**   Ermöglicht die Konfiguration von anwendungsbezogenen Einstellungen. Allerdings müssen Anwendungen Gruppenrichtlinieneinstellungen unterstützen, damit Einstellungen auf diese Weise vorgenommen werden können.

- **Umgebung**   Ermöglicht die Konfiguration von Umgebungsvariablen, beispielsweise der Variablen mit dem Ordner für temporäre Dateien

- **Dateien**   Ermöglicht die Aktualisierung von Dateien, wobei eine Quelldatei und eine Zieldatei verwendet werden. Dadurch können Sie Computer mit wichtigen Dateien versorgen und zum Beispiel sicherstellen, dass die Vorschriften der Personalabteilung über die korrekte Nutzung der Küche und der Kaffeemaschine auf jedem Desktopcomputer ins Verzeichnis für Richtliniendokumente kopiert werden.

- **Ordner**   Ermöglicht die Erstellung, Aktualisierung, Ersetzung und Löschung eines Ordners samt Inhalt. Abbildung 6.25 zeigt diese Gruppenrichtlinieneinstellung. Mit ihr können Sie zum Beispiel dafür sorgen, dass der Ordner für die temporären Dateien bei jeder Anwendung der Einstellung automatisch gesäubert wird.

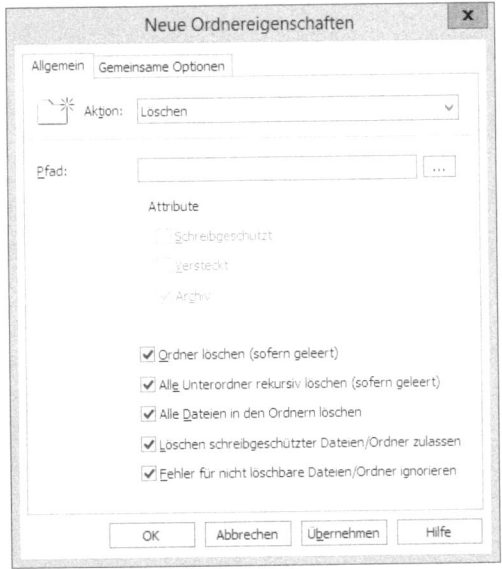

Abbildung 6.25   Löschen eines Ordners samt Inhalt

- **INI-Dateien**   Ermöglicht die Aktualisierung von *.ini*-Dateien mit bestimmten Eigenschaften und Werten. Wenn Sie diese Einstellung verwenden, müssen Sie dafür sorgen, dass Änderungen, die an der *.ini*-Datei durchgeführt werden, nicht verhindern, dass sie vom Computer gelesen wird.

- **Verknüpfungen**   Ermöglicht die Erstellung von Verknüpfungen für den Desktop. Dazu gehört auch die Angabe des Pfads der Anwendung und wie die Anwendung durch die Verknüpfung gestartet werden soll. Es ist auch möglich, den Speicherort des Verknüpfungssymbols anzugeben (Abbildung 6.26).

Abbildung 6.26 Einstellungen für Verknüpfungen

Systemsteuerungseinstellungen

Unter dem Knoten *Systemsteuerungseinstellungen* können ebenfalls weitere Gruppenrichtlinieneinstellungen vorgenommen werden. Dieser Knoten enthält Einstellungen, die normalerweise in der Systemsteuerung eines Clientcomputers konfiguriert werden.

Folgende, in diesem Kapitel noch nicht beschriebene Einstellungen sind unter diesem Knoten möglich:

- **Datenquellen**   Ermöglicht die Konfiguration von ODBC-Datenquellen (Open Database Connectivity). Verwenden Sie diese Einstellung, wenn Clients spezielle Verbindungen zu Datenbanken brauchen.

- **Geräte**   Ermöglicht die Aktivierung oder Sperrung von Geräten. Abbildung 6.27 zeigt zum Beispiel, wie sich eine Microsoft PS/2-Maus sperren lässt.

- **Ordneroptionen**   Wenn Sie Ordneroptionen konfigurieren, können Sie je nach Betriebssystem unterschiedliche Einstellungen vornehmen. Es wird unterschieden zwischen Windows XP und Betriebssystemen ab Windows Vista. Ordneroptionen steuern, wie der Inhalt von Ordnern im Dateiexplorer angezeigt wird. Sie können die Ordneroptionen beispielsweise so einstellen, dass versteckte Dateien und Ordner angezeigt werden, dass verschlüsselte oder komprimierte NTFS-Dateien in einer speziellen Farbe angezeigt werden, oder dass geschützte Systemdateien ausgeblendet werden (Abbildung 6.28).

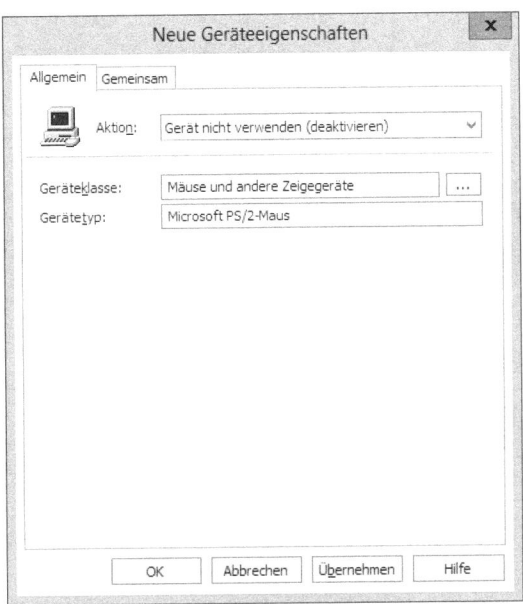

Abbildung 6.27   Geräteeinstellungen

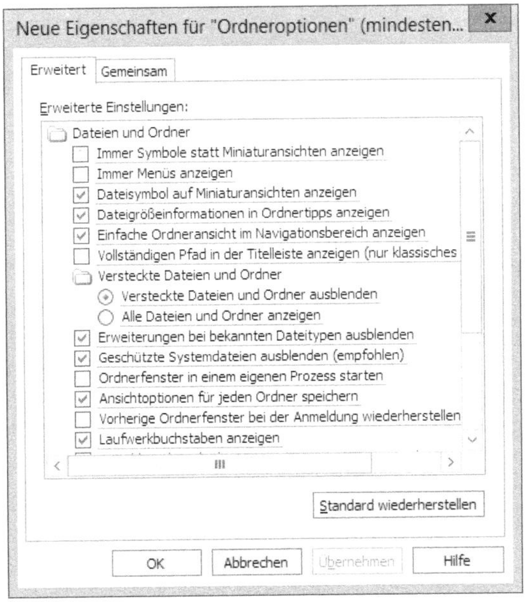

Abbildung 6.28   Ordneroptionen

- **Netzwerkoptionen** Mit der Gruppenrichtlinieneinstellung *Netzwerkoptionen* nehmen Sie Einstellungen für DFÜ-Verbindungen und VPN-Verbindungen vor

- **Regionale Einstellungen** Mit der Gruppenrichtlinieneinstellung *Regionale Einstellungen* können Sie die Anzeigeformate für Zahlen, Währungen, Zeit- und Datumsangaben und andere regionsspezifische Einstellungen festlegen, beispielsweise die Sprache

- **Geplante Aufgaben** Mit der Gruppenrichtlinieneinstellung *Geplante Aufgaben* lassen sich Aufgaben zur sofortigen Ausführung oder zur Ausführung nach Zeitplan erstellen. Eine geplante Aufgabe wird zu einem bestimmten Zeitpunkt ausgeführt. Eine sofortige Aufgabe wird bei der Aktualisierung der Gruppenrichtlinieneinstellungen ausgeführt.

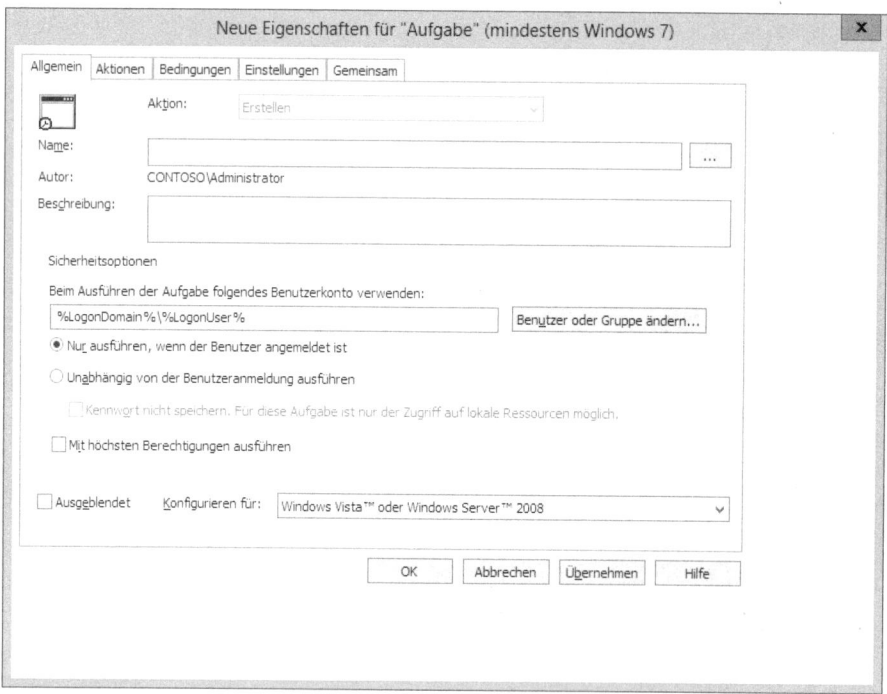

Abbildung 6.29 Erstellen einer neuen Aufgabe

- **Startmenü** Mit dieser Einstellung können Sie festlegen, wie das Startmenü auf Computern mit einem Windows-Clientbetriebssystem bis hin zu Windows 7 angezeigt wird. Damit legen Sie zum Beispiel fest, ob die Startmenüelemente *Computer*, *System-steuerung*, *Dokumente*, *Favoriten* und *Spiele* angezeigt werden. Sie können auch ein-stellen, wie viele Programme im Startmenü angezeigt werden und wie lang die Liste der zuletzt verwendeten Dokumente ist.

Zusammenfassung der Lektion

- Gruppenrichtlinieneinstellungen (Group Policy Preferences) ermöglichen Einstellungen, die vom Benutzer geändert werden können

- Gruppenrichtlinieneinstellungen werden hauptsächlich verwendet, um Netzlaufwerke und Drucker zuzuordnen

- Die Zielgruppenadressierung auf Elementebene ermöglicht es, bei der Anwendung von Einstellungselementen der Gruppenrichtlinien bestimmte Eigenschaften der Umgebung zu überprüfen

- Sie können Gruppenrichtlinieneinstellungen so vornehmen, dass Benutzer angewendete Einstellungen nicht ändern können

- Um für verschiedene Tageszeiten unterschiedliche Energieoptionen einzustellen, verwenden Sie die Zielgruppenadressierung auf Elementebene

Lernzielkontrolle

Beantworten Sie folgende Fragen, um Ihr Wissen über den Stoff dieser Lektion zu überprüfen. Antworten auf diese Fragen und Erklärungen, warum die jeweilige Antwort richtig oder falsch ist, finden Sie im Abschnitt »Antworten« am Ende dieses Kapitels.

1. Sie konfigurieren in den Gruppenrichtlinieneinstellungen Energieoptionen. Sie möchten, dass zwischen Mitternacht und 6 Uhr morgens ein Energiesparplan wirksam wird. Mit welcher der folgenden Optionen für die Zielgruppenadressierung auf Elementebene erreichen Sie dies?

   A. *Sicherheitsgruppe*

   B. *Zeitbereich*

   C. *Betriebssystem*

   D. *Festplattenspeicher*

2. Sie möchten auf allen Computern in einer OU ein bestimmtes Benutzerkonto hinzufügen. Mit welcher Gruppenrichtlinieneinstellung erreichen Sie dies?

   A. *Ordner*

   B. *Geräte*

   C. *Interneteinstellungen*

   D. *Lokale Benutzer und Gruppen*

3. Sie möchten eine Laufwerkszuordnung einrichten, aber diese Zuordnung soll nur auf den Computern der Firmenleitung erscheinen. Mit welcher der folgenden Optionen für die Zielgruppenadressierung auf Elementebene erreichen Sie dies?

   A. *Festplattenspeicher*

   B. *Betriebssystem*

   C. *Zeitbereich*

   D. *Sicherheitsgruppe*

4. Sie möchten dafür sorgen, dass bei jeder Aktualisierung der Gruppenrichtlinien auf einigen Computern Ihrer Organisation der Inhalt des Ordners *C:\Windows\Temp* gelöscht wird. Mit welcher der folgenden Gruppenrichtlinieneinstellungen erreichen Sie dies?

   A. *Lokale Benutzer und Gruppen*

   B. *Ordner*

   C. *Geräte*

   D. *Interneteinstellungen*

5. Eine bestimmte Zusammenstellung von Umgebungsvariablen soll auf Computern verfügbar sein, auf denen das Betriebssystem Windows 7 ausgeführt wird, aber nicht auf Computern, auf denen Windows Vista oder Windows 8 verwendet wird. Welche der folgenden Optionen für die Zielgruppenadressierung auf Elementebene sollten Sie bei der Konfiguration der Gruppenrichtlinieneinstellung verwenden?

   A. *Zeitbereich*

   B. *Betriebssystem*

   C. *Sicherheitsgruppe*

   D. *Festplattenspeicher*

6. Sie möchten die Verwendung von bestimmten USB-Speichern in Ihrer Organisation sperren. Mit welcher der folgenden Gruppenrichtlinieneinstellungen erreichen Sie dies?

   A. *Interneteinstellungen*

   B. *Geräte*

   C. *Ordner*

   D. *Lokale Benutzer und Gruppen*

7. Sie konfigurieren eine sofortige Aufgabe, um das temporäre Verzeichnis zu löschen, wenn der Computer über weniger als 20 GB freien Speicher auf der Festplatte verfügt. Mit welcher der folgenden Optionen für die Zielgruppenadressierung auf Elementebene erreichen Sie dies?

   A. *Sicherheitsgruppe*

   B. *Zeitbereich*

   C. *Betriebssystem*

   D. *Festplattenspeicher*

8. Sie möchten für eine große Zahl von Computern aus Ihrer Organisation VPN-Einstellungen vornehmen. Welche der folgenden Gruppenrichtlinieneinstellungen eignet sich dafür?

   A. *Lokale Benutzer und Gruppen*

   B. *Ordner*

   C. *Geräte*

   D. *Netzwerkoptionen*

Übungen

In den Übungen dieses Abschnitts sammeln Sie Praxiserfahrung zu folgenden Themen:

- Konfigurieren der Ordnerumleitung mit Gruppenrichtlinien

- Konfigurieren von Start-, Anmelde- und Abmeldeskripts und von Skripts zum Herunterfahren mit Gruppenrichtlinien

- Einrichten eines Speichers für Gruppenrichtlinien

- Aktivieren der Filterung von Gruppenrichtlinien

- Erstellen von lokalen Benutzerkonten mit Gruppenrichtlinieneinstellungen

- Zuordnen von Netzlaufwerken mit Gruppenrichtlinieneinstellungen

- Erstellen von Energiesparplänen mit Gruppenrichtlinieneinstellungen

Um die Übungen in diesem Abschnitt durchzuarbeiten, brauchen Sie virtuelle Computer namens *DC*, *SYD-A* und *SYD-B*, auf denen die Evaluierungsversion von Windows Server 2012 installiert ist. Wie Sie diese Server einrichten, ist im Anhang beschrieben. Legen Sie Snapshots der virtuellen Computer an, damit Sie ihren Ausgangszustand nach Abschluss der Übungen wiederherstellen können.

Übung 1: Vorbereiten auf Ordnerumleitung und Skripts

In dieser Übung bereiten Sie einen Server so vor, dass er Ordner für eine Ordnerumleitung und Gruppenrichtlinienskripts aufnehmen kann:

1. Melden Sie sich als *Contoso\Administrator* auf *DC* an.

2. Klicken Sie auf der Taskleiste auf das Symbol *Explorer* und navigieren Sie zum Stammordner von Volume *C:*.

3. Klicken Sie auf der Titelleiste auf das Symbol *Neuer Ordner*. Geben Sie **FolderRedirection** als Namen für den Ordner ein.

4. Klicken Sie mit der rechten Maustaste auf den Ordner *FolderRedirection*. Klicken Sie auf *Freigeben für* und dann auf *Bestimmte Personen*.

5. Klicken Sie im Dialogfeld *Dateifreigabe* auf den nach unten gerichteten Pfeil neben *Hinzufügen* und klicken Sie auf *Jeder*.

6. Klicken Sie auf *Hinzufügen* und auf den Pfeil neben *Lesen*. Stellen Sie für die Gruppe *Jeder* die Berechtigungen *Lesen/Schreiben* ein. Klicken Sie auf *Freigabe* und auf *Fertig*.

7. Klicken Sie den Ordner *FolderRedirection* mit der rechten Maustaste an und klicken Sie auf *Eigenschaften*.

8. Klicken Sie auf die Registerkarte *Freigabe*, auf *Erweiterte Freigabe* und auf *Zwischenspeichern*.

9. Klicken Sie im Dialogfeld *Offlineeinstellungen* auf *Alle Dateien und Programme, die Benutzer über den freigegebenen Ordner öffnen, automatisch offline verfügbar machen* und klicken Sie auf *OK* (Abbildung 6.30).

Abbildung 6.30 Offlineeinstellungen

10. Klicken Sie auf *OK*, um das Dialogfeld *Erweiterte Freigabe* zu schließen, und klicken Sie auf *Schließen*, um das Dialogfeld *Eigenschaften von FolderRedirection* zu schließen.

11. Klicken Sie auf der Titelleiste des Fensters *Lokaler Datenträger (C:)* auf *Neuer Ordner*. Nennen Sie den neuen Ordner **Scripts**.

12. Klicken Sie den Ordner *Scripts* mit der rechten Maustaste an. Klicken Sie auf *Freigeben für* und auf *Bestimmte Personen*.

13. Klicken Sie auf den nach unten gerichteten Pfeil neben *Hinzufügen*. Klicken Sie auf *Jeder* und auf *Hinzufügen*.

14. Klicken Sie auf *Freigabe* und auf *Fertig*.

15. Öffnen Sie den Ordner *Scripts*. Klicken Sie den Detailbereich mit der rechten Maustaste an. Klicken Sie auf *Neu* und auf *Textdokument*. Geben Sie den Namen **Logon** für das Textdokument ein und drücken Sie ⏎ .

16. Wiederholen Sie Schritt 15 und erstellen Sie die Dateien **Logoff**, **Startup** und **Shutdown**.

17. Klicken Sie auf das Menü *Ansicht* und auf das Kontrollkästchen *Dateinamenerweiterungen*.

18. Klicken Sie die Dateien der Reihe nach mit der rechten Maustaste an und benennen Sie sie um. Ändern Sie:

- *Logoff.txt* in *Logoff.bat*

- *Logon.txt* in *Logon.bat*

- *Shutdown.txt* in *Shutdown.bat*

- *Startup.txt* in *Startup.bat*

Übung 2: Konfigurieren der Ordnerumleitung

In dieser Übung richten Sie eine Ordnerumleitung ein:

1. Klicken Sie im Server-Manager auf das Menü *Tools* und auf *Gruppenrichtlinienverwaltung*. Die Konsole *Gruppenrichtlinienverwaltung* (Group Policy Management Console, GPMC) öffnet sich.

2. Erweitern Sie in der GPMC den Knoten *Gesamtstruktur:contoso.com*, dann den Knoten *Domänen*, den Knoten *contoso.com* und schließlich den Knoten *Gruppenrichtlinienobjekte*.

3. Klicken Sie den Knoten *Gruppenrichtlinienobjekte* mit der rechten Maustaste an und klicken Sie auf *Neu*.

4. Geben Sie im Dialogfeld *Neues Gruppenrichtlinienobjekt* den Namen **FolderRedirection** ein und klicken Sie auf *OK* (Abbildung 6.31).

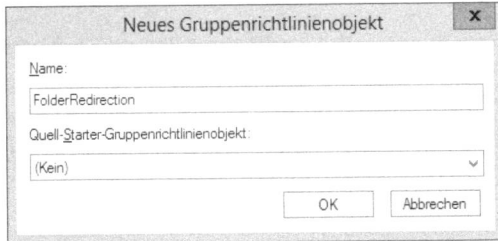

Abbildung 6.31 Das neue Gruppenrichtlinienobjekt erhält seinen Namen

5. Klicken Sie das Gruppenrichtlinienobjekt *FolderRedirection* mit der rechten Maustaste an und klicken Sie auf *Bearbeiten*. Der *Gruppenrichtlinienverwaltungs-Editor* öffnet sich.

6. Erweitern Sie im *Gruppenrichtlinienverwaltungs-Editor* den Knoten *Benutzerkonfiguration*, *Richtlinien*, *Windows-Einstellungen*, *Ordnerumleitung*.

7. Klicken Sie den Ordner *Dokumente* mit der rechten Maustaste an und klicken Sie auf *Eigenschaften*.

8. Nehmen Sie folgende Einstellungen vor und klicken Sie auf *OK* (Abbildung 6.32).

- *Einstellung*: *Standard – Leitet alle Ordner auf den gleichen Pfad um*

- *Zielordner*: *Einen Ordner für jeden Benutzer im Stammpfad erstellen*

- *Stammverzeichnis*: **\\DC\FolderRedirection**

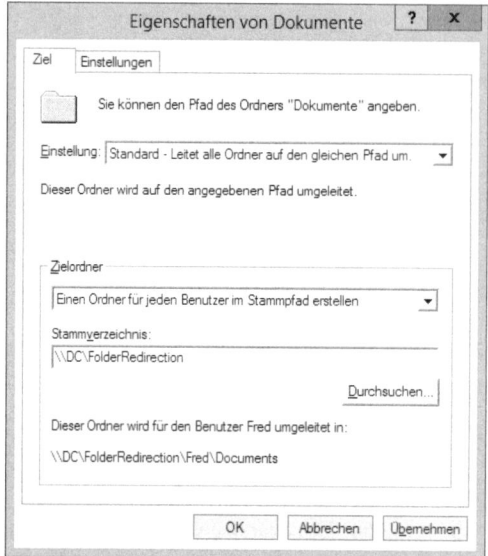

Abbildung 6.32   Umleiten des Ordners *Dokumente*

9. Wenn das Dialogfeld *Warnung* erscheint, klicken Sie auf *Ja*.

10. Klicken Sie den Ordner *Bilder* mit der rechten Maustaste an und klicken Sie auf *Eigenschaften*.

11. Wählen Sie im Dialogfeld *Eigenschaften von Bilder* die Einstellung *Dem Ordner Dokumente folgen* und klicken Sie auf *OK* (Abbildung 6.33).

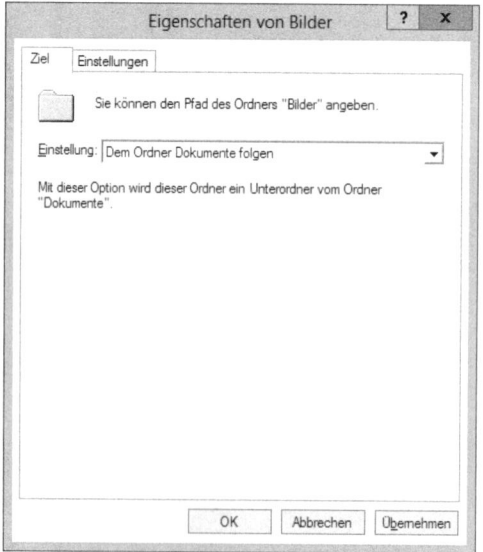

Abbildung 6.33   Umleiten des Ordners *Bilder*

12. Klicken Sie auf *Ja*, wenn das Dialogfeld *Warnung* erscheint.

13. Klicken Sie den Ordner *Musik* mit der rechten Maustaste an und klicken Sie auf *Eigenschaften*.

14. Wählen Sie im Dialogfeld *Eigenschaften von Musik* die Einstellung *Dem Ordner Dokumente folgen* und klicken Sie auf *OK*.

15. Klicken Sie auf *Ja*, wenn das Dialogfeld *Warnung* erscheint.

16. Wiederholen Sie die Schritte 13 bis 15 für den Ordner *Videos*.

17. Klicken Sie den Ordner *AppData(Roaming)* mit der rechten Maustaste an und klicken Sie auf *Eigenschaften*.

18. Wählen Sie im Dialogfeld *Eigenschaften von AppData(Roaming)* die Einstellung *Erweitert – Gibt Pfade für verschiedene Benutzergruppen an*.

19. Klicken Sie auf *Hinzufügen*. Nehmen Sie im Dialogfeld *Gruppe und Pfad angeben* folgende Einstellungen vor und klicken Sie auf *OK* (Abbildung 6.34):

    ■ *Sicherheitsgruppenmitgliedschaft*: **CONTOSO\Domänen-Benutzer**

    ■ *Zielordner*: *Einen Ordner für jeden Benutzer im Stammpfad erstellen*

    ■ *Stammverzeichnis*: **\\DC\FolderRedirection**

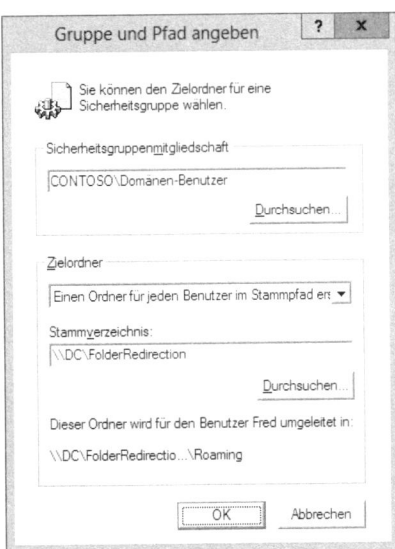

Abbildung 6.34 Erweiterte Einstellungen für die Umleitung

20. Klicken Sie auf *OK*, um das Dialogfeld *Eigenschaften von AppData(Roaming)* zu schließen.

21. Klicken Sie im Dialogfeld *Warnung* auf *Ja*.

Übung 3: Konfigurieren von Gruppenrichtlinienskripts

In dieser Übung erstellen Sie Gruppenrichtlinienskripts:

1. Klicken Sie auf den Knoten *Skripts (Anmelden/Abmelden)*.

2. Klicken Sie das Element *Anmelden* mit der rechten Maustaste an und klicken Sie auf *Eigenschaften*.

3. Klicken Sie im Dialogfeld *Eigenschaften von Anmelden* auf *Hinzufügen* (Abbildung 6.35).

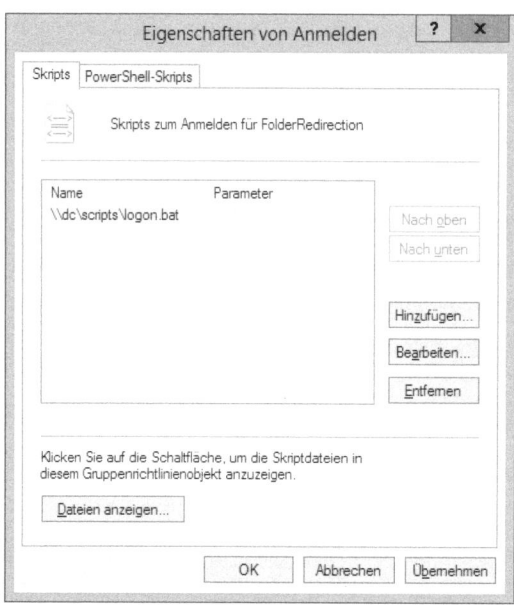

Abbildung 6.35   Einstellungen für Anmeldeskripts

4. Geben Sie im Dialogfeld *Hinzufügen eines Skripts* als Skriptname **\\dc\scripts\logon.bat** ein und klicken Sie auf *OK*.

5. Klicken Sie *OK*, um das Dialogfeld *Eigenschaften von Anmelden* zu schließen. Sie können nun *Abmelden* mit der rechten Maustaste anklicken. Klicken Sie dann auf *Eigenschaften*.

6. Klicken Sie im Dialogfeld *Eigenschaften von Abmelden* auf *Hinzufügen*.

7. Geben Sie im Dialogfeld *Hinzufügen eines Skripts* den Skriptnamen **\\dc\scripts\logoff.bat** ein und klicken Sie auf *OK*.

8. Klicken Sie auf *OK*, um das Dialogfeld *Eigenschaften von Abmelden* zu schließen.

9. Navigieren Sie in den Knoten *Computerkonfiguration*, *Richtlinien*, *Windows-Einstellungen*, *Skripts (Start/Herunterfahren)*.

10. Klicken Sie mit der rechten Maustaste auf *Starten* und klicken Sie auf *Eigenschaften*.

11. Klicken Sie im Dialogfeld *Eigenschaften von Starten* auf *Hinzufügen*.

12. Geben Sie im Dialogfeld *Hinzufügen eines Skripts* den Skriptnamen **\\dc\scripts\ startup.bat** ein und klicken Sie auf *OK*.

13. Klicken Sie auf *OK*, um das Dialogfeld *Eigenschaften von Starten* zu schließen.

14. Klicken Sie mit der rechten Maustaste auf *Herunterfahren* und klicken Sie auf *Eigenschaften*.

15. Klicken Sie im Dialogfeld *Eigenschaften von Herunterfahren* auf *Hinzufügen*.

16. Geben Sie im Dialogfeld *Hinzufügen eines Skripts* **\\dc\scripts\shutdown.bat** als Skriptnamen ein und klicken Sie auf *OK*.

17. Klicken Sie auf *OK*, um das Dialogfeld *Eigenschaften von Herunterfahren* zu schließen.

18. Schließen Sie den *Gruppenrichtlinienverwaltungs-Editor*.

Übung 4: Konfigurieren des zentralen Speichers und der Filterung administrativer Vorlagen

In dieser Übung richten Sie einen zentralen Speicher ein und führen eine Filterung der administrativen Vorlagen durch:

1. Öffnen Sie im Explorer folgenden Speicherort: **\\contoso.com\sysvol\contoso.com\ Policies**.

2. Öffnen Sie ein zweites Explorerfenster und navigieren Sie zum Ordner *C:\Windows*.

3. Klicken Sie den Ordner *PolicyDefinitions* mit der rechten Maustaste an und klicken Sie auf *Kopieren*.

4. Wechseln Sie in den Explorer, in dem *\\contoso.com\sysvol\contoso.com\Policies* geöffnet ist.

5. Klicken Sie mit der rechten Maustaste in einen leeren Bereich und klicken Sie auf *Einfügen*.

6. Öffnen Sie die GPMC.

7. Erweitern Sie den Knoten *Gesamtstruktur: contoso.com, Domänen, contoso.com, Gruppenrichtlinienobjekte*. Klicken Sie den Knoten *Gruppenrichtlinienobjekte* mit der rechten Maustaste an und klicken Sie auf *Neu*.

8. Geben Sie im Dialogfeld *Neues Gruppenrichtlinienobjekt* den Namen **Template Check** ein und klicken Sie auf *OK*.

9. Klicken Sie mit der rechten Maustaste auf das GPO *Template Check* und klicken Sie auf *Bearbeiten*.

10. Navigieren Sie zum Knoten *Computerkonfiguration, Richtlinien, Administrative Vorlagen* und klicken Sie den Knoten mit der rechten Maustaste an. Klicken Sie auf das Menü *Aktion* und auf *Filteroptionen*.

11. Wählen Sie das Kontrollkästchen *Schlüsselwortfilter aktivieren*. Geben Sie im Textfeld *Nach folgenden Wörtern filtern* das Wort **Biometrie** ein.

12. Wählen Sie das Kontrollkästchen *Anforderungsfilter aktivieren*. Klicken Sie auf Windows 8 Betriebssysteme und auf *OK* (Abbildung 6.36).

Abbildung 6.36   Filtereinstellungen für administrative Vorlagen

13. Klicken Sie auf den Knoten *Computerkonfiguration*, *Richtlinien*, *Administrative Vorlagen*, *Alle Einstellungen* und überprüfen Sie, ob nur drei Richtlinienelemente aufgelistet werden.

Übung 5: Konfigurieren von Gruppenrichtlinieneinstellungen

In dieser Übung nehmen Sie Gruppenrichtlinieneinstellungen vor:

1. Klicken Sie im Server-Manager auf das Menü *Tools* und auf *Active Directory-Benutzer und -Computer*.

2. Klicken Sie auf den Container *Users*. Klicken Sie in der Symbolleiste auf die Schaltfläche *Erstellt eine neue Gruppe im aktuellen Container*.

3. Geben Sie im Dialogfeld *Neues Objekt – Gruppe* den Namen **Research** ein und klicken Sie auf *OK* (Abbildung 6.37).

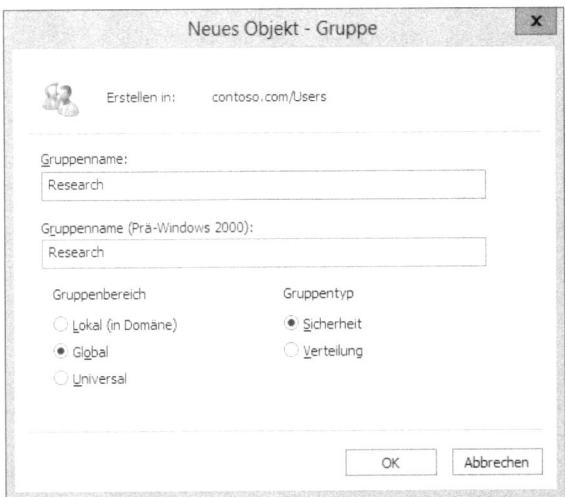

Abbildung 6.37 Erstellen einer neuen Sicherheitsgruppe

4. Klicken Sie in der Symbolleiste auf die Schaltfläche *Erstellt eine neue Gruppe im aktuellen Container.*

5. Geben Sie im Dialogfeld *Neues Objekt – Gruppe* den Namen **Development** ein und klicken Sie auf *OK*.

6. Schließen Sie *Active Directory-Benutzer und -Computer*.

7. Klicken Sie in der Taskleiste auf das Symbol *Explorer* und navigieren Sie zum Stammordner des Volumes *C:*.

8. Klicken Sie in der Titelleiste auf das Symbol *Neuer Ordner*. Nennen Sie den Ordner **ResearchShare**.

9. Klicken Sie mit der rechten Maustaste auf den Ordner *ResearchShare*. Klicken Sie auf *Freigeben für* und auf *Bestimmte Personen*.

10. Geben Sie im Dialogfeld *Dateifreigabe* den Namen **Contoso\Research** ein und klicken Sie auf *Hinzufügen*.

11. Klicken Sie auf den Pfeil neben der Berechtigung *Lesen* für *Research* und wählen Sie die Berechtigungsebene *Lesen/Schreiben* (Abbildung 6.38).

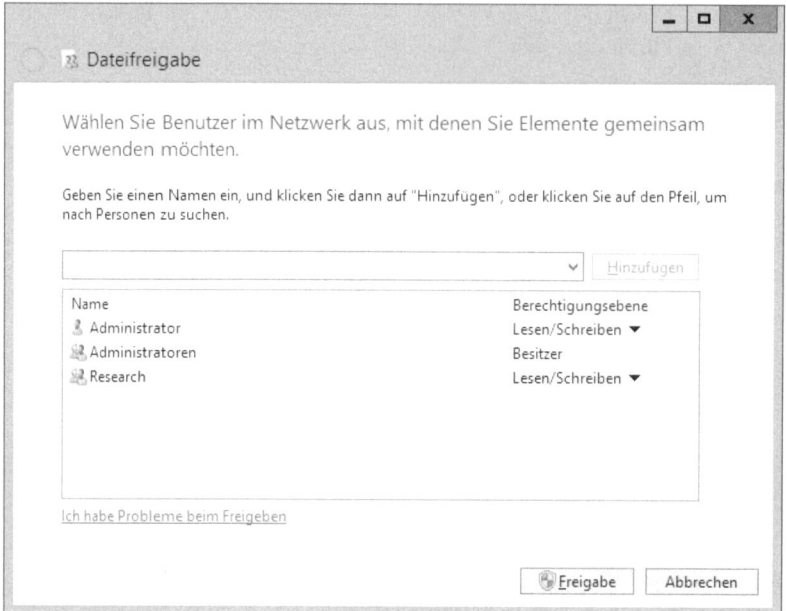

Abbildung 6.38   Eine Freigabe für eine weitere Sicherheitsgruppe

12. Klicken Sie auf *Freigabe* und auf *Fertig*.

Nun wird es Zeit für die Titelleiste:

1. Klicken Sie in der Titelleiste des Explorers auf das Symbol *Neuer Ordner*. Geben Sie dem Ordner den Namen **DevelopmentShare**.

2. Klicken Sie den Ordner *DevelopmentShare* mit der rechten Maustaste an, klicken Sie auf *Freigeben für* und auf *Bestimmte Personen*.

3. Geben Sie im Dialogfeld *Dateifreigabe* den Namen **Contoso\Development** ein und klicken Sie auf *Hinzufügen*.

4. Klicken Sie auf den Pfeil neben der Berechtigung *Lesen* für die Gruppe *Development* und wählen Sie *Lesen/Schreiben*. Klicken Sie auf *Freigabe* und auf *Fertig*.

5. Klicken Sie im Menü *Tools* des Server-Managers auf *Gruppenrichtlinienverwaltung*.

6. Erweitern Sie den Knoten *Gesamtstruktur: contoso.com, Domänen, contoso.com, Gruppenrichtlinienobjekte*. Klicken Sie den Knoten *Gruppenrichtlinienobjekte* mit der rechten Maustaste an und klicken Sie auf *Neu*.

7. Geben Sie im Dialogfeld *Neues Gruppenrichtlinienobjekt* den Namen **GPPTest** ein und klicken Sie auf *OK*.

8. Klicken Sie das GPO *GPPTest* mit der rechten Maustaste an und klicken Sie auf *Bearbeiten*.

9. Erweitern Sie im *Gruppenrichtlinienverwaltungs-Editor* den Knoten *Computerkonfiguration*, *Einstellungen*, *Systemsteuerungseinstellungen* und klicken Sie auf *Lokale Benutzer und Gruppen*.

10. Klicken Sie *Lokale Benutzer und Gruppen* mit der rechten Maustaste an, klicken Sie auf *Neu* und auf *Lokaler Benutzer*.

11. Machen Sie im Dialogfeld *Neue Eigenschaften für "Lokaler Benutzer"* (Abbildung 6.39) folgende Angaben und klicken Sie auf *OK*:

    - *Aktion*: *Erstellen*

    - *Benutzername*: **Generic_User**

    - *Vollständiger Name*: **Generic User**

    - *Kennwort*: **Pa$$w0rd**

    - *Kennwort bestätigen*: **Pa$$w0rd**

    - *Benutzer muss Kennwort bei der nächsten Anmeldung ändern*

    - *Konto läuft nicht ab*

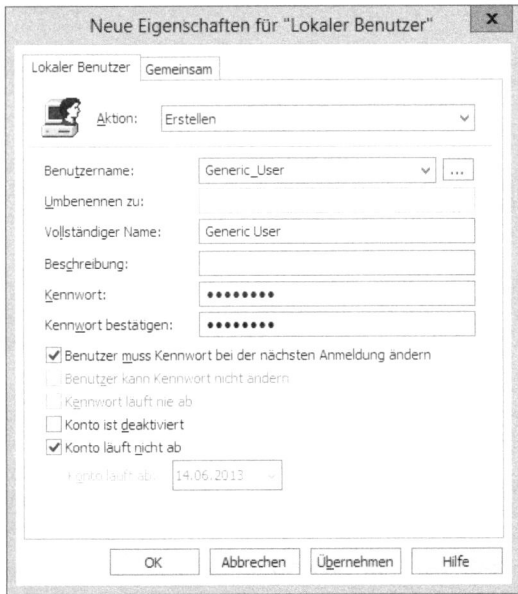

Abbildung 6.39 Das Konto eines neuen lokalen Benutzers wird erstellt

12. Klicken Sie im Dialogfeld *Kennwortwarnung* auf *OK*.

13. Klicken Sie den Knoten *Lokale Benutzer und Gruppen* mit der rechten Maustaste an, klicken Sie auf *Neu* und auf *Lokale Gruppe*.

14. Machen Sie im Dialogfeld *Neue Eigenschaften für "Lokale Gruppe"* (Abbildung 6.40) folgende Angaben und klicken Sie auf *OK*:

    ■ *Aktion*: *Erstellen*

    ■ *Gruppenname*: **Generic_Group**

    ■ *Mitglieder*: **Generic_User**

Abbildung 6.40   Eine neue Sicherheitsgruppe wird erstellt

15. Erweitern Sie im *Gruppenrichtlinienverwaltungs-Editor* den Knoten *Benutzerkonfiguration*, *Einstellungen*, *Windows-Einstellungen*.

16. Klicken Sie mit der rechten Maustaste auf *Laufwerkzuordnungen*, klicken Sie auf *Neu* und auf *Zugeordnetes Laufwerk*.

17. Machen Sie im Dialogfeld *Neue Laufwerkeigenschaften* (Abbildung 6.41) folgende Angaben und klicken Sie dann auf die Registerkarte *Gemeinsame Optionen*.

    ■ *Aktion*: *Aktualisieren*

    ■ *Speicherort*: **\\DC\ResearchShare**

    ■ *Verwenden*: *R:*

18. Wählen Sie auf der Registerkarte *Gemeinsame Optionen* das Kontrollkästchen *Zielgruppenadressierung auf Elementebene* und klicken Sie auf *Zielgruppenadressierung*.

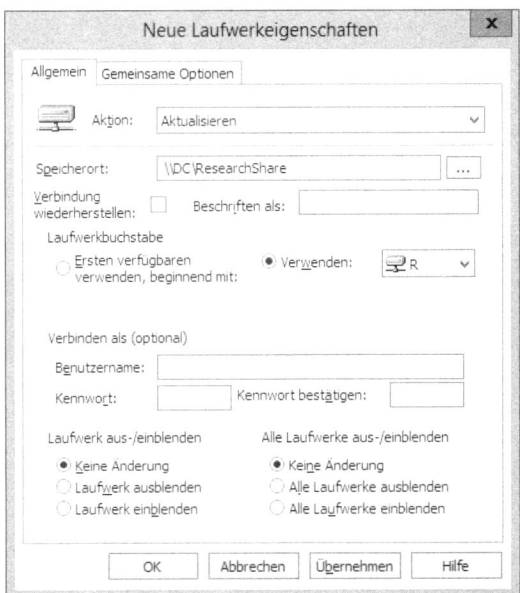

Abbildung 6.41 Eine neue Laufwerkzuordnung wird erstellt

19. Klicken Sie im *Zielgruppenadressierungseditor* auf die Schaltfläche *Neues Element* und dann auf *Sicherheitsgruppe*. Geben Sie als Gruppenname **Contoso\Research** ein (Abbildung 6.42) und klicken Sie auf *OK*.

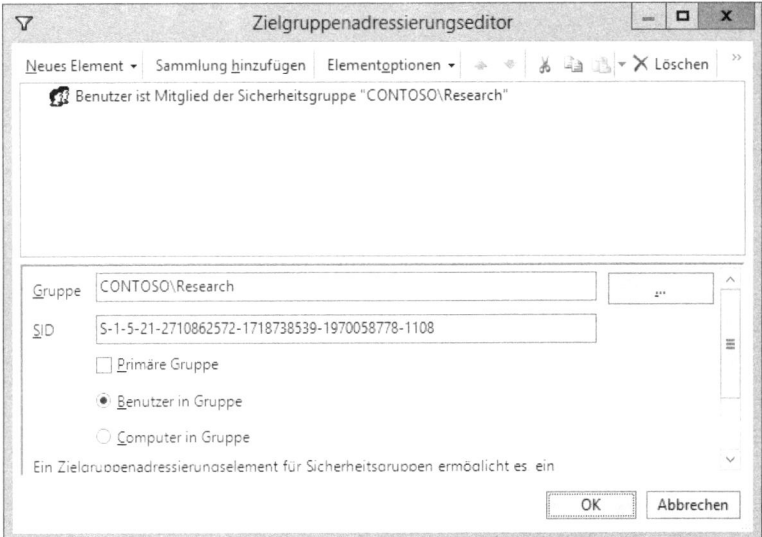

Abbildung 6.42 Der *Zielgruppenadressierungseditor*

20. Klicken Sie auf *OK*, um das Dialogfeld *Neue Laufwerkeigenschaften* zu schließen.

21. Klicken Sie den Knoten *Laufwerkzuordnungen* mit der rechten Maustaste an, klicken Sie auf *Neu* und auf *Zugeordnetes Laufwerk*.

22. Machen Sie im Dialogfeld *Neue Laufwerkeigenschaften* die folgenden Angaben und klicken Sie dann auf die Registerkarte *Gemeinsame Optionen*:

    - *Aktion*: *Aktualisieren*

    - *Speicherort*: **\\DC\DevelopmentShare**

    - *Verwenden*: *V:*

23. Wählen Sie auf der Registerkarte *Gemeinsame Optionen* das Kontrollkästchen *Zielgruppenadressierung auf Elementebene* und klicken Sie dann auf *Zielgruppenadressierung*.

24. Klicken Sie im *Zielgruppenadressierungseditor* auf die Schaltfläche *Neues Element* und auf *Sicherheitsgruppe*. Geben Sie als Gruppennamen **Contoso\Development** ein und klicken Sie auf *OK*. Klicken Sie auf *OK*, um das Dialogfeld *Neue Laufwerkeigenschaften* zu schließen.

25. Wählen Sie den Knoten *Benutzerkonfiguration*, *Einstellungen*, *Systemsteuerungseinstellungen*, *Energieoptionen*.

26. Klicken Sie den Knoten *Energieoptionen* mit der rechten Maustaste an. Klicken Sie auf *Neu* und auf *Energiesparplan (mindestens Windows 7)*.

27. Erweitern Sie im Dialogfeld *Neue Eigenschaften für "Energiesparplan" (mindestens Windows 7)* den Knoten *Deaktivierung nach*, machen Sie folgende Angaben für den Energiesparplan *Ausbalanciert* (Abbildung 6.43) und klicken Sie dann auf die Registerkarte *Gemeinsam*.

    - *Deaktivierung nach*: *Batteriebetrieb (Minuten)*: **10**

    - *Deaktivierung nach*: *Netzbetrieb (Minuten)*: **20**

    - *Ruhezustand nach*: *Batteriebetrieb (Minuten)*: **20**

    - *Ruhezustand nach*: *Netzbetrieb (Minuten)*: **30**

28. Wählen Sie auf der Registerkarte *Gemeinsam* das Kontrollkästchen *Zielgruppenadressierung auf Elementebene* und klicken Sie auf *Zielgruppenadressierung*.

29. Klicken Sie im *Zielgruppenadressierungseditor* auf die Schaltfläche *Neues Element* und klicken Sie auf *Zeitbereich*.

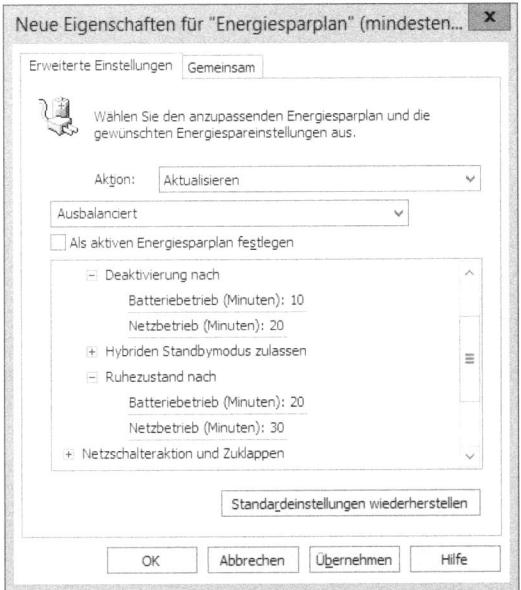

Abbildung 6.43 Konfiguration eines Energiesparplans

30. Legen Sie im Dialogfeld *Zielgruppenadressierungseditor* den Zeitbereich von 6 Uhr bis
    19 Uhr fest (Abbildung 6.44) und klicken Sie auf *OK*.

Abbildung 6.44 Der Zeitbereich des Energiesparplans

31. Schließen Sie alle offenen Dialogfeld jeweils mit einem Klick auf *OK* und schließen Sie
    den *Gruppenrichtlinienverwaltungs-Editor*.

Vorgeschlagene Übungen

Die folgenden zusätzlichen Übungen bieten Ihnen weitere Möglichkeiten, die in diesem Kapitel behandelten Themen einzuüben und zu vertiefen.

- **Übung 1** Konfigurieren Sie eine Ordnerumleitung für die Ordner *Favoriten*, *Kontakte*, *Verknüpfungen*, *Suchvorgänge* und *Gespeicherte Spiele*. Leiten Sie diese Ordner auf den freigegebenen Netzwerkordner \\DC\FolderRedirection um.

- **Übung 2** Laden Sie von der Microsoft-Website die administrative Vorlage Microsoft Office 2013 herunter. Importieren Sie diese Vorlage in den Gruppenrichtlinienspeicher, den Sie in Übung 4 erstellt haben.

- **Übung 3** Sorgen Sie mit einer Gruppenrichtlinieneinstellung dafür, dass der Inhalt des Ordners *C:\Windows\Temp* gelöscht wird, wenn sich ein Benutzer am Computer anmeldet

Antworten

Dieser Abschnitt enthält die Antworten auf die Lernzielkontrollfragen dieses Kapitels.

Lektion 1

1. **Richtige Antwort: B**

   A. **Falsch:** Startskripts werden beim Start des Computers ausgeführt. Sie möchten, dass die Datensicherung bei der Abmeldung eines Benutzers erfolgt.

   B. **Richtig:** Abmeldeskripts werden ausgeführt, wenn sich ein Benutzer abmeldet. Sie verwenden ein Abmeldeskript, um sicherzustellen, dass die Dateien eines Benutzers zur Sicherung in einen Netzwerkordner kopiert werden, wenn sich der Benutzer vom Computer abmeldet.

   C. **Falsch:** Skripts zum Herunterfahren werden beim Herunterfahren eines Computers ausgeführt. Sie möchten, dass die Datensicherung bei der Abmeldung eines Benutzers erfolgt.

   D. **Falsch:** Anmeldeskripts werden ausgeführt, wenn sich ein Benutzer beim Computer anmeldet. Sie möchten, dass die Datensicherung bei der Abmeldung eines Benutzers erfolgt.

2. **Richtige Antwort: B**

   A. **Falsch:** Pakete können nicht für Computer veröffentlicht werden, sondern nur für Benutzer.

   B. **Richtig:** Dadurch wird das Paket beim nächsten Start des Computers installiert.

   C. **Falsch:** Durch die Veröffentlichung wird das Paket in der Systemsteuerung unter *Programme und Features* für Benutzer verfügbar.

   D. **Falsch:** Die Zuweisung des Pakets bedeutet, dass es installiert wird, wenn sich der Benutzer das nächste Mal anmeldet.

3. **Richtige Antwort: D**

    A. **Falsch:** Startskripts werden beim Start des Computers ausgeführt. Für die gestellte Aufgabe verwenden Sie ein Anmeldeskript.

    B. **Falsch:** Abmeldeskripts werden ausgeführt, wenn sich ein Benutzer abmeldet. Für die gestellte Aufgabe verwenden Sie ein Anmeldeskript.

    C. **Falsch:** Skripts zum Herunterfahren werden beim Herunterfahren eines Computers ausgeführt. Für die gestellte Aufgabe verwenden Sie ein Anmeldeskript.

    D. **Richtig:** Anmeldeskripts werden ausgeführt, wenn sich ein Benutzer beim Computer anmeldet. Für die gestellte Aufgabe verwenden Sie ein Anmeldeskript.

4. **Richtige Antwort: B**

    A. **Falsch:** Der Ordner *AppData(Roaming)* speichert anwendungsspezifische Daten.

    B. **Richtig:** Der Ordner *Desktop* speichert alle Elemente, die der Benutzer auf dem Desktop ablegt.

    C. **Falsch:** Der Ordner *Dokumente* ist der Standardspeicherort für die Dokumente des Benutzers.

    D. **Falsch:** Der Ordner *Favoriten* speichert die Internet Explorer-Favoriten eines Benutzers.

5. **Richtige Antwort: A**

    A. **Richtig:** Die Zuweisung des Pakets bedeutet, dass es installiert wird, wenn sich der Benutzer das nächste Mal anmeldet.

    B. **Falsch:** Durch die Veröffentlichung wird das Paket in der Systemsteuerung unter *Programme und Features* für Benutzer verfügbar.

    C. **Falsch:** Dadurch wird das Paket beim nächsten Start des Computers installiert.

    D. **Falsch:** Pakete können nicht für Computer veröffentlicht werden, sondern nur für Benutzer.

6. **Richtige Antwort: A**

    A. **Richtig:** Der Ordner *Favoriten* speichert die Internet Explorer-Favoriten eines Benutzers.

    B. **Falsch:** Der Ordner *Dokumente* ist der Standardspeicherort für die Dokumente des Benutzers.

    C. **Falsch:** Der Ordner *Desktop* speichert alle Elemente, die der Benutzer auf dem Desktop ablegt.

    D. **Falsch:** Der Ordner *AppData(Roaming)* speichert anwendungsspezifische Daten.

7. **Richtige Antworten: A und C**

    A. **Richtig:** Sie konfigurieren ein GPO und verknüpfen es mit der OU, in der die Computerkonten liegen.

    B. **Falsch:** Sie sollten die Richtlinie nicht auf Domänenebene anwenden. Sie konfigurieren ein GPO und verknüpfen es mit der OU, in der die Computerkonten liegen.

    C. **Richtig:** Sie müssen ein Startskript konfigurieren.

    D. **Falsch:** Sie müssen ein Startskript konfigurieren.

8. **Richtige Antwort: A**

  A. **Richtig:** Durch die Veröffentlichung wird das Paket in der Systemsteuerung unter *Programme und Features* für Benutzer verfügbar.

  B. **Falsch:** Die Zuweisung des Pakets bedeutet, dass es installiert wird, wenn sich der Benutzer das nächste Mal anmeldet.

  C. **Falsch:** Pakete können nicht für Computer veröffentlicht werden, sondern nur für Benutzer.

  D. **Falsch:** Dadurch wird das Paket beim nächsten Start des Computers installiert.

Lektion 2

1. **Richtige Antwort: A**

  A. **Richtig:** Als Administrator für *contoso.com* würden Sie den Ordner *C:\Windows\ PolicyDefinitions* und seinen Inhalt nach *contoso.com\sysvol\contoso.com\Policies* kopieren, um den Gruppenrichtlinienspeicher zu erstellen.

  B. **Falsch:** Als Administrator für *contoso.com* würden Sie den Ordner *C:\Windows\ PolicyDefinitions* und seinen Inhalt nach *contoso.com\sysvol\contoso.com\Policies* kopieren, um den Gruppenrichtlinienspeicher zu erstellen.

  C. **Falsch:** Als Administrator für *contoso.com* würden Sie den Ordner *C:\Windows\ PolicyDefinitions* und seinen Inhalt nach *contoso.com\sysvol\contoso.com\Policies* kopieren, um den Gruppenrichtlinienspeicher zu erstellen.

  D. **Falsch:** Als Administrator für *contoso.com* würden Sie den Ordner *C:\Windows\ PolicyDefinitions* und seinen Inhalt nach *contoso.com\sysvol\contoso.com\Policies* kopieren, um den Gruppenrichtlinienspeicher zu erstellen.

2. **Richtige Antwort: A und D**

  A. **Richtig:** Die *.admx*-Datei gehört in den Ordner *PolicyDefinitions*. Die *.adml*-Datei muss in den dazugehörigen Bereichsordner kopiert werden. Für Nordamerika ist dies *en-US*.

  B. **Falsch:** Die *.admx*-Datei gehört in den Ordner *PolicyDefinitions*. Die *.adml*-Datei muss in den dazugehörigen Bereichsordner kopiert werden. Für Nordamerika ist dies *en-US*.

  C. **Falsch:** Die *.admx*-Datei gehört in den Ordner *PolicyDefinitions*. Die *.adml*-Datei muss in den dazugehörigen Bereichsordner kopiert werden. Für Nordamerika ist dies *en-US*.

  D. **Richtig:** Die *.admx*-Datei gehört in den Ordner *PolicyDefinitions*. Die *.adml*-Datei muss in den dazugehörigen Bereichsordner kopiert werden. Für Nordamerika ist dies *en-US*.

Lektion 3

1. **Richtige Antwort: B**

    A. **Falsch:** Mit der Option *Sicherheitsgruppe* lässt sich erreichen, dass eine Gruppen-richtlinieneinstellungen nur wirksam wird, wenn der Computer oder der Benutzer Mitglied einer bestimmten Sicherheitsgruppe ist.

    B. **Richtig:** Mit der Option *Zeitbereich* für die Zielgruppenadressierung auf Element-ebene lässt sich erreichen, dass eine Gruppenrichtlinieneinstellung nur in einem bestimmten Zeitabschnitt wirksam wird.

    C. **Falsch:** Mit der Option *Betriebssystem* für die Zielgruppenadressierung auf Element-ebene lässt sich erreichen, dass eine Gruppenrichtlinieneinstellung nur auf einem der angegebenen Betriebssysteme wirksam wird.

    D. **Falsch:** Mit der Option *Festplattenspeicher* für die Zielgruppenadressierung auf Elementebene lässt sich erreichen, dass eine Gruppenrichtlinieneinstellung nur wirksam wird, wenn auf dem Computer eine bestimmte Menge freier Platz auf der Festplatte verfügbar ist.

2. **Richtige Antwort: D**

    A. **Falsch:** Sie können die Gruppenrichtlinieneinstellung *Ordneroptionen* verwenden, um Ordner zu erstellen oder einen Ordner oder seinen Inhalt zu löschen.

    B. **Falsch:** Mit der Gruppenrichtlinieneinstellung *Geräte* können Sie bestimmte Geräte zulassen oder sperren.

    C. **Falsch:** Mit der Gruppenrichtlinieneinstellung *Interneteinstellungen* können Sie den Internet Explorer konfigurieren.

    D. **Richtig:** Sie können die Gruppenrichtlinieneinstellung *Lokale Benutzer und Gruppen* verwenden, um lokale Benutzer hinzuzufügen oder zu entfernen, oder um die Mitglied-schaften in lokalen Gruppen zu ändern.

3. **Richtige Antwort: D**

    A. **Falsch:** Mit der Option *Festplattenspeicher* für die Zielgruppenadressierung auf Elementebene lässt sich erreichen, dass eine Gruppenrichtlinieneinstellung nur wirksam wird, wenn auf dem Computer eine bestimmte Menge freier Platz auf der Festplatte verfügbar ist.

    B. **Falsch:** Mit der Option *Betriebssystem* für die Zielgruppenadressierung auf Element-ebene lässt sich erreichen, dass eine Gruppenrichtlinieneinstellung nur auf einem der angegebenen Betriebssysteme wirksam wird.

C. **Falsch:** Mit der Option *Zeitbereich* für die Zielgruppenadressierung auf Elementebene lässt sich erreichen, dass eine Gruppenrichtlinieneinstellung nur in einem bestimmten Zeitabschnitt wirksam wird.

D. **Richtig:** Mit der Option *Sicherheitsgruppe* lässt sich erreichen, dass eine Gruppenrichtlinieneinstellungen nur wirksam wird, wenn der Computer oder der Benutzer Mitglied einer bestimmten Sicherheitsgruppe ist. In diesem Fall würden Sie die Computer, die von der Firmenleitung verwendet werden, zu einer bestimmten Sicherheitsgruppe hinzufügen.

4. **Richtige Antwort: B**

A. **Falsch:** Sie können die Gruppenrichtlinieneinstellung *Lokale Benutzer und Gruppen* verwenden, um lokale Benutzer hinzuzufügen oder zu entfernen, oder um die Mitgliedschaften in lokalen Gruppen zu ändern.

B. **Richtig:** Sie können die Gruppenrichtlinieneinstellung *Ordneroptionen* verwenden, um Ordner zu erstellen oder einen Ordner oder seinen Inhalt zu löschen.

C. **Falsch:** Mit der Gruppenrichtlinieneinstellung *Geräte* können Sie bestimmte Geräte zulassen oder sperren.

D. **Falsch:** Mit der Gruppenrichtlinieneinstellung *Interneteinstellungen* können Sie den Internet Explorer konfigurieren.

5. **Richtige Antwort: B**

A. **Falsch:** Mit der Option *Zeitbereich* für die Zielgruppenadressierung auf Elementebene lässt sich erreichen, dass eine Gruppenrichtlinieneinstellung nur in einem bestimmten Zeitabschnitt wirksam wird.

B. **Richtig:** Mit der Option *Betriebssystem* für die Zielgruppenadressierung auf Elementebene lässt sich erreichen, dass eine Gruppenrichtlinieneinstellung nur auf einem der angegebenen Betriebssysteme wirksam wird.

C. **Falsch:** Mit der Option *Sicherheitsgruppe* lässt sich erreichen, dass eine Gruppenrichtlinieneinstellung nur wirksam wird, wenn der Computer oder der Benutzer Mitglied einer bestimmten Sicherheitsgruppe ist.

D. **Falsch:** Mit der Option *Festplattenspeicher* für die Zielgruppenadressierung auf Elementebene lässt sich erreichen, dass eine Gruppenrichtlinieneinstellung nur wirksam wird, wenn auf dem Computer eine bestimmte Menge freier Platz auf der Festplatte verfügbar ist.

6. **Richtige Antwort: B**

A. **Falsch:** Mit der Gruppenrichtlinieneinstellung *Interneteinstellungen* können Sie den Internet Explorer konfigurieren.

B. **Richtig:** Mit der Gruppenrichtlinieneinstellung *Geräte* können Sie bestimmte Geräte zulassen oder sperren.

C. **Falsch:** Sie können die Gruppenrichtlinieneinstellung *Ordneroptionen* verwenden, um Ordner zu erstellen oder einen Ordner oder seinen Inhalt zu löschen.

D. **Falsch:** Sie können die Gruppenrichtlinieneinstellung *Lokale Benutzer und Gruppen* verwenden, um lokale Benutzer hinzuzufügen oder zu entfernen, oder um die Mitgliedschaften in lokalen Gruppen zu ändern.

7. **Richtige Antwort: D**

A. **Falsch:** Mit der Option *Sicherheitsgruppe* lässt sich erreichen, dass eine Gruppenrichtlinieneinstellung nur wirksam wird, wenn der Computer oder der Benutzer Mitglied einer bestimmten Sicherheitsgruppe ist.

B. **Falsch:** Mit der Option *Zeitbereich* für die Zielgruppenadressierung auf Elementebene lässt sich erreichen, dass eine Gruppenrichtlinieneinstellung nur in einem bestimmten Zeitabschnitt wirksam wird.

C. **Falsch:** Mit der Option *Betriebssystem* für die Zielgruppenadressierung auf Elementebene lässt sich erreichen, dass eine Gruppenrichtlinieneinstellung nur auf einem der angegebenen Betriebssysteme wirksam wird.

D. **Richtig:** Mit der Option *Festplattenspeicher* für die Zielgruppenadressierung auf Elementebene lässt sich erreichen, dass eine Gruppenrichtlinieneinstellung nur wirksam wird, wenn auf dem Computer eine bestimmte Menge freier Platz auf der Festplatte verfügbar ist.

8. **Richtige Antwort: D**

A. **Falsch:** Sie können die Gruppenrichtlinieneinstellung *Lokale Benutzer und Gruppen* verwenden, um lokale Benutzer hinzuzufügen oder zu entfernen, oder um die Mitgliedschaften in lokalen Gruppen zu ändern.

B. **Falsch:** Sie können die Gruppenrichtlinieneinstellung *Ordneroptionen* verwenden, um Ordner zu erstellen oder einen Ordner oder seinen Inhalt zu löschen.

C. **Falsch:** Mit der Gruppenrichtlinieneinstellung *Geräte* können Sie bestimmte Geräte zulassen oder sperren.

D. **Richtig:** Mit der Gruppenrichtlinieneinstellung *Netzwerkoptionen* können Sie VPN- und DFÜ-Verbindungen konfigurieren.

KAPITEL 7

Verwalten von Netzwerkrichtlinien

Netzwerkrichtlinien legen fest, unter welchen Bedingungen Clients sich mit einem Netzwerk verbinden dürfen. Die Verbindung kann dabei lokal oder über Remotemethoden, wie einen Remotedesktop-Gatewayserver oder einen VPN-Server (virtuelles privates Netzwerk), hergestellt werden. In Netzwerken, die mithilfe von Windows Server 2012 bereitgestellt werden, werden solche Richtlinien auf Servern gespeichert und konfiguriert, auf denen der Rollendienst *Netzwerkrichtlinienserver* installiert ist. In diesem Kapitel erfahren Sie, wie Sie einen Netzwerkrichtlinienserver bereitstellen und konfigurieren, unterschiedliche Netzwerke konfigurieren und Netzwerkzugriffsschutz-Richtlinien nutzen. Außerdem erfahren Sie, wie Sie die Infrastruktur bereitstellen und einrichten, die Sie brauchen, um diese Richtlinien zu unterstützen.

Lektionen in diesem Kapitel:

Bevor Sie beginnen

Damit Sie die Übungen in diesem Kapitel durcharbeiten können, müssen Sie die Computer *DC*, *SYD-A* und *SYD-B* mit der Evaluierungsversion von Windows Server 2012 bereitgestellt haben, wie im Anhang beschrieben.

Lektion 1: Netzwerkrichtlinienserver

Der Netzwerkrichtlinienserver (Network Policy Server, NPS) ist eine zentrale Komponente für Remotezugriff und Netzwerkzugriffsschutz (Network Access Protection, NAP) in Windows Server 2012. In dieser Lektion erfahren Sie, wie Sie die Serverrolle *Netzwerkrichtlinienserver* bereitstellen, Verbindungsanforderungsrichtlinien konfigurieren und die Clientkonfiguration definieren. Weitere Themen sind IP-Filter, Verschlüsselung, IP-Einstellungen und NPS-Vorlagen. Und schließlich werden einige Konzepte behandelt, die für den Einsatz von NPS-Richtlinien in NAP- und RADIUS-Szenarien (Remote Authentication Dial-In User Service) wichtig sind.

Am Ende dieser Lektion werden Sie in der Lage sein, die folgenden Aufgaben auszuführen:

- Konfigurieren von Verbindungsanforderungsrichtlinien

- Konfigurieren der Clientkonfiguration

- Konfigurieren von IP-Filtern

- Konfigurieren der Verschlüsselung

- Konfigurieren von IP-Einstellungen

- Konfigurieren von NPS-Vorlagen

Veranschlagte Zeit für diese Lektion: 45 Minuten

Bereitstellen von NPS

Der Netzwerkrichtlinienserver gibt Ihnen die Möglichkeit, Richtlinien für den Netzwerk-zugriff zu konfigurieren. Diese Richtlinien können über Remoteverbindungsanforderungen entscheiden, die etwa über ein VPN oder einen Remotedesktop-Gatewayserver eingehen, oder sie können die Systemintegrität des Clients betreffen, wenn Sie NAP bereitstellen. Sie können einen Windows Server 2012-Computer, auf dem der Rollendienst *Netzwerkrichtlinienserver* installiert ist, auch als RADIUS-Proxy konfigurieren. Ein RADIUS-Proxy leitet Remote-zugriffsverbindungsanforderungen an einen anderen RADIUS-Server weiter, der sie dann erlaubt oder zurückweist.

In Windows Server 2012 können Sie den Rollendienst *Netzwerkrichtlinienserver* so konfi-gurieren, dass der Server eine oder mehrere der folgenden Aufgaben übernimmt:

- NAP-Richtlinienserver

- RADIUS-Server

- RADIUS-Proxy

Hinweis RADIUS

Diese Lektion konzentriert sich auf Netzwerkrichtlinien im Kontext von NAP und RADIUS. Wie Sie den Netzwerkrichtlinienserver als RADIUS-Server und RADIUS-Proxy nutzen, wird in Kapitel 8, »Verwalten des Remotezugriffs«, genauer beschrieben.

Wenn Sie die Rolle *Netzwerkrichtlinien- und Zugriffsdienste* bereitstellen, können Sie neben dem Rollendienst *Netzwerkrichtlinienserver* auch die Rollendienste *Integritätsregistrierungsstelle* (Health Registration Authority, HRA) und *Host Credential Authorization-Protokoll* (HCAP) installieren (Abbildung 7.1). Mithilfe der Integritätsregistrierungsstelle können Sie Computern in NAP-Szenarien die benötigten Integritätszertifikate bereitstellen. Die Integritätsregistrierungsstelle setzt voraus, dass zusätzlich einige Webserverkomponenten installiert sind. Das Host Credential Authorization-Protokoll ermöglicht die Integration von NAP mit Cisco NAC (Network Access Control). In dieser Konfiguration übernimmt der Netzwerkrichtlinienserver die Autorisierung für Cisco-NAC-Clients.

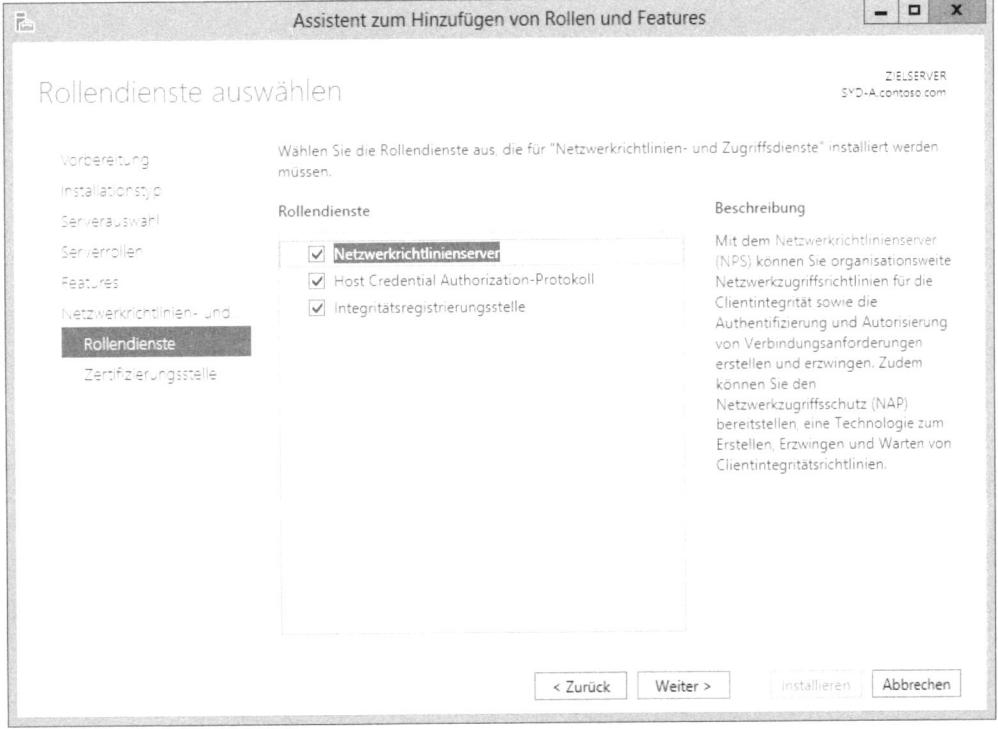

Abbildung 7.1 Auswählen der Rollendienste für die Rolle *Netzwerkrichtlinien- und Zugriffsdienste*

Gehen Sie folgendermaßen vor, um auf einem Windows Server 2012-Computer die Rolle *Netzwerkrichtlinien- und Zugriffsdienste* zu installieren:

1. Klicken Sie im Server-Manager auf *Verwalten* und dann auf *Rollen und Features hinzufügen*.

2. Klicken Sie auf der Seite *Vorbemerkungen* des *Assistenten zum Hinzufügen von Rollen und Features* auf *Weiter*.

3. Wählen Sie auf der Seite *Installationstyp auswählen* die Option *Rollenbasierte oder featurebasierte Installation* und klicken Sie auf *Weiter*.

4. Wählen Sie auf der Seite *Zielserver auswählen* den Server aus, auf dem Sie den Rollendienst *Netzwerkrichtlinienserver* bereitstellen wollen, und klicken Sie auf *Weiter*.

5. Aktivieren Sie auf der Seite *Serverrollen auswählen* das Kontrollkästchen *Netzwerkrichtlinien- und Zugriffsdienste* (Abbildung 7.2).

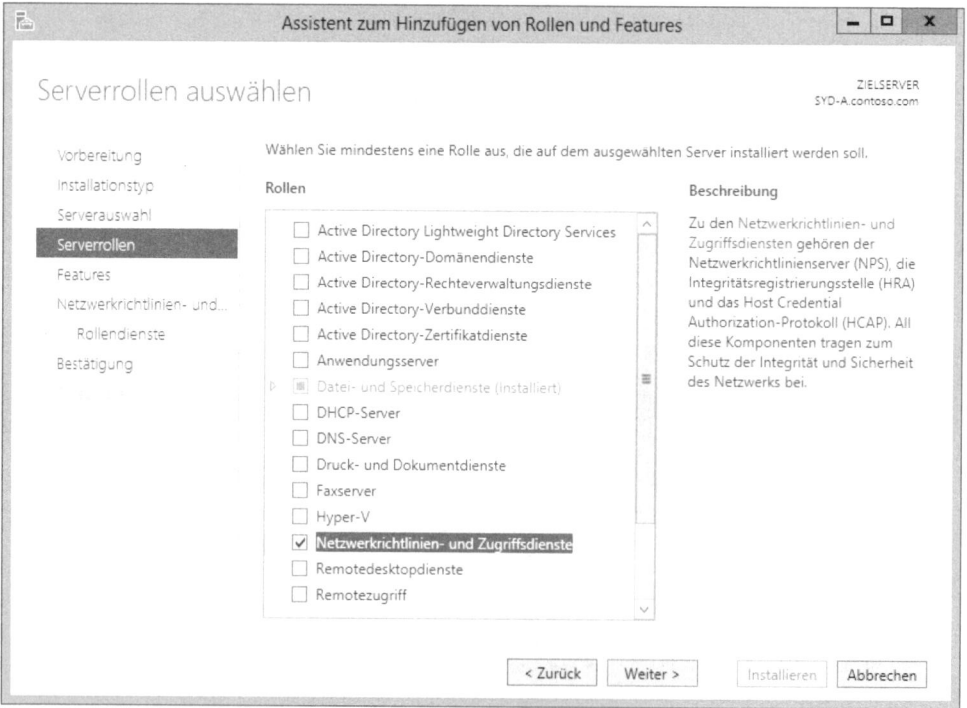

Abbildung 7.2 Installieren der Rolle *Netzwerkrichtlinien- und Zugriffsdienste*

6. Wenn Sie *Netzwerkrichtlinien- und Zugriffsdienste* aktivieren, öffnet sich ein Dialogfeld, in dem Sie gefragt werden, ob Sie die Remoteserver-Verwaltungstools installieren wollen, die zu dieser Rolle verfügbar sind. Klicken Sie auf *Features hinzufügen*.

7. Klicken Sie dreimal auf *Weiter*, bis Sie zur Seite *Rollendienste auswählen* kommen.

8. Auf der Seite *Rollendienste auswählen* legen Sie fest, ob die Rollendienste *Host Credential Authorization-Protokoll* und *Integritätsregistrierungsstelle* installiert werden. Wenn Sie diese Rollendienste aktivieren, bietet Ihnen der *Assistent zum Hinzufügen von Rollen und Features* automatisch an, die zusätzlich erforderlichen Komponenten zu installieren, zum Beispiel den Webserver.

9. Wenn Sie eine Integritätsregistrierungsstelle bereitstellen, werden Sie aufgefordert, eine Zertifizierungsstelle auszuwählen (Abbildung 7.3). Sofern noch keine Zertifizierungsstelle vorhanden ist, haben Sie die Möglichkeit, erst später eine auszuwählen. Andernfalls können Sie eine lokal installierte Zertifizierungsstelle oder eine andere vorhandene Zertifizierungsstelle im Netzwerk auswählen. Klicken Sie auf *Weiter*.

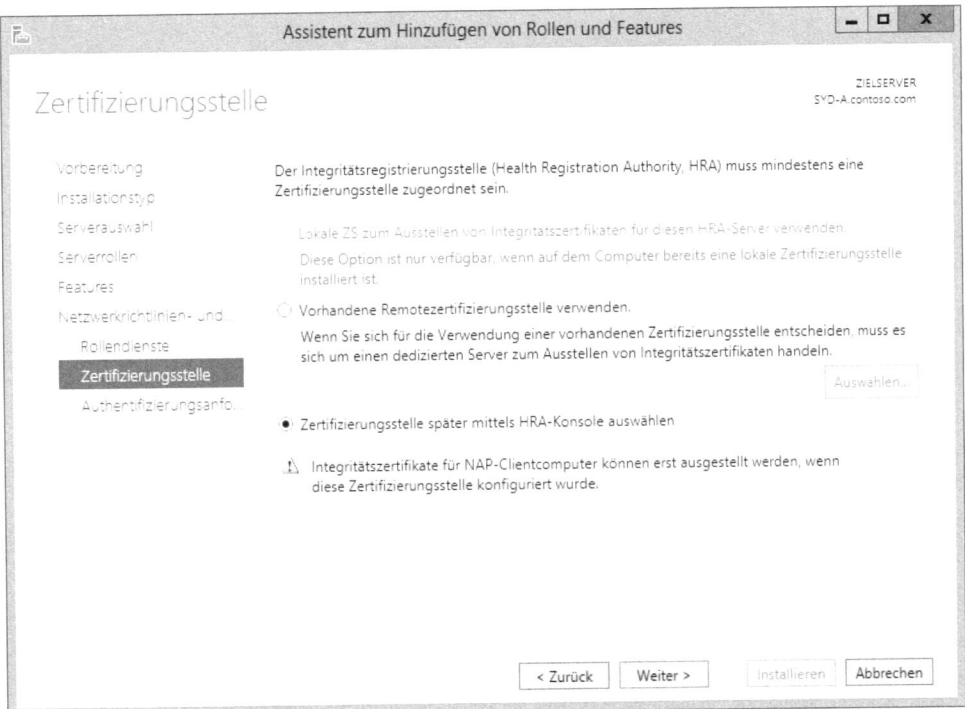

Abbildung 7.3 Auswählen einer Zertifizierungsstelle für die Integritätsregistrierungsstelle

10. Wenn Sie die Integritätsregistrierungsstelle konfigurieren, müssen Sie festlegen, ob nur Benutzer, die Mitglieder einer AD DS-Domäne sind, HRA-Zertifikate anfordern dürfen oder ob Zertifikate anonym vergeben werden. Diese Einstellung nehmen Sie auf der Seite *Authentifizierungsanforderungen* im *Assistenten zum Hinzufügen von Rollen und Features* vor (Abbildung 7.4). Klicken Sie auf *Weiter*.

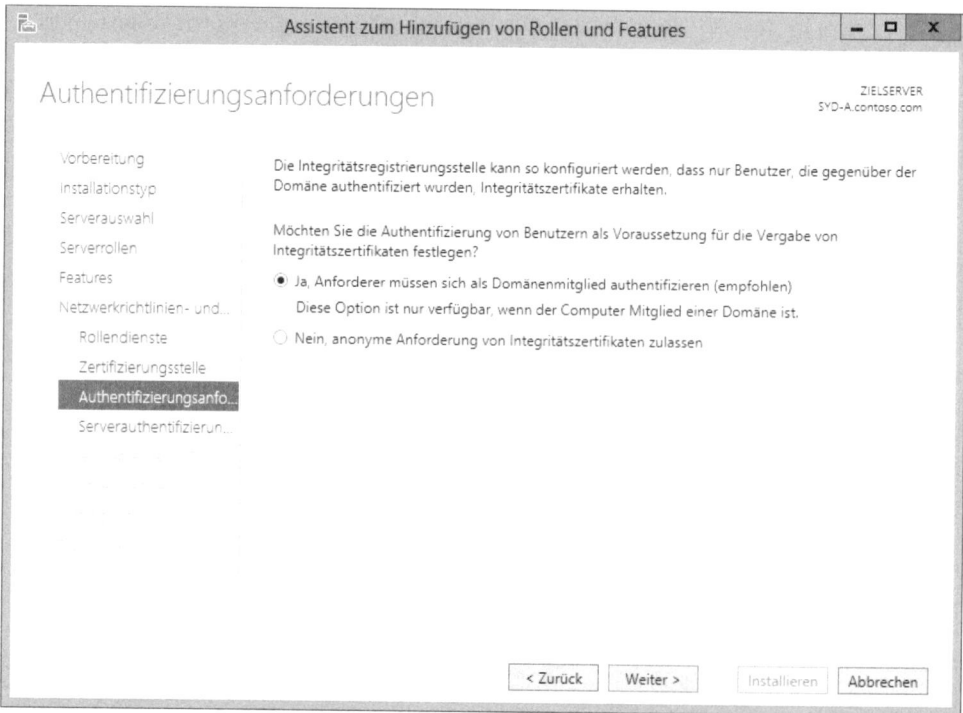

Abbildung 7.4 Konfigurieren der Authentifizierungsanforderungen für die Integritätsregistrierungsstelle

11. Für die Rollendienste *Integritätsregistrierungsstelle* und *Host Credential Authorization-Protokoll* müssen Sie ein SSL-Zertifikat konfigurieren, das für die Kommunikation mit dem Server benutzt wird. Ist auf dem Server kein SSL-Zertifikat vorhanden, können Sie SSL später aktivieren, indem Sie in den Internetinformationsdiensten (Internet Information Services, IIS) ein Zertifikat für die Standardwebsite einrichten. Klicken Sie auf *Weiter*.

12. Klicken Sie auf den Seiten *Rolle 'Webserver' (IIS)* und *Rollendienste* auf *Weiter*.

13. Klicken Sie auf der Seite *Installationsauswahl bestätigen* des *Assistenten zum Hinzufügen von Rollen und Features* auf *Installieren*. Warten Sie, bis die Installation abgeschlossen ist, und klicken Sie dann auf *Schließen*.

Verbindungsanforderungsrichtlinien

Eine Verbindungsanforderungsrichtlinie (connection request policy) besteht aus einem Satz von Bedingungen, mit denen Sie steuern, welcher RADIUS-Server den Autorisierungs- und Authentifizierungsprozess für bestimmte RADIUS-Clients durchführt. Sie können auf einem Server, auf dem der Rollendienst *Netzwerkrichtlinienserver* installiert ist, mehrere Verbindungsanforderungsrichtlinien konfigurieren. Sind mehrere Richtlinien vorhanden, legt der Wert in der Spalte *Verarbeitungsreihenfolge* fest, in welcher Reihenfolge sie angewendet werden (Abbildung 7.5).

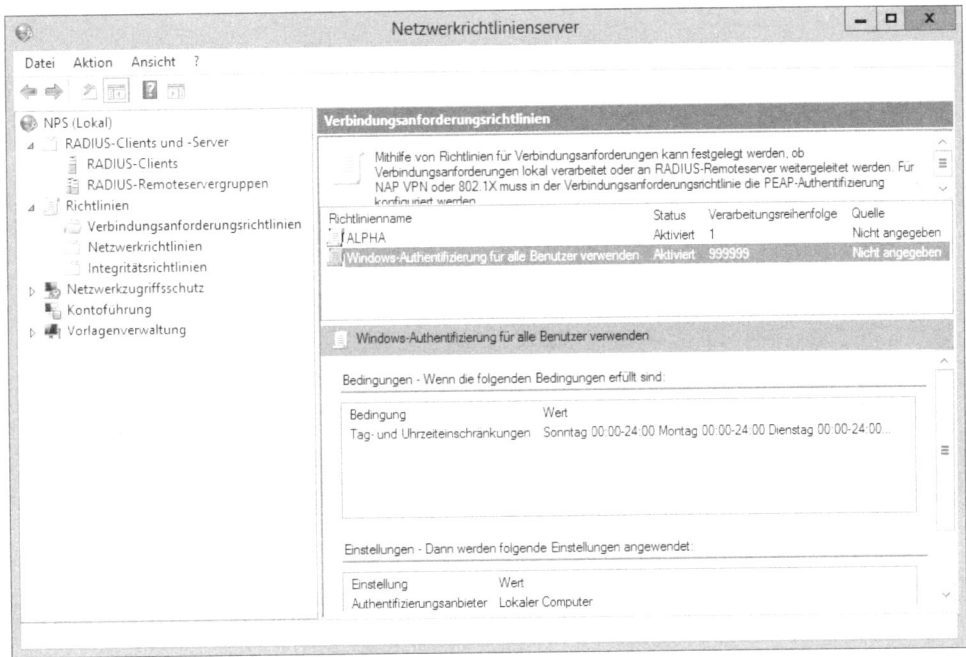

Abbildung 7.5 Reihenfolge der Richtlinienverarbeitung

Typ des Netzwerkzugriffsservers

Wenn Sie eine Verbindungsanforderungsrichtlinie erstellen, legen Sie ganz am Anfang fest, welcher Typ von Netzwerkzugriffsserver den Verkehr an den Netzwerkrichtlinienserver sendet. Sie konfigurieren den Typ des Netzwerkzugriffsservers auf der Seite *Namen der Verbindungsanforderungsrichtlinie und Verbindungstyp angeben* (Abbildung 7.6).

Beim Konfigurieren der Richtlinie haben Sie die Auswahl zwischen den folgenden Verbindungstypen:

- **Remotedesktopgateway** Verwenden Sie diese Option, wenn der Netzwerkrichtlinienserver die Authentifizierung für einen Remotedesktop-Gatewayserver durchführt

- **RAS-Server (VPN-DFÜ)** Wählen Sie diese Option, wenn der Netzwerkrichtlinienserver die Authentifizierung für den Remotezugriff durchführt. Dieser Typ steht sowohl für VPN- als auch DFÜ-Server zur Verfügung.

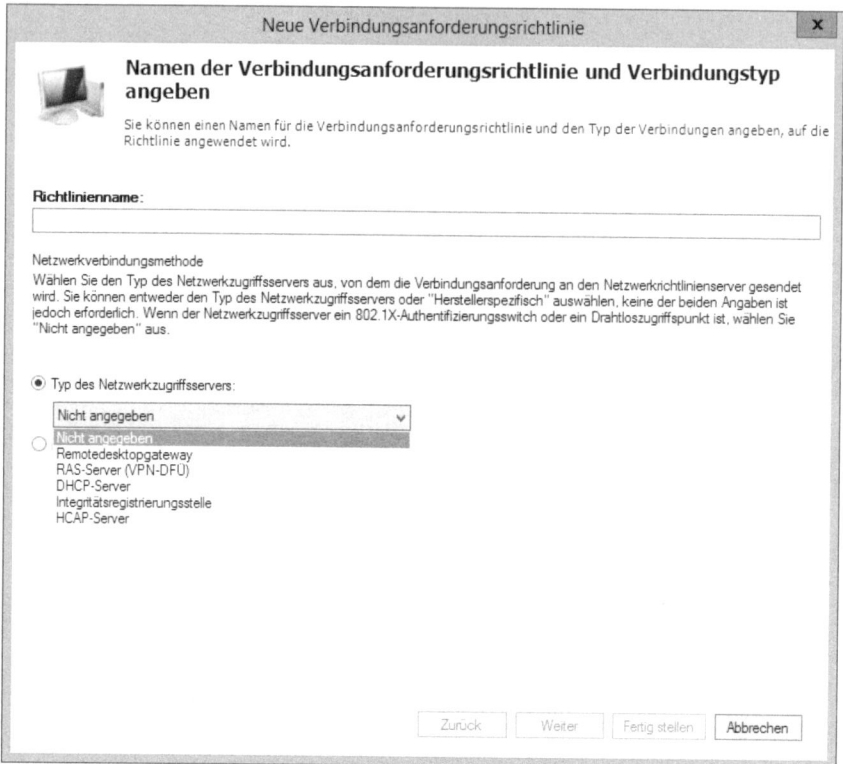

Abbildung 7.6 Typ des Netzwerkzugriffsservers auswählen

- **DHCP-Server** Verwenden Sie diese Option, wenn Sie NAP mit der Erzwingungs-methode DHCP (Dynamic Host Configuration Protocol) konfigurieren

- **Integritätsregistrierungsstelle** Verwenden Sie diese Option, wenn Sie NAP mit der Erzwingungsmethode IPSec konfigurieren

- **HCAP-Server** Wählen Sie diese Option, wenn der Netzwerkrichtlinienserver mit der HCAP-Implementierung von Cisco zusammenarbeiten soll

- **Nicht angegeben** Verwenden Sie diese Option, wenn der Netzwerkrichtlinienserver die Authentifizierung für einen 802.1x-Authentifizierungs-Switch oder -Drahtloszugriffspunkt durchführt

Sie können auch einen herstellerspezifischen Netzwerkzugriffsserver konfigurieren und die jeweilige ID angeben, wenn Sie den Netzwerkrichtlinienserver so einrichten wollen, dass er die Authentifizierung für den Zugriffsserver eines anderen Herstellers durchführt.

Bedingungen für Verbindungsanforderungsrichtlinien

Wenn Sie mehrere Richtlinien konfigurieren, werden sie in der festgelegten Reihenfolge nacheinander ausgewertet und es wird die erste Richtlinie angewendet, die die angegebenen Bedingungen erfüllt. Sie fügen Bedingungen auf der Seite *Bedingungen angeben* des Assistenten *Neue Verbindungsanforderungsrichtlinie* hinzu. Wählen Sie dazu eine Bedingung im Dialogfeld *Bedingung auswählen* (Abbildung 7.7) aus.

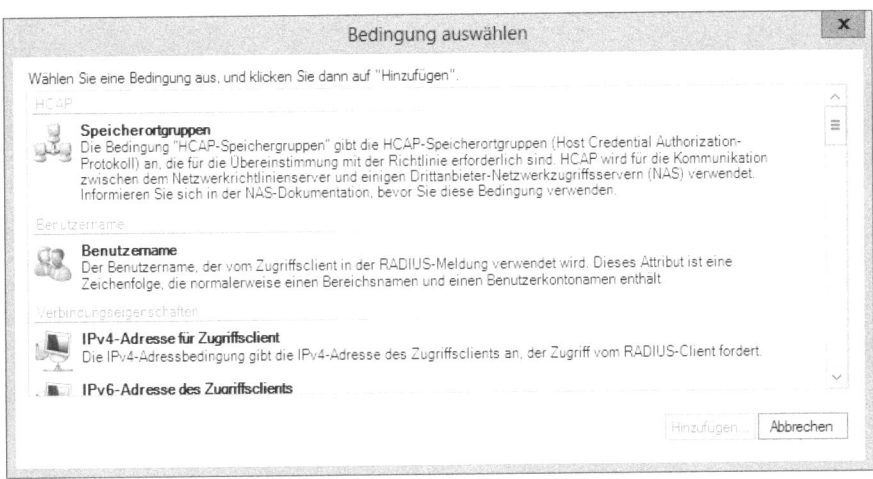

Abbildung 7.7 Hinzufügen von Bedingungen

Es muss mindestens eine Bedingung vorhanden sein, wenn Sie eine Verbindungsanforderungsrichtlinie erstellen, und Sie können mehrere Bedingungen verwenden. Es stehen folgende Bedingungen zur Auswahl:

- **Speicherortgruppen** Verwenden Sie diese Bedingung, wenn der Netzwerkrichtlinienserver Clients authentifiziert, die mit dem Cisco-Protokoll HCAP arbeiten

- **Benutzername** Der Benutzername, der in der RADIUS-Nachricht angegeben ist. Dieser Name umfasst den Benutzerkontonamen und den Namen des RADIUS-Bereichs. Sie können Platzhalterzeichen verwenden, wenn Sie diese Bedingung konfigurieren.

- **IPv4-Adresse für Zugriffsclient** Die IPv4-Adresse des Clients, der Zugriff anfordert

- **IPv6-Adresse für Zugriffsclient** Die IPv6-Adresse des Clients, der Zugriff anfordert

- **Eingerahmtes Protokoll** Verwenden Sie diese Bedingung, wenn Sie die Richtlinie auf Clients anwenden wollen, die ein bestimmtes Framing-Protokoll verwenden, zum Beispiel PPP

- **Diensttyp** Erstellt eine Bedingung, die vom Typ des Dienstes abhängt. Abbildung 7.8 zeigt die verfügbaren Diensttypoptionen.

- **Tunneltyp** Mit dieser Bedingung erstellen Sie eine Richtlinie, die nur für einen bestimmten Tunneltyp gilt, zum Beispiel einen LT2P/IPSec-Tunnel

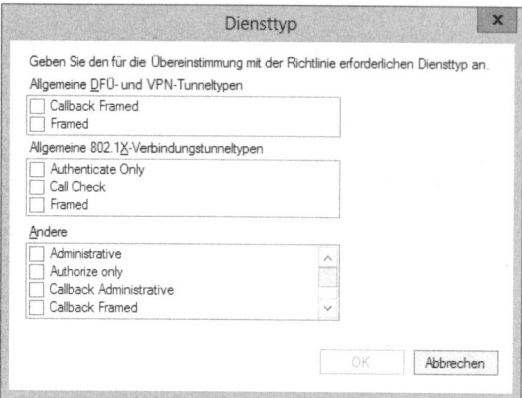

Abbildung 7.8   Verfügbare Diensttypen

- **Tag- und Uhrzeiteinschränkungen**   Diese Bedingung legt fest, wann Verbindungs-versuche genehmigt oder abgelehnt werden. Die Tag- und Uhrzeiteinschränkungen beziehen sich auf die Zeitzone, die auf dem Netzwerkrichtlinienserver eingestellt ist. Abbildung 7.9 zeigt das Dialogfeld *Tag- und Uhrzeiteinschränkungen*.

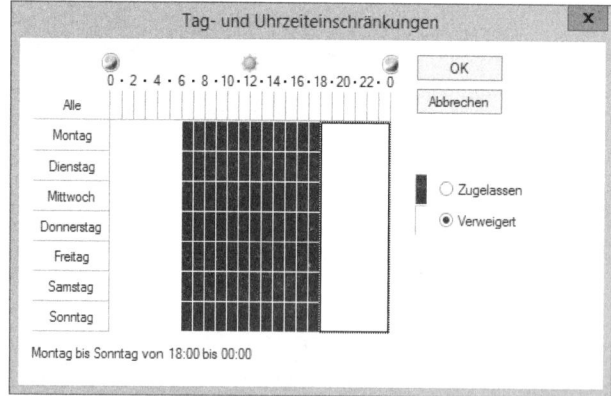

Abbildung 7.9   Einstellen von Tag- und Uhrzeiteinschränkungen

- **Identitätstyp**   Ermöglicht es, die Richtlinie mit einem bestimmten Mechanismus zu verknüpfen (zum Beispiel einem NAP-SoH)

- **Anrufer-ID**   Mithilfe dieser RADIUS-Clienteigenschaft kann die Richtlinie die Telefonnummer des Netzwerkzugriffsservers auswerten, zu dem der Client eine Verbindung aufgebaut hat. Hat der DFÜ-Server beispielsweise die Telefonnummer 555-5555, kann sie als Anrufer-ID verwendet werden.

- **Clientanzeigename**   Mithilfe dieser RADIUS-Clienteigenschaft kann die Richtlinie die Identität des RADIUS-Clients auswerten, der die Verbindungsanforderung an den Netzwerkrichtlinienserver weitergeleitet hat. Heißt der VPN-Server zum Beispiel *VPN-ALPHA*, kann dieser Name als Clientanzeigename ausgewertet werden.

- **Client-IPv4-Adresse**   Mithilfe dieser RADIUS-Clienteigenschaft kann die Richtlinie die IPv4-Adresse des RADIUS-Clients auswerten, der die Verbindungsanforderung an den Netzwerkrichtlinienserver weitergeleitet hat. Zum Beispiel können Sie die IPv4-Adresse eines VPN-Servers als Client-IPv4-Adresse auswerten.

- **Client-IPv6-Adresse**   Mithilfe dieser RADIUS-Clienteigenschaft kann die Richtlinie die IPv6-Adresse des RADIUS-Clients auswerten, der die Verbindungsanforderung an den Netzwerkrichtlinienserver weitergeleitet hat. Zum Beispiel können Sie die IPv6-Adresse eines VPN-Servers als Client-IPv6-Adresse auswerten.

- **Clienthersteller**   Wertet den Namen des Herstellers des RADIUS-Clients aus, der die Verbindungsanforderung an den Netzwerkrichtlinienserver weitergeleitet hat

- **Empfangs-ID**   Ähnelt der entsprechenden RADIUS-Clienteigenschaft. Mit dieser Bedingung werten Sie die Telefonnummer des Netzwerkzugriffsservers aus. In diesen und den folgenden Bedingungen gilt, dass der Netzwerkzugriffsserver nicht RADIUS nutzt, sondern Authentifizierungsverkehr an den Server weiterleitet, auf dem der Rollendienst *Netzwerkrichtlinienserver* installiert ist.

- **NAS-Bezeichner**   In diesem Fall steht NAS für *Netzwerkzugriffsserver* (Network Access Server), nicht für *Network Attached Storage*. In dieser Bedingung legen Sie eine Zeichenfolge fest, mit der der Name des Netzwerkzugriffsservers übereinstimmen muss.

- **NAS IPv4-Adresse**   Mit dieser Eigenschaft geben Sie die IPv4-Adresse des Netzwerkzugriffsservers an

- **NAS IPv6-Adresse**   Mit dieser Eigenschaft geben Sie die IPv6-Adresse des Netzwerkzugriffsservers an

- **NAS-Porttyp**   Mit dieser Eigenschaft geben Sie die Typen für die Zugriffsmedien an, zum Beispiel ISDN, VPN oder Ethernet (Abbildung 7.10)

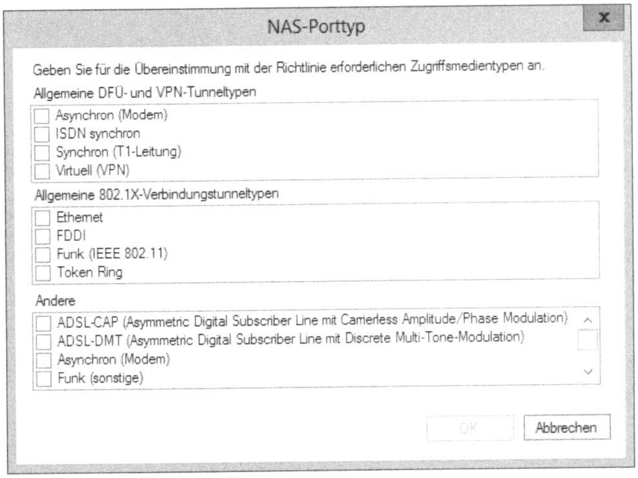

Abbildung 7.10   Auswählen des NAS-Porttyps

Praxistipp   RADIUS-Clients

Die RADIUS-Terminologie kann recht verwirrend sein. Denken Sie daran, dass RADIUS-Clients etwas anderes sind als RAS-Clients. Zum Beispiel ist ein VPN- oder DFÜ-Server, der Authentifizierungsanforderungen an einen Netzwerkrichtlinienserver weiterleitet, ein RADIUS-Client. Der Remotecomputer, der die Verbindung zum VPN- oder DFÜ-Server aufbaut, ist kein RADIUS-Client.

Weiterleiten von Verbindungsanforderungen

Wenn Sie eine Verbindungsanforderungsweiterleitung konfigurieren, können Sie steuern, ob der lokale Server die Authentifizierung selbst durchführt oder Authentifizierungsverkehr an eine RADIUS-Remoteservergruppe weiterleitet. Sie können die Verbindungsanforderungs-weiterleitung auch so konfigurieren, dass Benutzer ohne Prüfung ihrer Anmeldeinformationen automatisch akzeptiert werden (Abbildung 7.11). Und schließlich haben Sie auf der Seite *Verbindungsanforderungsweiterleitung angeben* die Möglichkeit, die Kontoführung zu konfigurieren. Mithilfe der Kontoführung können Sie RADIUS-Verkehr aufzeichnen.

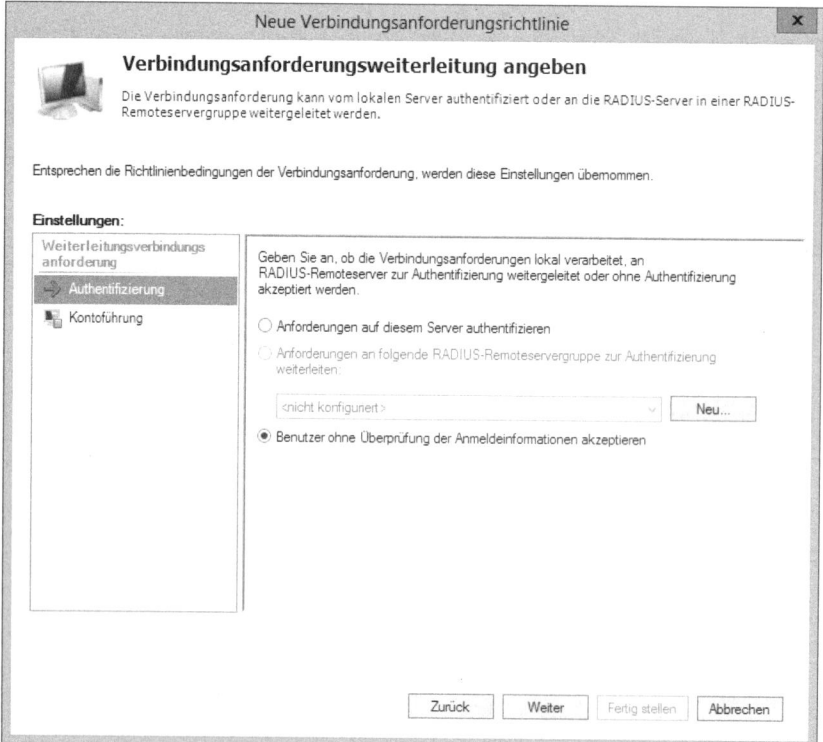

Abbildung 7.11   Konfigurieren der Verbindungsanforderungsweiterleitung

Authentifizierungsmethoden

Auf der Seite *Authentifizierungsmethoden angeben* wählen Sie aus, welche Authentifizierungsmethoden die Clients nutzen können. Diese Einstellungen überschreiben alle Authentifizierungsmethoden, die in der Netzwerkrichtlinie angegeben sind. Wenn Sie mehrere Methoden konfigurieren, versucht der Netzwerkrichtlinienserver zuerst die sicherste Methode, dann die zweitsicherste Methode und so weiter, bis er die unsicherste angegebene Methode erreicht. Am sichersten sind die EAP-Authentifizierungstypen (Extensible Authentication Protocol), die wichtigsten sind (Abbildung 7.12):

- *Microsoft: Smartcard- oder anderes Zertifikat*

- *Microsoft: Geschütztes EAP (PEAP)*

- *Microsoft: Gesichertes Kennwort (EAP-MSCHAP v2)*

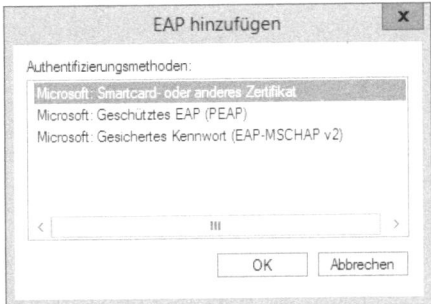

Abbildung 7.12 Hinzufügen einer EAP-Methode

Sie können den Netzwerkrichtlinienserver auch so konfigurieren, dass er weniger sichere Authentifizierungsprotokolle unterstützt (Abbildung 7.13). Diese weniger sicheren Authentifizierungsprotokolle sind, sortiert nach absteigender Sicherheit:

- **Microsoft-verschlüsselte Authentifizierung, Version 2 (MS-CHAP-v2)**　　Wenn Sie diese Authentifizierungsmethode aktivieren, können die Benutzer ihre Kennwörter ändern, nachdem sie abgelaufen sind. MS-CHAP-v2 wurde in Windows NT 4.0 Service Pack 4 eingeführt.

- **Microsoft-verschlüsselte Authentifizierung (MS-CHAP)**　　Bietet weniger Sicherheit als MS-CHAP-v2. Auch hier können die Benutzer ihre Kennwörter ändern, nachdem sie abgelaufen sind.

- **Verschlüsselte Authentifizierung (CHAP)**　　Dieses Authentifizierungsprotokoll sollten Sie nur nutzen, wenn zwingende Gründe bestehen, zum Beispiel weil Sie alte Clients unterstützen müssen, die keine sichereren Authentifizierungsprotokolle beherrschen.

- **Unverschlüsselte Authentifizierung (PAP, SPAP)**　　Verwenden Sie diese Protokolle nur, wenn Sie alte Clients unterstützen müssen, die keine sichereren Authentifizierungsprotokolle beherrschen. Diese Protokolle übertragen die Anmeldeinformationen im Klartext, deshalb sollten Sie bei ihrer Verwendung besonders vorsichtig sein.

- **Clientverbindungen ohne Aushandlung einer Authentifizierungsmethode zulassen** Bei dieser Option können die Clients eine Verbindung herstellen, ohne eine Authentifizierungsmethode zu nutzen

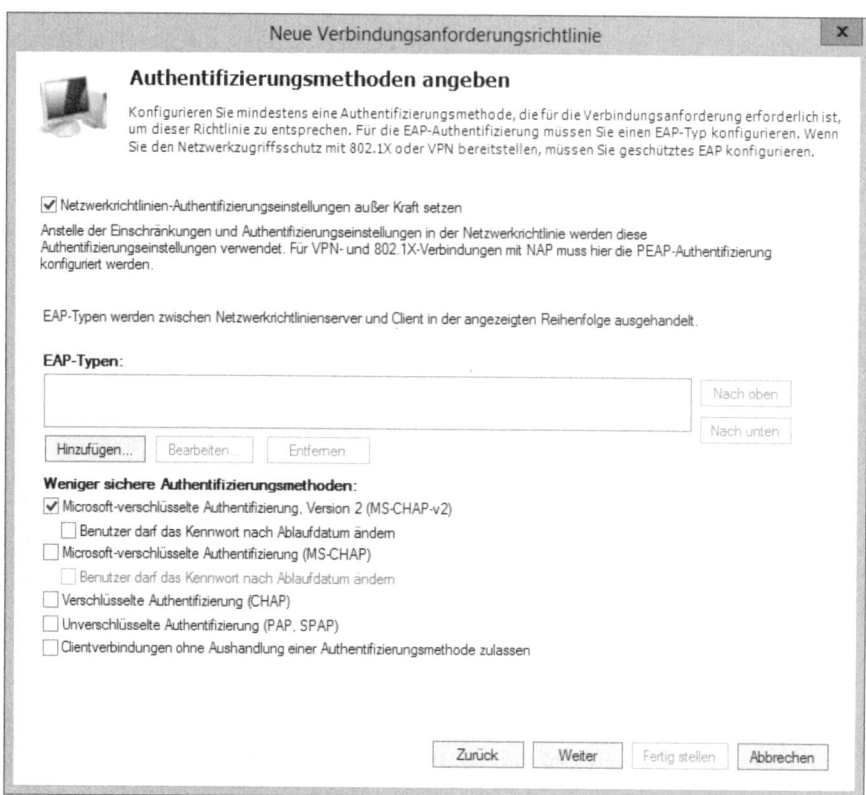

Abbildung 7.13 Authentifizierungsmethoden

Bereichs- und RADIUS-Attribute

Sie können in einer Verbindungsanforderungsrichtlinie einen Bereichsnamen sowie RADIUS-Attribute auswerten. Das ist sinnvoll, wenn der Computer, auf dem der Rollendienst *Netzwerkrichtlinienserver* installiert wurde, als RADIUS-Proxy agiert. In diesem Fall kann der Server die Attribute verändern, die ihm von einem RADIUS-Client übergeben wurden. Dann verarbeitet der RADIUS-Server, der die Authentifizierung letztlich durchführt, die veränderten Attribute statt derjenigen, die ursprünglich vom Client übermittelt wurden. Wenn ein Netzwerkrichtlinienserver als RADIUS-Proxy arbeitet, kann er auch zusätzliche Attribute an den Verkehr anhängen, den er an den RADIUS-Server weiterleitet, der die Authentifizierungsdienste zur Verfügung stellt. Diese Konfiguration nehmen Sie auf der Seite *Einstellungen konfigurieren* vor (Abbildung 7.14).

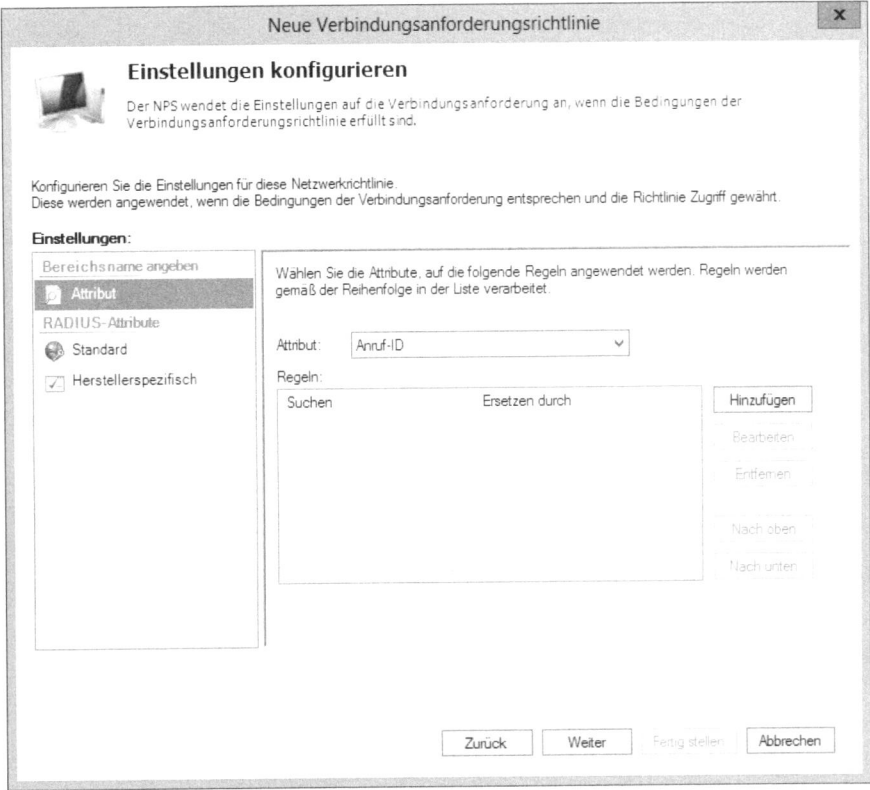

Abbildung 7.14 Die Assistentenseite *Einstellungen konfigurieren*

Standard-Verbindungsanforderungsrichtlinie

Windows Server 2012 erstellt eine Standard-Verbindungsanforderungsrichtlinie, wenn Sie den Rollendienst *Netzwerkrichtlinienserver* installieren. Diese Standardrichtlinie trägt den Namen *Windows-Authentifizierung für alle Benutzer verwenden* und bekommt die Verarbeitungsreihenfolge 999999 zugewiesen. Der Netzwerkrichtlinienserver nutzt diese Richtlinie als letzte Möglichkeit. Die Richtlinie hat die folgenden Eigenschaften (Abbildung 7.15), wobei alle anderen Eigenschaften nicht konfiguriert sind:

- Authentifizierungsmethoden: *Nicht konfiguriert*

- Authentifizierung: *Anforderungen auf diesem Server authentifizieren*

- Bedingungen: Montag bis Sonntag, jeweils 00:00 bis 24:00 Uhr

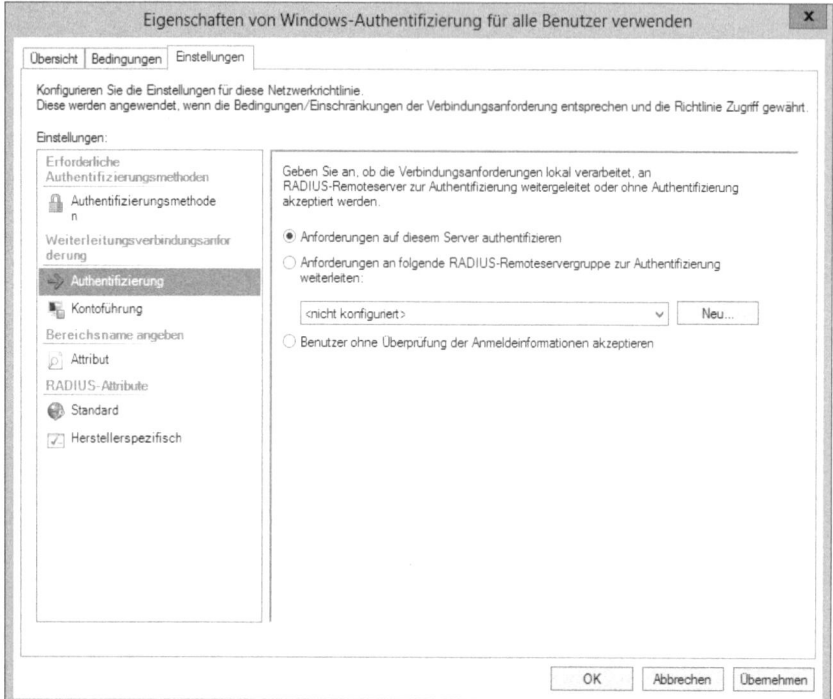

Abbildung 7.15 Eigenschaften der Standard-Verbindungsanforderungsrichtlinie

Erstellen einer Verbindungsanforderungsrichtlinie

Eine Verbindungsanforderungsrichtlinie erstellen Sie in der Konsole *Netzwerkrichtlinienserver*. Gehen Sie folgendermaßen vor, um eine Verbindungsanforderungsrichtlinie zu erstellen:

1. Öffnen Sie über das Menü *Tools* des Server-Managers die Konsole *Netzwerkrichtlinienserver*.

2. Erweitern Sie den Knoten *Richtlinien* und wählen Sie den Knoten *Verbindungsanforderungsrichtlinien* aus (Abbildung 7.16).

3. Klicken Sie im Menü *Aktion* auf *Neu*.

4. Tippen Sie auf der Seite *Namen der Verbindungsanforderungsrichtlinie und Verbindungstyp angeben* einen Namen für die Richtlinie ein und wählen Sie den Typ des Netzwerkzugriffsservers aus, für den die Richtlinie gilt.

5. Fügen Sie auf der Seite *Bedingungen angeben* mindestens eine Bedingung hinzu, durch die sich die Richtlinie von den anderen Richtlinien auf dem Netzwerkrichtlinienserver unterscheidet.

6. Stellen Sie auf der Seite *Verbindungsanforderungsweiterleitung angeben* ein, ob der lokale Server die Authentifizierung ausführt oder ob der Netzwerkrichtlinienserver als RADIUS-Proxy agiert und Anforderungen an einen Remoteserver weiterleitet. Auch die Kontoführung können Sie auf dieser Seite konfigurieren.

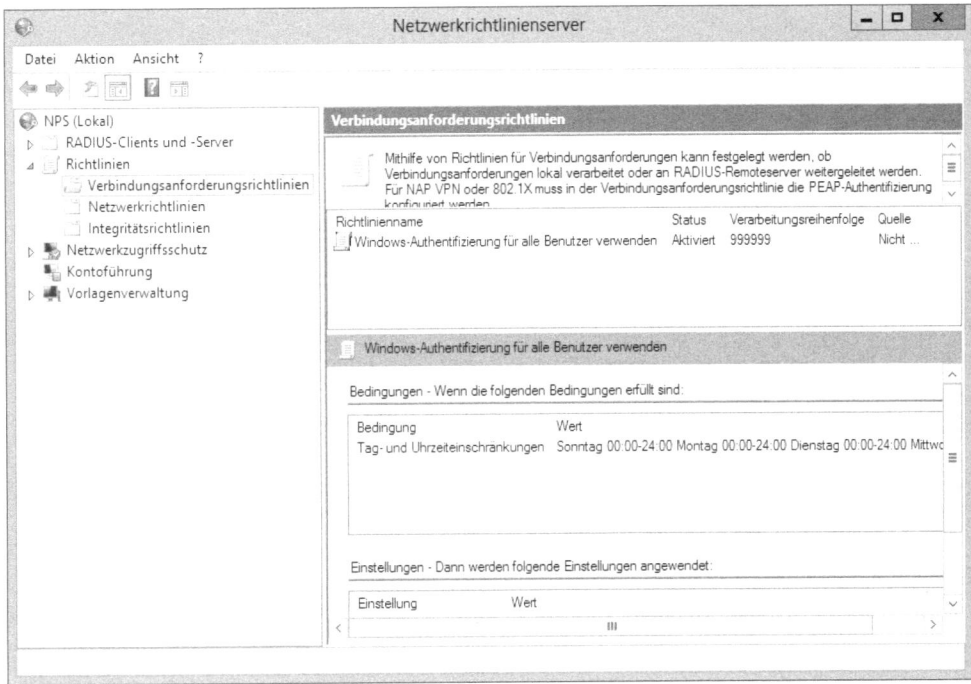

Abbildung 7.16 Der Knoten *Verbindungsanforderungsrichtlinien* in der Konsole *Netzwerkrichtlinienserver*

Weitere Informationen   Verbindungsanforderungsrichtlinien

Weitere Informationen über Verbindungsanforderungsrichtlinien finden Sie im TechNet-Dokument *http://technet.microsoft.com/de-de/library/cc753603.aspx*.

7. Wählen Sie auf der Seite *Authentifizierungsmethoden angeben* aus, ob die Authentifizierungseinstellungen der Netzwerkrichtlinie überschrieben werden. In diesem Fall müssen Sie angeben, welche Authentifizierungsmethoden Sie statt derjenigen verwenden, die in der Netzwerkrichtlinie aufgeführt sind.

8. Sofern der Server, auf dem der Rollendienst *Netzwerkrichtlinienserver* installiert ist, als RADIUS-Proxy agiert, können Sie auf der Seite *Einstellungen konfigurieren* zusätzliche Attribute konfigurieren und vorhandene Attribute, die von einem RADIUS-Client übertragen werden, verändern, bevor sie an den RADIUS-Server weitergeleitet werden.

9. Stellen Sie den Assistenten *Neue Verbindungsanforderungsrichtlinie* fertig. Die Richtlinie bekommt die nächste freie Verarbeitungsreihenfolgennummer zugewiesen. Sie können die Verarbeitungsreihenfolge ändern, indem Sie die Richtlinie mit der rechten Maustaste anklicken und sie mit den Befehlen *Nach oben* beziehungsweise *Nach unten* verschieben.

Schnelltest

■ Wie stellen Sie sicher, dass eine Verbindungsanforderungsrichtlinie für eine bestimmte Gruppe von Benutzern gilt, eine zweite Verbindungsanforderungsrichtlinie dagegen für eine andere Benutzergruppe?

Antwort zum Schnelltest

■ Konfigurieren Sie in jeder Verbindungsanforderungsrichtlinie unterschiedliche Bedingungen.

Clientkonfiguration

In manchen Umgebungen muss sich ein Computer authentifizieren, bevor er Zugriff auf das Netzwerk erhält. Sie können diese Authentifizierung mit Gruppenrichtlinien aus dem Zweig *802.1X* konfigurieren. Es gibt getrennte Richtlinien für Kabelnetzwerke und Drahtlosnetzwerke.

Gehen Sie folgendermaßen vor, um die Standardrichtlinien für Kabel- oder Drahtlosnetzwerke zu konfigurieren:

1. Öffnen Sie im Menü *Tools* des Server-Managers die Konsole *Gruppenrichtlinienverwaltung*.

2. Erweitern Sie die Knoten *Gesamtstruktur\Domänen\<Domänenname>\Gruppenricht-linienobjekte* und wählen Sie die Richtlinie aus, mit der Sie die 802.1X-Konfiguration erzwingen wollen. Sie können für diesen Zweck auch eine neue Richtlinie anlegen und mit einem geeigneten Ort verknüpfen (Abbildung 7.17).

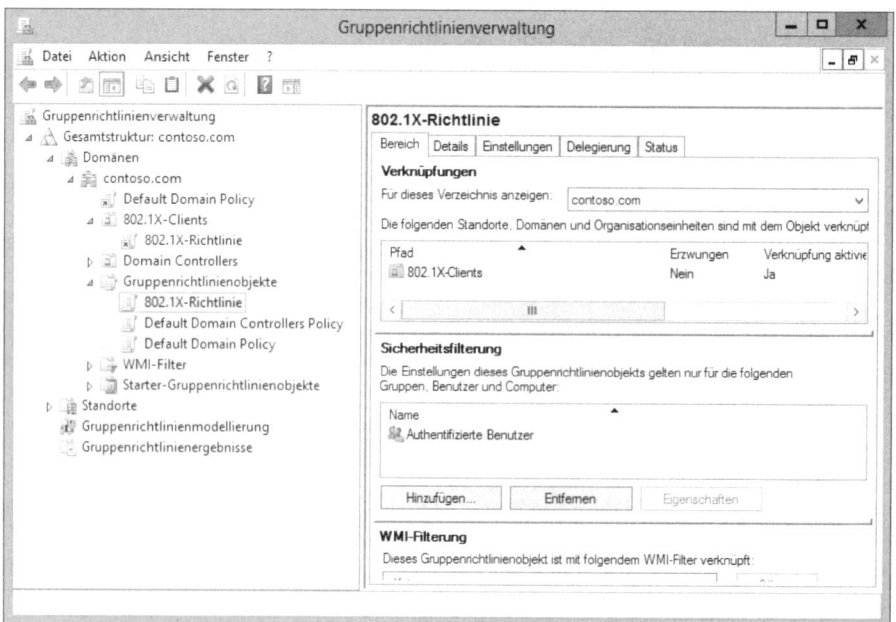

Abbildung 7.17 Benutzerdefiniertes Gruppenrichtlinienobjekt für 802.1X-Richtlinien

3. Wählen Sie im Menü *Aktion* den Befehl *Bearbeiten*.

4. Erweitern Sie die Zweige *Computerkonfiguration\Richtlinien\Windows-Einstellungen\ Sicherheitseinstellungen*.

5. Unter diesem Knoten befinden sich zwei Knoten für Netzwerkrichtlinien (Abbildung 7.18):

   ■ *Richtlinien für Kabelnetzwerke (IEEE 802.3)*

   ■ *Drahtlosnetzwerkrichtlinien (IEEE 802.11)*

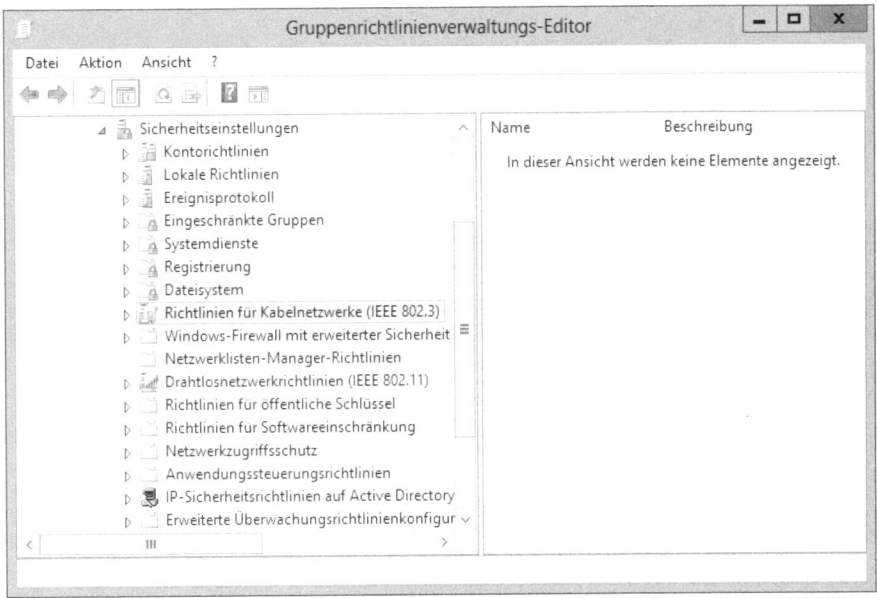

Abbildung 7.18   Gruppenrichtlinien für Kabelnetzwerke (IEEE 802.3)

6. Die Richtlinien für Kabel- beziehungsweise Drahtlosnetzwerke werden auf dieselbe Weise konfiguriert. Klicken Sie entweder auf *Richtlinien für Kabelnetzwerke (IEEE 802.3)* oder auf *Drahtlosnetzwerkrichtlinien (IEEE 802.11)* und wählen Sie dann im Menü *Aktion* den Befehl *Erstellen Sie für Windows Vista und neuere Versionen eine neue Richtlinie für Kabelnetzwerke* beziehungsweise *Erstellen Sie eine neue Drahtlosnetzwerkrichtlinie für Windows Vista und neuere Versionen*.

7. Geben Sie auf der Registerkarte *Allgemein* des Dialogfelds *Eigenschaften von Neue Richtlinie für Kabelnetzwerke* (Abbildung 7.19) einen Namen für die Richtlinie ein. In der Standardeinstellung wird der Windows-Dienst für automatische Konfiguration benutzt. Sie können bei Bedarf verhindern, dass für Windows 7- und Windows 8-Computer freigegebene Benutzeranmeldeinformationen akzeptiert werden.

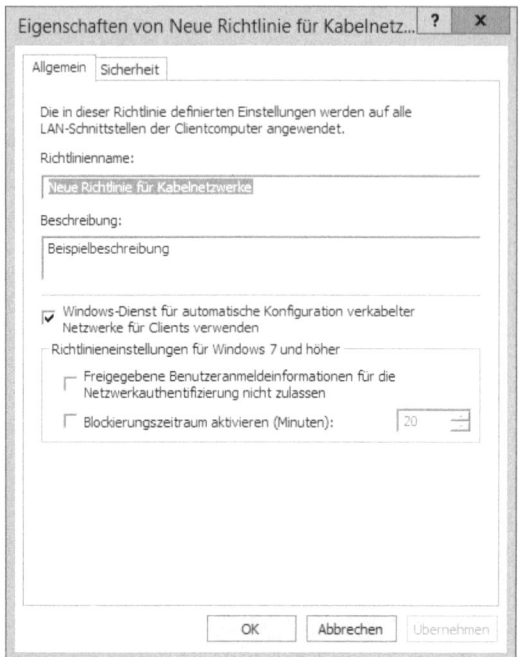

Abbildung 7.19 Eigenschaften einer Richtlinie für Kabelnetzwerke

8. Auf der Registerkarte *Sicherheit* (Abbildung 7.20) konfigurieren Sie eine Netzwerkau-thentifizierungsmethode und einen Authentifizierungsmodus. Der Authentifizierungsmo-dus legt fest, ob die Anmeldeinformationen eines Benutzers, die Anmeldeinformationen eines Computers oder beide für die Authentifizierung verwendet werden, um Netzwerk-zugriff zu gewähren. Diese Einstellungen können durch eine Verbindungsanforderungs-richtlinie überschrieben werden.

9. Wenn Sie auf die Schaltfläche *Erweitert* klicken, haben Sie die Möglichkeit, erweiterte Sicherheitseinstellungen für die Netzwerkrichtlinie zu konfigurieren. Im Dialogfeld, das sich daraufhin öffnet (Abbildung 7.21), konfigurieren Sie Einstellungen für das einmalige Anmelden und erweiterte 802.1X-Einstellungen. Sie können einstellen, ob die einmalige Anmeldung unmittelbar vor der Benutzeranmeldung oder sofort danach ausgeführt wird.

10. Klicken Sie auf *OK*, um die Änderungen an der Richtlinie zu speichern. Schließen Sie den Gruppenrichtlinienverwaltungs-Editor.

Weitere Informationen Clientkonfiguration

Weitere Informationen über die Clientcomputerkonfiguration finden Sie im TechNet-Artikel *http://technet.microsoft.com/de-de/library/cc731479.aspx*.

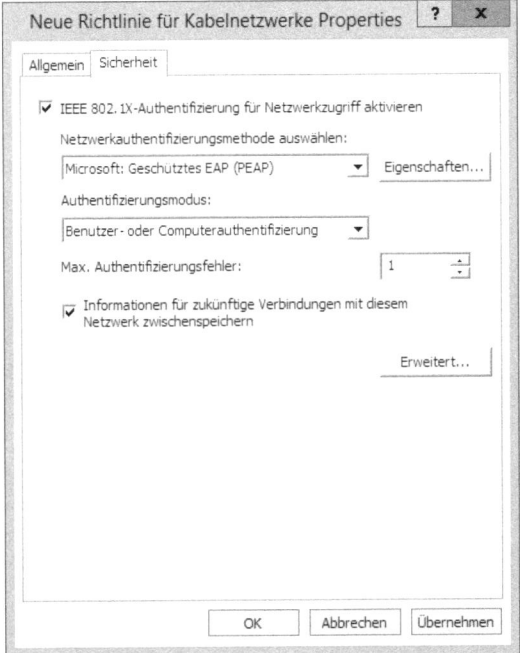

Abbildung 7.20 Sicherheitseinstellungen einer Richtlinie für Kabelnetzwerke

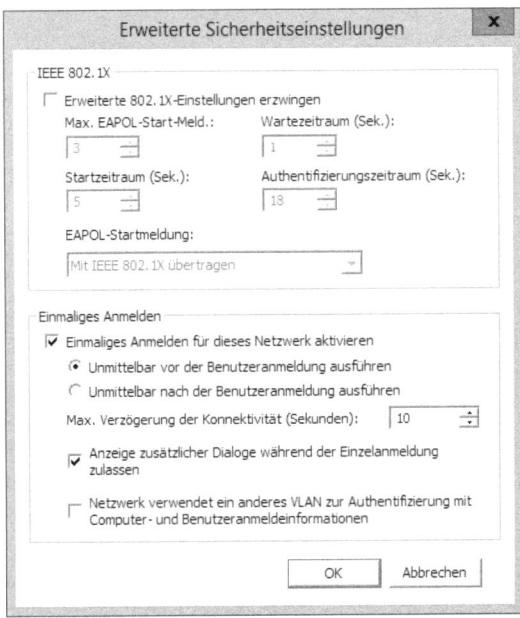

Abbildung 7.21 Einstellungen zur einmaligen Anmeldung in einer Richtlinie für Kabelnetzwerke

IP-Filter

Mit IP-Filtern können Sie eingehenden und ausgehenden Verkehr abhängig von Quell- und
Ziel-IP-Adresse sowie von Port und Protokoll steuern. IP-Adressfilter nutzen Sie, um die
Kommunikation zwischen Clients und bestimmten Hosts und Diensten im Netzwerk einzu-
schränken. Sie konfigurieren IP-Filter auf der Seite *Einstellungen* im Eigenschaftendialogfeld
einer Netzwerkrichtlinie (Abbildung 7.22) oder direkt beim Erstellen einer Netzwerkrichtlinie.

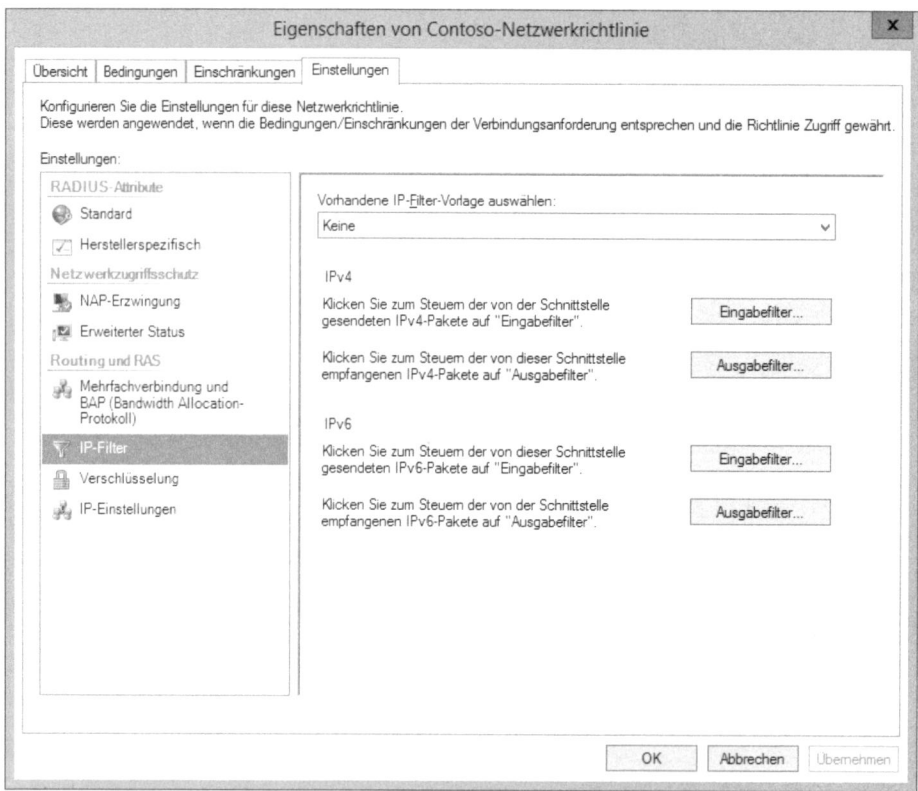

Abbildung 7.22   IP-Filter für eine Netzwerkrichtlinie

Verschlüsselung

Während Sie eine Netzwerkrichtlinie konfigurieren, können Sie auswählen, welche Ver-
schlüsselungsarten die Verbindung einsetzen darf. Diese Einstellung nehmen Sie auf der Seite
Einstellungen konfigurieren im Assistenten *Neue Netzwerkrichtlinie* oder im Eigenschaftendialogfeld einer vorhandenen Netzwerkrichtlinie vor. Wenn Sie erzwingen wollen, dass
Netzwerkverbindungen mit starker Verschlüsselung arbeiten, müssen Sie die Kontrollkästchen

Keine Verschlüsselung und *Basisverschlüsselung* für die Netzwerkrichtlinie deaktivieren (Abbildung 7.23). Die Stärke der Verschlüsselung hängt von der Schlüssellänge ab. Längere Schlüssel verbessern zwar die Sicherheit, erhöhen aber auch den Rechenaufwand.

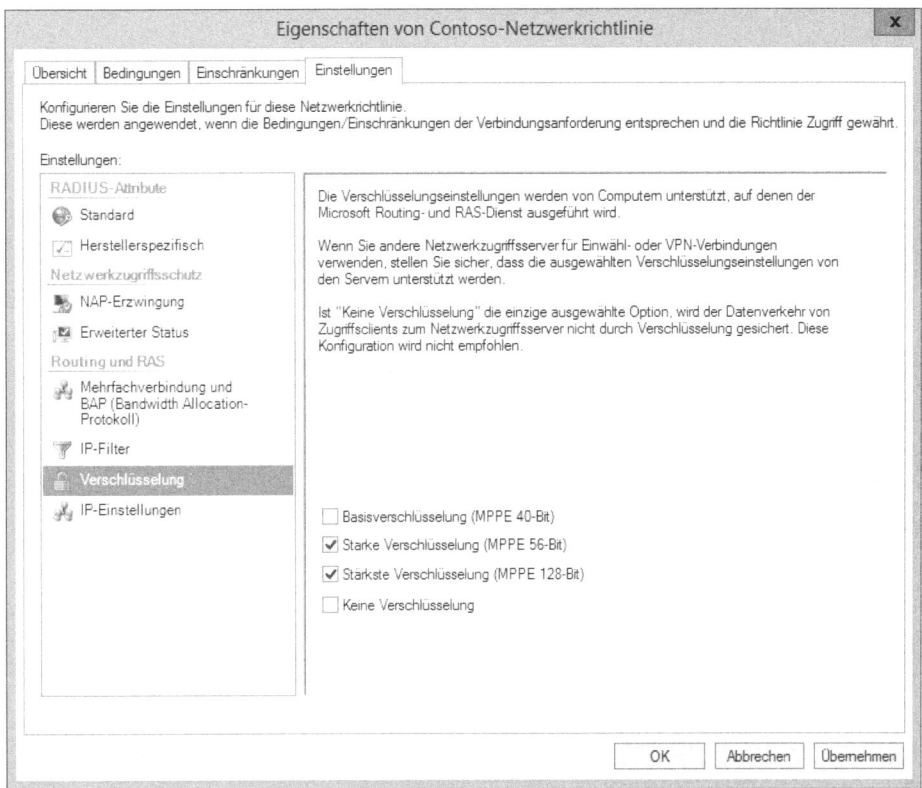

Abbildung 7.23 Verschlüsselungseinstellungen für eine Netzwerkrichtlinie

IP-Einstellungen

Mit den IP-Einstellungen, die Sie entweder beim Erstellen einer Netzwerkrichtlinie oder im Eigenschaftendialogfeld einer Richtlinie konfigurieren (Abbildung 7.24), legen Sie fest, auf welche Weise ein Client seine IP-Adresse erhält. Es stehen die folgenden Optionen zur Auswahl:

- *IP-Adresse durch Server zuteilen*

- *Client kann eine IP-Adresse anfordern*

- *Servereinstellungen definieren die IP-Adresszuordnung*

- *Statische IPv4-Adresse zuweisen*

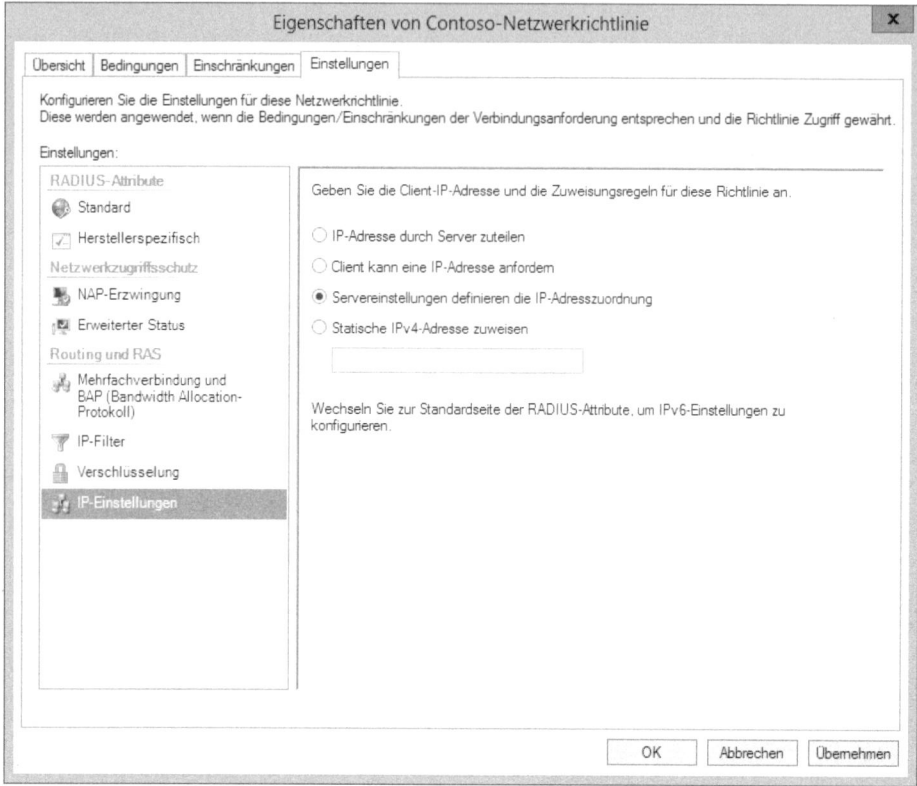

Abbildung 7.24   IP-Adresseinstellungen für eine Netzwerkrichtlinie

Eine IPv6-Adresse können Sie auf der Seite *Standard* des Abschnitts *RADIUS-Attribute* konfigurieren.

Erstellen von Netzwerkrichtlinien

Netzwerkrichtlinien steuern, welche Benutzer und Computer eine Verbindung zum Netzwerk aufbauen dürfen. Netzwerkrichtlinien werden oft zusammen mit NAP eingesetzt. Eine Netzwerkrichtlinie erstellen Sie auf ähnliche Weise wie eine Verbindungsanforderungsrichtlinie. Die beiden Richtlinientypen haben viele Elemente gemeinsam. Gehen Sie folgendermaßen vor, um eine Netzwerkrichtlinie zu erstellen:

1. Klicken Sie in der Konsole *Netzwerkrichtlinienserver* unter dem Knoten *Richtlinien* auf *Netzwerkrichtlinien* (Abbildung 7.25).

2. Wählen Sie im Menü *Aktion* den Befehl *Neu*.

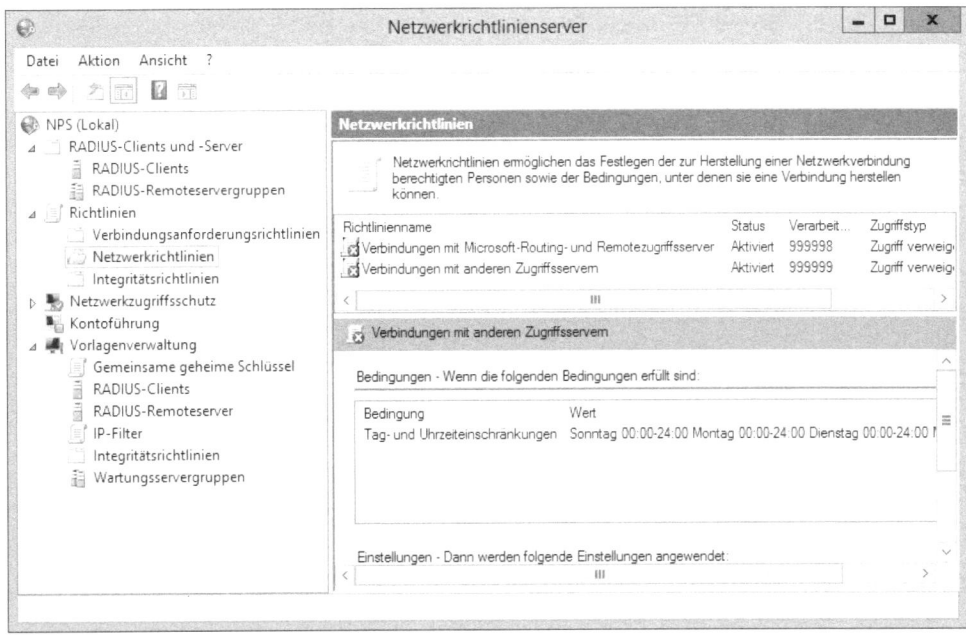

Abbildung 7.25 Netzwerkrichtlinien

3. Tippen Sie auf der Seite *Netzwerkrichtlinienname und Verbindungstyp angeben* einen Namen für die Richtlinie ein und wählen Sie den Typ des Netzwerkzugriffsservers aus. Es stehen folgende Optionen zur Auswahl:

  ■ *Remotedesktopgateway*

  ■ *RAS-Server (VPN-DFÜ)*

  ■ *DHCP-Server*

  ■ *Integritätsregistrierungsstelle*

  ■ *HCAP-Server*

4. Konfigurieren Sie auf der Seite *Bedingungen angeben* eine oder mehrere Bedingungen, die festlegen, ob die Richtlinie angewendet wird. Dafür stehen die folgenden Bedingungen zur Verfügung (Abbildung 7.26):

  ■ **Windows-Gruppe** Der Benutzer oder Computer muss zu einer bestimmten Windows-Sicherheitsgruppe gehören

  ■ **Computergruppen** Der Computer muss zu einer Windows-Sicherheitsgruppe gehören

  ■ **Benutzergruppen** Der Benutzer muss zu einer Windows-Sicherheitsgruppe gehören

- **Speicherortgruppen** Der Client muss Mitglied einer HCAP-Speicherortgruppe sein

- **HCAP-Benutzergruppen** Der Client muss Mitglied einer HCAP-Benutzergruppe sein

- **Tag- und Uhrzeiteinschränkungen** Die Richtlinie wird nur zu den angegebenen Tagen und Uhrzeiten angewendet

- **Identitätstyp** Es werden nur Clients zugelassen, die mit einer bestimmten Methode identifiziert werden können, zum Beispiel über ein NAP-SoH

- **MS-Service-Klasse** Der Client muss eine IP-Adresslease aus einem bestimmten DHCP-Bereich haben

- **Integritätsrichtlinien** Clients müssen die Kriterien einer bestimmten Integritätsrichtlinie erfüllen

- **NAP-fähige Computer** Steuert, ob der Computer an einer NAP-Implementierung teilnehmen muss oder nicht

- **Betriebssystem** Legt fest, ob die Richtlinie nur für ausgewählte Betriebssysteme und Prozessorarchitekturen (x86, x64, ia64) gilt

- **Richtlinienablaufzeitpunkt** Gibt an, wann die Richtlinie abläuft

- **IPv4-Adresse für Zugriffsclient** Die IPv4-Adresse des Clients, nicht die IP-Adresse des RADIUS-Clients

- **IPv6-Adresse für Zugriffsclient** Die IPv6-Adresse des Clients

- **Authentifizierungstyp** Die verwendete Authentifizierungsmethode, zum Beispiel CHAP, EAP, MS-CHAP v1, MS-CHAP v2, PAP, PEAP und nicht authentifiziert

- **Zulässige EAP-Typen** Die zulässigen EAP-Typen, zum Beispiel Smartcard- oder anderes Zertifikat, Microsoft PEAP und Microsoft EAP-MSCHAP v2

- **Eingerahmtes Protokoll** Die Richtlinie wird nur auf Clients angewendet, die das angegebene Framing-Protokoll nutzen, zum Beispiel PPP oder SLIP

- **Diensttyp** Die Richtlinie wird angewendet, wenn der Client einen bestimmten Diensttyp benutzt

- **Tunneltyp** Die Richtlinie wird angewendet, wenn der Client einen bestimmten Tunneltyp benutzt

- **Anrufer-ID** Telefonnummer des angerufenen RADIUS-Netzwerkzugriffsservers

- **Clientanzeigename** RADIUS-Clientname

- **Client-IPv4-Adresse** RADIUS-IPv4-Adresse

- **Client-IPv6-Adresse** RADIUS-IPv6-Adresse

- **Clienthersteller** RADIUS-Clienthersteller

- **MS-RAS-Hersteller**   RADIUS-Herstellerkennung

- **Empfangs-ID**   Telefonnummer des Netzwerkzugriffsservers

- **NAS-Bezeichner**   Name des Netzwerkzugriffsservers

- **NAS IPv4-Adresse**   IPv4-Adresse des Netzwerkzugriffsservers

- **NAS IPv6-Adresse**   IPv6-Adresse des Netzwerkzugriffsservers

- **NAS-Porttyp**   Typen für die Zugriffsmedien, zum Beispiel ISDN, Drahtlos, VPN oder Tunnel

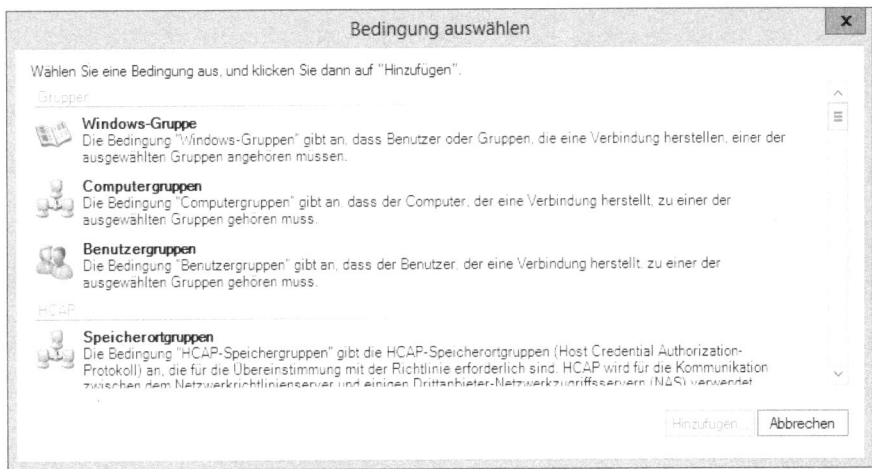

Abbildung 7.26   Auswählen von Bedingungen

5. Wählen Sie auf der Seite *Zugriffsberechtigung angeben* aus, ob den Computern oder Benutzern, die die angegebenen Bedingungen erfüllen, der Zugriff gewährt oder verweigert wird.

6. Legen Sie auf der Seite *Authentifizierungsmethoden konfigurieren* fest, mit welchen Authentifizierungsmethoden sich ein Client authentifizieren kann.

7. Auf der Seite *Einschränkungen konfigurieren* (Abbildung 7.27) können Sie die folgenden Eigenschaften konfigurieren:

- Leerlaufzeitüberschreitung

- Sitzungszeitüberschreitung

- Empfangs-ID

- Tag- und Uhrzeiteinschränkungen

- NAS-Porttyp

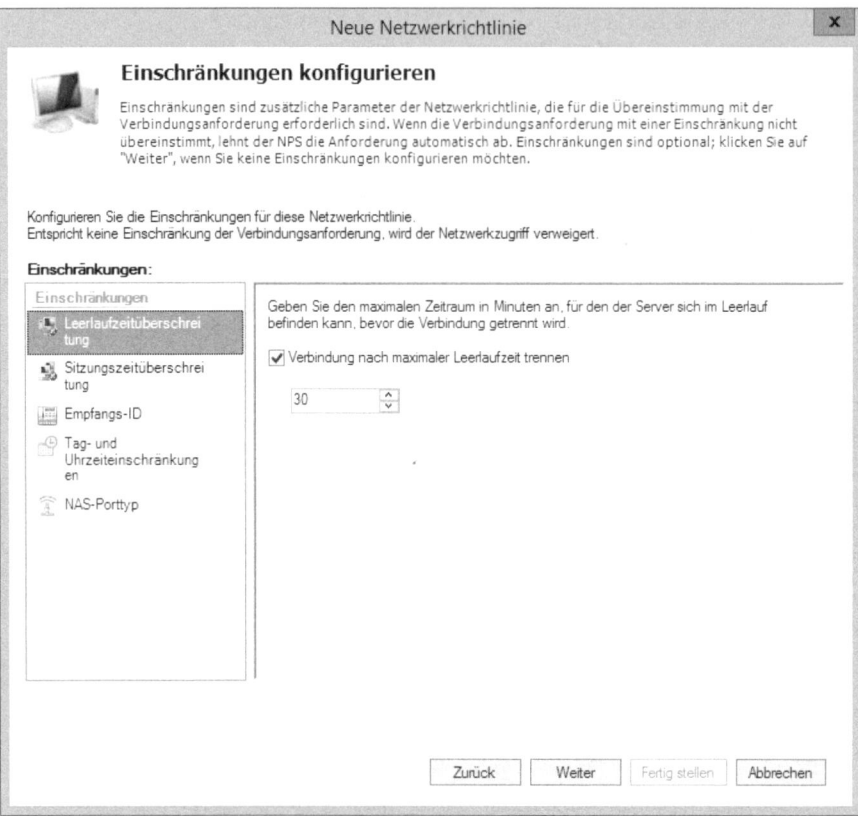

Abbildung 7.27 Konfigurieren von Einschränkungen

8. Auf der Seite *Einstellungen konfigurieren* des Assistenten *Neue Netzwerkrichtlinie* können Sie schließlich die folgenden Einstellungen vornehmen:

- RADIUS-Attribute
- NAP-Erzwingung
- Mehrfachverbindung und BAP (Bandwidth Allocation Protocol)
- IP-Filter
- Verschlüsselung
- IP-Einstellungen

9. Klicken Sie auf *Weiter* und dann auf *Fertig stellen*, um den Assistenten abzuschließen. Anschließend können Sie die Richtlinie nach oben oder unten verschieben. Clients verwenden die erste Richtlinie, deren Bedingungen sie erfüllen.

NPS-Vorlagen

NPS-Vorlagen (Abbildung 7.28) bieten Ihnen die Möglichkeit, eine bestimmte NPS-Komponentenkonfiguration so zu speichern, dass sie wiederverwendet oder auf einen anderen Netzwerkrichtlinienserver exportiert werden kann. Sie können die Vorlage auf mehrere Richtlinien anwenden, um die einheitliche Konfiguration sicherzustellen. Sie können die folgenden Vorlagen konfigurieren:

- Gemeinsame geheime Schlüssel

- RADIUS-Clients

- RADIUS-Remoteserver

- IP-Filter

- Integritätsrichtlinien

- Wartungsservergruppen

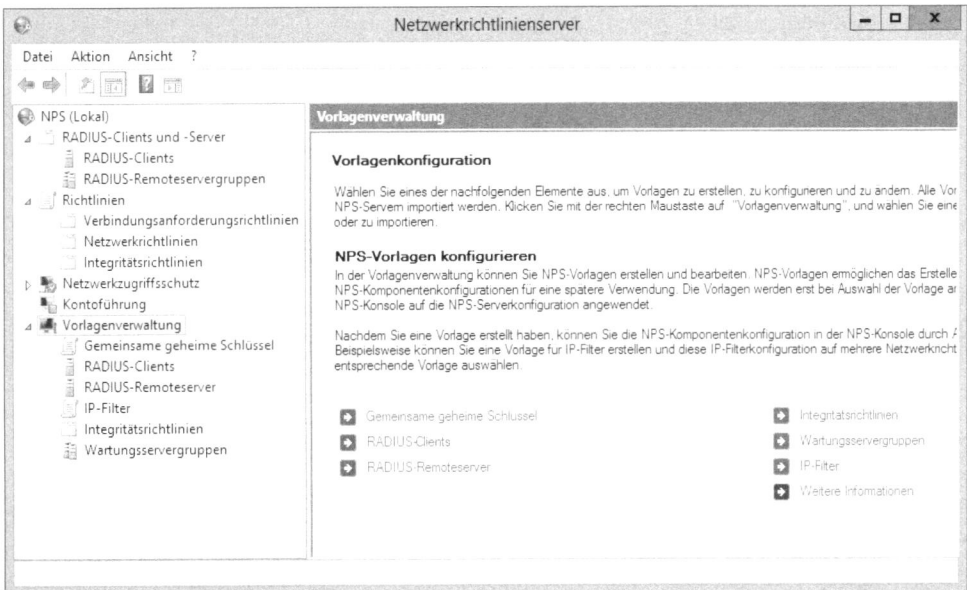

Abbildung 7.28   NPS-Vorlagen

Sie konfigurieren eine Vorlage, indem Sie in der Konsole *Netzwerkrichtlinienserver* den gewünschten Vorlagentyp auswählen und dann im Menü *Aktion* den Befehl *Neu* wählen. Konfigurieren Sie die Vorlage genauso wie die entsprechenden Eigenschaften in einer Richtlinie. Abbildung 7.29 zeigt, wie Sie eine IP-Filtervorlage erstellen.

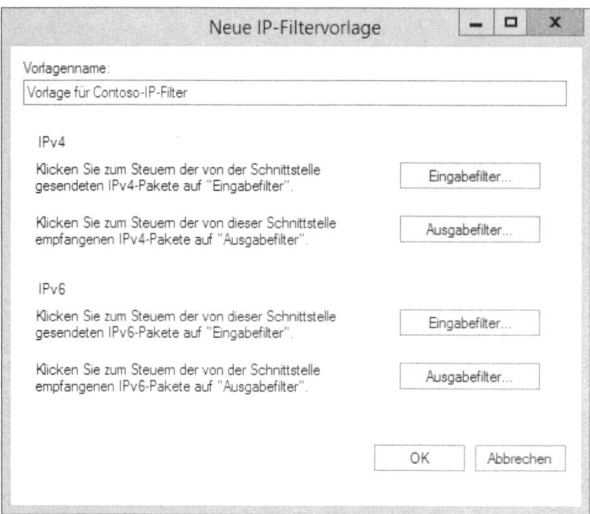

Abbildung 7.29 Vorlage für IP-Filter

Zusammenfassung der Lektion

- Mit Verbindungsanforderungsrichtlinien steuern Sie, wie eine Verbindungsanforderung verarbeitet wird

- IP-Filter sind Elemente einer Netzwerkrichtlinie, mit denen Sie Verkehr anhand von Quell- und Ziel-IP-Adresse sowie Port und Protokoll einschränken können

- Verschlüsselungseinstellungen sind Elemente einer Netzwerkrichtlinie, die festlegen, welche Verschlüsselungsstärke mindestens erforderlich ist

- Mit NPS-Vorlagen können Sie Einstellungen auf mehrere Richtlinien anwenden

Lernzielkontrolle

Mit den folgenden Fragen können Sie Ihr Wissen zu den Themen überprüfen, die in dieser Lektion behandelt wurden. Die Antworten auf diese Fragen mit Erklärungen, warum die jeweiligen Auswahlmöglichkeiten richtig oder falsch sind, finden Sie im Abschnitt »Antworten« am Ende dieses Kapitels.

1. Sie konfigurieren eine Verbindungsanforderungsrichtlinie für Clients, die aus dem Internet eine Verbindung zu einer VDI-Bereitstellung (Virtual Desktop Infrastructure) innerhalb eines vertrauenswürdigen Netzwerks aufbauen. Die Clients sollen dabei in der Lage sein, die Verbindung über eine Remotedesktopverbindung herzustellen. Welchen der folgenden Verbindungstypen sollten Sie konfigurieren, wenn Sie die entsprechende Verbindungsanforderungsrichtlinie erstellen?

A. HCAP-Server

B. RAS-Server

C. DHCP-Server

D. Remotedesktopgateway

2. Sie konfigurieren eine Verbindungsanforderungsrichtlinie für Clients, die aus dem Internet über das L2TP/IPsec-Protokoll eine Verbindung zum internen Netzwerk aufbaut. Welchen der folgenden Verbindungstypen sollten Sie konfigurieren, wenn Sie die Verbindungsanforderungsrichtlinie für diese Konfiguration erstellen?

A. Remotedesktopgateway

B. DHCP-Server

C. RAS-Server

D. HCAP-Server

3. Sie wollen eine Verbindungsanforderungsrichtlinie konfigurieren, die Integration mit Cisco-NAC unterstützt. Welchen der folgenden Verbindungstypen sollten Sie konfigurieren, wenn Sie die Verbindungsanforderungsrichtlinie für diese Konfiguration erstellen?

A. RAS-Server

B. HCAP-Server

C. DHCP-Server

D. Remotedesktopgateway

4. Sie konfigurieren eine Netzwerkrichtlinie, die nur an bestimmten Wochentagen gilt. Welche der folgenden Bedingungen sollten Sie verwenden, wenn Sie eine Netzwerkrichtlinie für diesen Zweck erstellen?

A. Windows-Gruppe

B. Computergruppen

C. Benutzergruppen

D. Tag- und Uhrzeiteinschränkungen

5. Sie konfigurieren eine Netzwerkrichtlinie, die nur für ausgewählte Computer gelten soll. Welche der folgenden Bedingungen können Sie verwenden, um dieses Ziel zu erreichen? (Wählen Sie alle zutreffenden Antworten aus.)

A. Windows-Gruppe

B. Benutzergruppen

C. Tag- und Uhrzeiteinschränkungen

D. Computergruppen

Lektion 2: NAP-Erzwingungsmethoden

Der Netzwerkzugriffsschutz (Network Access Protection, NAP) ermöglicht es, nur solchen Clientcomputern Zugriff auf das Netzwerk zu erlauben, die bestimmte Systemintegritätskriterien erfüllen. Die geforderten Integritätskriterien können Sie konfigurieren. Zum Beispiel können Sie fordern, dass eine Antischadsoftwareprüfung installiert ist und läuft, dass die Windows-Firewall aktiviert ist oder dass der Computer kürzlich nach verfügbaren Softwareupdates gesucht hat. Es gibt fünf unterschiedliche Methoden für die NAP-Erzwingung. Einige davon eignen sich nur für bestimmte Szenarien, andere setzen spezielle Geräte voraus und manche können Sie implementieren, ohne größere Änderungen an der Konfiguration des vorhandenen Netzwerks vorzunehmen. Diese Lektion stellt die verschiedenen NAP-Erzwingungsmethoden vor. Lektion 3 beschreibt, welche Infrastruktur Sie brauchen, um NAP zu unterstützen.

Am Ende dieser Lektion werden Sie in der Lage sein, die folgenden Aufgaben auszuführen:

- Konfigurieren der DHCP-Erzwingung

- Konfigurieren der IPsec-Erzwingung

- Konfigurieren der 802.1X-Erzwingung

- Konfigurieren der VPN-Erzwingung

- Konfigurieren der Remotedesktopgateway-Erzwingung

Veranschlagte Zeit für diese Lektion: 45 Minuten

DHCP-Erzwingung

Wenn Sie die NAP-DHCP-Erzwingung konfigurieren, weist der DHCP-Server den Clients nur dann eine IP-Adresse für ein vertrauenswürdiges Netzwerk zu, wenn sie die Anforderungen der NAP-Integritätsrichtlinie erfüllen. Erfüllt ein Client nicht alle Anforderungen der NAP-Integritätsrichtlinie, kann NAP dem Client eine Adresse für ein Wartungsnetzwerk zuweisen, in dem der Client die Updates und Änderungen abrufen kann, die er braucht, um seine Konfiguration auf den geforderten Stand zu bringen.

Beim Einsatz der DHCP-Erzwingung wird die Systemintegrität eines Clients jedes Mal überprüft, wenn er eine IP-Adresslease anfordert oder verlängert. Daher besteht eine direkte Beziehung zwischen der Länge der DHCP-Lease und der Häufigkeit der NAP-Integritätsprüfungen. In Organisationen, die lange DHCP-Leases verwenden, ist es wahrscheinlicher, dass inkompatible Clients über gültige Adressen verfügen, als in Organisationen, die eine kürzere DHCP-Leasedauer konfigurieren. Die DHCP-Erzwingung funktioniert nur für IPv4, in reinen IPv6-Netzwerken können Sie NAP mit DHCP-Erzwingung nicht implementieren.

Praxistipp   Umgehen der DHCP-Erzwingung

Jeder Benutzer, der in der Lage ist, die IP-Adresse von Hand zu konfigurieren, kann die DHCP-Erzwingung überlisten. Da heutzutage viele Angestellte mit Computern aufgewachsen sind, besitzen immer mehr Benutzer das entsprechende Grundwissen zur Netzwerkkonfiguration.

Mit den folgenden Schritten stellen Sie NAP mit der DHCP-Erzwingungsmethode bereit:

1. Erstellen Sie auf dem Server, auf dem der Rollendienst *Netzwerkrichtlinienserver* installiert ist, eine Verbindungsanforderungsrichtlinie sowie eine Netzwerkrichtlinie. Das können Sie entweder von Hand erledigen oder indem Sie im Assistenten *NAP konfigurieren* die Netzwerkverbindungsmethode *Dynamic Host Configuration-Protokoll (DHCP)* auswählen (Abbildung 7.30).

Abbildung 7.30   Konfigurieren der DHCP-Erzwingungsmethode

2. Konfigurieren Sie Gruppenrichtlinien, die den NAP-DHCP-Erzwingungsclient (Abbildung 7.31) und den NAP-Dienst auf allen Computern aktivieren, die NAP-Clients werden. Die Gruppenrichtlinie *DHCP-Quarantäneerzwingungsclient* finden Sie im Zweig *Computerkonfiguration\Richtlinien\Windows-Einstellungen\Sicherheitseinstellungen\Netzwerkzugriffsschutz\NAP-Clientkonfiguration\Erzwingungsclients.*

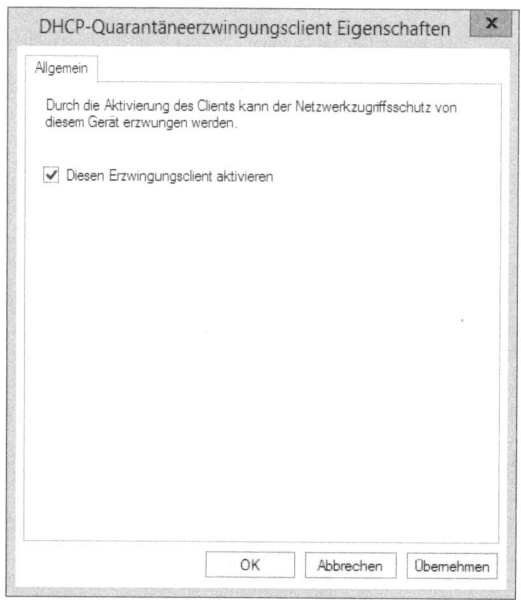

Abbildung 7.31   Aktivieren der Richtlinie *DHCP-Quarantäneerzwingungsclient*

3. Aktivieren Sie NAP entweder für ausgewählte DHCP-Bereiche oder für alle DHCP-Bereiche, die auf dem DHCP-Server konfiguriert sind. Auf Ebene des DHCP-Servers konfigurieren Sie die Eigenschaften auf der Registerkarte *Netzwerkzugriffsschutz* im Dialogfeld *Eigenschaften von IPv4* (Abbildung 7.32). Wenn Sie NAP auf dem DHCP-Server einrichten, müssen Sie angeben, welche Aktionen ausgeführt werden sollen, falls der DHCP-Server keine Verbindung zum Netzwerkrichtlinienserver aufnehmen kann. Sie haben in diesem Fall die Möglichkeit, den Zugriff zu gewähren, Clients in ein eingeschränktes Netzwerk zu legen oder alle DHCP-Anforderungen der Clients zu ignorieren.

4. Konfigurieren Sie die Windows-Sicherheitsintegritätsprüfung (Windows Security Health Validator, WSHV) oder die Systemintegritäts-Agents (System Health Agents, SHAs) und Systemintegritätsprüfungen (System Health Validators, SHVs). Über diese Komponenten erfahren Sie mehr in Lektion 3.

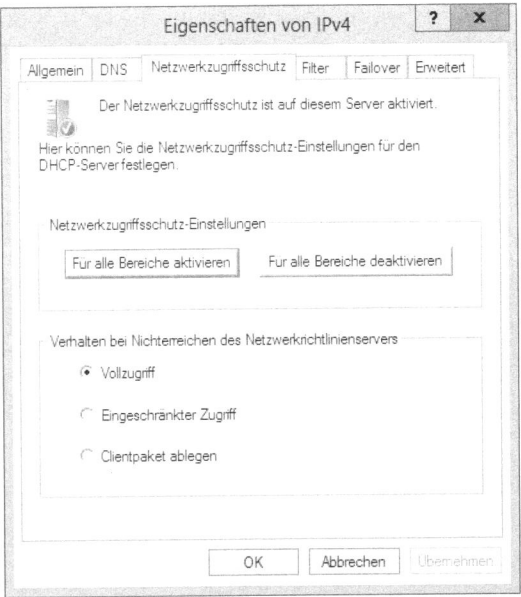

Abbildung 7.32 Aktivieren von NAP für alle DHCP-Bereiche

Weitere Informationen DHCP-Erzwingung

Weitere Informationen über die DHCP-Erzwingung finden Sie im TechNet-Artikel *http://tech-net.microsoft.com/de-de/library/cc733020.aspx*.

IPsec-Erzwingung

IPsec ermöglicht es, die Kommunikation zu authentifizieren und zu verschlüsseln. Ein entsprechend konfigurierter Computer kommuniziert nur mit anderen Hosts, die er authentifizieren kann. Sie können die IPsec-Kommunikation so konfigurieren, dass für die Authentifizierung digitale Zertifikate geprüft werden.

NAP mit IPsec-Erzwingung baut auf dieser Technologie auf. Der Clientcomputer bekommt aber nicht direkt von einer Zertifizierungsstelle ein spezielles Zertifikat ausgestellt, das er für die IPsec-Authentifizierung verwenden kann, sondern er erhält von einem Integritätszertifikat-Registrierungsserver ein Zertifikat für die IPsec-Authentifizierung. Integritätszertifikat-Registrierungsserver stellen diese Zertifikate nur an Clients aus, die beweisen, dass sie die für NAP konfigurierten Integritätsanforderungen erfüllen. Nachdem einem Client ein Integritätszertifikat ausgestellt wurde, bleibt es nur so lange für die Authentifizierung gültig, wie der Client die Integritätsanforderungen erfüllt. Der NAP-Client verhindert die Nutzung des Zertifikats, falls der Client inkompatibel ist. Auf diese Weise werden Clients sofort aktualisiert, wenn sie nicht mehr die Integritätsanforderungen erfüllen. Das ist ein Vorteil gegenüber anderen NAP-Methoden, die die Systemintegrität des Clients nur einmal oder in bestimmten Abständen prüfen, zum Beispiel beim Anfordern oder Erneuern einer DHCP-Lease.

Gehen Sie folgendermaßen vor, um NAP mit IPsec-Erzwingung zu konfigurieren:

1. Konfigurieren Sie auf dem Server, auf dem der Rollendienst *Netzwerkrichtlinienserver* installiert ist, eine Verbindungsanforderungsrichtlinie, eine Netzwerkrichtlinie und eine NAP-Integritätsrichtlinie. Das können Sie entweder von Hand erledigen oder indem Sie im Assistenten *NAP konfigurieren* die Netzwerkverbindungsmethode *IPsec mit Integritätsregistrierungsstelle (HRA)* auswählen (Abbildung 7.33).

Abbildung 7.33 Konfigurieren von NAP mit IPsec-Erzwingung

2. Stellen Sie den Rollendienst *Integritätsregistrierungsstelle* der Rolle *Netzwerkrichtlinien- und Zugriffsdienste* bereit. Sie können ihn auf dem Server bereitstellen, auf dem der Rollendienst *Netzwerkrichtlinienserver* installiert ist.

3. Stellen Sie mit den Active Directory-Zertifikatdiensten (Active Directory Certificate Services, AD CS) eine Unternehmens- oder eine untergeordnete Zertifizierungsstelle bereit. Das ist notwendig, um benutzerdefinierte Zertifikatvorlagen zu konfigurieren.

Weitere Informationen   IPsec-Erzwingung

Weitere Informationen über die IPsec-Erzwingung finden Sie im TechNet-Artikel *http://tech-net.microsoft.com/de-de/library/cc771899.aspx*.

4. Konfigurieren Sie auf Clients die Richtlinie *Vertrauende Seite von IPsec* (Abbildung 7.34) und aktivieren Sie den NAP-Dienst. Sie finden die Richtlinie *Vertrauende Seite von IPsec* im Zweig *Computerkonfiguration\Richtlinien\Windows-Einstellungen\Sicherheits-einstellungen\Netzwerkzugriffsschutz\NAP-Clientkonfiguration\Erzwingungsclients*.

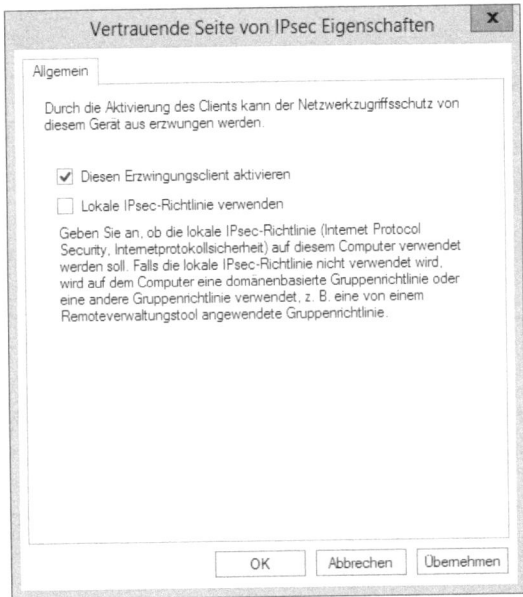

Abbildung 7.34   Aktivieren des Erzwingungsclients für die IPsec-Erzwingung

5. Konfigurieren Sie die gewünschte Windows-Sicherheitsintegritätsprüfung oder die System-integritäts-Agents und Systemintegritätsprüfungen.

Schnelltest

■ Welche NAP-Erzwingungsmethode verringert zusätzlich die Gefahr, dass abgehörter Netzwerkverkehr unautorisiert gelesen wird?

Antwort zum Schnelltest

■ Bei der IPsec-Erzwingung wird der Netzwerkverkehr verschlüsselt, daher ist der Inhalt für einen Angreifer nicht lesbar, selbst wenn es ihm gelingt, den Verkehr abzuhören.

802.1X-Erzwingung

NAP-Erzwingung für 802.1X nutzt authentifizierende Switches und Drahtloszugriffspunkte. Der Zugriff auf das Netzwerk wird nur Clients gewährt, die alle Integritätsanforderungen erfüllen. Für diese Erzwingungsmethode brauchen Sie Switches und Drahtloszugriffspunkte, die eine 802.1x-Netzwerkauthentifizierung beherrschen. Erfüllt ein Computer die Integritätsanforderungen, wird er zum vertrauenswürdigen Netzwerk zugelassen. Wenn er dagegen nicht alle Anforderungen erfüllt, gibt es zwei Möglichkeiten:

- Er wird in ein getrenntes VLAN gelegt, das Zugriff auf Wartungsserver ermöglicht

- Es werden Paketfilter auf den Client angewendet, die seinen Netzwerkzugriff auf die Wartungsserver beschränken

Wenn sich bei der 802.1X-Erzwingung etwas an der Systemintegrität des Clients ändert, wird darauf sofort reagiert, indem der inkompatible Client automatisch in ein eingeschränktes Netzwerk verlegt wird, bis er seine Systemintegrität wiederhergestellt hat.

Praxistipp   Teurere Ausrüstung

Der Nachteil der 802.1X-Erzwingung besteht darin, dass Sie dafür Hardware benötigen, die eine Weiterleitung von Authentifizierungsverkehr an einen Netzwerkrichtlinienserver unterstützt. Viele kleine und mittlere Organisationen setzen billige Netzwerkhardware ein, die solche erweiterten Funktionen nicht unterstützt.

Sie können die 802.1X-Erzwingung zwar für Kabel- und Drahtlosnetzwerke getrennt konfigurieren, aber in beiden Fällen müssen Sie die Richtlinie *EAP-Quarantäneerzwingungsclient* aktivieren (Abbildung 7.35). Sie finden diese Richtlinie im Zweig *Computerkonfiguration\Richtlinien\Windows-Einstellungen\Sicherheitseinstellungen\Netzwerkzugriffsschutz\ NAP-Clientkonfiguration\Erzwingungsclients*. Außerdem müssen Sie sicherstellen, dass der NAP-Dienst auf allen NAP-Clientcomputern läuft.

Gehen Sie folgendermaßen vor, um die 802.1X-Erzwingung für Kabelnetzwerke zu konfigurieren:

1. Konfigurieren Sie auf dem Server, auf dem der Rollendienst *Netzwerkrichtlinienserver* installiert ist, eine Verbindungsanforderungsrichtlinie, eine Netzwerkrichtlinie und eine NAP-Integritätsrichtlinie. Dazu können Sie entweder jede Richtlinie einzeln konfigurieren oder im Assistenten *NAP konfigurieren* die Netzwerkverbindungsmethode *IEEE 802.1X (verkabelt)* auswählen (Abbildung 7.36).

2. Konfigurieren Sie Ihre 802.1X-Switches so, dass sie Authentifizierungsverkehr an den Netzwerkrichtlinienserver weiterleiten.

3. Sofern Sie PEAP-TLS oder EAP-TLS mit Smartcards oder Zertifikaten für die Authentifizierung nutzen wollen, müssen Sie die Active Directory-Zertifikatdienste (Active Directory Certificate Services, AD CS) bereitstellen.

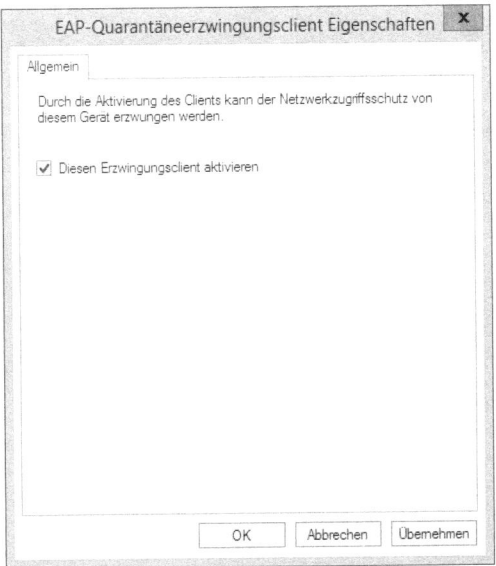

Abbildung 7.35   Aktivieren der 802.1X-Erzwingung

Abbildung 7.36   Konfigurieren der 802.1X-Erzwingung für Kabelnetzwerke

4. Wenn Sie PEAP-MS-CHAP v2 einsetzen wollen, können Sie entweder eine lokale AD CS-Bereitstellung nutzen oder Serverzertifikate bei einer öffentlichen Zertifizierungsstelle kaufen.

5. Konfigurieren Sie die gewünschte Windows-Sicherheitsintegritätsprüfung oder die Systemintegritäts-Agents und Systemintegritätsprüfungen.

Gehen Sie folgendermaßen vor, um die 802.1X-Erzwingung für Drahtlosnetzwerke zu konfigurieren:

1. Konfigurieren Sie auf dem Server, auf dem der Rollendienst *Netzwerkrichtlinienserver* installiert ist, eine Verbindungsanforderungsrichtlinie, eine Netzwerkrichtlinie und eine NAP-Integritätsrichtlinie. Dazu können Sie entweder jede Richtlinie einzeln konfigurieren oder im Assistenten *NAP konfigurieren* die Netzwerkverbindungsmethode *IEEE 802.1X (drahtlos)* auswählen (Abbildung 7.37).

Abbildung 7.37   Konfigurieren der 802.1X-Erzwingung für Drahtlosnetzwerke

2. Konfigurieren Sie Ihre 802.1X-Drahtloszugriffspunkte so, dass sie Authentifizierungsverkehr an den Netzwerkrichtlinienserver weiterleiten.

3. Konfigurieren Sie die gewünschte Windows-Sicherheitsintegritätsprüfung oder die Systemintegritäts-Agents und Systemintegritätsprüfungen.

Weitere Informationen   802.1X-Erzwingung

Weitere Informationen über 802.1X-Erzwingung finden Sie im TechNet-Artikel *http://tech-net.microsoft.com/de-de/library/cc770861.aspx.*

VPN-Erzwingung

Die VPN-Erzwingung verhindert, dass Clients, die nicht alle Integritätsanforderungen Ihrer Organisation erfüllen, VPN-Verbindungen aufbauen. Wenn Sie die VPN-Erzwingung konfigurieren, können Sie eingehende Verbindungen inkompatibler Clients einfach blockieren oder sie in ein Wartungsnetzwerk umleiten, in dem sie ihre Konfiguration auf den geforderten Stand bringen können. Sie können auch für beschränkte Zeit Vollzugriff erlauben, nach Ablauf dieser Frist wird ein Client, der die Integritätsanforderungen nicht erfüllt, automatisch getrennt.

Gehen Sie folgendermaßen vor, um die VPN-Erzwingung für NAP zu konfigurieren:

1. Konfigurieren Sie auf dem Server, auf dem der Rollendienst *Netzwerkrichtlinienserver* installiert ist, eine Verbindungsanforderungsrichtlinie, eine Netzwerkrichtlinie und eine NAP-Integritätsrichtlinie. Dazu können Sie entweder jede Richtlinie einzeln konfigurieren oder im Assistenten *NAP konfigurieren* die Netzwerkverbindungsmethode *Virtuelles privates Netzwerk (VPN)* auswählen (Abbildung 7.38).

Abbildung 7.38   Konfigurieren der NAP-VPN-Erzwingung

2. Stellen Sie auf einem Windows Server 2012-Computer die Rolle *Remotezugriff* bereit. Konfigurieren Sie den Remotezugriffsserver als VPN-Server und den Server, auf dem der Rollendienst *Netzwerkrichtlinienserver* installiert ist, als primären RADIUS-Server. In diesem Szenario können Sie auch einen Windows Server 2008- oder Windows Server 2008 R2-Computer als VPN-Server einsetzen.

3. Aktivieren Sie auf Windows 7- und Windows 8-Computern die Richtlinie *EAP-Quarantäneerzwingungsclient*, um sie als NAP-Clients zu konfigurieren. Auf Computern, die unter Windows XP oder Windows Vista laufen, müssen Sie die Richtlinie *Remotezugriff-Erzwingungsclient für Windows XP und Windows Vista* aktivieren (Abbildung 7.39). Sie finden diese Richtlinien im Zweig *Computerkonfiguration\Richtlinien\Windows-Einstellungen\Sicherheitseinstellungen\Netzwerkzugriffsschutz\NAP-Clientkonfiguration\ Erzwingungsclients*. Stellen Sie außerdem sicher, dass der NAP-Dienst auf allen NAP-Clientcomputern läuft.

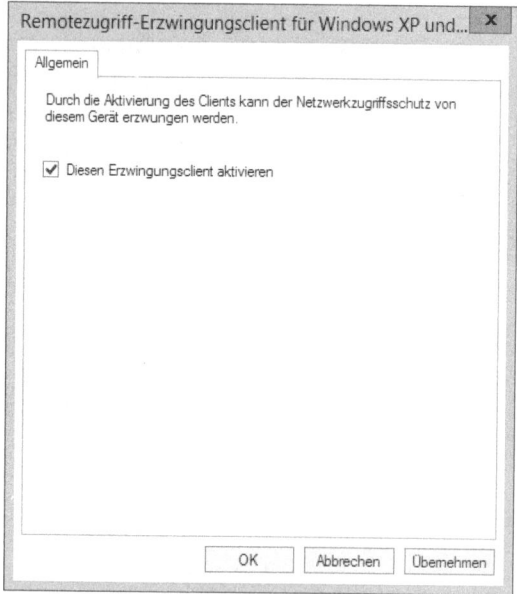

Abbildung 7.39   Konfigurieren der VPN-Erzwingung auf den Clients

4. Sofern Sie PEAP-TLS oder EAP-TLS mit Smartcards oder Zertifikaten für die VPN-Authentifizierung nutzen wollen, müssen Sie AD CS bereitstellen.

5. Wenn Sie PEAP-MS-CHAP v2 für die VPN-Authentifizierung einsetzen wollen, können Sie entweder eine lokale AD CS-Bereitstellung nutzen oder Serverzertifikate bei einer öffentlichen Zertifizierungsstelle kaufen.

6. Konfigurieren Sie die gewünschte Windows-Sicherheitsintegritätsprüfung oder die Systemintegritäts-Agents und Systemintegritätsprüfungen.

Weitere Informationen   VPN-Erzwingung

Weitere Informationen über VPN-Erzwingung finden Sie im TechNet-Artikel *http://tech-net.microsoft.com/de-de/library/cc753622.aspx.*

Remotedesktopgateway-Erzwingung

Remotedesktop-Gatewayserver ermöglichen es Clients, die sich in nicht vertrauenswürdigen Netzwerken wie dem Internet befinden, auf Remotedesktopserver innerhalb vertrauenswürdiger Netzwerke zuzugreifen. Remotedesktopserver sind beispielsweise Remotedesktop-Sitzungshostserver, Remotedesktop-RemoteApp-Anwendungen, Remotedesktop auf einem Windows 7- oder Windows 8-Clientcomputer oder Verbindungen durch den Remotedesktop-Verbindungsbroker zu einer VDI.

Mithilfe von Remotedesktop-Gatewayservern können Sie den Zugriff auf diese Server ermöglichen, ohne VPN-Verbindungen oder DirectAccess konfigurieren zu müssen. Der Client der Remotedesktopverbindung, der in das Clientbetriebssystem Windows integriert ist, unterstützt Remotedesktop-Gatewayserver. Sie können den Client der Remotedesktop-verbindung so konfigurieren, dass er eine direkte Verbindung zu einem Remotedesktopserver herstellt, wenn sich der Client in einem geschützten Netzwerk befindet, aber eine indirekte Verbindung durch einen konfigurierten Remotedesktop-Gatewayserver aufzubauen versucht, während der Client an ein nicht vertrauenswürdiges Netzwerk angeschlossen ist.

Praxistipp   Einsatz von Privatgeräten

Die Remotedesktopgateway-Erzwingung ist für Organisationen nützlich, die ihren Benutzern erlauben, eigene Geräte zu verwenden (Bring Your Own Device, BYOD). Statt den Benutzern zu erlauben, von ihrem eigenen Computer aus eine direkte Verbindung zu wichtigen Servern und Ressourcen aufzubauen, können solche Organisationen einen Remotedesktop-Gateway-server bereitstellen, der indirekte Verbindungen zu diesen Ressourcen ermöglicht. Indem Sie einen Remotedesktop-Gatewayserver mit NAP kombinieren, können Sie sicherstellen, dass die Clients gewisse Mindeststandards bezüglich der Systemintegrität erfüllen, bevor sie eine Verbindung zum Remotedesktop-Gatewayserver herstellen dürfen.

Gehen Sie folgendermaßen vor, um NAP mit Remotedesktopgateway-Erzwingung zu konfigurieren:

1. Konfigurieren Sie auf dem Server, auf dem der Rollendienst *Netzwerkrichtlinienserver* installiert ist, eine Verbindungsanforderungsrichtlinie, eine Netzwerkrichtlinie und eine NAP-Integritätsrichtlinie. Dazu können Sie entweder jede Richtlinie einzeln konfigurieren oder im Assistenten *NAP konfigurieren* die Netzwerkverbindungsmethode *Remotedesktopgateway (RD-Gateway)* auswählen (Abbildung 7.40).

Abbildung 7.40 Konfigurieren der Remotedesktopgateway-Erzwingung

2. Stellen Sie einen Remotedesktop-Gatewayserver bereit, auf den Clients aus nicht vertrauenswürdigen Netzwerken heraus Zugriff haben. Der Server muss außerdem mit dem vertrauenswürdigen Netzwerk verbunden sein, in dem die Remotedesktopserver liegen.

3. Aktivieren Sie auf dem Remotedesktop-Gatewayserver die Prüfung der NAP-Integritätsrichtlinien. Dazu können Sie das Snap-In *Remotedesktopgateway-Manager* zu einer benutzerdefinierten MMC (Microsoft Management Console) hinzufügen und dann im Eigenschaftendialogfeld des Remotedesktop-Gatewayservers die entsprechenden Optionen auf der Registerkarte *RD-CAP-Speicher* konfigurieren (Abbildung 7.41).

4. Aktivieren Sie die Richtlinie *Remotedesktopgateway-Quarantäneerzwingungsclient* (Abbildung 7.42). Sie finden diese Richtlinie im Zweig *Computerkonfiguration\Richtlinien\Windows-Einstellungen\Sicherheitseinstellungen\Netzwerkzugriffsschutz\NAP-Clientkonfiguration\Erzwingungsclients*. Stellen Sie außerdem sicher, dass der NAP-Dienst auf allen NAP-Clientcomputern läuft.

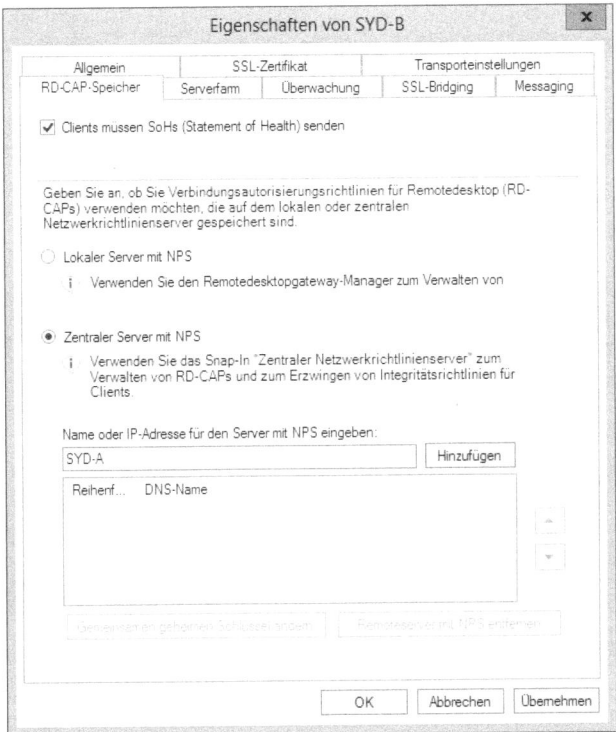

Abbildung 7.41   Konfigurieren des Remotedesktopgateways, damit es NAP nutzt

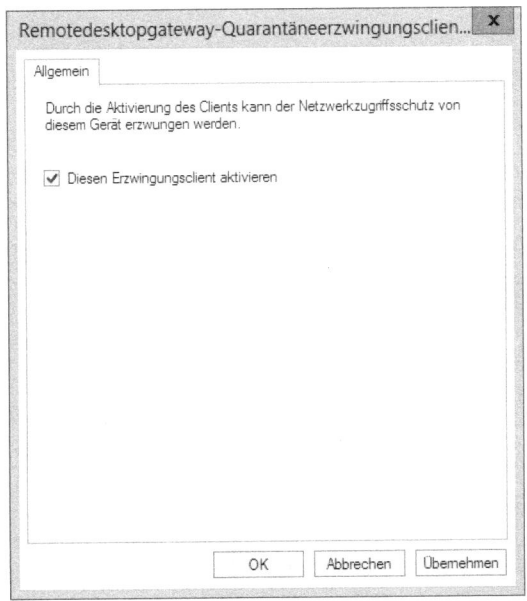

Abbildung 7.42   Aktivieren der Remotedesktopgateway-Erzwingung auf dem Client

5. Sofern Sie PEAP-TLS oder EAP-TLS mit Smartcards oder Zertifikaten für die Remotedesktopgateway-Authentifizierung nutzen wollen, müssen Sie AD CS bereitstellen.

6. Wenn Sie PEAP-MS-CHAP v2 für die Remotedesktopgateway-Authentifizierung einsetzen wollen, können Sie entweder eine lokale AD CS-Bereitstellung nutzen oder Serverzertifikate bei einer öffentlichen Zertifizierungsstelle kaufen.

7. Konfigurieren Sie die gewünschte Windows-Sicherheitsintegritätsprüfung oder die Systemintegritäts-Agents und Systemintegritätsprüfungen.

Weitere Informationen   Remotedesktopgateway-Erzwingung

Weitere Informationen über Remotedesktopgateway-Erzwingung finden Sie im TechNet-Artikel *http://technet.microsoft.com/de-de/library/cc771213.aspx.*

Zusammenfassung der Lektion

- Mit NAP können Sie den Netzwerkzugriff auf Clients beschränken, die nachweisen, dass ihre Systemintegrität die konfigurierten Anforderungen erfüllt

- Bei der NAP-DHCP-Erzwingung werden IPv4-Adressleases nur an Clients vergeben, deren Systemintegrität alle Anforderungen erfüllt

- Bei der NAP-IPsec-Erzwingung werden Zertifikate, die eine verschlüsselte und authentifizierte Kommunikation mit anderen Hosts im Netzwerk ermöglichen, nur an Clients ausgestellt, deren Systemintegrität alle Anforderungen erfüllt

- Bei der NAP-802.1X-Erzwingung erlauben authentifizierende Switches und Drahtloszugriffspunkte nur solchen Clients Netzwerkzugriff, deren Systemintegrität alle Anforderungen erfüllt

- Die NAP-VPN-Erzwingung erlaubt VPN-Verbindungen nur für Clients, deren Systemintegrität alle Anforderungen erfüllt

- Bei der NAP-Remotedesktopgateway-Erzwingung dürfen nur Clients, deren Systemintegrität alle Anforderungen erfüllt, Verbindungen zu einem Remotedesktop-Gatewayserver herstellen

Lernzielkontrolle

Mit den folgenden Fragen können Sie Ihr Wissen zu den Themen überprüfen, die in dieser Lektion behandelt wurden. Die Antworten auf diese Fragen mit Erklärungen, warum die jeweiligen Auswahlmöglichkeiten richtig oder falsch sind, finden Sie im Abschnitt »Antworten« am Ende dieses Kapitels.

1. Sie wollen Verbindungen aus dem Internet zu den Remotedesktop-Sitzungshostservern Ihrer Organisation nur dann erlauben, wenn die Clients nachweisen, dass ihre Systemintegrität den Anforderungen entspricht. Welche NAP-Erzwingungsmethode sollten Sie implementieren?

A. IPsec-Erzwingung

B. 802.1X-Erzwingung

C. VPN-Erzwingung

D. Remotedesktopgateway-Erzwingung

2. Sie wollen verhindern, dass Notebooks, deren Softwareupdates und Antischadsoftwaredefinitionen veraltet sind, eine Verbindung zu den Drahtloszugriffspunkten Ihrer Organisation aufbauen. Welche NAP-Erzwingungsmethode sollten Sie implementieren?

A. 802.1X-Erzwingung

B. DHCP-Erzwingung

C. Remotedesktopgateway-Erzwingung

D. VPN-Erzwingung

3. Sie wollen IPv4-Adressleases nur an Computer vergeben, deren Softwareupdates und Antischadsoftwaredefinitionen auf dem neuesten Stand sind. Welche NAP-Erzwingungsmethode sollten Sie implementieren?

A. VPN-Erzwingung

B. 802.1X-Erzwingung

C. IPsec-Erzwingung

D. DHCP-Erzwingung

4. Sie wollen nur Computern, deren Softwareupdates und Antischadsoftwaredefinitionen auf dem neuesten Stand sind, die Erlaubnis erteilen, in einem vertrauenswürdigen internen Netzwerk zu kommunizieren, wobei der Datenverkehr mit den sicheren Servern authentifiziert und verschlüsselt erfolgen soll. Welche NAP-Erzwingungsmethode sollten Sie implementieren?

A. DHCP-Erzwingung

B. IPsec-Erzwingung

C. VPN-Erzwingung

D. Remotedesktopgateway-Erzwingung

5. Sie wollen Remotezugriffsverbindungen von Internethosts über LT2P auf Clientcomputer beschränken, deren Softwareupdates und Antischadsoftwaredefinitionen auf dem neuesten Stand sind. Welche NAP-Erzwingungsmethode sollten Sie implementieren?

A. Remotedesktopgateway-Erzwingung

B. 802.1X-Erzwingung

C. VPN-Erzwingung

D. IPsec-Erzwingung

Lektion 3: Infrastruktur für Netzwerkzugriffsschutz

Wenn Sie sich für eine NAP-Erzwingungsmethode entschieden haben, müssen Sie sich im nächsten Schritt überlegen, welche Konfigurationseinstellungen festlegen, ob ein Client die Anforderungen bezüglich der Systemintegrität erfüllt. Dazu konfigurieren Sie Integritätsprüfungen. In dieser Lektion erfahren Sie, wie Sie Systemintegritätsprüfungen konfigurieren und wie Sie Integritätsrichtlinien und Wartungsservergruppen einrichten. Außerdem beschreibt die Lektion, wie Sie Integritätsregistrierungsstellen konfigurieren, die Integritätszertifikate ausstellen, wenn Sie NAP mit der IPsec-Erzwingung einsetzen.

Am Ende dieser Lektion werden Sie in der Lage sein, die folgenden Aufgaben auszuführen:

- Konfigurieren der Windows-Sicherheitsintegritätsprüfung

- Konfigurieren von Systemintegritätsprüfungen

- Konfigurieren von Integritätsrichtlinien

- Konfigurieren von Integritätsregistrierungsstellen

- Konfigurieren von Wartungsservergruppen

Veranschlagte Zeit für diese Lektion: 45 Minuten

Windows-Sicherheitsintegritätsprüfung

Die Windows-Sicherheitsintegritätsprüfung (Windows Security Health Validator, WSHV) enthält eine Liste mit Einstellungen, mit denen Sie festlegen, ob ein Clientcomputer vom NAP-Prozess als kompatibel oder inkompatibel eingestuft wird. Ein Client ist nur dann kompatibel, wenn er die Anforderungen aller Einstellungen erfüllt, die Sie in der Windows-Sicherheitsintegritätsprüfung aktivieren (Abbildung 7.43). Erfüllt ein Client irgendeine aktivierte Bedingung nicht, wird er als inkompatibel eingestuft.

Sie können folgende Einstellungen in der Windows-Sicherheitsintegritätsprüfung konfigurieren:

- **Für alle Netzwerkverbindungen ist eine Firewall aktiviert**   Die Windows-Firewall oder die Firewall eines anderen Herstellers, die vom Wartungscenter des Betriebssystems erkannt wird, ist für alle Netzwerkverbindungstypen aktiviert. Selbst wenn die Firewall eines anderen Herstellers auf dem Clientcomputer vorhanden und aktiviert ist, wird sie von NAP nur akzeptiert, wenn sie beim Wartungscenter registriert wurde.

- **Eine Antivirenanwendung ist aktiviert**   Eine Antivirenanwendung, die beim Wartungscenter registriert wurde, ist installiert und aktiviert

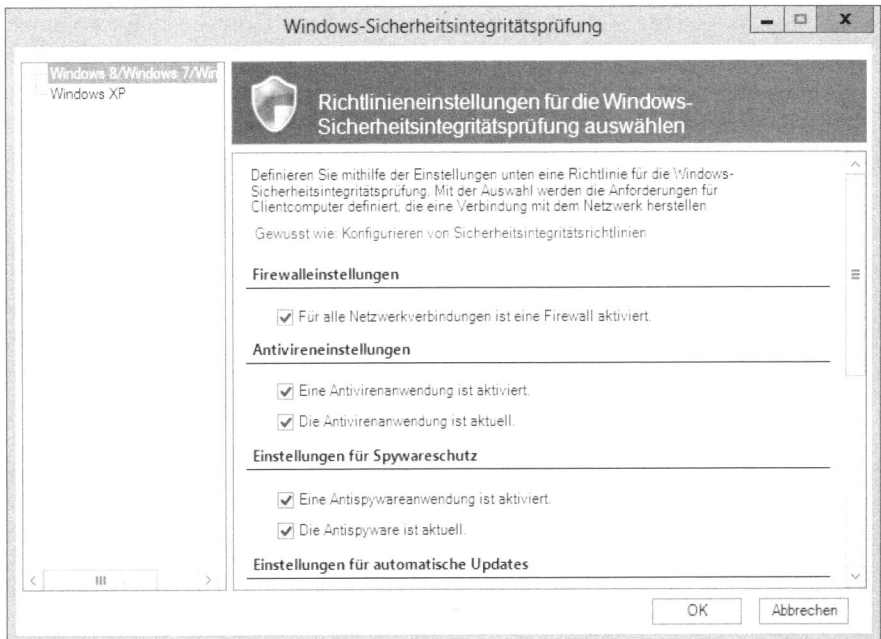

Abbildung 7.43 Konfigurieren der Windows-Sicherheitsintegritätsprüfung

- **Die Antivirenanwendung ist aktuell**   Eine Antivirenanwendung, die beim Wartungs-center registriert wurde, meldet, dass sie ihre Definitionen kürzlich aktualisiert hat. Falls die Antivirenanwendung ihre Daten nicht innerhalb der Frist aktualisieren konnte, die der Anwendungshersteller vorgibt, meldet sie an das Wartungscenter, dass sie nicht auf dem neuesten Stand ist.

- **Eine Antispywareanwendung ist aktiviert**   Eine Antispywareanwendung, die beim Wartungscenter registriert wurde, ist installiert und aktiviert. Manche Produkte fungieren sowohl als Antiviren- als auch Antispywareanwendung und registrieren sich in beiden Kategorien beim Wartungscenter.

- **Die Antispyware ist aktuell**   Eine Antispywareanwendung, die beim Wartungscenter registriert wurde, meldet, dass sie ihre Definitionen kürzlich aktualisiert hat. Falls die Antispywareanwendung ihre Daten nicht innerhalb der Frist aktualisieren konnte, die der Anwendungshersteller vorgibt, meldet sie an das Wartungscenter, dass sie nicht auf dem neuesten Stand ist.

- **Automatische Updates sind aktiviert**   Windows Update ist auf dem Clientcomputer aktiviert

■ **Einstellungen für Sicherheitsupdates**   Mit dieser Gruppe von Einstellungen (Abbildung 7.44) können Sie die geforderte Updateintegrität feiner steuern und sind nicht auf die simple Prüfung beschränkt, ob die automatischen Updates ein- oder ausgeschaltet sind. Sie können hier die folgenden Einstellungen konfigurieren:

  ■ **Zugriff für Clients einschränken, auf denen nicht alle verfügbaren Sicherheits-updates installiert sind**   Diese Option schränkt den Zugriff ein, wenn irgendwelche verfügbaren Sicherheitsupdates auf dem Clientcomputer fehlen

  ■ **Erforderlicher Mindestschweregrad für Updates**   Verfügbare Optionen sind *Niedrig und darüber*, *Mittel und darüber*, *Wichtig und darüber* sowie *Nur kritisch*

  ■ **Mindestanzahl von Stunden seit der letzten Überprüfung auf neue Sicherheits-updates**   Hier können Sie festlegen, wie viele Stunden es höchstens her sein darf, dass der Client zum letzten Mal nach Updates gesucht hat

  ■ **Windows Update**   Aktivieren Sie diese Option, wenn die Clients ihre Updates von Windows Update erhalten

  ■ **Windows Server Update Services**   Aktivieren Sie diese Option, wenn die Clients so konfiguriert sind, dass sie einen WSUS-Server (Windows Server Update Services) aus dem Unternehmensnetzwerk verwenden

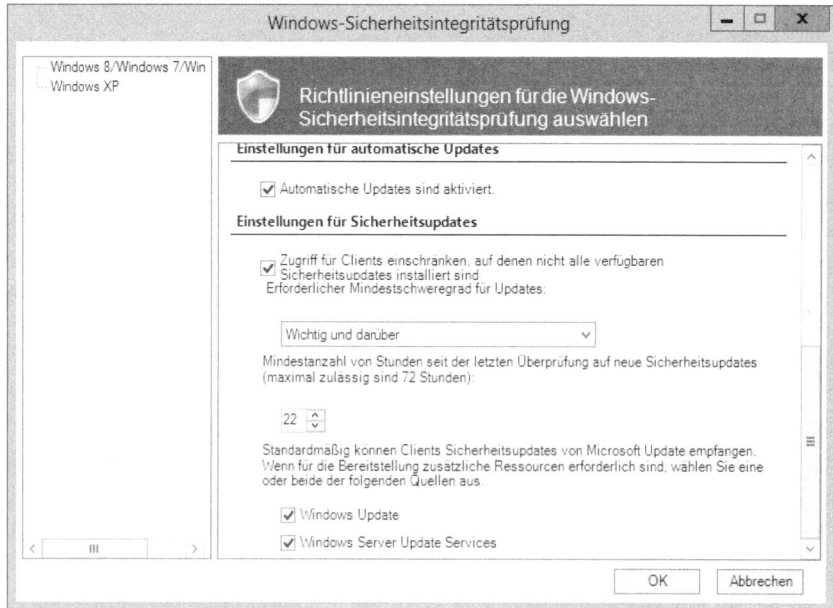

Abbildung 7.44 Updateeinstellungen in der Windows-Sicherheitsintegritätsprüfung

Weitere Informationen Windows-Sicherheitsintegritätsprüfung

Weitere Informationen über die Windows-Sicherheitsintegritätsprüfung finden Sie im Tech-Net-Dokument *http://technet.microsoft.com/de-de/library/cc731260.aspx*.

Systemintegritätsprüfungen und Systemintegritäts-Agents

Systemintegritätsprüfungen (System Health Validators, SHVs) und Systemintegritäts-Agents (System Health Agents, SHAs) sind Client-/Serverkomponenten, die Sie konfigurieren, um die Systemintegrität eines Clientcomputers zu überprüfen. Der Systemintegritäts-Agent läuft auf dem Client und die Systemintegritätsprüfung auf dem Server, auf dem der Rollendienst *Netzwerkrichtlinienserver* installiert ist. Die Windows-Sicherheitsintegritätsprüfung ist eine Systemintegritätsprüfung, die von Microsoft entwickelt wurde.

Weitere Informationen   Systemintegritätsprüfungen

Weitere Informationen über Systemintegritätsprüfungen finden Sie im TechNet-Dokument *http://technet.microsoft.com/de-de/library/cc771201.aspx*.

Andere Hersteller bieten ebenfalls Systemintegritätsprüfungen und die zugehörigen Systemintegritäts-Agents an, um spezielle Einstellungen der eigenen Produkte verfügbar zu machen. Zum Beispiel können Systemintegritätsprüfungen und Systemintegritäts-Agents für Betriebssysteme anderer Hersteller entwickelt werden, damit Clients, die unter diesen Betriebssystemen laufen, in eine NAP-Implementierung eingebunden werden können.

Praxistipp   Windows-Sicherheitsintegritätsprüfung

In den meisten NAP-Bereitstellungen reicht die integrierte Windows-Sicherheitsintegritätsprüfung aus. Mit Systemintegritätsprüfungen anderer Hersteller müssen Sie sich befassen, falls in Ihrem Netzwerk regelmäßig Nicht-Windows-Clientbetriebssysteme zum Einsatz kommen.

Integritätsrichtlinien

Integritätsrichtlinien müssen eine oder mehrere Systemintegritätsprüfungen enthalten. Wenn ein entsprechend konfigurierter Client versucht, eine Verbindung zu einem Netzwerk aufzubauen, in dem NAP aktiviert ist, schickt der Clientcomputer ein SoH (Statement of Health) an den Server, auf dem der Rollendienst *Netzwerkrichtlinienserver* installiert ist. Der Netzwerkrichtlinienserver vergleicht das SoH mit der Integritätsrichtlinie und entscheidet, ob der Client die Anforderungen erfüllt. Sie konfigurieren Integritätsrichtlinien auf dem Server, auf dem der Rollendienst *Netzwerkrichtlinienserver* installiert ist. Abbildung 7.45 zeigt eine Integritätsrichtlinie. Sie können in einer Integritätsrichtlinie alle installierten Systemintegritätsprüfungen verwenden.

Weitere Informationen   Integritätsrichtlinien

Weitere Informationen über Integritätsrichtlinien finden Sie in TechNet unter *http://technet.microsoft.com/de-de/library/cc771934.aspx*.

Abbildung 7.45   Die Windows-Sicherheitsintegritätsprüfung in einer Integritätsrichtlinie

Wenn Sie eine Integritätsrichtlinie mit mehreren Systemintegritätsprüfungen konfigurieren, haben Sie die Wahl, ob ein Client als kompatibel eingestuft wird, wenn er nur einige, aber nicht alle der Systemintegritätsprüfungen besteht. Sie können in einer Integritätsrichtlinie eine der folgenden Optionen wählen:

- *Client besteht alle Systemintegritätsprüfungen*

- *Client besteht keine Systemintegritätsprüfungen*

- *Client besteht mindestens eine Systemintegritätsprüfung*

- *Client besteht mindestens eine Systemintegritätsprüfung nicht*

- *Bei mindestens einer Systemintegritätsprüfung wurde für den Client ein Übergangsstatus gemeldet*

- *Bei mindestens einer Systemintegritätsprüfung wurde für den Client ein Fehler gemeldet*

- *Bei mindestens einer Systemintegritätsprüfung wurde der Client als unbekannt gemeldet*

Ein Client muss alle Bedingungen innerhalb einer Systemintegritätsprüfung erfüllen, damit er die Systemintegritätsprüfung besteht. Erfüllt er auch nur eine Bedingung innerhalb der Systemintegritätsprüfung nicht, hat er die entsprechende Systemintegritätsprüfung insgesamt nicht bestanden.

Schnelltest

- Wie viele Systemintegritätsprüfungen muss eine Integritätsrichtlinie mindestens enthalten?

Antwort zum Schnelltest

- Eine Integritätsrichtlinie muss mindestens eine Systemintegritätsprüfung enthalten.

Integritätsregistrierungsstellen

Die Integritätsregistrierungsstelle (Health Registration Authority, HRA) ist ein Rollendienst der Rolle *Netzwerkrichtlinien- und Zugriffsdienste*. Sie ruft Integritätszertifikate von einer Zertifizierungsstelle ab, wenn Sie NAP mit IPsec-Erzwingung bereitstellen, und leitet sie an die Clients weiter. Sie müssen die Integritätsregistrierungsstelle so konfigurieren, dass sie mit einer Zertifizierungsstelle zusammenarbeitet. Das können Sie entweder gleich beim Einrichten der Integritätsregistrierungsstelle erledigen oder mit dem Befehl *Zertifizierungsstelle hinzufügen* aus dem Fensterabschnitt *Aktionen* (Abbildung 7.46).

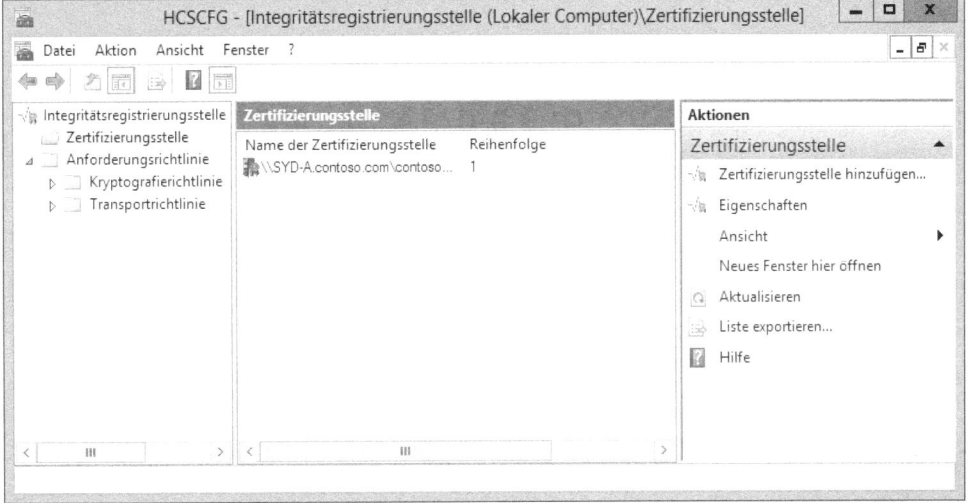

Abbildung 7.46 Auswählen der Zertifizierungsstelle, die für eine Integritätsregistrierungsstelle verwendet wird

Die Kryptografierichtlinien der Integritätsregistrierungsstelle (Abbildung 7.47) steuern, welche Algorithmen für asymmetrische Verschlüsselung, welche Hashmethoden und welche Kryptografiedienstanbieter die Integritätsregistrierungsstelle erlaubt. In der Standardeinstellung akzeptiert eine Integritätsregistrierungsstelle alle unterstützten Algorithmen für asymmetrische Verschlüsselung sowie Hashberechnung und alle Kryptografiedienstanbieter, die auf Windows-Clientbetriebssystemen unterstützt werden. Sie können die Unterstützung aber auf ausgewählte Algorithmen und Kryptografiedienstanbieter einschränken, indem Sie die Eigenschaften der Kryptografierichtlinie bearbeiten.

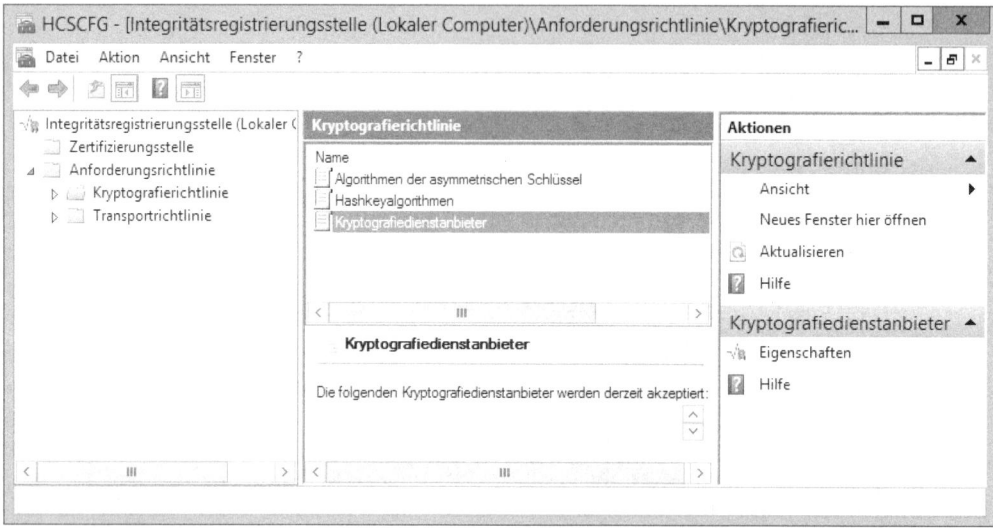

Abbildung 7.47 Kryptografierichtlinie

Wenn Sie eine Transportrichtlinie konfigurieren, legen Sie fest, welche HTTP-Benutzer-Agents mit der Integritätsregistrierungsstelle verwendet werden können. Wie Abbildung 7.48 zeigt, sind in der Standardeinstellung alle Agents für die Integritätsregistrierungsstelle zuge-lassen. Sie können die zulässigen Agents dadurch einschränken, dass Sie entsprechende Zeichenfolgen eingeben.

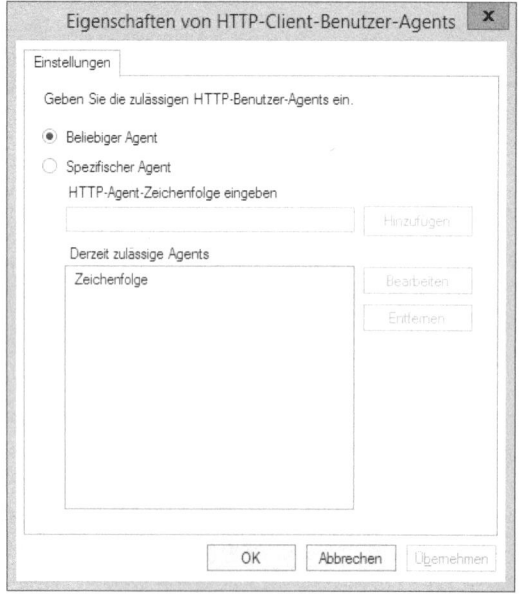

Abbildung 7.48 Benutzer-Agents in den Transportrichtlinien

Die Kryptografierichtlinie oder Transportrichtlinie einer Integritätsregistrierungsstelle brauchen Sie nur in Organisationen zu ändern, die besonders strenge Sicherheitsanforderungen haben. Es ist unwahrscheinlich, dass Sie an diesen Einstellungen etwas ändern müssen, wenn Ihre Organisation nicht außergewöhnliche Sicherheitsanforderungen stellt.

Weitere Informationen   Integritätsregistrierungsstellen

Weitere Informationen über Integritätsregistrierungsstellen finden Sie im TechNet-Artikel *http://technet.microsoft.com/de de/library/cc732365.aspx*.

Wartungsservergruppen

Eine Wartungsservergruppe umfasst Server in einem eingeschränkten Netzwerk, die Ressourcen zur Verfügung stellen, mit denen inkompatible Clients sich so aktualisieren können, dass ihre Systemintegrität alle Anforderungen erfüllt. Zum Beispiel kann eine Wartungsservergruppe eine WSUS-Bereitstellung, Antiviren- und Antispywaredefinitionen sowie weitere Software hosten, die ein Clientcomputer braucht, um sich auf den geforderten Stand zu bringen. Sie konfigurieren Wartungsservergruppen in der Konsole *Netzwerkrichtlinienserver*, indem Sie unter *Netzwerkzugriffsschutz* den Knoten *Wartungsservergruppen* auswählen und dann im Menü *Aktion* auf *Neu* klicken. Fügen Sie nun im Dialogfeld *Neue Wartungsservergruppe* alle Server hinzu, die zur Wartungsservergruppe gehören sollen (Abbildung 7.49).

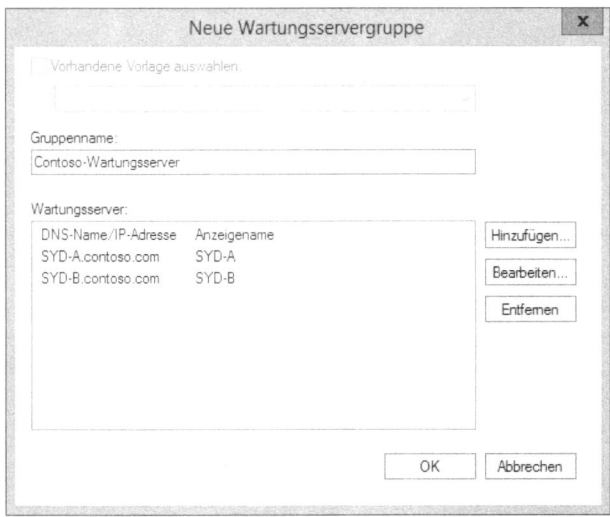

Abbildung 7.49 Konfigurieren einer Wartungsservergruppe

Weitere Informationen   Wartungsservergruppen

Weitere Informationen über Wartungsservergruppen finden Sie in TechNet unter *http://technet.microsoft.com/de-de/library/cc770646.aspx*.

Zusammenfassung der Lektion

- Die Windows-Sicherheitsintegritätsprüfung ist die integrierte Systemintegritätsprüfung, die in Windows Server 2012 zur Verfügung steht

- Systemintegritätsprüfungen sind Gruppen von Bedingungen, mit denen die Systemintegrität eines Clients ermittelt wird, zum Beispiel, ob seine Firewall aktiviert ist

- Systemintegritäts-Agents untersuchen einen Client, um festzustellen, ob er die Bedingungen einer Systemintegritätsprüfung erfüllt

- Integritätsrichtlinien legen fest, mit welchen Systemintegritätsprüfungen in NAP-Szenarien geprüft wird, ob ein Client die Anforderungen an die Systemintegrität erfüllt

- Integritätsregistrierungsstellen stellen in einer NAP-IPsec-Implementierung Integritätszertifikate aus

- Wartungsservergruppen umfassen Server, deren Dienste es inkompatiblen Clients ermöglichen, ihre Systemintegrität auf den geforderten Stand zu bringen

Lernzielkontrolle

Mit den folgenden Fragen können Sie Ihr Wissen zu den Themen überprüfen, die in dieser Lektion behandelt wurden. Die Antworten auf diese Fragen mit Erklärungen, warum die jeweiligen Auswahlmöglichkeiten richtig oder falsch sind, finden Sie im Abschnitt »Antworten« am Ende dieses Kapitels.

1. Was sollten Sie konfigurieren, damit Clients ihre Systemintegrität auf den geforderten Stand bringen können, falls sie vom NAP-Prozess als inkompatibel eingestuft wurden?

    A. Systemintegritätsprüfung

    B. Integritätsrichtlinie

    C. Wartungsservergruppe

    D. Integritätsregistrierungsstelle

2. Welchen Rollendienst der Rolle *Netzwerkrichtlinien- und Zugriffsdienste* müssen Sie installieren, um Integritätszertifikate auszustellen, wenn Sie NAP mit IPsec-Erzwingung bereitstellen?

    A. Integritätsrichtlinie

    B. Wartungsservergruppe

    C. Systemintegritätsprüfung

    D. Integritätsregistrierungsstelle

3. In welcher der folgenden NAP-Komponenten konfigurieren Sie einzelne Elemente, zum Beispiel, ob eine Firewall aktiviert oder eine Antivirenanwendung installiert ist?

    A. Systemintegritätsprüfung

    B. Integritätsregistrierungsstelle

C. Integritätsrichtlinie

D. Wartungsservergruppe

4. Was wählen Sie beim Konfigurieren einer NAP-Richtlinie aus, um die Systemintegrität zu bewerten?

A. Wartungsservergruppe

B. Integritätsrichtlinie

C. Systemintegritätsprüfung

D. Integritätsregistrierungsstelle

Übungen

In den Übungen dieses Abschnitts sammeln Sie Praxiserfahrung zu folgenden Themen:

- Installieren der Rolle *Netzwerkrichtlinien- und Zugriffsdienste*

- Konfigurieren der Windows-Sicherheitsintegritätsprüfung

- Konfigurieren einer Wartungsservergruppe

- Konfigurieren der Clientrichtlinie für die DHCP-Erzwingung

- Konfigurieren der NAP-DHCP-Erzwingung

Um die Übungen in diesem Abschnitt durchzuarbeiten, brauchen Sie virtuelle Computer namens *DC*, *SYD-A* und *SYD-B*, auf denen die Evaluierungsversion von Windows Server 2012 installiert ist. Wie Sie diese Server einrichten, ist im Anhang beschrieben. Legen Sie Snapshots der virtuellen Computer an, damit Sie ihren Ausgangszustand nach Abschluss der Übungen wiederherstellen können.

Übung 1: Installieren der Rolle *DHCP*

In dieser Übung installieren Sie die Rolle *DHCP*, die Sie benötigen, um im Anschluss NAP zu implementieren. Gehen Sie folgendermaßen vor, um diese Übung auszuführen:

1. Stellen Sie sicher, dass *DC* läuft, bevor Sie *SYD-A* einschalten.

2. Melden Sie sich unter dem Konto *CONTOSO\Administrator* an *SYD-A* an.

3. Klicken Sie im Menü *Verwalten* des Server-Managers auf *Rollen und Features hinzufügen*.

4. Klicken Sie auf der Seite *Vorbemerkungen* des *Assistenten zum Hinzufügen von Rollen und Features* auf *Weiter*.

5. Wählen Sie auf der Seite *Installationstyp auswählen* die Option *Rollenbasierte oder featurebasierte Installation* und klicken Sie auf *Weiter*.

6. Wählen Sie auf der Seite *Zielserver auswählen* den Server *SYD-A.contoso.com* und klicken Sie auf *Weiter*.

7. Aktivieren Sie auf der Seite *Serverrollen auswählen* das Kontrollkästchen *DHCP-Server*.

8. Klicken Sie im Dialogfeld *Assistent zum Hinzufügen von Rollen und Features*, das sich daraufhin öffnet, auf *Features hinzufügen*. Klicken Sie auf *Weiter*.

9. Klicken Sie auf der Seite *Features auswählen* auf *Weiter*.

10. Klicken Sie auf der Seite *DHCP-Server* auf *Weiter*.

11. Klicken Sie auf der Seite *Installationsauswahl bestätigen* auf *Installieren* und dann auf *Schließen*.

12. Wählen Sie im Menü *Tools* des Server-Managers den Befehl *DHCP*.

13. Klicken Sie auf *syd-a.contoso.com* (Abbildung 7.50).

Abbildung 7.50   Die Konsole *DHCP*

14. Wählen Sie im Menü *Aktion* den Befehl *Autorisieren*.

15. Schließen Sie die Konsole *DHCP*.

Übung 2: Bereitstellen des Rollendienstes *Netzwerkrichtlinienserver*

In dieser Übung stellen Sie auf *SYD-A* den Rollendienst *Netzwerkrichtlinienserver* bereit. Gehen Sie folgendermaßen vor, um diese Übung auszuführen:

1. Wählen Sie auf *SYD-A* im Server-Manager den Befehl *Rollen und Features hinzufügen* aus dem Menü *Verwalten*.

2. Klicken Sie auf der Seite *Vorbemerkungen* des *Assistenten zum Hinzufügen von Rollen und Features* auf *Weiter*.

3. Wählen Sie auf der Seite *Installationstyp auswählen* die Option *Rollenbasierte oder featurebasierte Installation* und klicken Sie auf *Weiter*.

4. Wählen Sie auf der Seite *Zielserver auswählen* den Server *SYD-A.contoso.com* aus und klicken Sie auf *Weiter*.

5. Aktivieren Sie auf der Seite *Serverrollen auswählen* das Kontrollkästchen *Netzwerkricht-linien- und Zugriffsdienste*.

6. Klicken Sie im Dialogfeld *Assistent zum Hinzufügen von Rollen und Features*, das sich daraufhin öffnet, auf *Features hinzufügen*. Klicken Sie auf *Weiter*.

7. Klicken Sie auf der Seite *Features auswählen* auf *Weiter*.

8. Klicken Sie auf der Seite *Netzwerkrichtlinien- und Zugriffsdienste* auf *Weiter*.

9. Stellen Sie auf der Seite *Rollendienste auswählen* sicher, dass *Netzwerkrichtlinienserver* ausgewählt ist (Abbildung 7.51), und klicken Sie auf *Weiter*.

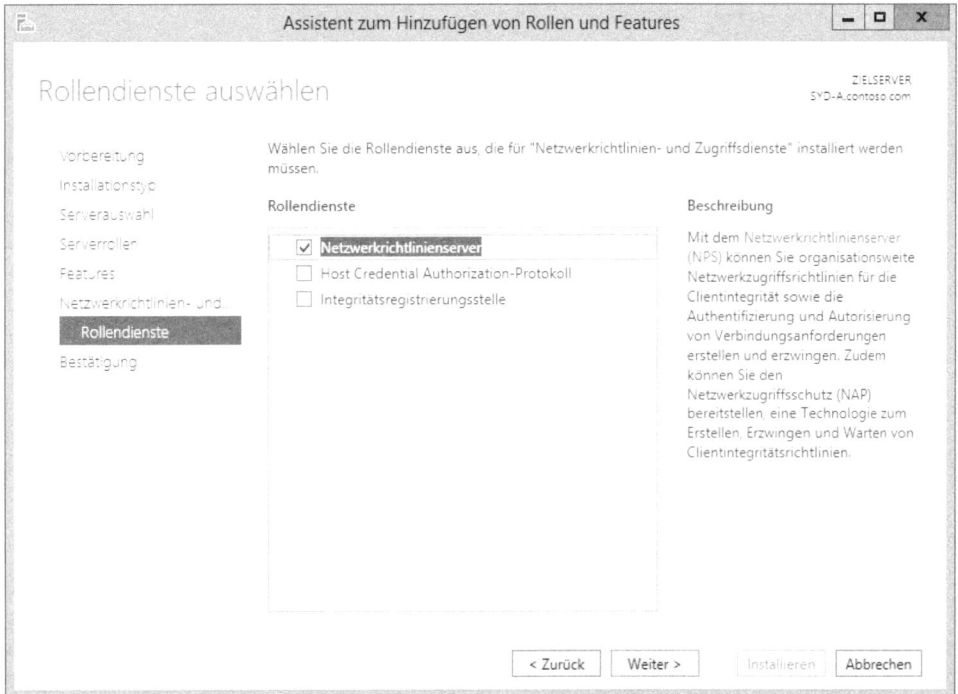

Abbildung 7.51   Installieren des Rollendienstes *Netzwerkrichtlinienserver*

10. Klicken Sie auf der Seite *Installationsauswahl bestätigen* auf *Installieren* und dann auf *Schließen*.

Übung 3: Konfigurieren der Windows-Sicherheitsintegritätsprüfung

In dieser Übung konfigurieren Sie die Windows-Sicherheitsintegritätsprüfung auf dem Netzwerkrichtlinienserver. Gehen Sie folgendermaßen vor, um diese Übung auszuführen:

1. Wählen Sie auf *SYD-A* im Server-Manager den Befehl *Netzwerkrichtlinienserver* aus dem Menü *Tools*.

2. Erweitern Sie die Zweige *Netzwerkzugriffsschutz\Systemintegritätsprüfungen\Windows-Sicherheitsintegritätsverifizierung* und wählen Sie den Knoten *Einstellungen* aus (Abbildung 7.52).

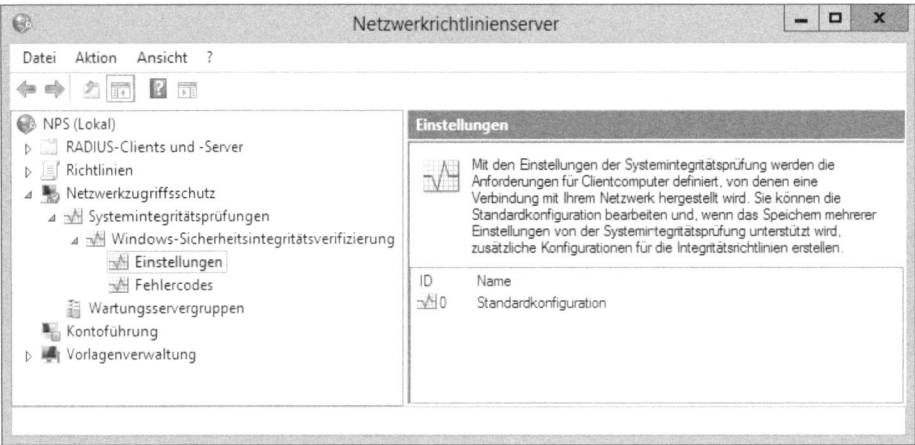

Abbildung 7.52 Einstellungen der Windows-Sicherheitsintegritätsprüfung

3. Klicken Sie auf *Standardkonfiguration* und wählen Sie dann im Menü *Aktion* den Befehl *Eigenschaften*.

4. Blättern Sie im Dialogfeld *Windows-Sicherheitsintegritätsprüfung* nach unten und aktivieren Sie das Kontrollkästchen *Zugriff für Clients einschränken, auf denen nicht alle verfügbaren Sicherheitsupdates installiert sind* (Abbildung 7.53). Wählen Sie in der Dropdownliste *Erforderlicher Mindestschweregrad für Updates* den Eintrag *Nur kritisch* aus und klicken Sie auf *OK*.

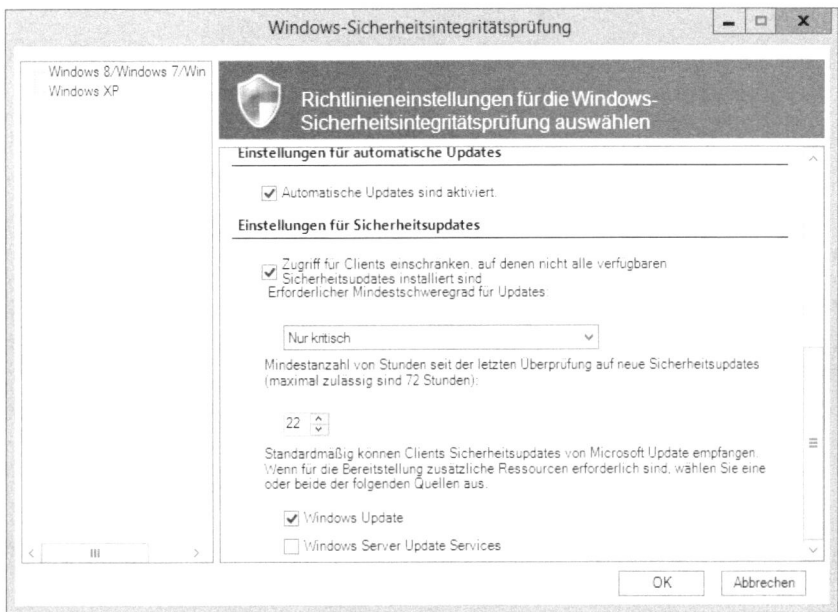

Abbildung 7.53   Einstellungen für Sicherheitsupdates

Übung 4: Konfigurieren einer Wartungsservergruppe

In dieser Übung konfigurieren Sie eine Wartungsservergruppe. Gehen Sie folgendermaßen vor, um diese Übung auszuführen:

1. Klicken Sie auf *SYD-A* in der Konsole *Netzwerkrichtlinienserver* auf *Wartungsserver-gruppen* (Abbildung 7.54).

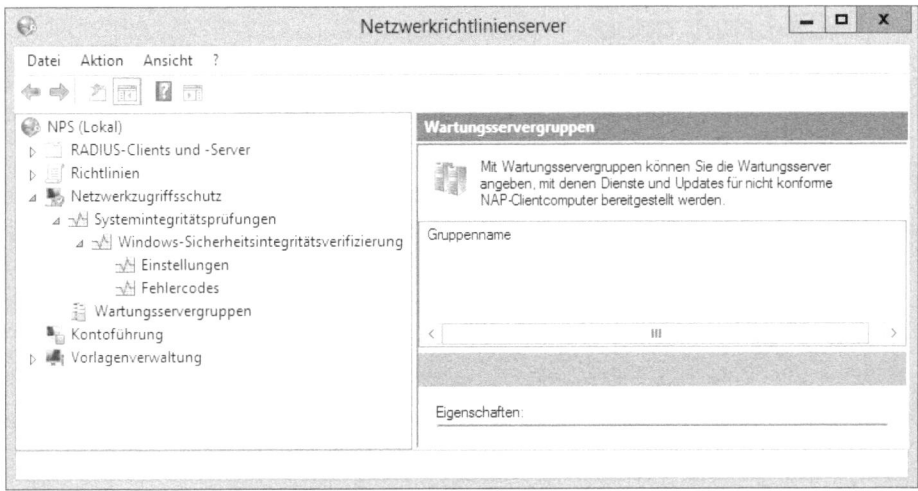

Abbildung 7.54   Wartungsservergruppen

2.   Klicken Sie im Menü *Aktion* auf *Neu*.

3.   Tippen Sie im Dialogfeld *Neue Wartungsservergruppe* den Gruppennamen **Contoso-Wartungsgruppe** ein und klicken Sie auf *Hinzufügen*.

4.   Geben Sie im Dialogfeld *Neuen Server hinzufügen* den Anzeigenamen **SYD-B** und den DNS-Namen **syd-b.contoso.com** ein und klicken Sie auf *Auflösen*. Klicken Sie auf *OK*.

5.   Stellen Sie sicher, dass das Dialogfeld *Neue Wartungsservergruppe* jetzt wie in Abbildung 7.55 aussieht, und klicken Sie auf *OK*.

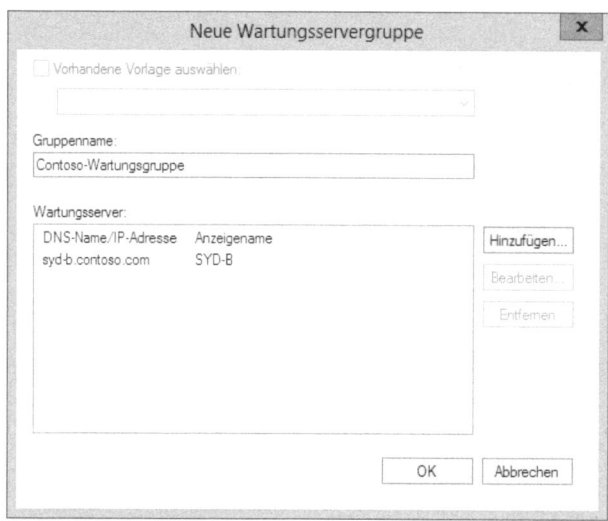

Abbildung 7.55   Hinzufügen einer Wartungsservergruppe

Übung 5: Konfigurieren von Clientrichtlinien für die DHCP-Erzwingung

In dieser Übung arbeiten Sie in den Konsolen *Gruppenrichtlinienverwaltung* und *DHCP*, um Clientrichtlinien für die DHCP-Erzwingung zu konfigurieren. Gehen Sie folgendermaßen vor, um diese Übung auszuführen:

1.   Klicken Sie auf *SYD-A* in der Taskleiste auf das Symbol *Windows PowerShell*.

2.   Führen Sie den folgenden Befehl aus:
```
Install-WindowsFeature GPMC,RSAT-ADDS
```

3.   Schließen Sie Windows PowerShell.

4.   Wählen Sie im Menü *Tools* des Server-Managers den Befehl *Gruppenrichtlinien-verwaltung*.

5. Erweitern Sie in der Konsole *Gruppenrichtlinienverwaltung* die Zweige *Gesamtstruktur: contoso.com\Domänen\contoso.com* und wählen Sie den Knoten *Gruppenrichtlinien-objekte* aus.

6. Wählen Sie im Menü *Aktion* den Befehl *Neu*.

7. Tippen Sie im Dialogfeld *Neues Gruppenrichtlinienobjekt* den Namen **DHCP-Erzwin-gung** ein und klicken Sie auf *OK*.

8. Klicken Sie in der Konsole *Gruppenrichtlinienverwaltung* mit der rechten Maustaste auf die Richtlinie *DHCP-Erzwingung* und wählen Sie den Befehl *Bearbeiten*.

9. Erweitern Sie die Zweige *Computerkonfiguration\Richtlinien\Windows-Einstellungen\Sicherheitseinstellungen\Netzwerkzugriffsschutz* und wählen Sie den Knoten *NAP-Client-konfiguration* aus (Abbildung 7.56).

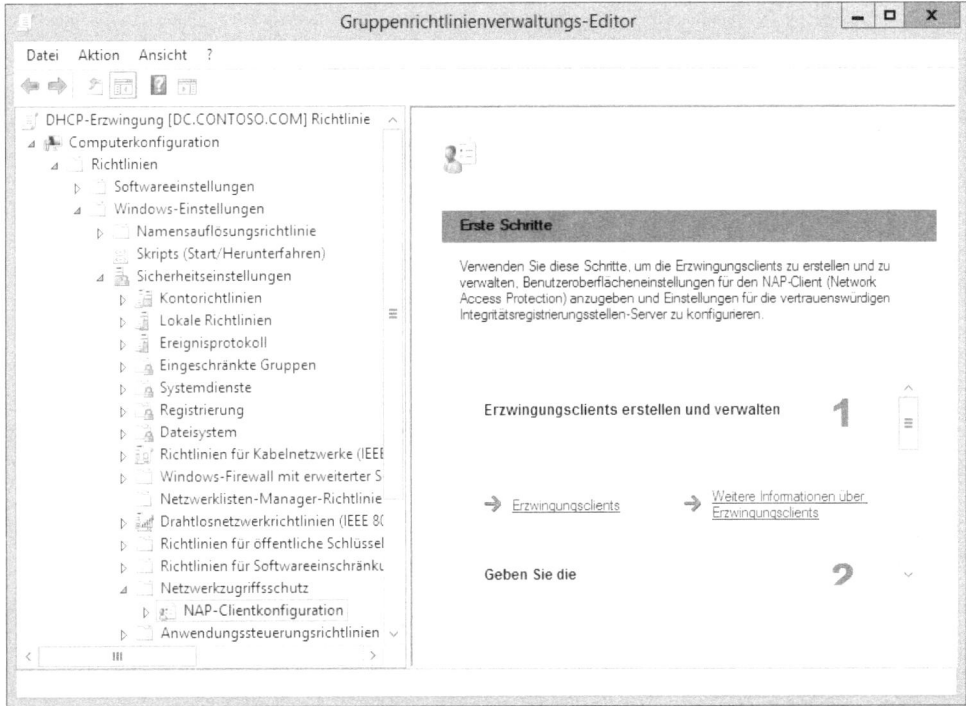

Abbildung 7.56 Konfigurieren der NAP-Erzwingung auf Clients

10. Klicken Sie auf *Erzwingungsclients* und dann auf *DHCP-Quarantäneerzwingungsclient*.

11. Wählen Sie im Menü *Aktion* den Befehl *Aktivieren*.

12. Schließen Sie den Gruppenrichtlinienverwaltungs-Editor.

13. Schließen Sie die Konsole *Gruppenrichtlinienverwaltung*.

14. Wählen Sie im Menü *Tools* des Server-Managers den Befehl *Active Directory-Benutzer und -Computer*.

15. Erweitern Sie den Zweig *contoso.com* und klicken Sie auf *Computers*. Klicken Sie im Menü *Aktion* auf *Neu* und dann auf *Gruppe*.

16. Geben Sie im Dialogfeld *Neues Objekt - Gruppe* den Namen **NAP-Ausnahmen** ein (Abbildung 7.57) und klicken Sie auf *OK*.

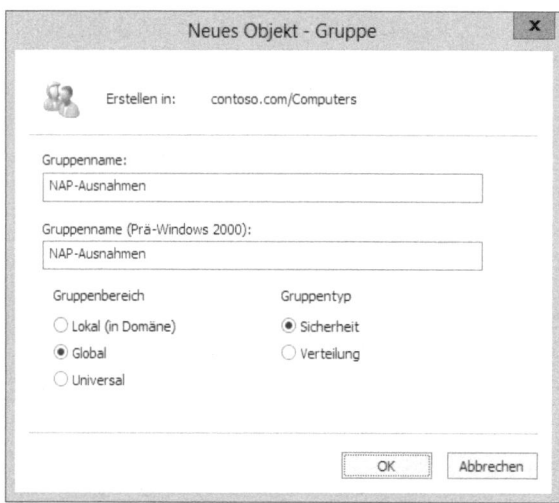

Abbildung 7.57   Erstellen der Gruppe *NAP-Ausnahmen*

17. Schließen Sie die Konsole *Active Directory-Benutzer und -Computer*.

Übung 6: Konfigurieren der NAP-DHCP-Erzwingung

In dieser Übung konfigurieren Sie die NAP-DHCP-Erzwingung. Gehen Sie folgendermaßen vor, um diese Übung auszuführen:

1. Wählen Sie auf *SYD-A* in der Konsole *Netzwerkrichtlinienserver* den Knoten *NPS (Lokal)* aus und klicken Sie auf *NAP konfigurieren*.

2. Wählen Sie auf der Seite *Auswählen der Netzwerkverbindungsmethode zur Verwendung mit NAP* in der Dropdownliste den Eintrag *Dynamic Host Configuration-Protokoll (DHCP)* aus (Abbildung 7.58) und klicken Sie auf *Weiter*.

Abbildung 7.58   Erstellen einer DHCP-NAP-Richtlinie

3. Klicken Sie auf der Seite *NAP-Erzwingungsserver angeben, auf denen DHCP-Server ausgeführt wird* auf *Weiter.*

4. Klicken Sie auf der Seite *DHCP-Bereiche angeben* auf *Weiter.*

5. Klicken Sie auf der Seite *Computergruppen konfigurieren* auf *Hinzufügen.*

6. Geben Sie im Dialogfeld *Gruppe auswählen* den Objektnamen **NAP-Ausnahmen** ein, klicken Sie auf *Namen überprüfen* und dann auf *OK*.

7. Stellen Sie sicher, dass die Seite *Computergruppen konfigurieren* wie in Abbildung 7.59 aussieht, und klicken Sie auf *Weiter*.

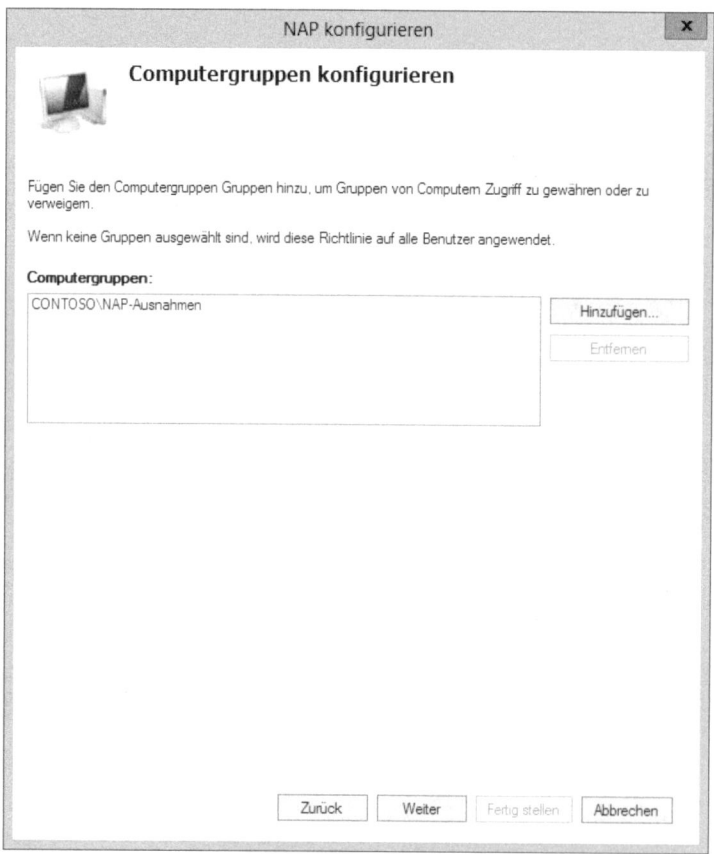

Abbildung 7.59   Konfigurieren von Computergruppen

8. Wählen Sie auf der Seite *Angeben einer NAP-Wartungsservergruppe und einer URL* in der Dropdownliste den Eintrag *Contoso-Wartungsgruppe* aus (Abbildung 7.60) und klicken Sie auf *Weiter.*

Abbildung 7.60   Auswählen einer Wartungsservergruppe

9. Stellen Sie auf der Seite *NAP-Integritätsrichtlinie definieren* sicher, dass *Windows-Sicherheitsintegritätsverifizierung* ausgewählt ist, die automatische Wartung aktiviert ist und die Option *Clientcomputern ohne NAP vollständigen Netzwerkzugriff verweigern* ausgewählt ist (Abbildung 7.61), und klicken Sie auf *Weiter.*

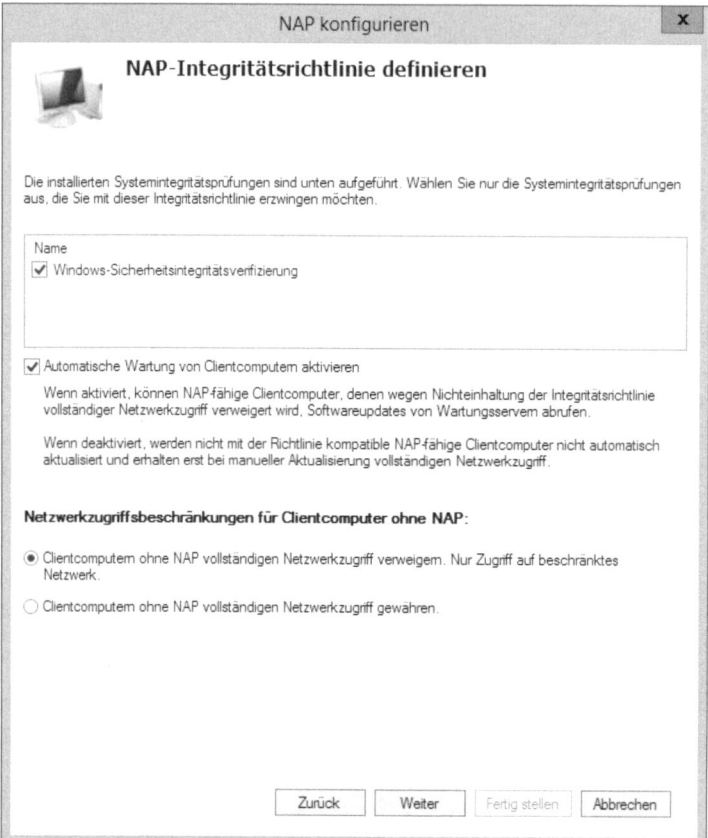

Abbildung 7.61 Definieren der NAP-Integritätsrichtlinie

10. Klicken Sie auf der Seite *Abschließen der neuen Erzwingungsrichtlinie für Netzwerk-zugriffsschutz und der RADIUS-Clientkonfiguration* auf *Fertig stellen*.

Vorgeschlagene Übungen

Die folgenden zusätzlichen Übungen bieten Ihnen weitere Möglichkeiten, die in diesem Kapitel behandelten Themen einzuüben und zu vertiefen.

- **Übung 1** Installieren Sie eine Stammzertifizierungsstelle des Unternehmens und eine Integritätsregistrierungsstelle

- **Übung 2** Konfigurieren Sie NAP mit IPsec-Erzwingung

- **Übung 3** Konfigurieren Sie eine Wartungsservergruppe

Antworten

Dieser Abschnitt enthält die Antworten zu den Lernzielkontrollfragen aus diesem Kapitel.

Lektion 1

1. **Richtige Antwort: D**

   A. **Falsch:** Den Verbindungsanforderungstyp *HCAP-Server* verwenden Sie, wenn Sie die Integration mit Cisco-NAC konfigurieren.

   B. **Falsch:** Den Typ *RAS-Server* verwenden Sie, wenn Sie Verbindungsanforderungsrichtlinien für DFÜ- und VPN-Dienste konfigurieren.

   C. **Falsch:** Den Typ *DHCP-Server* verwenden Sie, wenn Sie Richtlinien für NAP mit DHCP-Erzwingung konfigurieren.

   D. **Richtig:** Den Verbindungstyp *Remotedesktopgateway* verwenden Sie für eine Verbindungsanforderungsrichtlinie, wenn Sie Remotedesktopverbindungen aus nicht vertrauenswürdigen Netzwerken zulassen wollen.

2. **Richtige Antwort: C**

   A. **Falsch:** Den Verbindungstyp *Remotedesktopgateway* verwenden Sie für eine Verbindungsanforderungsrichtlinie, wenn Sie Remotedesktopverbindungen aus nicht vertrauenswürdigen Netzwerken zulassen wollen.

   B. **Falsch:** Den Typ *DHCP-Server* verwenden Sie, wenn Sie Richtlinien für NAP mit DHCP-Erzwingung konfigurieren.

   C. **Richtig:** Den Verbindungsanforderungstyp *RAS-Server* verwenden Sie, wenn Sie Verbindungsanforderungsrichtlinien für DFÜ- und VPN-Dienste konfigurieren.

   D. **Falsch:** Den Verbindungsanforderungstyp *HCAP-Server* verwenden Sie, wenn Sie die Integration mit Cisco-NAC konfigurieren.

3. **Richtige Antwort: B**

   A. **Falsch:** Den Verbindungsanforderungstyp *RAS-Server* verwenden Sie, wenn Sie Verbindungsanforderungsrichtlinien für DFÜ- und VPN-Dienste konfigurieren.

   B. **Richtig:** Den Verbindungsanforderungstyp *HCAP-Server* verwenden Sie, wenn Sie die Integration mit Cisco-NAC konfigurieren.

   C. **Falsch:** Den Typ *DHCP-Server* verwenden Sie, wenn Sie Richtlinien für NAP mit DHCP-Erzwingung konfigurieren.

   D. **Falsch:** Den Verbindungstyp *Remotedesktopgateway* verwenden Sie für eine Verbindungsanforderungsrichtlinie, wenn Sie Remotedesktopverbindungen aus nicht vertrauenswürdigen Netzwerken zulassen wollen.

4. **Richtige Antwort: D**

   A. **Falsch:** Die Bedingung *Windows-Gruppe* verwenden Sie, wenn Sie eine Netzwerkrichtlinie konfigurieren, die für Benutzer- oder Computerkonten gilt, die Mitglieder einer Sicherheitsgruppe sind.

   B. **Falsch:** Verwenden Sie die Bedingung *Computergruppen*, wenn Sie eine Netzwerkrichtlinie konfigurieren, die für Computerkonten aus einer bestimmten Gruppe gilt.

   C. **Falsch:** Verwenden Sie die Bedingung *Benutzergruppen*, wenn Sie eine Netzwerkrichtlinie konfigurieren, die für Benutzerkonten aus einer bestimmten Gruppe gilt.

   D. **Richtig:** Verwenden Sie Tag- und Uhrzeiteinschränkungen, um eine Richtlinie zu konfigurieren, die nur an bestimmten Wochentagen gilt.

5. **Richtige Antworten: A und D**

   A. **Richtig:** Verwenden Sie die Bedingung *Windows-Gruppe*, wenn Sie eine Netzwerkrichtlinie konfigurieren, die für Benutzer- oder Computerkonten gilt, die Mitglieder einer Sicherheitsgruppe sind.

   B. **Falsch:** Verwenden Sie die Bedingung *Benutzergruppen*, wenn Sie eine Netzwerkrichtlinie konfigurieren, die für Benutzerkonten aus einer bestimmten Gruppe gilt.

   C. **Falsch:** Verwenden Sie Tag- und Uhrzeiteinschränkungen, um eine Richtlinie zu konfigurieren, die nur an bestimmten Wochentagen gilt.

   D. **Richtig:** Verwenden Sie die Bedingung *Computergruppen*, wenn Sie eine Netzwerkrichtlinie konfigurieren, die für Computerkonten aus einer bestimmten Gruppe gilt.

Lektion 2

1. **Richtige Antwort: D**

   A. **Falsch:** Bei der IPsec-Erzwingung kommunizieren Clients, deren Systemintegrität alle Anforderungen erfüllt, verschlüsselt und authentifiziert mit anderen Hosts im Netzwerk.

   B. **Falsch:** Bei der 802.1X-Erzwingung erlauben authentifizierende Switches und Drahtloszugriffspunkte nur solchen Clients Netzwerkzugriff, deren Systemintegrität alle Anforderungen erfüllt.

   C. **Falsch:** Die VPN-Erzwingung erlaubt VPN-Verbindungen nur für Clients, deren Systemintegrität alle Anforderungen erfüllt.

   D. **Richtig:** Bei der Remotedesktopgateway-Erzwingung dürfen nur Clients, deren Systemintegrität alle Anforderungen erfüllt, Verbindungen zu einem Remotedesktop-Gatewayserver herstellen.

2. **Richtige Antwort: A**

A. **Richtig:** Bei der 802.1X-Erzwingung erlauben authentifizierende Switches und Drahtloszugriffspunkte nur solchen Clients Netzwerkzugriff, deren Systemintegrität alle Anforderungen erfüllt.

B. **Falsch:** Bei der DHCP-Erzwingung werden IPv4-Adressleases nur an Clients vergeben, deren Systemintegrität alle Anforderungen erfüllt.

C. **Falsch:** Bei der Remotedesktopgateway-Erzwingung dürfen nur Clients, deren Systemintegrität alle Anforderungen erfüllt, Verbindungen zu einem Remotedesktop-Gatewayserver herstellen.

D. **Falsch:** Die VPN-Erzwingung erlaubt VPN-Verbindungen nur für Clients, deren Systemintegrität alle Anforderungen erfüllt.

3. **Richtige Antwort: D**

A. **Falsch:** Die VPN-Erzwingung erlaubt VPN-Verbindungen nur für Clients, deren Systemintegrität alle Anforderungen erfüllt.

B. **Falsch:** Bei der 802.1X-Erzwingung erlauben authentifizierende Switches und Drahtloszugriffspunkte nur solchen Clients Netzwerkzugriff, deren Systemintegrität alle Anforderungen erfüllt.

C. **Falsch:** Bei der IPsec-Erzwingung kommunizieren Clients, deren Systemintegrität alle Anforderungen erfüllt, verschlüsselt und authentifiziert mit anderen Hosts im Netzwerk.

D. **Richtig:** Bei der DHCP-Erzwingung werden IPv4-Adressleases nur an Clients vergeben, deren Systemintegrität alle Anforderungen erfüllt.

4. **Richtige Antwort: B**

A. **Falsch:** Bei der DHCP-Erzwingung werden IPv4-Adressleases nur an Clients vergeben, deren Systemintegrität alle Anforderungen erfüllt.

B. **Richtig:** Bei der IPsec-Erzwingung kommunizieren Clients, deren Systemintegrität alle Anforderungen erfüllt, verschlüsselt und authentifiziert mit anderen Hosts im Netzwerk.

C. **Falsch:** Die VPN-Erzwingung erlaubt VPN-Verbindungen nur für Clients, deren Systemintegrität alle Anforderungen erfüllt.

D. **Falsch:** Bei der Remotedesktopgateway-Erzwingung dürfen nur Clients, deren Systemintegrität alle Anforderungen erfüllt, Verbindungen zu einem Remotedesktop-Gatewayserver herstellen.

5. Richtige Antwort: C

A. **Falsch:** Bei der Remotedesktopgateway-Erzwingung dürfen nur Clients, deren Systemintegrität alle Anforderungen erfüllt, Verbindungen zu einem Remotedesktop-Gatewayserver herstellen.

B. **Falsch:** Bei der 802.1X-Erzwingung erlauben authentifizierende Switches und Drahtloszugriffspunkte nur solchen Clients Netzwerkzugriff, deren Systemintegrität alle Anforderungen erfüllt.

C. **Richtig:** Die VPN-Erzwingung erlaubt VPN-Verbindungen nur für Clients, deren Systemintegrität alle Anforderungen erfüllt.

D. **Falsch:** Bei der IPsec-Erzwingung kommunizieren Clients, deren Systemintegrität alle Anforderungen erfüllt, verschlüsselt und authentifiziert mit anderen Hosts im Netzwerk.

Lektion 3

1. Richtige Antwort: C

A. **Falsch:** Eine Systemintegritätsprüfung ist ein Satz von Integritätsbedingungen, die zum Beispiel prüfen, ob eine Firewall aktiviert und Antischadsoftware installiert ist. All diese Bedingungen müssen erfüllt sein, damit der Client die Systemintegritätsprüfung innerhalb einer Integritätsrichtlinie besteht.

B. **Falsch:** Eine Integritätsrichtlinie umfasst eine oder mehrere Systemintegritätsprüfungen. Integritätsrichtlinieneinstellungen legen fest, ob ein Client die Anforderungen erfüllt.

C. **Richtig:** Eine Wartungsservergruppe umfasst Server, deren Dienste zum Beispiel Softwareupdates und Antischadsoftwaredefinitionen hosten und es inkompatiblen Clients ermöglichen, ihre Systemintegrität auf den geforderten Stand zu bringen.

D. **Falsch:** Eine Integritätsregistrierungsstelle wird in einer NAP-IPsec-Erzwingung verwendet, um Integritätszertifikate auszustellen.

2. Richtige Antwort: D

A. **Falsch:** Eine Integritätsrichtlinie umfasst eine oder mehrere Systemintegritätsprüfungen. Integritätsrichtlinieneinstellungen legen fest, ob ein Client die Anforderungen erfüllt.

B. **Falsch:** Eine Wartungsservergruppe umfasst Server, deren Dienste zum Beispiel Softwareupdates und Antischadsoftwaredefinitionen hosten und es inkompatiblen Clients ermöglichen, ihre Systemintegrität auf den geforderten Stand zu bringen.

C. **Falsch:** Eine Systemintegritätsprüfung ist ein Satz von Integritätsbedingungen, die zum Beispiel prüfen, ob eine Firewall aktiviert und Antischadsoftware installiert ist. All diese Bedingungen müssen erfüllt sein, damit der Client die Systemintegritätsprüfung innerhalb einer Integritätsrichtlinie besteht.

D. **Richtig:** Eine Integritätsregistrierungsstelle wird in einer NAP-IPsec-Erzwingung verwendet, um Integritätszertifikate auszustellen.

3. **Richtige Antwort: A**

   A. **Richtig:** Eine Systemintegritätsprüfung ist ein Satz von Integritätsbedingungen, die zum Beispiel prüfen, ob eine Firewall aktiviert und Antischadsoftware installiert ist. All diese Bedingungen müssen erfüllt sein, damit der Client die Systemintegritätsprüfung innerhalb einer Integritätsrichtlinie besteht.

   B. **Falsch:** Eine Integritätsregistrierungsstelle wird in einer NAP-IPsec-Erzwingung verwendet, um Integritätszertifikate auszustellen.

   C. **Falsch:** Eine Integritätsrichtlinie umfasst eine oder mehrere Systemintegritätsprüfungen. Integritätsrichtlinieneinstellungen legen fest, ob ein Client die Anforderungen erfüllt.

   D. **Falsch:** Eine Wartungsservergruppe umfasst Server, deren Dienste zum Beispiel Softwareupdates und Antischadsoftwaredefinitionen hosten und es inkompatiblen Clients ermöglichen, ihre Systemintegrität auf den geforderten Stand zu bringen.

4. **Richtige Antwort: B**

   A. **Falsch:** Eine Wartungsservergruppe umfasst Server, deren Dienste zum Beispiel Softwareupdates und Antischadsoftwaredefinitionen hosten und es inkompatiblen Clients ermöglichen, ihre Systemintegrität auf den geforderten Stand zu bringen.

   B. **Richtig:** Eine Integritätsrichtlinie umfasst eine oder mehrere Systemintegritätsprüfungen. Integritätsrichtlinieneinstellungen legen fest, ob ein Client die Anforderungen erfüllt.

   C. **Falsch:** Eine Systemintegritätsprüfung ist ein Satz von Integritätsbedingungen, die zum Beispiel prüfen, ob eine Firewall aktiviert und Antischadsoftware installiert ist. All diese Bedingungen müssen erfüllt sein, damit der Client die Systemintegritätsprüfung innerhalb einer Integritätsrichtlinie besteht.

   D. **Falsch:** Eine Integritätsregistrierungsstelle wird in einer NAP-IPsec-Erzwingung verwendet, um Integritätszertifikate auszustellen.

KAPITEL 8

Verwalten des Remotezugriffs

In der modernen Gesellschaft endet die Arbeit nicht mehr automatisch, sobald der Angestellte sein Büro verlässt. Etwa 60 Prozent der Computer, die in den Netzwerken moderner Organisationen zum Einsatz kommen, sind keine herkömmlichen Desktopcomputer mehr, sondern Notebooks und Tablets. Die Benutzer arbeiten genauso oft zu Hause oder in einem Internetcafé wie am Schreibtisch innerhalb des Firmengebäudes. Dank Remotezugriff können Sie Benutzern, die an nicht vertrauenswürdige Netzwerke wie das Internet angeschlossen sind, Zugriff auf die vertrauenswürdigen Netzwerke gewähren, in denen die wichtigen Server Ihrer Organisation liegen. In diesem Kapitel erfahren Sie, wie Sie RADIUS-Server, -Clients und -Proxys konfigurieren. Außerdem beschreibt das Kapitel, wie Sie Windows Server 2012 als Routing- und RAS-Server einrichten und wie Sie DirectAccess konfigurieren.

Lektionen in diesem Kapitel:

Bevor Sie beginnen

Damit Sie die Übungen in diesem Kapitel durcharbeiten können, müssen Sie die Computer *DC*, *SYD-A* und *SYD-B* mit der Evaluierungsversion von Windows Server 2012 bereitgestellt haben, wie im Anhang beschrieben.

Lektion 1: Konfigurieren von RADIUS

RADIUS (Remote Authentication Dial-In User Service) ist ein Standardprotokoll, das von praktisch allen leistungsfähigen Netzwerkgeräten unterstützt wird. Sie können damit die Authentifizierung und Autorisierung für Netzwerkverbindungen konfigurieren, zum Beispiel für Verbindungen, die von RAS-Clients im Internet aufgebaut werden, oder für Verbindungen, die durch authentifizierende Switches und Drahtloszugriffspunkte vermittelt werden. Wenn Sie einen RADIUS-Server in einem vertrauenswürdigen Netzwerk einrichten, können Sie die RAS-Server, zum Beispiel die VPN-Server (virtuelles privates Netzwerk), im Umkreisnetzwerk bereitstellen. Das erhöht die Sicherheit, denn wenn Sie die Authentifizierung über RADIUS abwickeln, braucht der VPN-Server im Umkreisnetzwerk keine Kontendatenbank zu verwalten. Er beschränkt sich auf das Annehmen von Verbindungen und leitet Authentifizierungs- und Autorisierungsverkehr an einen RADIUS-Server weiter. Falls es einem Angreifer gelingt, den VPN-Server im Umkreisnetzwerk zu kompromittieren, erhält er trotzdem keinen Zugriff auf die Kontendatenbank, weil sie in einem RADIUS-Server innerhalb des geschützten Netzwerks gehostet wird. Diese Lektion stellt RADIUS-Server, RADIUS-Proxys, RADIUS-Clients und RADIUS-Kontoführung vor.

Am Ende dieser Lektion werden Sie in der Lage sein, die folgenden Aufgaben auszuführen:

- Bereitstellen von RADIUS-Servern

- Verwalten von RADIUS-Proxys

- Konfigurieren von RADIUS-Clients

- Konfigurieren der RADIUS-Kontoführung

Veranschlagte Zeit für diese Lektion: 45 Minuten

RADIUS-Server

Ein *RADIUS-Server* führt Authentifizierung, Autorisierung und Kontoführung für VPN, 802.1x-Drahtloszugriffspunkte und authentifizierende 802.1x-Switches sowie für DFÜ-Verbindungen durch. Der Rollendienst *Netzwerkrichtlinienserver* ist die Microsoft-Implementierung eines RADIUS-Servers.

Gehen Sie folgendermaßen vor, um den Rollendienst *Netzwerkrichtlinienserver* zu installieren:

1. Wählen Sie im Server-Manager im Menü *Verwalten* den Befehl *Rollen und Features hinzufügen*.

2. Klicken Sie auf der Seite *Vorbemerkungen* auf *Weiter*.

3. Wählen Sie auf der Seite *Installationstyp auswählen* die Option *Rollenbasierte oder featurebasierte Installation* und klicken Sie auf *Weiter*.

4. Wählen Sie auf der Seite *Zielserver auswählen* den Server aus, auf dem Sie den Rollendienst *Netzwerkrichtlinienserver* bereitstellen wollen, und klicken Sie auf *Weiter*.

5. Aktivieren Sie auf der Seite *Serverrollen auswählen* das Kontrollkästchen *Netzwerkrichtlinien- und Zugriffsdienste* (Abbildung 8.1).

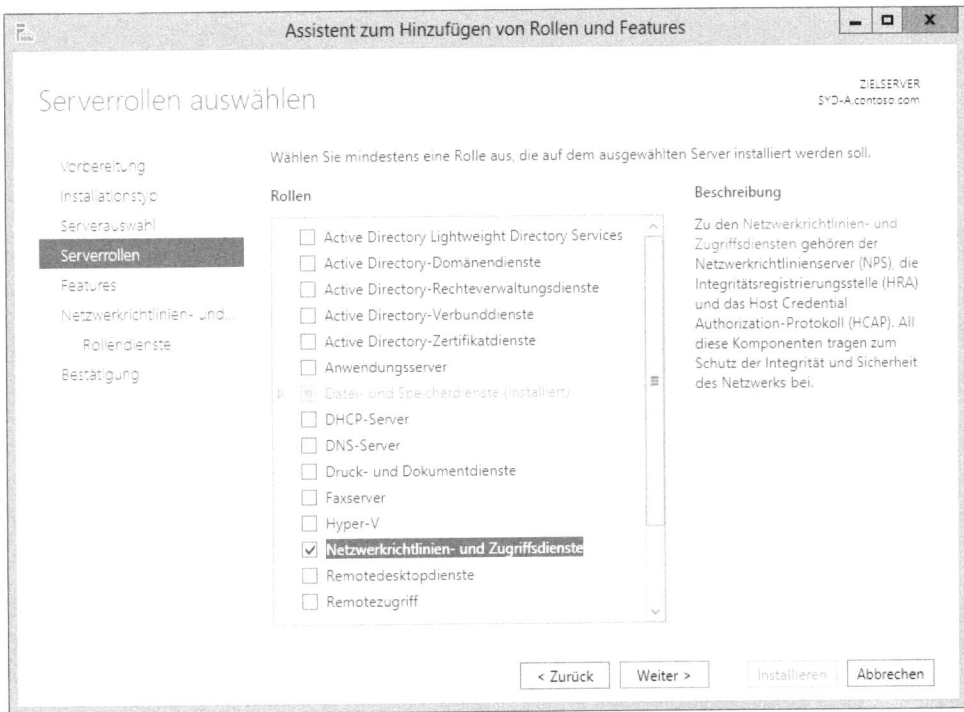

Abbildung 8.1 Installieren der Rolle *Netzwerkrichtlinien- und Zugriffsdienste*

6. Klicken Sie im Dialogfeld *Assistent zum Hinzufügen von Rollen und Features*, das sich automatisch öffnet, auf *Features hinzufügen*.

7. Klicken Sie auf der Seite *Serverrollen auswählen* auf *Weiter*.

8. Klicken Sie auf der Seite *Features auswählen* auf *Weiter*.

9. Klicken Sie auf der Seite *Netzwerkrichtlinien- und Zugriffsdienste* auf *Weiter*.

10. Stellen Sie auf der Seite *Rollendienste auswählen* sicher, dass *Netzwerkrichtlinienserver* ausgewählt ist (Abbildung 8.2), und klicken Sie auf *Weiter*.

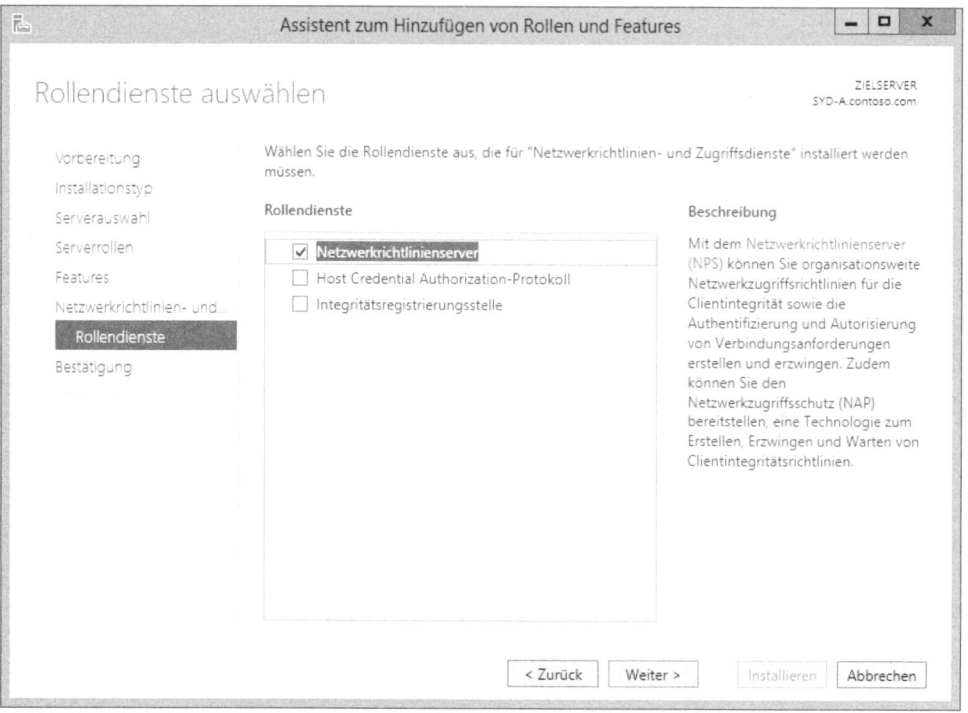

Abbildung 8.2 Installieren des Rollendienstes *Netzwerkrichtlinienserver*

11. Klicken Sie auf der Seite *Installationsauswahl bestätigen* auf *Installieren* und dann auf *Schließen*.

Da der Netzwerkrichtlinienserver eine Implementierung des RADIUS-Protokolls ist, können Sie ihn zusammen mit Produkten anderer Hersteller sowie anderen Versionen von Microsoft-Produkten einsetzen, die das RADIUS-Protokoll unterstützen. Weil der Rollendienst *Netzwerkrichtlinienserver* das RADIUS-Protokoll unterstützt, arbeitet der Server mit den meisten Remote- und Netzwerkzugriffsprodukten anderer Hersteller zusammen. Ist der Server, auf dem der Rollendienst *Netzwerkrichtlinienserver* installiert ist, Mitglied einer AD DS-Domäne (Active Directory Domain Services), fungiert Active Directory als Benutzerkontendatenbank. Ob der lokale Server die RADIUS-Authentifizierung durchführt, legen Sie fest, während Sie eine Verbindungsanforderungsrichtlinie erstellen oder die Eigenschaften einer Verbindungsanforderungsrichtlinie bearbeiten (Abbildung 8.3).

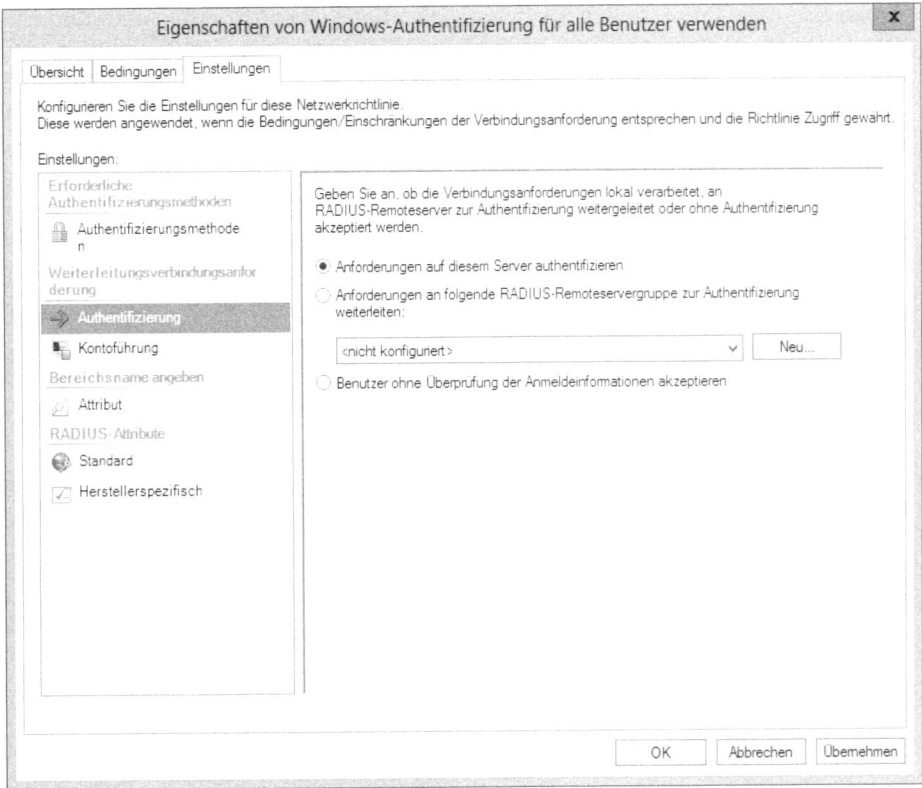

Abbildung 8.3 Konfigurieren der Authentifizierung

Weitere Informationen   RADIUS-Server

Weitere Informationen über RADIUS-Server finden Sie in TechNet unter *http://tech-net.microsoft.com/de-de/library/cc755248.aspx*.

RADIUS-Proxys

Ein *RADIUS-Proxy* leitet Verkehr von RADIUS-Clients an RADIUS-Server weiter, wobei sein Verhalten von den Eigenschaften der Verbindungsanforderung abhängt. Wenn Sie einen Server, auf dem der Rollendienst *Netzwerkrichtlinienserver* installiert ist, als RADIUS-Proxy konfigurieren, werden Informationen über Nachrichten, die von den RADIUS-Clients an die RADIUS-Server übermittelt werden, im Kontoführungsprotokoll aufgezeichnet. Ein Server, der als RADIUS-Proxy konfiguriert ist, ist aus Sicht des RADIUS-Servers, der die Authentifizierung durchführt, ein RADIUS-Client.

Einen RADIUS-Proxy stellen Sie bereit, wenn Sie Authentifizierung und Autorisierung für Benutzer anbieten wollen, die Konten in anderen Active Directory-Gesamtstrukturen haben. Wenn es in Ihrer Organisation zum Beispiel drei Gesamtstrukturen gibt, für die keine Gesamtstrukturvertrauensstellungen eingerichtet wurden, aber ein VPN-Server vorhanden ist, können Sie einen RADIUS-Proxy einsetzen, um Authentifizierungsverkehr an RADIUS-Server in den anderen Gesamtstrukturen weiterzuleiten. Wurde eine Gesamtstrukturvertrauensstellung konfiguriert, brauchen Sie dagegen keinen RADIUS-Proxy. Sie können einen RADIUS-Proxy auch verwenden, wenn Sie für die Authentifizierung eine Kontendatenbank nutzen, die auf dem Betriebssystem eines anderen Herstellers läuft. Abbildung 8.4 zeigt eine Konfiguration, in der Anforderungen an die Remoteservergruppe *Contoso-RADIUS* weitergeleitet werden.

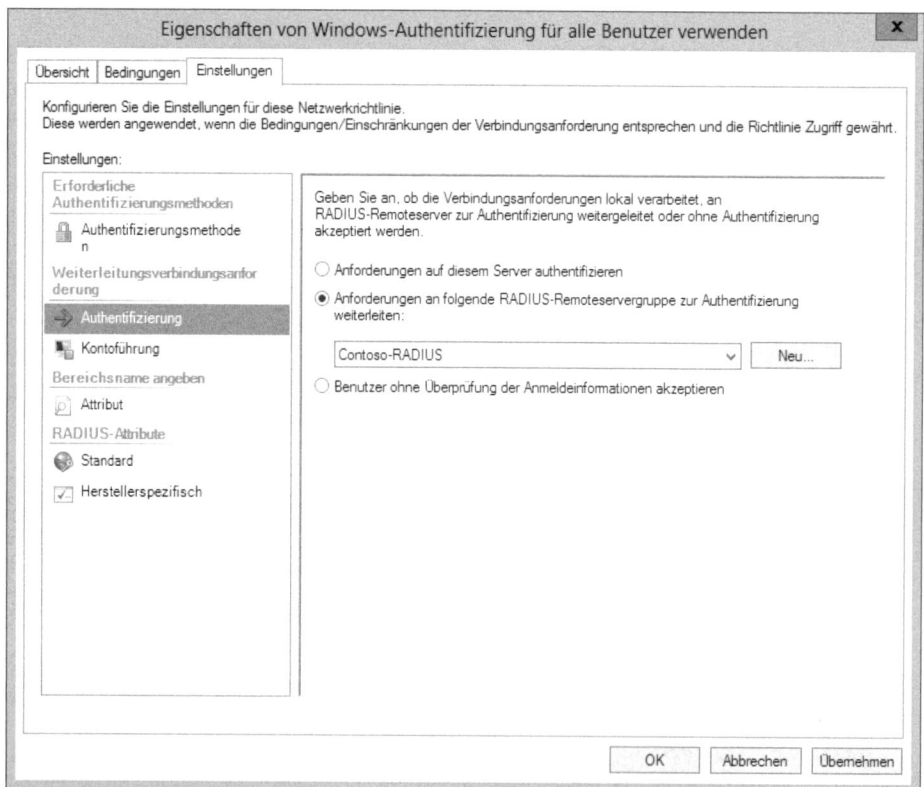

Abbildung 8.4 Weiterleiten von RADIUS-Anforderungen mit dem Netzwerkrichtlinienserver

Damit Sie einen Server, auf dem der Rollendienst *Netzwerkrichtlinienserver* installiert ist, als RADIUS-Proxy einrichten können, müssen Sie eine RADIUS-Remoteservergruppe erstellen. Diese Aufgabe erledigen Sie im Dialogfeld *Neue RADIUS-Remoteservergruppe* (Abbildung 8.5). Eine RADIUS-Remoteservergruppe umfasst RADIUS-Server, an die ein RADIUS-Proxy den Authentifizierungsverkehr weiterleitet. Mithilfe der Werte für Priorität und Gewichtung, die Sie für jeden Server in der Gruppe festlegen, steuern Sie, wie der Verkehr, der vom Proxy weitergeleitet wird, auf die unterschiedlichen Server innerhalb der Gruppe verteilt wird.

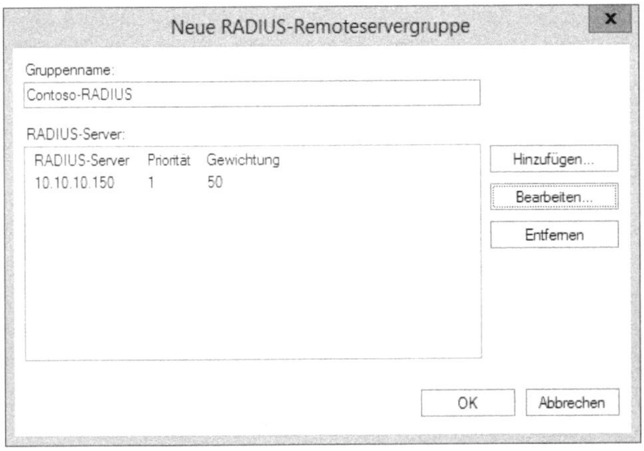

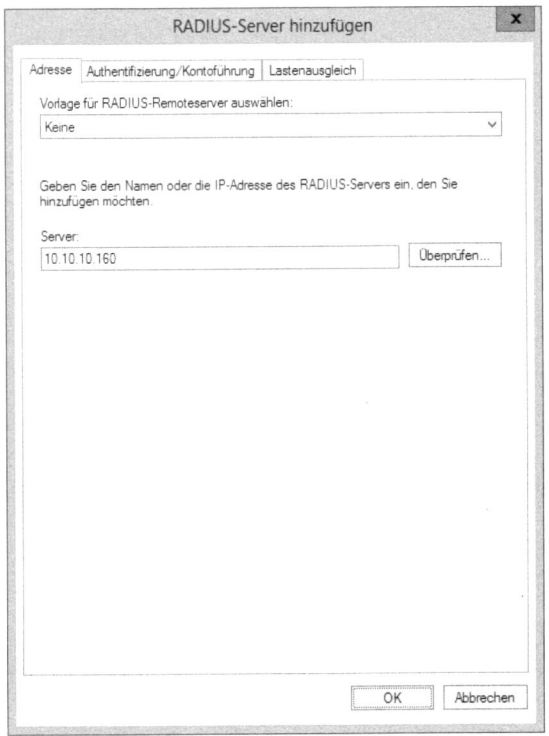

Abbildung 8.5 Erstellen einer RADIUS-Remoteservergruppe

Sie können weitere Server zu einer Gruppe hinzufügen, falls die aktuellen RADIUS-Server mit dem Verkehr überlastet sind. Gehen Sie folgendermaßen vor, um einen Server zu einer Gruppe hinzuzufügen:

1. Klicken Sie im Dialogfeld *Neue RADIUS-Remoteservergruppe* auf *Hinzufügen*.

Abbildung 8.6 Hinzufügen eines Servers zu einer RADIUS-Remoteservergruppe

2. Geben Sie im Dialogfeld *RADIUS-Server hinzufügen* den vollqualifizierten Domänen-
    namen (Fully Qualified Domain Name, FQDN) oder die IP-Adresse des RADIUS-
    Servers ein, den Sie zur Gruppe hinzufügen wollen, und klicken Sie auf *Überprüfen*
    (Abbildung 8.6).

Weitere Informationen   RADIUS-Proxys

Weitere Informationen über RADIUS-Proxys finden Sie in TechNet unter *http://tech-
net.microsoft.com/de-de/library/cc731320.aspx*.

3. Auf der Registerkarte *Authentifizierung/Kontoführung* können Sie den gemeinsamen
    geheimen Schlüssel zwischen RADIUS-Proxy und RADIUS-Server eintragen. Außer-
    dem können Sie hier den Kontoführungsport festlegen und konfigurieren, ob für Authen-
    tifizierung und Kontoführung derselbe gemeinsame geheime Schlüssel benutzt wird
    (Abbildung 8.7).

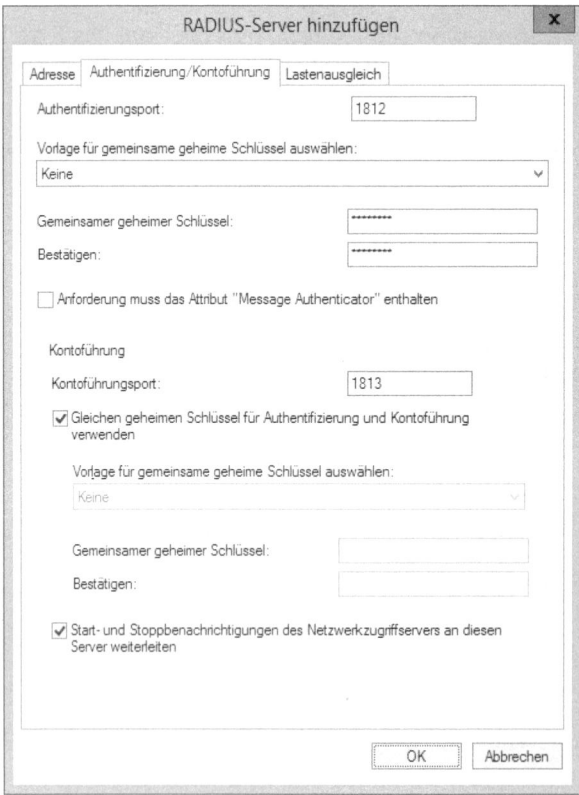

Abbildung 8.7   Konfigurieren von Authentifizierungs- und
Kontoführungseinstellungen für einen RADIUS-Server

4. Auf der Registerkarte *Lastenausgleich* haben Sie die Möglichkeit, Zeitlimits für den Server zu konfigurieren. Diese Einstellungen legen fest, wie lange der Proxy wartet, bevor er seinen Authentifizierungsverkehr an einen anderen RADIUS-Server aus der RADIUS-Remoteservergruppe sendet.

Schnelltest

■ Was ist der wichtigste Unterschied zwischen einem RADIUS-Server und einem RADIUS-Proxy?

Antwort zum Schnelltest

■ Ein RADIUS-Proxy leitet Authentifizierungs- und Autorisierungsanforderungen an einen RADIUS-Server weiter. Ein RADIUS-Server führt Authentifizierungs- und Autorisierungsaufgaben durch.

RADIUS-Clients

Wenn sie zum ersten Mal den Begriff *RADIUS-Client* hören, nehmen viele Leute an, dass es sich um etwas wie einen Notebookcomputer im Internet handelt, der eine Remotezugriffsverbindung aufbaut. Aber ein RADIUS-Client ist ein Gerät, das Authentifizierungs- und Autorisierungsverkehr an einen RADIUS-Server weiterleitet. Bei einem RADIUS-Client kann es sich um folgende Geräte handeln:

■ **Anderer RADIUS-Server**   In diesem Fall agiert der RADIUS-Server als Proxy. Die Antwort des RADIUS-Servers wird über den Proxy an den Client zurückgeleitet.

■ **Drahtloszugriffspunkt mit 802.1x-Authentifizierung**   Statt Authentifizierung und Autorisierung selbst durchzuführen, arbeitet der Drahtloszugriffspunkt als RADIUS-Client, der den Authentifizierungs- und Autorisierungsverkehr an den RADIUS-Server weiterleitet. Die Antwort des RADIUS-Servers steuert, ob die Verbindung erlaubt oder verweigert wird.

■ **Switch mit 802.1x-Authentifizierung**   Statt Authentifizierung und Autorisierung selbst durchzuführen, arbeitet der authentifizierende Switch als RADIUS-Client, der den Authentifizierungs- und Autorisierungsverkehr an den RADIUS-Server weiterleitet. Die Antwort des RADIUS-Servers steuert, ob die Verbindung erlaubt oder verweigert wird.

■ **VPN-Server**   Der VPN-Server wickelt den Aufbau der VPN-Verbindung ab. Authentifizierung und Autorisierung werden von einem anderen Server erledigt. Die Antwort des RADIUS-Servers steuert, ob die Verbindung erlaubt oder verweigert wird. Diese Konfiguration bietet höhere Sicherheit, weil die Kontendatenbank nicht auf dem VPN-Server gehostet wird. Wenn der VPN-Server in einem Umkreisnetzwerk liegt, müssen Sie die Firewall so konfigurieren, dass sie RADIUS-Authentifizierungs- und -Autorisierungsverkehr zwischen dem VPN-Server und dem RADIUS-Server im geschützten Netzwerk durchlässt.

■ **DFÜ-Server**   Eine Telefoneinwahl wird immer seltener benutzt, schon deshalb, weil neuere Notebooks kaum noch Modems eingebaut haben, die eine Verbindung über eine Telefonleitung herstellen können. Aber auch DFÜ-Server können als RADIUS-Clients fungieren. Bei dieser Konfiguration leiten sie Authentifizierungs- und Autorisierungs-verkehr an einen RADIUS-Server weiter und erlauben oder verweigern dann die Verbindung abhängig von der Antwort.

Gehen Sie folgendermaßen vor, um einen Netzwerkrichtlinienserver so zu konfigurieren, dass er mit einem RADIUS-Client zusammenarbeitet:

1. Wählen Sie in der Konsole *Netzwerkrichtlinienserver* unter dem Zweig *RADIUS-Clients und -Server* den Knoten *RADIUS-Clients* aus (Abbildung 8.8).

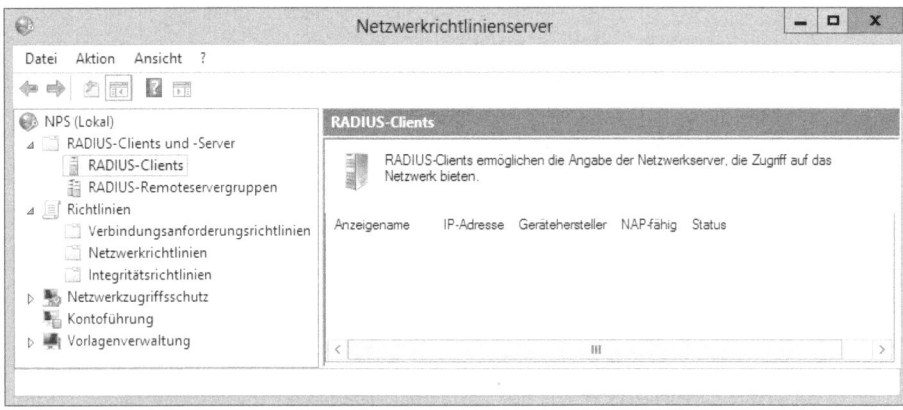

Abbildung 8.8   Verwalten von RADIUS-Clients

2. Wählen Sie im Menü *Aktion* den Befehl *Neu*.

3. Geben Sie im Dialogfeld *Neuer RADIUS-Client* (Abbildung 8.9) die folgenden Daten ein:

   ■ **Anzeigename**   Tragen Sie hier einen Namen ein, der über die Funktion des Clients Auskunft gibt

   ■ **Adresse (IP oder DNS)**   Die IP-Adresse oder der FQDN des RADIUS-Clients

   ■ **Gemeinsamer geheimer Schlüssel**   Sie können eine vorkonfigurierte Vorlage für einen gemeinsamen geheimen Schlüssel verwenden oder einen Schlüssel von Hand eingeben. Mithilfe des gemeinsamen geheimen Schlüssels können sich RADIUS-Client und RADIUS-Server gegenseitig ihre Identität bestätigen.

4. Auf der Registerkarte *Erweitert* im Dialogfeld *Neuer RADIUS-Client* (Abbildung 8.10) können Sie den RADIUS-Clienthersteller aus einer Liste mit 23 Einträgen auswählen. Sie können außerdem angeben, ob der RADIUS-Client NAP-fähig ist, und Anforderungen für RADIUS-Attribute konfigurieren.

Abbildung 8.9 Konfigurieren der grundlegenden Einstellungen für RADIUS-Clients

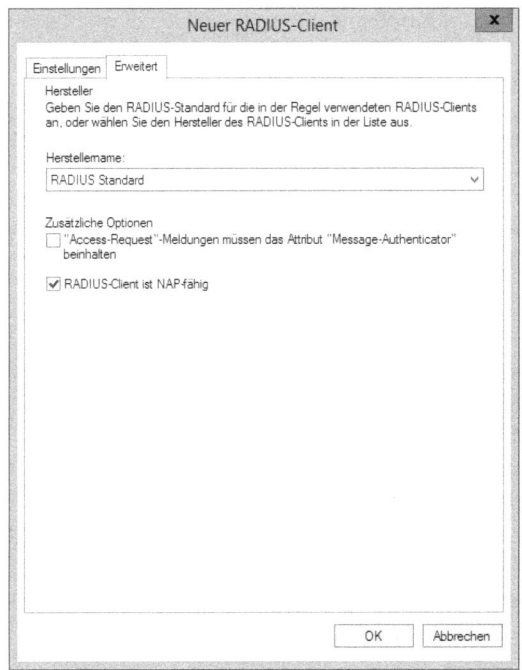

Abbildung 8.10 Erweiterte Einstellungen für einen RADIUS-Client

Weitere Informationen   RADIUS-Clients

Weitere Informationen über RADIUS-Clients finden Sie in TechNet unter *http://tech-net.microsoft.com/de-de/library/cc754033.aspx*.

RADIUS-Kontoführung

RADIUS-Kontoführung (RADIUS accounting) können Sie auf einem Netzwerkrichtlinien-server einrichten, um erfolgreiche und fehlgeschlagene Verbindungsversuche von Geräten zu protokollieren, die zur RADIUS-Infrastruktur Ihrer Organisation gehören. Die RADIUS-Kontoführung im Netzwerkrichtlinienserver bietet die Möglichkeit, folgende Informationen aufzuzeichnen:

- Benutzerauthentifizierungsanforderungen

- Access-Accept-Nachrichten

- Access-Reject-Nachrichten

- Kontoführungsanforderungen und -antworten

- Regelmäßige Statusaktualisierungen

Sie haben drei Möglichkeiten zur Auswahl, die RADIUS-Kontoführung auf einem Server zu konfigurieren, auf dem der Rollendienst *Netzwerkrichtlinienserver* installiert ist:

- **Ereignisprotokollierung**   Diese Methode ist am simpelsten. Sie wird genutzt, um Verbindungsversuche zu überwachen und Probleme in diesem Bereich zu analysieren. Die Ereignisse werden in das Ereignisprotokoll geschrieben.

- **Protokollieren von Benutzerauthentifizierungs- und Kontoführungsanforderungen in einer lokalen Datei**   Bei dieser Methode werden Protokolle in Internetauthentifi-zierungsdienst- (Internet Authentication Service, IAS) und datenbankkompatiblem Format geschrieben. Diese Methode schreibt Daten in eine simple Textdatei, die Sie sich mit einem Texteditor oder einem Tool wie dem Microsoft LogParser ansehen können. Diese Protokollierungsmethode ist nützlich, wenn Sie nur relativ wenige RAS-Clients haben.

- **Protokollieren von Benutzerauthentifizierungs- und Kontoführungsanforderungen in einer Microsoft SQL Server-XML-kompatiblen Datenbank**   Die Protokollierung in eine SQL Server-Datenbank hat den Vorteil, dass mehrere Netzwerkrichtlinienserver Kontoführungsdaten am selben Ort aufzeichnen können. Weil die Daten in einer SQL Server-Instanz gespeichert sind, können sie mithilfe der Microsoft SQL Server-Syntax abgefragt werden. In großen Umgebungen, wo die RADIUS-Kontoführungsdaten regelmäßig untersucht werden müssen, können Administratoren eine Webanwendung schreiben, die Informationen aus dieser Datenbank abfragt und aufbereitet.

Gehen Sie folgendermaßen vor, um auf einem Server, auf dem der Rollendienst *Netzwerk-richtlinienserver* installiert ist, die RADIUS-Kontoführung zu konfigurieren:

1. Wählen Sie in der Konsole *Netzwerkrichtlinienserver* den Knoten *Kontoführung* aus (Abbildung 8.11).

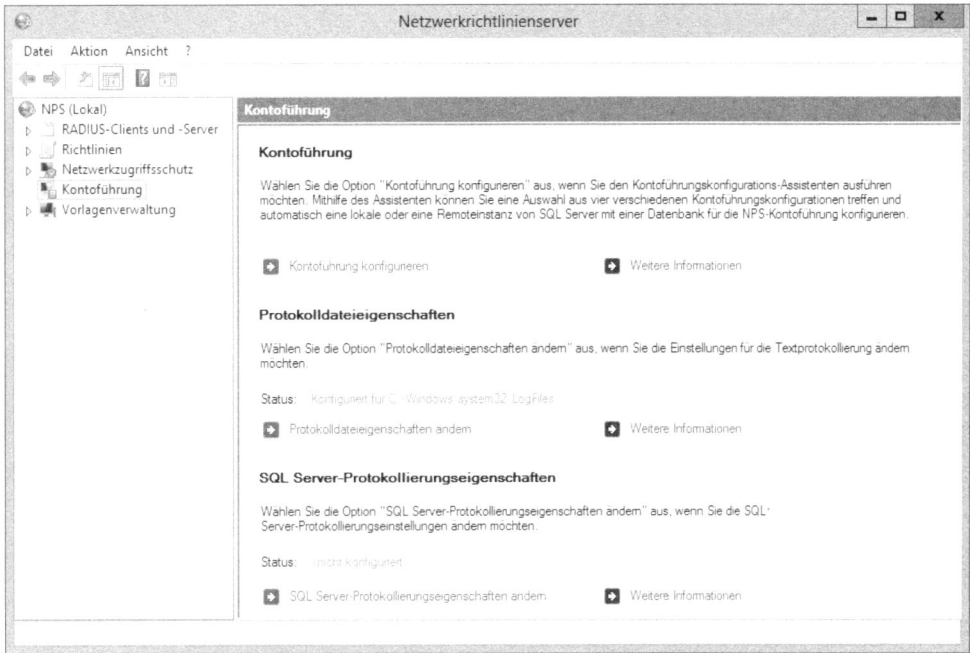

Abbildung 8.11   Der Knoten *Kontoführung* in der Konsole *Netzwerkrichtlinienserver*

2. Klicken Sie auf *Kontoführung konfigurieren*. Klicken Sie auf der Seite *Einführung* des Kontoführungskonfigurations-Assistenten auf *Weiter*.

3. Wählen Sie auf der Seite *Kontoführungsoptionen auswählen* (Abbildung 8.12) eine der folgenden Optionen aus und klicken Sie auf *Weiter*:

   ■ **Protokollierung in einer SQL Server-Datenbank**   Wählen Sie diese Option, wenn Sie nur SQL Server für die Protokollierung nutzen wollen

   ■ **Protokollierung in einer Textdatei auf dem lokalen Computer**   Wählen Sie diese Option, wenn Sie die RADIUS-Kontoführungsprotokolle ausschließlich in einer lokalen Textdatei speichern wollen

   ■ **Gleichzeitige Protokollierung in einer SQL Server-Datenbank und in einer lokalen Textdatei**   Bei dieser Option werden die RADIUS-Kontoführungsdaten sowohl in der lokalen Textdatei als auch einer SQL Server-Instanz aufgezeichnet

■ **Protokollierung in einer SQL Server-Datenbank mithilfe der Textdateiprotokollierung für Failover**   Bei dieser Option werden die RADIUS-Kontoführungsdaten in einer SQL Server-Instanz aufgezeichnet. Falls die Daten nicht in die SQL Server-Instanz geschrieben werden können, wird eine Textdatei benutzt.

Abbildung 8.12   Kontoführungsoptionen

4. Wenn Sie die SQL Server-Protokollierung konfigurieren, wählen Sie aus, welche Daten aufgezeichnet werden (Abbildung 8.13). Sie können den Netzwerkrichtlinienserver so einrichten, dass er die folgenden RADIUS-Kontoführungsdaten aufzeichnet:

■ Kontoführungsanforderungen

■ Authentifizierungsanforderungen

■ Status der regelmäßigen Kontoführung

■ Status der regelmäßigen Authentifizierung

Außerdem können Sie im Feld *Aktion bei Protokollierungsfehlern* festlegen, wie Verbindungsanforderungen behandelt werden, falls keine Protokollierung möglich ist.

Abbildung 8.13 Optionen für die SQL Server-Protokollierung

5. Klicken Sie auf *Fertig stellen*, um den Kontoführungskonfigurations-Assistenten abzuschließen.

Wenn Sie die Protokollierung konfigurieren, können Sie festlegen, dass alle Verbindungsanforderungen abgewiesen werden, falls die Protokollierung ausgefallen ist. Bei der Entscheidung, ob Sie diese Option aktivieren, müssen Sie zwei Faktoren gegeneinander abwägen: Einerseits die Behinderung für die Benutzer, die erheblich sein kann, sofern Sie NAP bereitgestellt haben, und andererseits die Gefahr, dass nur deshalb, weil kein Protokolleintrag geschrieben werden kann, Verbindungen authentifiziert und autorisiert werden, die andernfalls abgewiesen würden.

Weitere Informationen   RADIUS-Kontoführung

Weitere Informationen über die RADIUS-Kontoführung finden Sie in TechNet unter
http://technet.microsoft.com/de-de/library/cc725566.aspx.

Zusammenfassung der Lektion

- *Netzwerkrichtlinienserver* ist der Windows Server 2012-Rollendienst, der es Windows Server 2012 ermöglicht, als RADIUS-Server zu fungieren

- Ein RADIUS-Server führt die Authentifizierung und Autorisierung für Clients aus, deren Verkehr von einem RADIUS-Client weitergeleitet wurde

- Ein RADIUS-Proxy leitet Verkehr von RADIUS-Clients an RADIUS-Server weiter. Ein RADIUS-Proxy kann Verkehr an unterschiedliche RADIUS-Server weiterleiten, wobei das Ziel anhand der Eigenschaften des Verkehrs gewählt wird.

- Ein RADIUS-Client ist ein Gerät, das Authentifizierungs- und Autorisierungsverkehr an einen RADIUS-Server sendet. Ein VPN-Server kann ein RADIUS-Client sein.

- Die RADIUS-Kontoführung zeichnet Autorisierungsanforderungsdaten auf. RADIUS-Kontoführungsdaten können in das Ereignisprotokoll, eine lokale Protokolldatei oder eine SQL Server-Datenbank geschrieben werden.

Lernzielkontrolle

Mit den folgenden Fragen können Sie Ihr Wissen zu den Themen überprüfen, die in dieser Lektion behandelt wurden. Die Antworten auf diese Fragen mit Erklärungen, warum die jeweiligen Auswahlmöglichkeiten richtig oder falsch sind, finden Sie im Abschnitt »Antworten« am Ende dieses Kapitels.

1. Ihre Organisation hat drei Active Directory-Gesamtstrukturen, zwischen denen keine Vertrauensstellungen bestehen. Sie haben einen einzigen VPN-Server, der alle eingehenden VPN-Verbindungen annimmt. Dieser VPN-Server ist ein dediziertes Hardwaregerät, das im Umkreisnetzwerk bereitgestellt wurde. Sie wollen die Bereitstellung so konfigurieren, dass der Authentifizierungs- und Autorisierungsverkehr an vorhandene RADIUS-Server in der Gesamtstruktur weitergeleitet wird. Für die Entscheidung, an welche RADIUS-Server der Verkehr weitergeleitet wird, sollen die Kontoeigenschaften des Benutzers ausgewertet werden, der eine Verbindung herstellt. Welche der folgenden Komponenten müssen Sie bereitstellen, um dieses Ziel zu erreichen?

   A. RADIUS-Server

   B. RADIUS-Proxy

   C. RADIUS-Client

   D. RADIUS-Kontoführung

2. Sie wollen im internen Netzwerk Ihrer Organisation einen Server bereitstellen, der Authentifizierungs- und Autorisierungsanforderungen von einem dedizierten Hardwaregerät beantwortet, das als VPN-Server im Umkreisnetzwerk bereitgestellt wurde. Welche der folgenden Komponenten müssen Sie auf dem internen Server bereitstellen, um dieses Ziel zu erreichen?

A. RADIUS-Kontoführung

B. RADIUS-Server

C. RADIUS-Proxy

D. RADIUS-Client

3. Ihre Organisation hat ein dediziertes Hardwaregerät gekauft, das als VPN-Server arbeitet. Dieses Gerät haben Sie im Umkreisnetzwerk der Organisation bereitgestellt. Sie wollen, dass der vorhandene RADIUS-Server Ihrer Organisation, ein Windows Server 2012-Computer, auf dem der Rollendienst *Netzwerkrichtlinienserver* installiert ist, Authentifizierungs- und Autorisierungsverkehr von diesem Gerät entgegennimmt und beantwortet. Welche der folgenden Komponenten müssen Sie auf dem Hardwaregerät konfigurieren, um dieses Ziel zu erreichen?

A. RADIUS-Client

B. RADIUS-Kontoführung

C. RADIUS-Server

D. RADIUS-Proxy

4. Sie wollen sicherstellen, dass Daten über Authentifizierungs- und Autorisierungsverkehr, der an Ihren Netzwerkrichtlinienserver im internen Netzwerk weitergeleitet wird, nicht in eine lokale Datei, sondern eine SQL Server-Datenbank geschrieben werden. Welche der folgenden Komponenten müssen Sie konfigurieren, um dieses Ziel zu erreichen?

A. RADIUS-Proxy

B. RADIUS-Client

C. RADIUS-Kontoführung

D. RADIUS-Server

5. Welche der folgenden Informationen müssen Sie angeben, wenn Sie auf einem RADIUS-Server einen RADIUS-Client konfigurieren? (Wählen Sie drei Antworten aus, sie bilden zusammen die vollständige Lösung.)

A. Anzeigename

B. Authentifizierungsprotokoll

C. IP-Adresse oder FQDN

D. Gemeinsame geheime Schlüssel

Lektion 2: Konfigurieren von VPN und Routing

Sie können Windows Server 2012 als VPN-Server, LAN-Router (Local Area Network) und NAT-Gerät konfigurieren. Gegenüber der Nutzung eines dedizierten Hardwaregeräts bietet die Bereitstellung von Windows Server 2012 als VPN-Server den Vorteil, dass Sie VPN-Protokolle wie IKEv2 und erweiterte Authentifizierungsmethoden verwenden können, die in dedizierten Hardwaregeräten nicht immer zur Verfügung stehen. In dieser Lektion erfahren Sie, wie Sie die Rolle *Remotezugriff* und ihren Rollendienst *Routing* installieren, Windows Server 2012 als VPN-Server bereitstellen und LAN-Routing sowie NAT konfigurieren.

Am Ende dieser Lektion werden Sie in der Lage sein, die folgenden Aufgaben auszuführen:

- Bereitstellen von Routing und Remotezugriff

- Konfigurieren von VPN-Einstellungen

- Konfigurieren von Routing

- Implementieren von NAT

Veranschlagte Zeit für diese Lektion: 45 Minuten

Bereitstellen von Routing und Remotezugriff

Mit der Rolle *Remotezugriff* können Sie auf einem Windows Server 2012-Computer Netzwerkzugriffs- und Routingfunktionen zur Verfügung stellen, für die Sie andernfalls ein dediziertes Hardwaregerät anschaffen müssten. Die Rolle *Remotezugriff* bietet die Möglichkeit, Computern die folgenden Dienste zur Verfügung zu stellen:

- Zugriff auf vertrauenswürdige Netzwerke (zum Beispiel das interne Netzwerk der Organisation) für Clients aus nicht vertrauenswürdigen Netzwerken (wie dem Internet), wobei der Zugriff über VPNs oder DirectAccess erfolgt.

- Netzwerkrouting mit RIP (Routing Information Protocol) und statischen Routen, sodass Sie voneinander getrennte IPv4- und IPv6-Netzwerke miteinander verbinden können. Außerdem können Sie mit dieser Funktion verschlüsselte Standort-zu-Standort-Tunnel konfigurieren, die von Zweigstellen als WAN-Verbindungen (Wide Area Network) genutzt werden, um über das Internet miteinander zu kommunizieren.

Gehen Sie folgendermaßen vor, um Routing und Remotezugriff auf einem Windows Server 2012-Computer bereitzustellen:

1. Wählen Sie im Menü *Verwalten* des Server-Managers den Befehl *Rollen und Features hinzufügen*.

2. Klicken Sie auf der Seite *Vorbemerkungen* des *Assistenten zum Hinzufügen von Rollen und Features* auf *Weiter*.

3. Wählen Sie auf der Seite *Installationstyp auswählen* die Option *Rollenbasierte oder featurebasierte Installation* und klicken Sie auf *Weiter*.

4. Wählen Sie auf der Seite *Zielserver auswählen* den Server aus, auf dem Sie die Rolle *Remotezugriff* bereitstellen wollen, und klicken Sie auf *Weiter*. Alle Computer, die zum Pool *Alle Server* des Verwaltungscomputers gehören, werden in diesem Dialogfeld aufgelistet, und in Windows Server 2012 können Sie mit diesem Assistenten Rollen sowohl lokal als auch im Remotezugriff installieren. Klicken Sie auf *Weiter*.

5. Aktivieren Sie auf der Seite *Serverrollen auswählen* das Kontrollkästchen *Remotezugriff* (Abbildung 8.14).

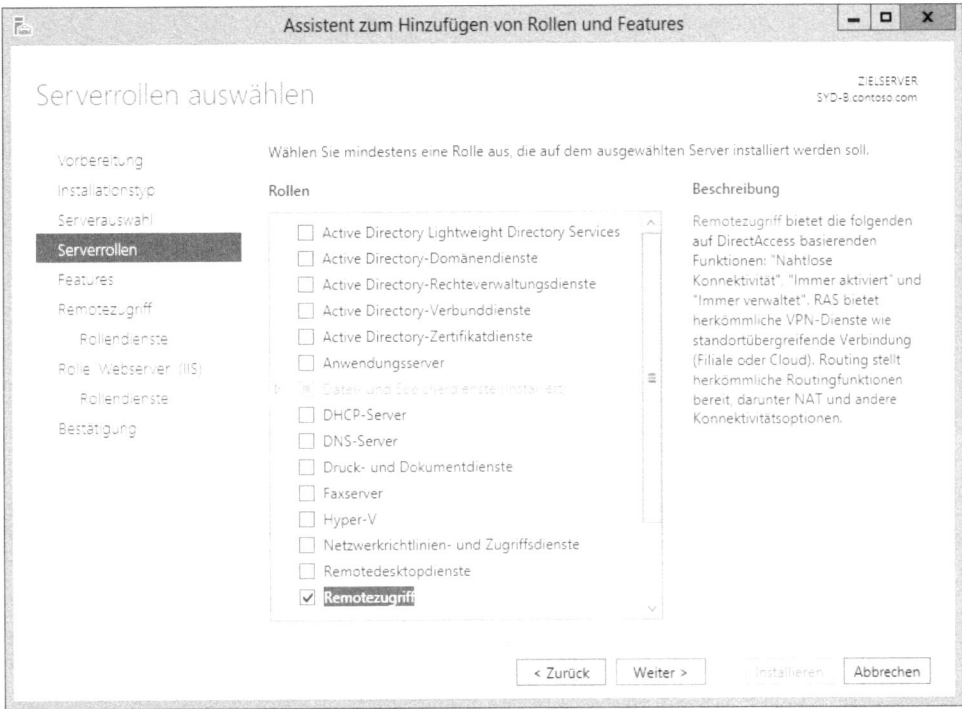

Abbildung 8.14 Hinzufügen der Rolle *Remotezugriff*

6. Klicken Sie im Dialogfeld *Assistent zum Hinzufügen von Rollen und Features*, das sich automatisch öffnet, auf *Features hinzufügen*. Klicken Sie auf *Weiter*.

7. Klicken Sie auf der Seite *Features auswählen* auf *Weiter*.

8. Klicken Sie auf der Seite *Remotezugriff* auf *Weiter*.

9. Auf der Seite *Rollendienste auswählen* (Abbildung 8.15) können Sie einen oder beide der folgenden Rollendienste auswählen:

■ **DirectAccess und VPN (RAS)**   Wählen Sie diese Option, wenn Sie Windows Server 2012 als DirectAccess-Server, als VPN-Server oder beides konfigurieren wollen

■ **Routing**   Wählen Sie diese Option, wenn Windows Server 2012 als Router zwischen Subnetzen fungieren oder NAT-Dienste zur Verfügung stellen soll

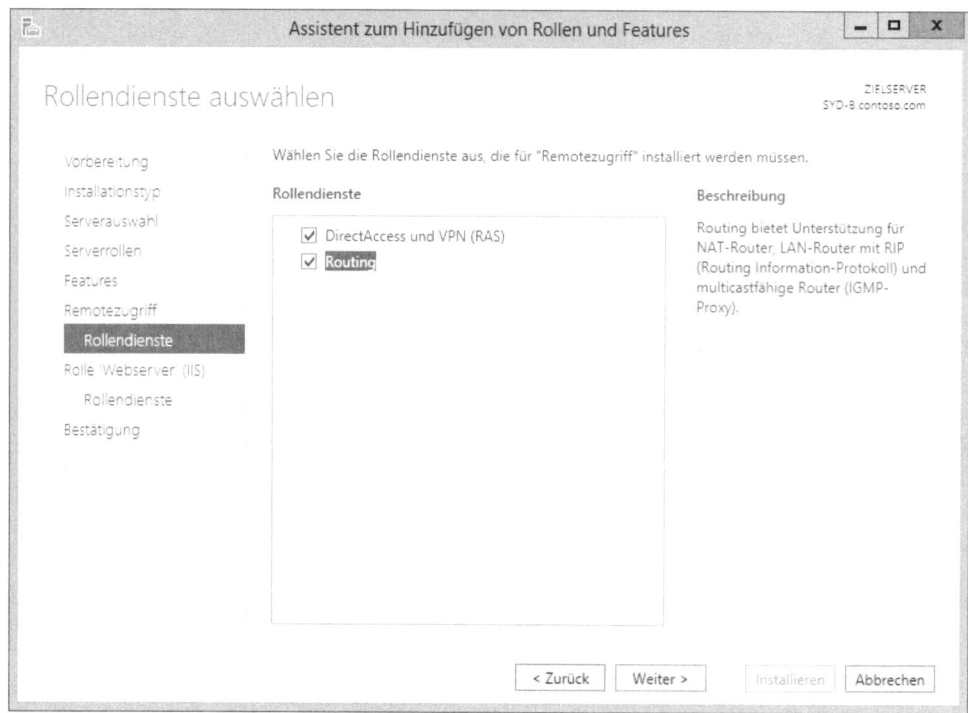

Abbildung 8.15   Hinzufügen der Rollendienste für VPN, DirectAccess und Routing

10. Klicken Sie auf *Weiter*. Klicken Sie auf der Seite *Installationsauswahl bestätigen* auf *Installieren* und dann auf *Schließen*.

Hinweis DirectAccess

Das Konfigurieren und Bereitstellen von DirectAccess wird in Lektion 3, »Konfigurieren von DirectAccess«, behandelt.

Konfigurieren von VPN-Einstellungen

Sobald Sie die Rolle *Remotezugriff* auf einem Windows Server 2012-Computer installiert haben, können Sie den Server als *VPN-Server* einrichten. Dazu müssen Sie folgende Vorbereitungen treffen:

■ Der Computer, der als VPN-Server eingerichtet wird, braucht zwei Netzwerkadapter. Bevor Sie ihn als VPN-Server konfigurieren, müssen Sie herausfinden, welcher Adapter eingehenden Verkehr aus nicht vertrauenswürdigen Netzwerken annimmt. Diesen Netzwerkadapter geben Sie während des VPN-Setups an.

■ Legen Sie fest, wie Clients, die in nicht vertrauenswürdigen Netzwerken liegen, ihre IP-Adressen für das vertrauenswürdige Netzwerk erhalten. Sie können den VPN-Server so konfigurieren, dass er mit einem vorhandenen DHCP-Server (Dynamic Host Configuration Protocol) im vertrauenswürdigen Netzwerk zusammenarbeitet. In diesem Fall least der VPN-Server jeweils einen Block mit 10 IP-Adressen und weist sie den Remoteclients zu. Sie haben auch die Möglichkeit, von Hand einen Adresspool zu definieren, aus dem der VPN-Server Leases für IP-Adressen vergibt. Bei dieser Methode müssen Sie sicherstellen, dass die ausgewählten IP-Adressen nicht momentan oder zukünftig von anderen Clients als denen des VPN-Servers genutzt werden.

■ Entscheiden Sie, ob der VPN-Server Verbindungen authentifiziert oder Authentifizierungsanforderungen an einen Server weiterleitet, auf dem der Rollendienst *Netzwerkrichtlinienserver* installiert ist. Sie können den VPN-Server so konfigurieren, dass er Authentifizierungsanforderungen an einen Netzwerkrichtlinienserver weiterleitet, wenn Sie mehrere Server haben oder einen eigenständigen Server als VPN-Server konfiguriert haben, um die Sicherheit zu erhöhen.

Gehen Sie folgendermaßen vor, um einen Server, auf dem die Rolle *Remotezugriff* installiert ist, als VPN-Server zu konfigurieren:

1. Wählen Sie im Menü *Tools* des Server-Managers den Befehl *Remotezugriffsverwaltung*.

2. Wählen Sie im Fenster *Remotezugriffs-Verwaltungskonsole* den Server aus, auf dem Sie den Remotezugriff konfigurieren wollen (Abbildung 8.16), und klicken Sie auf *Assistent zum Einrichten des Remotezugriffs starten*. Sie können stattdessen auch auf *Assistent für erste Schritte ausführen* klicken. Der *Assistent für erste Schritte* bietet weniger Konfigurationsoptionen, eignet sich aber unter Umständen besser für Administratoren, die weniger Erfahrung haben.

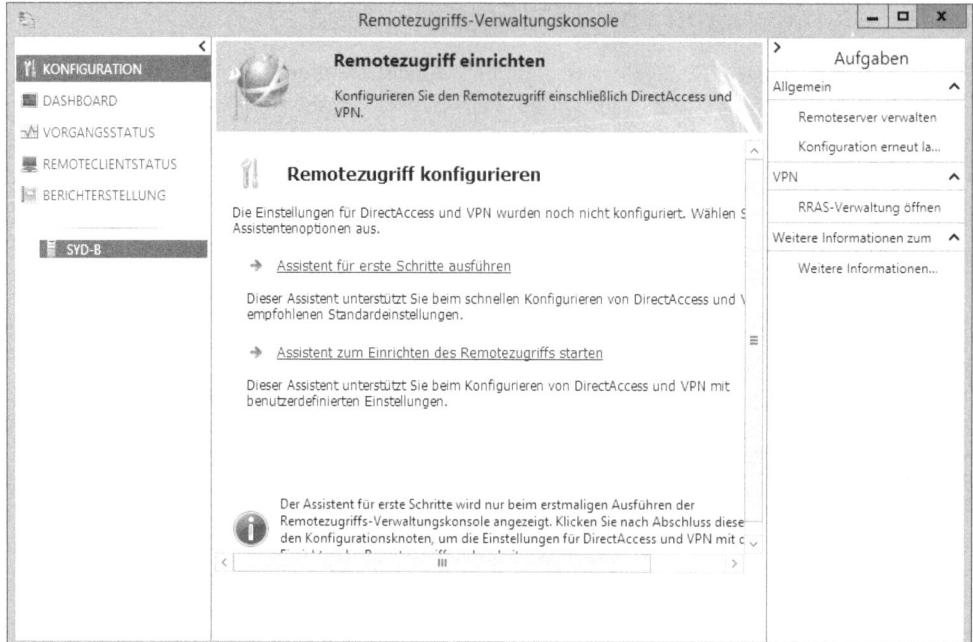

Abbildung 8.16   Einrichten des Remotezugriffs in der Remotezugriffs-Verwaltungskonsole

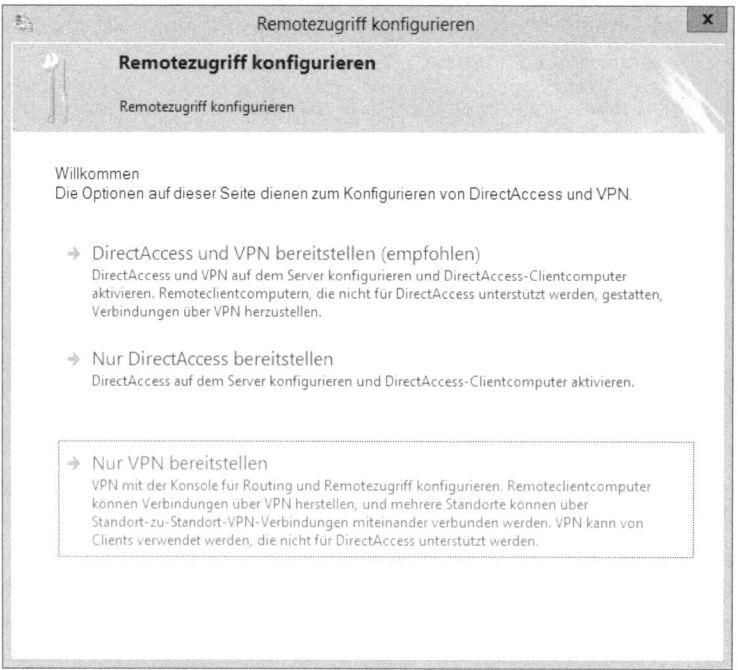

Abbildung 8.17   Bereitstellen eines VPNs

3. Klicken Sie im Dialogfeld *Remotezugriff konfigurieren* auf *Nur VPN bereitstellen* (Abbildung 8.17). Das Konfigurieren von DirectAccess wird in Lektion 3, »Konfigurieren von DirectAccess«, behandelt.

4. Sobald Sie diese Option gewählt haben, öffnet sich die Konsole *Routing und RAS*.

5. Wählen Sie den Server aus, der als RAS-Server arbeiten soll (Abbildung 8.18), und wählen Sie im Menü *Aktion* den Befehl *Routing und RAS konfigurieren und aktivieren*.

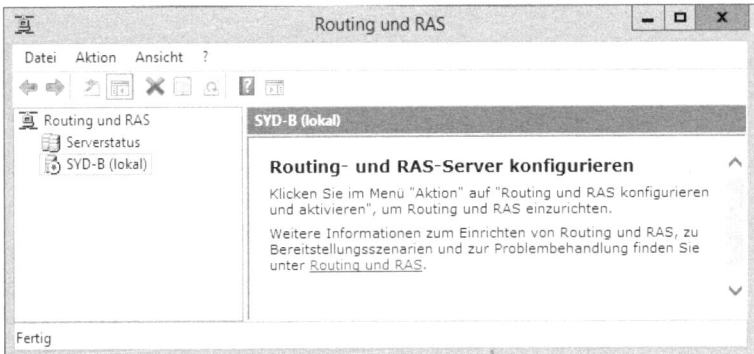

Abbildung 8.18 Die Konsole *Routing und RAS*

6. Klicken Sie auf der Seite *Willkommen* im *Setup-Assistenten für den Routing- und RAS-Server* auf *Weiter*.

7. Wählen Sie auf der Seite *Konfiguration* die Option *RAS (DFÜ oder VPN)* aus (Abbildung 8.19) und klicken Sie auf *Weiter*.

Abbildung 8.19 Konfigurieren eines DFÜ- oder VPN-Servers

8. Auf der Seite *RAS* haben Sie die Möglichkeit, DFÜ- und VPN-Verbindungen zu aktivieren. Aktivieren Sie nur das Kontrollkästchen *VPN* und klicken Sie auf *Weiter*.

9. Wählen Sie auf der Seite *VPN-Verbindung* die Schnittstelle aus, die mit dem Internet verbunden ist (Abbildung 8.20), und klicken Sie auf *Weiter*. Beachten Sie, dass die simulierte Internetverbindung in Abbildung 8.20 eine private IP-Adresse hat, während in einer echten Bereitstellung eine öffentliche IP-Adresse verwendet wird.

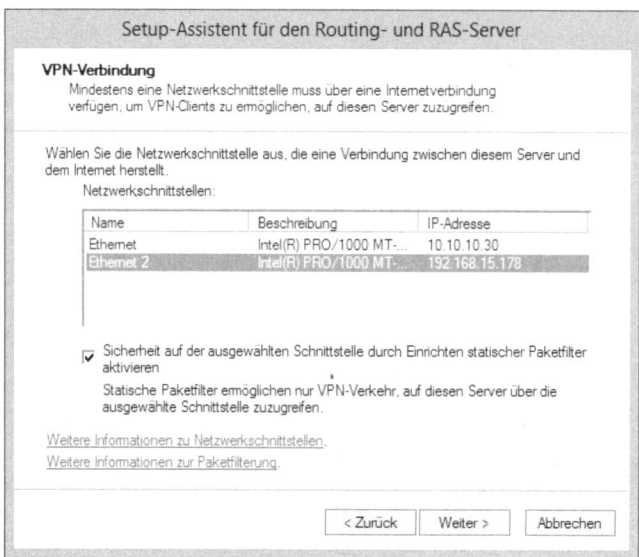

Abbildung 8.20 Auswählen des Netzwerkadapters

10. Wählen Sie auf der Seite *IP-Adresszuweisung*, ob IP-Adressen automatisch zugewiesen werden, zum Beispiel wenn der VPN-Server sie von einem DHCP-Server least, oder ob sie von Hand konfiguriert werden. Klicken Sie auf *Weiter*.

11. Sofern Sie die IP-Adressen von Hand konfigurieren, können Sie auf der Seite *Adressbereichzuweisung* des Assistenten (Abbildung 8.21) einen IP-Adressbereich hinzufügen. Klicken Sie anschließend auf *Weiter*.

12. Wählen Sie auf der Seite *Mehrere RAS-Server verwalten* (Abbildung 8.22) aus, ob der RAS-Server die Verbindungen selbst authentifiziert oder ob er Authentifizierungsanforderungen an einen RADIUS-Server weiterleitet. In diesem Beispiel wird Routing und RAS für die Authentifizierung benutzt.

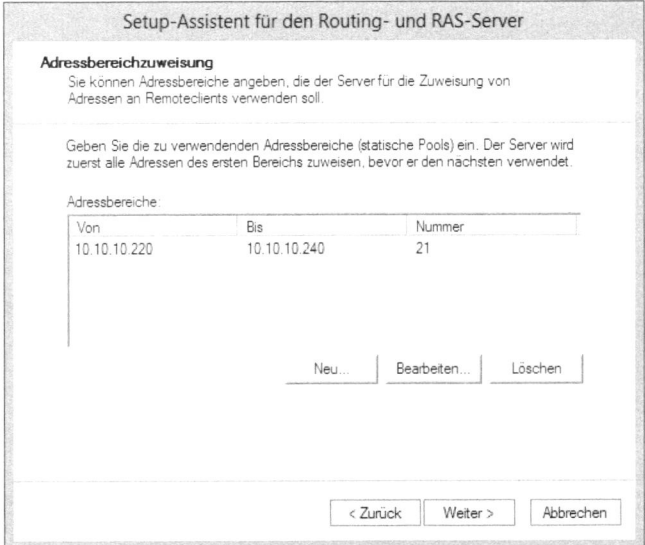

Abbildung 8.21   Einstellen eines IP-Adressbereichs

Abbildung 8.22   Konfigurieren der Authentifizierung

13. Sofern Sie Routing und RAS für die Authentifizierung verwenden, schließt die nächste Seite den Assistenten ab. Sobald Sie den Assistenten fertiggestellt haben, sind VPN-Verbindungen auf dem Server aktiviert.

VPN-Authentifizierung

Wenn Sie Clients erlauben wollen, im Remotezugriff eine Verbindung zu vertrauenswürdigen Netzwerken herzustellen, sollten Sie überlegen, welche Authentifizierungsprotokolle zum Aufbau dieser Verbindungen genutzt werden. Windows Server 2012 unterstützt zwar viele Protokolle, die schon längere Zeit im Einsatz sind, aber diese Protokolle sind oft weniger sicher als erst kürzlich entwickelte Protokolle. Windows Server 2012 unterstützt die folgenden Authentifizierungsprotokolle, sortiert nach absteigender Sicherheit:

- **EAP-TLS (Extensible Authentication Protocol-Transport Level Security)**   Dieses Protokoll verwenden Sie, wenn Sie Smartcards oder digitale Zertifikate einsetzen. Sie können dieses Protokoll nur nutzen, wenn Sie mit RADIUS-Authentifizierung arbeiten oder der RAS-Server, der die Authentifizierung durchführt, Domänenmitglied ist.

- **MS-CHAPv2 (Microsoft Challenge Handshake Authentication Protocol Version 2)**   Bietet gegenseitige Authentifizierung. Das bedeutet, dass nicht nur der Benutzer authentifiziert wird, sondern auch der Dienst, zu dem der Benutzer eine Verbindung herstellt. Ermöglicht die Verschlüsselung von Authentifizierungsprozess und Sitzung.

- **EAP-MD5 CHAP (Extensible Authentication Protocol-Message Digest 5 Challenge Handshake Authentication)**   Unterstützt die Verschlüsselung von Authentifizierungs- daten mit MD5-Hashing und greift auf das EAP-Framework zurück. Wird genutzt, um Clients anderer Hersteller zu unterstützen.

- **CHAP (Challenge Handshake Authentication Protocol)**   Die Authentifizierungsdaten werden mithilfe von MD5-Hashing verschlüsselt. Die übertragenen Hashdaten werden nicht verschlüsselt.

- **SPAP (Shiva Password Authentication Protocol)**   Dieses Protokoll stammt aus den 1990er Jahren. Es bietet eine Grundverschlüsselung für den Authentifizierungsverkehr, kann aber mit einem gewissen Aufwand entziffert werden, falls der entsprechende Verkehr abgehört wird. Von der Verwendung wird abgeraten.

- **PAP (Password Authentication Protocol)**   Dieses Protokoll verschlüsselt die Authenti- fizierungsdaten nicht. Falls der Authentifizierungsverkehr abgehört wird, kann ein Angreifer daher direkt Benutzername und Kennwort auslesen.

VPN-Protokolle

Ein Windows Server 2012-VPN-Server unterstützt vier VPN-Tunnelprotokolle. In den meisten Organisationen lassen Sie alle Protokolle aktiviert. Clients versuchen, eine Verbindung unter Verwendung des sichersten Protokolls auszuhandeln, das zur Verfügung steht. Welche Proto- kolle angeboten werden, hängt vom Betriebssystem ab. Einige Protokolle sind nur unter Windows 7 und Windows 8 verfügbar, aber nicht unter Windows XP. VPN-Server, die unter Windows Server 2012 laufen, unterstützen die folgenden Protokolle:

- IKEv2

- SSTP

- L2TP/IPSec

- PPTP

IKEv2

IKEv2 ist das neueste VPN-Protokoll, das von Microsoft unterstützt wird. Es hat den Nachteil, dass Sie es nur auf VPN-Clients nutzen können, die unter den Betriebssystemen Windows 7 oder Windows 8 laufen. IKEv2 bietet folgende Features:

- Unterstützt IPv6

- Ermöglicht VPN-Verbindungswiederherstellung

- Unterstützt EAP und Computerzertifikate für die Clientauthentifizierung

- Bietet keine Unterstützung für PAP oder CHAP

- Unterstützt nur MS-CHAPv2 mit EAP

- Bietet Authentifizierung der Datenherkunft, Datenintegrität, Wiedergabeschutz und Vertraulichkeit der Daten

- Verwendet UDP-Port 500

Die VPN-Verbindungswiederherstellung ermöglicht es, unterbrochene VPN-Verbindungen automatisch wieder aufzubauen, ohne dass sich der Benutzer erneut von Hand authentifizieren muss. Die VPN-Verbindungswiederherstellung funktioniert über unterschiedliche Verbindungen, daher kann eine VPN-Verbindung aktiv bleiben, während ein Benutzer zwischen unterschiedlichen Hotspots oder zwischen Kabel- und Drahtlosverbindung wechselt. Die Verbindung kann ohne erneute Authentifizierung automatisch wiederhergestellt werden, sofern die Unterbrechung nicht mehr als 8 Stunden dauert.

SSTP

SSTP wurde in Windows Vista und Windows Server 2008 eingeführt. Es wird auf Windows Vista-, Windows 7- und Windows 8-Clients unterstützt, aber nicht unter Windows XP. SSTP kapselt PPP-Verkehr und leitet ihn durch den SSL-Kanal (Secure Sockets Layer) von HTTPS (Secure Hypertext Transfer Protocol). Es bietet den Vorteil, dass es TCP-Port 443 verwendet, daher funktioniert es wahrscheinlich auch an Orten, wo andere Protokolle, etwa IKEv2, L2TP/IPsec oder PPTP, aufgrund von Firewalls nicht arbeiten.

SSTP stellt folgende Anforderungen:

- Es wird nur auf Windows Vista-, Windows 7- und Windows 8-Clients unterstützt

- Der Client muss der Zertifizierungsstelle vertrauen, die das SSL-Zertifikat des VPN-Servers ausgestellt hat

- Das SSL-Zertifikat muss mit einem Namen konfiguriert sein, der dem FQDN für die IP-Adresse der externen Schnittstelle des VPN-Servers entspricht

- Es kann keine VPN-Verbindungen aufbauen, falls ein Webproxy vorhanden ist, der eine Authentifizierung verlangt

L2TP/IPsec

L2TP/IPsec wird von Clients unterstützt, die unter den Betriebssystemen Windows XP, Windows Vista, Windows 7 oder Windows 8 laufen. Es ist das sicherste VPN-Protokoll, das Sie auf einem Windows Server 2012-VPN-Server zur Verfügung stellen können, wenn Sie Windows XP-Clients unterstützen wollen. L2TP/IPsec erfordert zwar normalerweise, dass Sie digitale Zertifikate bereitstellen, aber in einer speziellen Konfiguration kann L2TP/IPsec auch mit vorinstallierten Schlüsseln arbeiten. Werden digitale Zertifikate verwendet, müssen L2TP/IPsec-VPN-Clients der Zertifizierungsstelle vertrauen, die das Zertifikat des VPN-Servers ausgestellt hat, und der VPN-Server muss der Zertifizierungsstelle vertrauen, die die Zertifikate der Clients ausgestellt hat. Am einfachsten können Sie L2TP/IPsec implementieren, indem Sie zusätzlich eine Unternehmenszertifizierungsstelle im vertrauenswürdigen Netzwerk bereitstellen. L2TP/IPsec unterstützt alle Authentifizierungsprotokolle, die auf Windows Server 2012 verfügbar sind. Das bedeutet, dass Sie das Protokoll mit leistungsfähigen Authentifizierungsmethoden wie Smartcards kombinieren können.

PPTP

PPTP ist das älteste VPN-Protokoll, das von Windows Server 2012 unterstützt wird. Es ist auch das unsicherste. Meist wird es eingesetzt, wenn eine Organisation, die Windows XP-Clients unterstützen muss, keine Zertifikatsinfrastruktur bereitgestellt hat, die für L2TP/IPsec erforderlich wäre. PPTP-Verbindungen bieten Vertraulichkeit der Daten, aber keine Datenintegrität oder Authentifizierung der Datenherkunft. Das heißt, dass abgehörte Daten zwar nicht ausgelesen werden können, aber dass Sie nicht sicher sein können, dass die übertragenen Daten tatsächlich in dieser Form vom Client gesendet wurden.

Schnelltest

- Welche Protokolle können Sie nutzen, wenn Sie VPN-Clients unterstützen wollen, die unter dem Betriebssystem Windows XP laufen?

Antwort zum Schnelltest

- Sie können PPTP oder L2TP/IPSec einsetzen, wenn Sie VPN-Clients haben, die unter Windows XP laufen. SSTP wird nur auf Computern mit den Clientbetriebssystemen Windows Vista, Windows 7 und Windows 8 unterstützt. IKEv2 wird nur auf Windows 7- und Windows 8-Clients unterstützt.

Konfigurieren von Routing

Sie können Windows Server 2012 so konfigurieren, dass der Server als Netzwerkrouter arbeitet. Er kann dabei alle Aufgaben übernehmen, die ein herkömmliches Hardwaregerät erfüllt. Damit ein Windows Server 2012-Computer als Router agieren kann, braucht er mindestens zwei Netzwerkadapter. Windows Server 2012 unterstützt für die Routenerkennung das Protokoll *Routing Information Protocol v2* (RIP). Sie können in der Konsole *Routing und RAS* aber auch statische Routen konfigurieren.

Gehen Sie folgendermaßen vor, um Windows Server 2012 als Router zu konfigurieren:

1. Wählen Sie im Menü *Tools* des Server-Managers den Befehl *Routing und RAS*.

2. Wählen Sie in der Konsole *Routing und RAS* den Server aus, den Sie konfigurieren wollen, und wählen Sie im Menü *Aktion* den Befehl *Routing und RAS konfigurieren und aktivieren*.

3. Klicken Sie auf der Seite *Willkommen* im *Setup-Assistenten für den Routing- und RAS-Server* auf *Weiter*.

4. Wählen Sie auf der Seite *Konfiguration* die Option *Benutzerdefinierte Konfiguration* aus und klicken Sie auf *Weiter*.

5. Aktivieren Sie auf der Seite *Benutzerdefinierte Konfiguration* das Kontrollkästchen *LAN-Routing* (Abbildung 8.23) und klicken Sie auf *Weiter*.

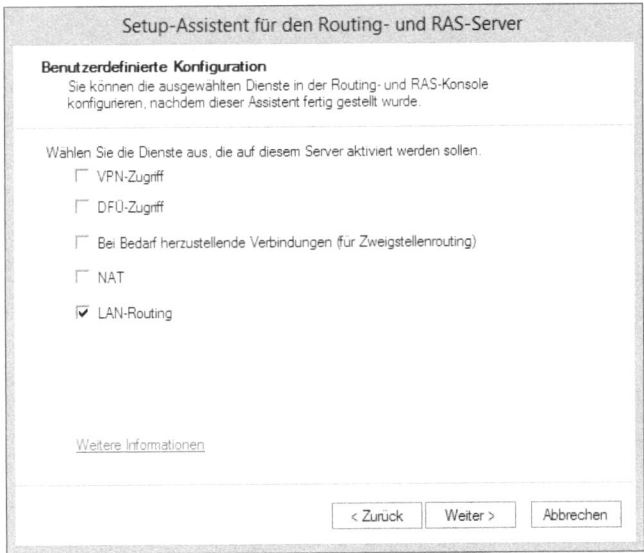

Abbildung 8.23   Konfigurieren von LAN-Routing

6. Klicken Sie auf *Fertig stellen*. Klicken Sie im Dialogfeld *Routing und RAS* auf *Dienst starten*.

7. Klicken Sie in der Konsole *Routing und RAS* mit der rechten Maustaste auf den Server und wählen Sie den Befehl *Eigenschaften*.

8. Aktivieren Sie auf der Registerkarte *Allgemein* im Eigenschaftendialogfeld des Servers das Kontrollkästchen *IPv6-Router* (Abbildung 8.24), damit der Server auch IPv6-Verkehr weiterleitet.

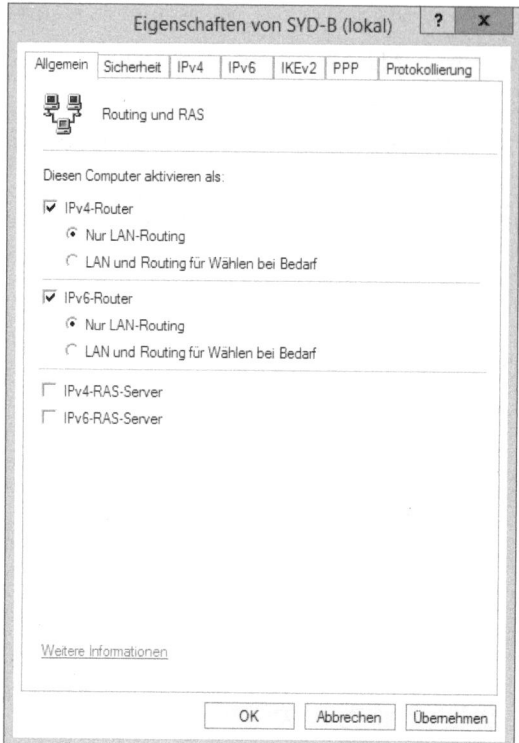

Abbildung 8.24 Aktivieren von IPv6-Routing

Praxistipp Windows Server 2012-Router

In der Praxis stellen Sie normalerweise ein spezielles Hardwaregerät als Router bereit, weil es billiger ist als ein Server mit Betriebssystem.

Netzwerkadressübersetzung

Mithilfe der *Netzwerkadressübersetzung (Network Address Translation, NAT)* können Sie dieselbe Internetverbindung für mehrere Computer im internen Netzwerk verfügbar machen. In einer typischen NAT-Konfiguration hat der NAT-Server zwei Netzwerkschnittstellen. Die eine ist mit dem Internet verbunden, die andere mit einem Netzwerk, das einen privaten IP-Adressbereich besitzt. Computer im privaten Netzwerk können anschließend mit Computern im Internet kommunizieren. Außerdem können Sie eine Portweiterleitung konfigurieren, damit der gesamte Verkehr, der an einen bestimmten Port der öffentlichen Schnittstelle des NAT-Servers geschickt wird, an einen festgelegten Port eines bestimmten Hosts innerhalb des privaten Netzwerks weitergeleitet wird.

Gehen Sie folgendermaßen vor, um einen Windows Server 2012-Computer, der zwei Netzwerkadapter hat, von denen einer mit dem Internet verbunden ist, als NAT-Gerät zu konfigurieren:

1. Öffnen Sie die Konsole *Routing und RAS* über das Menü *Tools* des Server-Managers.

2. Wählen Sie in der Konsole *Routing und RAS* den Server aus, den Sie konfigurieren wollen, und wählen Sie im Menü *Aktion* den Befehl *Routing und RAS konfigurieren und aktivieren*.

3. Klicken Sie auf der Seite *Willkommen* im *Setup-Assistenten für den Routing- und RAS-Server* auf *Weiter*.

4. Wählen Sie auf der Seite *Konfiguration* die Option *Netzwerkadressübersetzung (NAT)* aus (Abbildung 8.25) und klicken Sie auf *Weiter*.

Abbildung 8.25 Aktivieren von NAT

5. Wählen Sie auf der Seite *NAT-Internetverbindung* die Schnittstelle aus, die mit dem Internet verbunden ist (Abbildung 8.26), und klicken Sie auf *Weiter*. Beachten Sie, dass die simulierte Internetverbindung in Abbildung 8.26 eine private IP-Adresse hat, während in einer echten Bereitstellung eine öffentliche IP-Adresse verwendet wird.

6. Klicken Sie auf *Fertig stellen*, um den Setup-Assistenten für den Routing- und RAS-Server zu schließen.

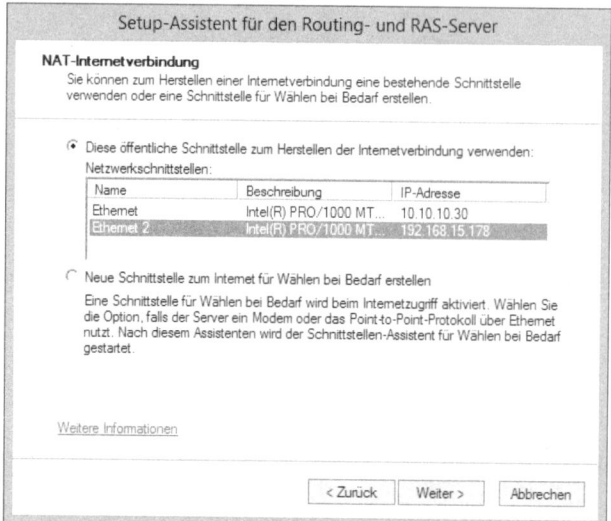

Abbildung 8.26 Konfigurieren einer NAT-Internetverbindung

Sie konfigurieren die NAT-Eigenschaften, indem Sie in der Konsole *Routing und RAS* mit der rechten Maustaste auf den Knoten *NAT* klicken und den Befehl *Eigenschaften* wählen. Im Dialogfeld *Eigenschaften von NAT* können Sie die Zuweisung von Adressen an Hosts im privaten Netzwerk konfigurieren (Abbildung 8.27). Auf der Registerkarte *Namensauflösung* legen Sie fest, wie die Namensauflösung im privaten Netzwerk arbeitet. Auf diese Weise ermöglichen Sie es Clients, nicht nur über IP-Adressen, sondern auch über Kurznamen oder FQDNs zu kommunizieren.

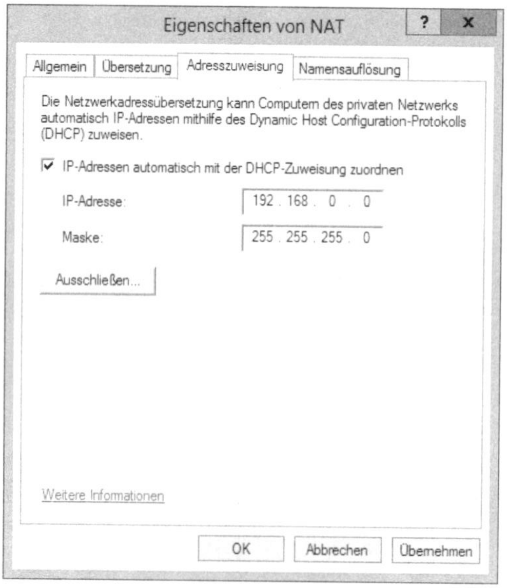

Abbildung 8.27 NAT-Adresszuweisung

Zusammenfassung der Lektion

- Die Rolle *Remotezugriff* ermöglicht es, einen Windows Server 2012-Computer so zu konfigurieren, dass er DFÜ-, VPN-, NAT- und LAN-Routing-Dienste zur Verfügung stellt

- Mithilfe von NAT können Sie eine einzige Internetverbindung für mehrere Computer verwenden

- LAN-Routing leitet Netzwerkverkehr zwischen Subnetzen weiter. Es unterstützt das Routing von IPv4- und IPv6-Verkehr

- Das VPN-Protokoll SSTP überträgt den VPN-Verkehr mithilfe von HTTPS. Es kann in Umgebungen eingesetzt werden, in denen Firewalls andere VPN-Protokolle blockieren

- IKEv2 unterstützt die VPN-Verbindungswiederherstellung. Sie baut unterbrochene VPN-Verbindungen wieder auf, die bis zu 8 Stunden unterbrochen waren, ohne dass sich der Benutzer erneut authentifizieren muss.

Lernzielkontrolle

Mit den folgenden Fragen können Sie Ihr Wissen zu den Themen überprüfen, die in dieser Lektion behandelt wurden. Die Antworten auf diese Fragen mit Erklärungen, warum die jeweiligen Auswahlmöglichkeiten richtig oder falsch sind, finden Sie im Abschnitt »Antworten« am Ende dieses Kapitels.

1. Sie haben etliche VPN-Clients, die unter dem Betriebssystem Windows XP laufen. Als VPN-Server haben Sie einen Windows Server 2012-Computer bereitgestellt. Welche der folgenden VPN-Protokolle können Sie mit Windows XP-Clients verwenden? (Wählen Sie alle zutreffenden Antworten aus.)

   A. SSTP

   B. IKEv2

   C. L2TP/IPSec

   D. PPTP

2. Welches der folgenden VPN-Protokolle können Sie ausschließlich für Clients verwenden, die unter Windows 7 oder Windows 8 laufen?

   A. PPTP

   B. L2TP/IPSec

   C. IKEv2

   D. SSTP

3. Mehrere Außendienstmitarbeiter Ihres Unternehmens übernachten regelmäßig in Hotels, deren Firewalls nur ausgehenden Verkehr über TCP-Port 80 und 443 durchlassen. Welches der folgenden VPN-Protokolle sollten Sie aktivieren, damit diese Benutzer eine Verbindung zum Windows Server 2012-VPN-Server Ihrer Organisation herstellen können?

   A. IKEv2

   B. L2TP/IPSec

   C. SSTP

   D. PPTP

4. Welches der folgenden VPN-Protokolle unterstützt die automatische Verbindungswiederherstellung von VPN-Verbindungen, die bis zu 8 Stunden unterbrochen wurden, ohne dass sich der Benutzer erneut authentifizieren muss?

   A. SSTP

   B. IKEv2

   C. PPTP

   D. L2TP/IPSec

5. Sie haben gerade den *Setup-Assistenten für den Routing- und RAS-Server* gestartet. Welche der folgenden Optionen wählen Sie aus, damit mehrere Computer im Netzwerk Ihrer Organisation, die keine direkt eingehende Kommunikation von Internethosts annehmen müssen, eine Internetverbindung gemeinsam nutzen können?

   A. VPN-Zugriff

   B. DFÜ-Zugriff

   C. NAT

   D. LAN-Router

Lektion 3: Konfigurieren von DirectAccess

DirectAccess bietet eine ständig verfügbare VPN-Lösung mit Computerauthentifizierung, bei der Clientcomputer Verbindungen zum internen Netzwerk einer Organisation aufrechterhalten können, ohne dass die Benutzer eine manuelle Authentifizierung durchführen müssen. In dieser Lektion erfahren Sie, wie Sie DirectAccess bereitstellen und konfigurieren und welche Anforderungen DirectAccess an die Infrastruktur stellt.

Am Ende dieser Lektion werden Sie in der Lage sein, die folgenden Aufgaben auszuführen:

- Beschreiben von DirectAccess

- Beschreiben der DirectAccess-Infrastruktur

- Konfigurieren von DNS, damit es DirectAccess unterstützt

- Konfigurieren von Zertifikaten für DirectAccess

- Konfigurieren von DirectAccess-Clients

Veranschlagte Zeit für diese Lektion: 45 Minuten

Grundlagen von DirectAccess

DirectAccess ist eine ständig verfügbare IPv6-VPN-Verbindung mit Computerauthentifizierung, die jedes Mal aktiv wird, wenn ein Clientcomputer eine Internetverbindung herstellen kann, während er mit einem nicht vertrauenswürdigen Netzwerk verbunden ist. Jede IPv6-fähige Anwendung im DirectAccess-Client hat vollständigen Zugriff auf Ressourcen innerhalb des vertrauenswürdigen Netzwerks. DirectAccess bietet folgende Vorteile:

- Automatische Verbindung zu einem vertrauenswürdigen Netzwerk, während ein Client mit dem Internet verbunden ist. Dafür ist im Gegensatz zu herkömmlichen VPN-Verbindungen keine Benutzerauthentifizierung erforderlich.

- Kann die IPv6-Verbindung über viele unterschiedliche Protokolle aufbauen, darunter HTTPS. So kann DirectAccess praktisch immer eine Verbindung aufbauen, wenn ein Internetanschluss verfügbar ist.

- Unterstützt die Remoteverwaltung von Clients, unter anderem durch die sogenannte Manage-Out-Unterstützung. Die Manage-Out-Unterstützung ist eine Windows Server 2012-Funktion, die die Remoteverwaltung von DirectAccess-Clients ermöglicht. Dabei werden auf dem Client eingehende Zugriffe erlaubt, um Wartung und Administration zu ermöglichen.

- DirectAccess arbeitet mit Server- und Domänenisolation sowie mit NAP zusammen. Das ermöglicht es Organisationen, die Systemintegrität der Clients sicherzustellen, solange ein Client eine aktive Internetverbindung hat.

In Windows Server 2012 weist DirectAccess gegenüber der Implementierung aus Windows Server 2008 R2 folgende Unterschiede auf:

- Dem Netzwerkadapter, der mit dem Internet verbunden ist, brauchen für DirectAccess nicht mehr zwei aufeinanderfolgende öffentliche IPv4-Adressen zugewiesen zu werden

- Es ist nicht notwendig, die Active Directory-Zertifikatdienste (Active Directory Certificate Services, AD CS) im vertrauenswürdigen Netzwerk bereitzustellen

Praxistipp   Einfacherer Remotezugriff

Der Hauptgrund, warum es sich lohnt, DirectAccess zu konfigurieren, liegt darin, dass es die Bereitstellung von Remotezugriff viel einfacher macht. Benutzer bekommen einfach eine Verbindung zum vertrauenswürdigen internen Netzwerk, ohne mit einer VPN-Verbindung herumfummeln zu müssen. In manchen Organisationen müssen komplexe Authentifizierungsvorgänge durchlaufen werden, um eine VPN-Verbindung aufzubauen, zum Beispiel mit einem speziellen Identifizierungsgerät, wobei der Benutzer eine Zahl, die auf dem Gerät angezeigt wird, innerhalb einer kurzen Frist eintippen muss.

DirectAccess-Infrastruktur

Der größte Unterschied zwischen DirectAccess in Windows Server 2008 R2 und DirectAccess in Windows Server 2012 besteht darin, dass es viel einfacher geworden ist, DirectAccess zu konfigurieren. Außerdem ist DirectAccess nun in der Essentials-Version von Windows Server 2012 enthalten. Die Essentials-Version von Windows Server 2012 ist für Kleinbetriebe gedacht und vereinfacht viele komplexe Systemverwaltungsaufgaben, ähnlich wie früher die Produktlinie des Small Business Server. Beim Bereitstellen von DirectAccess ist vor allem wichtig, dass der Computer, der die DirectAccess-Verbindung aufbaut, im Gegensatz zu anderen Remotezugrifftechnologien Mitglied derselben Active Directory-Gesamtstruktur sein muss wie der DirectAccess-Server. DirectAccess arbeitet mit Computerauthentifizierung, während die meisten anderen Remotezugrifflösungen die Authentifizierung über die Anmeldeinformationen des Benutzers durchführen.

Weitere Informationen   DirectAccess-Infrastruktur

Weitere Informationen über die DirectAccess-Infrastruktur finden Sie in TechNet unter *http://technet.microsoft.com/en-us/library/jj574174.aspx*.

DirectAccess-Topologie

DirectAccess unterstützt mehrere Bereitstellungstopologien. Der DirectAccess-Server braucht keinen Netzwerkadapter, der direkt mit dem Internet verbunden ist, sondern Sie können den DirectAccess-Server in die vorhandene Edge-Topologie Ihrer Organisation integrieren. Beim Bereitstellen des DirectAccess-Servers fragt der Setupassistent, welche Topologie Ihre Serverkonfiguration widerspiegelt (Abbildung 8.28). Die unterschiedlichen Optionen haben folgende Bedeutung:

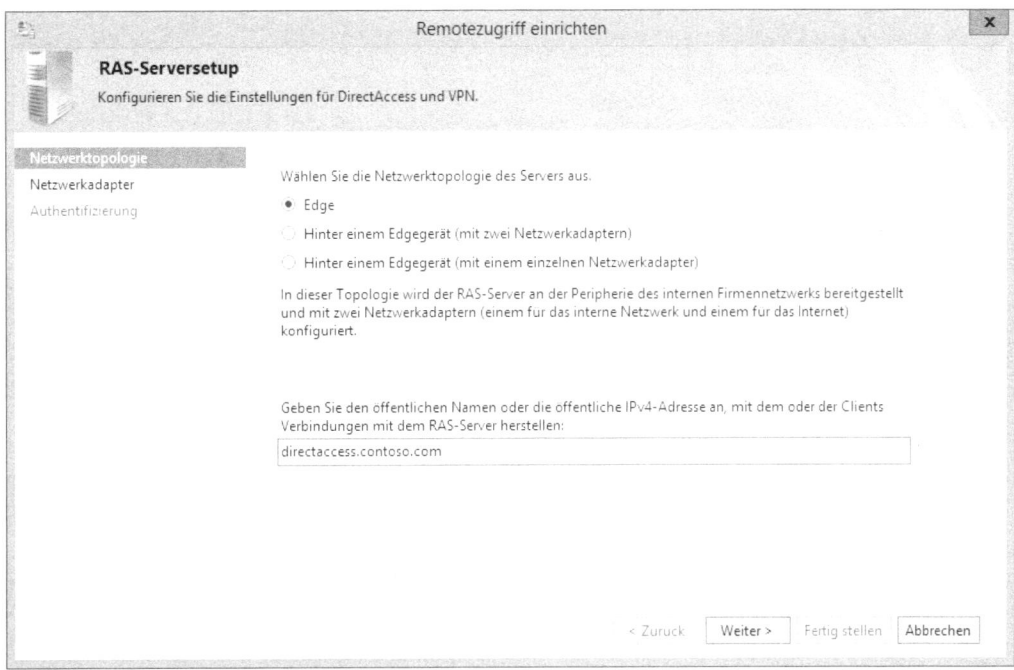

Abbildung 8.28   Auswählen der Netzwerktopologie

- **Edge**   Dies ist die herkömmliche DirectAccess-Bereitstellung. Der Computer, der den DirectAccess-Server hostet, hat zwei Netzwerkadapter. Der erste Netzwerkadapter ist direkt mit dem Internet verbunden, ihm sind eine oder mehrere öffentliche IPv4-Adressen zugewiesen. Der zweite Netzwerkadapter ist direkt an das interne vertrauenswürdige Netzwerk angeschlossen.

- **Hinter einem Edgegerät (mit zwei Netzwerkadaptern)**   Bei dieser Bereitstellung liegt der DirectAccess-Server hinter einer dedizierten Edge-Firewall. Dabei kann es sich um einen Computer handeln, der Forefront Threat Management Gateway 2010 oder Unified Access Gateway 2010 ausführt oder um das Hardwarefirewallgerät eines anderen Herstellers. Bei dieser Konfiguration ist ein Netzwerkadapter des DirectAccess-Servers mit dem Umkreisnetzwerk hinter der Edge-Firewall verbunden. Der zweite Netzwerkadapter ist direkt an das interne vertrauenswürdige Netzwerk angeschlossen. Abbildung 8.29 zeigt, wie Sie diese Topologie konfigurieren.

- **Hinter einem Edgegerät (mit einem einzelnen Netzwerkadapter)**   Der DirectAccess-Server hat nur einen einzigen Netzwerkadapter, der an das interne Netzwerk angeschlossen ist. Die Edge-Firewall leitet Verkehr an den DirectAccess-Server weiter.

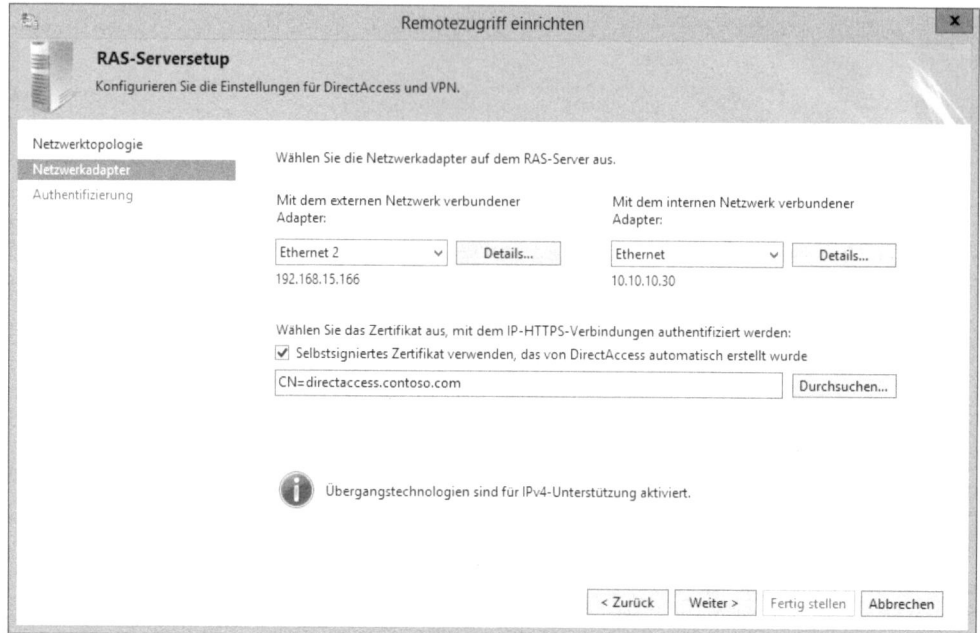

Abbildung 8.29   Auswählen der Netzwerkadapter

DirectAccess-Server

Der DirectAccess-Server ist ein Windows Server 2012-Computer, der Domänenmitglied ist, Verbindungen von DirectAccess-Clients entgegennimmt, die sich in nicht vertrauenswürdigen Netzwerken wie dem Internet befinden, und ihnen Zugriff auf Ressourcen innerhalb der vertrauenswürdigen Netzwerke ermöglicht. Der DirectAccess-Server führt folgende Aufgaben aus:

- Er authentifiziert DirectAccess-Clients, die Verbindung aus nicht vertrauenswürdigen Netzwerken heraus herstellen

- Er arbeitet als IPsec-Tunnelmodus-Endpunkt für DirectAccess-Verkehr, der aus nicht vertrauenswürdigen Netzwerken stammt

Sie können einen Windows Server 2012-Computer nur dann als DirectAccess-Server konfigurieren, wenn er folgende Anforderungen erfüllt:

- Der Server muss Mitglied einer Active Directory-Domäne sein

- Sofern der Server direkt mit dem Internet verbunden ist, muss er zwei Netzwerkadapter haben: einen mit einer öffentlichen IP-Adresse und einen, der mit dem vertrauenswürdigen internen Netzwerk verbunden ist

■ Der Server braucht nicht direkt mit dem Internet verbunden zu sein, sofern er über Microsoft Forefront Threat Management Gateway (TMS) 2010 oder Microsoft Forefront Unified Access Gateway (UAG) 2010 öffentlich verfügbar gemacht wird. In diesem Fall hat der DirectAccess-Server nur einen Netzwerkadapter, der mit dem vertrauenswürdigen Netzwerk verbunden ist.

■ Der DirectAccess-Server kann hinter einem NAT-Gerät bereitgestellt werden, allerdings ist DirectAccess dann auf IP über HTTPS (IP-HTTPS) beschränkt.

■ Ein Server, der mit dem Internet verbunden ist, braucht nur eine öffentliche IPv4-Adresse. Für die zweistufige Authentifizierung (Smartcard oder Einmalkennwort) muss er allerdings zwei aufeinanderfolgende öffentliche IPv4-Adressen haben (Abbildung 8.30).

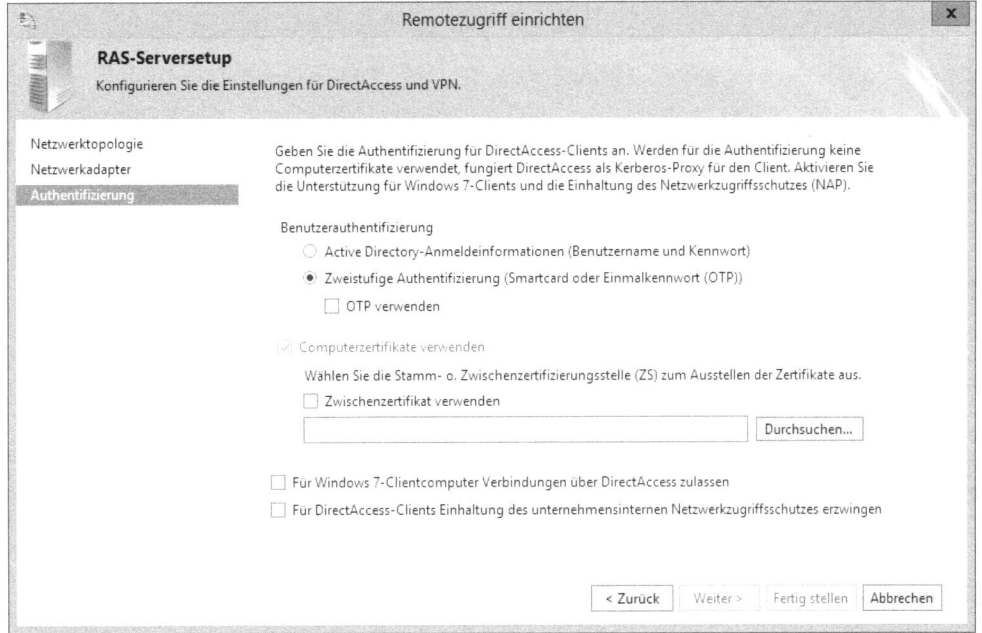

Abbildung 8.30 Konfigurieren der zweistufigen Authentifizierung

■ Der DirectAccess-Server kann auch einen VPN-Server hosten. Diese Möglichkeit gab es in der Windows Server 2008 R2-Version von DirectAccess noch nicht.

■ Sie können DirectAccess in einem Netzwerklastausgleich mit bis zu acht Knoten konfigurieren

■ Das auf dem DirectAccess-Server installierte SSL-Zertifikat muss einen FQDN enthalten, der von DNS-Servern im Internet in die öffentliche IP-Adresse aufgelöst wird, die dem DirectAccess-Server oder der Gateway zugewiesen ist, über die der DirectAccess-Server öffentlich verfügbar gemacht wird

■ Das auf dem DirectAccess-Server installierte SSL-Zertifikat muss einen Zertifikatsperrlisten-Verteilungspunkt haben, auf den Clients im Internet Zugriff haben

Praxistipp   Zertifikatvoraussetzungen

Es empfiehlt sich, das SSL-Zertifikat für den DirectAccess-Server Ihrer Organisation von einer öffentlichen Zertifizierungsstelle zu beziehen. In diesem Fall brauchen Sie sich nicht darum zu kümmern, wie Sie die Zertifikatsperrliste aus Ihrer internen Zertifikatdienstebereitstellung an einer Stelle veröffentlichen, die aus dem Internet heraus erreichbar ist. Wenn Sie eine vertrauenswürdige öffentliche Zertifizierungsstelle nutzen, stellt sie sicher, dass die Zertifikatsperrliste allen Clients im Internet zur Verfügung steht. Es kostet zwar Geld, ein Zertifikat zu kaufen, aber der Preis ist kleiner als die Betriebskosten, die Sie aufwenden müssen, um einen Zertifikatsperrlisten-Verteilungspunkt einzurichten und so zu konfigurieren, dass Clients aus dem Internet heraus darauf zugreifen können.

Eine DirectAccess-Implementierung benötigt die folgenden Infrastrukturkomponenten:

- **Active Directory-Domänencontroller**   DirectAccess-Clients und -Server müssen Mitglieder einer Active Directory-Domäne sein. Wenn Sie einen Domänencontroller bereitstellen, müssen Sie zwangsläufig auch einen DNS-Server bereitstellen. Und Active Directory macht natürlich Gruppenrichtlinien verfügbar.

- **Gruppenrichtlinien**   Wenn Sie DirectAccess konfigurieren, erstellt der Setupassistent einen Satz von Gruppenrichtlinienobjekten (Group Policy Objects, GPOs), die er mit den Einstellungen konfiguriert, die Sie im Assistenten angegeben haben. Sie werden auf DirectAccess-Clients, DirectAccess-Server und Server angewendet, mit denen Sie DirectAccess verwalten.

Bereiten Sie die DNS-Server vor, indem Sie den ISATAP-Namen aus der globalen Abfragensperrliste löschen. Sie müssen diesen Schritt auf allen DNS-Servern ausführen, die unter den Betriebssystemen Windows Server 2008, Windows Server 2008 R2 oder Windows Server 2012 laufen. Löschen Sie dazu den Wert *isatap* aus der mehrteiligen Zeichenfolge *GlobalQueryBlockList* des Registrierungszweigs *Computer\HKEY_LOCAL_MACHINE\ System\CurrentControlSet\Services\DNS\Parameters*, sodass sie nur noch den Wert *wpad* enthält (Abbildung 8.31). Sie müssen den DNS-Server neu starten, nachdem Sie diese Konfigurationsänderung vorgenommen haben.

Abbildung 8.31   Anpassen der globalen Abfragensperrliste

Sie können *ISATAP* auch aus der globalen DNS-Abfragensperrliste löschen, indem Sie auf jedem DNS-Server den folgenden Befehl ausführen:

```
dnscmd /config /globalqueryblocklist wpad
```

Weitere Informationen   DirectAccess-Infrastruktur

Weitere Informationen über das Konfigurieren eines DirectAccess-Servers finden Sie in Tech-Net unter *http://technet.microsoft.com/en-us/library/jj574180.aspx*.

Netzwerkadressenserver

Der *Netzwerkadressenserver* (Network Location Server, NLS) ist ein speziell konfigurierter Server, mit dem Clients ermitteln können, ob sie sich in einem vertrauenswürdigen oder einem nicht vertrauenswürdigen Netzwerk befinden. Die einzige Aufgabe des Netzwerkadressenservers besteht darin, auf speziell formulierte HTTPS-Anforderungen zu antworten. Sobald der Client feststellt, dass er eine Verbindung zu irgendeinem Netzwerk hat, sendet er diese spezielle HTTPS-Anforderung. Erhält er eine Antwort auf die Anforderung, weiß er, dass er sich in einem vertrauenswürdigen Netzwerk befindet. Der Client deaktiviert daraufhin die DirectAccess-Komponenten. Wenn der Client dagegen keine Antwort auf seine Anforderung erhält, nimmt er an, dass er mit einem nicht vertrauenswürdigen Netzwerk verbunden ist, und baut eine DirectAccess-Verbindung auf.

Den Ort des Netzwerkadressenservers bekommen DirectAccess-Clients mithilfe von Gruppen-richtlinien mitgeteilt. Sie brauchen diese Richtlinien nicht von Hand zu konfigurieren, weil sie automatisch erstellt werden, wenn Sie den Assistenten *DirectAccess einrichten* ausführen. Jeder Server, der eine Website hostet und ein SSL-Zertifikat installiert hat, kann als Netzwerk-adressenserver fungieren. Sie sollten sicherstellen, dass der Netzwerkadressenserver hochver-fügbar ist, denn wenn er ausfällt, nehmen alle Clients, die für DirectAccess konfiguriert wurden, innerhalb des vertrauenswürdigen Netzwerks an, dass sie sich in einem nicht vertrauens-würdigen Netzwerk befinden.

Schnelltest

- Welchen Namen hat der Server, mit dem der DirectAccess-Client Kontakt aufnimmt, um festzustellen, ob er sich in einem vertrauenswürdigen Netzwerk befindet?

Antwort zum Schnelltest

- Der DirectAccess-Client nimmt Kontakt zum Netzwerkadressenserver auf, um feststellen, ob er sich in einem vertrauenswürdigen Netzwerk befindet.

DirectAccess-Clients

DirectAccess-Clients müssen folgende Voraussetzungen erfüllen:

- Der Computer muss entweder bereits Mitglied einer Active Directory-Domäne sein oder für einen Offlinedomänenbeitritt konfiguriert sein. Der Computer muss Domänenmitglied sein, bevor er mit DirectAccess eine Verbindung zu Ressourcen des internen Netzwerks herstellen kann.
- Der Computer muss unter einem der folgenden Betriebssysteme laufen:
    - Windows 8 Enterprise Edition (x86 und x64)
    - Windows 7 Enterprise oder Ultimate Edition

DirectAccess-Clients werden über Gruppenrichtlinienobjekte konfiguriert. Der Assistent zum Einrichten von DirectAccess legt das Konfigurations-Gruppenrichtlinienobjekt automatisch an. Dieses Gruppenrichtlinienobjekt wird so gefiltert, dass es nur auf die Sicherheitsgruppe angewendet wird, die Sie für die DirectAccess-Clients erstellt haben. Abbildung 8.32 zeigt die Gruppenrichtlinienobjekte.

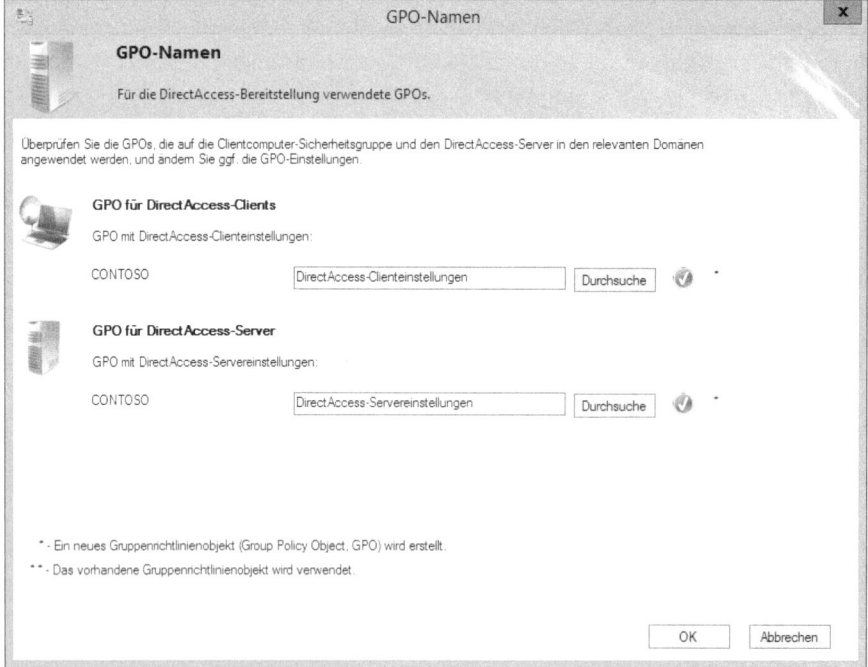

Abbildung 8.32   Gruppenrichtlinienobjekte für DirectAccess

Sie können zwar auch alle Editionen von Windows Server 2008 R2 und Windows Server 2012 als DirectAccess-Clients einsetzen, aber von dieser Konfiguration wird abgeraten, weil diese Betriebssysteme selten als Desktopbetriebssysteme verwendet werden. Ein Server in einer Zweigstelle sollte eine statisch konfigurierte WAN-Verbindung haben, statt über eine DirectAccess-Verbindung auf die Ressourcen in der Zentrale zuzugreifen.

Konfigurieren von DirectAccess

Wenn Sie die Infrastrukturanforderungen einmal verstanden haben, ist es nicht mehr schwer, DirectAccess zu konfigurieren. Gehen Sie dazu folgendermaßen vor:

1. Legen Sie in Active Directory eine Sicherheitsgruppe an und fügen Sie die Computerkonten aller Computer, die DirectAccess-Clients werden sollen, zu dieser Gruppe hinzu. Sie können der Sicherheitsgruppe einen beliebigen Namen geben, aber ein aussagekräftiger Name wie *DirectAccess_Clients* verrät den Zweck der Gruppe auf den ersten Blick. Abbildung 8.33 zeigt, wie Sie im Assistenten *Remotezugriff einrichten* die benutzerdefinierte Gruppe *DirectAccess_Clients* auswählen.

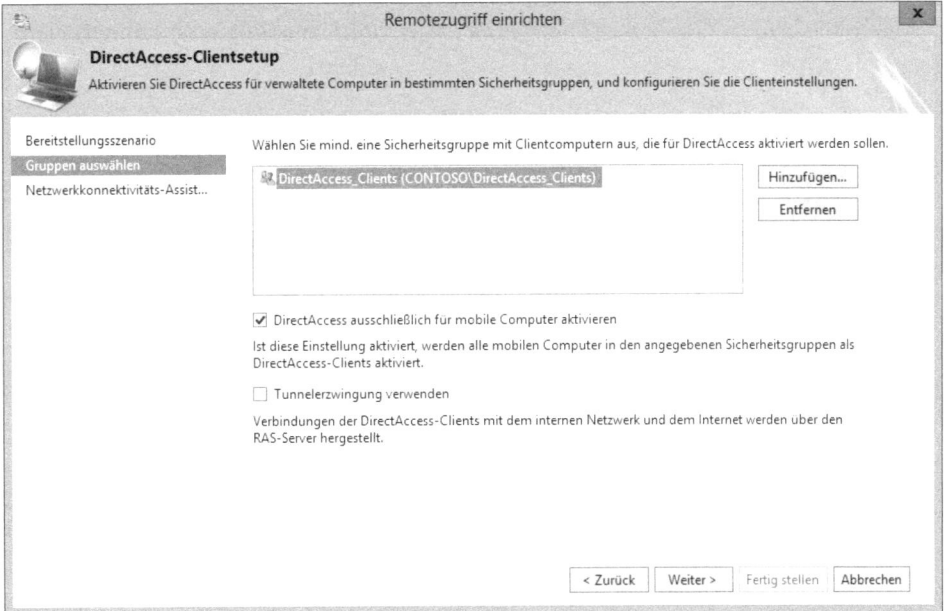

Abbildung 8.33 Auswählen einer Sicherheitsgruppe, die für DirectAccess-Clients erstellt wurde

2. Stellen Sie sicher, dass DNS mit folgenden Informationen konfiguriert ist:

   ▪ Die extern auflösbare DNS-Zone muss einen Eintrag enthalten, der den FQDN der externen Schnittstelle des DirectAccess-Servers zur öffentlichen IPv4-Adresse des DirectAccess-Servers zuordnet

   ▪ Sofern Sie ein Zertifikat verwenden, das von einer Zertifizierungsstelle Ihrer Organisation ausgestellt wurde, muss ein DNS-Eintrag für den Speicherort der Zertifikatsperrliste vorhanden sein

   ▪ Die interne DNS-Zone muss einen Eintrag enthalten, der den Namen des Netzwerkadressenservers zu einer IP-Adresse zuordnet

   ▪ Entfernen Sie auf allen DNS-Servern der Organisation ISATAP aus der globalen Abfragensperrliste

3. Wenn Sie eine eigene Zertifizierungsstelle Ihrer Organisation verwenden, müssen Sie eine passende Zertifikatvorlage konfigurieren und einen Zertifikatsperrlisten-Verteilungspunkt an einem Ort bereitstellen, auf den Clients aus dem Internet heraus Zugriff haben. Die Zertifikatvorlage kann ein Duplikat der Vorlage *Webserverzertifikat* sein (Abbildung 8.34). Sie können dieses Zertifikat sowohl für das SSL-Zertifikat des Netzwerkadressenservers als auch das IP-HTTPS-Zertifikat des DirectAccess-Servers verwenden. Falls Sie die Zertifikate nicht mit einer Zertifizierungsstelle Ihrer Organisation ausstellen, können Sie für Netzwerkadressenserver und DirectAccess-Server Zertifikate von einer öffentlichen Zertifizierungsstelle kaufen.

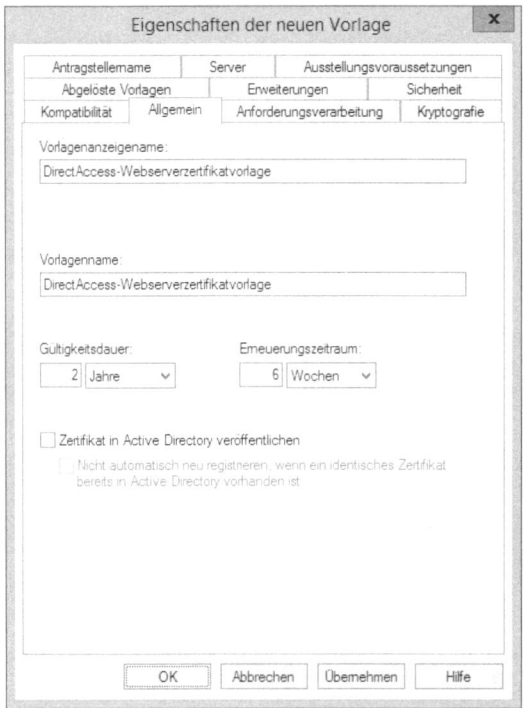

Abbildung 8.34   Vorlage für ein Zertifikat auf Basis des Webserverzertifikats

4. Konfigurieren Sie für alle Hosts im vertrauenswürdigen Netzwerk, auf die DirectAccess-Clients Zugriff haben sollen, passende Firewallregeln, die eingehende und ausgehende ICMPv6-Echoanforderungen zulassen. Sie können diese Regeln in einem Gruppenrichtlinienobjekt konfigurieren, das Sie dann auf Hosts anwenden, die für DirectAccess-Clients erreichbar sein sollen. Die Regeln sollten folgende Eigenschaften haben:

- ■ *Regeltyp*: *Benutzerdefiniert*
- ■ *Protokolltyp*: *ICMPv6*
- ■ *Bestimmte ICMP-Typen*: *Echoanforderung* (Abbildung 8.35)

5. Installieren Sie die Rolle *Remotezugriff* auf dem Computer, der als DirectAccess-Server agieren soll.

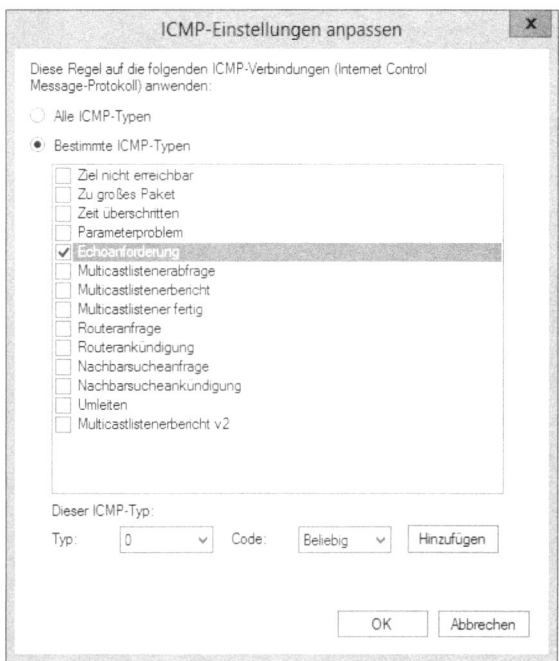

Abbildung 8.35   Definieren einer Regel, die IPv6-ICMP-Echoanforderungen zulässt

6. Öffnen Sie die Remotezugriffs-Verwaltungskonsole. Wie in Abbildung 8.36 zu sehen, haben Sie die Wahl zwischen dem *Assistenten für erste Schritte* und dem *Assistenten zum Einrichten des Remotezugriffs*. Im Assistenten für erste Schritte können Administratoren DirectAccess schnell bereitstellen, indem sie nur wenige Informationen eingeben. Der Assistent *Remotezugriff einrichten* fordert detailliertere Daten an, Sie können Ihre Bereitstellung hier aber individueller anpassen. Die weiteren Schritte dieser Anleitung gehen davon aus, dass Sie den Assistenten *Remotezugriff einrichten* wählen.

7. Auf der Seite *Remotezugriff konfigurieren* des Assistenten können Sie nun auswählen, ob Sie DirectAccess und VPN, nur DirectAccess oder nur VPN bereitstellen wollen.

8. Wenn Sie auf *Nur DirectAccess bereitstellen* klicken, wird das Diagramm *Remotezugriff einrichten* angezeigt (Abbildung 8.37). Dieses Diagramm umfasst mehrere Schritte, mit denen Sie DirectAccess-Server, -Clients und -Infrastruktur konfigurieren. Es gibt vier Schritte:

- Schritt 1: Remoteclients
- Schritt 2: RAS-Server
- Schritt 3: Infrastrukturserver
- Schritt 4: Anwendungsserver

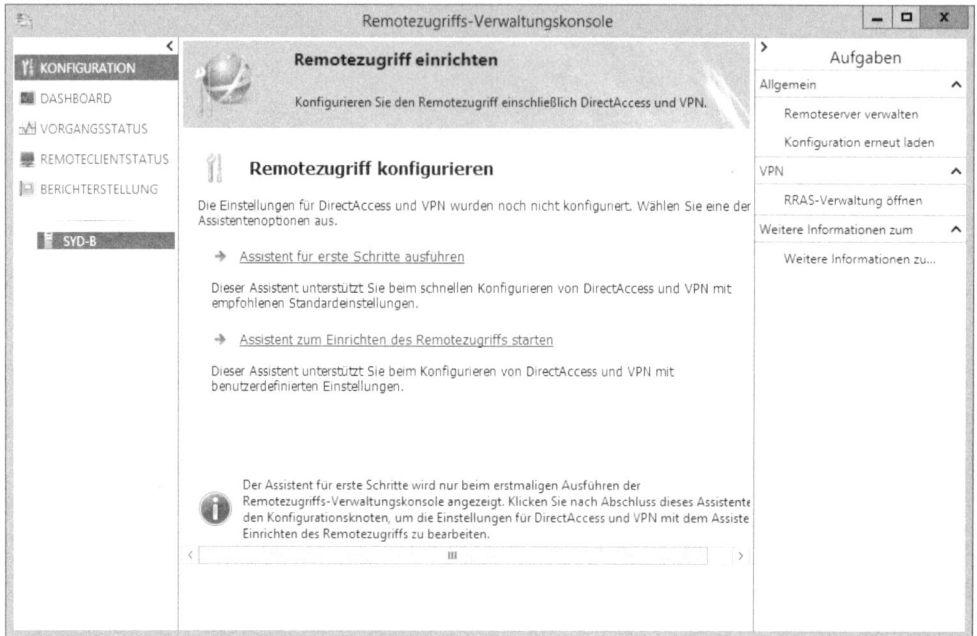

Abbildung 8.36   Auswählen eines Setupassistenten

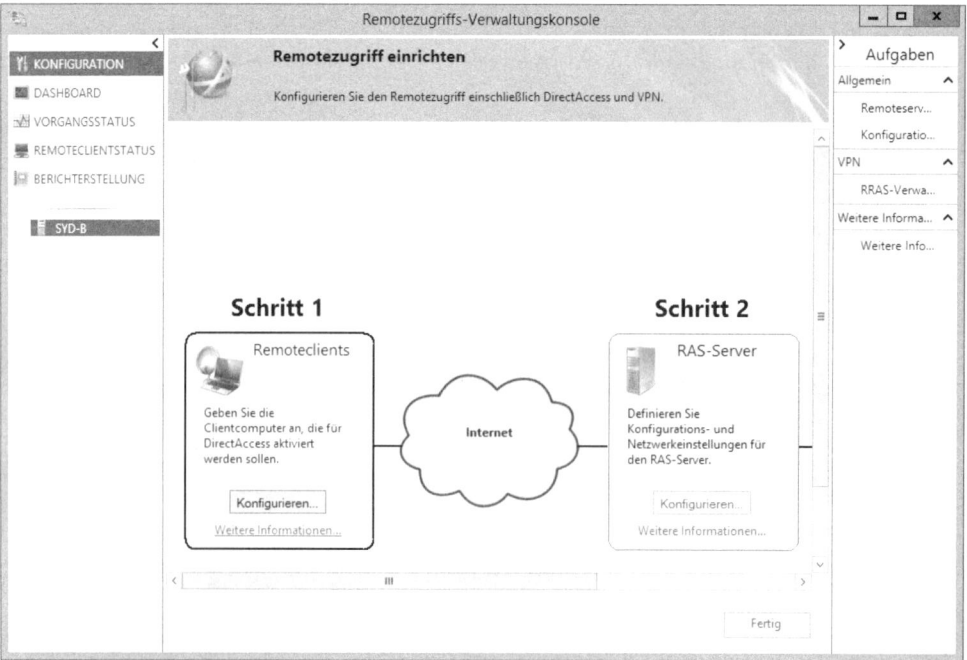

Abbildung 8.37   Schrittweises Einrichten des Remotezugriffs

Schritt 1: Remoteclients

Im Abschnitt *Schritt 1: Remoteclients* des Diagramms *Remotezugriff einrichten* konfigurieren Sie, welche Computer als DirectAccess-Clients arbeiten. Sobald Sie die Schaltfläche *Konfigurieren* im Abschnitt *Schritt 1* anklicken, öffnet sich ein dreiseitiger Assistent, in dem Sie die folgenden Einstellungen konfigurieren:

1. Wählen Sie *Gesamtes DirectAccess (Clientzugriff und Remoteverwaltung) bereitstellen* oder *DirectAccess nur für die Remoteverwaltung bereitstellen* (Abbildung 8.38). Wenn Sie die erste Option wählen, können die Benutzer der DirectAccess-Clients auf interne Netzwerkressourcen zugreifen, während sie eine aktive Internetverbindung haben. Wenn Sie die zweite Option wählen, können Sie die Clientcomputer verwalten, während sie eine Internetverbindung haben, aber die Benutzer können nicht auf interne Ressourcen zugreifen.

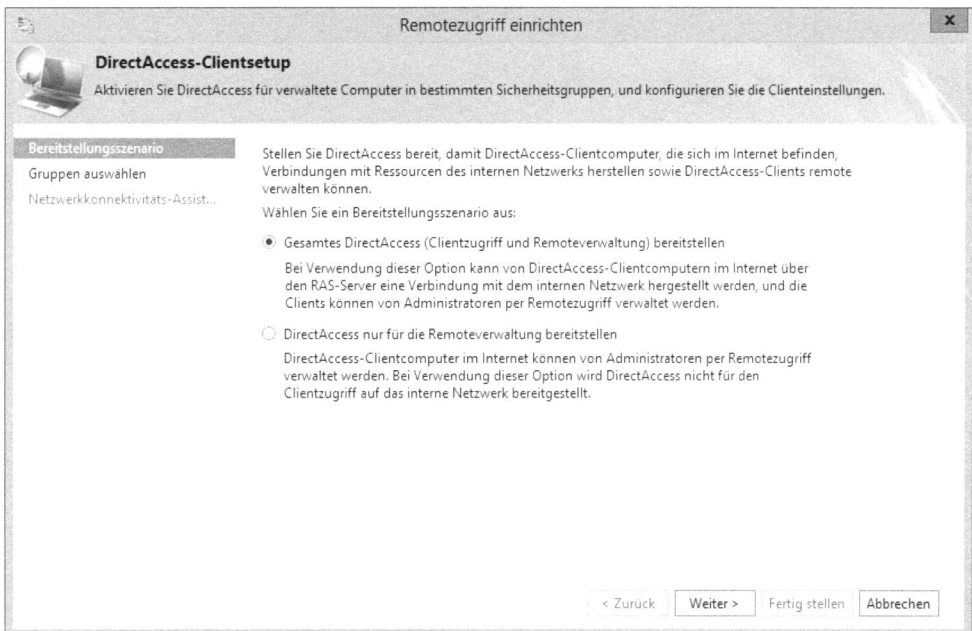

Abbildung 8.38 Auswählen des Bereitstellungsszenarios

2. Wählen Sie aus, welche Sicherheitsgruppen Computerkonten enthalten, für die DirectAccess aktiviert wird (Abbildung 8.39). Auf dieser Seite können Sie außerdem die Kontrollkästchen *DirectAccess ausschließlich für mobile Computer aktivieren* und *Tunnelerzwingung verwenden* aktivieren. Wenn Sie die Tunnelerzwingung aktivieren, stellen die DirectAccess-Clients immer eine Verbindung durch den RAS-Server her, unabhängig davon, ob sie auf das Internet zugreifen oder auf das interne vertrauenswürdige Netzwerk.

3. Auf der Seite *Netzwerkkonnektivitäts-Assistent* (Abbildung 8.40) haben Sie die Möglichkeit, Verbindungsinformationen für die Clients zu konfigurieren. Sie können hier zum Beispiel den DirectAccess-Verbindungsnamen und die E-Mail-Adresse des Helpdesks eintragen oder festlegen, ob DirectAccess-Clients lokale Namensauflosung verwenden.

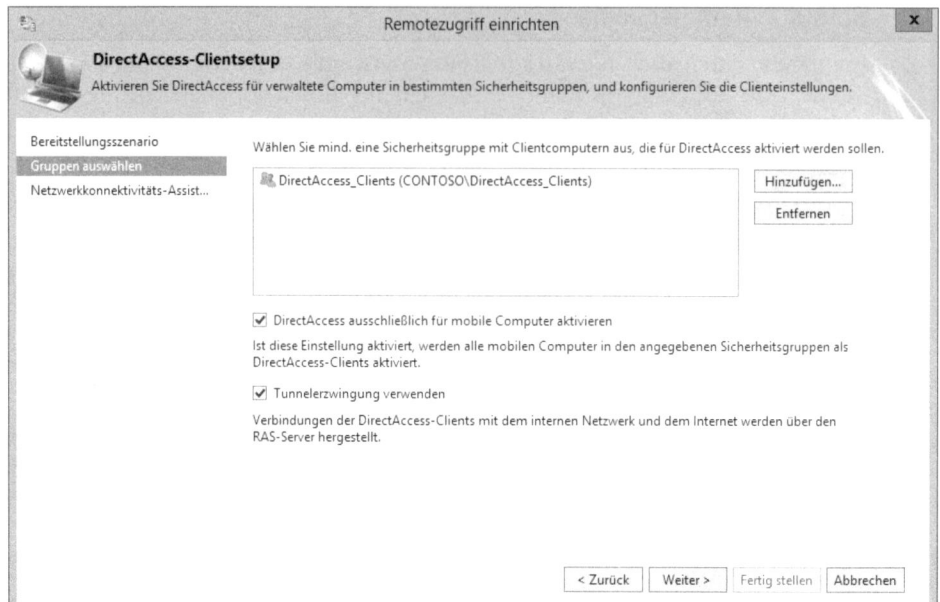

Abbildung 8.39   Auswählen der Sicherheitsgruppen, für deren Computerkonten DirectAccess aktiviert wird

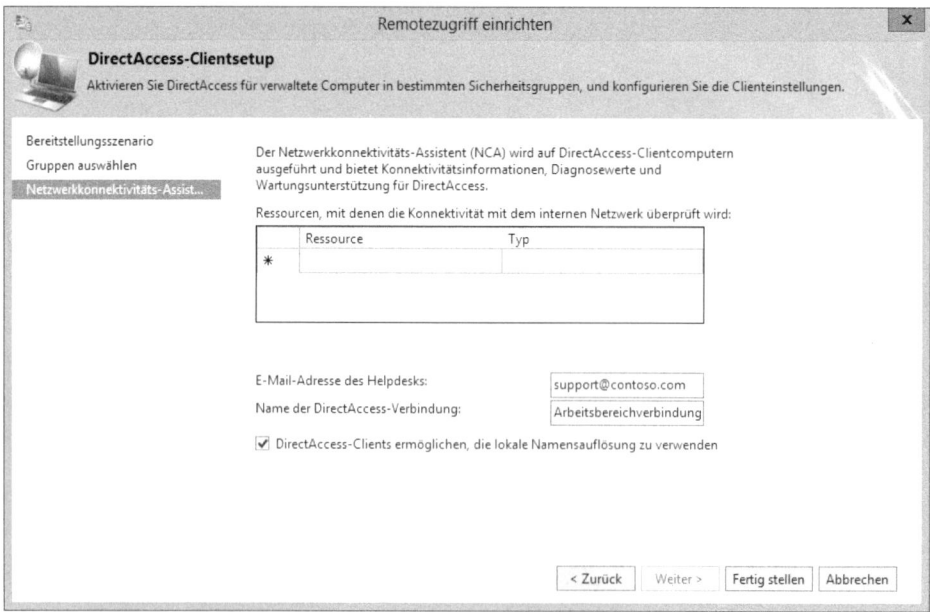

Abbildung 8.40   Konfigurieren des Netzwerkkonnektivitäts-Assistenten

Schritt 2: RAS-Server

Der Abschnitt *Schritt 2: RAS-Server* im Diagramm *Remotezugriff einrichten* enthält einen dreiseitigen Assistenten, in dem Sie folgende Einstellungen vornehmen:

1. Konfigurieren Sie die Netzwerktopologie und geben Sie den öffentlichen Namen oder die IPv4-Adresse an, über die Clients eine Verbindung zu DirectAccess herstellen. Bei der Topologie stehen die Optionen *Edge*, *Hinter einem Edgegerät (mit zwei Netzwerkadaptern)* und *Hinter einem Edgegerät (mit einem einzelnen Netzwerkadapter)* zur Auswahl. Diese Topologien wurden weiter oben in dieser Lektion im Abschnitt »DirectAccess-Topologie« beschrieben.

2. Überprüfen Sie auf der Seite *Netzwerkadapter* die Konfiguration der Netzwerkadapter. Sie können hier außerdem das Zertifikat auswählen, mit dem IP-HTTPS-Verbindungen authentifiziert werden. Das sollte normalerweise ein SSL-Zertifikat sein, dessen FQDN die Clients beim Verbindungsaufbau angeben. Sie können auch ein selbst signiertes Zertifikat verwenden, davon wird aber abgeraten, sofern es sich nicht um eine reine Testbereitstellung handelt.

3. Wählen Sie auf der Seite *Authentifizierung*, ob Active Directory oder eine zweistufige Authentifizierung verwendet werden. Sie können auch einstellen, dass Computerzertifikate für die Authentifizierung benutzt werden. In diesem Fall müssen Sie die Zertifizierungsstelle angeben, die alle Computerzertifikate ausstellen muss. Wie Abbildung 8.41 zeigt, können Sie außerdem festlegen, ob Windows 7-Computer eine Verbindung herstellen dürfen und ob Sie NAP-Richtlinien für Clients erzwingen, die eine DirectAccess-Verbindung aufbauen.

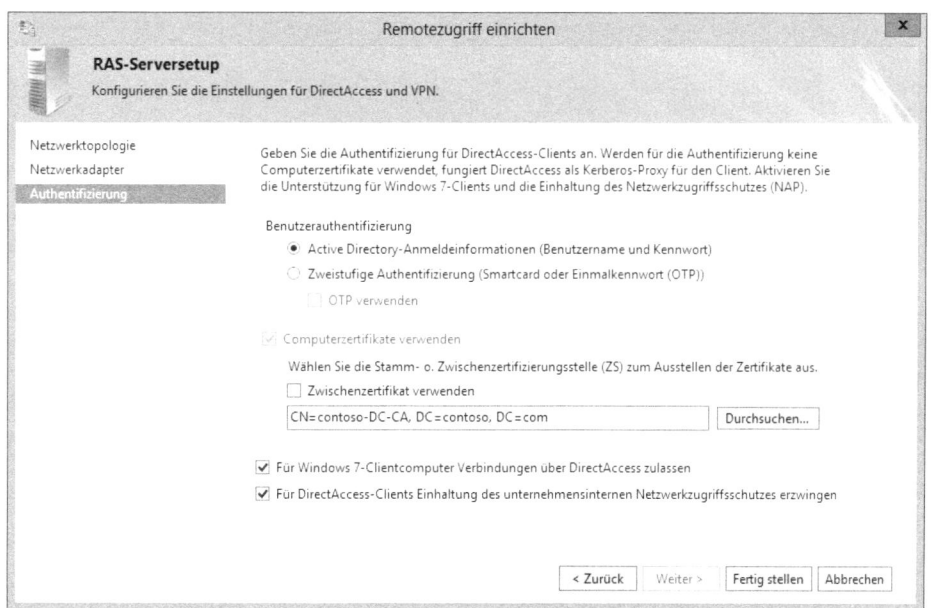

Abbildung 8.41   Konfigurieren der Remotezugriffauthentifizierung

Schritt 3: Infrastrukturserver

Nachdem Sie die RAS-Clients und den RAS-Server konfiguriert haben, besteht der nächste
Schritt darin, die Infrastrukturserver zu konfigurieren. Der Assistent *Infrastrukturserver-Setup*
führt Sie durch die folgenden Schritte:

1. Tragen Sie auf der ersten Seite den Ort des Netzwerkadressenservers in Form der Server-
   URL ein. Sofern Sie einen separaten Server angeben, müssen Sie daran danken, in
   der Adresse *https* zu verwenden, nicht *http*. Sie haben hier auch die Möglichkeit, den
   DirectAccess-Server als RAS-Server einzurichten und ein selbst signiertes Zertifikat zu
   verwenden (Abbildung 8.42). Selbst signierte Zertifikate eignen sich nur für Tests, nicht
   für Produktivbereitstellungen.

Abbildung 8.42 Konfigurieren des Netzwerkadressenservers

2. Auf der Seite *DNS* können Sie angeben, welche DNS-Suffixe bei der Namensauflösung benutzt werden und wie die Adresse des internen DNS-Servers lautet (Abbildung 8.43). Außerdem können Sie hier konfigurieren, wie Clients den DNS-Server ihrer lokalen Internetverbindung nutzen. Es stehen folgende Optionen zur Auswahl:

- DNS-Server der lokalen Verbindung verwenden, wenn der Name nicht vom DNS-Server im vertrauenswürdigen Netzwerk aufgelöst werden kann

- DNS-Server der lokalen Verbindung verwenden, wenn der Name nicht vom DNS-Server im vertrauenswürdigen Netzwerk aufgelöst werden kann oder der DNS-Server im vertrauenswürdigen Netzwerk nicht erreichbar ist

- DNS-Server der lokalen Verbindung verwenden, falls irgendwelche DNS-Fehler auftreten

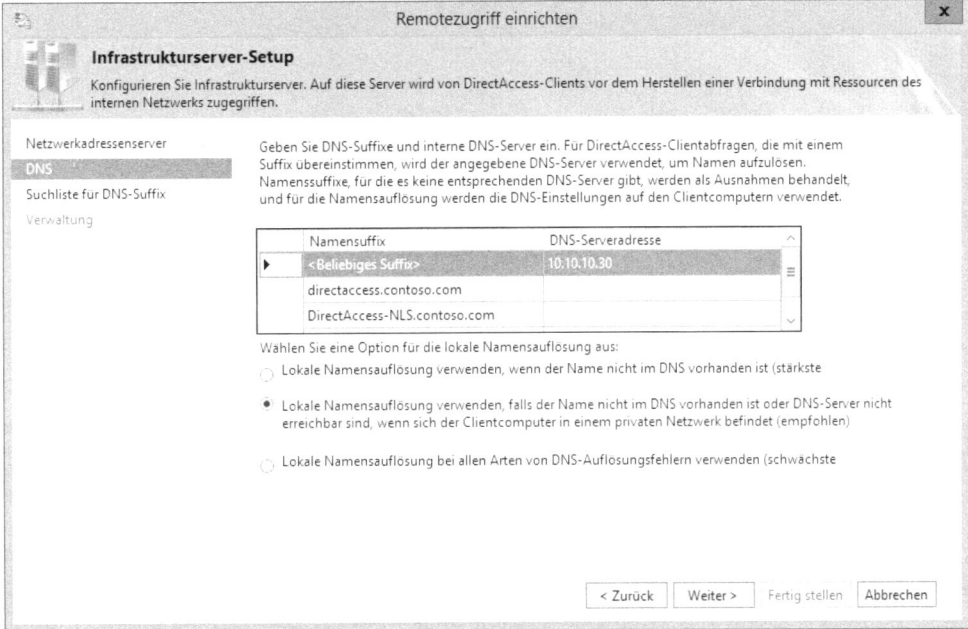

Abbildung 8.43 DNS-Konfiguration für DirectAccess

3. Auf der Seite *Suchliste für DNS-Suffix* tragen Sie alle DNS-Suffixe ein, die der Client für unqualifizierte Namen benutzen soll. In der Standardeinstellung wird der Domänenname als Suffix angehängt.

4. Auf der Seite *Verwaltung* (Abbildung 8.44) können Sie auswählen, welche Server zum Verwalten der DirectAccess-Clients benutzt werden. Sie können auch NAP-Wartungsserver konfigurieren, sofern Sie NAP in Kombination mit DirectAccess einsetzen.

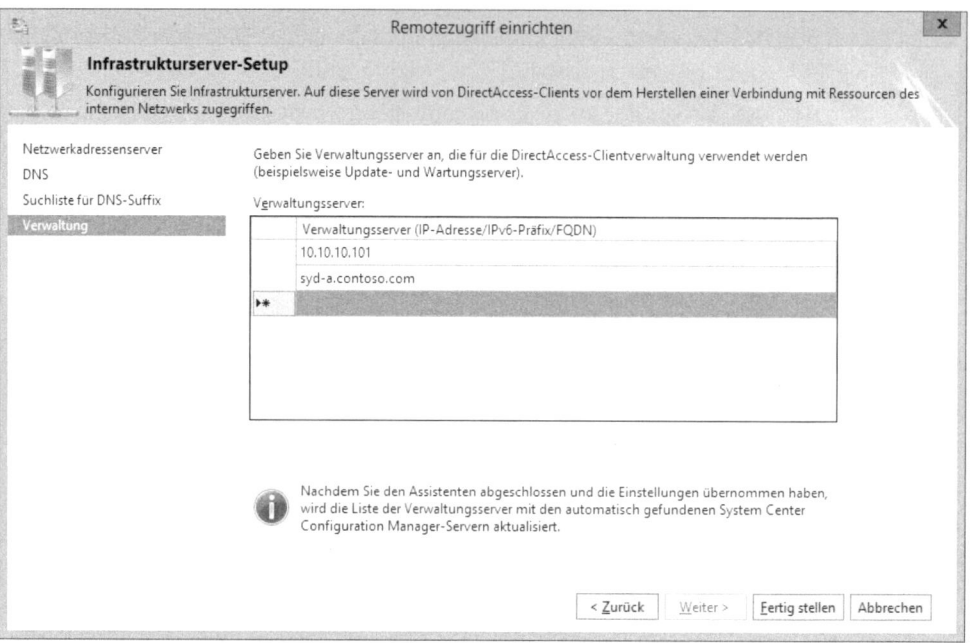

Abbildung 8.44 Konfigurieren der DirectAccess-Verwaltungsserver

Schritt 4: Anwendungsserver

Schritt 4 beim Einrichten von DirectAccess in der Remotezugriffs-Verwaltungskonsole besteht darin, dass Sie die Adressen von Anwendungsservern konfigurieren, die eine Endpunkt-zu-Endpunkt-Authentifizierung benötigen, wenn sie mit DirectAccess-Clients kommunizieren. Im Unterschied zu den anderen Schritten umfasst dieser Schritt nur ein einziges Dialogfeld, in dem Sie die Sicherheitsgruppe auswählen, die alle Computerkonten enthält, für die Sie Endpunkt-zu-Endpunkt-Authentifizierung und -Verschlüsselung verpflichtend machen. Abbildung 8.45 zeigt dieses Dialogfeld. Sie können hier auch festlegen, dass die DirectAccess-Clients nur Verbindungen zu Servern aus den angegebenen Gruppen herstellen und keine Verbindung zu anderen Servern im vertrauenswürdigen Netzwerk aufbauen dürfen. Diese Option eignet sich für Umgebungen mit besonders strengen Sicherheitsanforderungen.

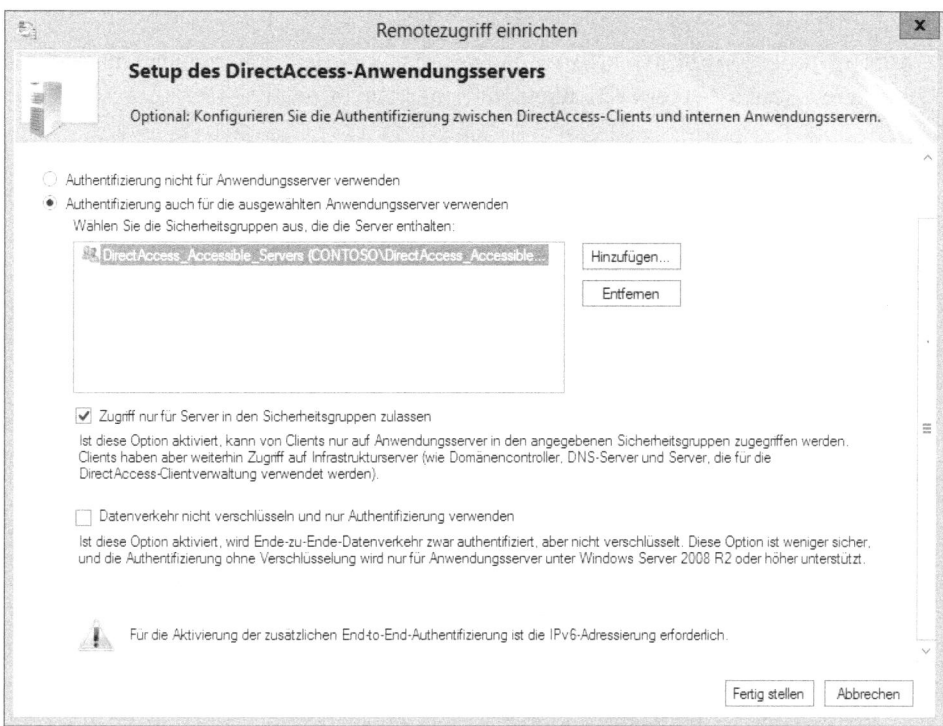

Abbildung 8.45 Konfigurieren der Authentifizierung zwischen DirectAccess-Clients und -Servern

Zusammenfassung der Lektion

- DirectAccess-Clients senden Verkehr an den Netzwerkadressenserver, um zu ermitteln, ob sie sich im vertrauenswürdigen Netzwerk oder im Internet befinden

- Sie müssen das SSL-/Webserverzertifikat einer vertrauenswürdigen Zertifizierungsstelle auf dem Netzwerkadressenserver und dem DirectAccess-Server installieren

- Sie müssen auf allen DNS-Servern ISATAP aus der globalen DNS-Abfragensperrliste löschen, wenn Sie DirectAccess benutzen wollen

- Für eine DirectAccess-Edge-Bereitstellung brauchen Sie zwei Netzwerkadapter. Der eine Adapter ist mit dem Internet verbunden, der andere mit dem internen vertrauenswürdigen Netzwerk.

- Ein DirectAccess-Server kann hinter einem Edgegerät bereitgestellt werden, zum Beispiel hinter einer Firewall. Er kann in diesem Fall ein oder zwei Netzwerkadapter haben.

- Der DirectAccess-Server muss Mitglied einer Active Directory-Domäne sein

- Sofern Sie den DirectAccess-Server hinter einem NAT-Gerät bereitstellen, kann er nur IP über HTTPS verwenden

- DirectAccess kann mit einer einzigen öffentlichen IPv4-Adresse bereitgestellt werden

- Um zweistufige Authentifizierung oder Einmalkennwörter zu unterstützen, braucht der DirectAccess-Server zwei aufeinanderfolgende öffentliche IPv4-Adressen

- Nur Computer, die unter Windows 8 Enterprise Edition, Windows 7 Enterprise Edition oder Windows 7 Ultimate Edition laufen, können als DirectAccess-Clients konfiguriert werden

- DirectAccess-Clients müssen Mitglieder einer Active Directory-Domäne sein. Sie können mit DirectAccess einen Remotedomänenbeitritt konfigurieren.

Lernzielkontrolle

Mit den folgenden Fragen können Sie Ihr Wissen zu den Themen überprüfen, die in dieser Lektion behandelt wurden. Die Antworten auf diese Fragen mit Erklärungen, warum die jeweiligen Auswahlmöglichkeiten richtig oder falsch sind, finden Sie im Abschnitt »Antworten« am Ende dieses Kapitels.

1. Welche der folgenden Clientbetriebssysteme können als DirectAccess-Client arbeiten? (Wählen Sie alle zutreffenden Antworten aus.)

   A. Windows RT

   B. Windows 8 Enterprise Edition

   C. Windows 7 Ultimate Edition

   D. Windows Vista Ultimate Edition

2. Sie wollen bei den DirectAccess-Clients eine zweistufige Authentifizierung nutzen. Welche der folgenden Bedingungen müssen erfüllt sein, damit Sie diese Konfiguration implementieren können? (Wählen Sie alle zutreffenden Antworten aus.)

   A. Der Internetschnittstelle des DirectAccess-Servers muss eine einzige öffentliche IPv4-Adresse zugewiesen sein.

   B. Der Internetschnittstelle des DirectAccess-Servers müssen zwei aufeinanderfolgende öffentliche IPv4-Adressen zugewiesen sein.

   C. Der DirectAccess-Server muss so konfiguriert sein, dass er RADIUS-Authentifizierung benutzt.

   D. Auf allen DNS-Servern muss ISATAP zur globalen DNS-Abfragensperrliste hinzugefügt werden.

3. Auf welchen der folgenden Server müssen Sie ein Webserver-/SSL-Zertifikat bereitstellen, wenn Sie DirectAccess konfigurieren? (Wählen Sie alle zutreffenden Antworten aus.)

   A. Active Directory-Domänencontroller

   B. DNS-Server

   C. DirectAccess-Server

   D. Netzwerkadressenserver

4. Mit welchem Server versucht ein Client Kontakt aufzunehmen, um zu ermitteln, ob er sich in einem internen vertrauenswürdigen Netzwerk befindet, bevor er eine DirectAccess-Verbindung aufbaut?

    A. DirectAccess-Server

    B. DNS-Server

    C. Netzwerkadressenserver

    D. DHCP-Server

5. In welcher der folgenden Situationen kann ein DirectAccess-Client nur IP über HTTPS verwenden?

    A. Der DirectAccess-Server hat eine Netzwerkschnittstelle, die direkt mit dem Internet verbunden ist.

    B. Der DirectAccess-Server hat eine Netzwerkschnittstelle mit einer öffentlichen IP-Adresse und liegt in einem Umkreisnetzwerk.

    C. Der DirectAccess-Server liegt hinter einem NAT-Gerät.

    D. Der öffentlichen Schnittstelle des DirectAccess-Servers sind zwei nicht aufeinander-folgende öffentliche IPv4-Adressen zugewiesen.

Übungen

In den Übungen dieses Abschnitts sammeln Sie Praxiserfahrung zu folgenden Themen:

■ Konfigurieren eines RADIUS-Servers

■ Konfigurieren einer RADIUS-Remoteservergruppe

■ Konfigurieren eines RADIUS-Clients

■ Einrichten der RADIUS-Kontoführung

■ Bereitstellen eines VPN-Servers

Um die Übungen in diesem Abschnitt durchzuarbeiten, brauchen Sie virtuelle Computer namens *DC*, *SYD-A* und *SYD-B*, auf denen die Evaluierungsversion von Windows Server 2012 installiert ist. Wie Sie diese Server einrichten, ist im Anhang beschrieben. Legen Sie Snapshots der virtuellen Computer an, damit Sie ihren Ausgangszustand nach Abschluss der Übungen wiederherstellen können.

Übung 1: Konfigurieren eines RADIUS-Servers

In dieser Übung konfigurieren Sie *DC* als RADIUS-Server. Gehen Sie folgendermaßen vor, um diese Übung auszuführen:

1. Melden Sie sich unter dem Konto *CONTOSO\Administrator* am Server *DC* an.

2. Klicken Sie im Server-Manager auf *Verwalten* und dann auf *Rollen und Features hinzufügen*.

3. Klicken Sie auf der Seite *Vorbemerkungen* des *Assistenten zum Hinzufügen von Rollen und Features* auf *Weiter*.

4. Wählen Sie auf der Seite *Installationstyp auswählen* die Option *Rollenbasierte oder featurebasierte Installation* und klicken Sie auf *Weiter*.

5. Wählen Sie auf der Seite *Zielserver auswählen* den Server *DC.contoso.com* aus und klicken Sie auf *Weiter*.

6. Aktivieren Sie auf der Seite *Serverrollen auswählen* das Kontrollkästchen *Netzwerkrichtlinien- und Zugriffsdienste* (Abbildung 8.46).

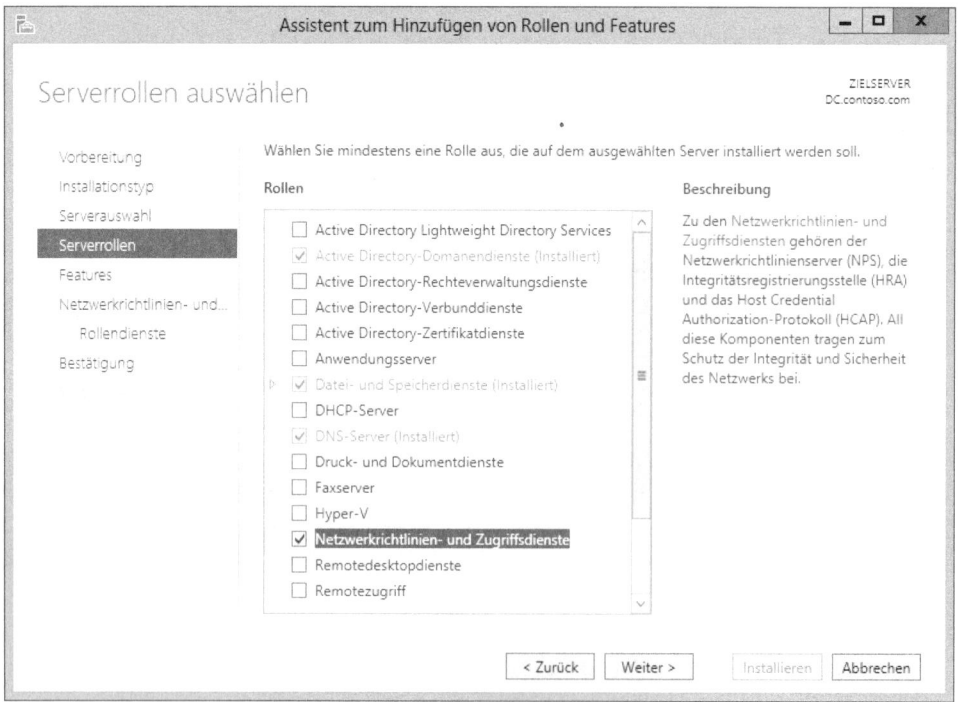

Abbildung 8.46 Installieren der Rolle *Netzwerkrichtlinien- und Zugriffsdienste*

7. Klicken Sie im Dialogfeld *Assistent zum Hinzufügen von Rollen und Features*, das sich automatisch öffnet, auf *Features hinzufügen*. Klicken Sie auf *Weiter*.

8. Klicken Sie auf der Seite *Features auswählen* auf *Weiter*.

9. Klicken Sie auf der Seite *Netzwerkrichtlinien- und Zugriffsdienste* auf *Weiter*.

10. Stellen Sie auf der Seite *Rollendienste auswählen* sicher, dass *Netzwerkrichtlinienserver* ausgewählt ist (Abbildung 8.47), und klicken Sie auf *Weiter*.

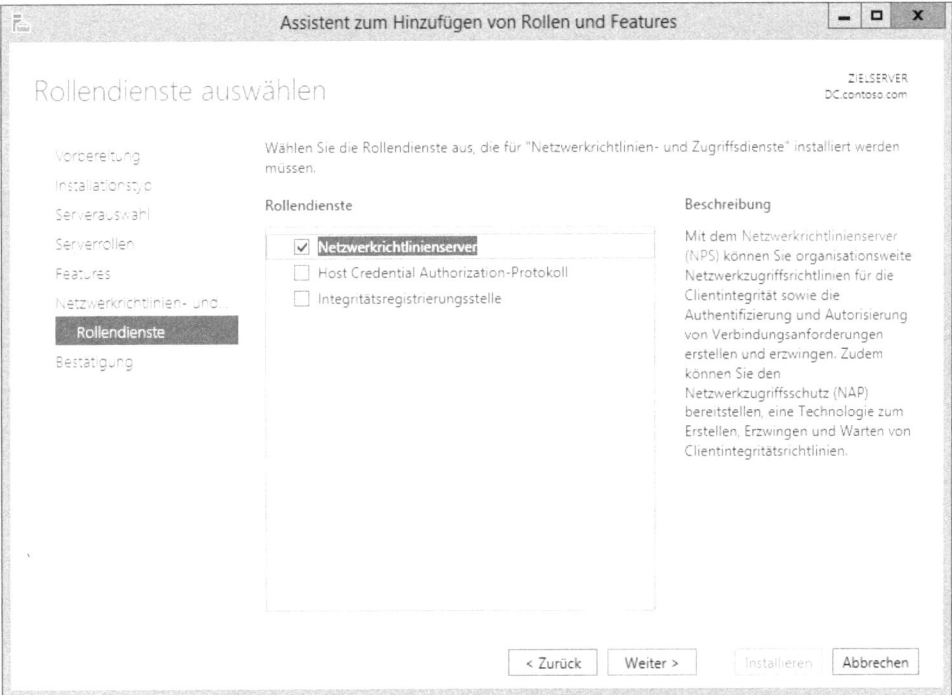

Abbildung 8.47 Installieren des Rollendienstes *Netzwerkrichtlinienserver*

11. Klicken Sie auf der Seite *Installationsauswahl bestätigen* auf *Installieren* und dann auf *Schließen*.

Übung 2: Konfigurieren einer RADIUS-Remoteservergruppe

In dieser Übung konfigurieren Sie eine RADIUS-Remoteservergruppe. Gehen Sie folgendermaßen vor, um diese Übung auszuführen:

1. Klicken Sie auf *DC* im Server-Manager auf *Tools* und dann auf *Netzwerkrichtlinien-server.*

2. Erweitern Sie in der Konsole *Netzwerkrichtlinienserver* den Zweig *RADIUS-Clients und -Server* und wählen Sie den Knoten *RADIUS-Remoteservergruppen* aus (Abbildung 8.48).

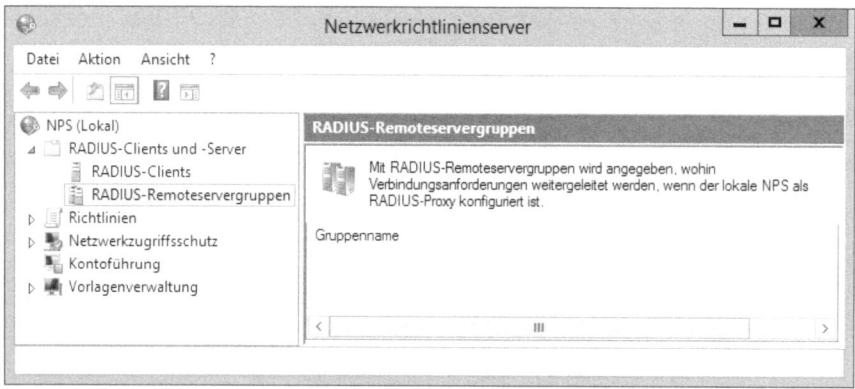

Abbildung 8.48   Verwalten von RADIUS-Remoteservergruppen

3. Wählen Sie im Menü *Aktion* den Befehl *Neu.*

4. Tippen Sie im Dialogfeld *Neue RADIUS-Remoteservergruppe* den Namen **Contoso-Remotegruppe** ein (Abbildung 8.49).

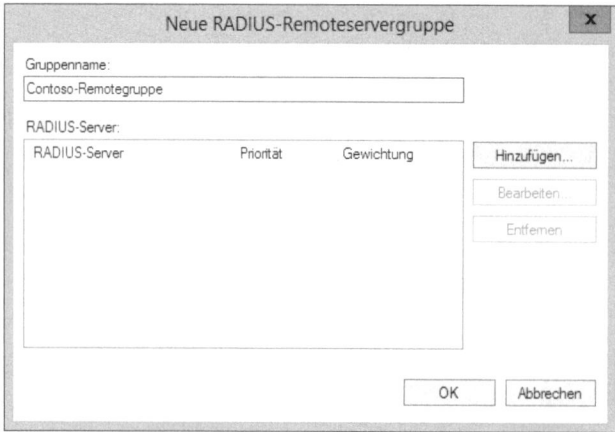

Abbildung 8.49   Erstellen einer RADIUS-Remoteservergruppe

5. Klicken Sie im Dialogfeld *Neue RADIUS-Remoteservergruppe* auf *Hinzufügen*.

6. Geben Sie im Dialogfeld *RADIUS-Server hinzufügen* den Servernamen **SYD-RADIUS-1.contoso.com** ein (Abbildung 8.50) und klicken Sie auf *OK*. Klicken Sie nicht auf *Überprüfen*.

Abbildung 8.50 Hinzufügen eines RADIUS-Remoteservers

7. Klicken Sie auf *OK*, um das Dialogfeld *Neue RADIUS-Remoteservergruppe* zu schließen.

Übung 3: Konfigurieren eines RADIUS-Clients

In dieser Übung konfigurieren Sie einen RADIUS-Client. Gehen Sie folgendermaßen vor, um diese Übung auszuführen:

1. Wählen Sie auf *DC* in der Konsole *Netzwerkrichtlinienserver* unterhalb des Zweigs *RADIUS-Clients und -Server* den Knoten *RADIUS-Clients* aus.

2. Wählen Sie im Menü *Aktion* den Befehl *Neu*.

3. Konfigurieren Sie im Dialogfeld *Neuer RADIUS-Client* die folgenden Informationen und klicken Sie auf *OK* (Abbildung 8.51):

   ▪ Anzeigename: **SYD-A**

   ▪ Adresse: **syd-a.contoso.com**

   ▪ Gemeinsamer geheimer Schlüssel: **Pa$$w0rd**

   ▪ Gemeinsamen geheimen Schlüssel bestätigen: **Pa$$w0rd**

Abbildung 8.51   Konfigurieren eines neuen RADIUS-Clients

Übung 4: Einrichten der RADIUS-Kontoführung

In dieser Übung konfigurieren Sie die RADIUS-Kontoführung. Gehen Sie folgendermaßen vor, um diese Übung auszuführen:

1. Wählen Sie auf *DC* in der Konsole *Netzwerkrichtlinienserver* den Knoten *Kontoführung* aus und klicken Sie auf *Kontoführung konfigurieren*.

2. Klicken Sie auf der Seite *Einführung* des Kontoführungskonfigurations-Assistenten auf *Weiter*.

3. Wählen Sie auf der Seite *Kontoführungsoptionen auswählen* die Option *Protokollierung in einer Textdatei auf dem lokalen Computer* (Abbildung 8.52) und klicken Sie auf *Weiter*.

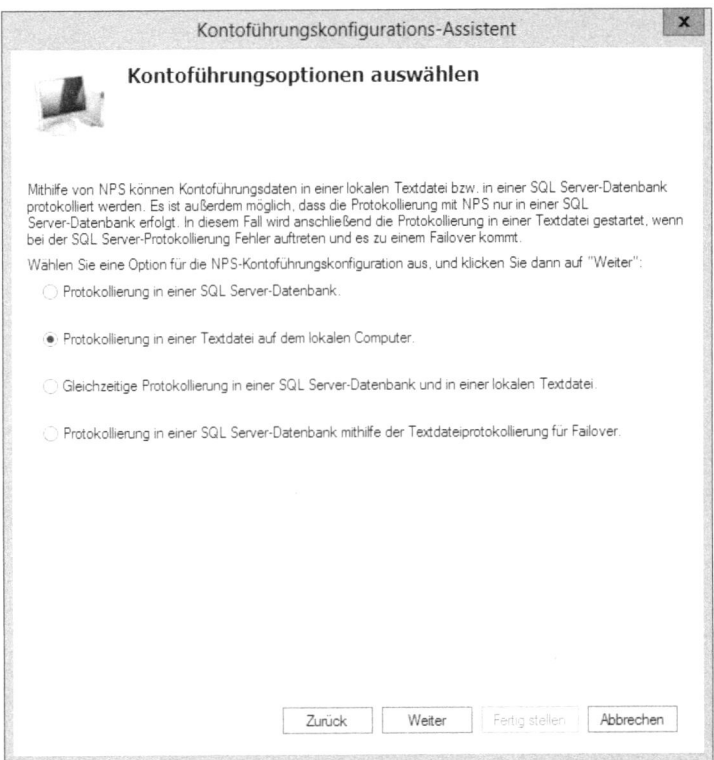

Abbildung 8.52 Auswählen von Kontoführungsoptionen

4. Stellen Sie auf der Seite *Lokale Dateiprotokollierung konfigurieren* sicher, dass die Kontrollkästchen *Kontoführungsanforderungen*, *Authentifizierungsanforderungen*, *Status der regelmäßigen Kontoführung* und *Status der regelmäßigen Authentifizierung* aktiviert sind. Stellen Sie außerdem sicher, dass die Protokolle in den Ordner *C:\Windows\system32\ LogFiles* geschrieben werden.

5. Deaktivieren Sie das Kontrollkästchen *Verbindungsanforderungen bei Protokollierungs-fehlern verwerfen* (Abbildung 8.53) und klicken Sie auf *Weiter*.

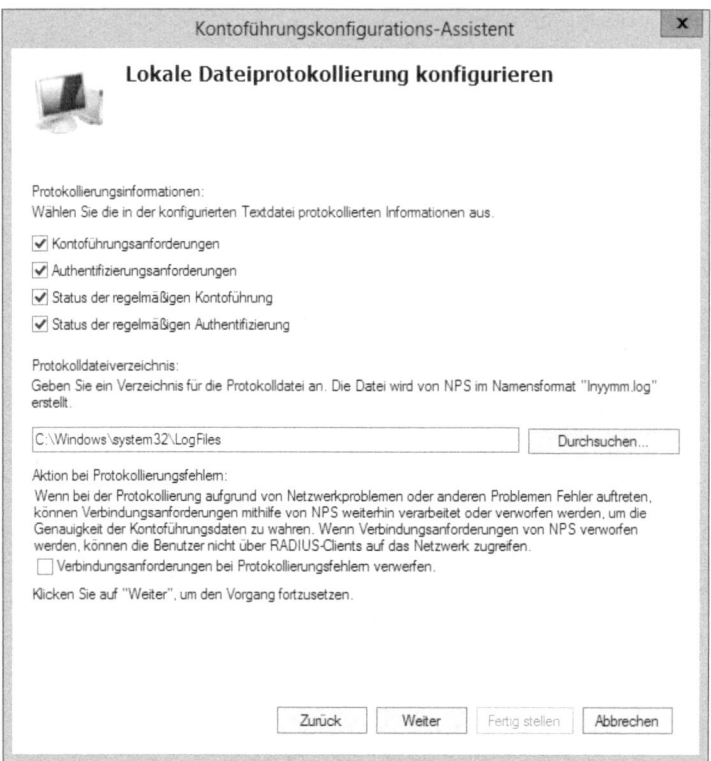

Abbildung 8.53   Optionen für die Protokollierung in einer lokalen Datei

6. Klicken Sie auf der Seite *Zusammenfassung* auf *Weiter* und dann auf *Schließen*.

Übung 5: Installieren eines VPN-Servers

In dieser Übung stellen Sie *SYD-A* als VPN-Server bereit. Gehen Sie folgendermaßen vor, um diese Übung auszuführen:

1. Melden Sie sich unter dem Konto *CONTOSO\Administrator* am Server *SYD-A* an.

2. Wählen Sie im Menü *Verwalten* des Server-Managers den Befehl *Rollen und Features hinzufügen*.

3. Klicken Sie auf der Seite *Vorbemerkungen* auf *Weiter*.

4. Wählen Sie auf der Seite *Installationstyp auswählen* die Option *Rollenbasierte oder featurebasierte Installation* und klicken Sie auf *Weiter*.

5. Wählen Sie auf der Seite *Zielserver auswählen* den Server *SYD-A.contoso.com* aus und klicken Sie auf *Weiter*.

6. Aktivieren Sie auf der Seite *Serverrollen auswählen* das Kontrollkästchen *Remotezugriff*.

7. Klicken Sie im Dialogfeld *Assistent zum Hinzufügen von Rollen und Features*, das sich automatisch öffnet, auf *Features hinzufügen*. Klicken Sie auf *Weiter*.

8. Klicken Sie auf der Seite *Features auswählen* auf *Weiter*.

9. Klicken Sie auf der Seite *Remotezugriff* auf *Weiter*.

10. Stellen Sie auf der Seite *Rollendienste auswählen* sicher, dass *DirectAccess und VPN (RAS)* ausgewählt ist (Abbildung 8.54), und klicken Sie auf *Weiter*.

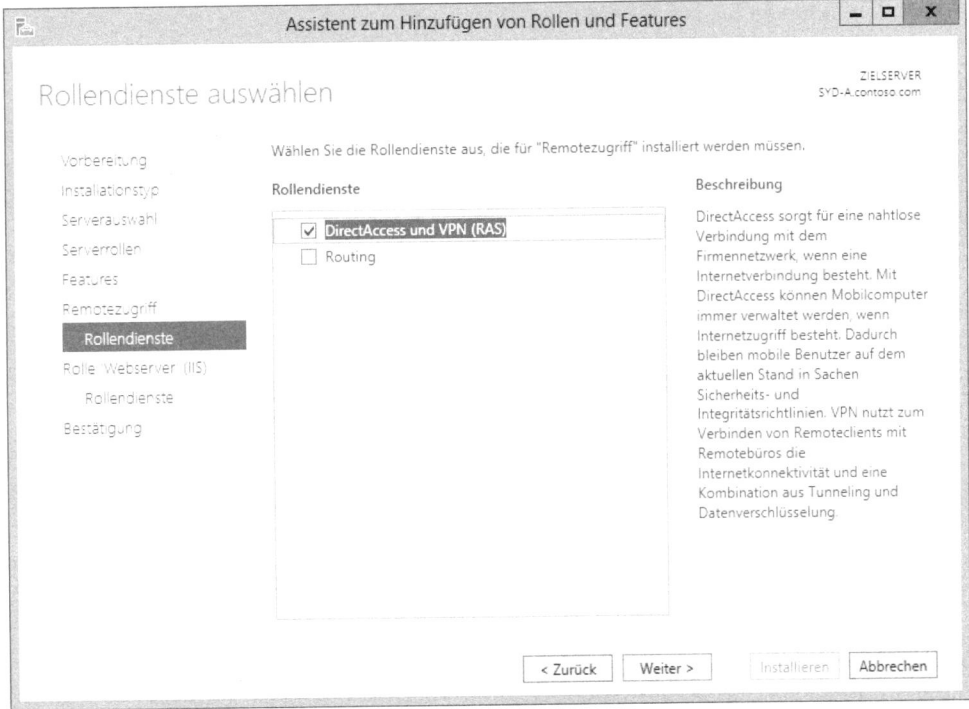

Abbildung 8.54 Installieren des Rollendienstes für einen VPN-Server

11. Klicken Sie auf der Seite *Rolle 'Webserver' (IIS)* auf *Weiter*.

12. Klicken Sie auf der Seite *Rollendienste auswählen* auf *Weiter*.

13. Klicken Sie auf der Seite *Installationsauswahl bestätigen* auf *Installieren* und dann auf *Schließen*.

Übung 6: Konfigurieren eines VPN-Servers

In dieser Übung konfigurieren Sie *SYD-A* als VPN-Server. Gehen Sie folgendermaßen vor, um diese Übung auszuführen:

1. Wählen Sie auf *SYD-A* im Menü *Tools* des Server-Managers den Befehl *Routing und RAS*.

2. Wählen Sie in der Konsole *Routing und RAS* den Knoten *SYD-A* aus.

3. Wählen Sie im Menü *Aktion* den Befehl *Routing und RAS konfigurieren und aktivieren*.

4. Klicken Sie auf der Seite *Willkommen* des *Setup-Assistenten für den Routing- und RAS-Server* auf *Weiter*.

5. Wählen Sie auf der Seite *Konfiguration* die Option *Benutzerdefinierte Konfiguration* und klicken Sie auf *Weiter*.

6. Aktivieren Sie auf der Seite *Benutzerdefinierte Konfiguration* das Kontrollkästchen *VPN-Zugriff* (Abbildung 8.55) und klicken Sie auf *Weiter*.

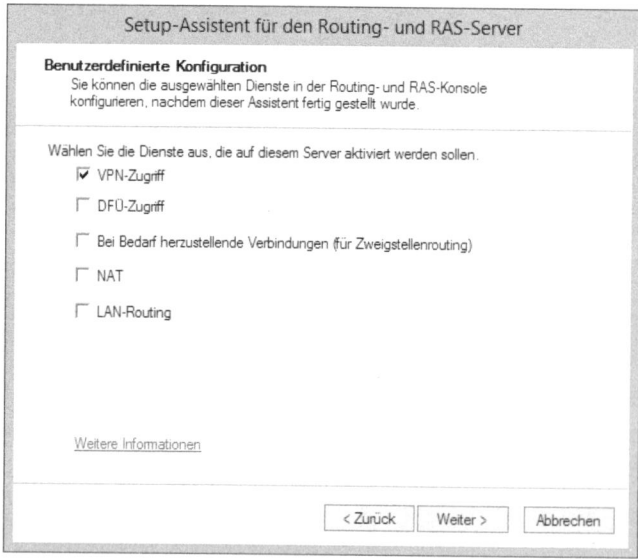

Abbildung 8.55 Konfigurieren des VPN-Zugriffs

7. Klicken Sie auf *Fertig stellen*, um den Setup-Assistenten abzuschließen.

8. Klicken Sie im Dialogfeld *Routing und RAS* auf *Dienst starten*.

Vorgeschlagene Übungen

Die folgenden zusätzlichen Übungen bieten Ihnen weitere Möglichkeiten, die in diesem Kapitel behandelten Themen einzuüben und zu vertiefen.

■ **Übung 1**   Stellen Sie den Rollendienst *Netzwerkrichtlinienserver* auf *SYD-B* bereit. Konfigurieren Sie *SYD-B* als RADIUS-Client von *SYD-A*.

■ **Übung 2**   Konfigurieren Sie *SYD-B* als NAT-Router

■ **Übung 3**   Konfigurieren Sie *SYD-A* als DirectAccess-Server

Antworten

Dieser Abschnitt enthält die Antworten zu den Lernzielkontrollfragen aus diesem Kapitel.

Lektion 1

1. **Richtige Antwort: B**

    A. **Falsch:** Ein RADIUS-Server führt Authentifizierungs- und Autorisierungsoperationen an RADIUS-Verkehr durch, der von einem RADIUS-Client an ihn weitergeleitet wurde. Ein RADIUS-Proxy ist ein RADIUS-Client eines RADIUS-Servers.

    B. **Richtig:** Ein RADIUS-Proxy leitet Authentifizierungs- und Autorisierungsverkehr an RADIUS-Remoteservergruppen weiter, wobei er Eigenschaften des Verkehrs auswertet.

    C. **Falsch:** RADIUS-Clients leiten Authentifizierungs- und Autorisierungsverkehr an RADIUS-Server oder -Proxys weiter.

    D. **Falsch:** Die RADIUS-Kontoführung protokolliert Authentifizierungs- und Autorisierungsanforderungsdaten.

2. **Richtige Antwort: B**

    A. **Falsch:** Die RADIUS-Kontoführung protokolliert Authentifizierungs- und Autorisierungsanforderungsdaten.

    B. **Richtig:** Ein RADIUS-Server führt Authentifizierungs- und Autorisierungsoperationen an RADIUS-Verkehr durch, der von einem RADIUS-Client an ihn weitergeleitet wurde. Ein RADIUS-Proxy ist ein RADIUS-Client eines RADIUS-Servers.

    C. **Falsch:** Ein RADIUS-Proxy leitet Authentifizierungs- und Autorisierungsverkehr an RADIUS-Remoteservergruppen weiter, wobei er Eigenschaften des Verkehrs auswertet.

    D. **Falsch:** RADIUS-Clients leiten Authentifizierungs- und Autorisierungsverkehr an RADIUS-Server oder -Proxys weiter.

3. **Richtige Antwort: A**

    A. **Richtig:** RADIUS-Clients leiten Authentifizierungs- und Autorisierungsverkehr an RADIUS-Server oder -Proxys weiter.

    B. **Falsch:** Die RADIUS-Kontoführung protokolliert Authentifizierungs- und Autorisierungsanforderungsdaten.

    C. **Falsch:** Ein RADIUS-Server führt Authentifizierungs- und Autorisierungsoperationen an RADIUS-Verkehr durch, der von einem RADIUS-Client an ihn weitergeleitet wurde. Ein RADIUS-Proxy ist ein RADIUS-Client eines RADIUS-Servers.

    D. **Falsch:** Ein RADIUS-Proxy leitet Authentifizierungs- und Autorisierungsverkehr an RADIUS-Remoteservergruppen weiter, wobei er Eigenschaften des Verkehrs auswertet.

4. **Richtige Antwort: C**

    A. **Falsch:** Ein RADIUS-Proxy leitet Authentifizierungs- und Autorisierungsverkehr an RADIUS-Remoteservergruppen weiter, wobei er Eigenschaften des Verkehrs auswertet.

    B. **Falsch:** RADIUS-Clients leiten Authentifizierungs- und Autorisierungsverkehr an RADIUS-Server oder -Proxys weiter.

    C. **Richtig:** Die RADIUS-Kontoführung protokolliert Authentifizierungs- und Autorisierungsanforderungsdaten.

    D. **Falsch:** Ein RADIUS-Server führt Authentifizierungs- und Autorisierungsoperationen an RADIUS-Verkehr durch, der von einem RADIUS-Client an ihn weitergeleitet wurde. Ein RADIUS-Proxy ist ein RADIUS-Client eines RADIUS-Servers.

5. **Richtige Antworten: A, C und D**

    A. **Richtig:** Sie geben einen Anzeigenamen ein, wenn Sie auf einem RADIUS-Server einen RADIUS-Client konfigurieren.

    B. **Falsch:** Ein Authentifizierungsprotokoll brauchen Sie nicht auszuwählen, wenn Sie auf einem RADIUS-Server einen RADIUS-Client konfigurieren.

    C. **Richtig:** Sie geben eine IP-Adresse oder einen FQDN ein, wenn Sie auf einem RADIUS-Server einen RADIUS-Client konfigurieren.

    D. **Richtig:** Sie geben einen gemeinsamen geheimen Schlüssel ein, wenn Sie auf einem RADIUS-Server einen RADIUS-Client konfigurieren.

Lektion 2

1. **Richtige Antworten: C und D**

    A. **Falsch:** Das VPN-Protokoll SSTP steht nur auf Computern mit den Clientbetriebssystemen Windows Vista, Windows 7 und Windows 8 zur Verfügung.

    B. **Falsch:** Das Protokoll IKEv2 steht nur auf Computern mit den Clientbetriebssystemen Windows 7 und Windows 8 zur Verfügung.

C. **Richtig:** Das Protokoll L2TP/IPsec steht auf Computern mit den Clientbetriebssystemen Windows XP, Windows Vista, Windows 7 und Windows 8 zur Verfügung.

D. **Richtig:** Das Protokoll PPTP steht auf Computern mit den Clientbetriebssystemen Windows XP, Windows Vista, Windows 7 und Windows 8 zur Verfügung.

2. **Richtige Antwort: C**

A. **Falsch:** Das Protokoll PPTP steht auf Computern mit den Clientbetriebssystemen Windows XP, Windows Vista, Windows 7 und Windows 8 zur Verfügung.

B. **Falsch:** Das Protokoll L2TP/IPsec steht auf Computern mit den Clientbetriebssystemen Windows XP, Windows Vista, Windows 7 und Windows 8 zur Verfügung.

C. **Richtig:** Das Protokoll IKEv2 steht nur auf Computern mit den Clientbetriebssystemen Windows 7 und Windows 8 zur Verfügung.

D. **Falsch:** Das VPN-Protokoll SSTP steht auf Computern mit den Clientbetriebssystemen Windows Vista, Windows 7 und Windows 8 zur Verfügung.

3. **Richtige Antwort: C**

A. **Falsch:** IKEv2 können Sie nicht verwenden, wenn Firewalls in Hotels nur geschützten und ungeschützten Webverkehr durchlassen.

B. **Falsch:** L2TP/IPSec können Sie nicht verwenden, wenn Firewalls in Hotels nur geschützten und ungeschützten Webverkehr durchlassen.

C. **Richtig:** SSTP verwendet Port 443, daher können Sie dieses VPN-Protokoll verwenden, sofern die Firewalls in Hotels geschützten Webverkehr durchlassen.

D. **Falsch:** PPTP können Sie nicht verwenden, wenn Firewalls in Hotels nur geschützten und ungeschützten Webverkehr durchlassen.

4. **Richtige Antwort: B**

A. **Falsch:** SSTP bietet keine VPN-Verbindungswiederherstellung.

B. **Richtig:** Das VPN-Protokoll IKEv2 unterstützt die VPN-Verbindungswiederherstellung. Sie baut unterbrochene VPN-Verbindungen wieder auf, die bis zu 8 Stunden unterbrochen waren, ohne dass sich der Benutzer erneut authentifizieren muss.

C. **Falsch:** PPTP bietet keine VPN-Verbindungswiederherstellung.

D. **Falsch:** L2TP/IPsec bietet keine VPN-Verbindungswiederherstellung.

5. **Richtige Antwort: C**

A. **Falsch:** VPN-Zugriff konfigurieren Sie, um Clients aus dem Internet heraus den Zugriff auf Ihr geschütztes Netzwerk zu ermöglichen. Mit VPN-Zugriff können Sie es nicht mehreren Clients im geschützten Netzwerk ermöglichen, gemeinsam eine Internetverbindung zu nutzen.

B. **Falsch:** DFÜ-Zugriff konfigurieren Sie, um Clients, die über Modems verfügen, den Zugriff auf das interne Netzwerk Ihrer Organisation zu ermöglichen. Mit DFÜ-Zugriff können Sie es nicht mehreren Clients im geschützten Netzwerk ermöglichen, gemeinsam eine Internetverbindung zu nutzen.

C. **Richtig:** Mit NAT ermöglichen Sie es einer Gruppe von Computern in einem privaten Netzwerk, gemeinsam eine Internetverbindung zu nutzen.

D. **Falsch:** Einen LAN-Router richten Sie ein, wenn Computer im Netzwerk Ihrer Organisation, die über öffentliche IP-Adressen verfügen, für Hosts im Internet erreichbar sein sollen.

Lektion 3

1. **Richtige Antworten: B und C**

    A. **Falsch:** Windows RT kann nicht einer Domäne beitreten, daher kann es auch nicht als DirectAccess-Client arbeiten.

    B. **Richtig:** Windows 8 Enterprise Edition kann als DirectAccess-Client konfiguriert werden. Dies ist die einzige Edition von Windows 8, die Sie mit DirectAccess benutzen können.

    C. **Richtig:** Windows 7 Ultimate Edition kann als DirectAccess-Client konfiguriert werden. Sie können auch Computer, die unter Windows 7 Enterprise Edition laufen, als DirectAccess-Clients verwenden.

    D. **Falsch:** Windows Vista kann nicht als DirectAccess-Client konfiguriert werden.

2. **Richtige Antworten: B und D**

    A. **Falsch:** Der Internetschnittstelle des DirectAccess-Servers müssen zwei aufeinanderfolgende öffentliche IPv4-Adressen zugewiesen sein.

    B. **Richtig:** Der Internetschnittstelle des DirectAccess-Servers müssen zwei aufeinanderfolgende öffentliche IPv4-Adressen zugewiesen sein.

    C. **Falsch:** DirectAccess verwendet keine RADIUS-Authentifizierung.

    D. **Richtig:** Sie müssen auf allen DNS-Servern ISATAP aus der globalen DNS-Abfragensperrliste löschen, damit Sie DirectAccess nutzen können.

3. **Richtige Antworten: C und D**

    A. **Falsch:** Auf dem Domänencontroller brauchen Sie kein Webserver-/SSL-Zertifikat bereitzustellen, wenn Sie DirectAccess konfigurieren.

    B. **Falsch:** Auf einem DNS-Server brauchen Sie kein Webserver-/SSL-Zertifikat bereitzustellen, wenn Sie DirectAccess konfigurieren.

    C. **Richtig:** Auf dem DirectAccess-Server müssen Sie ein Webserver-/SSL-Zertifikat bereitstellen, wenn Sie DirectAccess konfigurieren.

    D. **Richtig:** Auf dem Netzwerkadressenserver müssen Sie ein Webserver-/SSL-Zertifikat bereitstellen, wenn Sie DirectAccess konfigurieren.

4. **Richtige Antwort: C**

   A. **Falsch:** DirectAccess-Clients versuchen, mit dcm Netzwerkadressenserver Kontakt aufzunehmen, um ihren Netzwerkstandort zu ermitteln, bevor sie eine DirectAccess-Verbindung aufbauen.

   B. **Falsch:** DirectAccess-Clients versuchen, mit dem Netzwerkadressenserver Kontakt aufzunehmen, um ihren Netzwerkstandort zu ermitteln, bevor sie eine DirectAccess-Verbindung aufbauen.

   C. **Richtig:** DirectAccess-Clients versuchen, mit dem Netzwerkadressenserver Kontakt aufzunehmen, um ihren Netzwerkstandort zu ermitteln, bevor sie eine DirectAccess-Verbindung aufbauen.

   D. **Falsch:** DirectAccess-Clients versuchen, mit dem Netzwerkadressenserver Kontakt aufzunehmen, um ihren Netzwerkstandort zu ermitteln, bevor sie eine DirectAccess-Verbindung aufbauen.

5. **Richtige Antwort: C**

   A. **Falsch:** IP über HTTPS ist das einzige verfügbare Protokoll, wenn ein DirectAccess-Server hinter einem NAT-Gerät bereitgestellt wurde.

   B. **Falsch:** IP über HTTPS ist das einzige verfügbare Protokoll, wenn ein DirectAccess-Server hinter einem NAT-Gerät bereitgestellt wurde.

   C. **Richtig:** IP über HTTPS ist das einzige verfügbare Protokoll, wenn ein DirectAccess-Server hinter einem NAT-Gerät bereitgestellt wurde.

   D. **Falsch:** IP über HTTPS ist das einzige verfügbare Protokoll, wenn ein DirectAccess-Server hinter einem NAT-Gerät bereitgestellt wurde.

KAPITEL 9

Verwalten von Dateidiensten

Das Verwalten von Dateiservern ist eine wichtige, wenn auch nicht sonderlich prickelnde Aufgabe für Windows Server-Administratoren. Diese Verwaltungsaufgaben müssen regelmäßig erledigt werden, weil Dateiserver eine der wichtigsten Anwendungen für Computer sind, die ein Windows Server-Betriebssystem ausführt. In erster Linie müssen Sie als Administrator sicherstellen, dass die Dateiserver verfügbar sind. Um die Verfügbarkeit zu gewährleisten, müssen Sie in der Lage sein, zu kontrollieren, welche Dateien dort gespeichert werden. Und zwar nicht nur anhand von Typ und Größe der Dateien, sondern auch unter Berücksichtigung von Alter und Inhalt. In diesem Kapitel erfahren Sie, wie Sie mit dem Ressourcen-Manager für Dateiserver einschränken, welche Dateitypen auf Dateiservern gespeichert werden. Außerdem beschreibt das Kapitel, wie Sie es in einer Organisation, die sehr viele Dateiserver betreibt, für die Benutzer einfacher machen, den Speicherort ausgewählter freigegebener Ordner zu finden. Und schließlich erfahren Sie, wie Sie Volumes und einzelne Dateien durch Verschlüsselung schützen.

Lektionen in diesem Kapitel:

Bevor Sie beginnen

Damit Sie die Übungen in diesem Kapitel durcharbeiten können, müssen Sie die Computer *DC*, *SYD-A* und *SYD-B* mit der Evaluierungsversion von Windows Server 2012 bereitgestellt haben, wie im Anhang beschrieben.

Lektion 1: Konfigurieren des Ressourcen-Managers für Dateiserver

Der Ressourcen-Manager für Dateiserver (File Server Resource Manager, FSRM) erleichtert die Verwaltung von Dateiservern. Sie können darin Speicherkontingente anwenden, Dateiprüfungen verwenden, Dateiklassifizierungen ausführen und Berichte über die Eigenschaften von Volumes, Ordnerbäumen und Ordnern generieren. In dieser Lektion erfahren Sie, wie Sie verhindern, dass Benutzer mehr Speicherplatz in einem Ordner verbrauchen, als ihnen zugewiesen wurde, oder bestimmte Dateitypen in einen Ordner schreiben. Außerdem erklärt die Lektion, wie Sie Berichte generieren, in denen die größten Dateien aufgelistet werden, die auf einem Volume gespeichert sind, oder alle Dateien, auf die seit einiger Zeit nicht mehr zugegriffen wurde.

Am Ende dieser Lektion werden Sie in der Lage sein, die folgenden Aufgaben auszuführen:

- Konfigurieren von Kontingenten

- Konfigurieren von Dateiprüfungen

- Aktivieren der Dateiklassifizierung

- Konfigurieren von Berichten

Veranschlagte Zeit für diese Lektion: 45 Minuten

Kontingente

Mithilfe von *Kontingenten* (quotas) können Sie beschränken, wie viel Speicherplatz ein Benutzer auf einem Volume, in einem Ordnerbaum oder in einem einzelnen Ordner belegt. In älteren Versionen des Windows Server-Betriebssystems konnten Sie NTFS-Kontingente lediglich für gesamte Volumes festlegen. Kontingente des Ressourcen-Managers für Dateiserver sind wesentlich flexibler, weil Sie für unterschiedliche Ordnerbäume auf demselben Volume unterschiedliche Kontingente einstellen können.

Sie wenden Kontingente mithilfe einer Kontingentvorlage auf unterschiedliche Speicherorte an. Wie Abbildung 9.1 zeigt, stellen Sie in einer Kontingentvorlage eine Speicherplatzbeschränkung ein, wählen aus, ob das Kontingent hart oder weich angewendet wird, und legen Schwellenwerte für Benachrichtigungen fest.

Harte Kontingente unterscheiden sich folgendermaßen von weichen Kontingenten:

- Ein hartes Kontingent verhindert, dass der Benutzer die eingestellte Platzbeschränkung überschreitet. Er kann keine weiteren Daten in den Ordnerbaum schreiben, auf den die Kontingentvorlage angewendet wird.

- Ein weiches Kontingent hindert den Benutzer nicht daran, die eingestellte Platzbeschränkung zu überschreiten

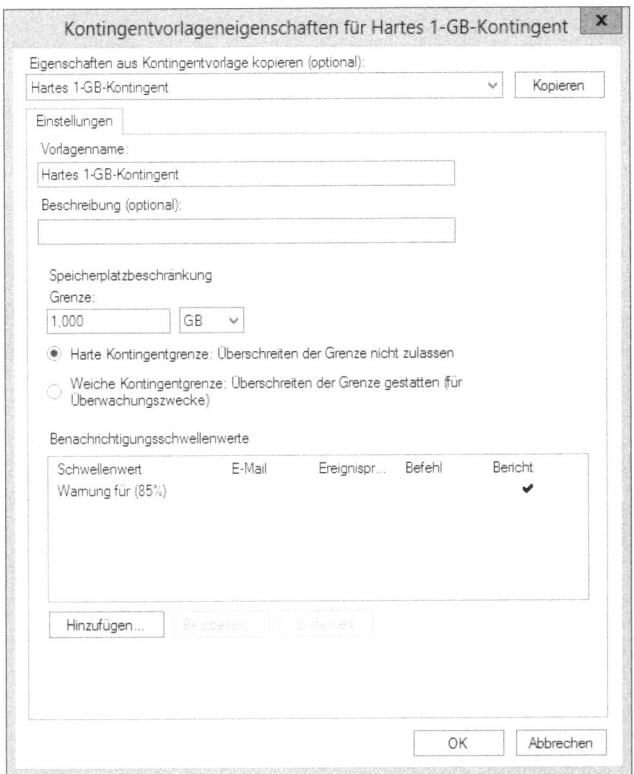

Abbildung 9.1 Eigenschaften einer Kontingentvorlage

Benachrichtigungsschwellenwerte konfigurieren Sie als einen beliebigen Prozentsatz des Kontingents. Es sind auch Werte möglich, die den Kontingentwert überschreiten, zum Beispiel 150 Prozent. Sie können jeden Benachrichtigungsschwellenwert separat konfigurieren. Für Benachrichtigungsschwellenwerte stehen folgende Optionen zur Verfügung:

- **Schwellenwert**   Der Wert, bei dem die Schwellenwertaktion ausgelöst wird

- **E-Mail**   Sendet eine E-Mail, sobald die Speichernutzung den Schwellenwert überschreitet

- **Ereignisprotokoll**   Schreibt einen Eintrag ins Ereignisprotokoll, sobald die Speichernutzung den Schwellenwert überschreitet

- **Befehl**   Führt einen Befehl aus, sobald die Speichernutzung den Schwellenwert überschreitet

- **Bericht**   Generiert einen Bericht, sobald die Speichernutzung den Schwellenwert überschreitet

Dateiprüfungen

Mit *Dateiprüfungen* (file screens) können Sie verhindern, dass bestimmte Dateitypen auf Volumes, in Ordnerbäume oder in einzelne Ordner geschrieben werden. Der Dateityp wird dabei anhand der Dateinamenerweiterung ermittelt. Sie konfigurieren Dateiprüfungen, indem Sie eine Dateigruppe wählen, die blockiert werden soll, oder indem Sie eine Dateiprüfungsvorlage auswählen und auf den gewünschten Speicherort anwenden.

Eine Dateigruppe ist eine Auflistung von Dateinamenerweiterungen, die mit einem bestimmten Dateityp verknüpft sind. Zum Beispiel enthält die Dateigruppe *Bilddateien* Dateierweiterungen für häufig genutzte Bilddateiformate, etwa .bmp, .jpg, .gif und .png. Sie können vorhandene Dateigruppen bearbeiten, indem Sie darin Dateierweiterungen hinzufügen oder löschen, oder Sie können eigene Dateigruppen erstellen.

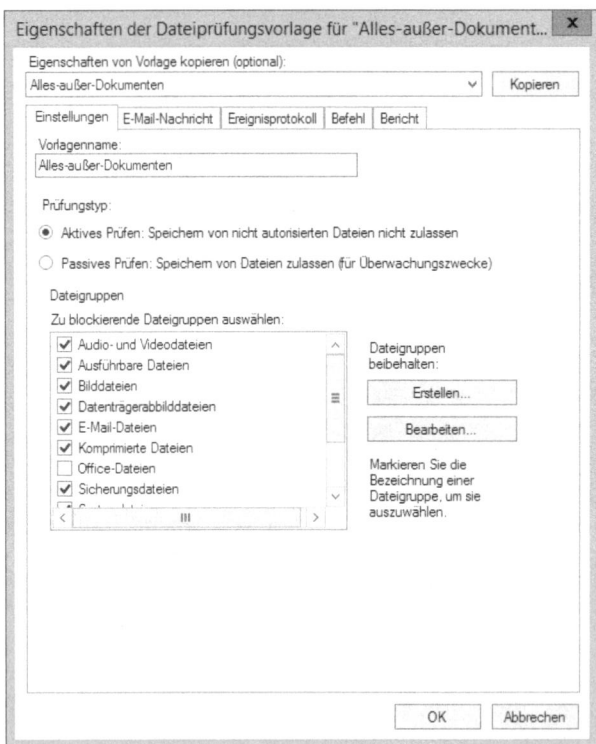

Abbildung 9.2   Einstellungen einer Dateiprüfungsvorlage

Eine Dateiprüfungsvorlage (Abbildung 9.2) umfasst Dateigruppen, E-Mail-Einstellungen, Ereignisprotokolleinstellungen, Befehlseinstellungen und Berichtseinstellungen. Mit diesen zusätzlichen Einstellungen konfigurieren Sie, was passiert, wenn ein Benutzer versucht, eine Datei in einen überprüften Speicherort zu schreiben.

Praxistipp   Umgehen von Dateiprüfungen

Schlaue Benutzer können Dateiprüfungen umgehen, indem sie die Dateinamenerweiterung ändern. Falls Sie einen raffinierten Benutzer entdecken, der durch solche Schwindeleien auffällt, sollten Sie ihn in die IT-Abteilung abwerben.

Mithilfe einer Dateiprüfungsausnahme können Sie eine vorhandene Dateiprüfung partiell außer Kraft setzen. Nehmen wir an, Sie haben eine Dateiprüfung eingerichtet, die verhindert, dass mehrere Dateitypen auf ein bestimmtes Volume geschrieben werden. Nun müssen die Benutzer aber in der Lage sein, einen dieser blockierten Dateitypen in einen bestimmten Ordner des Volumes zu schreiben. In einem solchen Fall konfigurieren Sie eine Dateiprüfungsausnahme. Dabei geben Sie den Ausnahmepfad und die Dateigruppen an, die nicht von der Dateiprüfung blockiert werden sollen (Abbildung 9.3). Die Ausnahme gilt nur für den angegebenen Pfad.

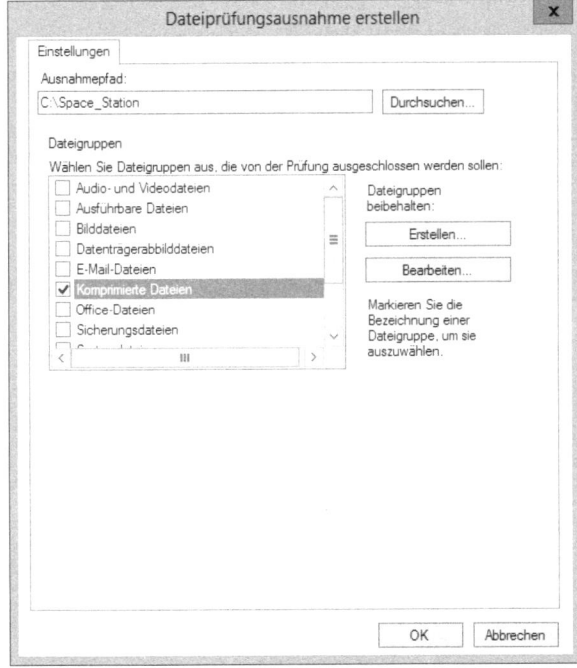

Abbildung 9.3   Konfigurieren einer Dateiprüfungsausnahme

Schnelltest

- Sie wollen zulassen, dass Dateitypen, die von einer auf den Ordner angewendeten Dateiprüfung blockiert werden, in einen bestimmten Unterordner geschrieben werden. Wie erreichen Sie dieses Ziel?

Antwort zum Schnelltest

- Konfigurieren Sie eine Dateiprüfungsausnahme.

Dateiklassifizierung

Mit der *Dateiklassifizierung* (file classification) wenden Sie Metadaten auf Dateien an, wobei die Dateieigenschaften ausgewertet werden. Dateiklassifizierungseigenschaften können einen der folgenden Eigenschaftstypen haben:

- **Ja/Nein** Ein boolescher Wert, der entweder *Ja* oder *Nein* sein kann. Wenn mehrere Werte zutreffen, hat *Nein* Vorrang gegenüber *Ja*.

- **Tag-Uhrzeit** Eine Eigenschaft, die Datum und Uhrzeit angibt

- **Nummer** Eine numerische Eigenschaft

- **Multiple-Choice-Liste** Eine Liste der Werte, die einer Eigenschaft zugewiesen werden. Es sind mehrere Werte erlaubt.

- **Sortierte Liste** Eine feste Liste mit Werten. Falls mehrere Werte zutreffen, wird der verwendet, der in der Liste am weitesten oben steht.

- **Zeichenfolge** Ein Text, der der Eigenschaft zugewiesen wird

- **Mehrteilige Zeichenfolge** Eine Liste mit Zeichenfolgen, die einer Eigenschaft zugewiesen werden

Abbildung 9.4 zeigt eine Dateiklassifizierungseigenschaft.

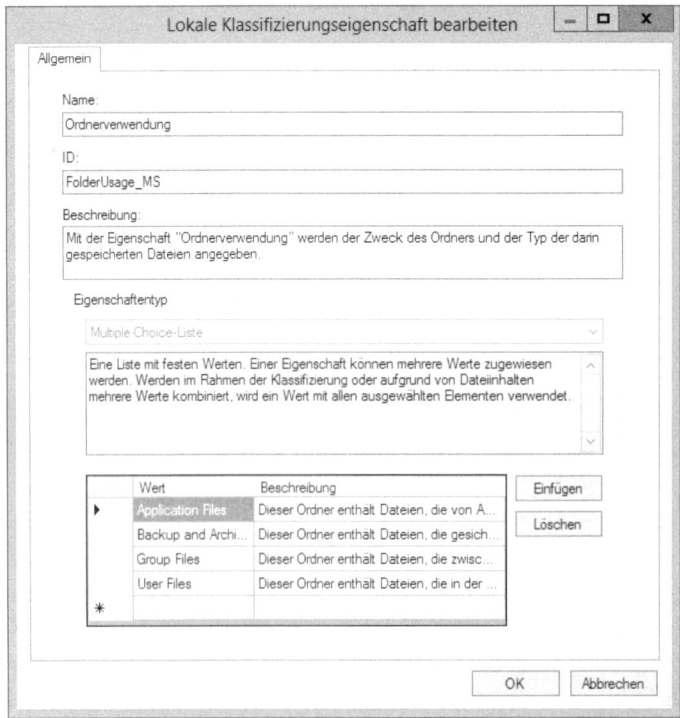

Abbildung 9.4 Konfigurieren einer Dateiklassifizierungseigenschaft

Eine Dateiklassifizierungsregel wendet eine Eigenschaft auf eine Datei an. Wenn Sie eine Klassifizierungsregel konfigurieren, geben Sie einen Bereich, eine Klassifizierungsmethode, die Eigenschaft, die der Datei zugewiesen wird, und zusätzliche Parameter an.

Dateiverwaltungsaufgaben

Dateiverwaltungsaufgaben (file management tasks) ermöglichen es, Operationen mit Dateien auszuführen, auf die eine bestimmte Klassifizierungseigenschaft angewendet wird. Mögliche Operationen reichen vom simplen Verschieben von Dateien bis zum Ausführen eines Programms (Abbildung 9.5). Zum Beispiel können Sie eine Dateiverwaltungsaufgabe konfigurieren, die Dateien, sobald sie ein bestimmtes Alter haben, automatisch in einen freigegebenen Ordner auf einem anderen Server verschiebt. Beim Konfigurieren einer Dateiverwaltungsaufgabe legen Sie folgende Einstellungen fest:

- Bereich der Dateien, bei denen eine Bedingung überprüft wird

- Bedingung, die überprüft wird

- Ausgeführte Aktion

- Zeitplan für die Aufgabe

- Benachrichtigungs- und Berichtseinstellungen

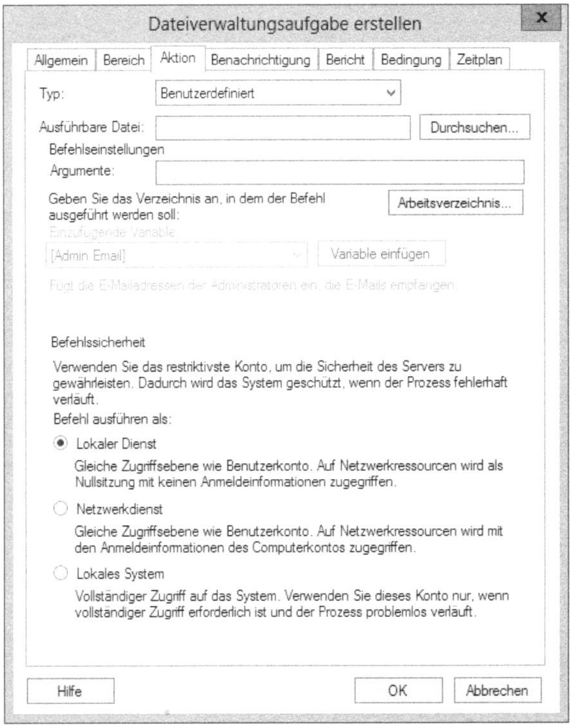

Abbildung 9.5 Erstellen einer Dateiverwaltungsaufgabe

Speicherberichte

Ein *Speicherbericht* (storage report) enthält Daten über Typ und Eigenschaften von Dateien, die auf einem Dateiserver gespeichert sind. Speicherberichte liefern Ihnen die Informationen, die Sie brauchen, um sinnvolle Dateiprüfungen und Kontingente zu konfigurieren. Der Ressourcen-Manager für Dateiserver in Windows Server 2012 unterstützt die folgenden Speicherberichte:

- **Dateiduplikate**   Hilft Ihnen, Dateiduplikate zu finden

- **Überwachung der Dateiprüfung**   Generiert zu jedem Benutzer eine Liste aller Dateien, die von einer Dateiprüfung blockiert wurden

- **Dateien nach Dateigruppe**   Listet Dateien nach ihrer Dateigruppe auf, zum Beispiel alle Dateien in einer Dateifreigabe, die den Eigenschaften der Dateigruppe *Office-Dateien* entsprechen. Dateigruppen konfigurieren Sie bei der Konfiguration von Dateiprüfungen.

- **Dateien nach Besitzer**   Listet Dateien nach ihren Besitzern auf. Sie können anhand dieses Berichts leicht feststellen, welche Benutzer unverhältnismäßig viel Festplattenplatz verbrauchen.

- **Dateien nach Eigenschaft**   Listet Dateien anhand von Dateiklassifizierungseigenschaften auf

- **Ordner nach Eigenschaft**   Listet Ordner anhand von Klassifizierungseigenschaften auf.

- **Große Dateien**   Ein Bericht über Dateien, die größer sind als ein angegebener Wert

- **Selten verwendete Dateien**   Ein Bericht über Dateien, auf die in der angegebenen Zahl von Tagen nicht mehr zugegriffen wurde

- **Kürzlich verwendete Dateien**   Ein Bericht über Dateien, auf die in der angegebenen Zahl von Tagen zugegriffen wurde

- **Kontingentbedarf**   Liefert Informationen über Kontingente, bei denen die Kontingentnutzung einen bestimmten Prozentwert überschreitet

Wenn Sie Berichte generieren wollen, erstellen Sie eine Berichtaufgabe. Im Dialogfeld *Speicherberichts-Aufgabeneigenschaften* (Abbildung 9.6) legen Sie fest, welche Berichte in der Berichtaufgabe enthalten sind. Sie können außerdem die Parameter und den Bereich der Berichte konfigurieren. Parameter und Bereich der Berichte legen fest, welche Ordner ausgewertet werden, ob die Berichte als E-Mail versendet werden und wie oft die Berichte generiert werden. Berichte können in den Formaten HTML, DHTML, XML, CSV und Text ausgegeben werden. Bei Bedarf können Sie Berichte auch manuell generieren.

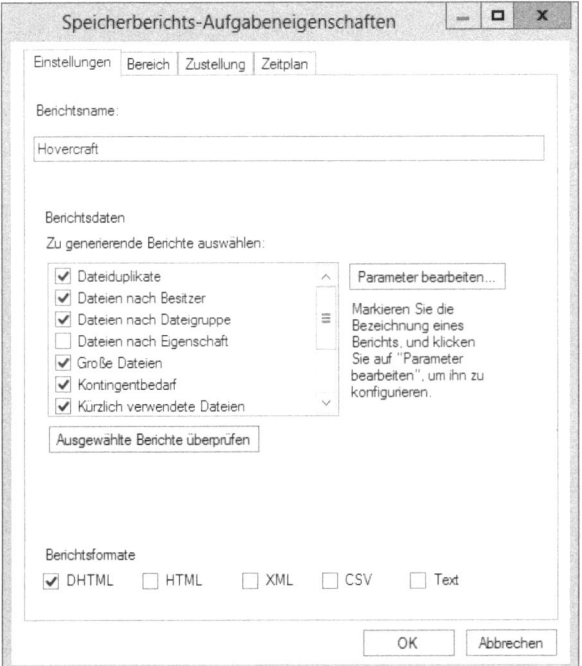

Abbildung 9.6 Konfigurieren von Speicherberichten

Weitere Informationen   Ressourcen-Manager für Dateiserver

Weitere Informationen über den Ressourcen-Manager für Dateiserver finden Sie im TechNet-Artikel *http://technet.microsoft.com/de-de/library/hh831701.aspx*.

Zusammenfassung der Lektion

- Kontingente beschränken, wie viele Daten ein Benutzer in einem bestimmten Ordner oder Ordnerbaum speichern darf

- Dateiprüfungen verhindern, dass Benutzer bestimmte Dateitypen in Ordner schreiben

- Die Dateiklassifizierung weist Dateien anhand von Dateieigenschaften Metadaten zu

- Mit Dateiverwaltungsaufgaben können Sie Operationen mit Dateien ausführen, die von den Metadaten der Datei gesteuert werden

- Speicherberichte liefern Informationen über Dateien, die in bestimmten Speicherorten abgelegt sind. Sie listen unter anderem die größten Dateien, die zuletzt verwendeten Dateien und Dateiduplikate auf.

Lernzielkontrolle

Mit den folgenden Fragen können Sie Ihr Wissen zu den Themen überprüfen, die in dieser Lektion behandelt wurden. Die Antworten auf diese Fragen mit Erklärungen, warum die jeweiligen Auswahlmöglichkeiten richtig oder falsch sind, finden Sie im Abschnitt »Antworten« am Ende dieses Kapitels.

1. Sie wollen verhindern, dass Benutzer Audio- und Videodateien in freigegebenen Ordnern speichern, die auf den Windows Server 2012-Dateiservern Ihrer Organisation gehostet werden. Sie haben auf allen Dateiservern den Ressourcen-Manager für Dateiserver installiert. Was müssen Sie konfigurieren, um dieses Ziel zu erreichen?

    A. Dateiklassifizierungsregel

    B. Dateiprüfung

    C. Dateiprüfungsvorlage

    D. Dateigruppen

2. Sie haben eine Dateiprüfung für den freigegebenen Ordner *Forschung* eingerichtet. Diese Dateiprüfung blockiert momentan alle Dateien außer Office-Dokumentdateien. Sie wollen diese Dateiprüfung behalten, aber es soll möglich sein, komprimierte Dateien, die nicht in den Ordner *Forschung* geschrieben werden dürfen, im Ordner *Alte_Projekte* zu speichern, einem Unterordner des Ordners *Forschung*. Es soll den Benutzern aber nicht erlaubt sein, komprimierte Dateien im Ordner *Forschung* oder in anderen Unterordnern des Ordners *Forschung* zu speichern. Was müssen Sie konfigurieren, um dieses Ziel zu erreichen?

    A. Dateiprüfungsvorlage

    B. Dateiprüfungsausnahme

    C. Klassifizierungsregel

    D. Dateigruppen

3. Sie wollen auf 20 unterschiedliche Freigaben, die auf einem Windows Server 2012-Dateiserver gehostet werden, dieselbe Dateiprüfung anwenden. Diese Dateiprüfung umfasst sechs unterschiedliche Dateigruppen. Was sollten Sie konfigurieren, um dieses Ziel mit möglichst geringem Aufwand zu erreichen?

    A. Dateigruppe

    B. Dateiprüfungsausnahme

    C. Dateiprüfungsvorlage

    D. Kontingentvorlage

4. Sie sind dabei, einen Dateiserver zu konfigurieren, der 40 freigegebene Ordner hostet. Sie wollen sicherstellen, dass für alle Benutzer dieser freigegebenen Ordner dieselbe Grenze bezüglich des Speicherverbrauchs gilt. Was sollten Sie erstellen und anwenden, um dieses Ziel zu erreichen?

   A. Dateiprüfung

   B. Kontingent

   C. Dateiprüfungsvorlage

   D. Kontingentvorlage

5. Es sollen automatisch Warnungen an Benutzer gesendet werden, die mehr als 500 MB in einem bestimmten freigegebenen Ordner gespeichert haben. Die Benutzer sollen daran gehindert werden, mehr als 1 GB in der Dateifreigabe zu speichern. Welche der folgenden Eigenschaften müssen Sie konfigurieren, wenn Sie ein Kontingent erstellen?

   A. Hartes 500-MB-Kontingent

   B. Hartes 1-GB-Kontingent

   C. Weiches 500-MB-Kontingent

   D. Weiches 1-GB-Kontingent

6. Es sollen automatisch Warnungen an Benutzer gesendet werden, die mehr als 500 MB in einem bestimmten freigegebenen Ordner gespeichert haben. Die Benutzer sollen nicht daran gehindert werden, weitere Daten im Ordner zu speichern, aber ihnen soll ein Speicherbericht gesendet werden, falls sie 750 MB überschreiten. Welche der folgenden Eigenschaften müssen Sie konfigurieren, wenn Sie ein Kontingent erstellen?

   A. Hartes 500-MB-Kontingent

   B. Hartes 750-MB-Kontingent

   C. Weiches 500-MB-Kontingent

   D. Hartes 1-GB-Kontingent

7. Sie haben ein Kontingent auf eine Dateifreigabe angewendet. Sie konfigurieren eine Benachrichtigung für den 90-Prozent-Schwellenwert. Diese Benachrichtigung soll Berichte an die Benutzer senden, in denen alle vom jeweiligen Benutzer gespeicherten Dateien aufgelistet sind, die längere Zeit nicht mehr verwendet wurden. Außerdem soll der Bericht Name und Speicherort aller großen Dateien auflisten. Welche der folgenden Berichte sollten Sie generieren, wenn Sie diese Schwellenwertbenachrichtigung konfigurieren? (Wählen Sie alle zutreffenden Antworten aus.)

   A. *Selten verwendete Dateien*

   B. *Kontingentbedarf*

   C. *Große Dateien*

   D. *Dateiduplikate*

Lektion 2: Konfigurieren des verteilten Dateisystems

Das verteilte Dateisystem (Distributed File System, DFS) ermöglicht Ihnen, einen einheitlichen Namespace zu definieren, den Benutzer durchsuchen können, wenn sie auf einen bestimmten Netzwerkordner zugreifen wollen. Sie können mit DFS auch Replikate wichtiger freigegebener Ordner erstellen. In dieser Lektion erfahren Sie, wie Sie DFS in Domänen- und eigenständiger Konfiguration einrichten. Außerdem beschreibt die Lektion die unterschiedlichen Replikations-topologien sowie einige Einstellungen, die Sie bei DFS vornehmen können.

Am Ende dieser Lektion werden Sie in der Lage sein, die folgenden Aufgaben auszuführen:

- Beschreiben von DFS-Namespaces

- Beschreiben der Replikationstopologie

- Beschreiben von Replikationszielen

- Beschreiben von Replikationszeitplänen

Veranschlagte Zeit für diese Lektion: 45 Minuten

Verteiltes Dateisystem

Ein *verteiltes Dateisystem* (Distributed File System, DFS) macht es einfacher, freigegebene Ordner zu finden. Wenn Sie kein DFS implementieren, müssen Benutzer, die keine Netzwerk-laufwerke zugeordnet haben, nicht nur den Namen des freigegebenen Ordners, sondern auch den Namen des Servers wissen, auf dem dieser freigegebene Ordner gehostet wird. Bei einem verteilten Dateisystem können dagegen alle freigegebenen Ordner im selben Namespace liegen, sodass ein Benutzer sich nur den Namen des freigegebenen Ordners zu merken braucht. Ein verteiltes Dateisystem ermöglicht es außerdem, freigegebene Ordner zu replizieren. Das bietet Fehlertoleranz und einen Mechanismus, den Inhalt des freigegebenen Ordners an mehrere Speicherorte zu verteilen; dies verläuft für den Benutzer völlig transparent. Die Benutzer navigieren einfach zum gewünschten Ordner und ein verteiltes Dateisystem leitet sie zum nächsten verfügbaren Replikat dieses Ordners um.

DFS-Namespaces

Mit DFS-Namespaces können Sie freigegebene Ordner, die auf unterschiedlichen Servern gehostet werden, in einem oder mehreren logischen Namespaces zusammenzufassen. Statt beispielsweise die folgenden Ordner zu haben:

- *FS-1\Buchhaltung*

- *FS-2\Forschung*

- *FS-3\Management*

Können Sie diese Ordner verwenden:

- *\\contoso.com\Buchhaltung*

- *\\contoso.com\Forschung*

- *\\contoso.com\Management*

Die Ordner werden dabei weiterhin auf den Computern *FS-1*, *FS-2* und *FS-3* gehostet. Wenn Sie DFS-Namespaces implementieren, sind die Ordner viel einfacher zu finden, weil die Benutzer sich nicht zu merken brauchen, welcher Server sie hostet.

Auf Windows Server 2012-Computern können Sie zwei Typen von DFS-Namespaces erstellen (Abbildung 9.7):

- Domänenbasierter Namespace

- Eigenständiger Namespace

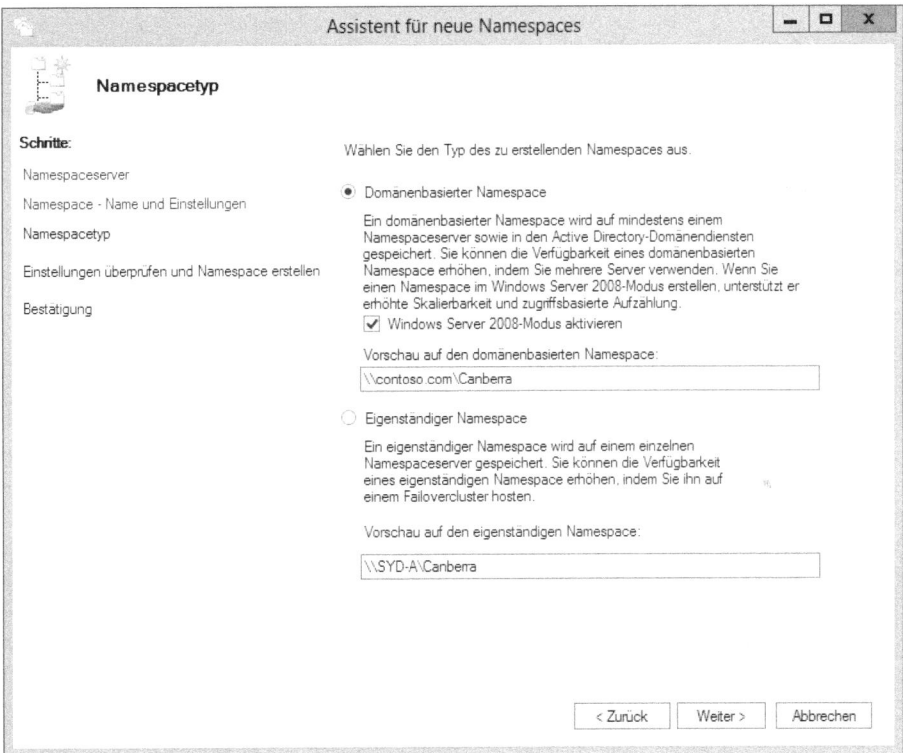

Abbildung 9.7   Konfigurieren eines neuen Namespaces

Domänenbasierte Namespaces

Domänenbasierte DFS-Namespaces (domain-based DFS namespaces) werden in Active Directory gespeichert. Sie sollten diesen Namespacetyp bereitstellen, wenn der Namespace auch dann verfügbar bleiben soll, falls einer der Server, die den Namespace hosten, ausfällt. Bei domänenbasierten Namespaces können mehrere Server denselben Namespace hosten, auf allen Servern muss lediglich die Rolle *DFS-Namespaces* installiert sein.

Wenn Sie einen domänenbasierten Namespace bereitstellen, haben Sie die Wahl zwischen zwei Typen: Windows Server 2008-Modus oder Windows 2000-Modus. Der Windows Server 2008-Modus bietet einen größeren Funktionsumfang, er erhöht die Zahl der Ordnerziele von 5.000 auf 50.000 und unterstützt die zugriffsbasierte Aufzählung. Die von domänenbasierten Namespaces unterstützten 50.000 Ordnerziele können alle auf demselben Server liegen oder sich im Extremfall über 50.000 unterschiedliche Dateiserver verteilen, die jeweils nur einen Ordner hosten.

Hinweis   Zugriffsbasierte Aufzählung

Bei der zugriffsbasierten Aufzählung (access-based enumeration) bekommen Benutzer nur die Dateien und Ordner angezeigt, für die ihnen Berechtigungen zugewiesen sind. Ohne zugriffs-basierte Aufzählung bekämen Benutzer Dateien und Ordner aufgelistet, die sie überhaupt nicht öffnen können.

Den Windows Server 2008-Modus können Sie nur einsetzen, wenn folgende Voraussetzungen erfüllt sind:

- Die Domäne, die den DFS-Namespace hostet, muss mindestens die Domänenfunktions-ebene *Windows Server 2008* haben
- Die Active Directory-Gesamtstrukturfunktionsebene muss *Windows Server 2003* oder höher sein
- Die Namespaceserver müssen unter Windows Server 2008, Windows Server 2008 R2 oder Windows Server 2012 laufen

Eigenständige Namespaces

Mit *eigenständigen Namespaces* (stand-alone namespaces) können Sie ein verteiltes Datei-system auf Dateiservern bereitstellen, die keine Mitglieder einer Active Directory-Domäne sind. Es ist auch möglich, einen eigenständigen Namespace auf einem Server bereitzustellen, der Mitglied einer Active Directory-Domäne ist. Eigenständige DFS-Namespaces unter-stützen bis zu 50.000 Ordner, die sich auf bis zu 50.000 unterschiedliche Server verteilen dürfen. Es ist sinnvoll, einen eigenständigen DFS-Namespace bereitzustellen, wenn Sie mehr als 5000 DFS-Ordner brauchen, aber keinen domänenbasierten DFS-Namespace einrichten können, weil die Domäne nicht auf der Funktionsebene *Windows Server 2008* oder höher läuft.

Weitere Informationen   DFS-Namespaces

Weitere Informationen über DFS-Namespaces finden Sie unter *http://technet.microsoft.com/ en-us/library/ee404780.aspx*.

In einem eigenständigen Namespace gibt es nur einen einzigen Namespaceserver. Fällt der Server aus, der den eigenständigen Namespace hostet, ist daher der gesamte Namespace nicht mehr verfügbar, selbst wenn die Server, auf denen die Ordnerziele gespeichert sind, in Betrieb bleiben. Sie können einen eigenständigen Namespace hochverfügbar machen, indem Sie ihn auf einem Failovercluster bereitstellen.

Schnelltest

■ Sie wollen in einem DFS-Namespace 7000 Ordnern unterstützen, aber die Domäne, in der diese Ordner gehostet werden, läuft auf der Funktionsebene *Windows Server 2003*. Welchen Namespacetyp sollten Sie auf Ihrem Windows Server 2012-DFS-Namespaceserver bereitstellen?

Antwort zum Schnelltest

■ Sie können einen eigenständigen Namespace bereitstellen. Eigenständige Namespaces unterstützen bis zu 50.000 Ordnerziele und können in Fällen genutzt werden, in denen Einschränkungen für domänenbasierte Namespaces bestehen.

DFS-Replikation

Mithilfe der *DFS-Replikation* können Sie die Ordnerreplikation so konfigurieren, dass die Ordnerreplikate synchronisiert bleiben. Wenn Sie die DFS-Replikation auf Computern bereitstellen, die unter Windows Server 2008, Windows Server 2008 R2 oder Windows Server 2012 laufen, nutzt sie die sogenannte Remotedifferenzialkomprimierung (remote differential compression), bei der die Replikation auf Blockebene durchgeführt wird. Statt eine Datei vollständig zu übertragen, wenn sich lediglich eine Kleinigkeit daran geändert hat, werden bei dieser Technik nur die Datenblöcke repliziert, deren Inhalt tatsächlich aktualisiert werden muss. Weil die Replikation auf Blockebene statt auf Dateiebene durchgeführt wird, erzeugt die DFS-Replikation deutlich weniger Netzwerkverkehr.

Werden unterschiedliche Replikate derselben Datei verändert, löst die DFS-Replikation Dateiänderungen nach dem Prinzip »letzte Änderung gewinnt« und Namenskonflikte nach dem Prinzip »erster Ersteller gewinnt« auf. Wenn zum Beispiel ein Benutzer in Melbourne und ein Benutzer in Sydney dieselbe Datei bearbeiten, werden die Änderungen des Benutzers übernommen, der die Datei zuletzt speichert. Und wenn ein Benutzer in Melbourne und ein Benutzer in Sydney jeweils eine Datei mit demselben Namen erstellen, bevor eine Replikation stattfindet, wird die Datei des Benutzers behalten, der die Datei zuerst erstellt hat, sogar wenn er nur einen Vorsprung von einer Mikrosekunde hatte.

Wenn Konflikte auftreten, werden die Dateien und Ordner, die bei der Konfliktauflösung verloren haben, automatisch in den Konflikt- und Löschordner verschoben, der unter dem lokalen Pfad des replizierten Ordners im Verzeichnis *DfsrPrivate\ConflictAndDeleted* liegt. In der Standardeinstellung werden auch gelöschte Dateien automatisch in dieses Verzeichnis verschoben (Abbildung 9.8).

Abbildung 9.8   Festlegen des Pfads für den Konflikt- und Löschordner

DFS verwendet einen speziellen Ordner, den sogenannten Stagingordner, um eine Datei zu speichern, bevor sie gesendet oder während sie empfangen wird. Wenn die Remotedifferenzialkomprimierung aktiviert ist, werden Berechnungen für Dateien im Stagingordner durchgeführt, um festzustellen, welche Blöcke repliziert werden müssen. Der Empfangsordner verwendet seinen eigenen Stagingordner, um die geänderte Datei zusammenzusetzen. In der Standardeinstellung liegt der Stagingordner unter dem lokalen Pfad des replizierten Ordners und hat ein Kontingent von 4096 MB (Abbildung 9.9).

Abbildung 9.9   Konfigurieren des Stagingordners

Replikationsziele

Mit Replikationszielen (replication targets) wählen Sie freigegebene Ordner aus, die an einem verteilten Dateisystem teilnehmen. Im Dialogfeld *Neues Ordnerziel* (Abbildung 9.10) können Sie ein Ziel zu einem vorhandenen replizierten Ordner hinzufügen. Wenn Sie ein Replikationsziel hinzufügen, müssen Sie den UNC-Pfad (Universal Naming Convention) des Ordners angeben, der das Ziel hostet.

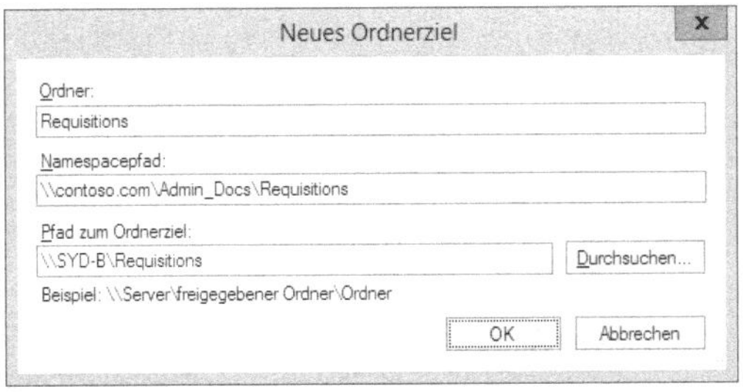

Abbildung 9.10 Konfigurieren eines neuen Ordnerziels

Replikationstopologie

Die Replikationstopologie steuert, wie DFS-Server, die Mitglieder einer Replikationsgruppe sind, miteinander kommunizieren. Wenn Sie eine Replikationsgruppe erstellen, müssen Sie entscheiden, welche Topologie dafür benutzt wird. Wie Abbildung 9.11 zeigt, haben Sie im *Assistenten für neue Topologie* die Wahl zwischen zwei Topologien:

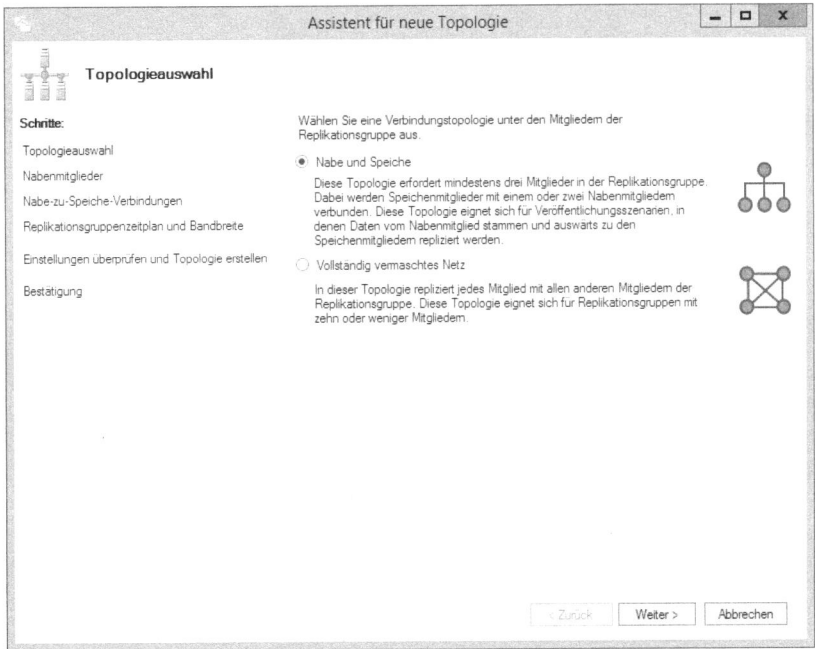

Abbildung 9.11 Konfigurieren der Replikationstopologie

- **Nabe und Speiche** Bei dieser Topologie weisen Sie zentralen Servern die Rolle als Nabe zu. Andere Server in der Topologie replizieren Daten mit den Nabenservern, aber nicht direkt mit anderen Servern. Verwenden Sie diese Topologie, wenn Sie sehr viele Server in der Replikationsgruppe haben. Diese Topologie funktioniert am besten, wenn die meisten Änderungen in einem zentralen Server stattfinden, aber nur wenige in den Speichenservern. Sie können diese Topologie nur wählen, wenn mindestens drei Server zur Replikationsgruppe gehören.

- **Vollständig vermaschtes Netz** Diese Topologie eignet sich, wenn die Replikationsgruppe höchstens 10 Server umfasst. Bei dieser Topologie repliziert jeder Server aus der Replikationsgruppe mit jedem anderen Server.

Replikationszeitpläne

Mit Replikationszeitplänen (Abbildung 9.12) steuern Sie, wann eine Replikation durchgeführt wird und welche Bandbreite dabei ausgelastet wird. In der Standardeinstellung läuft die Replikation 24 Stunden pro Tag und nutzt die gesamte verfügbare Bandbreite. Diese Einstellung eignet sich für Organisationen mit leistungsfähigen WAN-Verbindungen (Wide Area Network), in denen die Replikatsynchronisierung so schnell wie möglich benötigt wird.

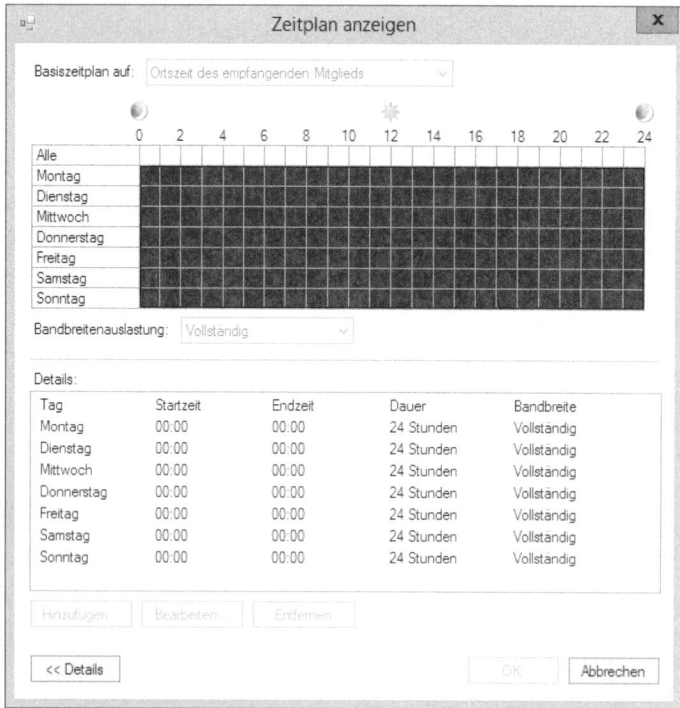

Abbildung 9.12 Anzeigen des Replikationszeitplans

Weitere Informationen   DFS-Replikation

Weitere Informationen über DFS-Replikation finden Sie in TechNet unter *http://tech-net.microsoft.com/de-de/library/cc773238.aspx*.

Sie haben auch die Möglichkeit, einen benutzerdefinierten Zeitplan zu erstellen (Abbildung 9.13). In einem solchen Zeitplan können Sie beispielsweise eine beschränkte Bandbreiten-auslastung während der Arbeitszeiten konfigurieren, aber nachts die volle Bandbreite nutzen.

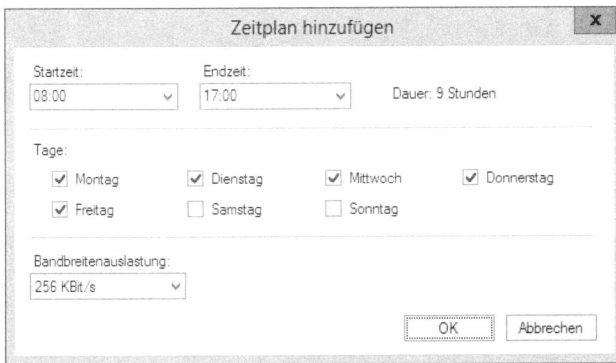

Abbildung 9.13   Hinzufügen eines Replikationszeitplans

Praxistipp   Einsatzgebiete für DFS

Sie nutzen ein verteiltes Dateisystem, wenn Sie bestimmte Inhalte in identischer Form an meh-rere Standorte innerhalb Ihrer Organisation verteilen wollen. Ein verteiltes Dateisystem ist keine Datensicherungslösung, weil ein Fehler, der in ein Dokument eingearbeitet wird, sich auf alle anderen Speicherorte verbreitet. Wenn Sie ein verteiltes Dateisystem so einrichten, dass es Dateien speichert, sollten Sie sich stets fragen, ob die Dateien wirklich an mehrere Orte repliziert werden müssen. Lautet die Antwort »Ja«, eignet sich DFS für diesen Zweck.

Zusammenfassung der Lektion

- Mit dem verteilten Dateisystem (Distributed File System, DFS) machen Sie es einfacher, freigegebene Ordner zu finden und zu verwalten, weil sie innerhalb einer einzigen Hierarchie angeordnet werden

- Beim domänenbasierten DFS können Sie mehrere Namespaceserver bereitstellen, um Redundanz zu gewährleisten

- Sofern die Domäne auf der Funktionsebene *Windows Server 2008* oder höher und die Gesamtstruktur auf der Funktionsebene *Windows Server 2003* oder höher läuft, können Sie den Windows Server 2008-Modus implementieren

- Ein domänenbasiertes DFS im Windows Server 2008-Modus bietet bis zu 50.000 Ordnerziele, zugriffsbasierte Aufzählung und Remotedifferenzialkomprimierung

- Der eigenständige Modus unterstützt bis zu 50.000 Ordnerziele, bietet aber keine Redundanz für Namespaceserver

- Der Nabe-und-Speiche-Modus eignet sich für Replikationsgruppen, bei denen die Daten hauptsächlich auf wenigen Servern verändert werden und in denen die Replikationstopologie verwaltet werden soll

- Die Topologie des vollständig vermaschten Netzes eignet sich für Replikationsgruppen, die höchstens 10 Mitglieder haben

- Mit Replikationszeitplänen können Sie einstellen, zu welchen Zeiten die Replikation stattfindet und wie viel Bandbreite dafür verbraucht wird

Lernzielkontrolle

Mit den folgenden Fragen können Sie Ihr Wissen zu den Themen überprüfen, die in dieser Lektion behandelt wurden. Die Antworten auf diese Fragen mit Erklärungen, warum die jeweiligen Auswahlmöglichkeiten richtig oder falsch sind, finden Sie im Abschnitt »Antworten« am Ende dieses Kapitels.

1. Sie haben 30 Windows Server 2012-Computer, die Mitglieder einer Active Directory-Domäne mit der Funktionsebene *Windows Server 2003* sind. Sie wollen ein DFS implementieren, um den Zugriff auf freigegebene Ordner zu vereinfachen und die Replikation an unterschiedlichen Standorte zu ermöglichen. Sie schätzen, dass Sie etwa 6000 Ordnerziele brauchen. Welche der folgenden Lösungen sollten Sie implementieren? (Wählen Sie alle zutreffenden Antworten aus.)

    A. Erstellen Sie eine Replikationsgruppe. Konfigurieren Sie die Replikationsgruppe in einer Nabe-und-Speiche-Topologie.

    B. Erstellen Sie eine Replikationsgruppe. Konfigurieren Sie die Replikationsgruppe in einer Topologie mit vollständig vermaschtem Netz.

    C. Konfigurieren Sie einen domänenbasierten DFS-Namespace.

    D. Konfigurieren Sie einen eigenständigen DFS-Namespace.

2. Sie haben neun Windows Server 2012-Computer, die Mitglieder einer Active Directory-Domäne mit der Funktionsebene *Windows Server 2012* sind. Die Gesamtstruktur läuft ebenfalls auf der Funktionsebene *Windows Server 2012*. Sie wollen DFS so bereitstellen, dass der Namespace auch dann noch verfügbar ist, falls ein Namespaceserver ausfällt. Inhalte sollten zwischen beliebigen Servern repliziert werden, die denselben Inhalt hosten. Welche der folgenden Lösungen sollten Sie implementieren? (Wählen Sie alle zutreffenden Antworten aus.)

A. Konfigurieren Sie einen eigenständigen DFS-Namespace.

B. Konfigurieren Sie einen domänenbasierten DFS-Namespace.

C. Erstellen Sie eine Replikationsgruppe. Konfigurieren Sie die Replikationsgruppe in einer Topologie mit vollständig vermaschtem Netz.

D. Erstellen Sie eine Replikationsgruppe. Konfigurieren Sie die Replikationsgruppe in einer Nabe-und-Speiche-Topologie.

3. Sie haben fünf Windows Server 2012-Computer, die Sie für ein DFS nutzen wollen. Jeder Server steht in einem anderen Gebäude einer Universität, wobei alle Gebäude untereinander durch ein schnelles Glasfasernetz verbunden sind. Die Domäne, zu der die Server gehören, läuft auf der Funktionsebene *Windows Server 2003*. Sie müssen 12.000 Ordnerziele unterstützen. Welche der folgenden Lösungen sollten Sie implementieren? (Wählen Sie alle zutreffenden Antworten aus.)

A. Erstellen Sie eine Replikationsgruppe. Konfigurieren Sie die Replikationsgruppe in einer Nabe-und-Speiche-Topologie.

B. Erstellen Sie eine Replikationsgruppe. Konfigurieren Sie die Replikationsgruppe in einer Topologie mit vollständig vermaschtem Netz.

C. Konfigurieren Sie einen domänenbasierten DFS-Namespace.

D. Konfigurieren Sie einen eigenständigen DFS-Namespace.

4. Die Zentrale Ihres Unternehmens liegt in Melbourne, Australien, daneben gibt es Zweigstellen in Sydney, Brisbane, Adelaide, Perth, Darwin und Hobart. Ihr Unternehmen hat eine einzige Active Directory-Domäne, die auf der Funktionsebene *Windows Server 2008* läuft. Die Gesamtstruktur läuft auf derselben Funktionsebene. Sie haben Windows Server 2012-Dateiserver in der Zentrale und in allen Zweigstellen bereitgestellt. Jede Zweigstelle hat eine WAN-Verbindung zur Zentrale in Melbourne. Zwischen den verschiedenen Zweigstellen bestehen keine WAN-Verbindungen. Wie sollten Sie vorgehen, um ein DFS in dieser Umgebung zu konfigurieren? (Wählen Sie alle zutreffenden Antworten aus.)

A. Konfigurieren Sie einen eigenständigen DFS-Namespace.

B. Konfigurieren Sie einen domänenbasierten DFS-Namespace.

C. Erstellen Sie eine Replikationsgruppe. Konfigurieren Sie die Replikationsgruppe in einer Topologie mit vollständig vermaschtem Netz.

D. Erstellen Sie eine Replikationsgruppe. Konfigurieren Sie die Replikationsgruppe in einer Nabe-und-Speiche-Topologie.

Lektion 3: Konfigurieren von Datei- und Laufwerkverschlüsselung

Mithilfe von Verschlüsselung schützen Sie sich davor, dass unautorisierte Personen auf Daten zugreifen. Im Unterschied zu Datei- und Ordnerberechtigungen, die oft falsch angewendet werden, können verschlüsselte Daten nur entschlüsselt werden, wenn der Benutzer oder Computer Zugriff auf den richtigen privaten Schlüssel hat. In dieser Lektion lernen Sie die BitLocker-Verschlüsselung kennen, die gesamte Volumes verschlüsselt und die Startumgebung schützt. Außerdem beschreibt die Lektion das verschlüsselnde Dateisystem, mit dem Sie Daten ausgewählter Dateien und Ordner verschlüsseln können.

Am Ende dieser Lektion werden Sie in der Lage sein, die folgenden Aufgaben auszuführen:

- Konfigurieren der BitLocker-Verschlüsselung

- Konfigurieren der Netzwerkentsperrung

- Konfigurieren des verschlüsselnden Dateisystems

- Konfigurieren von EFS-Wiederherstellungs-Agents

- Verwalten von BitLocker- und EFS-Zertifikaten

Veranschlagte Zeit für diese Lektion: 45 Minuten

Konfigurieren von BitLocker

BitLocker verschlüsselt vollständige Volumes und schützt die Startumgebung. Wenn Sie BitLocker bereitstellen, können Sie verhindern, dass ein hinterhältiger Angreifer, der einen Computer Ihrer Organisation von einem USB-Speicherstick startet, Daten von der Festplatte ausliest. Es nützt ihm auch nichts, wenn er die Festplatte einfach ausbaut und mitnimmt, um die Daten später auszulesen. Der Startumgebungsschutz stellt sicher, dass die Startumgebung nicht manipuliert wird. Sobald eine Änderung an der Startumgebung erkannt wird, muss der BitLocker-Wiederherstellungsschlüssel eingegeben werden, um die Änderungen zu autorisieren.

BitLocker wird oft auf Clientcomputern bereitgestellt, es kann aber auch auf Servern eingesetzt werden, um die gespeicherten Daten zu schützen. BitLocker schützt Daten nur vor unbefugtem Zugriff, während der Computer ausgeschaltet ist. Benutzer, die sich an einem Computer anmelden können, merken normalerweise gar nichts davon, dass die Daten, auf die sie zugreifen, in verschlüsselter Form auf der Festplatte gespeichert werden. Erst wenn die Festplatte an einen anderen Computer angeschlossen wird, fällt auf, dass ein Zugriff erst möglich wird, wenn der passende Wiederherstellungsschlüssel zur Verfügung steht. Wenn Sie BitLocker in Kombination mit virtuellen Computern (Virtual Machines, VMs) einsetzen wollen, sollten Sie BitLocker auf den Volumes des Hyper-V-Hosts aktivieren, die die VM-Dateien speichern. Sie können BitLocker auch innerhalb von virtuellen Computern aktivieren, müssen dann aber über Gruppenrichtlinien die TPM-Anforderung (Trusted Platform Module) deaktivieren und ein Kennwort für den Systemstart konfigurieren.

In Windows Server 2012 und Windows 8 bietet BitLocker die folgenden neuen Funktionen:

- **BitLocker-Bereitstellung**   Sie können Windows 8 und Windows Server 2012 nun in verschlüsseltem Zustand bereitstellen, statt das Betriebssystem bereitzustellen, dann BitLocker zu aktivieren und zu warten, bis die Volumes verschlüsselt wurden. Indem Sie das Betriebssystem verschlüsselt bereitstellen, verkürzen Sie die Betriebssystembereitstellung in sicheren Umgebungen.

- **Nur verwendeten Speicherplatz verschlüsseln**   Die Vorgängerversionen von BitLocker verschlüsseln das gesamte Volume. Diese Option ist weiterhin verfügbar, aber Sie können BitLocker nun auch so konfigurieren, dass es nur den benutzten Platz auf einem Volume verschlüsselt. In diesem Modus können Sie BitLocker schneller bereitstellen.

- **PIN- und Kennwortänderung für Standardbenutzer**   Dank dieser Option können Benutzer ihre BitLocker-PIN oder ihr BitLocker-Kennwort ändern. Ein Benutzer kann sich ein Kennwort, das er sich selbst ausgesucht hat, wahrscheinlich besser merken als eines, das ihm von einem Zufallsgenerator zugewiesen wurde.

- **Netzwerkentsperrung**   Computer innerhalb von Kabelnetzwerken können die Anforderung von BitLocker-PIN oder -Kennwörtern überspringen, wenn sie starten.

Voraussetzungen für BitLocker

Sie können BitLocker mit oder ohne TPM-Chip einsetzen. Ein TPM-Chip bietet das höchste Maß an Sicherheit, und wenn Sie den Aufwand betreiben, BitLocker bereitzustellen, ist es normalerweise sinnvoll, bei der Anschaffung von Computern darauf zu achten, dass sie solche Chips eingebaut haben. Mit einem TPM-Chip können Sie den Startumgebungsschutz nutzen. Wenn der Startumgebungsschutz aktiviert ist, wird die Integrität der Startumgebung bei jedem Start des Computers überprüft. Wurde die Startumgebung in irgendeiner Weise verändert, wechselt der Computer zwangsweise in den BitLocker-Wiederherstellungsmodus.

Sie konfigurieren den BitLocker-Modus mithilfe von Gruppenrichtlinien (Abbildung 9.14). Es stehen die folgenden Modi zur Auswahl:

- **Nur TPM**   Wenn Sie diesen Modus konfigurieren, wird der Benutzer nicht aufgefordert, ein Kennwort oder eine PIN einzugeben. Dieser Modus bietet Schutz der Systemstartintegrität. Sie können ihn auf Servern nutzen, die ein TPM eingebaut haben, aber kein UEFI (Unified Extensible Firmware Interface) haben, das DHCP (Dynamic Host Configuration Protocol) unterstützt und somit eine Netzwerkentsperrung ermöglicht. Nutzen Sie diesen Modus, wenn Sie das Volume und die Umgebung auf solchen Servern schützen wollen, aber nicht jedes Mal, wenn ein Neustart erforderlich ist, Kennwort oder PIN eingeben wollen.

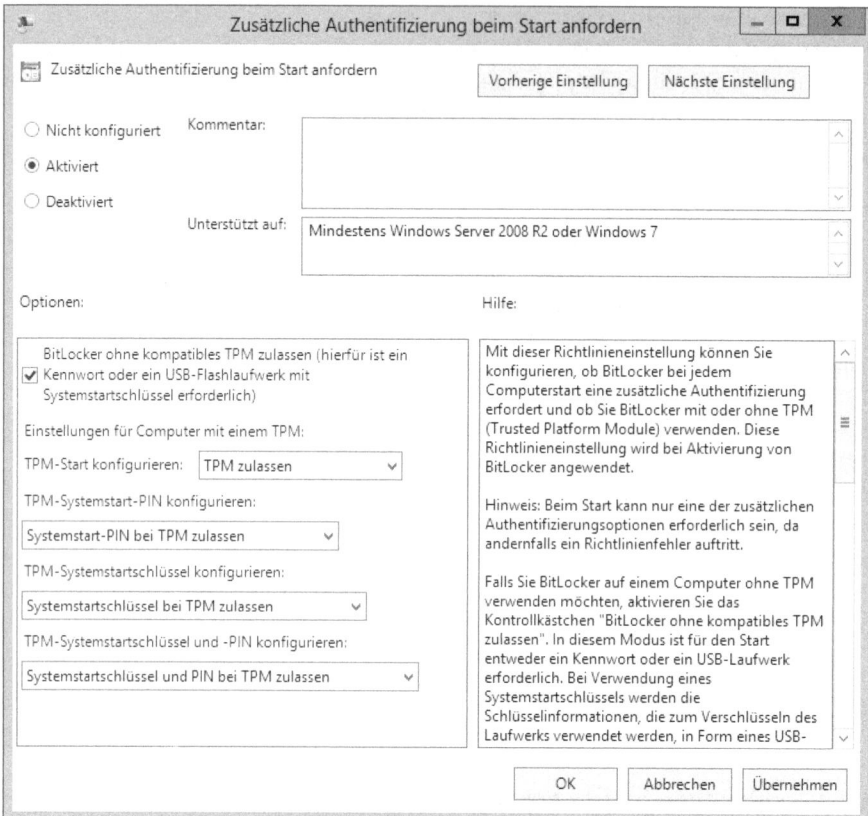

Abbildung 9.14   Konfigurieren der BitLocker-Authentifizierung

- **Systemstartschlüssel bei TPM**   Wenn Sie diesen Modus wählen, kann der Computer nur starten, während ein speziell vorbereitetes USB-Gerät angeschlossen ist. Dieser Modus bietet Schutz für die Startumgebung und kann auf Computern, die die entsprechenden Voraussetzungen erfüllen, zusammen mit Netzwerksperrung genutzt werden.

- **Systemstart-PIN bei TPM**   Dieser BitLocker-Modus wird am häufigsten eingesetzt. Dabei muss jemand eine Authentifizierung vornehmen, damit der Computer startet, aber Sie brauchen kein USB-Gerät mit Systemstartschlüssel zu hüten, das eventuell verloren geht. Damit der Computer startet, muss jemand von Hand ein Kennwort oder eine PIN eintippen. In Umgebungen mit Netzwerksperrung wird die PIN beziehungsweise das Kennwort nicht gebraucht.

- **Systemstartschlüssel und PIN bei TPM**   Dieser Modus ist am sichersten, weil er ein TPM, eine Systemstart-PIN und ein angeschlossenes USB-Gerät mit dem Systemstart-schlüssel erfordert. Dieses Sicherheitsniveau ist beispielsweise für eine Offline-Stamm-zertifizierungsstelle angemessen.

- **Systemstartschlüssel ohne TPM**   In diesem Modus kann der Computer nur gestartet werden, wenn der Systemstartschlüssel vorhanden ist. Dieser Modus verschlüsselt das Festplattenlaufwerk, bietet aber keinen Schutz für die Systemstartintegrität.

- **PIN ohne TPM**   In diesem Modus kann ein Computer nur starten, wenn ein Kennwort beziehungsweise eine PIN eingegeben wurde. Dieser Modus verschlüsselt das Festplattenlaufwerk, bietet aber keinen Schutz für die Systemstartintegrität. Sie können diesen Modus für virtuelle Computer nutzen, damit die Datei der virtuellen Festplatte verschlüsselt wird und von einem Angreifer nicht im Dateisystem bereitgestellt und gelesen werden kann.

BitLocker To Go ist eine Version von BitLocker, die Sie für Wechselmediengeräte verwenden. Wenn der Benutzer das BitLocker-geschützte Gerät anschließt, muss er ein Kennwort eingeben. Sobald das richtige Kennwort eingetippt wurde, kann ein kompatibles Betriebssystem auf das Gerät zugreifen. BitLocker To Go steht in Windows 7 Enterprise Edition, Windows 7 Ultimate Edition, Windows 8 Enterprise Edition, Windows Server 2008 R2 und Windows Server 2012 zur Verfügung. Sie brauchen für BitLocker To Go keinen TPM-Chip.

BitLocker-Gruppenrichtlinien

Sie konfigurieren BitLocker mit den Richtlinien im Zweig *Computerkonfiguration\ Richtlinien\Administrative Vorlagen\Windows-Komponenten\BitLocker-Laufwerk- verschlüsselung* eines Gruppenrichtlinienobjekts. Mit diesen Richtlinien können Sie die folgenden Aufgaben ausführen:

- BitLocker so konfigurieren, dass Wiederherstellungsinformationen in Active Directory gespeichert werden

- Auswählen eines Standardnetzwerkordners für Wiederherstellungskennwörter

- Konfigurieren von Verschlüsselungsmethode und -stärke

- Konfigurieren der Systemstartauthentifizierung

- Konfigurieren eindeutiger Organisations-IDs

- Zugriff auf Wechseldatenträgervolumes verhindern, die nicht verschlüsselt und mit der Organisations-ID konfiguriert sind

Sie können für Betriebssystemlaufwerke, Festplattenlaufwerke und Wechseldatenträger jeweils unterschiedliche Richtlinien konfigurieren. Wenn Sie einen Computer für die Verwendung von BitLocker konfigurieren, sollten Sie sicherstellen, dass alle Laufwerke geschützt sind. Das verringert die Gefahr, dass jemand unautorisiert die Daten wiederherstellen kann.

BitLocker-Wiederherstellung

BitLocker ermöglicht die Verwendung eines Wiederherstellungsschlüssels für den Fall, dass Sie einen Computer mit TPM-Chip starten, auf dem die Startumgebung geändert wurde, oder dass Sie Daten von einem BitLocker-geschützten Volume retten wollen, weil der Computer, in den das Volume ursprünglich eingebaut war, nicht mehr funktionsfähig ist. Wenn Sie ein Laufwerk mit BitLocker verschlüsseln, haben Sie die Möglichkeit, den BitLocker-Schlüssel in einem Speicherort auf einem Volume zu sichern, das nicht verschlüsselt ist. Diese Datei wird als Textdatei gespeichert, die einen Bezeichner und einen Wiederherstellungsschlüssel enthält (Abbildung 9.15). Diese Methode hat den Nachteil, dass die Verwaltung der Textdateien recht aufwendig wird, wenn Sie BitLocker auf vielen Computern einsetzen.

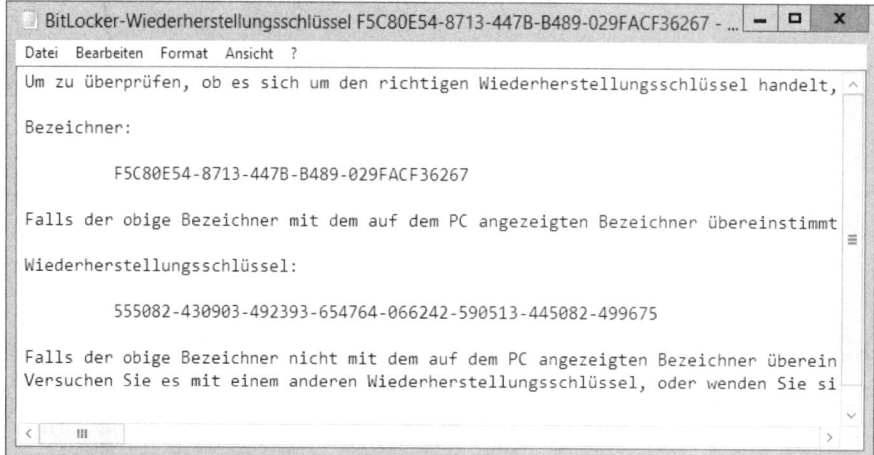

Abbildung 9.15   Ein BitLocker-Wiederherstellungsschlüssel

Es gibt zwei bessere Methoden, BitLocker-Wiederherstellungsschlüssel zu verwalten:

- Active Directory-Sicherung

- Datenwiederherstellungs-Agent (Data Recovery Agent, DRA)

Wenn Sie die Richtlinie *BitLocker-Wiederherstellungsinformationen in Active Directory-Domänendiensten speichern* aktivieren (Abbildung 9.16), sichert BitLocker die Wiederherstellungsdaten in Active Directory. Sie müssen einige Skripts ausführen, um Active Directory so vorzubereiten, dass es diese Funktion unterstützt, aber sobald sie einmal aktiviert ist, können sich Administratoren die BitLocker-Wiederherstellungsinformationen in den Eigenschaften des entsprechenden Computerkontos ansehen, wie in der Konsole *Active Directory-Benutzer und -Computer*. Sie können diese Richtlinie so konfigurieren, dass BitLocker nur aktiviert wird, nachdem die Datensicherung erfolgreich abgeschlossen wurde. Gibt es Änderungen, werden sie automatisch gesichert. Sie können PINs, Wiederherstellungsschlüssel oder beides sichern.

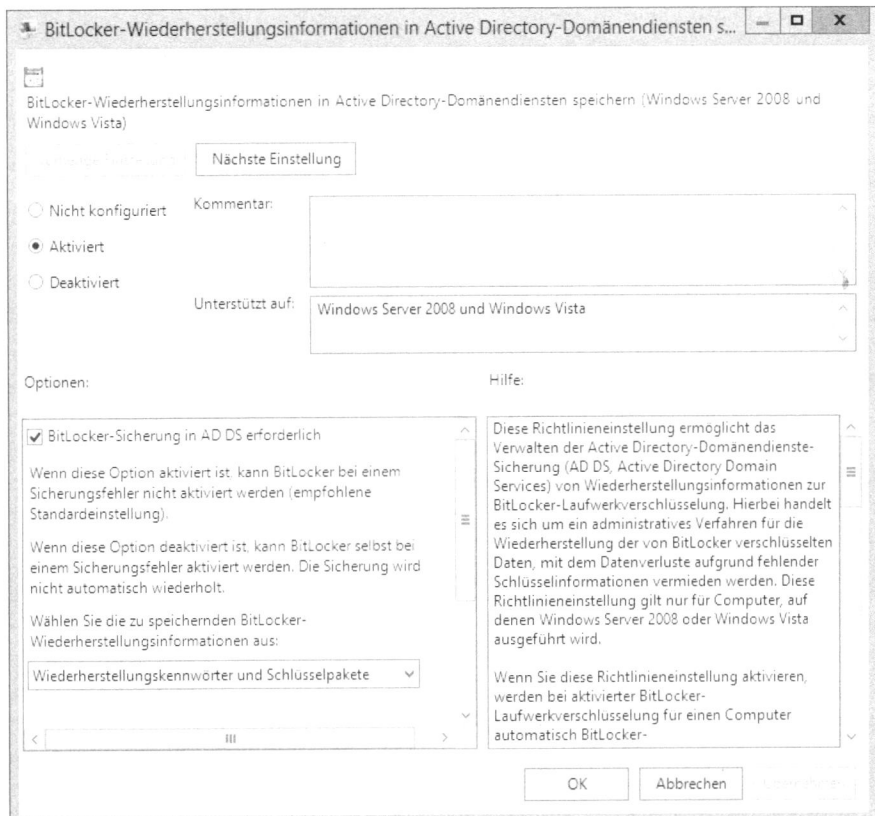

Abbildung 9.16 Speichern von BitLocker-Wiederherstellungsinformationen in Active Directory

---

Weitere Informationen   BitLocker-Sicherung in Active Directory

Weitere Informationen darüber, wie Sie BitLocker-Wiederherstellungsinformationen in Active Directory sichern, finden Sie unter *http://technet.microsoft.com/en-us/library/ dd875529(v=ws.10).aspx.*

Falls ein Hostcomputer ausfällt und Sie die Daten aus einem BitLocker-geschützten Volume auslesen wollen, brauchen Sie entweder Zugriff auf den Wiederherstellungsschlüssel oder einen Datenwiederherstellungs-Agent (Data Recovery Agent, DRA). Den Wiederherstellungsschlüssel übergeben Sie einem speziellen Dienstprogramm, das das Volume dann im Dateisystem bereitstellt, wo Sie es auslesen können. Den Datenwiederherstellungs-Agent für BitLocker konfigurieren Sie, indem Sie ein DRA-Zertifikat zum Knoten *Computerkonfiguration\Richtlinien\ Windows-Einstellungen\Sicherheitseinstellungen\Richtlinien für öffentliche Schlüssel\ BitLocker-Laufwerkverschlüsselung* hinzufügen. Wurde ein Volume bereits verschlüsselt, bevor Sie diese Richtlinie konfigurieren, müssen Sie BitLocker entfernen und dann erneut aktivieren, damit das DRA-Zertifikat das verschlüsselte Volume entschlüsseln kann. Wenn BitLocker mit einem Datenwiederherstellungs-Agent konfiguriert ist, kann jeder Computer, auf dem das passende Zertifikat installiert ist, BitLocker-verschlüsselte Volumes im Dateisystem bereitstellen und darauf zugreifen.

Praxistipp Verwenden von BitLocker

Viele Organisationen haben die Erfahrung gemacht, dass die Benutzerzufriedenheit deutlich sinkt, wenn sie BitLocker auf dem höchsten Sicherheitsniveau implementieren. In diesem Fall muss nämlich jedes Mal, wenn ein Computer gestartet oder aus dem Ruhezustand aufgeweckt wird, die PIN eingetippt werden. Und danach folgt die Eingabe des gewohnten Anmeldekennworts. Leider müssen Sie sich nach wie vor entscheiden, ob Sie lieber höchste Sicherheit oder höchste Benutzerfreundlichkeit erreichen wollen.

Konfigurieren der Netzwerkentsperrung

Wenn Sie BitLocker mit PIN-Eingabe implementieren, müssen die Benutzer bei jedem Start ihres Computers ihre PIN oder ein Kennwort eintippen. Viele Benutzer finden das lästig und manche reagieren so, dass sie ihren Computer ständig eingeschaltet lassen, um sich das mühselige Eintippen von PIN oder Kennwort bei jedem Systemstart zu ersparen. Die PIN-Anforderung verursacht auch Probleme, wenn bei der Software- und Betriebssystemwartung ein Neustart erforderlich ist. Wenn ein Computer, für dessen Start die Eingabe von PIN oder Kennwort nötig ist, zu einem Neustart gezwungen wird, kann er erst wieder hochfahren, nachdem jemand PIN oder Kennwort eingegeben hat. Und wenn mehrere Neustarts nötig sind, muss die PIN oder das Kennwort bei jedem einzelnen Neustart eingetippt werden.

Mithilfe der BitLocker-Netzwerkentsperrung können Computer, die für BitLocker konfiguriert und an das interne Kabelnetzwerk angeschlossen sind, die Eingabe von PIN oder Kennwort überspringen. Die BitLocker-Netzwerkentsperrung funktioniert nur, wenn der Computer an das interne Kabelnetzwerk angeschlossen ist und bestimmte Hardwarevoraussetzungen erfüllt. Ist der Computer zum Beispiel ein Notebook, das gestartet wird, ohne dass das Netzwerkkabel eingesteckt ist, muss der Benutzer die BitLocker-PIN oder das Kennwort eingeben.

Weitere Informationen   BitLocker-Netzwerkentsperrung

Weitere Informationen über die BitLocker-Netzwerkentsperrung finden Sie unter *http://technet.microsoft.com/en-us/library/jj574173.aspx*.

Sie können die BitLocker-Netzwerkentsperrung nur nutzen, wenn die folgenden Voraussetzungen erfüllt sind:

- Die Computer müssen unter Windows 8 oder Windows Server 2012 laufen

- Die Computerhardware muss UEFI-DHCP-Treiber haben. Weil Hyper-V UEFI mit DHCP-Funktion nicht emuliert, können Sie die Netzwerkentsperrung nicht für virtuelle Computer einsetzen, die mit BitLocker geschützt werden. Sie können die Netzwerkentsperrung aber für BitLocker-geschützte Hyper-V-Hosts nutzen.

- Das Feature *BitLocker-Netzwerkentsperrung* muss installiert sein (Abbildung 9.17)

- Die Windows-Bereitstellungsdienste (Windows Deployment Services, WDS) müssen auf einem Computer, der Domänenmitglied ist, installiert und konfiguriert sein

- Die Rolle *DHCP-Server* muss auf einem Computer, der Domänenmitglied ist, installiert und konfiguriert sein

- Auf jedem Computer, dessen Systemvolume mit BitLocker geschützt wird, muss ein Netzwerkschlüssel installiert sein. Dieser Schlüssel muss mit einem öffentlichen 2048-Bit-RSA-Schlüssel verschlüsselt sein, der auf dem Server gespeichert ist, auf dem das Feature *BitLocker-Netzwerkentsperrung* gehostet wird. Für den Netzwerkentsperrungsschlüssel müssen Sie eine benutzerdefinierte Zertifikatvorlage konfigurieren, die auf der Benutzerzertifikatvorlage basiert. Dieses Zertifikat muss eine Schlüssellänge von mindestens 2048 Bits haben, den RSA-Algorithmus verwenden und die Objektkennung (Object ID) 1.3.6.1.4.1.311.67.1.1 haben.

- Es müssen Gruppenrichtlinieneinstellungen für die BitLocker-Netzwerkentsperrung konfiguriert sein. Sie konfigurieren diese Richtlinie, indem Sie das BitLocker-Netzwerkentsperrungszertifikat zum Knoten *Computerkonfiguration\Richtlinien\Windows-Einstellungen\Sicherheitseinstellungen\Richtlinien für öffentliche Schlüssel\Zertifikat zur Netzwerkentsperrung für BitLocker-Laufwerkverschlüsselung* hinzufügen.

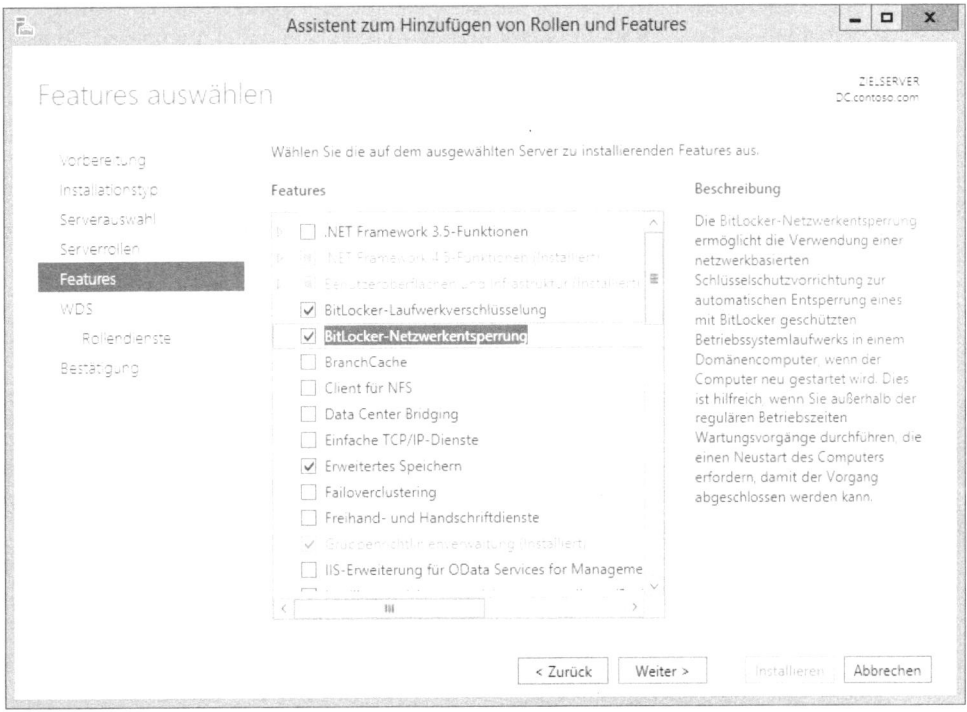

Abbildung 9.17   Installieren des Features *BitLocker-Netzwerkentsperrung*

Schnelltest

■ Welchen Typ von Netzwerkverbindung muss ein Computer haben, damit er die BitLocker-Netzwerkentsperrung nutzen kann?

Antwort zum Schnelltest

■ Ein Computer muss an das interne Kabelnetzwerk angeschlossen sein, damit er die BitLocker-Netzwerkentsperrung verwenden kann.

Konfigurieren des verschlüsselnden Dateisystems

Das *verschlüsselnde Dateisystem* (Encrypting File System, EFS) ermöglicht es jedem Benutzer individuell, seine Dateien und Ordner zu verschlüsseln. EFS steht seit der Version Windows 2000 in den Windows-Betriebssystemen zur Verfügung, seit Windows XP bietet es die Möglichkeit, Dateien für mehrere Benutzer zu verschlüsseln. Wenn ein Benutzer eine Datei mit EFS verschlüsselt, können nur dieser Benutzer und ein Benutzer, der ein DRA-Zertifikat (sofern eines konfiguriert ist) hat, den Inhalt dieser Datei lesen.

EFS wird nur auf NTFS-Volumes unterstützt, auf ReFS-Volumes können Sie es nicht nutzen. Auch auf FAT- oder FAT32-formatierten Volumes steht EFS nicht zur Verfügung. Wenn Sie eine EFS-verschlüsselte Datei, die Sie entschlüsseln können, auf ein Volume kopieren oder verschieben, das EFS nicht unterstützt, wird die Datei dabei automatisch entschlüsselt. Falls Sie nicht das erforderliche Zertifikat zum Entschlüsseln der Datei haben, wird sie in verschlüsseltem Zustand kopiert.

Praxistipp   Kopieren über das Netzwerk

Sie sollten EFS in Kombination mit IPsec einsetzen, wenn Sie EFS-verschlüsselte Dateien über das Netzwerk kopieren, denn der Kopierprozess überträgt eine entschlüsselte Version der Datei über das Netzwerk, bevor er sie im Ziel wieder verschlüsselt. Wenn Sie IPsec nutzen, bleibt der gesamte Ablauf durch Verschlüsselung geschützt. Andernfalls kann jemand, der Netzwerkpakete abfängt, den Inhalt der Datei lesen, während sie von der Quelle ins Ziel übertragen wird.

In den erweiterten Eigenschaften einer Datei können Sie weitere Benutzer hinzufügen (Abbildung 9.18). Diese Methode hat den Nachteil, dass der Benutzer das Eigenschaftendialogfeld der Datei öffnen, auf *Erweitert* klicken und dann im Dialogfeld *Erweiterte Attribute* auf *Details* klicken muss. Den meisten Benutzern ist das zu aufwendig, um es regelmäßig zu machen. Mit den Active Directory-Rechteverwaltungsdiensten (Active Directory Rights Management Services, AD RMS), einer neueren Technik, erreichen Sie dasselbe Ziel ohne so viele komplizierte Schritte.

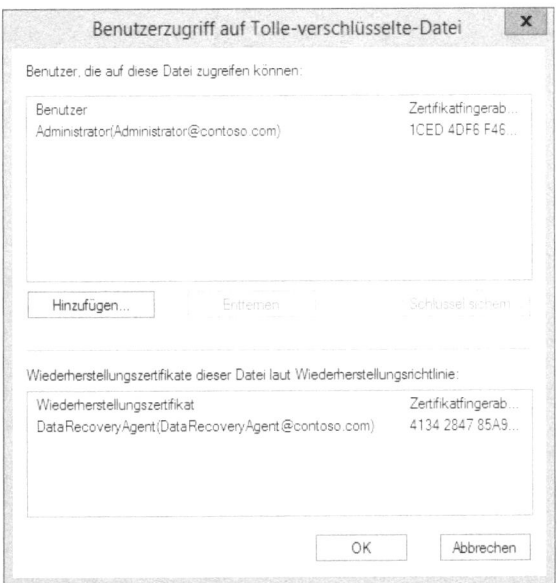

Abbildung 9.18   Freigeben einer EFS-verschlüsselten Datei

Verwenden von EFS mit einer Unternehmenszertifizierungsstelle

Wenn ein Benutzer versucht, eine Datei mit EFS zu verschlüsseln, prüft das Betriebssystem, ob ein EFS-Zertifikat vorhanden ist. Findet es ein solches Zertifikat, verschlüsselt das Betriebssystem die Datei. Gibt es kein Zertifikat, generiert der Computer ein selbst signiertes EFS-Zertifikat. Selbst signierte EFS-Zertifikate haben den Nachteil, dass Probleme auftreten können, wenn ein Benutzer eine Datei in einem Netzwerkordner verschlüsselt und dann versucht, von einem anderen Computer auf diese Datei zuzugreifen. Das Problem tritt auf, weil der private Schlüssel für das selbst signierte EFS-Zertifikat auf dem anderen Computer nicht verfügbar ist, sofern keine servergespeicherten Anmeldeinformationen (credential roaming) aktiviert sind.

Wenn Sie EFS in Active Directory-Domänenumgebungen einsetzen, sollten Sie EFS-Zertifikate konfigurieren, die den Benutzern automatisch bereitgestellt werden. Dazu konfigurieren Sie die automatische Registrierung dieser Zertifikate. Sie sollten auch servergespeicherte Anmeldeinformationen aktivieren, die Zertifikate in Active Directory veröffentlichen und den privaten Schlüssel archivieren (Abbildung 9.19). Zu diesem Zweck müssen Sie die Vorlage *Basis-EFS* duplizieren und diese erweiterten Funktionen aktivieren.

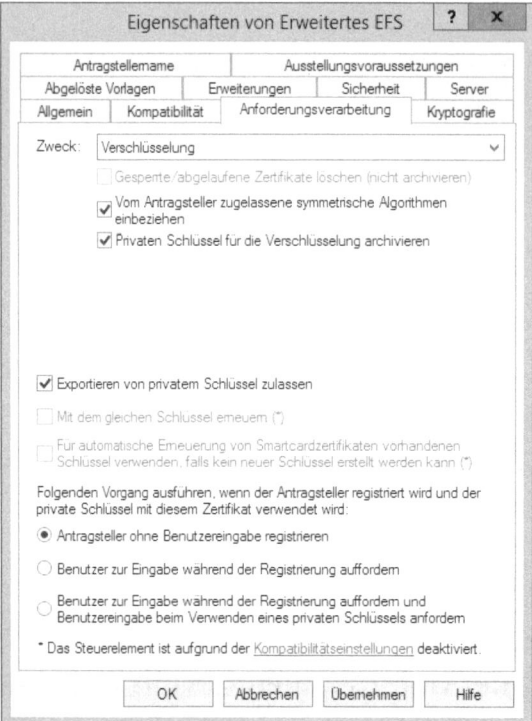

Abbildung 9.19 Eigenschaften der Zertifikatvorlage

Durch diese Einstellungen erreichen Sie folgende Ziele:

- **Aktivieren der automatischen Registrierung** Ermöglicht die automatische Bereitstellung eines EFS-Zertifikats

- **Aktivieren von servergespeicherten Anmeldeinformationen** Stellt sicher, dass
  Benutzeranmeldeinformationen, darunter Zertifikate, unabhängig davon, auf welchem
  Computer sich ein Benutzer anmeldet, verfügbar sind

- **Veröffentlichen der Zertifikate in Active Directory** Eine Datei kann so verschlüsselt
  werden, dass sie von einem anderen Benutzer geöffnet werden kann, sofern der Benutzer, der
  die Datei verschlüsselt, Zugriff auf das öffentliche EFS-Zertifikat des anderen Benutzers hat.
  Dieser Vorgang wird einfacher, wenn die Zertifikate in Active Directory veröffentlicht
  werden, weil dann eine zentrale Ablage mit den öffentlichen EFS-Zertifikaten aller Benutzer
  zur Verfügung steht.

- **Archivieren des privaten Schlüssels** Ermöglicht es, den privaten Schlüssel von einem
  Schlüsselwiederherstellungs-Agent aus der Zertifikatdienstedatenbank wiederherstellen
  zu lassen.

Wiederherstellen von Schlüsseln und Daten

Wenn Sie Benutzern erlauben, ihre eigenen Daten zu verschlüsseln, ergibt sich häufig ein Problem: Wie stellen Sie die Daten wieder her, falls der Benutzer seinen privaten Schlüssel verliert? Es gibt zwei grundsätzliche Methoden, um Daten wiederherzustellen, die mit EFS verschlüsselt wurden:

- **Datenwiederherstellungs-Agent**   Ein Benutzer, der den privaten Schlüssel für den öffentlichen Schlüssel besitzt, der als Datenwiederherstellungs-Agent konfiguriert ist, kann alle EFS-verschlüsselten Dateien innerhalb der Organisation lesen. In der Standardeinstellung ist das erste Administratorkonto in einer Domäne der Datenwiederherstellungs-Agent für diese Domäne. Das ist ein Sicherheitsrisiko, weil jemand, der unter diesem Konto angemeldet ist, den Inhalt jeder EFS-verschlüsselten Datei lesen kann. Sie können stattdessen einem anderen Benutzerkonto ein Datenwiederherstellungszertifikat ausstellen und dieses Konto als Datenwiederherstellungs-Agent für die Domäne konfigurieren, woraufhin Sie das Konto sperren, bis tatsächlich eine Datenwiederherstellung erforderlich ist. Das DRA-Zertifikat verwendet die Vorlage *EFS-Wiederherstellungs-Agent*. Sie konfigurieren dieses Konto im Knoten *Computerkonfiguration\Richtlinien\Windows-Einstellungen\ Sicherheitseinstellungen\Richtlinien für öffentliche Schlüssel\Verschlüsselndes Dateisystem*.

- **Schlüsselwiederherstellungs-Agent**   Sie können nur dann einen Schlüsselwiederherstellungs-Agent (Key Recovery Agent, KRA) verwenden, wenn in der Zertifikatvorlage, auf deren Basis EFS-Zertifikate ausgestellt werden, die Schlüsselarchivierung aktiviert ist. Im Unterschied zu einem Datenwiederherstellungs-Agent, der jede EFS-verschlüsselte Datei in der Domäne lesen kann, wird beim Einsatz eines Schlüsselwiederherstellungs-Agents nur der private Schlüssel des jeweiligen Benutzers wiederhergestellt, der die Datei verschlüsselt hat. Daher können nur die verschlüsselten Dateien dieses Benutzers gelesen werden. Das ist mühsamer zu implementieren, erhöht aber die Sicherheit, weil die Person, die die Datenwiederherstellung durchführt, nur auf die Dateien eines Benutzers Zugriff erhält.

Praxistipp   Verwenden von EFS

Beim Einsatz von EFS gibt es einige Probleme. Es ist schwierig zu nutzen, wenn mehrere Benutzer auf ein Dokument zugreifen müssen, denn um das zu erreichen, muss der Benutzer die Eigenschaften der Datei bearbeiten und alle Benutzer, die Zugriff auf das Dokument erhalten sollen, müssen ihr Zertifikat in Active Directory veröffentlichen. Außerdem bleibt die Datei nicht verschlüsselt, wenn sie als E-Mail-Anhang versendet oder auf einen USB-Stick kopiert wird, der mit einem anderen Dateisystem als NTFS formatiert ist. Mit den Active Directory-Rechteverwaltungsdiensten erreichen Sie dieselben Ziele wie mit EFS, es ist damit aber einfacher, verschlüsselte Inhalte mit anderen Benutzern zu teilen und die Inhalte zu schützen, wenn sie auf andere Geräte kopiert oder als E-Mail-Anhang versendet werden.

Zusammenfassung der Lektion

■ BitLocker bietet eine Lösung zur vollständigen Verschlüsselung von Volumes, die für Benutzer des Betriebssystems transparent ist

■ Mithilfe der BitLocker-Netzwerkentsperrung können Computer, die an ein Kabelnetzwerk angeschlossen sind, die Eingabe von Kennwort oder PIN beim Systemstart überspringen

■ Die BitLocker-Netzwerkentsperrung steht nur auf Computern zur Verfügung, die UEFI-DHCP unterstützen. Außerdem müssen dafür das Feature *BitLocker-Netzwerkentsperrung*, die Rolle *DHCP-Server*, die Rolle *Windows-Bereitstellungsdienste* und speziell vorbereitete Zertifikate vorhanden sein

■ BitLocker-Wiederherstellungskennwörter und -schlüssel können in Active Directory gesichert werden

■ Sie können einen Datenwiederherstellungs-Agent für BitLocker konfigurieren, um die Wiederherstellung von Daten auf BitLocker-geschützten Laufwerken zu ermöglichen, ohne den jeweiligen Wiederherstellungsschlüssel eingeben zu müssen

■ Das verschlüsselnde Dateisystem (Encrypting File System, EFS) verschlüsselt einzelne Dateien und Ordner

■ Sie können einen Datenwiederherstellungs-Agent für EFS konfigurieren. Der Datenwiederherstellungs-Agent kann auf alle EFS-verschlüsselten Daten zugreifen.

■ Wenn Sie eine benutzerdefinierte Zertifikatvorlage für EFS konfigurieren, können Sie einen Schlüsselwiederherstellungs-Agent festlegen. Dieser Schlüsselwiederherstellungs-Agent kann private EFS-Schlüssel einzelner Benutzer aus der Zertifikatdienstedatenbank wiederherstellen, sodass die Dateien eines bestimmten Benutzers entschlüsselt werden können.

Lernzielkontrolle

Mit den folgenden Fragen können Sie Ihr Wissen zu den Themen überprüfen, die in dieser Lektion behandelt wurden. Die Antworten auf diese Fragen mit Erklärungen, warum die jeweiligen Auswahlmöglichkeiten richtig oder falsch sind, finden Sie im Abschnitt »Antworten« am Ende dieses Kapitels.

1. Bei welcher der folgenden Technologien kann ein Benutzer auf eine verschlüsselte Datei in einer Dateifreigabe zugreifen, ohne alle Dateien zu verschlüsseln, die in der Dateifreigabe gespeichert sind?

    A. EFS

    B. BitLocker

    C. IPsec

    D. SSL

2. Sie wollen über die Zertifikatdienste EFS-Zertifikate für die Benutzer in Ihrem Unternehmen bereitstellen. Sie haben eine neue Zertifikatdienstevorlage erstellt. Was sollten Sie konfigurieren, damit einzelne EFS-Zertifikate wiederhergestellt werden können, wenn

Sie verhindern wollen, dass ein einziges Zertifikat alle EFS-verschlüsselten Datei entschlüsseln kann?

A. Datenwiederherstellungs-Agent

B. Schlüsselwiederherstellungs-Agent

C. Servergespeicherte Anmeldeinformationen

D. Automatische Registrierung

3. Sie wollen einen Computer so konfigurieren, dass der Zugriff auf den Inhalt jedes BitLocker-verschlüsselten Volumes, das in einem Domänenmitgliedscomputer Ihres Unternehmens vorhanden ist, möglich ist, ohne dass dafür ein Wiederherstellungsschlüssel aus Active Directory extrahiert werden muss. Was sollten Sie konfigurieren, um dieses Ziel zu erreichen?

A. Automatische Registrierung

B. Servergespeicherte Anmeldeinformationen

C. Schlüsselwiederherstellungs-Agent

D. Datenwiederherstellungs-Agent

4. Ihre Organisation hat die Active Directory-Zertifikatdienste nicht bereitgestellt. Sie wollen sicherstellen, dass BitLocker-Wiederherstellungsschlüssel für verschlüsselte Volumes auf Domänenmitgliedscomputern einfach zu finden sind, sogar wenn der Name des jeweiligen Computers geändert wurde. Welches der folgenden Gruppenrichtlinienelemente sollten Sie konfigurieren, um dieses Ziel zu erreichen?

A. *Eindeutige IDs für Ihre Organisation angeben*

B. *Verschlüsselungsmethode und Verschlüsselungsstärke für Laufwerk auswählen*

C. *BitLocker-Wiederherstellungsinformationen in Active Directory-Domänendiensten speichern*

D. *Standardordner für Wiederherstellungskennwort auswählen*

5. Sie haben BitLocker auf allen Windows 8-Computern in Ihrem Unternehmen bereitgestellt. All diese Computer haben in ihrer UEFI-Firmware ein DHCP-Laufwerk implementiert. Wenn die Computer im Rahmen von Softwareupdates neu gestartet werden, muss ein Administrator oder der Benutzer des Computers eine PIN eintippen, damit der Computer hochfährt. Sie wollen erreichen, dass die Neustarts automatisch ohne PIN-Eingabe ablaufen, solange die Computer mit dem Kabelnetzwerk verbunden sind. Eine PIN sollte nur erforderlich sein, wenn der Computer neu startet, während er nicht an das Kabelnetzwerk angeschlossen ist. Welche der folgenden Lösungen sollten Sie bereitstellen, um dieses Problem zu lösen?

A. BitLocker To Go

B. BitLocker-Netzwerkentsperrung

C. Domänenisolationsrichtlinie

D. Wake-On-LAN

6. Welche der folgenden Komponenten sind neben dem Feature *BitLocker-Netzwerkent-sperrung* nötig, um die Netzwerkentsperrung für BitLocker zu aktivieren? (Wählen Sie alle zutreffenden Antworten aus.)

    A. Serverrolle *Windows-Bereitstellungsdienste*

    B. Serverrolle *DHCP-Server*

    C. WINS-Server

    D. OCSP-Array (Online Certificate Status Protocol)

Übungen

In den Übungen dieses Abschnitts sammeln Sie Praxiserfahrung zu folgenden Themen:

- Bereitstellen des Ressourcen-Managers für Dateiserver

- Konfigurieren von Kontingenten

- Einrichten der Dateiprüfung

- Verwalten des Dateiablaufs

- Konfigurieren von Speicherberichten

- Bereitstellen des verteilten Dateisystems

- Konfigurieren eines DFS-Namespaces und der DFS-Replikation

- Konfigurieren des verschlüsselnden Dateisystems

- Aktivieren eines Datenwiederherstellungs-Agents

Um die Übungen in diesem Abschnitt durchzuarbeiten, brauchen Sie virtuelle Computer namens *DC*, *SYD-A* und *SYD-B*, auf denen die Evaluierungsversion von Windows Server 2012 installiert ist. Wie Sie diese Server einrichten, ist im Anhang beschrieben. Legen Sie Snapshots der virtuellen Computer an, damit Sie ihren Ausgangszustand nach Abschluss der Übungen wiederherstellen können.

Übung 1: Installieren des Rollendienstes *Ressourcen-Manager für Dateiserver* und Anlegen eines freigegebenen Ordners

In dieser Übung stellen Sie den Rollendienst *Ressourcen-Manager für Dateiserver* bereit. Gehen Sie folgendermaßen vor, um diese Übung auszuführen:

1. Melden Sie sich als Administrator am Domänencontroller *DC* an.

2. Wählen Sie im Menü *Verwalten* den Befehl *Rollen und Features hinzufügen*.

3. Klicken Sie auf der Seite *Vorbemerkungen* des *Assistenten zum Hinzufügen von Rollen und Features* auf *Weiter*.

4. Wählen Sie auf der Seite *Installationstyp auswählen* die Option *Rollenbasierte oder featurebasierte Installation* und klicken Sie auf *Weiter*.

5. Wählen Sie auf der Seite *Zielserver auswählen* den Server *DC.contoso.com* aus und klicken Sie auf *Weiter*.

6. Erweitern Sie auf der Seite *Serverrollen auswählen* den Zweig *Datei- und Speicherdienste (Installiert)*.

7. Erweitern Sie den Zweig *Datei- und iSCSI-Dienste (Installiert)* und klicken Sie auf *Ressourcen-Manager für Dateiserver* (Abbildung 9.20).

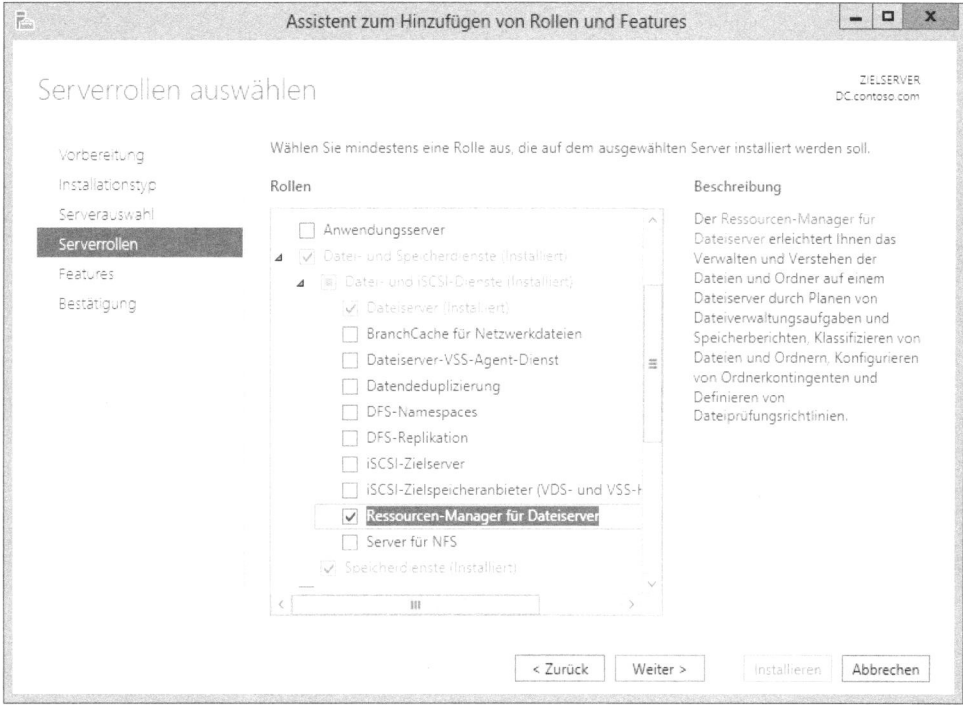

Abbildung 9.20   Installieren des Ressourcen-Managers für Dateiserver

8. Klicken Sie auf *Features hinzufügen*, wenn Sie gefragt werden, ob die vom Ressourcen-Manager für Dateiserver benötigten Features hinzugefügt werden sollen.

9. Klicken Sie zweimal auf *Weiter* und dann auf *Installieren*.

10. Klicken Sie auf *Schließen*, um den *Assistenten zum Hinzufügen von Rollen und Features* zu beenden.

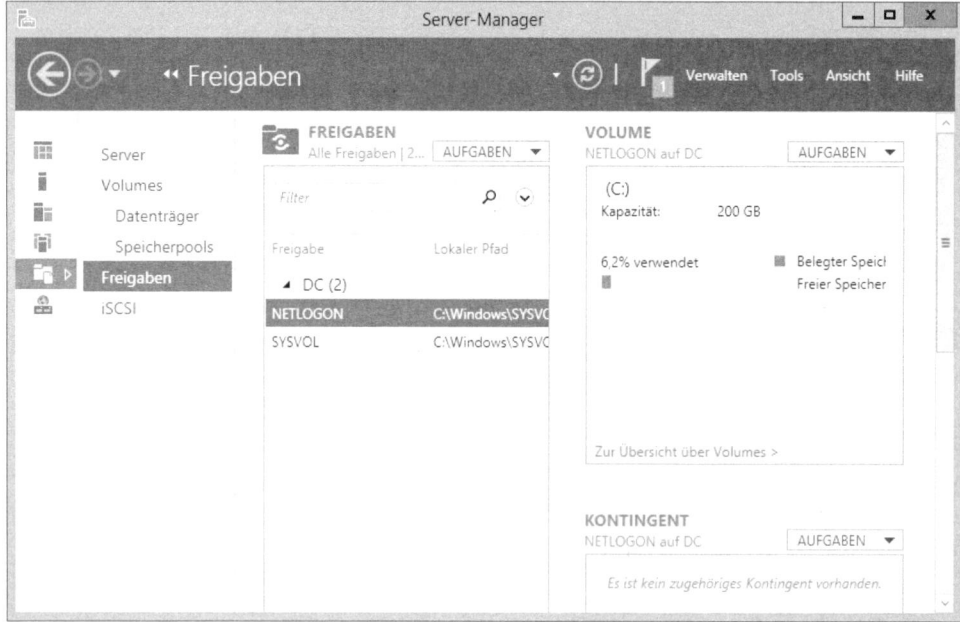

Abbildung 9.21   Konfigurieren von Dateifreigaben

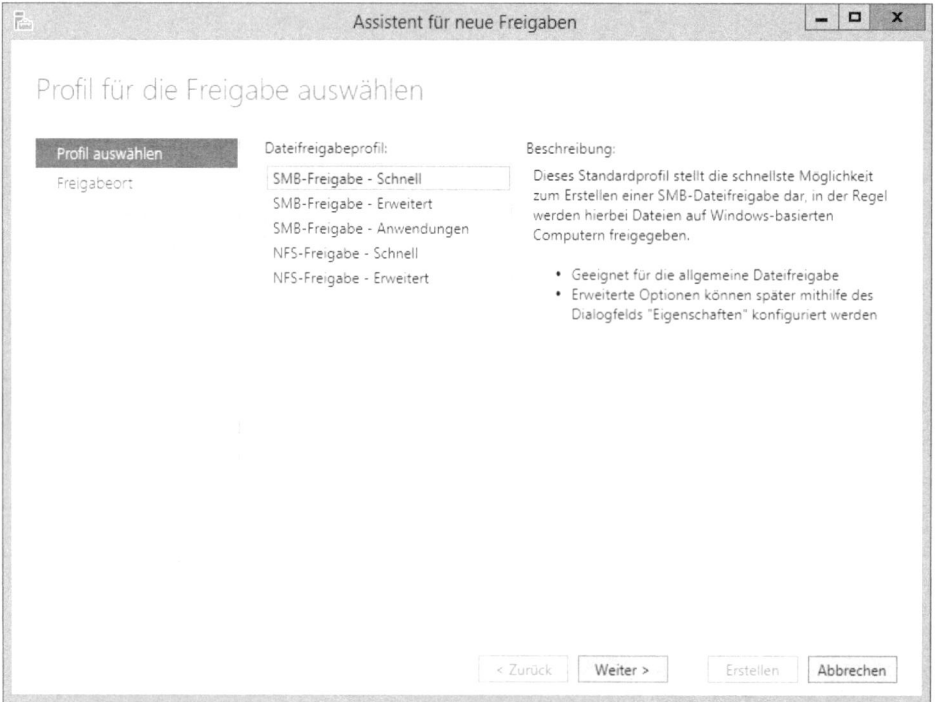

Abbildung 9.22   Erstellen einer neuen SMB-Freigabe

11. Klicken Sie im Server-Manager auf *Datei-/Speicherdienste* und dann auf *Freigaben* (Abbildung 9.21).

12. Klicken Sie im mittleren Fensterabschnitt auf *Aufgaben* und dann auf *Neue Freigabe*.

13. Wählen Sie auf der Seite *Profil für diese Freigabe auswählen* den Eintrag *SMB-Freigabe – Schnell* aus (Abbildung 9.22) und klicken Sie auf *Weiter*.

14. Stellen Sie auf der Seite *Freigabeort* sicher, dass Volume *C:* ausgewählt ist, und klicken Sie auf *Weiter*.

15. Tippen Sie auf der Seite *Freigabename* den Namen **Hovercraft** ein (Abbildung 9.23) und klicken Sie auf *Weiter*.

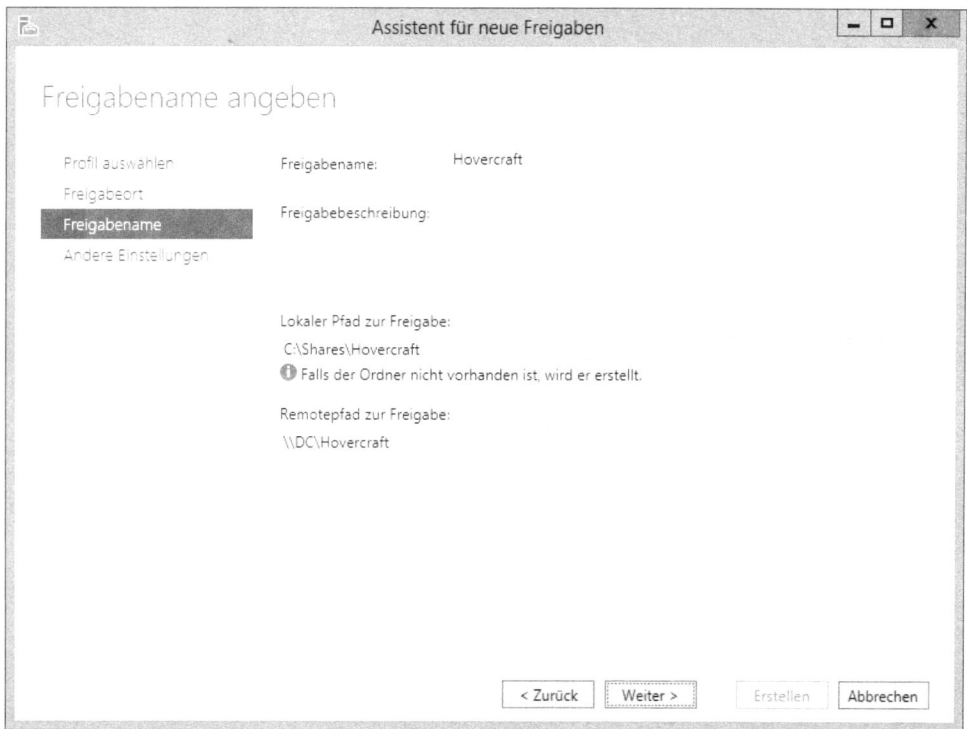

Abbildung 9.23 Konfigurieren von Freigabeeinstellungen

16. Klicken Sie zweimal auf *Weiter*.

17. Klicken Sie auf der Seite *Auswahl bestätigen* (Abbildung 9.24) auf *Erstellen* und dann auf *Schließen*.

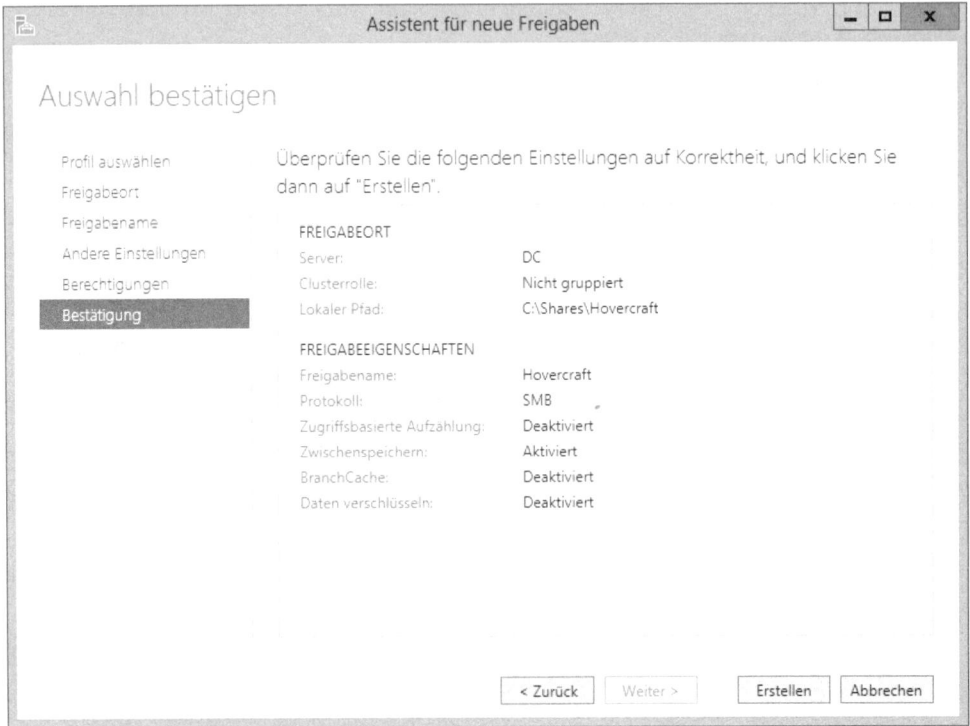

Abbildung 9.24   Bestätigen der Freigabeeinstellungen

Übung 2: Konfigurieren von Kontingenten

In dieser Übung konfigurieren Sie mit dem Ressourcen-Manager für Dateiserver Kontingent-vorlagen und ein Kontingent. Gehen Sie folgendermaßen vor, um diese Übung auszuführen:

1. Wählen Sie im Menü *Tools* des Server-Managers den Befehl *Ressourcen-Manager für Dateiserver.*

2. Erweitern Sie in der Konsole *Ressourcen-Manager für Dateiserver* den Zweig *Kontingent-verwaltung* und wählen Sie den Knoten *Kontingentvorlagen* aus (Abbildung 9.25).

3. Wählen Sie Menü *Aktion* den Befehl *Kontingentvorlage erstellen.*

4. Konfigurieren Sie im Dialogfeld *Kontingentvorlage erstellen* die folgenden Einstellungen:

    ■ *Vorlagenname*: **Hartes 1-GB-Kontingent**

    ■ *Grenze*: 1 GB

5. Klicken Sie auf *Hinzufügen*. Klicken Sie im Dialogfeld *Schwellenwert hinzufügen* auf die Registerkarte *Bericht*.

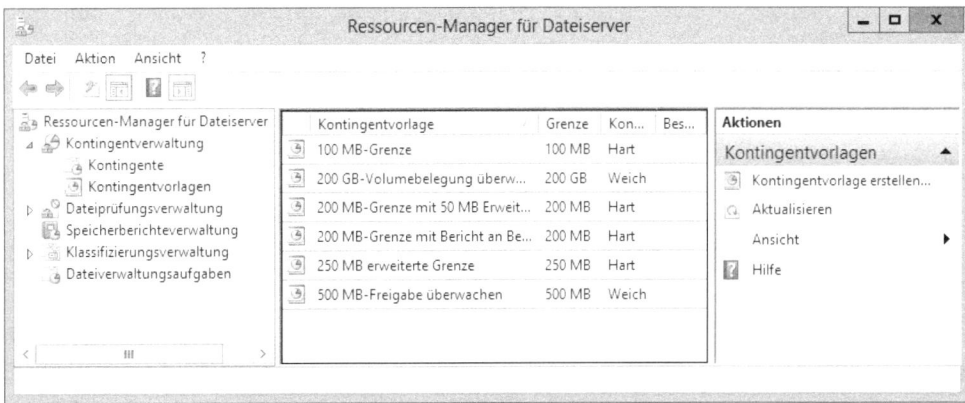

Abbildung 9.25 Verwalten der Kontingentvorlagen

6. Aktivieren Sie auf der Registerkarte *Bericht* die Kontrollkästchen *Berichte generieren*, *Dateiduplikate*, *Große Dateien*, *Selten verwendete Dateien* und *Berichte an den Benutzer senden, der den Schwellenwert überschritten hat* (Abbildung 9.26). Klicken Sie auf *OK*.

Schwellenwert hinzufügen

Benachrichtigungen generieren, wenn die Auslastung den folgenden Prozentwert erreicht:

85

| E-Mail-Nachricht | Ereignisprotokoll | Befehl | Bericht |

☑ Berichte generieren

Zu generierende Berichte auswählen:

☑ Dateiduplikate
☐ Dateien nach Besitzer
☐ Dateien nach Dateigruppe
☐ Dateien nach Eigenschaft
☑ Große Dateien
☐ Kontingentbedarf
☐ Kürzlich verwendete Dateien

[Ausgewählte Berichte überprüfen]

Die Standardberichtseinstellungen werden von einem Kontingent- oder Dateiprüfungsereignis bei der Berichtgenerierung verwendet. Mit "Optionen konfigurieren" auf der Registerkarte "Speicherberichte" kann diese Einstellung geändert werden.

☐ Berichte an die folgenden Administratoren senden:

[Admin Email]

Format: Konto@Domäne. Setzen Sie zwischen zwei Konten jeweils ein Semikolon.

☑ Berichte an den Benutzer senden, der den Schwellenwert überschritten hat

Die Berichte werden in "C:\StorageReports\Incident" gespeichert.

Verwenden Sie die Aufgabe "Optionen konfigurieren", auf der Registerkarte "Berichtsspeicherorte", um die Berichtsspeicherorte zu ändern.

[OK] [Abbrechen]

Abbildung 9.26 Konfigurieren von Kontingentberichten

7. Stellen Sie sicher, dass das Dialogfeld *Kontingentvorlage erstellen* nun wie in Abbildung 9.27 aussieht, und klicken Sie auf *OK*.

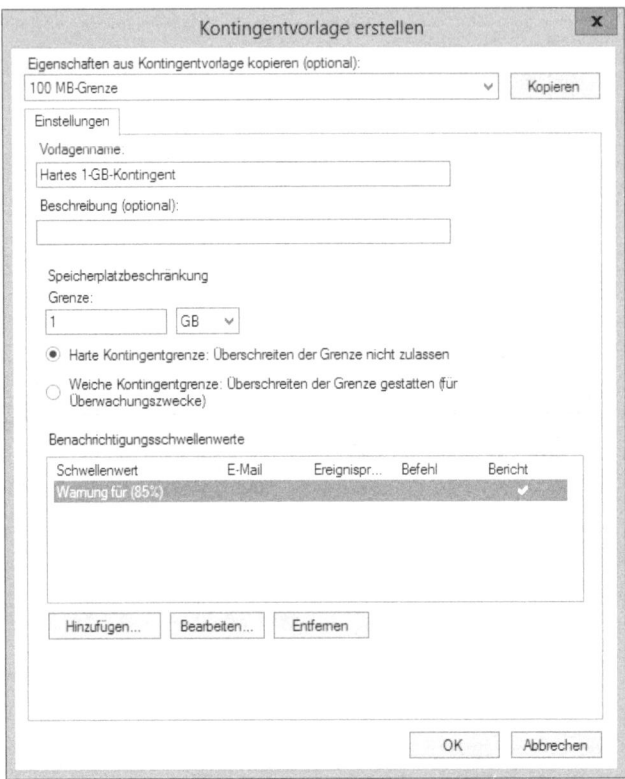

Abbildung 9.27   Erstellen einer Kontingentvorlage

8. Klicken Sie in der Konsole *Ressourcen-Manager für Dateiserver* auf den Knoten *Kontingente*.

9. Wählen Sie Menü *Aktion* den Befehl *Kontingent erstellen*.

10. Klicken Sie im Dialogfeld *Kontingent erstellen* auf *Durchsuchen*.

11. Erweitern Sie im Dialogfeld *Ordner suchen* die Zweige *Lokaler Datenträger (C:)* und *Shares* und wählen Sie *Hovercraft* aus (Abbildung 9.28). Klicken Sie auf *OK*.

Abbildung 9.28   Auswählen eines Ordners

12. Wählen Sie im Dialogfeld *Kontingent erstellen* die Option *Eigenschaften aus dieser Kontingentvorlage übernehmen (empfohlen)* und wählen Sie in der zugehörigen Dropdownliste die Vorlage *Hartes 1-GB-Kontingent* aus (Abbildung 9.29). Klicken Sie auf *Erstellen*.

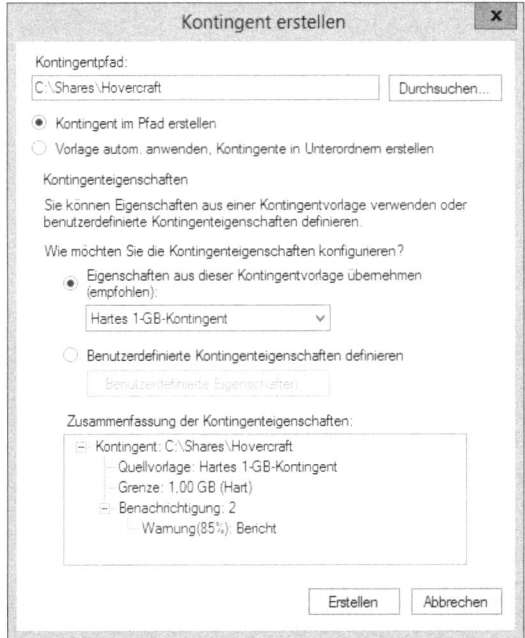

Abbildung 9.29   Erstellen eines Kontingents

Übung 3: Konfigurieren der Dateiprüfung

In dieser Übung konfigurieren Sie Dateigruppen, Dateiprüfungsvorlagen und eine Dateiprüfung. Gehen Sie folgendermaßen vor, um diese Übung auszuführen:

1. Erweitern Sie in der Konsole *Ressourcen-Manager für Dateiserver* den Zweig *Dateiprüfungsverwaltung* und klicken Sie auf *Dateigruppen* (Abbildung 9.30).

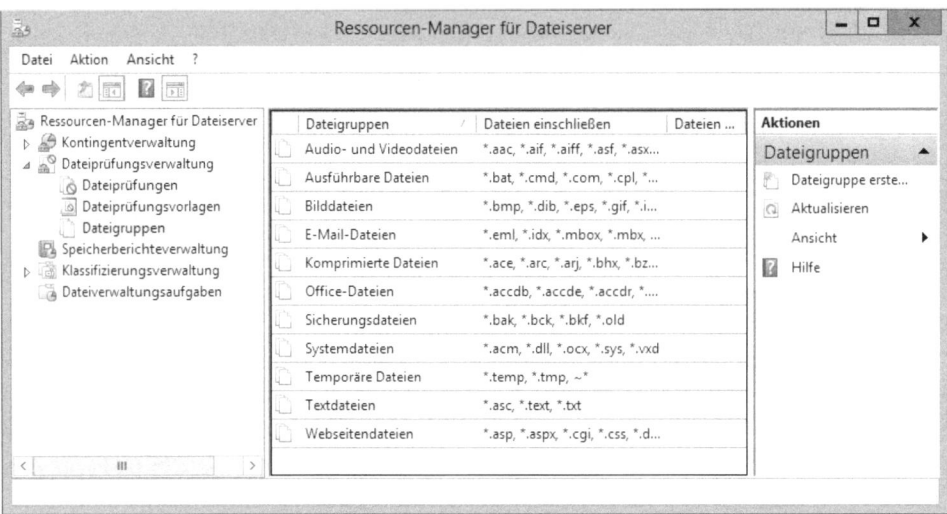

Abbildung 9.30 Liste der verfügbaren Dateigruppen

2. Klicken Sie im Fensterabschnitt *Aktionen* auf *Dateigruppe erstellen*.

3. Konfigurieren Sie im Dialogfeld *Dateigruppeneigenschaften erstellen* die folgenden Einstellungen (Abbildung 9.31), wobei Sie die einzuschließenden Dateien jeweils mit einem Klick auf *Hinzufügen* in die Liste aufnehmen:

   - *Dateigruppenname*: **Datenträgerabbilddateien**
   - Einzuschließende Dateien: ***.iso, *.wim, *.vhd, *.vhdx**

4. Klicken Sie auf *OK*, um das Dialogfeld *Dateigruppeneigenschaften erstellen* zu schließen.

5. Wählen Sie in der Konsole *Ressourcen-Manager für Dateiserver* den Knoten *Dateiprüfungsvorlagen* aus.

6. Klicken Sie im Fensterabschnitt *Aktionen* auf *Dateiprüfungsvorlage erstellen*.

7. Konfigurieren Sie im Dialogfeld *Dateiprüfungsvorlage erstellen* die folgenden Einstellungen (Abbildung 9.32):

   - *Vorlagenname*: **Datenträgerabbilder und komprimierte Dateien blockieren**
   - *Prüfungstyp*: *Aktives Prüfen*
   - *Zu blockierende Dateigruppen auswählen*: *Datenträgerabbilddateien* und *Komprimierte Dateien*

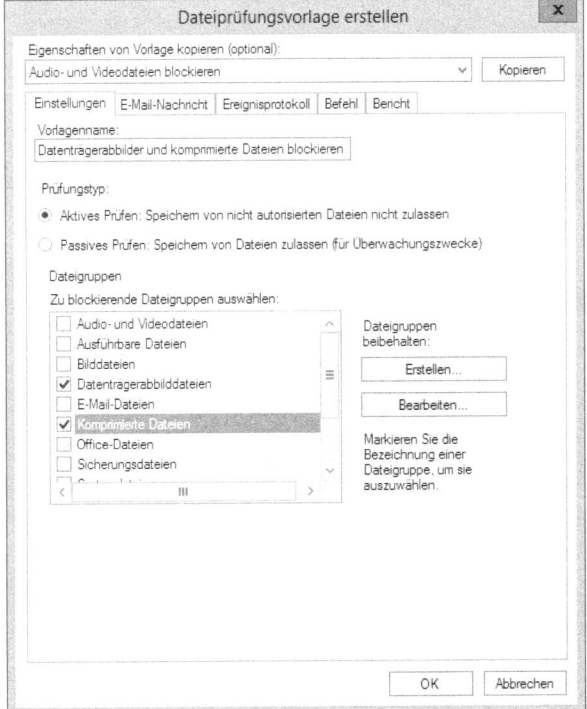

Abbildung 9.31 Erstellen einer Dateigruppe

Abbildung 9.32 Erstellen einer Dateiprüfungsvorlage

8. Aktivieren Sie auf der Registerkarte *Bericht* die Kontrollkästchen *Berichte generieren*, *Überwachung der Dateiprüfung* und *Berichte an den Benutzer senden, der unautorisierte Datei speichern wollte* (Abbildung 9.33). Klicken Sie auf *OK*.

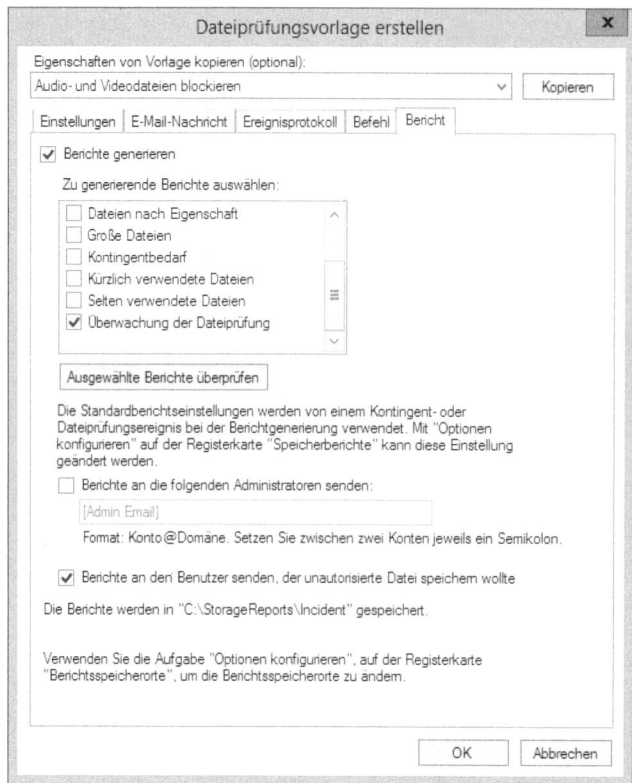

Abbildung 9.33   Auswählen von Berichten, die an Benutzer gesendet werden

9. Klicken Sie auf den Knoten *Dateiprüfungen*.

10. Wählen Sie im Menü *Aktion* den Befehl *Dateiprüfung erstellen*.

11. Klicken Sie im Dialogfeld *Dateiprüfung erstellen* auf *Durchsuchen*, wählen Sie den Ordner *Lokaler Datenträger (C:)\Shares\Hovercraft* aus und klicken Sie auf *OK*.

12. Wählen Sie in der Dropdownliste *Eigenschaften aus dieser Dateiprüfungsvorlage übernehmen (empfohlen)* die Vorlage *Datenträgerabbilder und komprimierte Dateien blockieren* aus (Abbildung 9.34) und klicken Sie auf *Erstellen*.

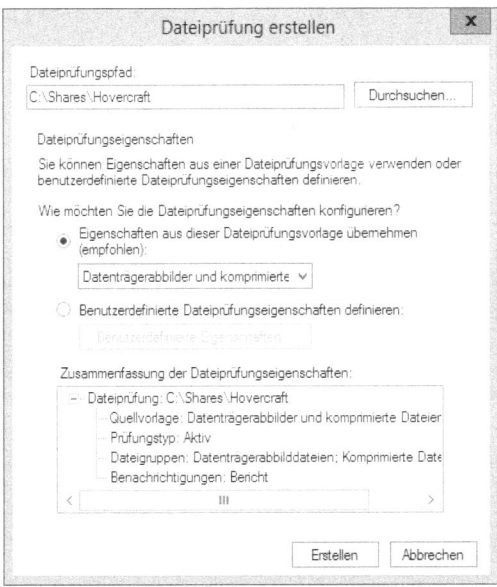

Abbildung 9.34   Konfigurieren einer Dateiprüfung

Übung 4: Konfigurieren des Dateiablaufs

In dieser Übung konfigurieren Sie eine Dateiablaufaufgabe für Dateien, die in der Freigabe *Hovercraft* gespeichert sind. Gehen Sie folgendermaßen vor, um diese Übung auszuführen:

1. Öffnen Sie auf *DC* den Datei-Explorer, indem Sie auf das Taskleistensymbol klicken.

2. Klicken Sie auf *Lokaler Datenträger (C:)*.

3. Klicken Sie in der Titelleiste auf das Symbol *Neuer Ordner*.

4. Geben Sie dem neuen Ordner den Namen **Abgelaufene_Dateien**.

5. Schließen Sie den Datei-Explorer.

6. Klicken Sie in der Konsole *Ressourcen-Manager für Dateiserver* auf den Knoten *Datei-verwaltungsaufgaben*.

7. Klicken Sie im Fensterabschnitt *Aktionen* auf *Dateiverwaltungsaufgabe erstellen*.

8. Geben Sie auf der Registerkarte *Allgemein* des Dialogfelds *Dateiverwaltungsaufgabe erstellen* den Aufgabennamen **Alte Dateien verschieben** ein.

9. Aktivieren Sie auf der Registerkarte *Bereich* des Dialogfelds *Dateiverwaltungsaufgaben erstellen* die folgenden Kontrollkästchen:

   ■ *Anwendungsdateien*

   ■ *Benutzerdateien*

   ■ *Gruppendateien*

   ■ *Sicherungs- und Archivierungsdateien*

10. Klicken Sie neben dem Link *Die Ordnerverwaltungseigenschaften werden festgelegt* auf die Schaltfläche *Hinzufügen*.

11. Erweitern Sie im Dialogfeld *Ordner suchen* die Zweige *Lokaler Datenträger (C:)* und *Shares*, wählen Sie *Hovercraft* aus und klicken Sie auf *OK*.

12. Stellen Sie sicher, dass die Registerkarte *Bereich* des Dialogfelds *Dateiverwaltungs-aufgabe erstellen* wie in Abbildung 9.35 aussieht.

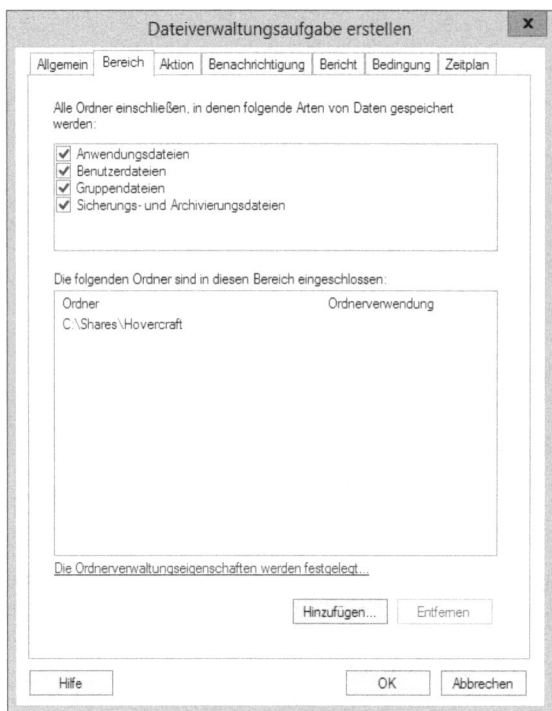

Abbildung 9.35   Konfigurieren des Bereichs für eine Dateiablaufaufgabe

13. Klicken Sie auf der Registerkarte *Aktion* auf *Durchsuchen*.

14. Erweitern Sie im Dialogfeld *Ordner suchen* den Zweig *Lokaler Datenträger (C:)*, wählen Sie *Abgelaufene_Dateien* aus und klicken Sie auf *OK*.

15. Stellen Sie sicher, dass im Feld *Typ* der Eintrag *Dateiablauf* ausgewählt ist.

16. Aktivieren Sie auf der Registerkarte *Bedingung* das Kontrollkästchen *Tage seit letztem Zugriff auf die Datei* und tragen Sie den Wert 365 ein (Abbildung 9.36).

17. Stellen Sie auf der Registerkarte *Zeitplan* ein, dass die Aufgabe jeden Montag um 13:00 Uhr ausgeführt wird (Abbildung 9.37). Klicken Sie auf *OK*.

Abbildung 9.36 Konfigurieren von Bedingungen für eine Dateiablaufaufgabe

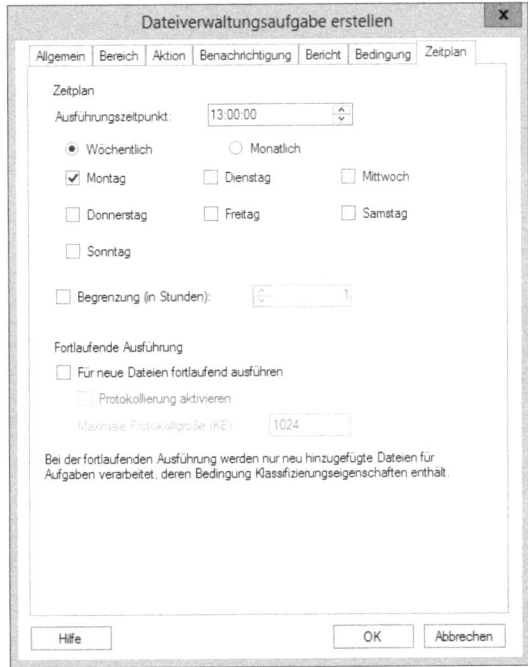

Abbildung 9.37 Konfigurieren des Zeitplans für eine Dateiablaufaufgabe

Übung 5: Konfigurieren von Speicherberichten

In dieser Übung konfigurieren Sie im Ressourcen-Manager für Dateiserver Speicherberichte. Gehen Sie folgendermaßen vor, um diese Übung auszuführen:

1. Wählen Sie in der Konsole *Ressourcen-Manager für Dateiserver* den Knoten *Speicherberichteverwaltung* aus.

2. Klicken Sie im Fensterabschnitt *Aktionen* auf *Neue Berichtsaufgabe planen*.

3. Geben Sie im Dialogfeld *Speicherberichts-Aufgabeneigenschaften* den Namen **Hovercraft** ein (Abbildung 9.38).

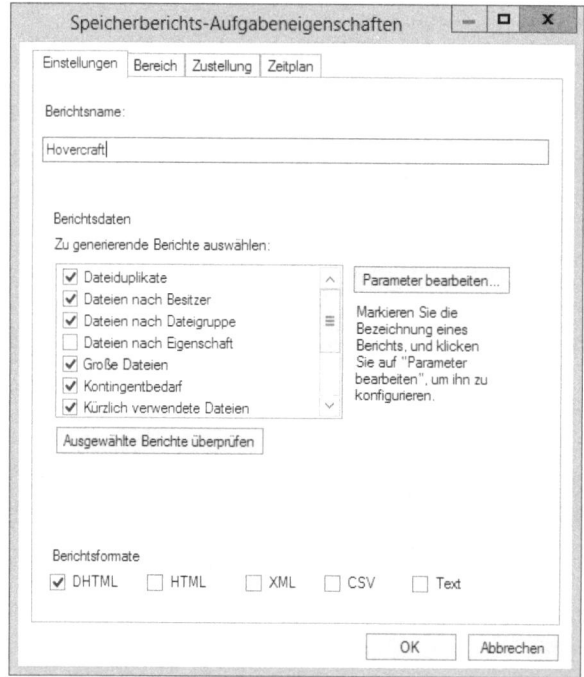

Abbildung 9.38   Auswählen von Speicherberichten

4. Wählen Sie den Eintrag *Große Dateien* aus und klicken Sie auf *Parameter bearbeiten*.

5. Tragen Sie im Dialogfeld *Berichtsparameter* die Mindestdateigröße 25 MB ein (Abbildung 9.39) und klicken Sie auf *OK*.

Abbildung 9.39 Konfigurieren von Berichtsparametern für große Dateien

6. Wählen Sie den Eintrag *Dateien nach Dateigruppe* aus und klicken Sie auf *Parameter bearbeiten*.

7. Wählen Sie im Dialogfeld *Berichtsparameter* die Option *Ausgewählte Dateigruppen*, aktivieren Sie die Kontrollkästchen der folgenden Dateigruppen und klicken Sie auf *OK*:

   ■ *Audio- und Videodateien*

   ■ *Bilddateien*

   ■ *Datenträgerabbilddateien*

   ■ *Komprimierte Dateien*

   ■ *Office-Dateien*

   ■ *Sicherungsdateien*

8. Wählen Sie den Eintrag *Selten verwendete Dateien* aus und klicken Sie auf *Parameter bearbeiten*.

9. Tragen Sie im Dialogfeld *Berichtsparameter* den Wert **300** in das Textfeld *Mindestanzahl von Tagen seit dem letzten Dateizugriff* ein (Abbildung 9.40) und klicken Sie auf *OK*.

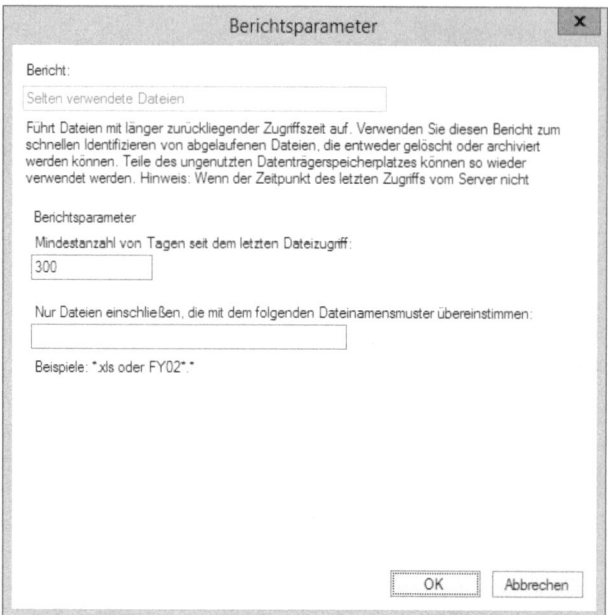

Abbildung 9.40   Konfigurieren von Einstellungen für selten verwendete Dateien

10. Wählen Sie den Eintrag *Kontingentbedarf* aus und klicken Sie auf *Parameter bearbeiten*.

11. Tragen Sie im Dialogfeld *Berichtsparameter* als Mindestkontingentbedarf den Prozentwert **76** ein und klicken Sie auf *OK*.

12. Aktivieren Sie auf der Registerkarte *Bereich* die folgenden Kontrollkästchen:

   ▪ *Anwendungsdateien*

   ▪ *Benutzerdateien*

   ▪ *Gruppendateien*

   ▪ *Sicherungs- und Archivierungsdateien*

13. Klicken Sie auf der Registerkarte *Bereich* neben dem Link *Die Ordnerverwaltungseigenschaften werden festgelegt* auf die Schaltfläche *Hinzufügen*.

14. Erweitern Sie im Dialogfeld *Ordner suchen* die Zweige *Lokaler Datenträger (C:)* und *Shares*, wählen Sie *Hovercraft* aus und klicken Sie auf *OK*.

15. Wählen Sie auf der Registerkarte *Zeitplan* die Option *Wöchentlich* aus und stellen Sie ein, dass der Bericht am Freitag um 15:00 Uhr ausgeführt wird (Abbildung 9.41). Klicken Sie auf *OK*.

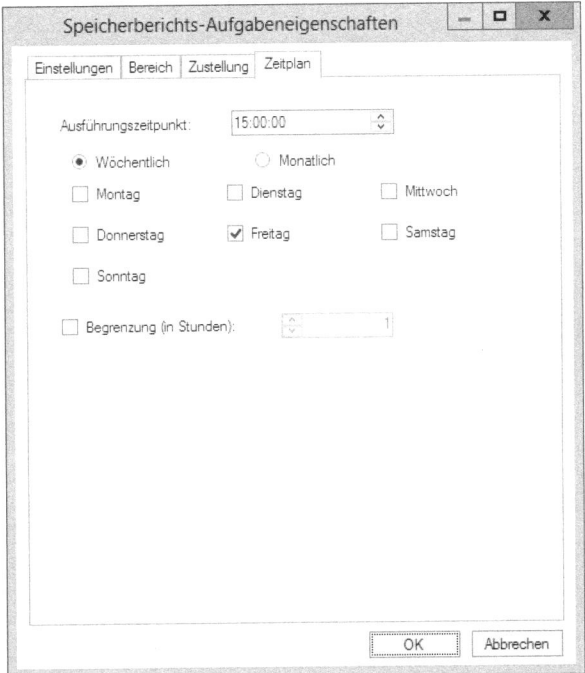

Abbildung 9.41   Konfigurieren des Zeitplans für eine Aufgabe

Übung 6: Installieren des verteilten Dateisystems

In dieser Übung installieren Sie das verteilte Dateisystem auf *DC* und *SYD-A*. Gehen Sie folgendermaßen vor, um diese Übung auszuführen:

1. Stellen Sie sicher, dass *DC* und *SYD-A* eingeschaltet sind.

2. Wählen Sie auf *DC* im Server-Manager den Knoten *Dashboard* aus und klicken Sie auf *Weitere zu verwaltende Server hinzufügen*.

3. Klicken Sie im Dialogfeld *Server hinzufügen* auf *Suche starten*, wählen Sie *SYD-A* aus und klicken Sie auf die Pfeilschaltfläche, um *SYD-A* zur Liste der ausgewählten Computer hinzuzufügen (Abbildung 9.42). Klicken Sie auf *OK*.

4. Wählen Sie den Knoten *Alle Server* aus. Wählen Sie im Menü *Verwalten* den Befehl *Rollen und Features hinzufügen*.

5. Klicken Sie auf der Seite *Vorbemerkungen* des *Assistenten zum Hinzufügen von Rollen und Features* auf *Weiter*.

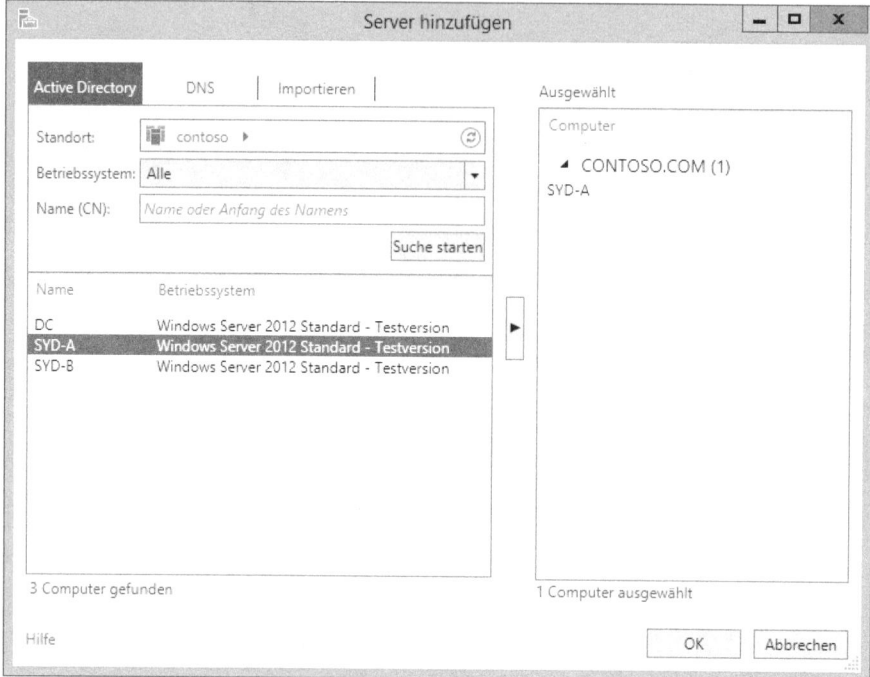

Abbildung 9.42   Hinzufügen von Servern

6. Wählen Sie auf der Seite *Installationstyp auswählen* die Option *Rollenbasierte oder featurebasierte Installation* und klicken Sie auf *Weiter*.

7. Wählen Sie auf der Seite *Zielserver auswählen* den Server *SYD-A.contoso.com* aus und klicken Sie auf *Weiter*.

8. Erweitern Sie auf der Seite *Serverrollen auswählen* die Zweige *Datei- und Speicherdienste (Installiert)* sowie *Datei- und iSCSI-Dienste* und aktivieren Sie die Kontrollkästchen *DFS-Namespaces* und *DFS-Replikation* (Abbildung 9.43).

9. Klicken Sie auf *Features hinzufügen*, wenn Sie gefragt werden, ob die benötigten Features hinzugefügt werden sollen. Klicken Sie zweimal auf *Weiter*, dann auf *Installieren* und nach Abschluss der Installation auf *Schließen*.

10. Wiederholen Sie die Schritte 4 bis 9, wobei sie allerdings in Schritt 7 den Server *DC.contoso.com* auswählen, nicht *SYD-A* (Abbildung 9.44).

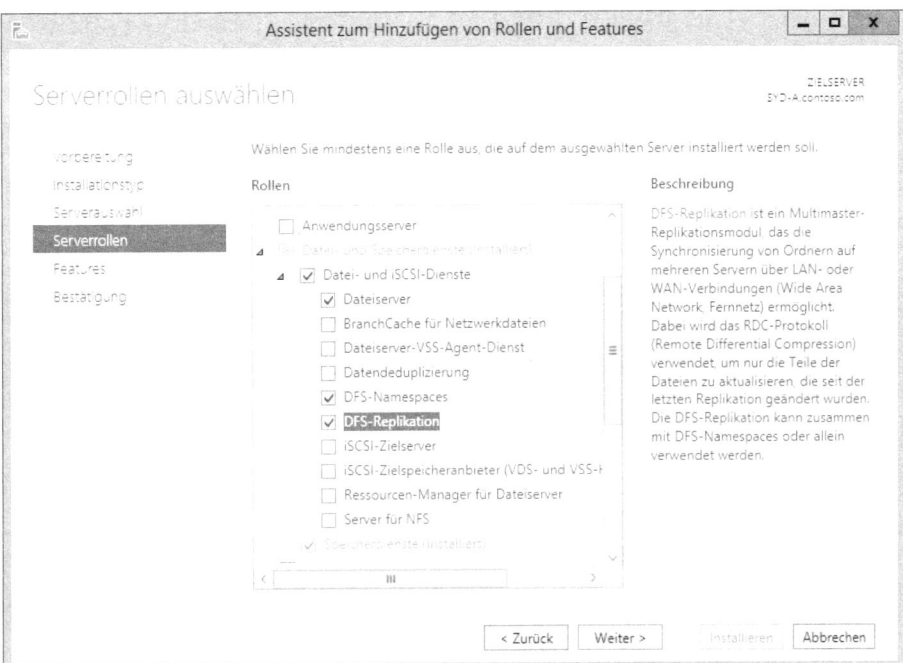

Abbildung 9.43   Hinzufügen der Rollen *DFS-Namespaces* und *DFS-Replikation*

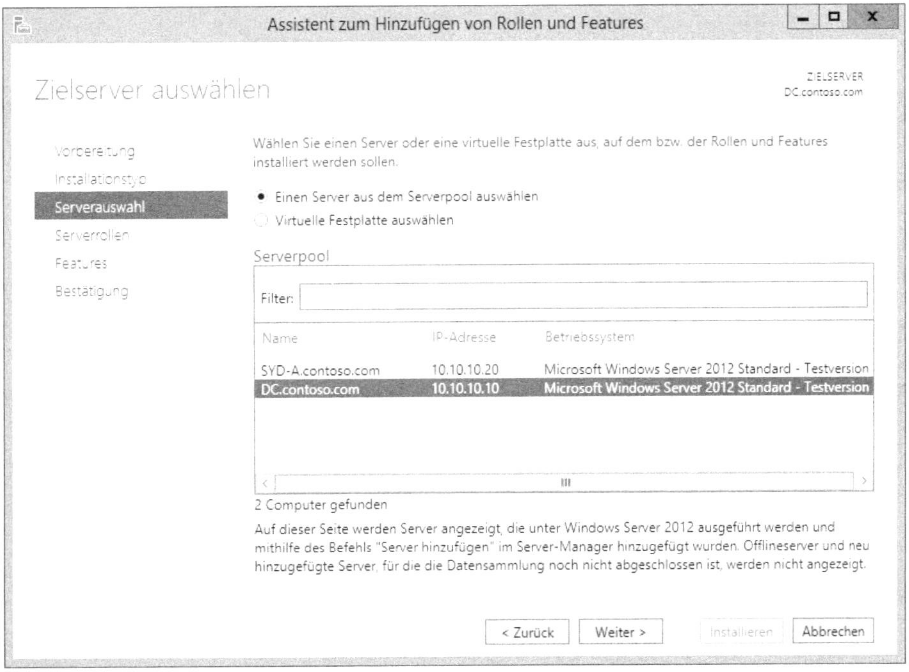

Abbildung 9.44   Auswählen eines anderen Zielservers

Übung 7: Erstellen eines DFS-Namespaces und Hinzufügen eines Namespaceservers

In dieser Übung erstellen Sie einen DFS-Namespace und fügen einen Namespaceserver hinzu. Gehen Sie folgendermaßen vor, um diese Übung auszuführen:

1. Wählen Sie auf *DC* im Server-Manager im Menü *Tools* den Befehl *DFS-Verwaltung*.

2. Wählen Sie den Knoten *Namespaces* aus. Klicken Sie im Fensterabschnitt *Aktionen* auf *Neuer Namespace*.

3. Klicken Sie auf der Seite *Namespaceserver* des *Assistenten für neue Namespaces* auf *Durchsuchen*.

4. Tippen Sie im Dialogfeld *Computer auswählen* den Objektnamen **DC** ein, klicken Sie auf *Namen überprüfen* und dann auf *OK*.

5. Klicken Sie auf der Seite *Namespaceserver* auf *Weiter*.

6. Geben Sie auf der Seite *Namespace - Name und Einstellungen* den Namen **Admin_Docs** ein und klicken Sie auf *Weiter*.

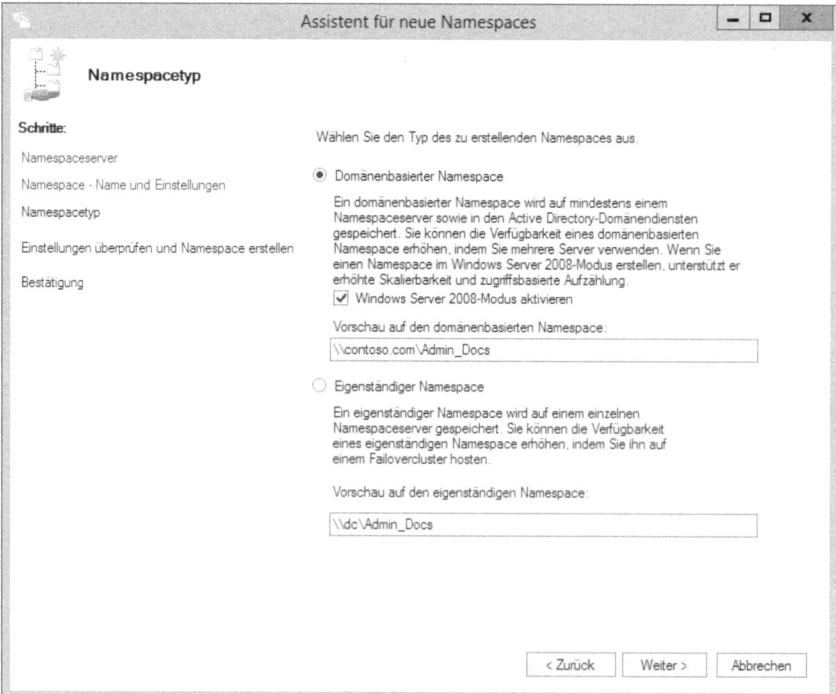

Abbildung 9.45 Auswählen des Namespacetyps

7. Wählen Sie auf der Seite *Namespacetyp* die Option *Domänenbasierter Namespace* aus und stellen Sie sicher, dass das Kontrollkästchen *Windows Server 2008-Modus aktivieren* aktiviert ist (Abbildung 9.45). Klicken Sie auf *Weiter*.

8. Klicken Sie auf der Seite *Einstellungen überprüfen und Namespace erstellen* auf *Erstellen*. Warten Sie, bis der Namespace erstellt wurde, und klicken Sie dann auf *Schließen*.

9. Wählen Sie in der Konsole *DFS-Verwaltung* den Knoten *contoso.com**Admin_Docs* aus (Abbildung 9.46) und klicken Sie auf *Namespaceserver hinzufügen*.

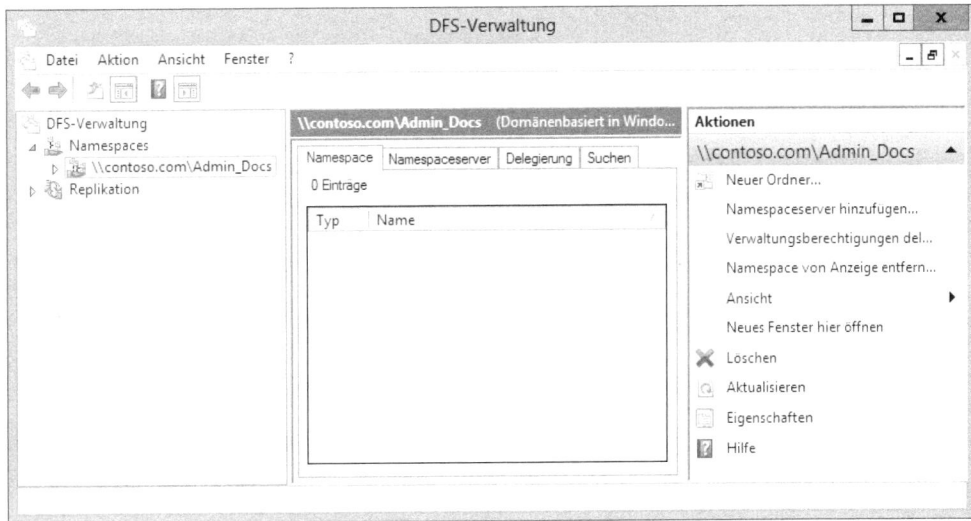

Abbildung 9.46 Verfügbare Namespaces in der Konsole *DFS-Verwaltung*

10. Klicken Sie im Dialogfeld *Namespaceserver hinzufügen* auf *Durchsuchen*.

11. Tippen Sie im Dialogfeld *Computer auswählen* den Objektnamen **SYD-A** ein, klicken Sie auf *Namen überprüfen* und dann auf *OK*.

12. Stellen Sie sicher, dass das Dialogfeld *Namespaceserver hinzufügen* nun wie in Abbildung 9.47 aussieht, und klicken Sie auf *OK*.

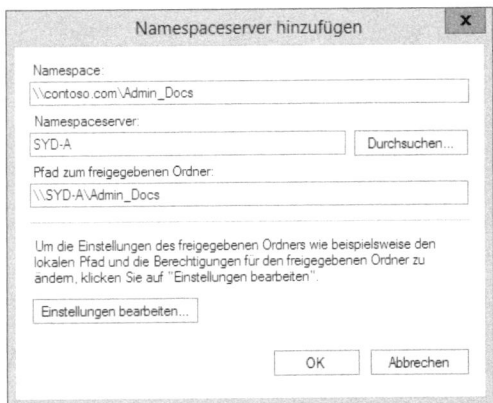

Abbildung 9.47 Hinzufügen eines Namespaceservers

13. Klicken Sie auf die Registerkarte *Namespaceserver* und stellen Sie sicher, dass die Einträge für *DC* und *SYD-A* vorhanden sind (Abbildung 9.48).

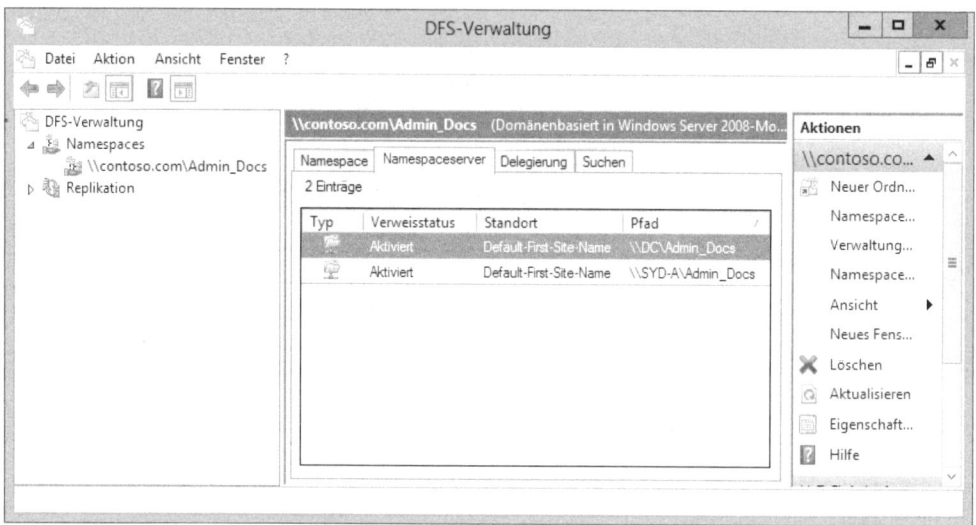

Abbildung 9.48   Auflisten der Namespaceserver

Übung 8: Konfigurieren der DFS-Replikation

In dieser Übung konfigurieren Sie die DFS-Replikation. Gehen Sie folgendermaßen vor, um diese Übung auszuführen:

1. Melden Sie sich als Administrator an *SYD-A* an.

2. Öffnen Sie den Datei-Explorer, indem Sie auf das entsprechende Taskleistensymbol klicken.

3. Wählen Sie den Knoten *Computer* aus und klicken Sie doppelt auf *Lokaler Datenträger (C:)*.

4. Klicken Sie in der Titelleiste auf das Symbol *Neuer Ordner*. Geben Sie dem neuen Ordner den Namen **Space_Station**.

5. Melden Sie sich auf *SYD-A* ab und wechseln Sie zu *DC*.

6. Wählen Sie auf *DC* in der Konsole *DFS-Verwaltung* den Knoten *Replikation* aus.

7. Klicken Sie im Fensterabschnitt *Aktionen* auf *Neue Replikationsgruppe*.

8. Wählen Sie auf der Seite *Replikationsgruppentyp* des *Assistenten für neue Replikations-gruppen* die Option *Mehrzweckreplikationsgruppe* (Abbildung 9.49) und klicken Sie auf *Weiter*.

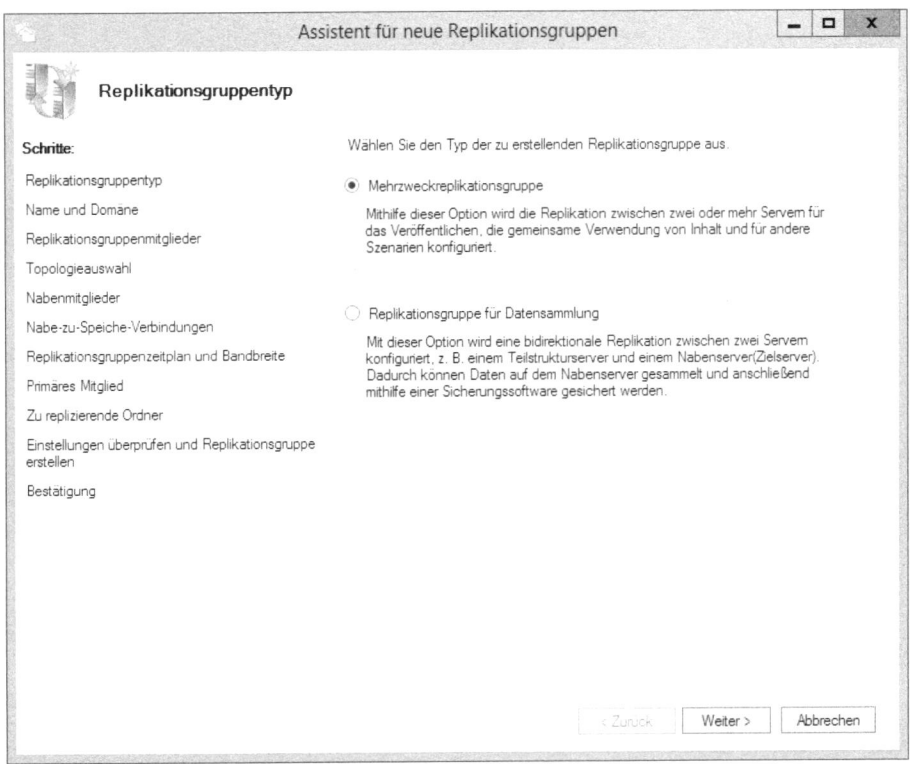

Abbildung 9.49   Konfigurieren einer Replikationsgruppe

9. Geben Sie auf der Seite *Name und Domäne* den Namen **Admin_Docs_Repl_Group** in das Textfeld *Name der Replikationsgruppe* ein und klicken Sie auf *Weiter*.

10. Klicken Sie auf der Seite *Replikationsgruppenmitglieder* auf *Hinzufügen*.

11. Tippen Sie im Dialogfeld *Computer auswählen* die Objektnamen **DC; SYD-A** ein, klicken Sie auf *Namen überprüfen* und dann auf *OK*.

12. Stellen Sie sicher, dass die Seite *Replikationsgruppenmitglieder* wie in Abbildung 9.50 aussieht, und klicken Sie auf *Weiter*.

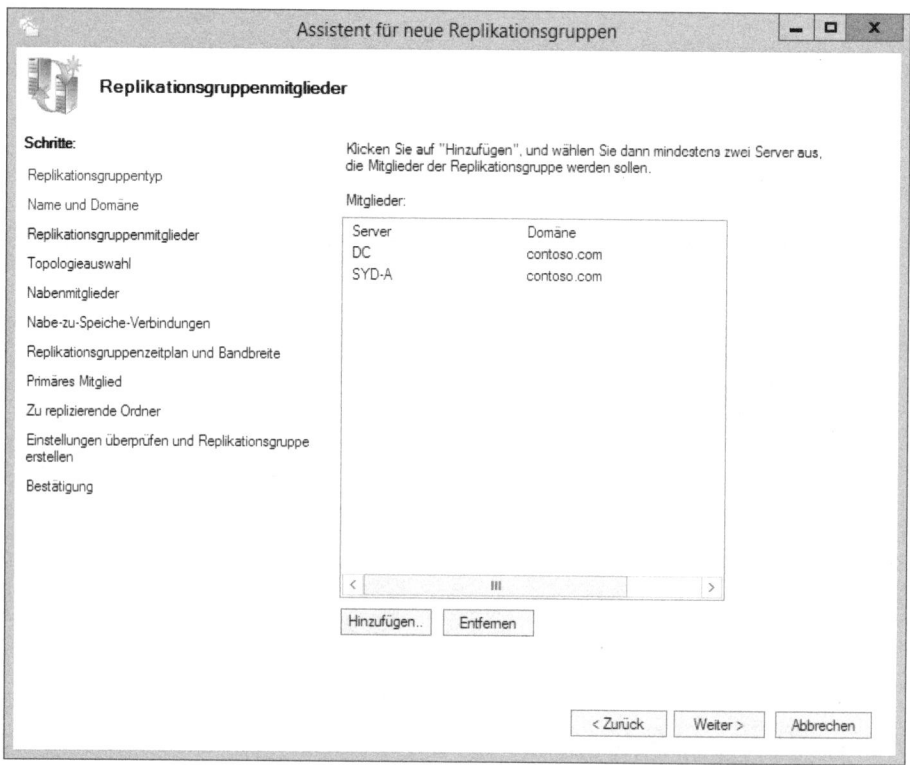

Abbildung 9.50 Ausgewählte Replikationsgruppenmitglieder

13. Stellen Sie sicher, dass auf der Seite *Topologieauswahl* die Option *Vollständig vermaschtes Netz* ausgewählt ist (Abbildung 9.51), und klicken Sie auf *Weiter*.

14. Wählen Sie auf der Seite *Replikationsgruppenzeitplan und Bandbreite* die Option *Fortwährend mithilfe der angegebenen Bandbreite replizieren* aus und klicken Sie auf *Weiter*.

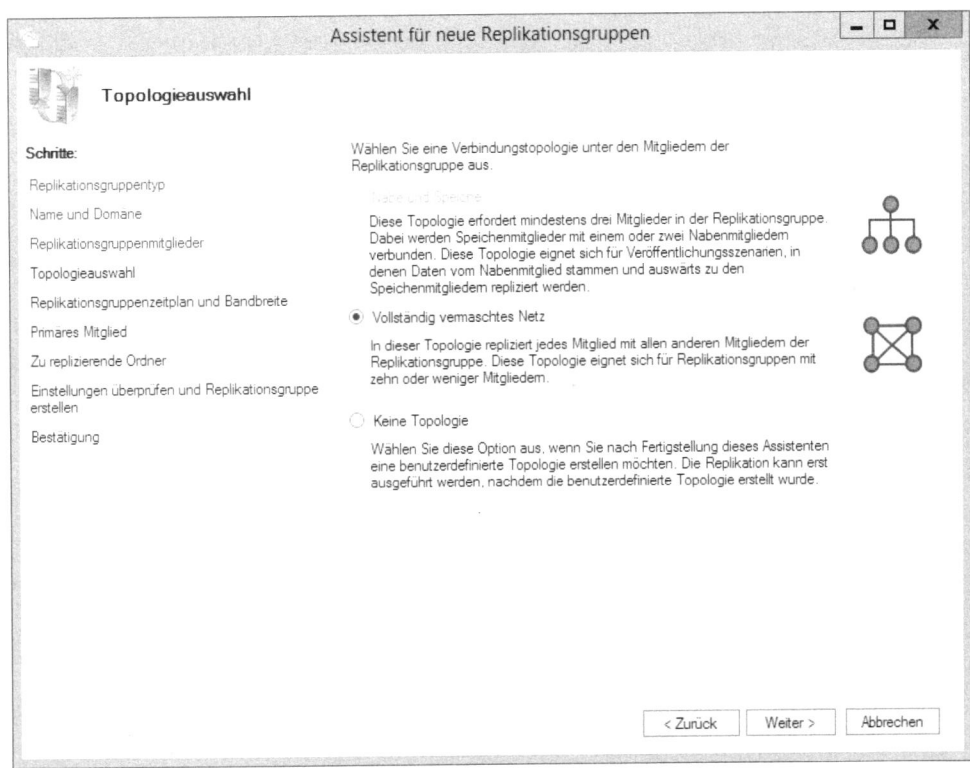

Abbildung 9.51   Auswählen der Replikationstopologie

15. Wählen Sie auf der Seite *Primäres Mitglied* in der Dropdownliste den Computer *SYD-A* aus (Abbildung 9.52) und klicken Sie auf *Weiter*.

16. Klicken Sie auf der Seite *Zu replizierende Ordner* auf *Hinzufügen*.

17. Klicken Sie im Dialogfeld *Zu replizierenden Ordner hinzufügen* auf *Durchsuchen*.

18. Wählen Sie im Dialogfeld *Ordner suchen* den Ordner *Space_Station* aus und klicken Sie zweimal auf *OK*.

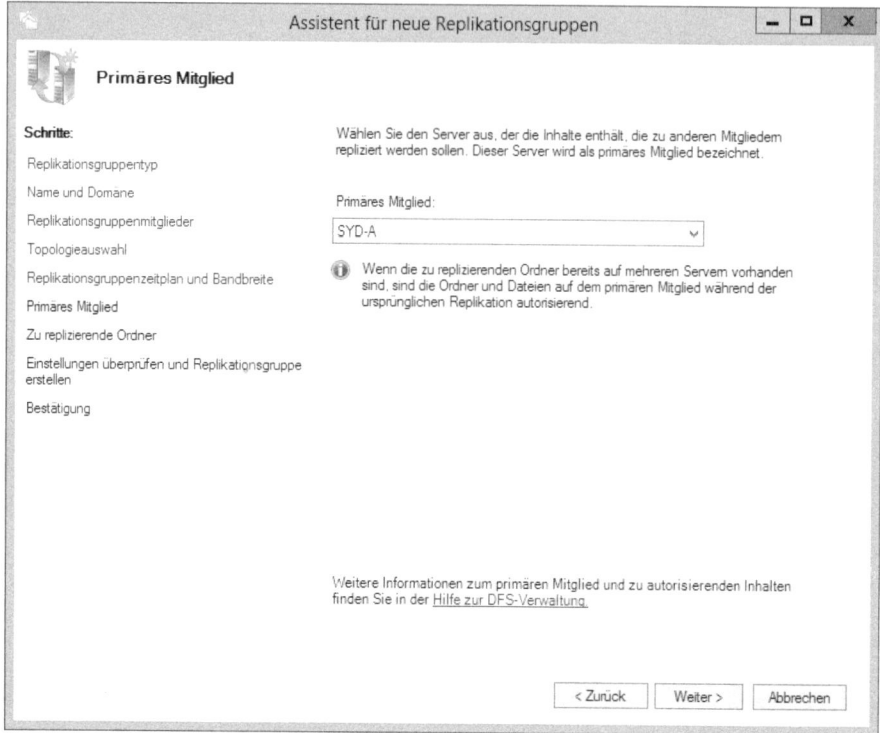

Abbildung 9.52   Konfigurieren des primären Mitglieds

19. Stellen Sie sicher, dass die Seite *Zu replizierende Ordner* wie in Abbildung 9.53 aussieht, und klicken Sie auf *Weiter*.

20. Wählen Sie auf der Seite *Lokaler Pfad von "Space_Station" auf anderen Mitgliedern* den Computer *DC* aus und klicken Sie auf *Bearbeiten*.

21. Wählen Sie im Dialogfeld *Bearbeiten* die Option *Aktiviert* und klicken Sie auf *Durchsuchen*.

22. Wählen Sie im Dialogfeld *Ordner suchen* den Ordner *C$* aus und klicken Sie auf *Neuen Ordner erstellen*.

23. Geben Sie dem neuen Ordner den Namen **Space_Station** und klicken Sie auf *OK*.

24. Stellen Sie sicher, dass das Dialogfeld *Bearbeiten* wie in Abbildung 9.54 aussieht, und klicken Sie auf *OK*.

25. Klicken Sie auf der Seite *Lokaler Pfad von "Space_Station" auf anderen Mitgliedern* auf *Weiter*.

26. Klicken Sie auf der Seite *Einstellungen überprüfen und Replikationsgruppe erstellen* auf *Erstellen* und dann auf *Schließen*.

27. Klicken Sie im Dialogfeld *Replikationsverzögerung* auf *OK*.

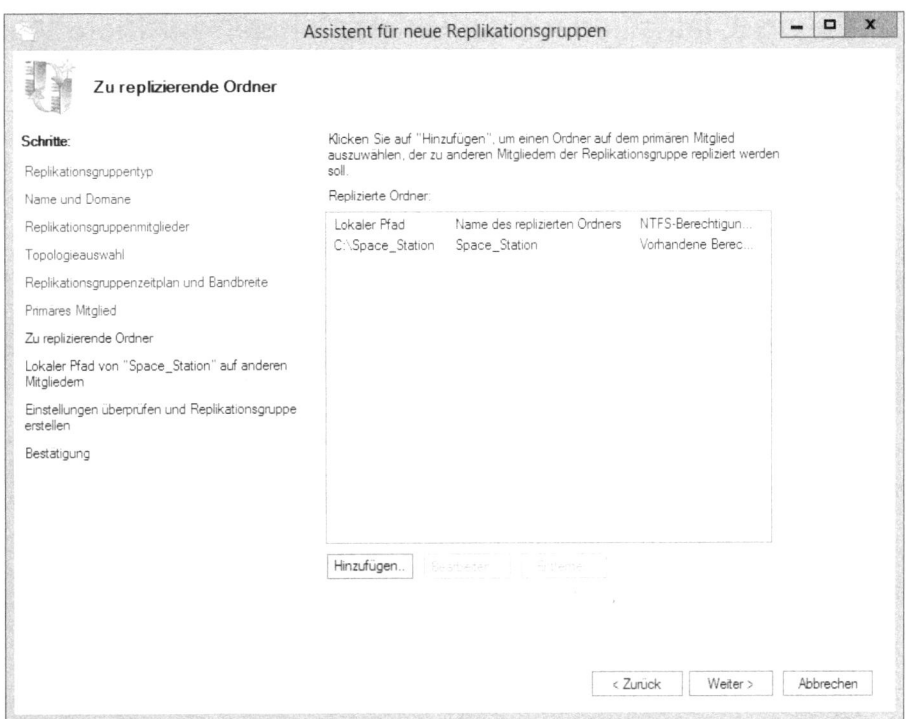

Abbildung 9.53 Auswählen der Ordner, die repliziert werden

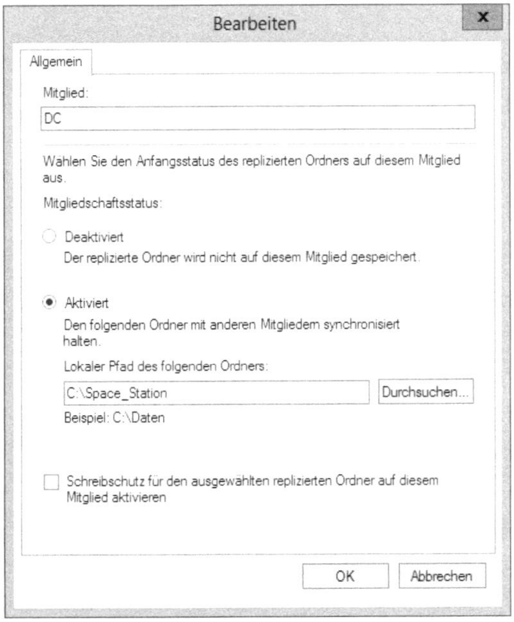

Abbildung 9.54 Konfigurieren eines replizierten Ordners

Übung 9: Installieren einer Unternehmenszertifizierungsstelle

In dieser Übung installieren Sie eine Unternehmens-Stammzertifizierungsstelle, die Sie für BitLocker und das verschlüsselnde Dateisystem brauchen. Gehen Sie folgendermaßen vor, um diese Übung auszuführen:

1. Wählen Sie auf *DC* im Server-Manager im Menü *Verwalten* den Befehl *Rollen und Features hinzufügen*.

2. Klicken Sie auf der Seite *Vorbemerkungen* des *Assistenten zum Hinzufügen von Rollen und Features* auf *Weiter*.

3. Wählen Sie auf der Seite *Installationstyp auswählen* die Option *Rollenbasierte oder featurebasierte Installation* und klicken Sie auf *Weiter*.

4. Wählen Sie auf der Seite *Zielserver auswählen* den Server *DC.contoso.com* aus und klicken Sie auf *Weiter*.

5. Aktivieren Sie auf der Seite *Serverrollen auswählen* das Kontrollkästchen *Active Directory-Zertifikatdienste* (Abbildung 9.55).

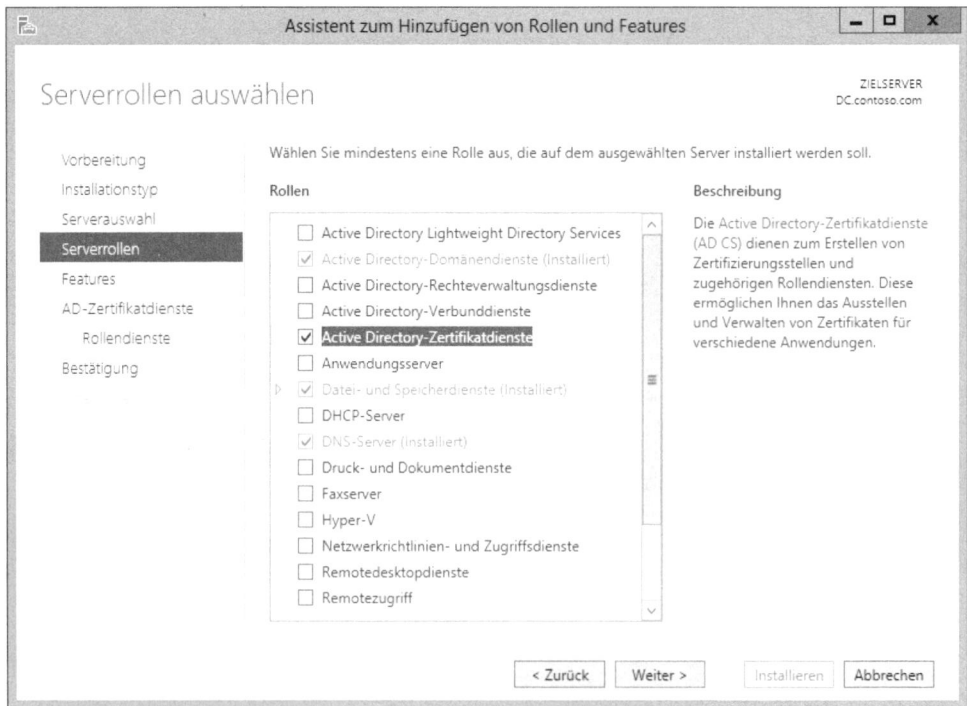

Abbildung 9.55   Hinzufügen der Rolle *Active Directory-Zertifikatdienste*

6. Klicken Sie im Dialogfeld *Assistent zum Hinzufügen von Rollen und Features*, das sich automatisch öffnet, auf *Features hinzufügen*. Klicken Sie auf *Weiter*.

7. Klicken Sie auf der Seite *Features auswählen* auf *Weiter*.

8. Klicken Sie auf der Seite *Active Directory-Zertifikatdienste* auf *Weiter*.

9. Stellen Sie auf der Seite *Rollendienste auswählen* sicher, dass *Zertifizierungsstelle* ausgewählt ist (Abbildung 9.56), und klicken Sie auf *Weiter*.

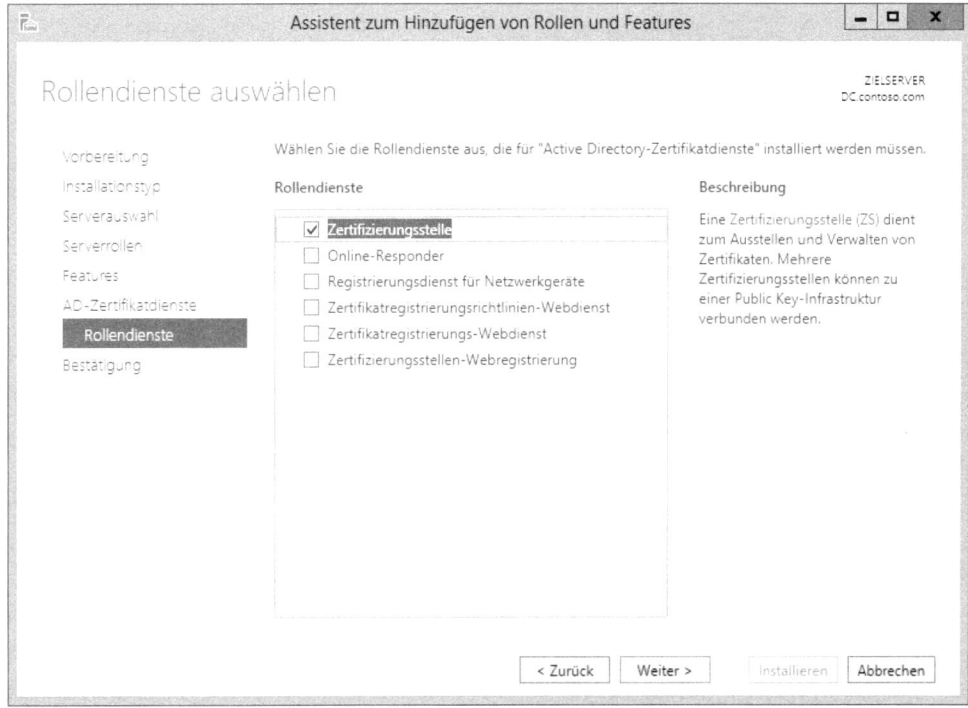

Abbildung 9.56   Installieren einer Zertifizierungsstelle

10. Klicken Sie auf der Seite *Installationsauswahl bestätigen* auf *Installieren* und dann auf *Schließen*.

11. Klicken Sie im Server-Manager auf *Aktualisieren*.

12. Klicken Sie auf das Warnungssymbol und dann auf den Link *Active Directory-Zertifikatdienste auf dem Zielserver konfigurieren*.

13. Stellen Sie auf der Seite *Anmeldeinformationen* des Assistenten *AD CS-Konfiguration* sicher, dass das Konto *CONTOSO\Administrator* eingetragen ist, und klicken Sie auf *Weiter*.

14. Aktivieren Sie auf der Seite *Rollendienste* das Kontrollkästchen *Zertifizierungsstelle* und klicken Sie auf *Weiter*.

15. Wählen Sie auf der Seite *Setuptyp* die Option *Unternehmenszertifizierungsstelle* aus (Abbildung 9.57) und klicken Sie auf *Weiter*.

Abbildung 9.57   Konfigurieren einer Unternehmenszertifizierungsstelle

16. Wählen Sie auf der Seite *Zertifizierungsstellentyp* die Option *Stammzertifizierungsstelle* aus und klicken Sie auf *Weiter*.

17. Wählen Sie auf der Seite *Privater Schlüssel* die Option *Neuen privaten Schlüssel erstellen* und klicken Sie auf *Weiter*.

18. Wählen Sie auf der Seite *Kryptografie für Zertifizierungsstelle* den Hashalgorithmus *SHA256* aus und tragen Sie die Schlüssellänge *4096* ein (Abbildung 9.58). Klicken Sie auf *Weiter*.

19. Klicken Sie auf der Seite *Name der Zertifizierungsstelle* auf *Weiter*.

20. Tragen Sie auf der Seite *Gültigkeitsdauer* einen Zeitraum von 10 Jahren ein (Abbildung 9.59) und klicken Sie auf *Weiter*.

21. Klicken Sie auf der Seite *Zertifizierungsstellendatenbank* auf *Weiter*.

22. Klicken Sie auf der Seite *Bestätigung* auf *Konfigurieren* und dann auf *Schließen*.

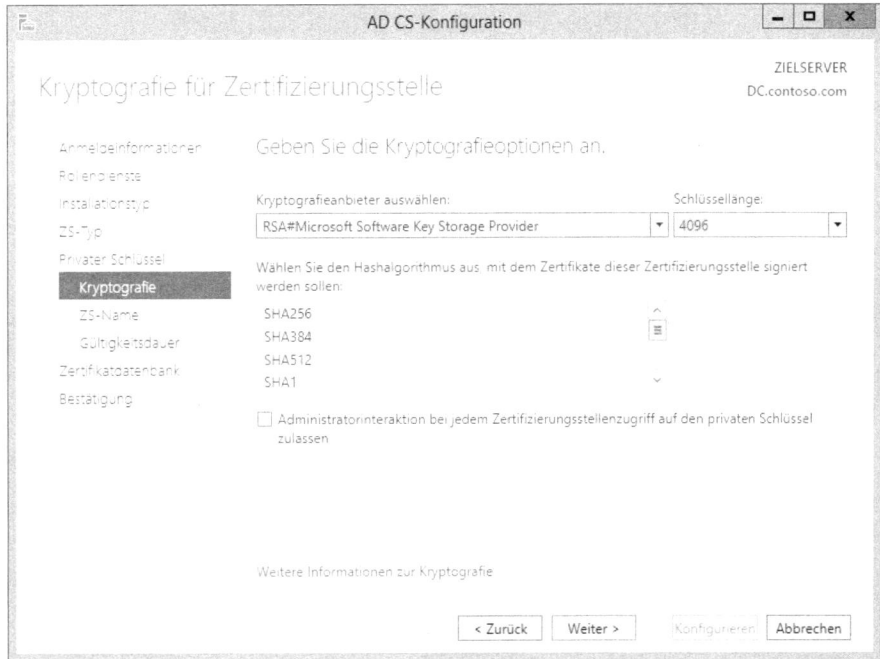

Abbildung 9.58 Auswählen der Kryptografieoptionen für die Zertifizierungsstelle

Abbildung 9.59 Konfigurieren der Gültigkeitsdauer für das Zertifikat der Zertifizierungsstelle

Übung 10: Konfigurieren von Zertifikatvorlagen

In dieser Übung konfigurieren Sie Zertifikatvorlagen, die für Datenwiederherstellung und verschlüsselndes Dateisystem benutzt werden. Gehen Sie folgendermaßen vor, um diese Übung auszuführen:

1. Wählen Sie auf *DC* im Server-Manager im Menü *Tools* den Befehl *Zertifizierungsstelle*.

2. Erweitern Sie in der Konsole *Zertifizierungsstelle* den Zweig *contoso-DC-CA* und wählen Sie den Knoten *Zertifikatvorlagen* aus (Abbildung 9.60).

Abbildung 9.60 Auflisten der Zertifikatvorlagen einer Zertifizierungsstelle

3. Wählen Sie im Menü *Aktion* den Befehl *Verwalten*.

4. Wählen Sie in der Konsole *Zertifikatvorlagenkonsole* die Vorlage *Basis-EFS* aus.

5. Wählen Sie im Menü *Aktion* den Befehl *Vorlage duplizieren*.

6. Wählen Sie auf der Registerkarte *Kompatibilität* unter *Kompatibilitätseinstellungen* in der Dropdownliste *Zertifizierungsstelle* den Eintrag *Windows Server 2012* aus. Klicken Sie im Dialogfeld *Resultierende Änderungen* auf *OK*.

7. Tippen Sie auf der Registerkarte *Allgemein* den Vorlagenanzeigenamen **Erweitertes EFS** ein.

8. Klicken Sie auf der Registerkarte *Abgelöste Vorlagen* auf *Hinzufügen*.

9. Wählen Sie im Dialogfeld *Abgelöste Vorlage hinzufügen* die Vorlage *Basis-EFS* aus (Abbildung 9.61) und klicken Sie auf *OK*.

10. Wählen Sie auf der Registerkarte *Sicherheit* die Gruppe *Authentifizierte Benutzer* aus und aktivieren Sie in der Spalte *Zulassen* die Kontrollkästchen für die Berechtigungen *Lesen*, *Registrieren* und *Automatisch registrieren* (Abbildung 9.62). Klicken Sie auf *OK*.

Abbildung 9.61   Auswählen der abgelösten Vorlage

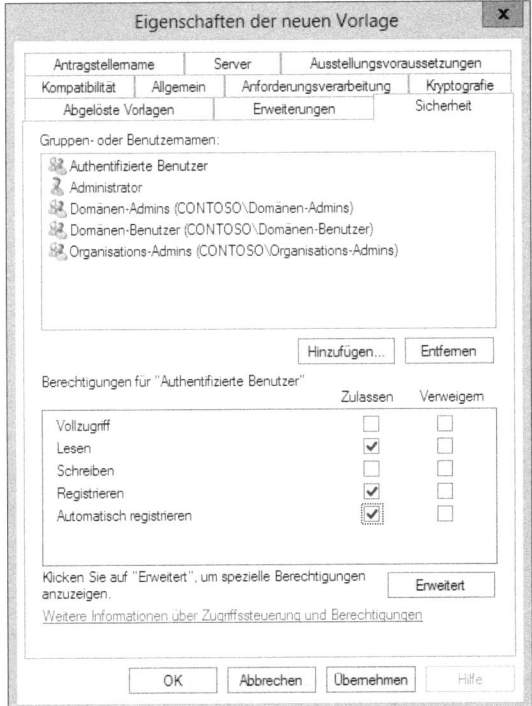

Abbildung 9.62   Konfigurieren von Registrierungsberechtigungen

11. Klicken Sie mit der rechten Maustaste auf die Vorlage *EFS-Wiederherstellungs-Agent* und wählen Sie den Befehl *Eigenschaften*.

12. Wählen Sie auf der Registerkarte *Sicherheit* die Gruppe *Authentifizierte Benutzer* aus und aktivieren Sie in der Spalte *Zulassen* das Kontrollkästchen für die Berechtigung *Registrieren*. Klicken Sie auf *OK*.

13. Schließen Sie die Konsole *Zertifikatvorlagenkonsole*.

14. Klicken Sie in der Konsole *Zertifizierungsstelle* mit der rechten Maustaste auf den Knoten *Zertifikatvorlagen* und wählen Sie im Kontextmenü *Neu* und dann *Auszustellende Zertifikatvorlage*.

15. Wählen Sie im Dialogfeld *Zertifikatvorlagen aktivieren* die Vorlage *Erweitertes EFS* aus (Abbildung 9.63) und klicken Sie auf *OK*.

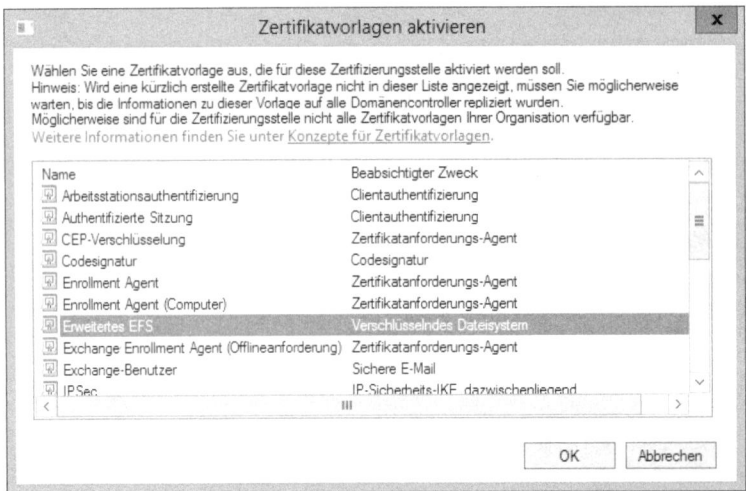

Abbildung 9.63 Auswählen einer Vorlage

Übung 11: Konfigurieren der Zertifikatregistrierung

In dieser Übung konfigurieren Sie die Zertifikatsregistrierung und registrieren einige Zertifikate. Gehen Sie folgendermaßen vor, um diese Übung auszuführen:

1. Wählen Sie auf *DC* im Server-Manager im Menü *Tools* den Befehl *Active Directory-Benutzer und -Computer*.

2. Wählen Sie den Container *Users* aus und darin das Konto *Administrator*.

3. Wählen Sie im Menü *Aktion* den Befehl *Kopieren*.

4. Tragen Sie in die Felder *Vollständiger Name* und *Benutzeranmeldename* den Namen **DataRecoveryAgent** ein (Abbildung 9.64) und klicken Sie auf *Weiter*.

5. Tippen Sie auf der nächsten Seite im Dialogfeld *Objekt kopieren - Benutzer* das Kennwort **Pa$$w0rd** in die Felder *Kennwort* und *Kennwort bestätigen* ein. Klicken Sie auf *Weiter* und dann auf *Fertig stellen*.

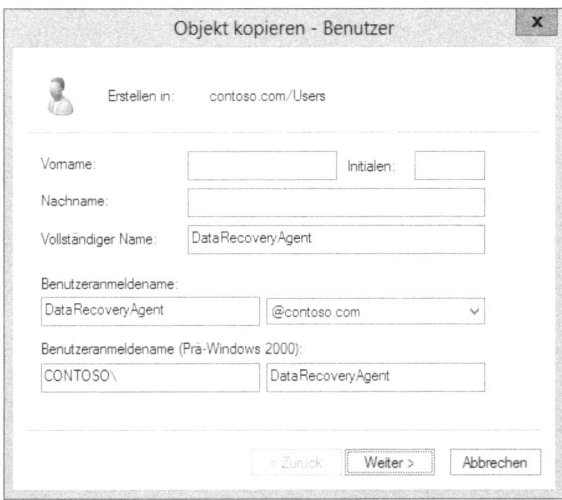

Abbildung 9.64 Erstellen eines Kontos

6. Melden Sie sich von *DC* ab und dann unter dem Konto *DataRecoveryAgent* mit dem Kennwort **Pa$$w0rd** wieder an.

7. Klicken Sie in der Taskleiste auf das Symbol *Windows PowerShell*.

8. Geben Sie im Fenster *Windows PowerShell* den Befehl **mmc.exe** ein und drücken Sie ⏎.

9. Klicken Sie im Dialogfeld *Benutzerkontensteuerung* auf *Ja*.

10. Wählen Sie im Fenster *Konsole1 - [Konsolenstamm]* im Menü *Datei* den Befehl *Snap-In hinzufügen/entfernen*.

11. Wählen Sie im Dialogfeld *Snap-Ins hinzufügen bzw. entfernen* das Snap-In *Zertifikate* aus (Abbildung 9.65) und klicken Sie auf *Hinzufügen*.

12. Wählen Sie im Dialogfeld *Zertifikat-Snap-In* die Option *Eigenes Benutzerkonto* und klicken Sie auf *Fertig stellen*. Klicken Sie auf *OK*, um das Dialogfeld *Snap-Ins hinzufügen bzw. entfernen* zu schließen.

13. Erweitern Sie den Zweig *Zertifikate - Aktueller Benutzer* und wählen Sie den Knoten *Eigene Zertifikate* aus.

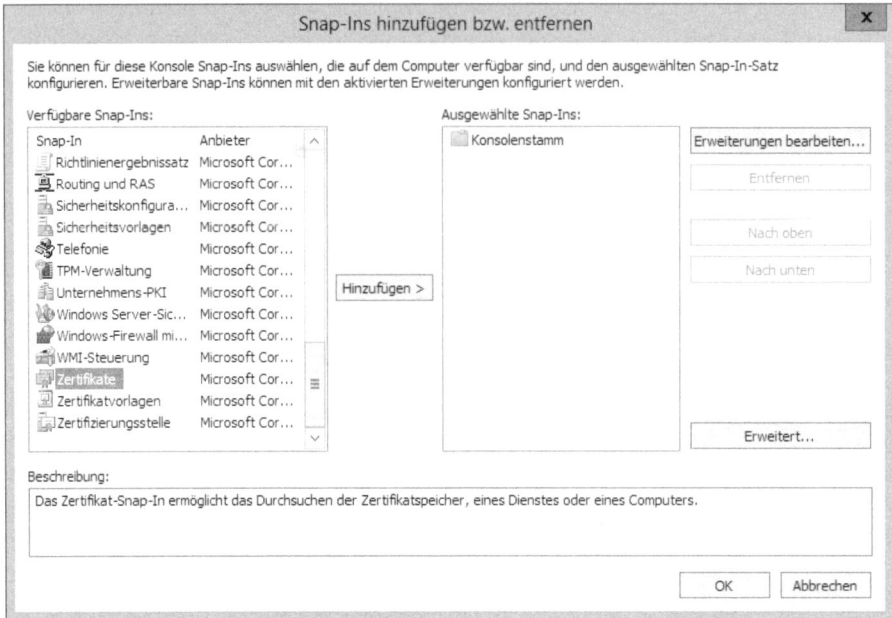

Abbildung 9.65 Hinzufügen des Snap-Ins *Zertifikate*

14. Wählen Sie im Menü *Aktion* den Befehl *Alle Aufgaben* und dann *Neues Zertifikat anfordern*.

15. Klicken Sie auf der Seite *Vorbereitung* auf *Weiter*.

16. Wählen Sie auf der Seite *Zertifikatregistrierungsrichtlinie auswählen* den Eintrag *Active Directory-Registrierungsrichtlinie* aus und klicken Sie auf *Weiter*.

17. Aktivieren Sie auf der Seite *Zertifikate anfordern* das Kontrollkästchen *EFS-Wiederherstellungs-Agent* (Abbildung 9.66) und klicken Sie auf *Registrieren*. Klicken Sie auf *Fertig stellen*.

18. Erweitern Sie in *Konsole1* den Zweig *Eigene Zertifikate* und wählen Sie den Knoten *Zertifikate* aus.

19. Klicken Sie mit der rechten Maustaste auf *DataRecoveryAgent* und wählen Sie im Kontextmenü *Alle Aufgaben* und dann *Exportieren*.

20. Klicken Sie auf der Seite *Willkommen* des *Zertifikatexport-Assistenten* auf *Weiter*.

21. Wählen Sie auf der Seite *Privaten Schlüssel exportieren* die Option *Nein, privaten Schlüssel nicht exportieren* (Abbildung 9.67) und klicken Sie auf *Weiter*.

22. Klicken Sie auf der Seite *Format der zu exportierenden Datei* auf *Weiter*.

23. Klicken Sie auf der Seite *Zu exportierende Datei* auf *Durchsuchen*.

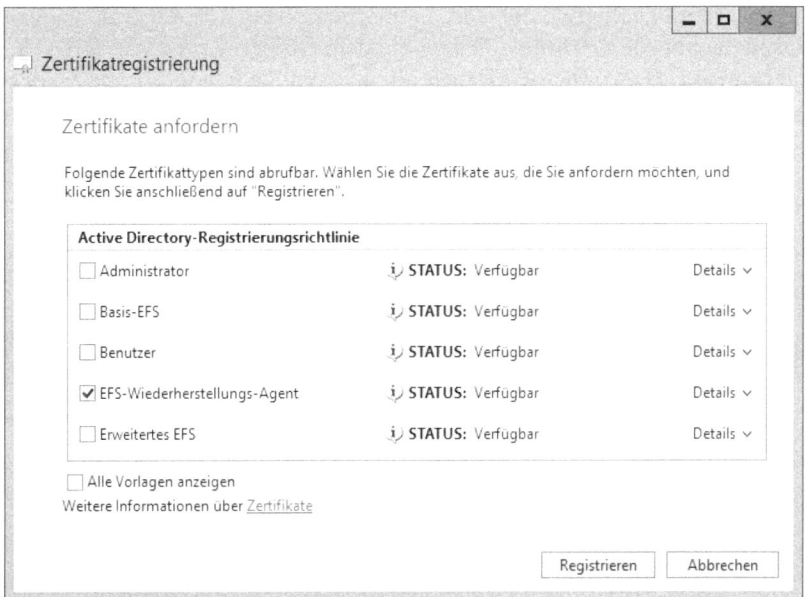

Abbildung 9.66 Auswählen der Zertifikatvorlage

Abbildung 9.67 Der private Schlüssel wird nicht zusammen mit dem Zertifikat exportiert

24. Wählen Sie im Dialogfeld *Speichern unter* den Zweig *Lokaler Datenträger (C:)* aus und klicken Sie auf *Neuer Ordner*. Geben Sie dem Ordner den Namen **DRA**. Tragen Sie den Dateinamen *C:\DRA\DRA-CERT.cer* ein, klicken Sie auf *Speichern*, dann auf *Weiter*, auf *Fertig stellen* und schließlich auf *OK*.

25. Schließen Sie die Zertifikatkonsole *Konsole1*, ohne die Änderungen zu speichern.

26. Melden Sie sich von *DC* ab und wieder unter dem Konto *CONTOSO\Administrator* an.

Übung 12: Konfigurieren von Gruppenrichtlinien für EFS

In dieser Übung konfigurieren Sie Gruppenrichtlinien für EFS. Gehen Sie folgendermaßen vor, um diese Übung auszuführen:

1. Wählen Sie im Server-Manager im Menü *Tools* den Befehl *Gruppenrichtlinienverwaltung*.

2. Erweitern Sie in der Konsole *Gruppenrichtlinienverwaltung* die Zweige *Gesamtstruktur: contoso.com*, *Domänen* sowie *contoso.com* und wählen Sie den Knoten *Gruppenrichtlinienobjekte* aus (Abbildung 9.68).

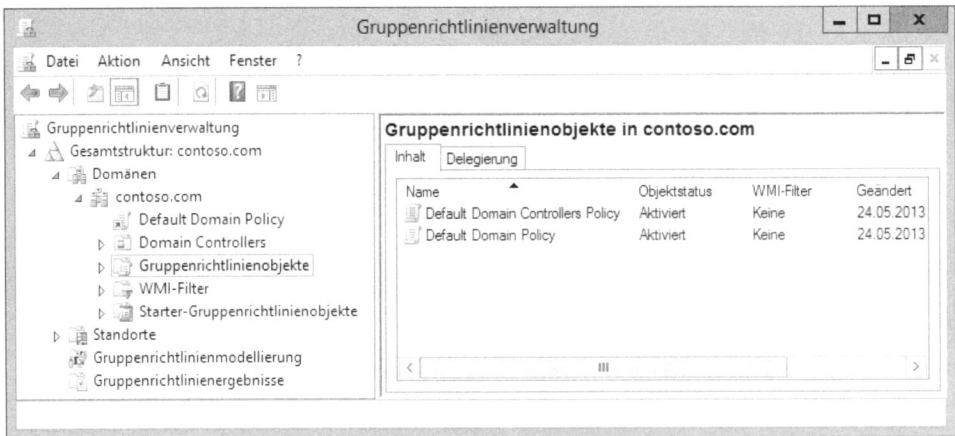

Abbildung 9.68 Konfigurieren von Gruppenrichtlinienobjekten

3. Klicken Sie mit der rechten Maustaste auf *Default Domain Policy* und wählen Sie den Befehl *Bearbeiten*.

4. Erweitern Sie in der Konsole *Gruppenrichtlinienverwaltungs-Editor* den Zweig *Benutzerkonfiguration\Richtlinien\Windows-Einstellungen\Sicherheitseinstellungen* und wählen Sie den Knoten *Richtlinien für öffentliche Schlüssel* aus.

5. Klicken Sie doppelt auf *Zertifikatdienstclient - Zertifikatregistrierungsrichtlinie*. Wählen Sie in der Dropdownliste *Konfigurationsmodell* den Eintrag *Aktiviert* (Abbildung 9.69) und klicken Sie auf *OK*.

6. Klicken Sie doppelt auf die Richtlinie *Zertifikatdienstclient - Serverspeicherung von Anmeldeinformationen*.

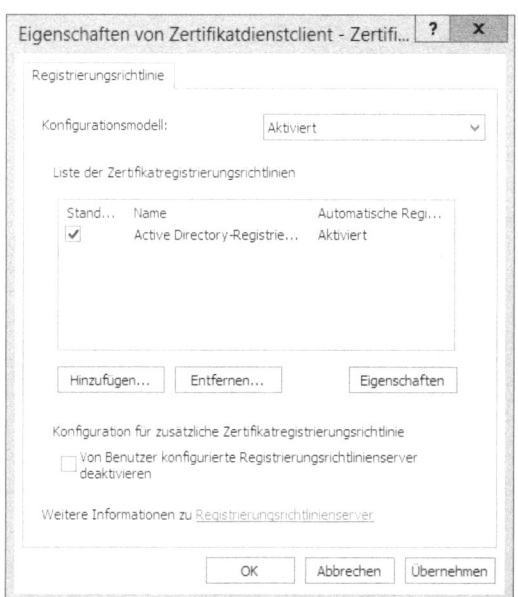

Abbildung 9.69   Konfigurieren der Richtlinie für die Zertifikatregistrierung

7. Wählen Sie im Dialogfeld *Eigenschaften von Zertifikatdienstclient - Serverspeicherung von Anmeldeinformationen* die Option *Aktiviert*. Klicken Sie zweimal auf *OK*.

8. Klicken Sie doppelt auf die Richtlinie *Zertifikatdienstclient - Automatische Registrierung*.

9. Wählen Sie im Dialogfeld *Eigenschaften von Zertifikatdienstclient - Automatische Registrierung* in der Dropdownliste *Konfigurationsmodell* den Eintrag *Aktiviert* und aktivieren Sie das Kontrollkästchen *Zertifikate, die Zertifikatvorlagen verwenden, aktualisieren* (Abbildung 9.70). Klicken Sie auf *OK*.

10. Erweitern Sie im Gruppenrichtlinienverwaltungs-Editor den Zweig *Computerkonfiguration\Richtlinien\Windows-Einstellungen\Sicherheitseinstellungen\Richtlinien für öffentliche Schlüssel*.

11. Wählen Sie den Knoten *Verschlüsselndes Dateisystem* aus und klicken Sie auf das Zertifikat *Administrator*.

12. Wählen Sie im Menü *Aktion* den Befehl *Löschen*. Klicken Sie im Dialogfeld *Zertifikate* auf *Ja*.

13. Klicken Sie mit der rechten Maustaste auf den Knoten *Verschlüsselndes Dateisystem* und wählen Sie den Befehl *Datenwiederherstellungs-Agents hinzufügen*.

14. Klicken Sie auf der Seite *Willkommen* des *Assistenten für das Hinzufügen eines Wiederherstellungs-Agent* auf *Weiter*.

15. Klicken Sie auf der Seite *Wiederherstellungs-Agents auswählen* auf *Ordner durchsuchen*.

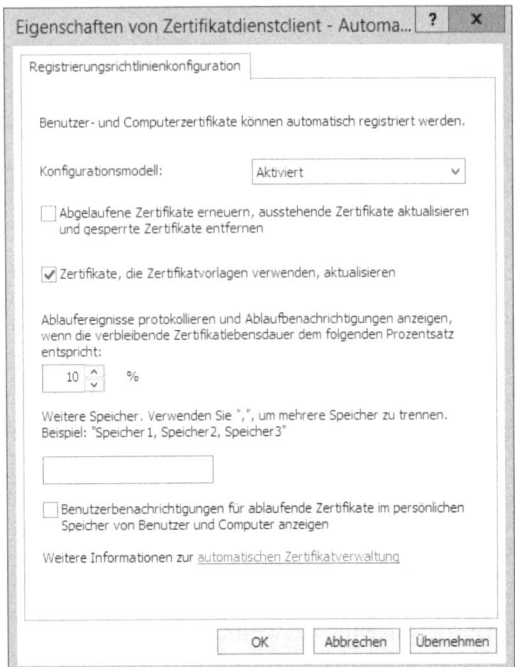

Abbildung 9.70 Konfigurieren der automatischen Registrierung von Clients

16. Wechseln Sie im Dialogfeld *Öffnen* zum Ordner *C:\DRA*, wählen Sie *DRA-CERT* aus und klicken Sie auf *Öffnen*.

17. Stellen Sie sicher, dass die Seite *Wiederherstellungs-Agents auswählen* wie in Abbildung 9.71 aussieht, klicken Sie auf *Weiter* und dann auf *Fertig stellen*.

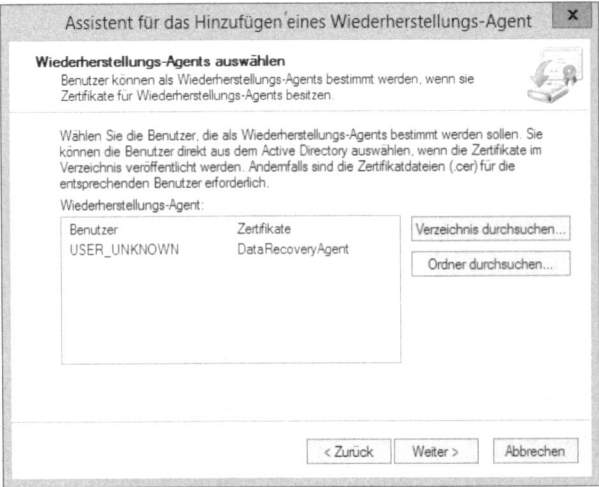

Abbildung 9.71 Konfigurieren des Wiederherstellungs-Agents

Übung 13: Konfigurieren von Gruppenrichtlinien für BitLocker

In dieser Übung konfigurieren Sie Gruppenrichtlinien für BitLocker. Gehen Sie folgendermaßen vor, um diese Übung auszuführen:

1. Stellen Sie sicher, dass der Gruppenrichtlinienverwaltungs-Editor wie beim Abschluss der vorherigen Übung geöffnet ist und Sie das Gruppenrichtlinienobjekt *Default Domain Policy* bearbeiten.

2. Erweitern Sie den Zweig *Computerkonfiguration\Richtlinien\Windows-Einstellungen\ Sicherheitseinstellungen\Richtlinien für öffentliche Schlüssel*.

3. Klicken Sie mit der rechten Maustaste auf den Knoten *BitLocker-Laufwerksverschlüsse-lung* und wählen Sie den Befehl *Datenwiederherstellungs-Agents hinzufügen*.

4. Klicken Sie auf der Seite *Willkommen* des *Assistenten für das Hinzufügen eines Wieder-herstellungs-Agent* auf *Weiter*.

5. Klicken Sie auf der Seite *Wiederherstellungs-Agents auswählen* auf *Ordner durchsuchen*.

6. Wechseln Sie im Dialogfeld *Öffnen* zum Ordner *C:\DRA*, wählen Sie *DRA-CERT* aus und klicken Sie auf *Öffnen*.

7. Klicken Sie auf *Weiter* und dann auf *Fertig stellen*.

8. Stellen Sie sicher, dass das Zertifikat, das für *DataRecoveryAgent* ausgestellt wurde, im Knoten *BitLocker-Laufwerksverschlüsselung* aufgelistet wird (Abbildung 9.72).

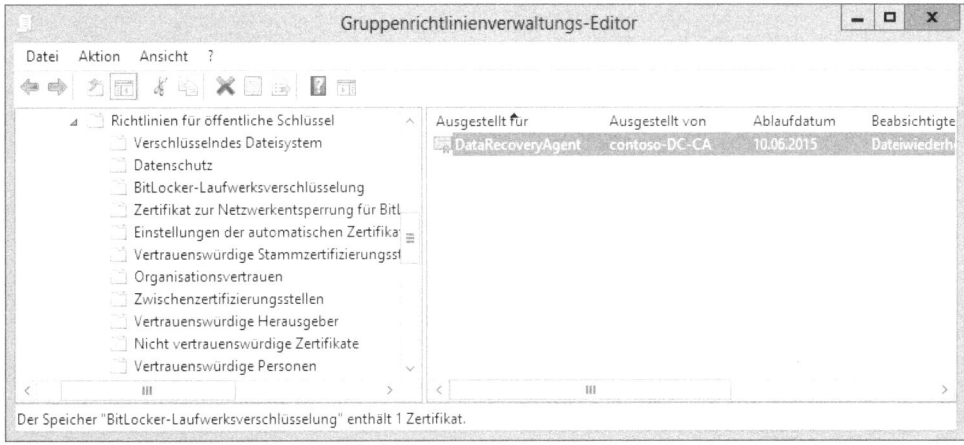

Abbildung 9.72   Konfigurieren des Datenwiederherstellungs-Agents für BitLocker

9. Erweitern Sie den Zweig *Computerkonfiguration\Richtlinien\Administrative Vorlagen\ Windows-Komponenten* und wählen Sie den Knoten *BitLocker-Laufwerkverschlüsselung* aus.

10. Klicken Sie doppelt auf die Richtlinie *BitLocker-Wiederherstellungsinformationen in Active Directory-Domänendiensten speichern*.

11. Setzen Sie die Richtlinie *BitLocker-Wiederherstellungsinformationen in Active Directory-Domänendiensten speichern* auf *Aktiviert*. Stellen Sie sicher, dass das Kontrollkästchen *BitLocker-Sicherung in AD DS erforderlich* aktiviert und *Wiederherstellungskennwörter und Schlüsselpakete* ausgewählt sind (Abbildung 9.73). Klicken Sie auf *OK*.

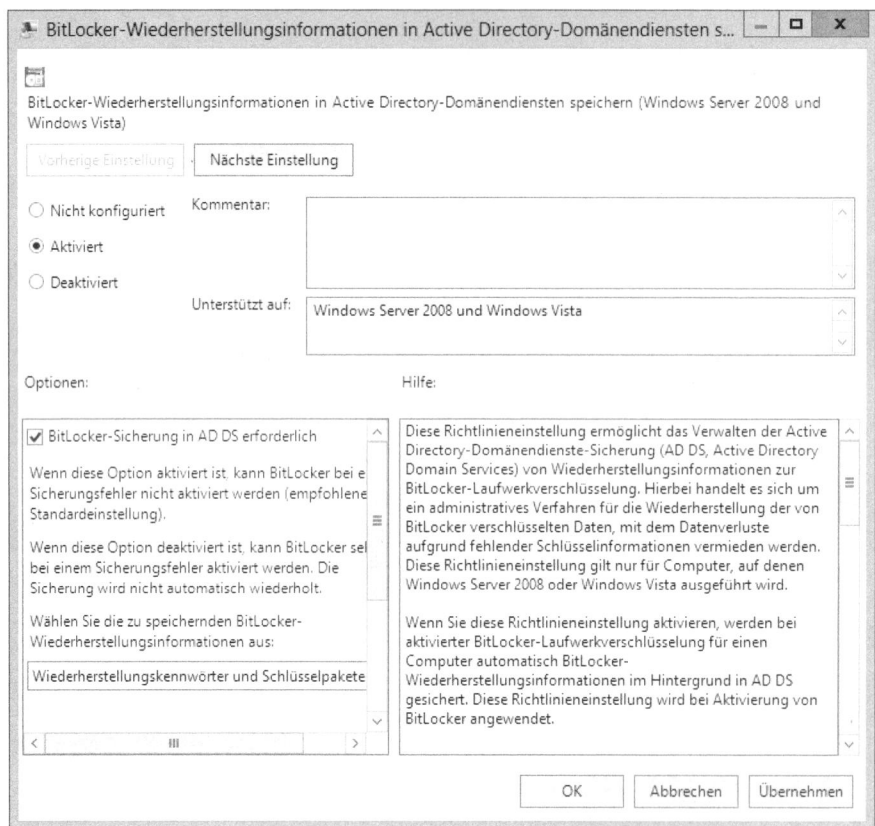

Abbildung 9.73 Konfigurieren der Richtlinie für die BitLocker-Wiederherstellungsinformationen

12. Schließen Sie den Gruppenrichtlinienverwaltungs-Editor.

Vorgeschlagene Übungen

Die folgenden zusätzlichen Übungen bieten Ihnen weitere Möglichkeiten, die in diesem Kapitel behandelten Themen einzuüben und zu vertiefen.

■ **Übung 1** Konfigurieren Sie in der Freigabe *Hovercraft* eine neue Dateiprüfung, die Textdateien blockiert. Erstellen Sie auf *SYD-A* eine Textdatei und versuchen Sie, diese Datei in die Freigabe *Hovercraft* zu kopieren.

- **Übung 2** Überprüfen Sie, ob DFS funktioniert, indem Sie eine Datei in den Ordner *Space_Station* auf Volume *C* von *SYD-A* kopieren und dann prüfen, ob sie automatisch in den Ordner *Space_Station* auf Volume *C* von *DC* repliziert wird.

- **Übung 3** Erstellen Sie ein weiteres Domänenbenutzerkonto, das sich an *SYD-B* anmelden kann. Melden Sie sich unter diesem Konto an und stellen Sie sicher, dass automatisch ein Zertifikat für EFS an das Konto ausgestellt wurde. Legen Sie eine Datei an und verschlüsseln Sie sie mit EFS. Stellen Sie sicher, dass Sie die Datei nicht öffnen können, während Sie als *CONTOSO\Administrator* angemeldet sind, dies aber funktioniert, wenn Sie das Konto *DataRecoveryAgent* verwenden.

Antworten

Dieser Abschnitt enthält die Antworten zu den Lernzielkontrollfragen aus diesem Kapitel.

Lektion 1

1. **Richtige Antwort: B**

    A. **Falsch:** Eine Dateiklassifizierungsregel ermöglicht es, einer Datei, abhängig von ihren Eigenschaften, eine Klassifizierung zuzuweisen.

    B. **Richtig:** Eine Dateiprüfung verhindert, dass bestimmte Dateien in freigegebene Ordner geschrieben werden. In diesem Fall können Sie eine Dateiprüfung erstellen, die die vorhandene Dateigruppe *Audio- und Videodateien* verwendet.

    C. **Falsch:** Es ist nicht nötig, eine Dateiprüfungsvorlage zu erstellen, um die Dateiprüfung zu nutzen. Eine Dateiprüfungsvorlage ist sinnvoll, wenn Sie dieselben Dateiprüfungseinstellungen auf mehrere Dateifreigaben anwenden wollen.

    D. **Falsch:** Dateigruppen sind Auflistungen von Dateitypen, zum Beispiel Audiodateien oder Office-Dokumente. Weil bereits eine Dateigruppe für Audio- und Videodateien vordefiniert ist, brauchen Sie keine neue zu erstellen.

2. **Richtige Antwort: B**

    A. **Falsch:** Es wird bereits eine Dateiprüfung auf den freigegebenen Ordner angewendet. Eine Dateiprüfungsvorlage sollten Sie nur verwenden, wenn Sie dieselbe Dateiprüfung auf mehrere freigegebene Ordner desselben Servers anwenden wollen.

    B. **Richtig:** Mit einer Dateiprüfungsausnahme definieren Sie eine Ausnahme, damit bestimmte Dateitypen, die eine Dateiprüfung eines vorhandenen freigegebenen Ordners momentan blockiert, gespeichert werden dürfen. Sie können Dateiprüfungsausnahmen auf Unterordner anwenden.

    C. **Falsch:** Eine Dateiklassifizierungsregel ermöglicht es, einer Datei, abhängig von ihren Eigenschaften, eine Klassifizierung zuzuweisen.

    D. **Falsch:** Dateigruppen sind Auflistungen von Dateitypen, zum Beispiel Audiodateien oder Office-Dokumente. Sie brauchen keine Dateigruppe zu konfigurieren, um das beschriebene Ziel zu erreichen. Sie sollten eine Dateiprüfungsausnahme konfigurieren.

3. **Richtige Antwort: C**

    A. **Falsch:** Eine Dateigruppe ist eine Auflistung von Dateitypen. Sie könnten zwar eine Dateigruppe erstellen, die die Inhalte der sechs unterschiedlichen Dateigruppen abdeckt, aber es ist einfacher, eine Dateiprüfungsvorlage zu konfigurieren.

    B. **Falsch:** Eine Dateiprüfungsausnahme erlaubt es, Dateien, die von einer Dateiprüfung blockiert werden, in den Zielordner zu schreiben.

    C. **Richtig:** Mit Dateiprüfungsvorlagen können Sie dieselben Dateiprüfungseinstellungen auf mehrere Ordner anwenden.

    D. **Falsch:** Kontingentvorlagen ermöglichen es, dieselben Kontingente auf mehrere Ordner anzuwenden.

4. **Richtige Antwort: D**

    A. **Falsch:** Mit einer Dateiprüfung verhindern Sie, dass bestimmte Dateitypen in einen Speicherort geschrieben werden. Sie können eine Dateiprüfung nicht verwenden, um Speichergrenzen festzulegen.

    B. **Falsch:** Ein Kontingent ist eine angewendete Kontingentvorlage. In diesem Fall erstellen Sie 40 Kontingente, indem Sie eine einzige Kontingentvorlage anwenden.

    C. **Falsch:** Mit Dateiprüfungsvorlagen können Sie dieselben Dateiprüfungseinstellungen auf mehrere Ordner anwenden. Sie können eine Dateiprüfungsvorlage nicht verwenden, um Speichergrenzen festzulegen.

    D. **Richtig:** Kontingentvorlagen sind Kontingenteinstellungen, die Sie auf mehrere Dateifreigaben anwenden können.

5. **Richtige Antwort: B**

    A. **Falsch:** Ein hartes 500-MB-Kontingent verhindert, dass Benutzer mehr als 500 MB in der Dateifreigabe speichern.

    B. **Richtig:** Sie konfigurieren ein hartes 1-GB-Kontingent und einen Benachrichtigungs-schwellenwert von 50 Prozent.

    C. **Falsch:** Sie dürfen kein weiches Kontingent konfigurieren, weil die Benutzer dann die Grenze von 1 GB überschreiten können.

    D. **Falsch:** Sie dürfen kein weiches Kontingent konfigurieren, weil die Benutzer dann die Grenze von 1 GB überschreiten können.

6. **Richtige Antwort: C**

    A. **Falsch:** Harte Kontingente verhindern, dass die Benutzer weitere Daten speichern.

    B. **Falsch:** Harte Kontingente verhindern, dass die Benutzer weitere Daten speichern.

    C. **Richtig:** Sie können ein weiches 500-MB-Kontingent konfigurieren, das eine bestimmte Benachrichtigung sendet, wenn der 100-Prozent-Schwellenwert erreicht ist, und eine andere Benachrichtigung, sobald der 150-Prozent-Schwellenwert erreicht ist.

    D. **Falsch:** Harte Kontingente verhindern, dass die Benutzer weitere Daten speichern.

7. **Richtige Antworten: A und C**

A. **Richtig:** Wenn Sie diesen Bericht auswählen, bekommen die Benutzer aufgelistet, welche Dateien sie länger nicht mehr verwendet haben.

B. **Falsch:** In diesem Bericht erfahren Benutzer, auf die Kontingente angewendet werden, welchen Anteil des zugewiesenen Kontingents sie bereits verbraucht haben.

C. **Richtig:** Wenn Sie diesen Bericht auswählen, bekommen die Benutzer große Dateien aufgelistet, die sie gespeichert haben.

D. **Falsch:** Wenn Sie diesen Bericht auswählen, bekommen die Benutzer aufgelistet, welche Dateien in dem Ordner, auf den das Kontingent angewendet wird, Duplikate sind.

Lektion 2

1. **Richtige Antworten: A und D**

A. **Richtig:** In der Nabe-und-Speiche-Topologie konfigurieren Sie die Replikation für Nabenserver, auf denen Inhalte häufig geändert werden, und für Speichenserver, auf denen es nur selten Änderungen am Inhalt gibt. Nabenserver replizieren untereinander sowie mit Speichenservern. Dagegen replizieren Speichenserver nur mit Nabenservern.

B. **Falsch:** Bei der Topologie mit vollständig vermaschtem Netz findet die Replikation zwischen allen Mitgliedern der Replikationsgruppe statt. Sie eignet sich nicht, wenn die Replikationsgruppe mehr als 10 Server umfasst.

C. **Falsch:** Ein domänenbasierter DFS-Namespace unterstützt nur dann mehr als 5000 Ordnerziele und Remotedifferenzialkomprimierung, wenn die hostende Domäne auf der Funktionsebene *Windows Server 2008* oder höher und die Gesamtstruktur auf der Funktionsebene *Windows Server 2003* oder höher läuft.

D. **Richtig:** Ein eigenständiger DFS-Namespace eignet sich, wenn Sie keine Fehlertoleranz für die Namespaceserver benötigen oder den Namespaceserver in einen Failovercluster legen, aber zwischen 5000 und 50.000 Ordnerzielen in einer Domäne unterstützen müssen, die nicht mindestens auf der Funktionsebene *Windows Server 2008* läuft.

2. **Richtige Antworten: B und C**

A. **Falsch:** Ein eigenständiger DFS-Namespace eignet sich, wenn Sie keine Fehlertoleranz für die Namespaceserver benötigen oder den Namespaceserver in einen Failovercluster legen, aber zwischen 5000 und 50.000 Ordnerzielen in einer Domäne unterstützen müssen, die nicht mindestens auf der Funktionsebene *Windows Server 2008* läuft.

B. **Richtig:** Ein domänenbasierter DFS-Namespace unterstützt nur dann mehr als 5000 Ordnerziele und Remotedifferenzialkomprimierung, wenn die hostende Domäne auf der Funktionsebene *Windows Server 2008* oder höher und die Gesamtstruktur auf der Funktionsebene *Windows Server 2003* oder höher läuft.

C. **Richtig:** Bei der Topologie mit vollständig vermaschtem Netz findet die Replikation zwischen allen Mitgliedern der Replikationsgruppe statt. Sie eignet sich nicht, wenn die Replikationsgruppe mehr als 10 Server umfasst.

D. **Falsch:** In der Nabe-und-Speiche-Topologie konfigurieren Sie die Replikation für Nabenserver, auf denen Inhalte häufig geändert werden, und für Speichenserver, auf denen es nur selten Änderungen am Inhalt gibt. Nabenserver replizieren untereinander sowie mit Speichenservern. Dagegen replizieren Speichenserver nur mit Nabenservern.

3. **Richtige Antworten: B und D**

A. **Falsch:** In der Nabe-und-Speiche-Topologie konfigurieren Sie die Replikation für Nabenserver, auf denen Inhalte häufig geändert werden, und für Speichenserver, auf denen es nur selten Änderungen am Inhalt gibt. Nabenserver replizieren untereinander sowie mit Speichenservern. Dagegen replizieren Speichenserver nur mit Nabenservern.

B. **Richtig:** Bei der Topologie mit vollständig vermaschtem Netz findet die Replikation zwischen allen Mitgliedern der Replikationsgruppe statt. Sie eignet sich nicht, wenn die Replikationsgruppe mehr als 10 Server umfasst.

C. **Falsch:** Ein domänenbasierter DFS-Namespace unterstützt nur dann mehr als 5000 Ordnerziele und Remotedifferenzialkomprimierung, wenn die hostende Domäne auf der Funktionsebene *Windows Server 2008* oder höher und die Gesamtstruktur auf der Funktionsebene *Windows Server 2003* oder höher läuft.

D. **Richtig:** Ein eigenständiger DFS-Namespace eignet sich, wenn Sie keine Fehlertoleranz für die Namespaceserver benötigen oder den Namespaceserver in einen Failovercluster legen, aber zwischen 5000 und 50.000 Ordnerzielen in einer Domäne unterstützen müssen, die nicht mindestens auf der Funktionsebene *Windows Server 2008* läuft.

4. **Richtige Antworten: B und D**

A. **Falsch:** Ein eigenständiger DFS-Namespace eignet sich, wenn Sie keine Fehlertoleranz für die Namespaceserver benötigen oder den Namespaceserver in einen Failovercluster legen, aber zwischen 5000 und 50.000 Ordnerzielen in einer Domäne unterstützen müssen, die nicht mindestens auf der Funktionsebene *Windows Server 2008* läuft.

B. **Richtig:** Ein domänenbasierter DFS-Namespace unterstützt nur dann mehr als 5000 Ordnerziele und Remotedifferenzialkomprimierung, wenn die hostende Domäne auf der Funktionsebene *Windows Server 2008* oder höher und die Gesamtstruktur auf der Funktionsebene *Windows Server 2003* oder höher läuft.

C. **Falsch:** Bei der Topologie mit vollständig vermaschtem Netz findet die Replikation zwischen allen Mitgliedern der Replikationsgruppe statt. Sie eignet sich nicht, wenn die Replikationsgruppe mehr als 10 Server umfasst.

D. **Richtig:** In der Nabe-und-Speiche-Topologie konfigurieren Sie die Replikation für Nabenserver, auf denen Inhalte häufig geändert werden, und für Speichenserver, auf denen es nur selten Änderungen am Inhalt gibt. Nabenserver replizieren untereinander sowie mit Speichenservern. Dagegen replizieren Speichenserver nur mit Nabenservern.

Lektion 3

1. **Richtige Antwort: A**

   A. **Richtig:** Mit EFS können Sie einzelne Dateien und Ordner verschlüsseln.

   B. **Falsch:** Mit BitLocker können Sie ein vollständiges Volume verschlüsseln, aber keine einzelnen Dateien.

   C. **Falsch:** IPsec bietet verschlüsselte und authentifizierte Kommunikation zwischen Hosts in einem Netzwerk. Diese Technologie hilft Ihnen in diesem Fall nicht weiter.

   D. **Falsch:** SSL-Zertifikate (Secure Sockets Layer) ermöglichen eine sichere Kommunikation, normalerweise mit Webservern, aber auch mit anderen Servern, wie zum Beispiel FTP-Servern.

2. **Richtige Antwort: B**

   A. **Falsch:** Wenn Sie einen Datenwiederherstellungs-Agent angeben, kann das jeweilige Zertifikat verschlüsselte Daten entschlüsseln. Sie können jeweils einen Datenwiederherstellungs-Agent für EFS und für BitLocker konfigurieren.

   B. **Richtig:** Sie können einen Schlüsselwiederherstellungs-Agent nutzen, um ein bestimmtes EFS-Zertifikat wiederherzustellen. Sie können damit aber nicht alle verschlüsselten Dateien entschlüsseln, sondern nur das Zertifikat wiederherstellen, mit dem die Datei verschlüsselt wurde.

   C. **Falsch:** Es ist zwar sinnvoll, servergespeicherte Anmeldeinformationen für EFS-Zertifikate zu konfigurieren, aber das ist nicht notwendig, um eine Zertifikatwiederherstellung auszuführen.

   D. **Falsch:** Es ist zwar sinnvoll, die automatische Registrierung für EFS-Zertifikate zu konfigurieren, aber das ist nicht notwendig, um eine Zertifikatwiederherstellung auszuführen.

3. **Richtige Antwort: D**

   A. **Falsch:** Mithilfe der automatischen Registrierung können Sie Zertifikate automatisch bereitstellen. Sie können damit nicht einen Computer so konfigurieren, dass er Daten von BitLocker-geschützten Volumes des Unternehmens wiederherstellen kann.

   B. **Falsch:** Sie können keine servergespeicherten Anmeldeinformationen verwenden, um einen Computer so zu konfigurieren, dass er Daten von BitLocker-geschützten Volumes des Unternehmens wiederherstellen kann.

   C. **Falsch:** Sie können einen Schlüsselwiederherstellungs-Agent nutzen, um ein bestimmtes Zertifikat wiederherzustellen. Sie können damit keine Daten auf einem BitLocker-verschlüsselten Volume entschlüsseln.

   D. **Richtig:** Wenn Sie einen Datenwiederherstellungs-Agent angeben, kann das jeweilige Zertifikat verschlüsselte Daten entschlüsseln. Sie können jeweils einen Datenwiederherstellungs-Agent für EFS und für BitLocker konfigurieren.

4. Richtige Antwort: C

A. **Falsch:** Mithilfe dieser Richtlinie können Sie BitLocker-IDs für Ihre Organisation bereitstellen. Sie können BitLocker-IDs nutzen, um BitLocker-verschlüsselte Volumes gegenüber anderen zu sperren.

B. **Falsch:** Diese Richtlinie legt die Verschlüsselungsmethode und -stärke fest. Sie können damit keine zentralisierte BitLocker-Wiederherstellung konfigurieren.

C. **Richtig:** Konfigurieren Sie die Richtlinie *BitLocker-Wiederherstellungsinformationen in Active Directory-Domänendiensten speichern*, damit BitLocker-Wiederherstellungsinformationen von einer zentralen Stelle abgerufen werden können.

D. **Falsch:** Diese Richtlinie bewirkt zwar, dass BitLocker-Wiederherstellungskennwörter in einem zentralen Netzwerkordner gespeichert werden, aber in großen Unternehmen funktioniert diese Lösung schlecht, wenn Computer verschoben oder umbenannt werden. Sie sollten die BitLocker-Wiederherstellungsinformationen in Active Directory speichern, damit die Wiederherstellungsinformationen auch dann extrahiert werden können, wenn ein Computername geändert wurde.

5. Richtige Antwort: B

A. **Falsch:** BitLocker To Go macht BitLocker auf Wechseldatenträgern verfügbar. Es erlaubt es nicht, die Eingabe von BitLocker-PINs zu überspringen, während der Computer an das Kabelnetzwerk des Unternehmens angeschlossen ist.

B. **Richtig:** Die BitLocker-Netzwerkentsperrung ermöglicht es, die Eingabe von BitLocker-PINs zu überspringen, während der Computer an das Kabelnetzwerk des Unternehmens angeschlossen ist.

C. **Falsch:** Eine Domänenisolationsrichtlinie erlaubt es nicht, die Eingabe von BitLocker-PINs zu überspringen, während der Computer an das Kabelnetzwerk des Unternehmens angeschlossen ist.

D. **Falsch:** Wake-On-LAN ist eine Technik, mit der Computer aufgeweckt werden, um Wartungsoperationen auszuführen, also um beispielsweise Softwareupdates einzuspielen. Es erlaubt es nicht, die Eingabe von BitLocker-PINs zu überspringen, während der Computer an das Kabelnetzwerk des Unternehmens angeschlossen ist.

6. Richtige Antworten: A und B

A. **Richtig:** Sie müssen die Serverrolle *Windows-Bereitstellungsdienste* bereitstellen, um die Netzwerkentsperrung für BitLocker zu unterstützen.

B. **Richtig:** Sie müssen die Serverrolle *DHCP-Server* bereitstellen, um die Netzwerkentsperrung für BitLocker zu unterstützen.

C. **Falsch:** Sie brauchen keinen WINS-Server bereitzustellen, um die Netzwerkentsperrung für BitLocker zu unterstützen.

D. **Falsch:** Bei der Netzwerkentsperrung für BitLocker werden zwar ein öffentlicher und ein privater Schlüssel benötigt, Sie brauchen aber kein OCSP-Array bereitzustellen. Dieses Array ermöglicht es, Zertifikatsperrlisteninformationen über Websites zu veröffentlichen.

KAPITEL 10

Überwachen von Windows Server 2012

Das Überwachen von Servern ist ein wichtiger Baustein im Rahmen der Administration. Wenn Sie Server richtig überwachen, sind Sie vorgewarnt, falls auf einem Server Ressourcen wie Festplattenplatz, RAM oder Rechenkapazität knapp werden. Sie können diese Probleme beseitigen, bevor sie Auswirkungen auf die Benutzer haben, die diese Server für ihre tägliche Arbeit benötigen. Durch das Überwachen von Servern können Sie Objektzugriffe und Konfigurationsänderungen verfolgen, das reicht von Veränderungen an Sicherheitseinstellungen bis zu Benutzern, die auf eine besonders vertrauliche Tabelle zugreifen.

In diesem Kapitel erfahren Sie, wie Sie die Überwachung von Computern, die unter dem Betriebssystem Windows Server 2012 laufen, durchführen und konfigurieren.

Lektionen in diesem Kapitel:

Bevor Sie beginnen

Damit Sie die Übungen in diesem Kapitel durcharbeiten können, müssen Sie die Computer *DC*, *SYD-A* und *SYD-B* mit der Evaluierungsversion von Windows Server 2012 bereitgestellt haben, wie im Anhang beschrieben.

Lektion 1: Überwachen von Servern

Wie unbeobachtete Kinder enden auch unbeobachtete Server unvermeidlich in einem chaotischen Zustand. Indem Sie einen Server mithilfe von Datensammlersätzen, Warnungen und Ereignissen überwachen, haben Sie ein Auge auf Leistung und Konfiguration des Servers. Auch eine wirksame Überwachung kann nicht ganz verhindern, dass bei einem Server Probleme auftreten, aber sie liefert oft Warnsignale über sich anbahnende Probleme. So erhalten Sie die Möglichkeit, Probleme auszuräumen, bevor sie zu einer Dienstunterbrechung führen. In dieser Lektion erfahren Sie, wie Sie Datensammlersätze konfigurieren, Warnungen verwalten, Ereignisse überwachen und eine Netzwerküberwachung ausführen.

Am Ende dieser Lektion werden Sie in der Lage sein, die folgenden Aufgaben auszuführen:

- Konfigurieren von Datensammlersätzen

- Verwalten von Warnungen

- Überwachen von Ereignissen

- Konfigurieren von Ereignisabonnements

- Ausführen einer Netzwerküberwachung

Veranschlagte Zeit für diese Lektion: 45 Minuten

Datensammlersätze

Mit *Datensammlersätzen* (data collector sets) können Sie Leistungsdaten, Systemkonfigurationsinformationen und Statistiken in einer gemeinsamen Datei aufzeichnen. Sie können diese Informationen anschließend mit der Leistungsüberwachung oder Tools anderer Hersteller analysieren, um zu entscheiden, wie gut ein Server mit der zugewiesenen Arbeitsauslastung zurechtkommt.

Sie können Datensammlersätze konfigurieren, die unter anderem die folgenden Daten aufzeichnen:

- **Leistungsindikatordaten**   Der Datensammlersatz enthält nicht nur ausgewählte Leistungsindikatoren, sondern auch die Daten, die von diesen Leistungsindikatoren generiert werden

- **Ereignisablaufverfolgungsdaten**   Mit diesem Typ können Sie Ereignisse und Systemaktivitäten verfolgen. Ereignisablaufverfolgungsdaten sind bei der Problembehandlung von Anwendungen oder Diensten nützlich, die unerwartetes Verhalten zeigen

- **Systemkonfigurationsinformationen**   Ermöglicht Ihnen, den Zustand von Registrierungsschlüsseln zu verfolgen und alle Veränderungen aufzuzeichnen, die daran vorgenommen werden

Windows Server 2012 enthält die folgenden integrierten Datensammlersätze (Abbildung 10.1):

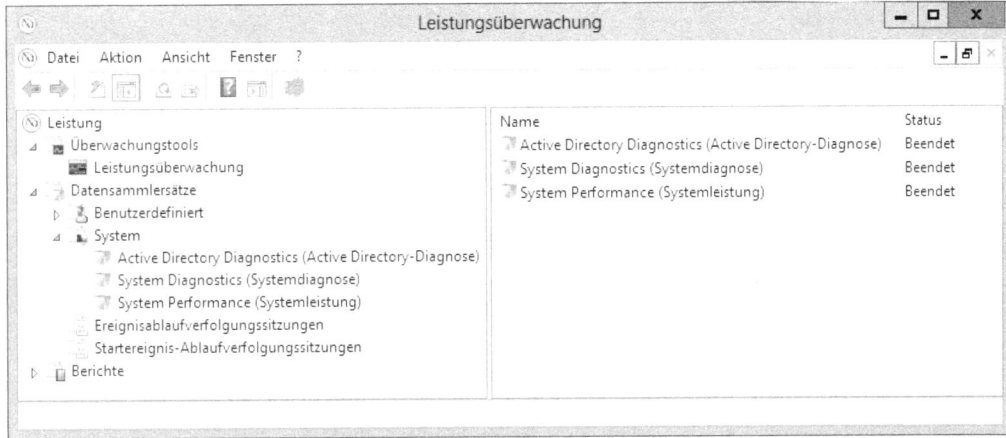

Abbildung 10.1 Integrierte Datensammlersätze

- **Active Directory Diagnostics (Active Directory-Diagnose)**   Steht zur Verfügung, wenn Sie den Computer zu einem Domänencontroller hochgestuft haben. Dieser Datensammlersatz liefert Daten über die Integrität und Zuverlässigkeit von Active Directory.

- **System Diagnostics (Systemdiagnose)**   Hilft bei der Problembehandlung für Hardware, Treiber und Abbruchfehler

- **System Performance (Systemleistung)**   Hilft bei der Diagnose von Problemen, die mit schlechter Systemleistung zu tun haben. Sie können feststellen, welche Prozesse, Dienste oder Hardwarekomponenten möglicherweise einen Leistungsengpass verursachen.

Gehen Sie folgendermaßen vor, um einen Datensammlersatz zu erstellen:

1. Wählen Sie im Menü *Tools* des Server-Managers den Befehl *Leistungsüberwachung*.

2. Erweitern Sie den Zweig *Datensammlersätze*.

3. Wählen Sie den Knoten *Benutzerdefiniert* aus. Klicken Sie im Menü *Aktion* auf *Neu* und dann auf *Datensammlersatz*.

4. Sie haben die Wahl, ob Sie den Datensammlersatz auf Basis einer Vorlage erstellen, indem Sie einen vorhandenen Datensammlersatz auswählen, oder ob Sie einen Datensammlersatz von Hand erstellen. Wenn Sie den Datensammlersatz von Hand erstellen, haben Sie die Möglichkeit, Datenprotokolle, die Leistungsindikatoren, Daten der Ereignisablaufverfolgung und Systemkonfigurationsinformationen umfassen, oder eine Leistungsindikatorwarnung aufzuzeichnen. Abbildung 10.2 zeigt die entsprechenden Einstellungen.

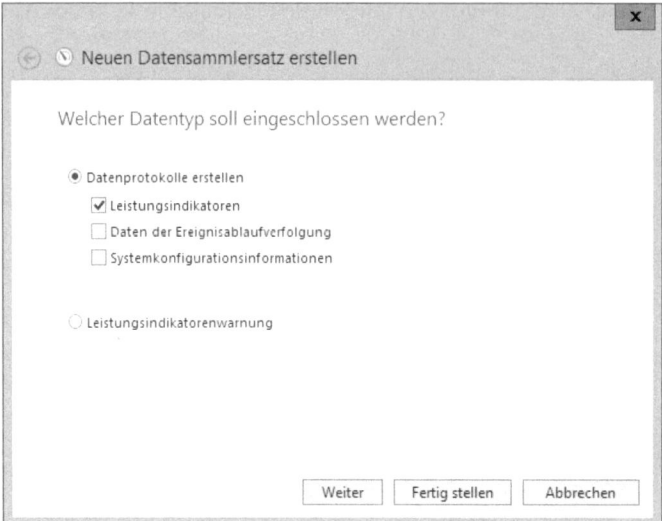

Abbildung 10.2   Erstellen eines neuen Datensammlersatzes

5. Wenn Sie Leistungsindikatoren in den Datensammlersatz aufnehmen, können Sie im nächsten Schritt die gewünschten Leistungsindikatoren auswählen. Sie stellen außerdem ein, wie oft Windows Daten aus den Leistungsindikatoren ausliest. Bei der Konfiguration aus Abbildung 10.3 werden die Daten alle 15 Sekunden gesammelt.

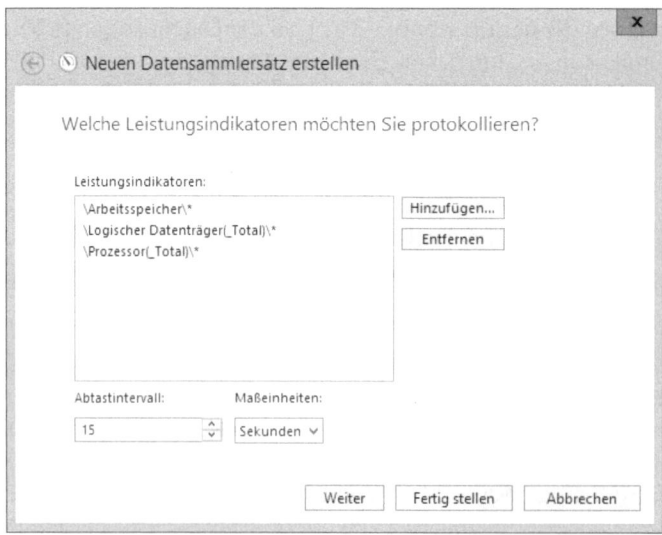

Abbildung 10.3   Einstellen eines Abtastintervalls für den Datensammlersatz

6. Wenn Sie Daten der Ereignisablaufverfolgung in den Datensammlersatz aufnehmen, müssen Sie Ereignisablaufverfolgungsanbieter aktivieren. Wie Abbildung 10.4 zeigt, stehen in Windows Server 2012 sehr viele Ereignisablaufverfolgungsanbieter zur Verfügung. Sie

verwenden Ereignisablaufverfolgungsanbieter, wenn Sie ein konkretes Problem untersuchen. Zum Beispiel hilft der Ereignisablaufverfolgungsanbieter *Microsoft Windows-
AppLocker* bei der Diagnose von Problemen, die mit AppLocker zu tun haben.

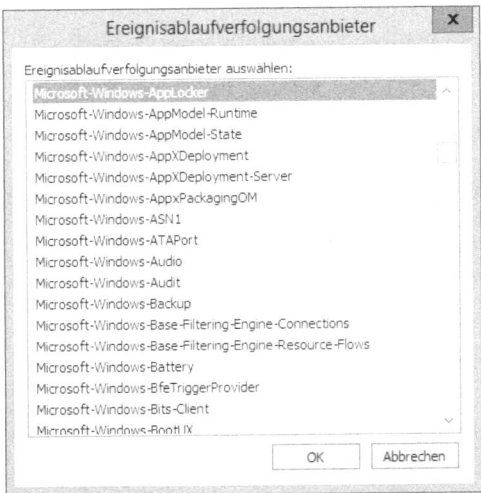

Abbildung 10.4   Auswählen von Ereignisablaufverfolgungsanbietern

7. Wenn Sie Systemkonfigurationsinformationen überwachen wollen, können Sie auswählen,
welche Registrierungsschlüssel überwacht werden (Abbildung 10.5). Indem Sie einen übergeordneten Schlüssel auswählen, können Sie alle Registrierungsänderungen verfolgen, die
unterhalb dieses Schlüssels vorgenommen werden, während der Datensammlersatz läuft.

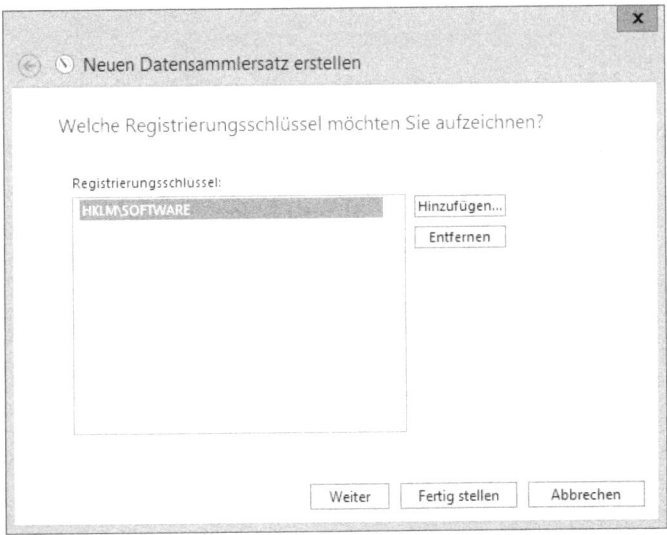

Abbildung 10.5   Eintragen von Registrierungsschlüsseln, die überwacht werden

8. Anschließend geben Sie an, wo die vom Datensammlersatz aufgezeichneten Daten gespeichert werden. Der Standardspeicherort ist der Ordner *%systemdrive%\PerfLogs\ Admin*. Falls Sie den Datensammlersatz längere Zeit laufen lassen wollen, sollten Sie seine Daten auf einem anderen Volume als dem des Betriebssystems speichern.

9. Im letzten Schritt beim Konfigurieren eines Datensammlersatzes geben Sie an, unter welchem Konto der Datensammlersatz ausgeführt wird. In der Standardeinstellung wird *Lokales System* verwendet, aber Sie können für den Datensammlersatz ein beliebiges Konto benutzen, dessen Anmeldeinformationen Sie haben.

Weitere Informationen Datensammlersätze

Weitere Informationen über Datensammlersätze finden Sie in TechNet unter *http://tech-net.microsoft.com/de-de/library/cc749337.aspx*.

Warnungen

Leistungsindikatorwarnungen (performance counter alerts) ermöglichen es, eine Aufgabe auszuführen, sobald ein Leistungsindikator, zum Beispiel der verfügbare Festplattenplatz oder Arbeitsspeicher, einen bestimmten Wert unter- oder überschreitet. Um eine Leistungsindikatorwarnung zu konfigurieren, erstellen Sie einen neuen Datensammlersatz, wählen die Option *Manuell erstellen* und dann die Option *Leistungsindikatorenwarnung* (Abbildung 10.6).

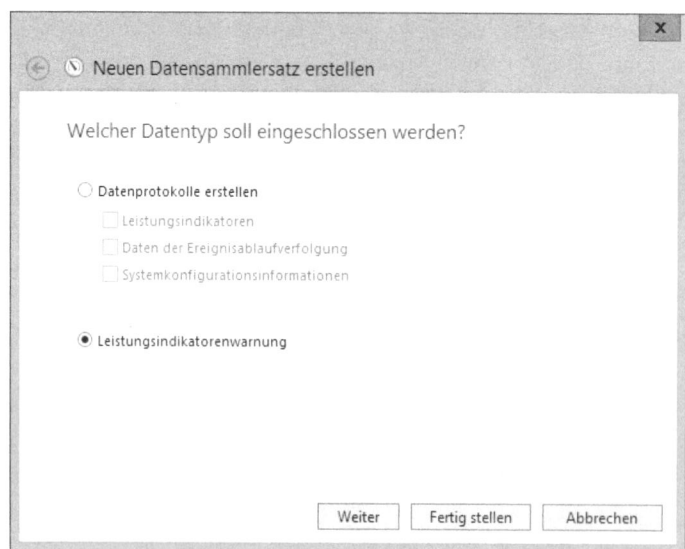

Abbildung 10.6 Konfigurieren einer Leistungsindikatorwarnung

Anschließend fügen Sie den Leistungsindikator hinzu, tragen einen Grenzwert ein und legen fest, ob die Warnung bei einer Über- oder einer Unterschreitung dieses Werts ausgelöst werden soll. Abbildung 10.7 zeigt eine Warnung, die ausgelöst wird, falls die Menge des freien Arbeitsspeichers unter 512 MB fällt.

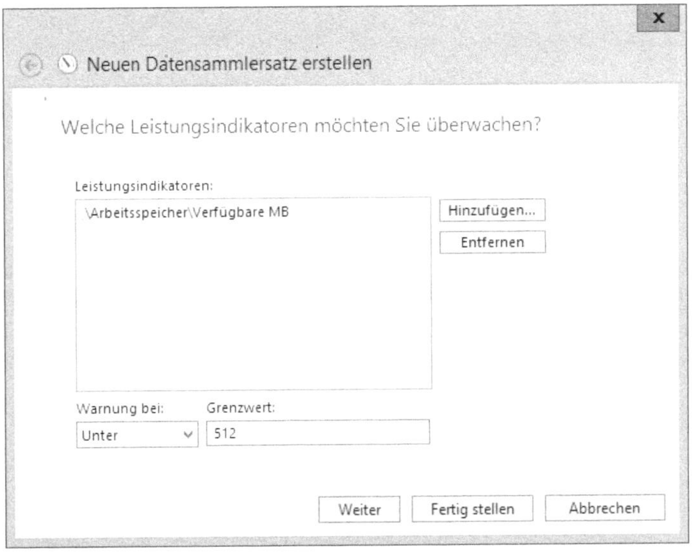

Abbildung 10.7   Einstellen eines Grenzwerts für die Warnung

Wenn Sie eine Warnung erstellen, schreibt sie lediglich einen Eintrag in das Ereignisprotokoll, sobald die Warnung ausgelöst wird. Sie können eine Warnung aber auch so konfigurieren, dass sie eine geplante Aufgabe ausführt, falls sie ausgelöst wird. Öffnen Sie dazu das Eigenschaften-dialogfeld der Warnung und tragen Sie auf der Registerkarte *Aufgabe* den Namen der geplanten Aufgabe ein (Abbildung 10.8).

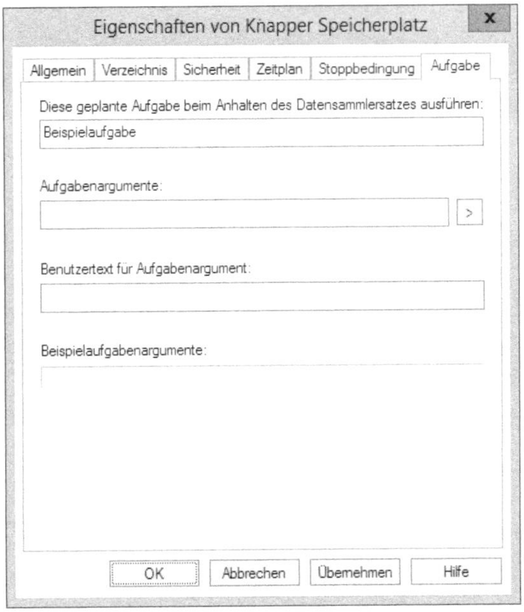

Abbildung 10.8   Ausführen einer geplanten Aufgabe

Ereignisanzeige

In der *Ereignisanzeige* erhalten Sie Zugriff auf die aufgezeichneten Ereignisinformationen (Abbildung 10.9). Die Ereignisanzeige in Windows Server 2012 unterscheidet sich von älteren Versionen, zum Beispiel der Ereignisanzeige in Windows Server 2003, dadurch, dass sie nicht nur die Protokolle *Anwendung*, *Sicherheit*, *Installation* und *System* auflistet, sondern auch separate Anwendungs- und Dienstprotokolle verfügbar macht. Diese Protokolle liefern gezielte Informationen über eine bestimmte Rolle oder Anwendung, es werden also nicht mehr alle Ereignisse von Anwendungen und Rollendiensten in dasselbe Anwendungsprotokoll geschrieben. Wenn Sie nach Ereignissen zu einem bestimmten Rollendienst, einem Feature oder einer Anwendung suchen, sollten Sie prüfen, ob der Rollendienst, das Feature oder die Anwendung ein eigenes Anwendungsprotokoll hat.

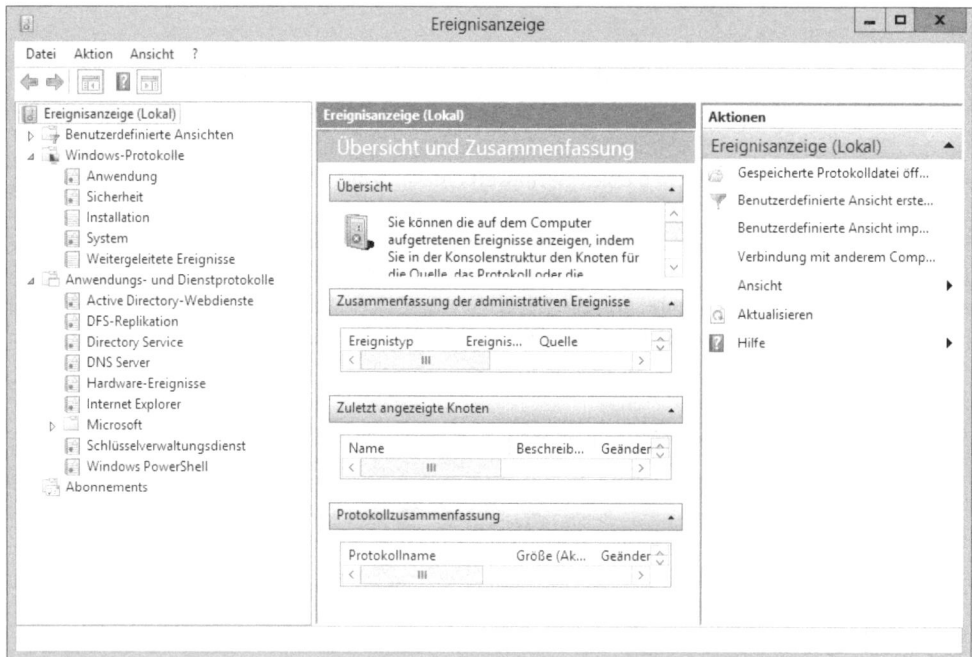

Abbildung 10.9 Protokolle der Ereignisanzeige

Weitere Informationen   Ereignisanzeige

Weitere Informationen über die Ereignisanzeige finden Sie in TechNet unter *http://technet.microsoft.com/de-de/library/cc766042.aspx*.

Ereignisprotokollfilter

Sie können Filter nutzen, um sich nur die Ereignisse anzusehen, die bestimmte Merkmale besitzen. Filter gelten nur für die aktuelle Sitzung der Ereignisanzeige. Wenn Sie einen bestimmten Filter oder eine Gruppe von Filtern öfter verwenden möchten, um Ereignisprotokolle zu verwalten, sollten Sie stattdessen eine benutzerdefinierte Ansicht erstellen. Filter werden nur auf ein einziges Ereignisprotokoll angewendet. Sie können die folgenden Eigenschaften auswerten, um ein Protokoll zu filtern:

- **Protokolliert**   Legt den Zeitbereich für den Filter fest

- **Ereignisebene**   Wählt die Ereignisebenen aus. Es stehen die folgenden Ebenen zur Verfügung: *Kritisch*, *Warnung*, *Ausführlich*, *Fehler* und *Informationen*

- **Ereignisquellen**   Gibt die Quelle der Ereignisse an

- **Ereignis-IDs**   Filtert nach der Ereignis-ID. Sie haben auch die Möglichkeit, bestimmte Ereignis-IDs auszuschließen.

- **Schlüsselwörter**   Hier können Sie Schlüsselwörter zum Inhalt der Ereignisse eintragen

- **Benutzer**   Wählt nur Ereignisse bestimmter Benutzer aus

- **Computer**   Wählt nur Ereignisse bestimmter Computer aus

Gehen Sie folgendermaßen vor, um einen Filter zu erstellen:

1. Öffnen Sie die Ereignisanzeige und wählen Sie das Protokoll aus, das Sie filtern wollen.

2. Legen Sie die Eigenschaften des Ereignisses fest, das Sie filtern wollen.

3. Klicken Sie im Fensterabschnitt *Aktionen* auf *Aktuelles Protokoll filtern*.

4. Konfigurieren Sie im Dialogfeld *Aktuelles Protokoll filtern* (Abbildung 10.10) die gewünschten Filtereigenschaften.

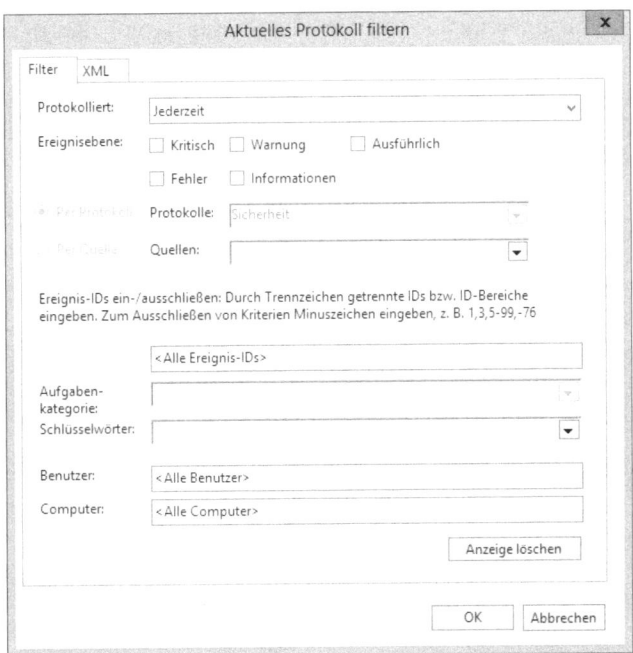

Abbildung 10.10   Konfigurieren von Filtereigenschaften

Ereignisprotokollansichten

Mithilfe von Ereignisprotokollansichten können Sie die Anzeige von Ereignissen anpassen. Diese Ansichten greifen auf alle Ereignisprotokolle zu, die auf einem Server gespeichert sind, auch auf weitergeleitete Ereignisse. Statt in jedem Ereignisprotokoll nach den Elementen zu suchen, die gerade von Interesse sind, können Sie Ereignisprotokollansichten erstellen, die ausschließlich diese Elemente heraussuchen. Die Ereignisanzeige enthält eine benutzerdefinierte Ansicht namens *Administrative Ereignisse*. Sie zeigt kritische, Warnungs- und Fehlerereignisse aus etlichen wichtigen Ereignisprotokollen an, darunter die Protokolle *Anwendung*, *Sicherheit* und *System*.

Ansichten unterscheiden sich folgendermaßen von Filtern:

- **Dauerhaft**   Sie können eine Ansicht über mehrere Sitzungen der Ereignisanzeige hinweg nutzen. Wenn Sie dagegen einen Filter für ein Protokoll konfigurieren, steht er nicht mehr zur Verfügung, wenn Sie die Ereignisanzeige das nächste Mal öffnen.

- **Mehrere Protokolle**   Eine benutzerdefinierte Ansicht kann Ereignisse aus unterschiedlichen Protokollen liefern. Filter sind auf Ereignisse eines einzigen Protokolls beschränkt.

- **Exportierbar**   Sie können Ereignisprotokollansichten zwischen Computern importieren und exportieren.

Eine Ereignisprotokollansicht erstellen Sie auf ähnliche Weise wie einen Filter. Der wichtigste Unterschied besteht darin, dass Sie Ereignisse aus mehreren Protokollen auswählen können. Außerdem können Sie der Ereignisprotokollansicht einen Namen geben und einen Speicherort dafür wählen. Gehen Sie folgendermaßen vor, um eine Ereignisprotokollansicht zu erstellen:

1. Öffnen Sie die Ereignisanzeige.

2. Klicken Sie auf den Knoten *Benutzerdefinierte Ansichten* und wählen Sie im Menü *Aktion* den Befehl *Benutzerdefinierte Ansicht erstellen*.

3. Konfigurieren Sie im Dialogfeld *Benutzerdefinierte Ansicht erstellen* (Abbildung 10.11) die folgenden Eigenschaften der Ansicht und klicken Sie auf *OK*:

   - Wann die Ereignisse aufgezeichnet wurden
   - Ereignisebene
   - Aus welchen Ereignisprotokollen die Ereignisse stammen
   - Ereignisquelle
   - Aufgabenkategorie
   - Schlüsselwörter
   - Benutzer
   - Computer

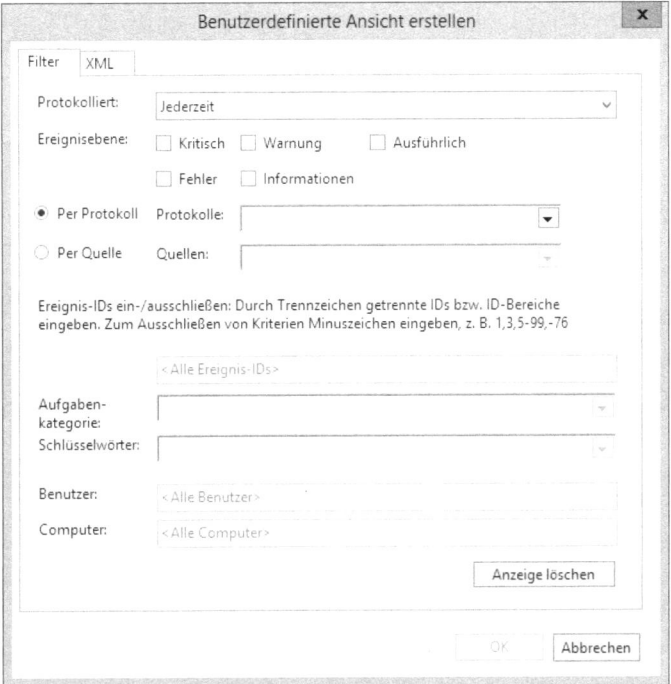

Abbildung 10.11   Erstellen einer benutzerdefinierten Ansicht

4. Geben Sie im Dialogfeld *Filter in benutzerdefinierter Ansicht speichern* einen Namen für die benutzerdefinierte Ansicht ein und wählen Sie einen Speicherort dafür aus (Abbildung 10.12). Klicken Sie auf *OK*.

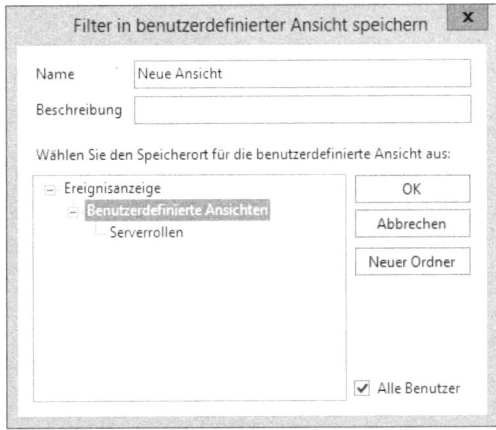

Abbildung 10.12   Eintragen des Namens für eine benutzerdefinierte Ansicht

5. Überprüfen Sie, ob die neue Ansicht in einem eigenen Knoten innerhalb der Ereignisanzeige aufgeführt wird.

Sie können eine benutzerdefinierte Ereignisprotokollansicht exportieren, indem Sie die Ansicht auswählen und auf *Benutzerdefinierte Ansicht exportieren* klicken. Exportierte Ansichten können Sie auf anderen Windows Server 2012-Computern importieren.

Weitere Informationen Ereignisprotokollansichten

Weitere Informationen über Ereignisprotokollansichten finden Sie in TechNet unter *http://technet.microsoft.com/de-de/library/cc766522.aspx*.

Ereignisabonnements

Die Ereignisprotokollweiterleitung ermöglicht es, Anzeige und Verwaltung von Ereignissen, die von mehreren Computern stammen, zentral zusammenzufassen. Sie brauchen nicht auf jedem einzelnen Computer das jeweilige Ereignisprotokoll zu untersuchen, indem Sie eine Remoteverbindung zu diesem Computer herstellen, sondern können mithilfe der Ereignisprotokollweiterleitung eine der folgenden Methoden nutzen:

- Konfigurieren Sie einen zentralen Computer, der bestimmte Ereignisse von Quellcomputern sammelt. Nutzen Sie diese Methode in Umgebungen, in denen Sie Ereignisse von lediglich wenigen Computern auswerten wollen.

- Konfigurieren Sie die Quellcomputer so, dass sie bestimmte Ereignisse an einen Sammlungscomputer weiterleiten. Diese Methode sollten Sie nutzen, wenn Sie sehr viele Computer haben, deren Ereignisse Sie zentral auswerten. Sie konfigurieren diese Methode mithilfe von Gruppenrichtlinien.

Bei der Ereignisprotokollweiterleitung wählen Sie aus, welche konkreten Ereignisse an den zentralen Computer weitergeleitet werden. So kann der Computer sich darauf beschränken, wichtige Ereignisse weiterzuleiten. Es ist nicht nötig, alle Ereignisse vom Quellcomputer weiterzuleiten. Wenn Sie in den weitergeleiteten Ereignissen etwas sehen, was eine genauere Untersuchung rechtfertigt, können Sie sich am Quellcomputer anmelden und alle Ereignisse dieses Computers auf die gewohnte Weise auswerten.

Praxistipp Microsoft System Center 2012 Operations Manager

In großen Umgebungen setzen Sie wahrscheinlich Microsoft System Center 2012 Operations Manager ein, um sehr viele Computer auf wichtige Ereignisse zu überwachen, statt von Hand im Ereignisprotokoll nach Ereignissen zu suchen, die genauer untersucht werden sollten.

Die Ereignisprotokollweiterleitung greift auf die Windows-Remoteverwaltung (*WinRM*) und die Windows-Ereignissammlung (*Wecsvc*) zurück. Sie müssen diese Dienste auf Computern aktivieren, die als Ereignisweiterleitungscomputer und Ereignissammlungscomputer dienen. WinRM konfigurieren Sie mit dem Befehl `winrm quickconfig`. Für Wecsvc verwenden Sie den Befehl `wecutil qc`. Wenn Sie Abonnements aus dem Sicherheitsereignisprotokoll konfigurieren wollen, müssen Sie das Computerkonto des Sammlungscomputers zur lokalen Gruppe *Administratoren* des Quellcomputers hinzufügen.

Um ein sammlungsinitiiertes Ereignisabonnement zu erstellen, müssen Sie WinRM und die Windows-Ereignissammlung auf Quell- und Sammlungscomputern konfigurieren. Nehmen Sie dazu in der Ereignisanzeige im Dialogfeld *Abonnementeigenschaften* (Abbildung 10.13) die folgenden Einstellungen vor:

- **Abonnementname**   Der Name des Abonnements

- **Zielprotokoll**   Das Protokoll, in dem die gesammelten Ereignisse gespeichert werden

- **Abonnementtyp und Quellcomputer: Sammlungsinitiiert**   Fügen Sie im Dialogfeld *Computer* die Computer hinzu, von denen der Sammlungscomputer Ereignisse erhält. Der Sammlungscomputer muss auf jedem Quellcomputer Mitglied der lokalen Gruppe *Administratoren* oder der Gruppe *Ereignisprotokolllleser* sein, abhängig davon, ob ein Zugriff auf das Sicherheitsprotokoll erforderlich ist.

- **Zu sammelnde Ereignisse**   Erstellen Sie eine benutzerdefinierte Ansicht, um auszuwählen, welche Ereignisse von den Quellcomputern abgerufen werden.

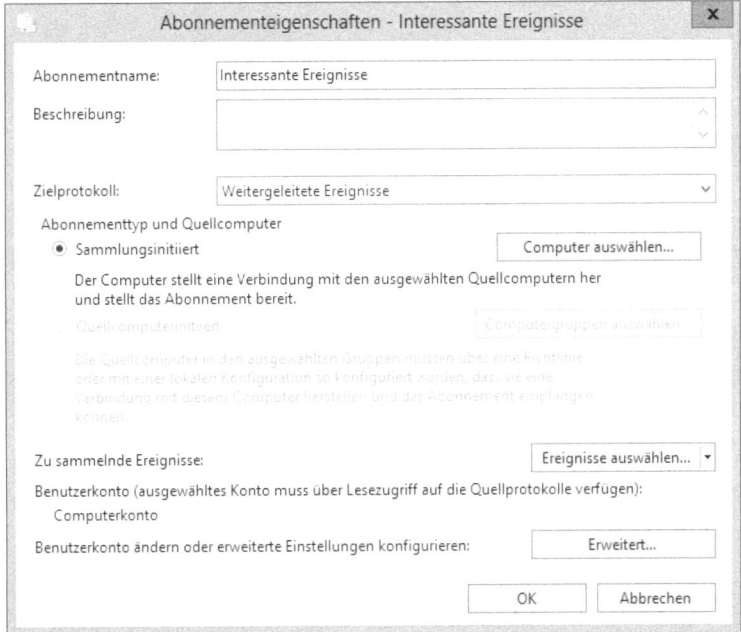

Abbildung 10.13 Konfigurieren eines sammlungsinitiierten Ereignisabonnements

Wollen Sie stattdessen ein quellcomputerinitiiertes Abonnement konfigurieren, müssen Sie auf den Ereignisweiterleitungscomputern die folgenden Gruppenrichtlinien konfigurieren:

- **Ressourcennutzung für Weiterleitung konfigurieren**   Diese Richtlinie legt die maximale Geschwindigkeit für die Ereignisweiterleitung fest. Der Wert wird als Ereignisse pro Sekunde eingetragen. Wenn diese Richtlinie nicht konfiguriert ist, werden Ereignisse übertragen, sobald sie aufgezeichnet wurden.

- **Ziel-Abonnement-Manager konfigurieren** In dieser Richtlinie legen Sie den Ort des Sammlungscomputers fest.

Weitere Informationen Ereignisabonnements

Weitere Informationen über Ereignisabonnements finden Sie unter *http://technet.microsoft.com/de-de/library/cc749183.aspx*.

Sie finden beide Richtlinien im Knoten *Computerkonfiguration\Richtlinien\Administrative Vorlagen\Windows-Komponenten\Ereignisweiterleitung*. Wenn Sie das Abonnement konfigurieren, müssen Sie auch die Computergruppen angeben, die die Computerkonten aller Computer enthalten, die Ereignisse an den Sammlungscomputer weiterleiten. Diese Einstellung nehmen Sie im Dialogfeld *Computergruppen* vor (Abbildung 10.14).

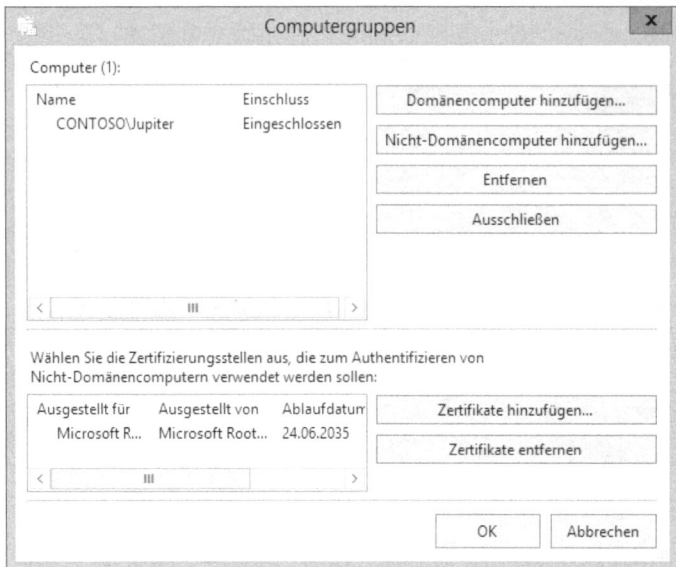

Abbildung 10.14 Auswählen der Computergruppen für ein Abonnement

Schnelltest

- Sie wollen sich ausgewählte Ereignisse ansehen, die aus verschiedenen Ereignisprotokollen stammen. Wie erreichen Sie dieses Ziel?

Antwort zum Schnelltest

- Stellen Sie benutzerdefinierte Ansichten zusammen.

Ereignisgesteuerte Aufgaben

Sie können in der Ereignisanzeige Aufgaben mit bestimmten Ereignissen verknüpfen. Ein gewisser Nachteil ist, dass Sie nur dann ereignisgesteuerte Aufgaben erstellen können, wenn ein Ereignis des Typs, der die Aufgabe auslösen soll, bereits im Ereignisprotokoll vorliegt. Aufgaben werden durch Ereignisse ausgelöst, die dasselbe Protokoll, dieselbe Quelle und dieselbe Ereignis-ID haben.

Gehen Sie folgendermaßen vor, um eine Aufgabe mit einem bestimmten Ereignis zu verknüpfen:

1. Öffnen Sie die Ereignisanzeige. Wählen Sie das Ereignis aus, auf dessen Basis Sie die neue Aufgabe erstellen wollen.

2. Klicken Sie im Fensterabschnitt *Aktionen* auf *Aufgabe an dieses Ereignis anfügen*. Der *Assistent für das Erstellen einfacher Aufgaben* wird gestartet.

3. Ändern Sie auf der Seite *Einfache Aufgabe erstellen* bei Bedarf den Namen der erstellten Aufgabe. In der Standardeinstellung wird die Aufgabe nach dem Ereignis benannt. Klicken Sie auf *Weiter*.

4. Prüfen Sie auf der Seite *Bei Protokollierung eines bestimmten Ereignisses* die Daten des Ereignisses. Hier ist aufgeführt, aus welchem Protokoll das Ereignis stammt, welche Quelle das Ereignis hat und wie die Ereignis-ID lautet. Klicken Sie auf *Weiter*.

5. Wählen Sie auf der Seite *Aktion* aus, welche Aufgabe ausgeführt wird (Abbildung 10.15). Die Aktionen *E-Mail senden* und *Meldung anzeigen* sind als veraltet eingestuft und Sie erhalten eine Fehlermeldung, wenn Sie versuchen, eine entsprechende Aufgabe zu erstellen. Klicken Sie auf *Weiter*.

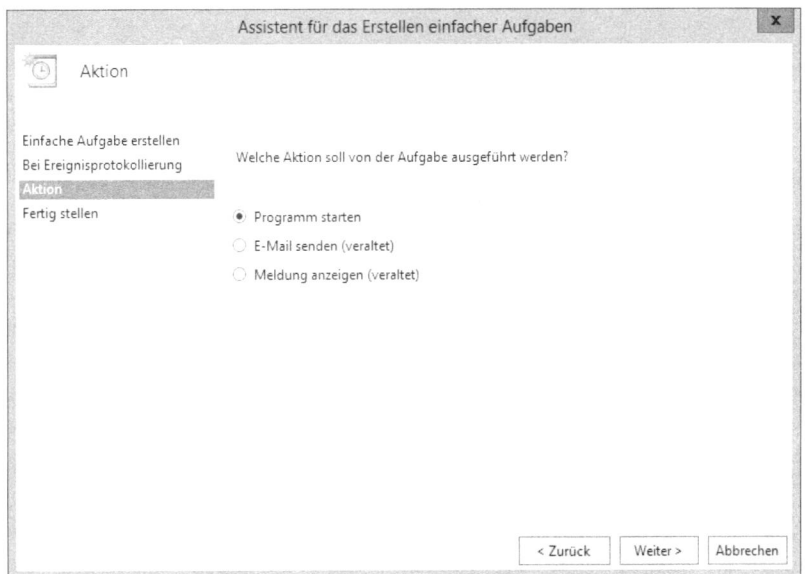

Abbildung 10.15   Verknüpfen einer Aufgabe mit einem bestimmten Ereignis

6. Tragen Sie auf der Seite *Programm starten* das Programm oder Skript ein, das automatisch ausgeführt werden soll (Abbildung 10.16). Bei Bedarf können Sie zusätzliche Argumente angeben.

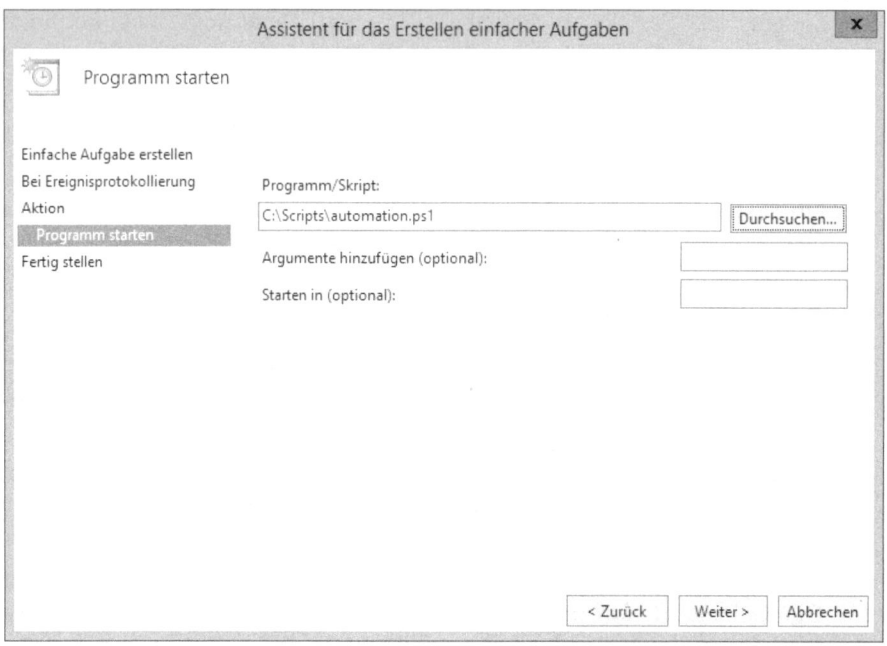

Abbildung 10.16 Auswählen des ausgeführten Skripts

7. Sobald Sie die Aufgabe erstellt haben, können Sie den Sicherheitskontext ändern, unter dem die Aufgabe ausgeführt wird. In der Standardeinstellung laufen Ereignisaufgaben nur dann, wenn der Benutzer angemeldet ist. Sie können die Aufgabe so konfigurieren, dass sie unabhängig davon läuft, ob der Benutzer angemeldet ist oder nicht (Abbildung 10.17).

Praxistipp   Taten statt Worte

Auch wenn die Aufgabenaktion *E-Mail senden* als veraltet eingestuft ist, können Sie mit der Aktion *Programm starten* ein Windows PowerShell-Skript ausführen, das eine E-Mail sendet. In vielen Fällen ist es aber sinnvoller, eine Operation direkt auszuführen, statt einem Administrator eine Nachricht zu schicken, die ihn auffordert, diese Operation zu erledigen. Es spart Zeit und Geld, wenn Sie automatisierte Aufgaben entwickeln, die Probleme beseitigen, ohne dass ein Administrator eingreifen muss. E-Mails sollten Sie nur verschicken, wenn Sie sich selbst über ein Problem informieren müssen, das nicht durch die Ausführung eines Skripts gelöst werden kann.

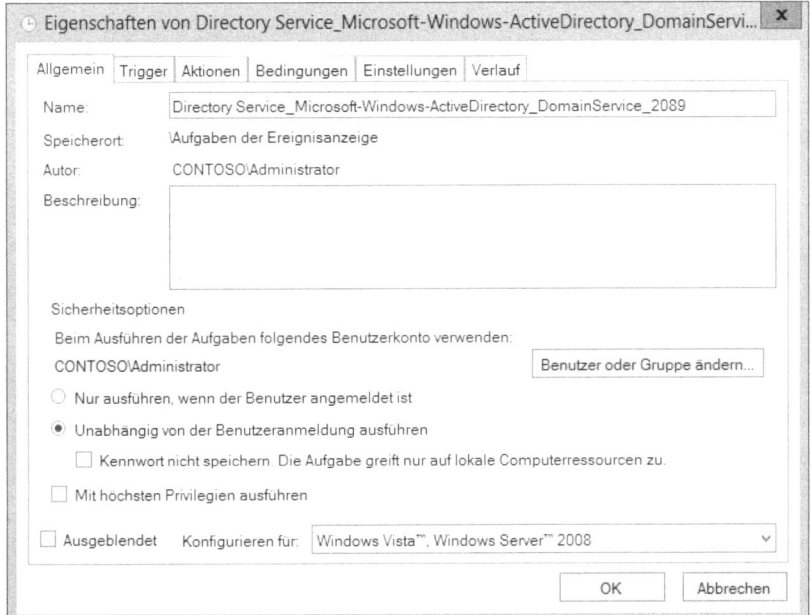

Abbildung 10.17   Konfigurieren, dass die Aufgabe auch dann ausgeführt wird, während der Benutzer nicht angemeldet ist

Durchführen einer Netzwerküberwachung

Im Rahmen der *Netzwerküberwachung* verfolgen Sie, wie ein Computer im Netzwerk kommuniziert. Mithilfe einer Netzwerküberwachung können Sie feststellen, welche Dienste und Anwendungen bestimmte Netzwerkschnittstellen benutzen, welche Dienste bestimmte Ports überwachen und wie viel Verkehr fließt. Es gibt zwei Hauptwerkzeuge, mit denen Sie auf Windows Server 2012-Computern eine Netzwerküberwachung durchführen:

- Ressourcenmonitor
- Message Analyzer

Ressourcenmonitor

Im Ressourcenmonitor beobachten Sie, wie ein Windows Server 2012-Computer seine CPU-, Arbeitsspeicher-, Datenträger- und Netzwerkressourcen auslastet. Der Ressourcenmonitor liefert Echtzeitinformationen. Sie können im Ressourcenmonitor weder Verkehr abfangen und untersuchen noch vergangene Aktivitäten ermitteln. Sie können damit lediglich die Aktivitäten verfolgen, die momentan stattfinden. Abbildung 10.18 zeigt die Registerkarte *Netzwerk* des Ressourcenmonitors.

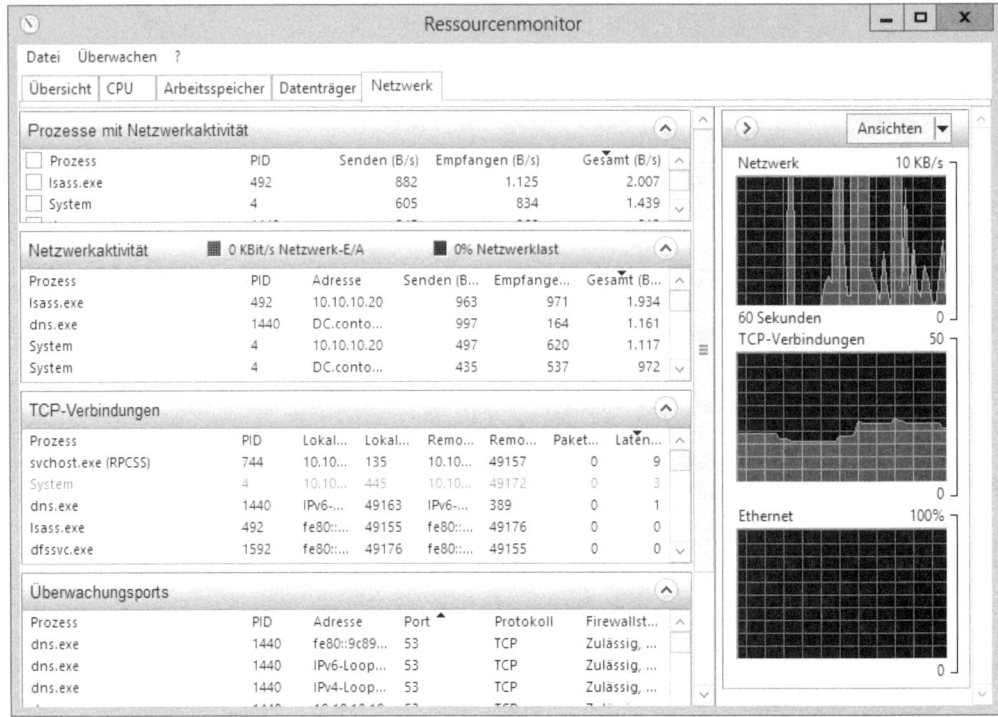

Abbildung 10.18   Registerkarte *Netzwerk* des Ressourcenmonitors

Der Ressourcenmonitor liefert im Bereich der Netzwerküberwachung folgende Informationen:

■ **Prozesse mit Netzwerkaktivität**   Diese Ansicht listet Prozesse nach Name und ID auf. Sie enthält Informationen zu den pro Sekunde gesendeten Bits, pro Sekunde empfangenen Bits und die insgesamt pro Sekunde übertragenen Bits.

■ **Netzwerkaktivität**   Listet die Netzwerkaktivität für einzelne Prozesse auf. Hier finden Sie Zieladresse, pro Sekunde gesendete Bits, pro Sekunde empfangene Bits und die insgesamt pro Sekunde übertragenen Bits.

■ **TCP-Verbindungen**   Enthält Informationen über Verbindungen, zu denen jeweils lokale Adresse und Port sowie Remoteadresse und -port aufgeführt sind.

■ **Überwachungsports**   Listet die Ports und Adressen auf, die von Diensten und Anwendungen überwacht werden. Enthält außerdem Informationen über den Firewallstatus für diese Rollen und Dienste.

Message Analyzer

Der Microsoft Message Analyzer ist der Nachfolger des Network Monitor. Sie können mit dem Message Analyzer Netzwerkverkehr abfangen und analysieren. Der Message Analyzer dient auch als Ersatz für LogParser, weil Sie damit Systemnachrichten, Ereignisse und Protokolldateien verwalten können. Wenn Sie eine Aufzeichnung durchführen, wählen Sie ein Szenario aus, das am besten den Ereignistyp repräsentiert, den Sie bei Ihrer Verkehrsanalyse untersuchen wollen. Zum Beispiel zeichnet das Szenario *LAN* (Abbildung 10.19) Verkehr zu den LAN-Schnittstellen (Local Area Network) auf.

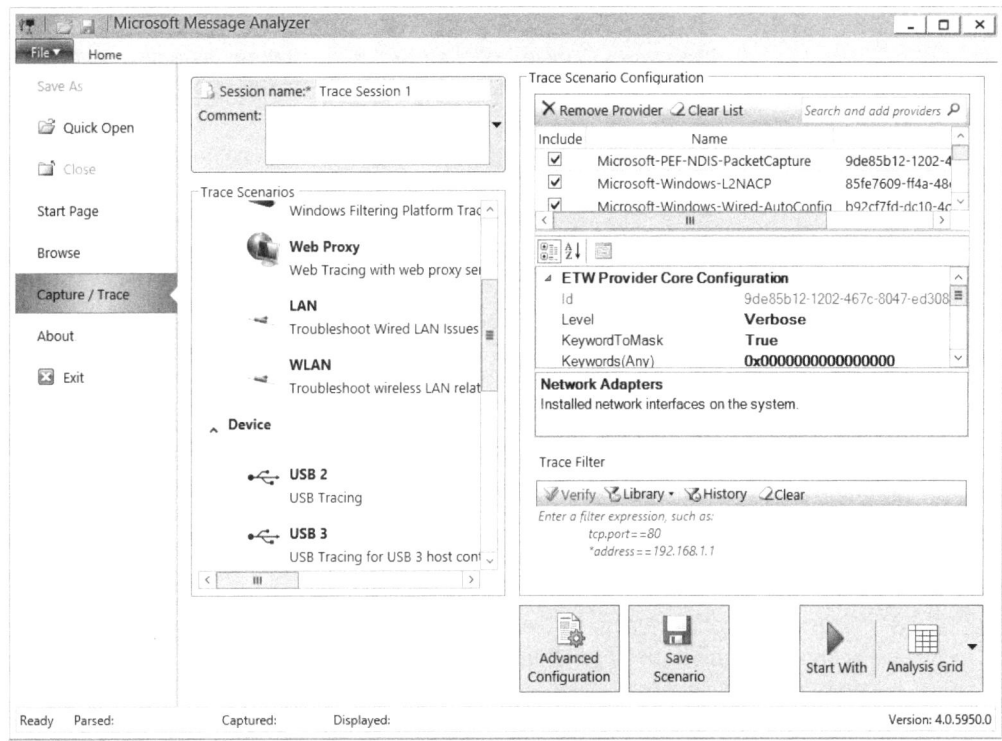

Abbildung 10.19   Das Aufzeichnungsszenario *LAN*

Wenn Sie bestimmte Netzwerkverkehrsarten aufzeichnen, müssen Sie den Message Analyzer unter einem Konto ausführen, das Mitglied der lokalen Gruppe *Administratoren* ist. Sobald die Aufzeichnung fertig ist, können Sie den Inhalt jeder Nachricht analysieren. Abbildung 10.20 zeigt ein Beispiel. Indem Sie geeignete Filter anwenden, können Sie Netzwerkverkehr aufspüren, der bestimmte Merkmale aufweist, zum Beispiel einen bestimmten TCP-Port oder eine bestimmte Quell- oder Zieladresse verwendet.

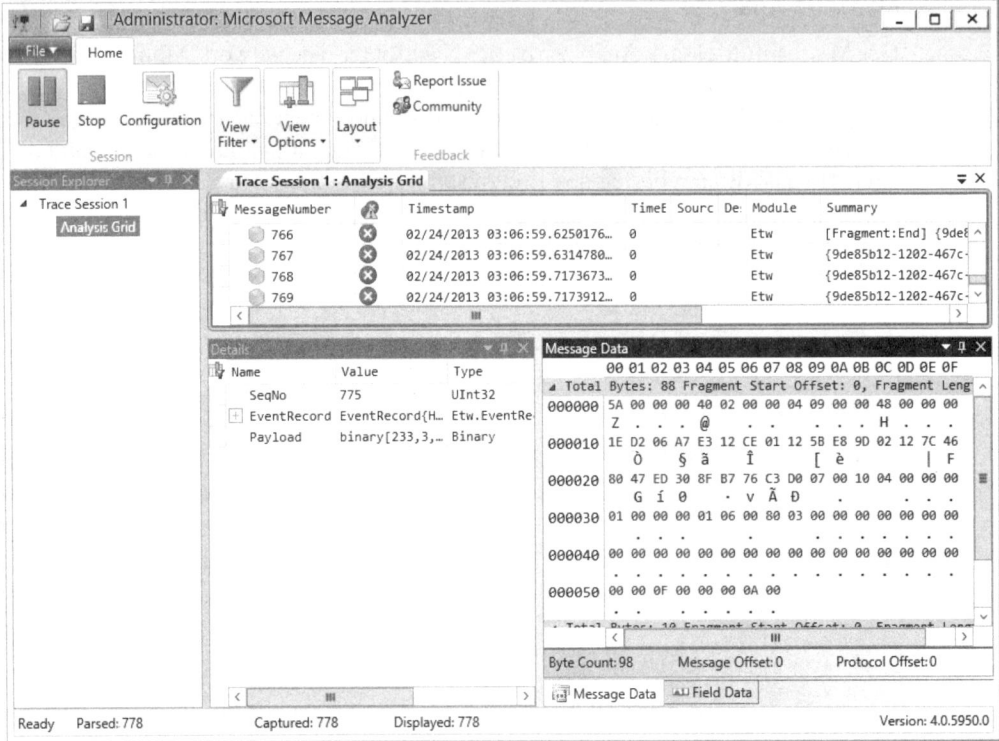

Abbildung 10.20   Auswerten von Daten im Message Analyzer

Hinweis   Message Analyzer

Als dieses Buch geschrieben wurde, war der Message Analyzer noch im Betastadium. Es gibt ein TechNet-Blog, das den Funktionsumfang des neuen Produkts beschreibt: *http://blogs.tech-net.com/b/messageanalyzer*.

Zusammenfassung der Lektion

■ Mit Datensammlersätzen können Sie Leistungsindikatordaten, Ereignisablaufverfolgungs-daten und Systemkonfigurationsinformationen aufzeichnen

■ Mithilfe von Leistungsindikatorwarnungen können Sie ein Ereignis in das Ereignis-protokoll schreiben und einen Befehl ausführen lassen, sobald der Wert eines ausge-wählten Leistungsindikators eine bestimmte Grenze über- oder unterschreitet

■ Ereignisprotokollfilter gelten nur für ein einziges Ereignisprotokoll und sind nicht dauerhaft

- Ereignisprotokollansichten sind dauerhaft, können Elemente aus mehreren Ereignisprotokollen umfassen und können importiert und exportiert werden

- Mit Ereignisabonnements können Sie einen Computer so konfigurieren, dass er die Ereignisprotokolle mehrerer anderer Computer sammelt

- Mit ereignisgesteuerten Aufgaben können Sie konfigurieren, dass ein Programm oder Skript ausgeführt wird, sobald ein bestimmtes Ereignis in das Ereignisprotokoll geschrieben wird

- Message Analyzer, der Nachfolger von Network Monitor, bietet die Möglichkeit, Netzwerkverkehr aufzuzeichnen und zu analysieren

Lernzielkontrolle

Mit den folgenden Fragen können Sie Ihr Wissen zu den Themen überprüfen, die in dieser Lektion behandelt wurden. Die Antworten auf diese Fragen mit Erklärungen, warum die jeweiligen Auswahlmöglichkeiten richtig oder falsch sind, finden Sie im Abschnitt »Antworten« am Ende dieses Kapitels.

1. Sie wollen über mehrere Stunden hinweg Daten zu Prozessor-, Arbeitsspeicher- und Netzwerkschnittstellenauslastung messen. Die Daten wollen Sie zu einem späteren Zeitpunkt auswerten. Welches der folgenden Tools sollten Sie für diesen Zweck einsetzen?

    A. Ressourcenmonitor

    B. Task-Manager

    C. Datensammlersatz

    D. Message Analyzer

2. Auf einem Windows Server 2012-Computer, für dessen Administration Sie verantwortlich sind, funktioniert ein bestimmter Netzwerkdienst nicht richtig. Sie vermuten, dass der Dienst einen TCP-Port überwacht, der von der Windows-Firewall blockiert wird, wissen aber nicht, welchen TCP-Port der Dienst verwendet. Mit welchem der folgenden Tools können Sie diese Frage klären?

    A. Task-Manager

    B. Ressourcenmonitor

    C. Message Analyzer

    D. Datensammlersatz

3. Welches der folgenden Tools können Sie nutzen, um Netzwerkverkehr aufzuzeichnen und zu analysieren?

    A. Datensammlersatz

    B. Message Analyzer

    C. Ressourcenmonitor

    D. Task-Manager

4. Sie konfigurieren Ereignisprotokollabonnements. Der Computer *SYD-A* fungiert als Sammlungscomputer und die Computer *MEL-A*, *MEL-B* und *MEL-C* als Ereignisprotokollquellen. Sie wollen, dass *SYD-A* Ereignisse aus den Sicherheitsprotokollen der Computer *MEL-A*, *MEL-B* und *MEL-C* sammelt. Zu welcher Sicherheitsgruppe müssen Sie das Computerkonto von *SYD-A* auf den Computern *MEL-A*, *MEL-B* und *MEL-C* hinzufügen?

    A. *Sicherungs-Operatoren*

    B. *Hauptbenutzer*

    C. *Ereignisprotokollleser*

    D. *Administratoren*

Lektion 2: Erweiterte Überwachungsrichtlinien

Mithilfe der Überwachung verfolgen Sie tatsächlich erfolgte sowie nur versuchte Zugriffe und Änderungen an Objekten und Richtlinien. Die Überwachung ermöglicht Ihnen zu prüfen, ob die Richtlinien, die Sie zum Schutz der Netzwerkinfrastruktur Ihrer Organisation ausgearbeitet haben, auch in der Praxis erzwungen werden. Dazu verfolgen Sie unter anderem Änderungen an kritischen Benutzerkonten oder den Zugriff auf vertrauliche Dateien und Ordner. In dieser Lektion lernen Sie erweiterte Überwachungsrichtlinien kennen und erfahren, wie Sie ausdrucksbasierte Überwachungsrichtlinien konfigurieren und mit *Auditpol.exe* die Überwachung verwalten.

Am Ende dieser Lektion werden Sie in der Lage sein, die folgenden Aufgaben auszuführen:

- Beschreiben erweiterter Überwachungsrichtlinien

- Konfigurieren der Überwachung mithilfe von Gruppenrichtlinien

- Verwalten der Überwachung mit *Auditpol.exe*

Veranschlagte Zeit für diese Lektion: 45 Minuten

Erweiterte Überwachung

In einem Gruppenrichtlinienobjekt (Group Policy Object, GPO) gibt es zwei Sätze von Überwachungsrichtlinien: herkömmliche Überwachungsrichtlinien und *erweiterte Überwachungsrichtlinien* (advanced audit policies). Die herkömmlichen Überwachungsrichtlinien liegen im Knoten *Computerkonfiguration\Richtlinien\Windows-Einstellungen\Sicherheitseinstellungen\ Lokale Richtlinien\Überwachungsrichtlinie* (Abbildung 10.21). Diese Überwachungsrichtlinien stehen seit der Version Windows 2000 in den Windows Server-Betriebssystemen zur Verfügung. Sie haben den Nachteil, dass sie sehr allgemein sind und es nicht ermöglichen, die Überwachung individuell zu konfigurieren. Wenn Sie diese Richtlinien nutzen, überwachen Sie nicht nur die Ereignisse, an denen Sie gerade interessiert sind, sondern auch viele Ereignisse, die Ihnen überhaupt nichts nützen.

Praxistipp   Von Nadel und Heuhaufen

Das Erfolgsrezept beim Konfigurieren von Überwachungsrichtlinien besteht darin, den Heuhaufen so weit zu verkleinern, dass es einfacher wird, die Nadel darin zu finden. Eine Überwachungsrichtlinie, die nur Aktivitäten aufzeichnet, an denen Sie wirklich interessiert sind, liefert weniger Ereignisse als eine allgemeinere Überwachungsrichtlinie, bei der die relevanten Ereignisse leicht in der Masse untergehen.

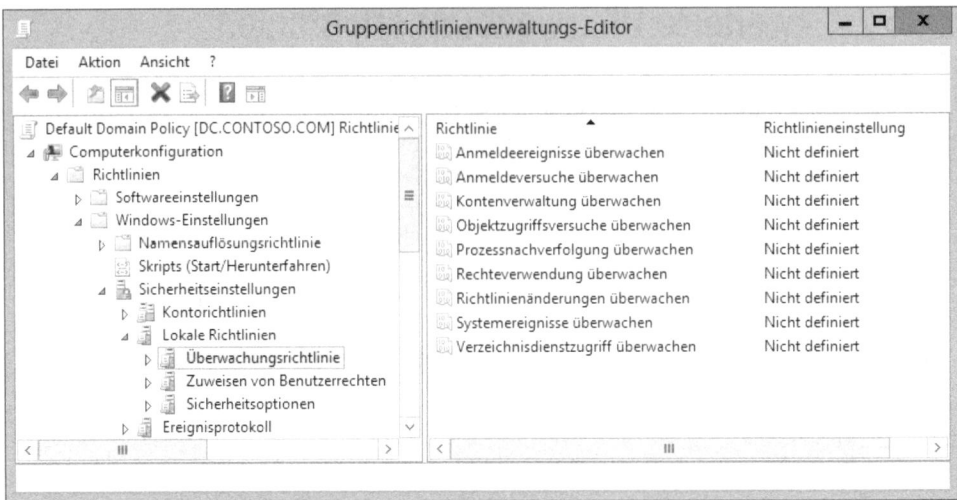

Abbildung 10.21   Allgemeine Überwachungsrichtlinien

Mit erweiterten Überwachungsrichtlinien können Sie genauer auswählen, welche Aktivitäten Sie überwachen. Sie finden die erweiterten Überwachungsrichtlinien im Knoten *Computer-konfiguration\Richtlinien\Windows-Einstellungen\Sicherheitseinstellungen\Erweiterte Über-wachungsrichtlinienkonfiguration* (Abbildung 10.22).

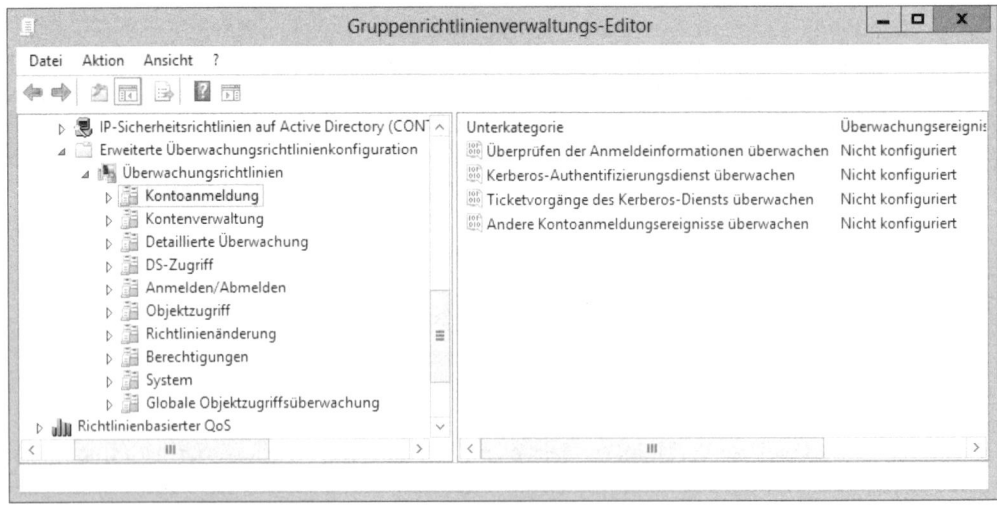

Abbildung 10.22   Erweiterte Überwachungsrichtlinien

Unter *Erweiterte Überwachungsrichtlinienkonfiguration* stehen 10 Gruppen mit Überwachungsrichtlinieneinstellungen und 58 einzelne Überwachungsrichtlinien zur Verfügung. Die Überwachungsrichtlinien sind in die folgenden Kategorien untergliedert:

- **Kontoanmeldung**   Mit den Richtlinien dieser Kategorie überwachen Sie die Überprüfung von Anmeldeinformationen und Kerberos-spezifische Operationen

- **Kontenverwaltung**   Mit den Richtlinien dieser Kategorie überwachen Sie Kontoverwaltungsoperationen, zum Beispiel Änderungen an Computerkonten, Benutzerkonten und Gruppenkonten

- **Detaillierte Überwachung**   Mit den Richtlinien dieser Kategorie überwachen Sie Verschlüsselungsereignisse, Prozesserstellung, Prozessbeendigung und RPC-Ereignisse

- **DS-Zugriff**   Mit den Richtlinien dieser Kategorie überwachen Sie Active Directory-Zugriff und -Funktionen

- **Anmelden/Abmelden**   Mit den Richtlinien dieser Kategorie überwachen Sie Anmeldungen, Abmeldungen und andere Kontoaktivitäten, darunter IPsec- und Netzwerkrichtlinienserverereignisse

- **Objektzugriff**   Mit den Richtlinien dieser Kategorie überwachen Sie Zugriffe auf Objekte wie Dateien, Ordner, Anwendungen und Registrierung

- **Richtlinienänderung**   Mit den Richtlinien dieser Kategorie überwachen Sie Änderungen an Überwachungsrichtlinien

- **Berechtigungen**   Mit den Richtlinien dieser Kategorie überwachen Sie die Nutzung von Privilegien

- **System**   Mit den Richtlinien dieser Kategorie überwachen Sie Änderungen am Sicherheitssubsystem

- **Globale Objektzugriffsüberwachung**   Mit den Richtlinien dieser Kategorie können Sie ausdrucksbasierte Überwachungsrichtlinien für Dateien und die Registrierung konfigurieren

Praxistipp   Konfigurieren einer Überwachungsrichtlinie

Überlegen Sie sich erst, was Sie überwachen wollen, und aktivieren Sie dann die Richtlinien für die Überwachung des entsprechenden Aktivitätstyps. Viele Administratoren machen den Fehler, dass sie nicht genau wissen, was überwacht werden sollte, und folglich einfach alles überwachen. Das führt dann zu Frustration, weil die Überwachungsereignisse, die tatsächlich für das aktuelle Problem von Interesse sind, in einem Meer von völlig irrelevanten Überwachungsereignissen untergehen.

Ausdrucksbasierte Überwachungsrichtlinien

Bei herkömmlichen Objektüberwachungsrichtlinien wählen Sie eine Gruppe aus und stellen ein, welche Aktivitätstypen bewirken, dass ein Ereignis in das Sicherheitsprotokoll geschrieben wird. Zum Beispiel wird jedes Mal, wenn ein Mitglied der Gruppe *Manager* auf eine Datei in einem bestimmten Ordner zugreift, ein Überwachungsereignis geschrieben.

Die *ausdrucksbasierten Überwachungsrichtlinien* (expression-based audit policies) sind viel flexibler. Mit diesen Richtlinien können Sie anhand von Bedingungen steuern, wann eine Überwachung stattfindet. Zum Beispiel können Sie die Überwachung so konfigurieren, dass der Zugriff von Mitgliedern der Gruppe *Manager* auf vertrauliche Dateien nur dann verfolgt wird, wenn sie auf diese Dateien von Computern aus zugreifen, die nicht zur Gruppe *Manager-Computer* gehören. Abbildung 10.23 zeigt eine entsprechend konfigurierte Überwachung. Auf diese Weise brauchen Sie keine Überwachungseinträge zu durchforsten, die aufgezeichnet werden, während Mitglieder dieser Gruppe innerhalb des Büros auf die vertraulichen Dateien zugreifen, können aber genau verfolgen, wenn Gruppenmitglieder von einem ungewöhnlichen Ort aus auf die vertraulichen Dateien zugreifen.

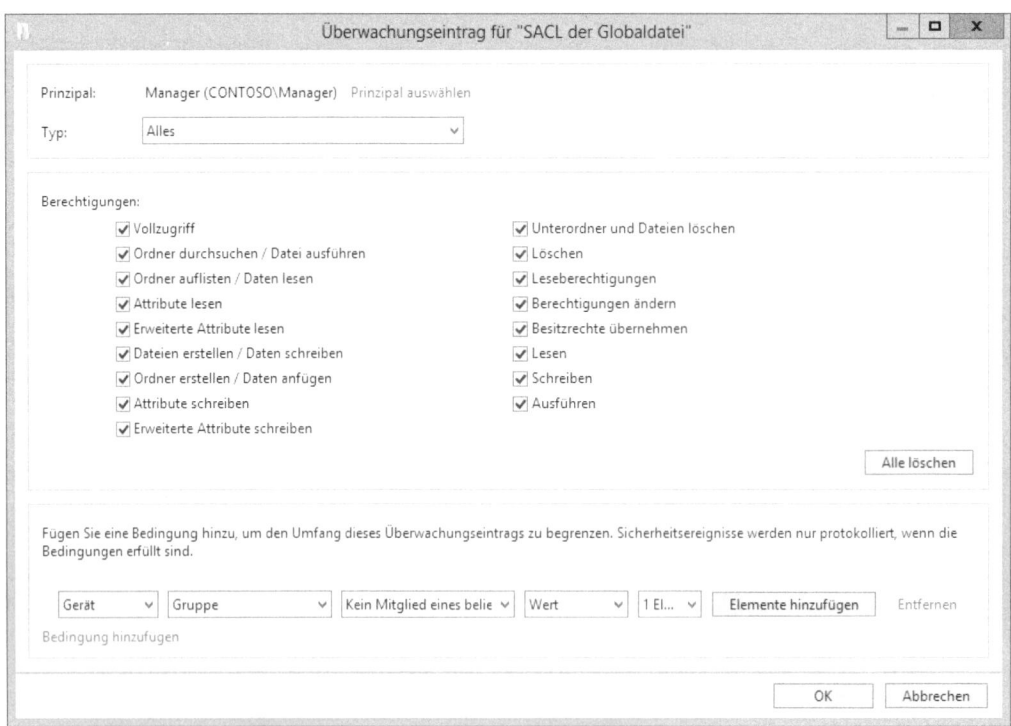

Abbildung 10.23 Ausdrucksbasierte Überwachungsrichtlinien

Sie können die ausdrucksbasierten Überwachungsrichtlinien mit dynamischer Zugriffssteuerung (Dynamic Access Control, DAC) kombinieren, um gezielte Überwachungsrichtlinien für Benutzer-, Computer- und Ressourcenansprüche zusammenzustellen. Statt lediglich Ansprüche auf Basis einer Benutzer- oder Gerätegruppenmitgliedschaft hinzuzufügen, kann der Anspruch auf Dokumentmetadaten wie zum Beispiel Vertraulichkeitseinstellungen und Speicherort basieren. Sie können ausdrucksbasierte Überwachungsrichtlinien auf Datei- oder Ordnerebene konfigurieren oder sie über Gruppenrichtlinien mithilfe der Richtlinien im Knoten *Globale Objektzugriffsüberwachung* unterhalb des Zweigs *Erweiterte Überwachungsrichtlinien-konfiguration* anwenden.

Schnelltest

■ Welche Art von Überwachung sollten Sie konfigurieren, wenn Sie den Dateizugriff durch eine bestimmte Gruppe von Personen verfolgen wollen, aber nur dann, wenn diese Benutzer nicht an einem Computer aus einer bestimmten Gruppe von Computern angemeldet sind?

Antwort zum Schnelltest

■ Konfigurieren Sie eine ausdrucksbasierte Überwachungsrichtlinie, um solche Dateizugriffe zu verfolgen.

Konfigurieren von Datei- und Ordnerüberwachung

Wenn Sie die Überwachung des Objektzugriffs konfigurieren, sei es mit herkömmlichen oder erweiterten Überwachungsrichtlinien, können Sie die Überwachung auf Datei- und Ordner-ebene steuern. Am einfachsten können Sie die Überwachung auf Ordnerebene konfigurieren, weil Sie dann einstellen können, dass alle Unterordner diese Überwachungseinstellungen erben. Wenn Sie die Überwachungseinstellungen auf Ordnerebene ändern, können Sie die neuen Überwachungseinstellungen mit der Option *Alle Überwachungseinträge für unterge-ordnete Objekte durch vererbbare Überwachungseinträge von diesem Objekt ersetzen* auf die untergeordneten Dateien und Ordner des aktuellen Ordners anwenden.

Sie konfigurieren die Überwachung für ausgewählte Dateien und Ordner über die Schaltfläche *Erweitert* auf der Registerkarte *Sicherheit* im Eigenschaftendialogfeld des jeweiligen Objekts. Sie können eine einfache Erfolgs- und Fehlerüberwachung konfigurieren, wie in Abbildung 10.24 gezeigt. Sie können aber auch eine ausdrucksbasierte Überwachung konfigurieren, damit die Aktivität von Mitgliedern einer bestimmten Sicherheitsgruppe nur dann überwacht wird, wenn andere Bedingungen erfüllt sind, zum Beispiel die Mitgliedschaft in anderen Sicherheitsgruppen.

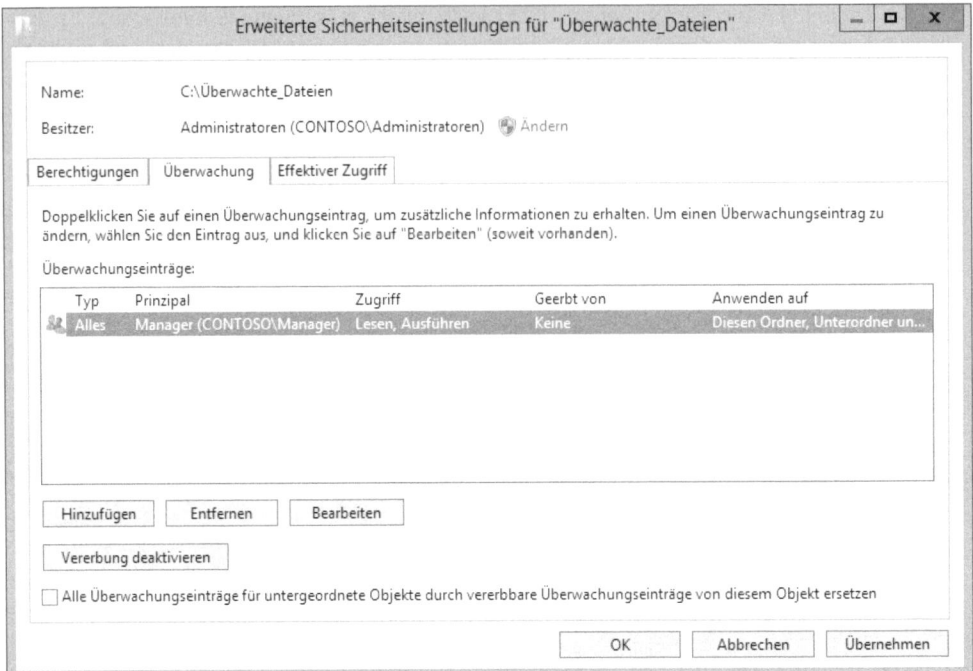

Abbildung 10.24 Konfigurieren einer einfachen Erfolgs- und Fehlerüberwachung

Der Vorteil der globalen Objektzugriffsüberwachung liegt darin, dass Sie mit ihrer Hilfe Metadaten über die Dateiklassifizierung auf Dateien anwenden und dann automatisch die Überwachung für diese Dateien aktivieren lassen können. Zum Beispiel können Sie mithilfe von Dateiklassifizierung und DAC einen Windows Server 2012-Dateiserver so konfigurieren, dass alle Dateien, die den Ausdruck »Kennzeichen geheim« enthalten, als vertraulich markiert werden. Dann konfigurieren Sie die globale Objektzugriffsüberwachung so, dass alle Zugriffe auf Dateien, die als vertraulich markiert sind, automatisch überwacht werden. Der Prozess ist automatisch, es muss kein Administrator alle vertraulichen Dateien heraussuchen und die Überwachung für diese Dateien konfigurieren. Um die Überwachung auszulösen, genügt es, wenn die Datei den Ausdruck »Kennzeichen geheim« enthält.

Verwenden von *Auditpol.exe* für die Überwachung

Auditpol.exe ist ein Befehlszeilenprogramm, das Sie in einer Eingabeaufforderung mit erhöhten Rechten verwenden können, um Überwachungsrichtlinieneinstellungen zu konfigurieren und zu verwalten. Sie können mit *Auditpol.exe* folgende Aufgaben ausführen:

- Anzeigen der aktuellen Überwachungsrichtlinieneinstellungen mit dem Unterbefehl /get

- Ändern von Überwachungsrichtlinieneinstellungen mit dem Unterbefehl /set

- Anzeigen der verfügbaren Richtlinienelemente mit dem Unterbefehl /list

- Sichern und Wiederherstellen von Überwachungsrichtlinien mit den Unterbefehlen `/backup` und `/restore`

- Löschen aller benutzerspezifischen Überwachungsrichtlinieneinstellungen und Zurücksetzen der Systemrichtlinieneinstellungen mit dem Unterbefehl `/clear`

- Löschen aller benutzerspezifischen Überwachungsrichtlinieneinstellungen und Deaktivieren aller Systemrichtlinieneinstellungen mit dem Unterbefehl `/remove`

Zum Beispiel aktiviert der folgende Befehl die Erfolgs- und Fehlerüberwachung für die Unterkategorie *Dateisystem* der Kategorie *Objektzugriff*:

```
auditpol.exe /set /subcategory:"Dateisystem" /success:Enable /failure:Enable
```

Der nächste Befehl listet die aktuellen Überwachungsrichtlinieneinstellungen für alle Überwachungsrichtlinien auf:

```
auditpol.exe /get /category:*
```

Und der folgende Befehl zeigt die aktuellen Überwachungsrichtlinieneinstellungen für die Kategorie *Objektzugriff* an:

```
auditpol.exe /get /category:"Objektzugriff"
```

Weitere Informationen   *Auditpol.exe*

Im TechNet-Artikel *http://technet.microsoft.com/en-us/library/cc731451(v=ws.10).aspx* erfahren Sie mehr über *Auditpol.exe*.

Zusammenfassung der Lektion

- Mithilfe von erweiterten Überwachungsrichtlinien können Sie eine feiner abgestimmte Überwachung konfigurieren, als es mit den herkömmlichen Überwachungsrichtlinien aus älteren Windows Server-Versionen möglich war

- Ausdrucksbasierte Überwachungsrichtlinien ermöglichen es, die Überwachung auf Basis von Objektmetadaten zu steuern. Sie können mit ausdrucksbasierten Überwachungsrichtlinien auch eine bedingte Überwachung durchführen

- Wenn Sie die Überwachung des Objektzugriffs aktiviert haben, können Sie die Überwachung auf Datei- und Ordnerebene konfigurieren. Die Überwachung auf Datei- und Ordnerebene unterstützt ausdrucksbasierte Überwachungsrichtlinien.

- Mit dem Befehlszeilenprogramm *Auditpol.exe* können Sie in einer Eingabeaufforderung mit erhöhten Rechten die Überwachungsrichtlinieneinstellungen konfigurieren und verwalten

Lernzielkontrolle

Mit den folgenden Fragen können Sie Ihr Wissen zu den Themen überprüfen, die in dieser Lektion behandelt wurden. Die Antworten auf diese Fragen mit Erklärungen, warum die jeweiligen Auswahlmöglichkeiten richtig oder falsch sind, finden Sie im Abschnitt »Antworten« am Ende dieses Kapitels.

1. Welchen der folgenden Befehle sollten Sie verwenden, um die Erfolgs- und Fehlerüberwachung für alle Überwachungsrichtlinien der Kategorie *Objektzugriff* auf einem Windows Server 2012-Computer zu aktivieren?

    A. `auditpol.exe /set /subcategory:"Dateisystem" /success:Enable /failure:Enable`

    B. `auditpol.exe /set /category:"Objektzugriff" /success:Enable /failure:Enable`

    C. `auditpol.exe /set /category:"Objektzugriff" /success:Disable /Failure:Disable`

    D. `auditpol.exe /set /category:"Objektzugriff" /success:Disable /failure:Enable`

2. Sie wollen auf einem Windows Server 2012-Computer für alle Überwachungsrichtlinien der Kategorie *Objektzugriff* die Fehlerüberwachung, aber nicht die Erfolgsüberwachung aktivieren. Mit welchem der folgenden Befehle erreichen Sie dieses Ziel?

    A. `auditpol.exe /set /category:"Objektzugriff" /success:Disable /failure:Enable`

    B. `auditpol.exe /set /category:"Objektzugriff" /success:Disable /Failure:Disable`

    C. `auditpol.exe /set /category:"Objektzugriff" /success:Enable /failure:Enable`

    D. `auditpol.exe /set /subcategory:"Dateisystem" /success:Enable /failure:Enable`

3. Sie wollen die Erfolgs- und Fehlerüberwachung nur für die Unterkategorie *Dateisystem* aktivieren. Mit welchem der folgenden Befehle erreichen Sie dieses Ziel?

    A. `auditpol.exe /set /category:"Objektzugriff" /success:Enable /failure:Enable`

    B. `auditpol.exe /set /category:"Objektzugriff" /success:Disable /failure:Enable`

    C. `auditpol.exe /set /subcategory:"Dateisystem" /success:Enable /failure:Enable`

    D. `auditpol.exe /set /category:"Objektzugriff" /success:Disable /Failure:Disable`

4. Sie wollen jegliche Erfolgs- und Fehlerüberwachung für alle Unterkategorien der Kategorie *Objektzugriff* deaktivieren. Mit welchem der folgenden Befehle erreichen Sie dieses Ziel?

    A. `auditpol.exe /set /category:"Objektzugriff" /success:Disable /Failure:Disable`

    B. `auditpol.exe /set /category:"Objektzugriff" /success:Disable /failure:Enable`

    C. `auditpol.exe /set /category:"Objektzugriff" /success:Enable /failure:Enable`

    D. `auditpol.exe /set /subcategory:"Dateisystem" /success:Enable /failure:Enable`

Übungen

In den Übungen dieses Abschnitts sammeln Sie Praxiserfahrung zu folgenden Themen:

- Konfigurieren von Datensammlersätzen

- Konfigurieren von Warnungen

- Verwalten von Ereignisabonnements

- Ausführen einer Netzwerküberwachung

- Konfigurieren der Überwachung von Wechselmedien

- Konfigurieren der Anmeldeüberwachung

- Konfigurieren von ausdrucksbasierten Überwachungsrichtlinien

- Aktivieren der Ordnerüberwachung

Um die Übungen in diesem Abschnitt durchzuarbeiten, brauchen Sie virtuelle Computer namens *DC*, *SYD-A* und *SYD-B*, auf denen die Evaluierungsversion von Windows Server 2012 installiert ist. Wie Sie diese Server einrichten, ist im Anhang beschrieben. Legen Sie Snapshots der virtuellen Computer an, damit Sie ihren Ausgangszustand nach Abschluss der Übungen wiederherstellen können.

Übung 1: Konfigurieren von Datensammlersätzen

In dieser Übung konfigurieren Sie Datensammlersätze. Gehen Sie folgendermaßen vor, um diese Übung auszuführen:

1. Wählen Sie auf *DC* im Server-Manager im Menü *Tools* den Befehl *Leistungsüberwachung*.

2. Erweitern Sie in der Konsole *Leistungsüberwachung* die Zweige *Leistung\Datensammler-sätze\Benutzerdefiniert* (Abbildung 10.25).

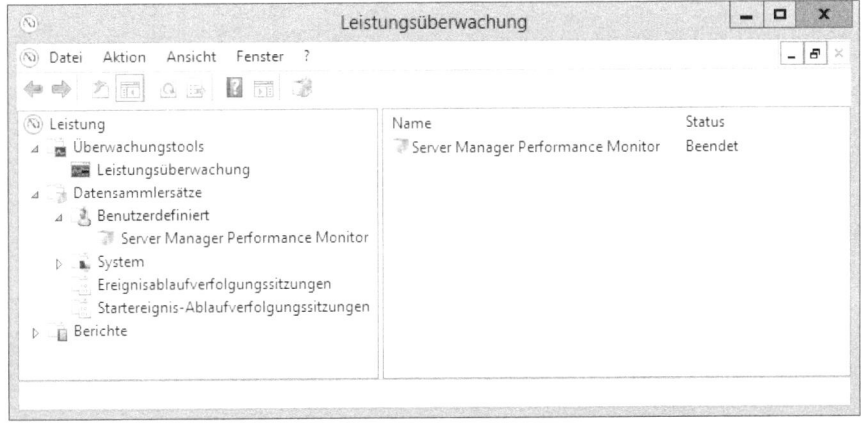

Abbildung 10.25 Konfigurieren von Datensammlersätzen

3. Klicken Sie im Menü *Aktion* auf *Neu* und dann auf *Datensammlersatz*.

4. Geben Sie im Assistenten *Neuen Datensammlersatz erstellen* den Namen **DC-Leistungs-messung** ein und wählen Sie die Option *Manuell erstellen (Erweitert)* aus (Abbildung 10.26). Klicken Sie auf *Weiter*.

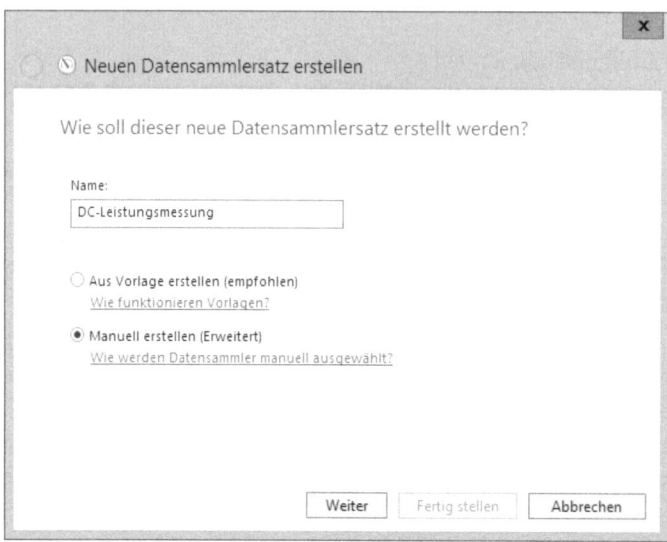

Abbildung 10.26 Eingeben des Namens für einen neuen Datensammlersatz

5. Aktivieren Sie auf der Seite *Welcher Datentyp soll eingeschlossen werden* das Kontroll-kästchen *Leistungsindikatoren* (Abbildung 10.27) und klicken Sie auf *Fertig stellen*.

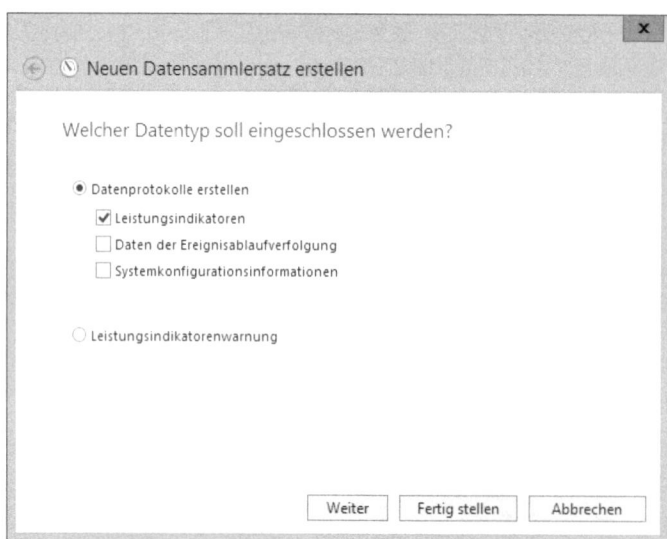

Abbildung 10.27 Erstellen eines Datensammlersatzes mit Leistungsindikatoren

6. Wählen Sie in der Konsole *Leistungsüberwachung* den Knoten *DC-Leistungsmessung* aus.

7. Klicken Sie in der Detailansicht auf *DataCollector01*.

8. Wählen Sie im Menü *Aktion* den Befehl *Eigenschaften*.

9. Klicken Sie im Dialogfeld *Eigenschaften von DataCollector01* (Abbildung 10.28) auf *Hinzufügen*.

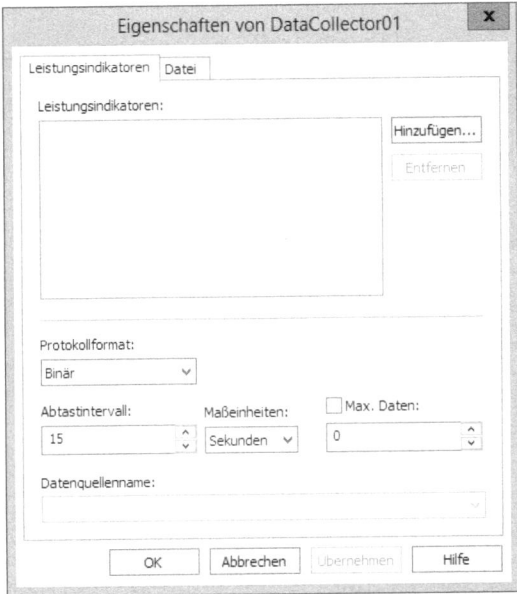

Abbildung 10.28   Hinzufügen von Leistungsindikatoren zu einem Datensammlersatz

10. Klicken Sie im Abschnitt *Verfügbare Leistungsindikatoren* auf *Logischer Datenträger* und dann auf *Hinzufügen*.

11. Erweitern Sie die Kategorie *Arbeitsspeicher*, indem Sie das Pfeilsymbol anklicken, wählen Sie *Verfügbare MB* aus und klicken Sie auf *Hinzufügen*.

12. Klicken Sie auf *Netzwerkschnittstelle* und dann auf *Hinzufügen*.

13. Klicken Sie auf *Prozessor* und dann auf *Hinzufügen*.

14. Stellen Sie sicher, dass die Liste der hinzugefügten Indikatoren wie in Abbildung 10.29 aussieht, und klicken Sie auf *OK*.

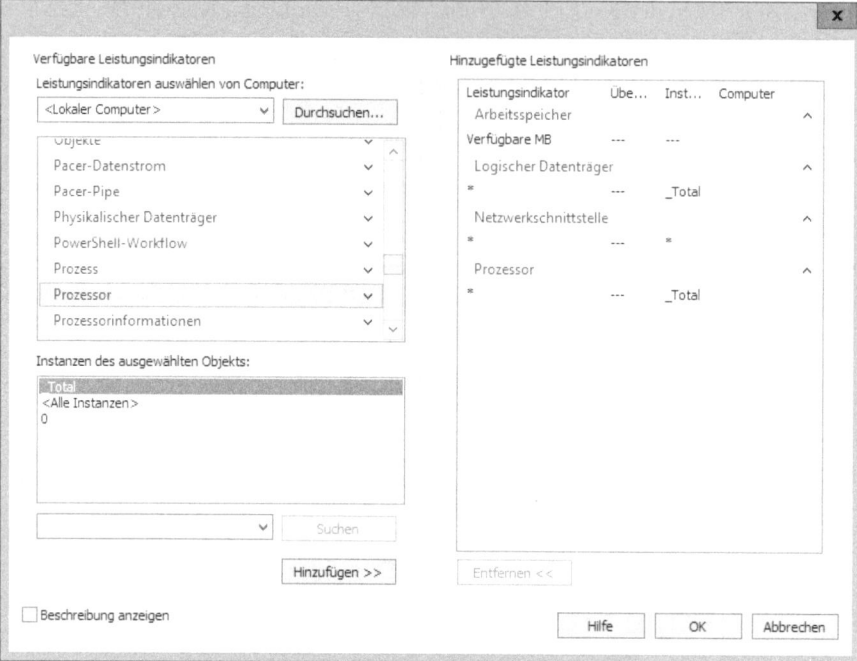

Abbildung 10.29   Auswählen von Leistungsindikatoren

15. Setzen Sie im Dialogfeld *Eigenschaften von DataCollector01* das Abtastintervall auf 15
    Sekunden (Abbildung 10.30) und klicken Sie auf *OK*.

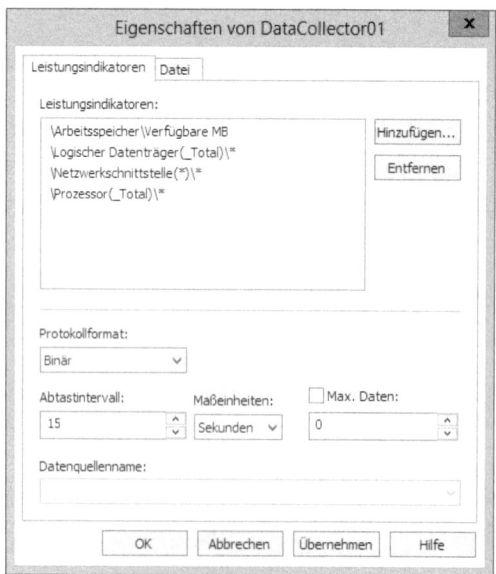

Abbildung 10.30   Einstellen des Abtastintervalls

Übung 2: Sammeln von Daten

In dieser Übung zeichnen Sie Daten mit dem Datensammlersatz auf. Gehen Sie folgendermaßen vor, um diese Übung auszuführen:

1. Wählen Sie in der Konsole *Leistungsüberwachung* den Knoten *Datensammlersätze\ Benutzerdefiniert\DC-Leistungsmessung* aus.

2. Wählen Sie im Menü *Aktion* den Befehl *Starten*.

3. Warten Sie 2 Minuten und wählen Sie dann im Menü *Aktion* den Befehl *Beenden*.

4. Erweitern Sie die Zweige *Berichte* und *Benutzerdefiniert* und wählen Sie den Knoten *DC-Leistungsmessung* aus.

5. Klicken Sie auf den Bericht, der in der Detailansicht aufgeführt wird (Abbildung 10.31).

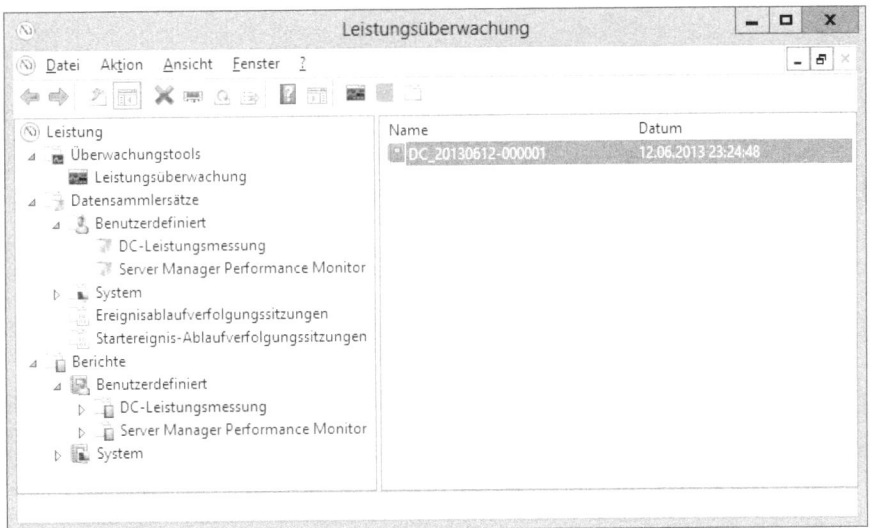

Abbildung 10.31 Auswählen eines Berichts

6. Klicken Sie auf *Daten in Leistungsüberwachung anzeigen*.

7. Klicken Sie auf *Diagrammtyp ändern* und wählen Sie den Typ *Bericht*.

8. Sehen Sie sich den Bericht an (Abbildung 10.32).

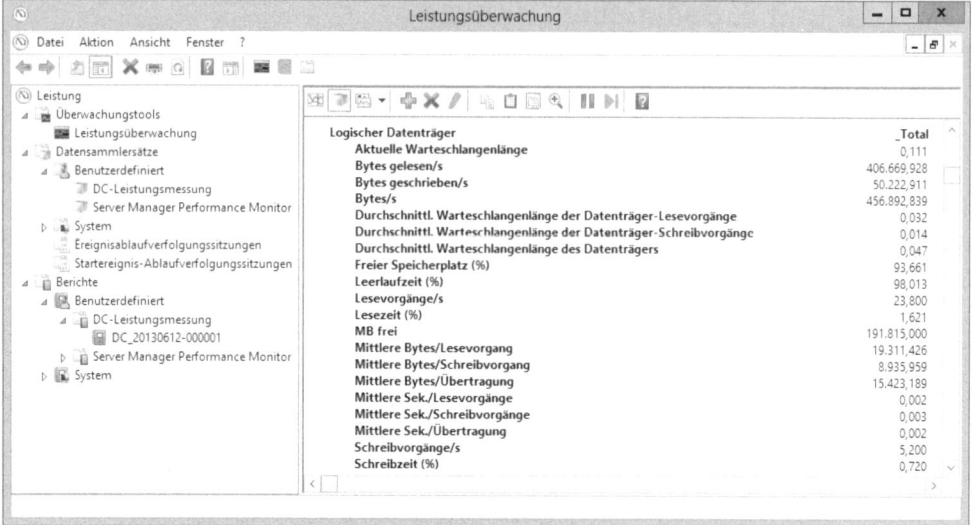

Abbildung 10.32   Anzeigen eines Berichts

Übung 3: Konfigurieren von Warnungen

In dieser Übung konfigurieren Sie eine Warnung für freien Festplattenplatz. Gehen Sie folgendermaßen vor, um diese Übung auszuführen:

1. Wählen Sie in der Konsole *Leistungsüberwachung* im Zweig *Datensammlersätze* den Knoten *Benutzerdefiniert* aus.

2. Klicken Sie im Menü *Aktion* auf *Neu* und dann auf *Datensammlersatz*.

3. Geben Sie im Assistenten *Neuen Datensammlersatz erstellen* den Namen **Datenträger-platzwarnung** ein, wählen Sie die Option *Manuell erstellen (Erweitert)* aus und klicken Sie auf *Weiter*.

4. Wählen Sie auf der Seite *Welcher Datentyp soll eingeschlossen werden* die Option *Leistungsindikatorenwarnung* aus (Abbildung 10.33) und klicken Sie auf *Weiter*.

5. Klicken Sie auf der Seite *Welche Leistungsindikatoren möchten Sie überwachen* auf *Hinzufügen*.

6. Erweitern Sie im Abschnitt *Verfügbare Leistungsindikatoren* die Kategorie *Logischer Datenträger*, klicken Sie auf *Freier Speicherplatz (%)*, auf die Instanz *C:* und schließlich auf *Hinzufügen* (Abbildung 10.34). Klicken Sie auf *OK*.

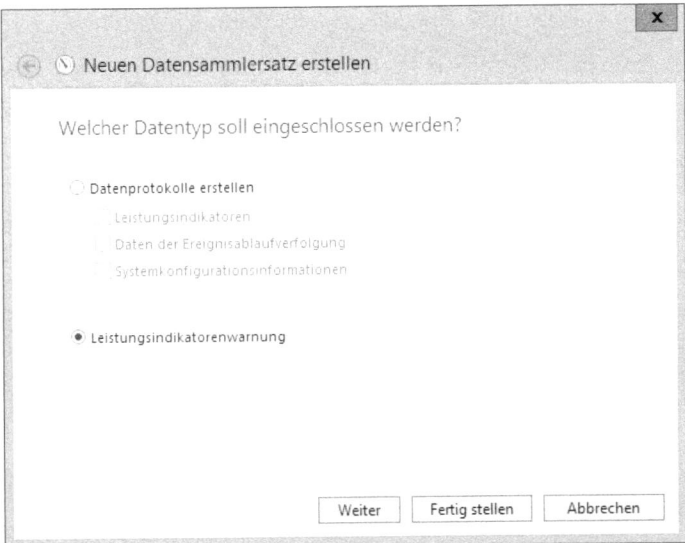

Abbildung 10.33 Erstellen eines Datensammlersatzes mit Leistungsindikatorenwarnungen

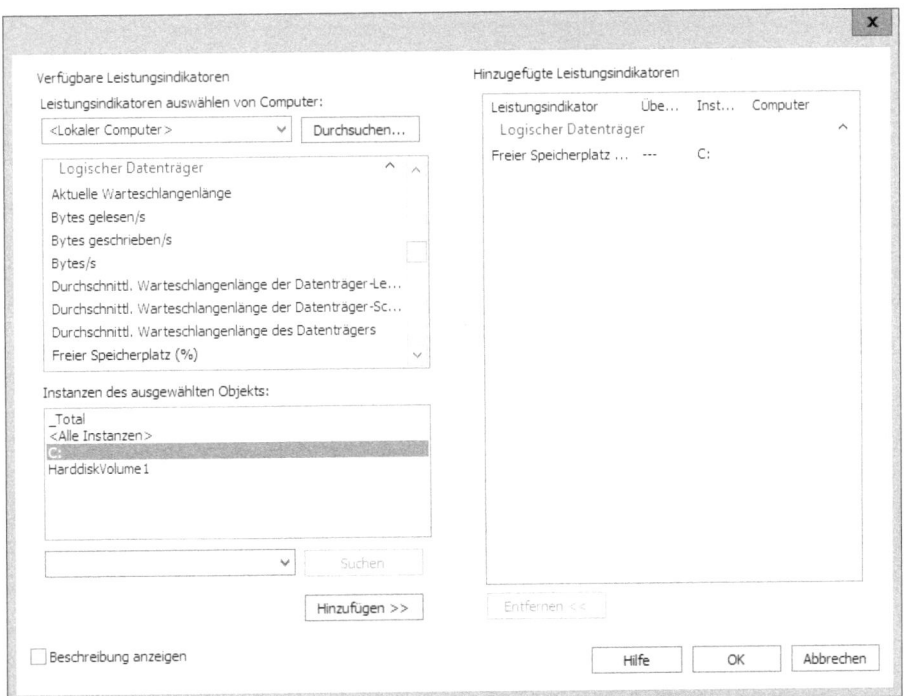

Abbildung 10.34 Auswählen eines Leistungsindikators für logische Datenträger

7. Wählen Sie in der Dropdownliste *Warnung bei* den Eintrag *Unter* aus.

8. Tragen Sie den Grenzwert **5** ein (Abbildung 10.35) und klicken Sie auf *Weiter*.

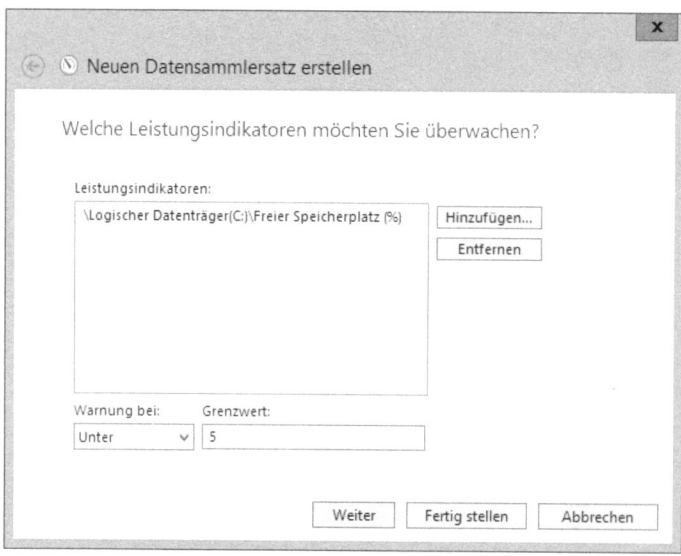

Abbildung 10.35   Einstellen des Grenzwerts für eine Warnung

9. Klicken Sie auf *Fertig stellen*.

Übung 4: Vorbereiten von Computern für Ereignisabonnements

In dieser Übung konfigurieren Sie Computer so, dass sie Ereignisprotokollabonnements unterstützen. Gehen Sie folgendermaßen vor, um diese Übung auszuführen:

1. Klicken Sie auf *DC* in der Taskleiste auf das Symbol *Windows PowerShell*.

2. Geben Sie den folgenden Befehl ein und drücken Sie ⏎: `wecutil qc`

3. Drücken Sie J, wenn die Sicherheitsabfrage angezeigt wird, und dann ⏎.

4. Schließen Sie die Windows PowerShell-Eingabeaufforderung.

5. Melden Sie sich unter dem Konto *CONTOSO\Administrator* am Server *SYD-A* an.

6. Wählen Sie im Server-Manager im Menü *Tools* den Befehl *Computerverwaltung*.

7. Erweitern Sie in der Konsole *Computerverwaltung* den Zweig *Lokale Benutzer und Gruppen*, wählen Sie den Knoten *Gruppen* aus und klicken Sie in der Detailansicht auf *Administratoren* (Abbildung 10.36).

8. Klicken Sie im Fensterabschnitt *Aktionen* unter *Administrator* auf *Weitere Aktionen* und dann auf *Eigenschaften*.

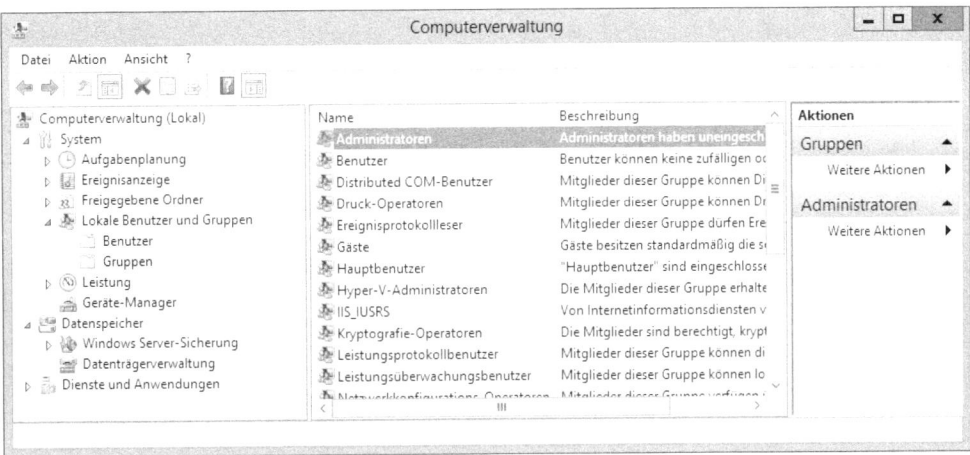

Abbildung 10.36 Bearbeiten der Gruppe *Administratoren*

9. Klicken Sie im Dialogfeld *Eigenschaften von Administratoren* auf *Hinzufügen*.

10. Klicken Sie im Dialogfeld *Benutzer, Computer, Dienstkonten oder Gruppen auswählen* auf *Objekttypen*.

11. Aktivieren Sie im Dialogfeld *Objekttypen* das Kontrollkästchen *Computer* (Abbildung 10.37) und klicken Sie auf *OK*.

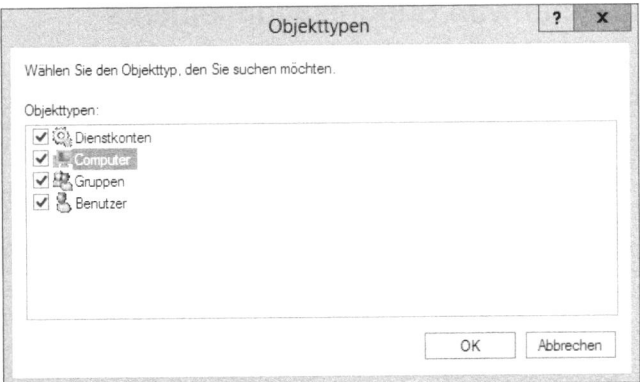

Abbildung 10.37 Auswählen der gesuchten Objekttypen

12. Geben Sie im Dialogfeld *Benutzer, Computer, Dienstkonten oder Gruppen auswählen* den Objektnamen **DC** ein, klicken Sie auf *Namen überprüfen* und dann auf *OK*.

13. Stellen Sie sicher, dass das Dialogfeld *Eigenschaften von Administratoren* wie in Abbildung 10.38 aussieht, und klicken Sie auf *OK*.

Abbildung 10.38   Hinzufügen eines Computers zur Gruppe *Administratoren*

14. Starten Sie *SYD-A* neu.

Übung 5: Konfigurieren von Ereignisabonnements

In dieser Übung konfigurieren Sie Ereignisabonnements. Gehen Sie folgendermaßen vor, um diese Übung auszuführen:

1. Wählen Sie auf *DC* im Server-Manager im Menü *Tools* den Befehl *Ereignisanzeige*.

2. Wählen Sie in der Konsole *Ereignisanzeige* den Knoten *Abonnements* aus (Abbildung 10.39).

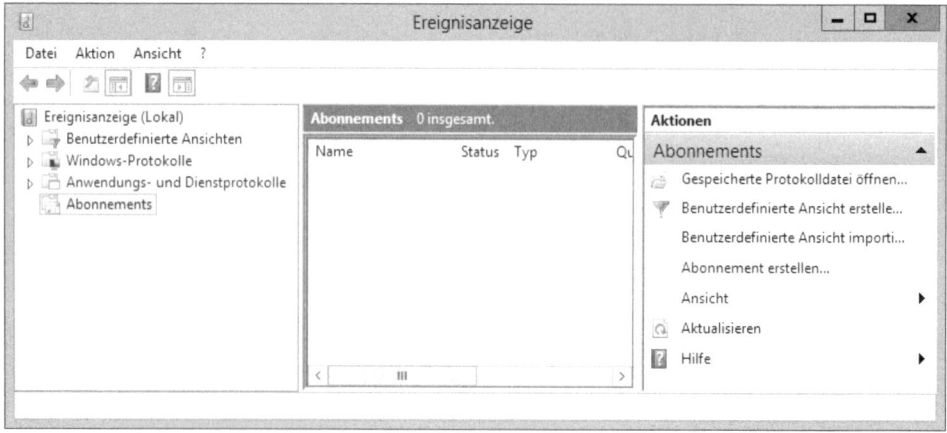

Abbildung 10.39   Erstellen von Ereignisabonnements

3. Klicken Sie im Fensterabschnitt *Aktionen* auf *Abonnement erstellen*.

4. Geben Sie im Dialogfeld *Abonnementeigenschaften* den Namen **Abonnement-Alpha** ein, wählen Sie die Option *Sammlungsinitiiert* aus und klicken Sie auf *Computer auswählen*.

5. Klicken Sie im Dialogfeld *Computer* auf *Domänencomputer hinzufügen*.

6. Tippen Sie im Dialogfeld *Computer auswählen* den Objektnamen **SYD-A** ein, klicken Sie auf *Namen überprüfen* und dann auf *OK*.

7. Stellen Sie sicher, dass das Dialogfeld *Computer* wie in Abbildung 10.40 aussieht, und klicken Sie auf *Testen*.

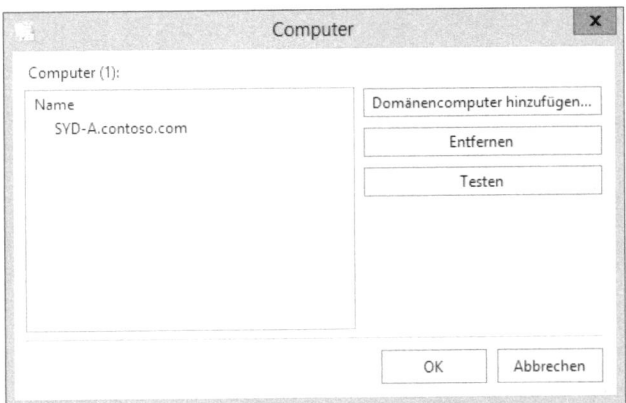

Abbildung 10.40 Auswählen von Computern für ein Ereignisabonnement

8. Klicken Sie im Dialogfeld *Ereignisanzeige* auf *OK*.

9. Klicken Sie im Dialogfeld *Computer* auf *OK*.

10. Klicken Sie auf *Ereignisse auswählen*.

11. Aktivieren Sie im Dialogfeld *Abfragefilter* die Kontrollkästchen für die Ereignisebenen *Kritisch*, *Fehler*, *Warnung* und *Informationen*.

12. Aktivieren Sie in der Dropdownliste *Protokolle* das Kontrollkästchen *Windows-Protokolle*.

13. Stellen Sie sicher, dass der Abfragefilter wie in Abbildung 10.41 aussieht, und klicken Sie auf *OK*.

14. Klicken Sie im Dialogfeld *Abonnementeigenschaften* auf *Erweitert*.

15. Wählen Sie im Dialogfeld *Erweiterte Abonnementeinstellungen* die Option *Wartezeit minimieren* aus (Abbildung 10.42) und klicken Sie auf *OK*.

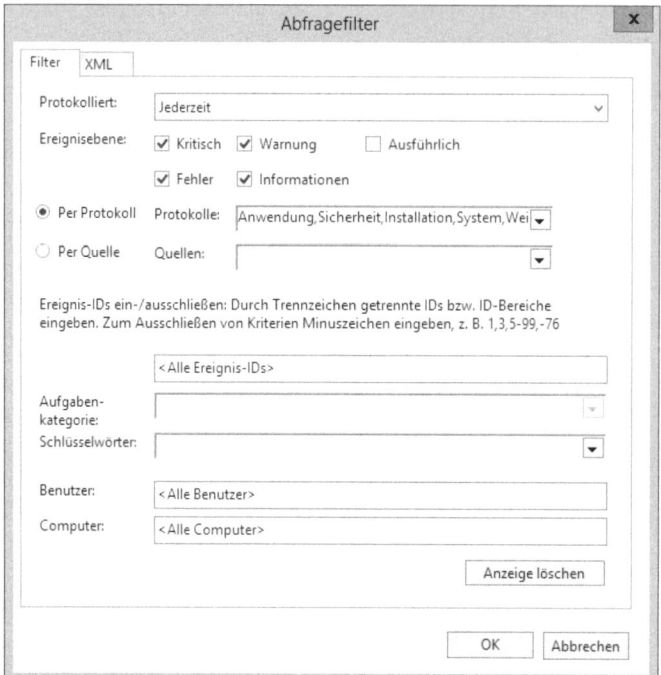

Abbildung 10.41   Konfigurieren eines Abfragefilters

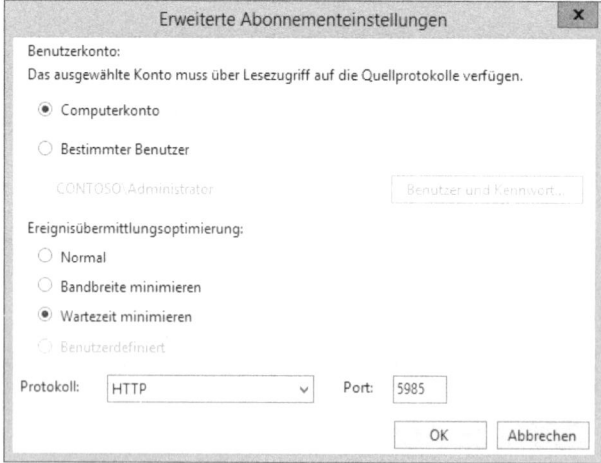

Abbildung 10.42   Das Dialogfeld *Erweiterte Abonnementeinstellungen*

16. Stellen Sie sicher, dass das Dialogfeld *Abonnementeigenschaften - Abonnement-Alpha* wie in Abbildung 10.43 aussieht, und klicken Sie auf *OK*.

17. Starten Sie den Server *SYD-A* neu.

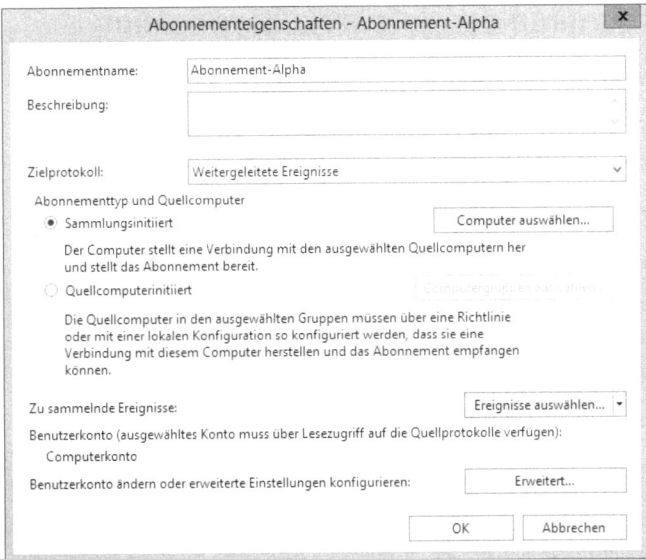

Abbildung 10.43 Dialogfeld *Abonnementeigenschaften*

18. Erweitern Sie den Zweig *Windows-Protokolle* und wählen Sie den Knoten *Weitergeleitete Ereignisse* aus.

19. Sehen Sie sich die Einträge im Ereignisprotokoll an (Abbildung 10.44).

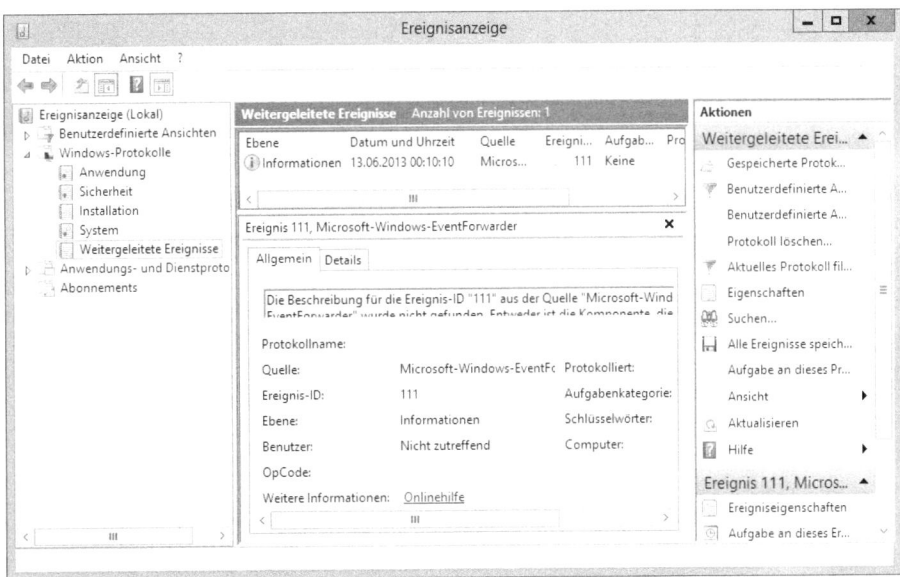

Abbildung 10.44 Weitergeleitete Ereignisse im Ereignisprotokoll

20. Schließen Sie die Ercignisanzeige.

Übung 6: Konfigurieren der Netzwerküberwachung

In dieser Übung überwachen Sie die Prozesse und Dienste, die Netzwerkschnittstellen verwenden. Gehen Sie folgendermaßen vor, um diese Übung auszuführen:

1. Wählen Sie auf *DC* im Menü *Tools* des Server-Managers den Befehl *Ressourcenmonitor*.

2. Klicken Sie auf der Registerkarte *Netzwerk* auf das Pfeilsymbol neben *TCP-Verbindungen* (Abbildung 10.45).

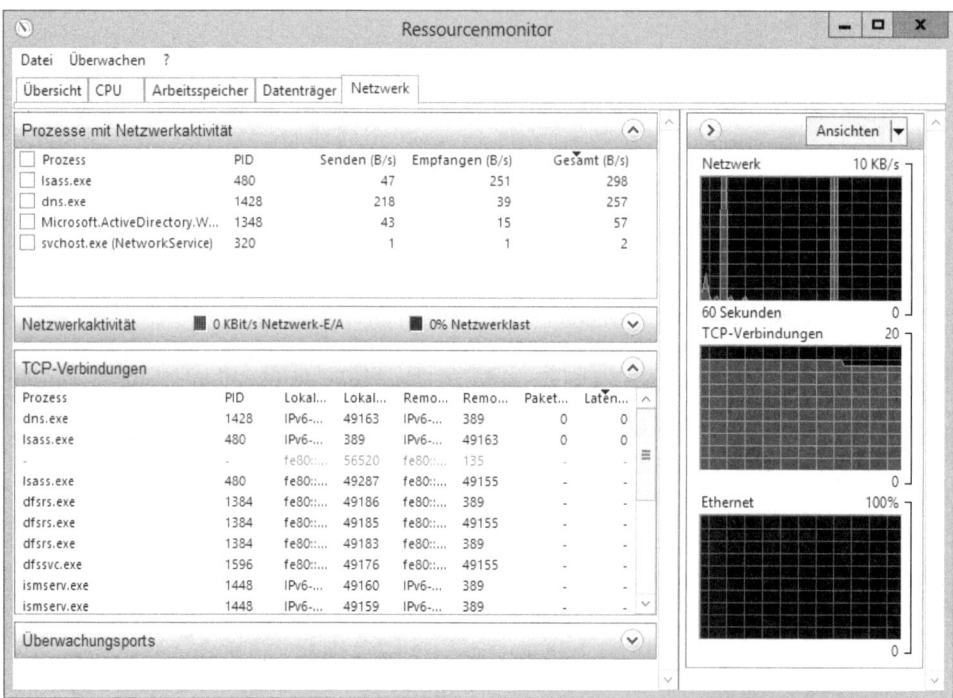

Abbildung 10.45   Registerkarte *Netzwerk* des Ressourcenmonitors

3. Klicken Sie auf das Pfeilsymbol neben *Überwachungsports*, um die Ports aufzulisten, auf denen unterschiedliche Dienste Verbindungen annehmen (Abbildung 10.46).

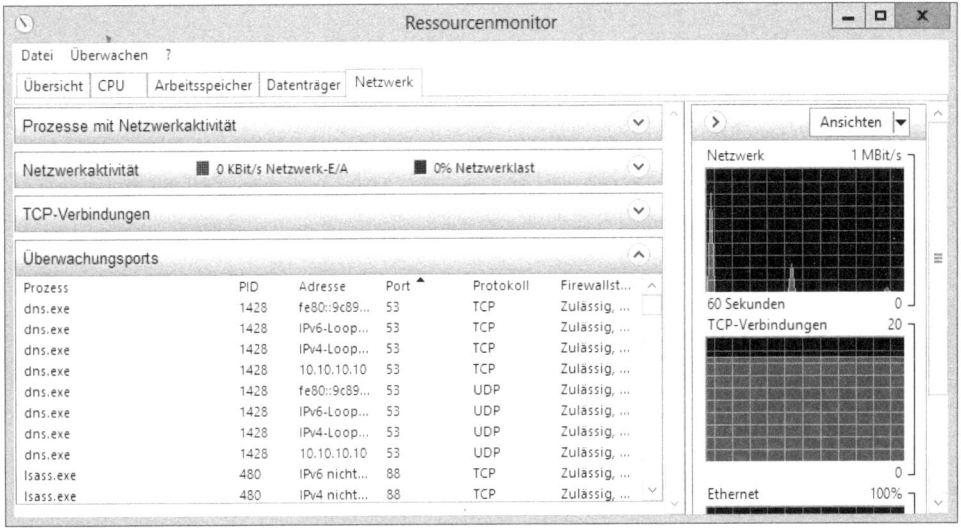

Abbildung 10.46 Auflisten der überwachten Ports

Übung 7: Arbeiten mit dem Message Analyzer

In dieser Übung nutzen Sie den Message Analyzer zur Netzwerküberwachung. Diese Übung erfordert, dass Sie den Message Analyzer von der Microsoft-Website heruntergeladen und auf *SYD-A* installiert, aber das Programm noch nicht gestartet haben. Gehen Sie folgendermaßen vor, um diese Übung auszuführen:

1. Klicken Sie auf *SYD-A* im Server-Manager auf *Lokaler Server* und dann auf *Verstärkte Sicherheitskonfiguration für IE*.

2. Wählen Sie im Dialogfeld *Verstärkte Sicherheitskonfiguration für Internet Explorer* im Feld *Administratoren* die Option *Aus* (Abbildung 10.47) und klicken Sie auf *OK*.

3. Geben Sie auf *SYD-A* im *Suchen*-Charm den Namen **Microsoft Message Analyzer** ein.

4. Klicken Sie in der Ergebnisliste auf *Microsoft Message Analyzer*.

Abbildung 10.47 Einstellen der Internet Explorer-Sicherheit

5. Klicken Sie im Menü *File* unter der Option *Capture/Trace* auf *SMB Server Full PDU* (Abbildung 10.48) und dann auf *Start With*.

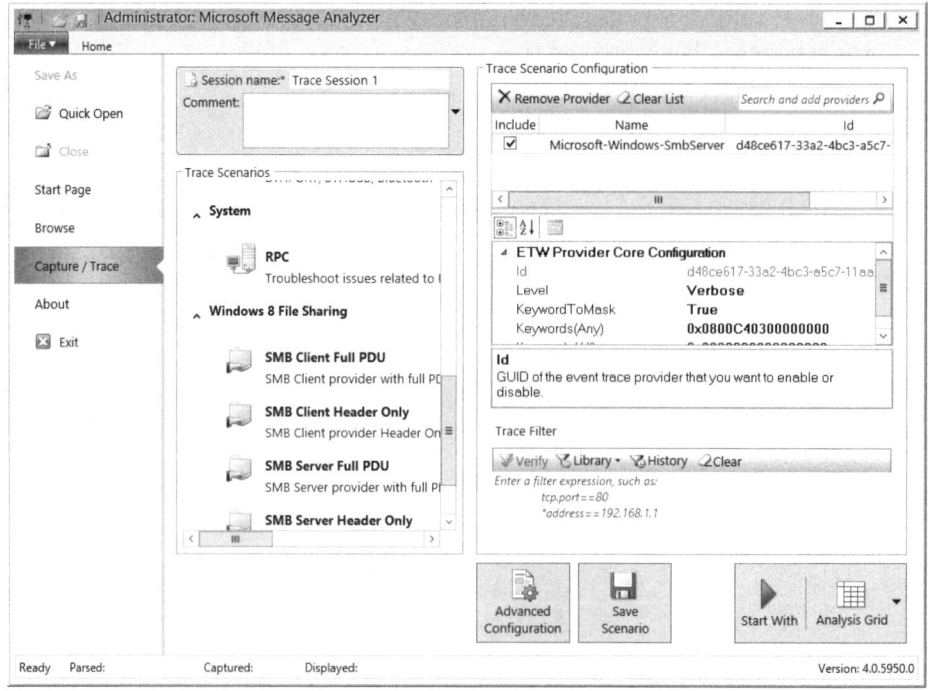

Abbildung 10.48 Auswählen des Szenarios für die Datenaufzeichnung

6. Öffnen Sie den Datei-Explorer, indem Sie das Symbol in der Taskleiste anklicken.

7. Klicken Sie im Datei-Explorer auf *Computer* und dann doppelt auf *Lokaler Datenträger (C:)*.

8. Klicken Sie in der Titelzeile auf *Neuer Ordner*. Geben Sie dem neuen Ordner den Namen **Test**.

9. Klicken Sie mit der rechten Maustaste auf den Ordner *Test*, wählen Sie *Freigeben für* und dann *Bestimmte Personen*.

10. Klicken Sie im Dialogfeld *Dateifreigabe* auf *Freigabe* und dann auf *Fertig*.

11. Prüfen Sie im Microsoft Message Analyzer, ob diese Nachrichten aufgezeichnet wurden, und klicken Sie auf die letzte Nachricht (Abbildung 10.49).

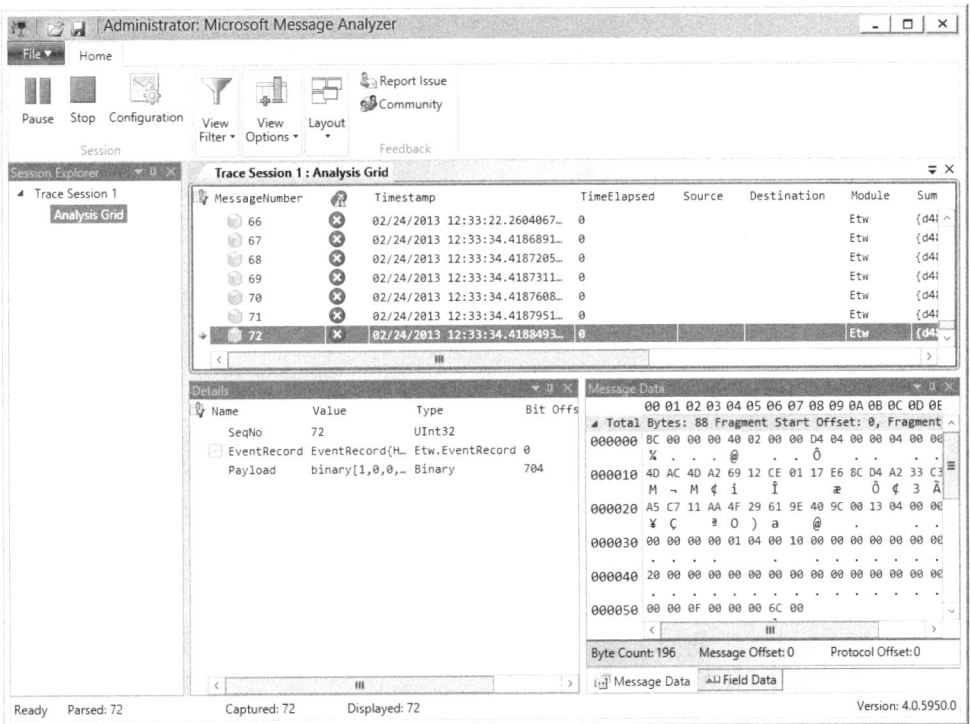

Abbildung 10.49   Überprüfen, ob Nachrichten aufgezeichnet wurden

12. Wechseln Sie im Datei-Explorer in den Ordner *C:\Test*.

13. Legen Sie in *C:\Test* eine Textdatei namens **secretfile.txt** an. Tippen Sie als Inhalt die Wörter »secret secret« in die Datei ein.

14. Wechseln Sie auf den Computer *DC*.

15. Geben Sie auf *DC* im *Suchen*-Charm den Dateinamen **\\SYD-A\TEST\secretfile.txt** ein und klicken Sie in der Ergebnisliste auf *secretfile.txt*.

16. Wechseln Sie auf den Computer *SYD-A*.

17. Überprüfen Sie, ob dieser zusätzliche Verkehr aufgezeichnet wurde.

18. Suchen Sie in den Nachrichtendaten nach Netzwerkadressen, zum Beispiel zum Server *SYD-A.contoso.com* (Abbildung 10.50).

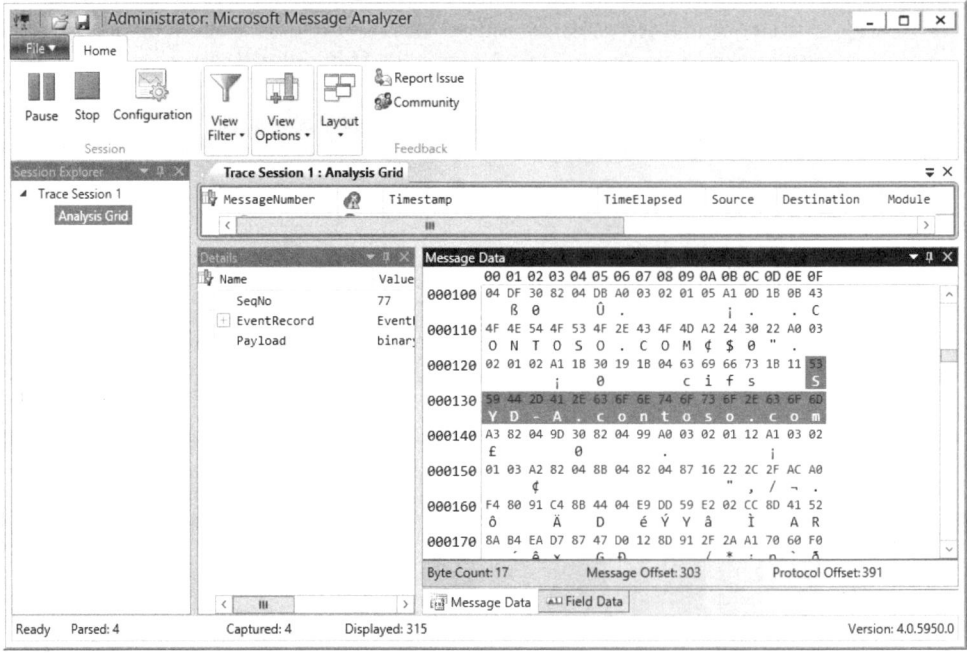

Abbildung 10.50   Untersuchen von Nachrichtendaten

19. Schließen Sie den Microsoft Message Analyzer.

20. Klicken Sie auf *Nein*, wenn Sie gefragt werden, ob Sie die aufgezeichnete Ablaufverfolgung speichern wollen.

Übung 8: Konfigurieren der Überwachung für Wechselmedien

In dieser Übung konfigurieren Sie ein Gruppenrichtlinienobjekt, um die Nutzung von Wechselmedien zu überwachen. Gehen Sie folgendermaßen vor, um diese Übung auszuführen:

1. Wählen Sie auf *DC* im Server-Manager im Menü *Tools* den Befehl *Gruppenrichtlinienverwaltung*.

2. Erweitern Sie die Zweige *Gesamtstruktur: contoso.com\Domänen\contoso.com\ Gruppenrichtlinienobjekte* und wählen Sie den Knoten *Default Domain Policy* aus (Abbildung 10.51).

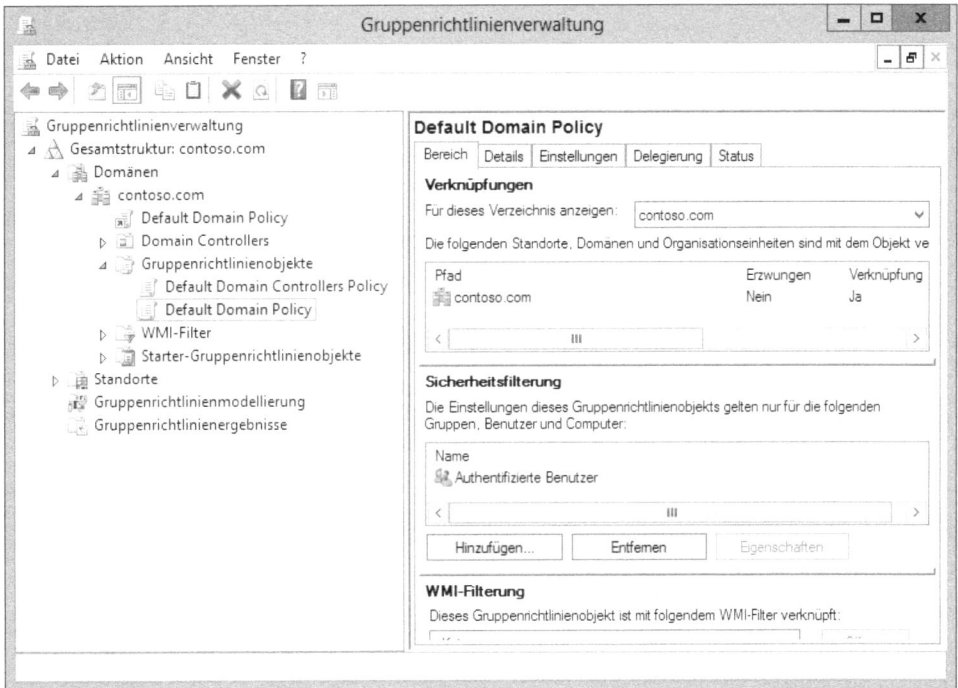

Abbildung 10.51   Auswählen der Standarddomänenrichtlinie

3. Wählen Sie im Menü *Aktion* den Befehl *Bearbeiten*.

4. Wechseln Sie im Gruppenrichtlinienverwaltungs-Editor zum Zweig *Computerkonfiguration\Richtlinien\Windows-Einstellungen\Sicherheitseinstellungen\Erweiterte Überwachungsrichtlinienkonfiguration\Überwachungsrichtlinien\Objektzugriff* und klicken Sie auf *Wechselmedien überwachen* (Abbildung 10.52).

5. Klicken Sie doppelt auf *Wechselmedien überwachen*.

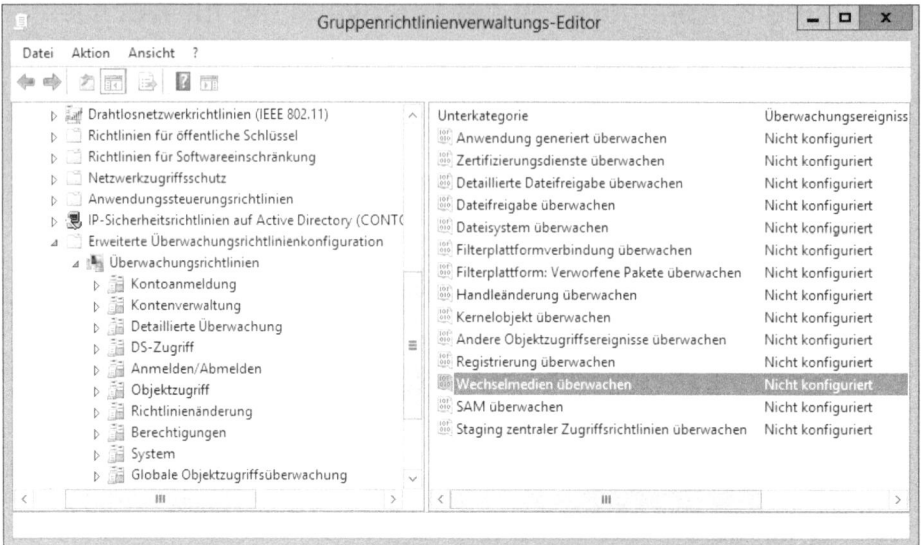

Abbildung 10.52   Auswählen der Richtlinie zum Überwachen von Wechselmedien

6. Aktivieren Sie im Dialogfeld *Eigenschaften von Wechselmedien überwachen* die Kontrollkästchen *Folgende Überwachungsereignisse konfigurieren*, *Erfolg* und *Fehler* (Abbildung 10.53). Klicken Sie auf *OK*.

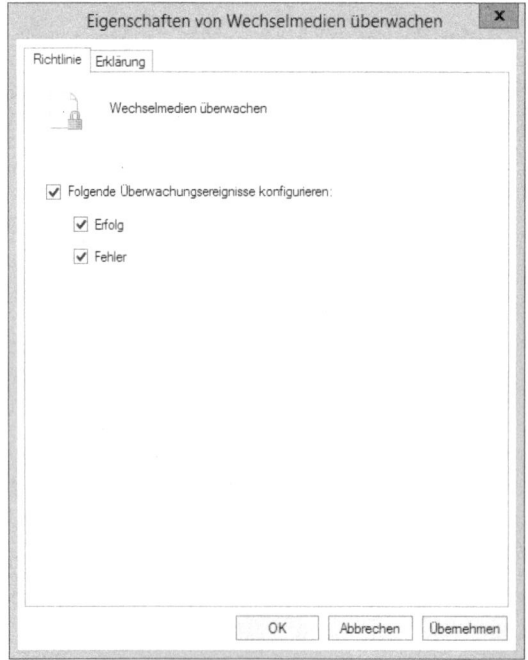

Abbildung 10.53   Aktivieren der Überwachung

7. Schließen Sie den Gruppenrichtlinienverwaltungs-Editor.

8. Klicken Sie in der Taskleiste auf *Windows PowerShell*.

9. Geben Sie im Windows PowerShell-Fenster den folgenden Befehl ein und drücken Sie ⏎:

   ```
   gpupdate /force
   ```

10. Geben Sie im Windows PowerShell-Fenster den folgenden Befehl ein und drücken Sie ⏎:

    ```
    auditpol /get /category:"Objektzugriff"
    ```

11. Überprüfen Sie, ob die Überwachung für die Unterkategorie *Wechselmedien* als *Erfolg und Fehler* konfiguriert ist (Abbildung 10.54).

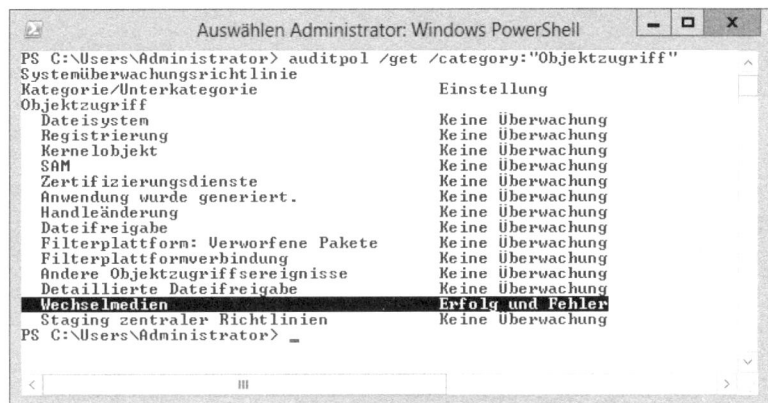

Abbildung 10.54   Überprüfen von Überwachungseinstellungen für Wechselmedien

Übung 9: Konfigurieren der Anmeldeüberwachung

In dieser Übung konfigurieren Sie die Anmeldeüberwachung. Gehen Sie folgendermaßen vor, um diese Übung auszuführen:

1. Klicken Sie auf *DC* in der Konsole *Gruppenrichtlinienverwaltung* mit der rechten Maustaste auf *Default Domain Policy* und wählen Sie den Befehl *Bearbeiten*.

2. Erweitern Sie im Gruppenrichtlinienverwaltungs-Editor den Zweig *Computerkonfiguration\Richtlinien\Windows-Einstellungen\Sicherheitseinstellungen\Erweiterte Überwachungsrichtlinienkonfiguration\Überwachungsrichtlinien*, wählen Sie den Knoten *Anmelden/Abmelden* aus und klicken Sie auf *Anmelden überwachen* (Abbildung 10.55).

3. Wählen Sie im Menü *Aktion* den Befehl *Eigenschaften*.

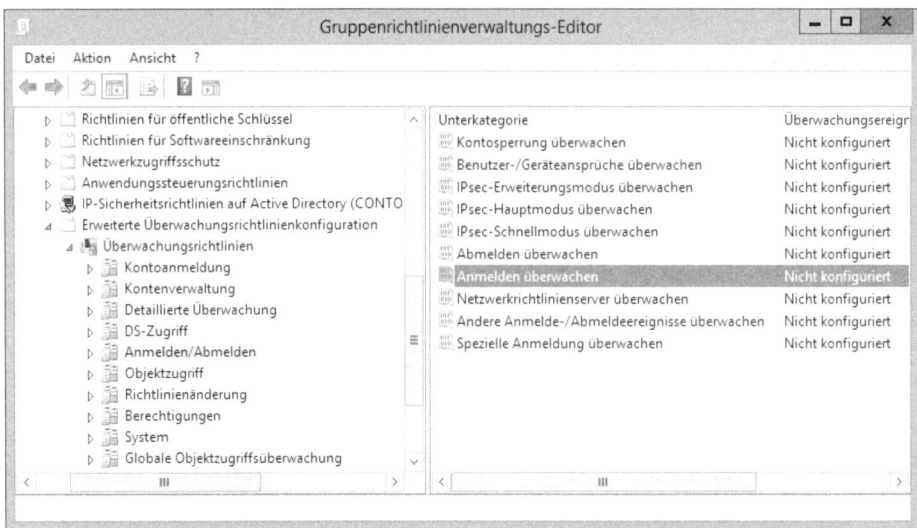

Abbildung 10.55   Auswählen der Richtlinie zum Überwachen von Anmeldevorgängen

4. Aktivieren Sie im Dialogfeld *Eigenschaften von Anmelden überwachen* die Kontrollkästchen *Folgende Überwachungsereignisse konfigurieren*, *Erfolg* und *Fehler* (Abbildung 10.56). Klicken Sie auf *OK*.

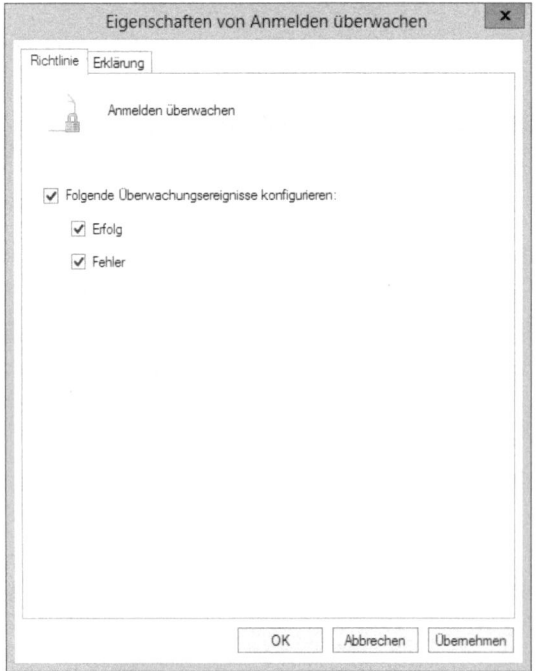

Abbildung 10.56   Aktivieren der Überwachung von Anmeldevorgängen

5. Schließen Sie den Gruppenrichtlinienverwaltungs-Editor.

6. Wählen Sie im Server-Manager im Menü *Tools* den Befehl *Active Directory-Benutzer und -Computer*.

7. Wählen Sie in der Konsole *Active Directory-Benutzer und -Computer* den Container *Users* aus und darin das Konto *Administrator*.

8. Wählen Sie im Menü *Aktion* den Befehl *Kopieren*.

9. Konfigurieren Sie im Dialogfeld *Objekt kopieren - Benutzer* die folgenden Einstellungen (Abbildung 10.57) und klicken Sie auf *Weiter*:

   ■ *Vorname*: **Don**

   ■ *Nachname*: **Funk**

   ■ *Benutzeranmeldename*: **Don_Funk**

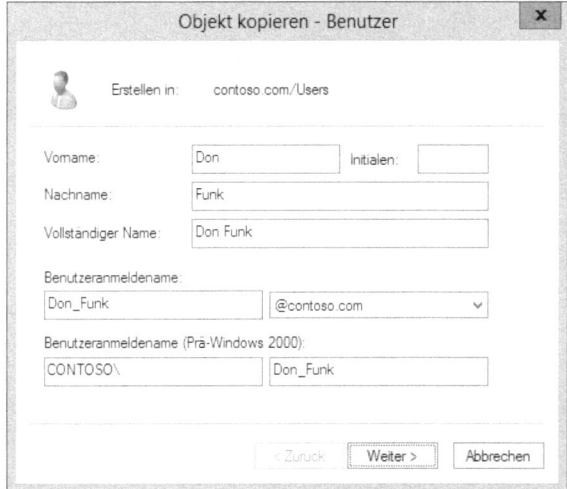

Abbildung 10.57   Erstellen eines Benutzerkontos

10. Tippen Sie das Kennwort **Pa$$w0rd** in die Felder *Kennwort* und *Kennwort bestätigen* ein. Klicken Sie auf *Weiter* und dann auf *Fertig stellen*.

11. Schließen Sie die Konsole *Active Directory-Benutzer und -Computer*.

12. Geben Sie im Windows PowerShell-Fenster den folgenden Befehl ein und drücken Sie ⏎:
    ```
    gpupdate /force
    ```

13. Geben Sie im Windows PowerShell-Fenster den folgenden Befehl ein und drücken Sie ⏎:
    ```
    auditpol /get /category:"An-/Abmeldung"
    ```

14. Überprüfen Sie, ob die Überwachung für die Unterkategorie *Anmelden* als *Erfolg und Fehler* konfiguriert ist (Abbildung 10.58).

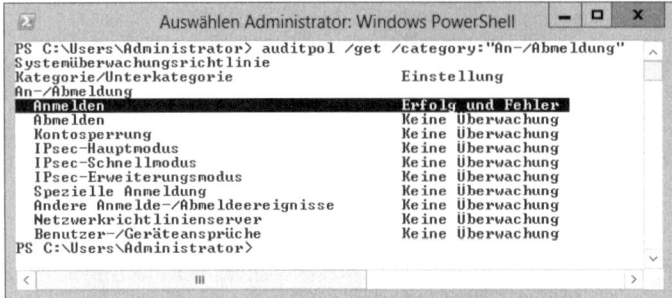

Abbildung 10.58   Überprüfen von Überwachungseinstellungen für Anmeldevorgänge

15. Wechseln Sie auf den Computer *SYD-A*.

16. Melden Sie sich ab und als *CONTOSO\Don_Funk* mit dem Kennwort **Pa$$w0rd** wieder an.

17. Wechseln Sie auf den Computer *DC*.

18. Wählen Sie im Menü *Tools* des Server-Managers den Befehl *Ereignisanzeige*.

19. Erweitern Sie den Zweig *Windows-Protokolle\Sicherheit* und klicken Sie das neueste Ereignis mit der Ereignis-ID 4624 an.

20. Klicken Sie auf die Registerkarte *Details* und überprüfen Sie, ob im Feld *TargetUser-Name* der Benutzername *Don_Funk* aufgeführt ist (Abbildung 10.59). Unter Umständen müssen Sie mehrere Ereignisse durchsehen, bis Sie den richtigen Eintrag finden.

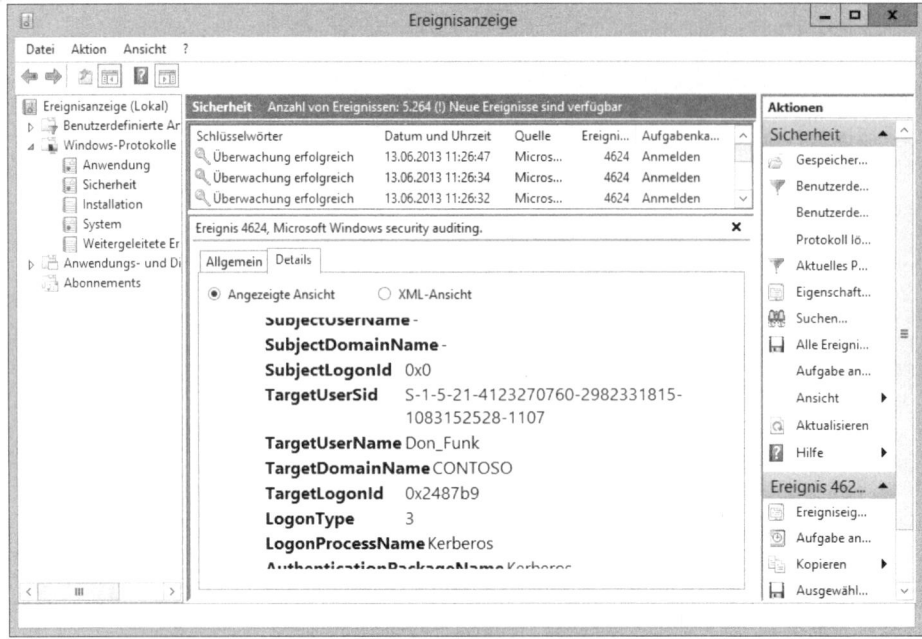

Abbildung 10.59   Überwachungsereignis über die Anmeldung des Benutzers *Don_Funk*

Übung 10: Konfigurieren ausdrucksbasierter Überwachungsrichtlinien

In dieser Übung konfigurieren Sie ausdrucksbasierte Überwachungsrichtlinien in Gruppenrichtlinien. Gehen Sie folgendermaßen vor, um diese Übung auszuführen:

1. Wählen Sie auf *DC* im Server-Manager im Menü *Tools* den Befehl *Active Directory-Benutzer und -Computer*.

2. Klicken Sie mit der rechten Maustaste auf den Container *Users*, wählen Sie *Neu* und dann *Gruppe*.

3. Geben Sie im Dialogfeld *Neues Objekt - Gruppe* den Namen **Jupiter** ein (Abbildung 10.60) und klicken Sie auf *OK*.

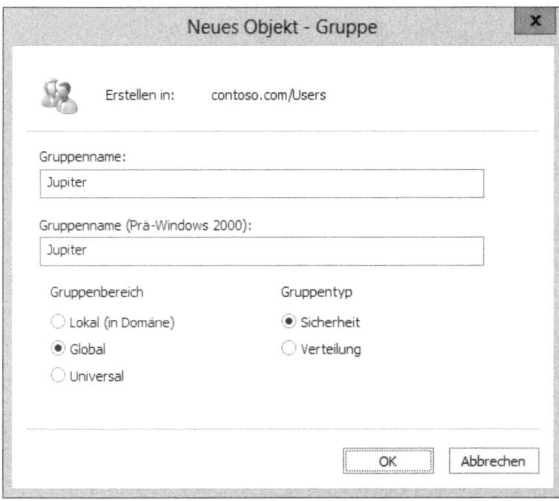

Abbildung 10.60   Erstellen einer neuen Gruppe

4. Klicken Sie mit der rechten Maustaste auf den Container *Users*, wählen Sie *Neu* und dann *Gruppe*.

5. Geben Sie im Dialogfeld *Neues Objekt - Gruppe* den Namen **Saturn** ein und klicken Sie auf *OK*.

6. Klicken Sie mit der rechten Maustaste auf den Container *Users*, wählen Sie *Neu* und dann *Gruppe*.

7. Geben Sie im Dialogfeld *Neues Objekt - Gruppe* den Namen **Neptun** ein und klicken Sie auf *OK*.

8. Klicken Sie mit der rechten Maustaste auf den Container *Users*, wählen Sie *Neu* und dann *Gruppe*.

9. Geben Sie im Dialogfeld *Neues Objekt - Gruppe* den Namen **Mars** ein und klicken Sie auf *OK*.

10. Schließen Sie die Konsole *Active Directory-Benutzer und -Computer*.

11. Klicken Sie in der Konsole *Gruppenrichtlinienverwaltung* mit der rechten Maustaste auf *Default Domain Policy* und wählen Sie den Befehl *Bearbeiten*.

12. Erweitern Sie im Gruppenrichtlinienverwaltungs-Editor den Zweig *Computerkonfiguration\Richtlinien\Windows-Einstellungen\Sicherheitseinstellungen\Erweiterte Überwachungsrichtlinienkonfiguration\Überwachungsrichtlinien*, wählen Sie den Knoten *Globale Objektzugriffsüberwachung* aus und klicken Sie auf *Dateisystem* (Abbildung 10.61).

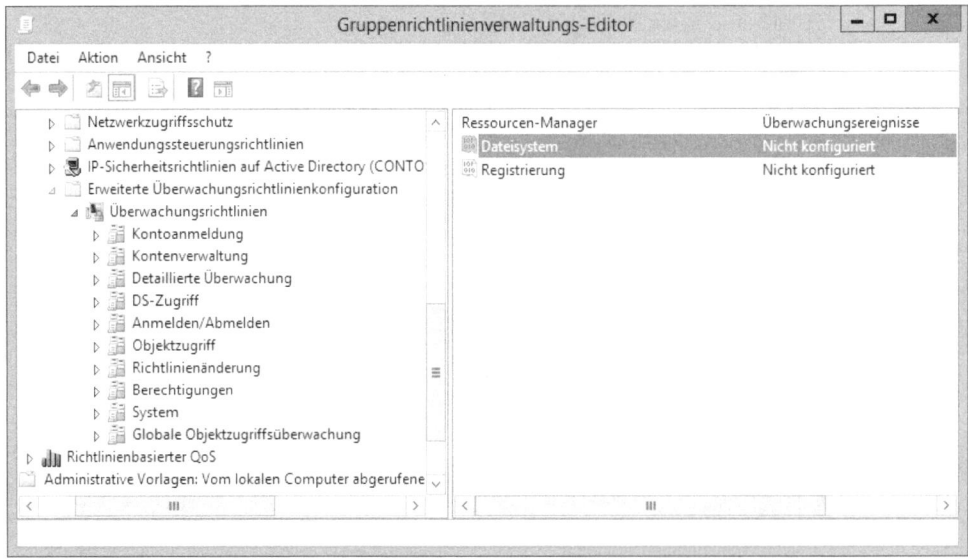

Abbildung 10.61   Auswählen der Richtlinie zum Überwachen des Dateisystems

13. Wählen Sie im Menü *Aktion* den Befehl *Eigenschaften*.

14. Aktivieren Sie im Dialogfeld *Eigenschaften von Dateisystem* das Kontrollkästchen *Richtlinieneinstellung definieren* und klicken Sie auf *Konfigurieren*.

15. Klicken Sie im Dialogfeld *Erweiterte Sicherheitseinstellungen für "SACL der Globaldatei"* auf *Hinzufügen*.

16. Klicken Sie im Dialogfeld *Überwachungseintrag für "SACL der Globaldatei"* auf den Link *Prinzipal auswählen*.

17. Geben Sie im Dialogfeld *Benutzer, Computer, Dienstkonto oder Gruppe auswählen* den Objektnamen **Jupiter** ein, klicken Sie auf *Namen überprüfen* und dann auf *OK*.

18. Wählen Sie in der Dropdownliste *Typ* den Eintrag *Alles* aus.

19. Klicken Sie auf den Link *Bedingung hinzufügen*.

20. Klicken Sie auf die Schaltfläche *Elemente hinzufügen*.

21. Geben Sie im Dialogfeld *Benutzer, Computer, Dienstkonto oder Gruppe auswählen* den Objektnamen **Saturn** ein, klicken Sie auf *Namen überprüfen* und dann auf *OK*.

22. Stellen Sie sicher, dass das Dialogfeld *Überwachungseintrag für "SACL der Globaldatei"* wie in Abbildung 10.62 aussieht, und klicken Sie auf *OK*.

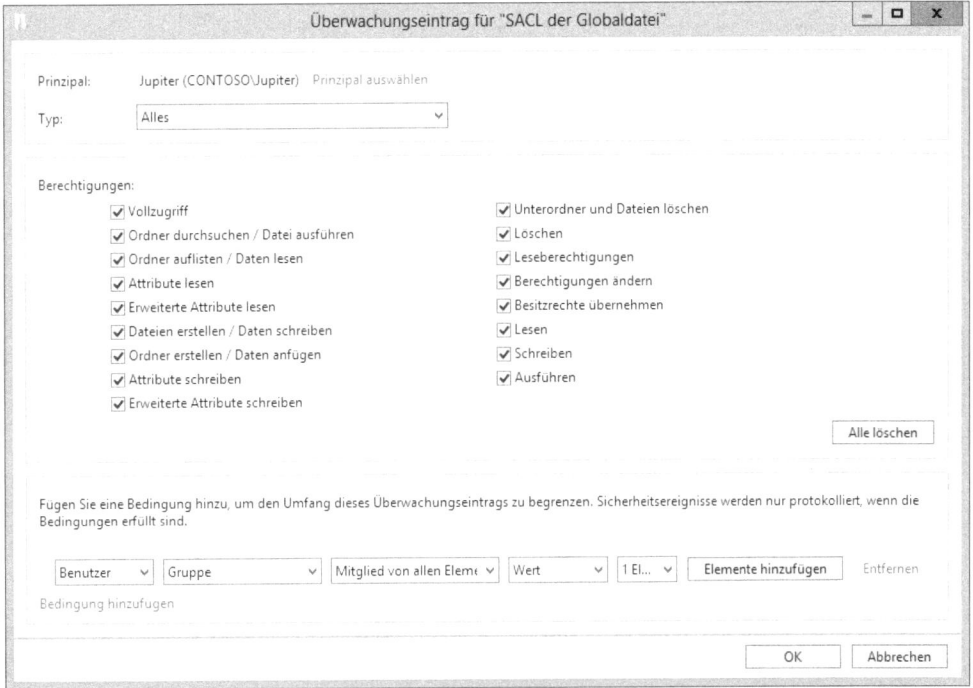

Abbildung 10.62 Konfigurieren eines Überwachungseintrags für die Dateisystemüberwachung

23. Klicken Sie im Dialogfeld *Erweiterte Sicherheitseinstellungen für "SACL der Global-datei"* auf *Hinzufügen*.

24. Klicken Sie im Dialogfeld *Überwachungseintrag für "SACL der Globaldatei"* auf den Link *Prinzipal auswählen*.

25. Geben Sie im Dialogfeld *Benutzer, Computer, Dienstkonto oder Gruppe auswählen* den Objektnamen **Mars** ein, klicken Sie auf *Namen überprüfen* und dann auf *OK*.

26. Wählen Sie in der Dropdownliste *Typ* den Eintrag *Fehlgeschlagen* aus.

27. Klicken Sie auf den Link *Bedingung hinzufügen*.

28. Wählen Sie in der Dropdownliste, in der *Mitglied von allen Elementen* ausgewählt ist, den Eintrag *Kein Mitglied eines beliebigen Elements*.

29. Klicken Sie auf die Schaltfläche *Elemente hinzufügen*.

30. Geben Sie im Dialogfeld *Benutzer, Computer, Dienstkonto oder Gruppe auswählen* den Objektnamen **Neptun** ein, klicken Sie auf *Namen überprüfen* und dann zweimal auf *OK*.

31. Stellen Sie sicher, dass das Dialogfeld *Erweiterte Sicherheitseinstellungen für "SACL der Globaldatei"* wie in Abbildung 10.63 aussieht, und klicken Sie auf *OK*.

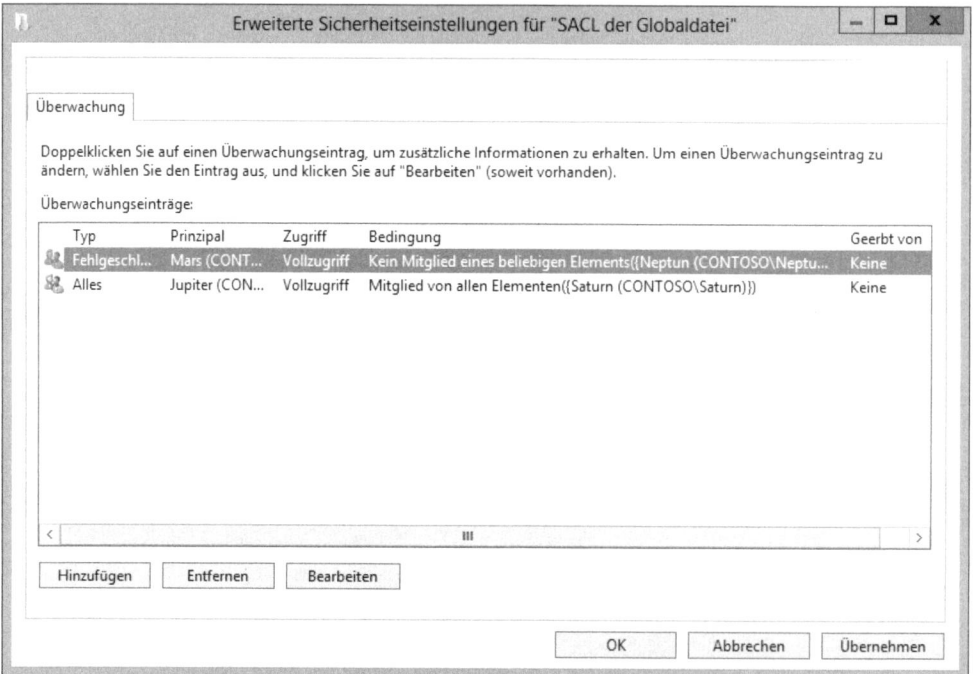

Abbildung 10.63   Dialogfeld *Erweiterte Sicherheitseinstellungen für "SACL der Globaldatei"*

32. Klicken Sie auf *OK*, um das Dialogfeld *Eigenschaften von Dateisystem* zu schließen. Schließen Sie den Gruppenrichtlinienverwaltungs-Editor.

Übung 11: Konfigurieren der Ordnerüberwachung

In dieser Übung konfigurieren Sie ausdrucksbasierte Überwachungsrichtlinien auf Ordnerebene. Gehen Sie folgendermaßen vor, um diese Übung auszuführen:

1. Öffnen Sie den Datei-Explorer, indem Sie auf das entsprechende Taskleistensymbol klicken.

2. Wählen Sie den Knoten *Computer* aus und klicken Sie doppelt auf *Lokaler Datenträger (C:)*.

3. Klicken Sie in der Titelleiste auf das Symbol *Neuer Ordner*.

4. Geben Sie dem neuen Ordner den Namen **Überwachte_Dateien**.

5. Klicken Sie mit der rechten Maustaste auf den Ordner *Überwachte_Dateien* und wählen Sie den Befehl *Eigenschaften*.

6. Klicken Sie auf der Registerkarte *Sicherheit* auf *Erweitert*.

7. Klicken Sie im Dialogfeld *Erweiterte Sicherheitseinstellungen für "Überwachte_Dateien"* auf der Registerkarte *Überwachung* auf *Hinzufügen* (Abbildung 10.64).

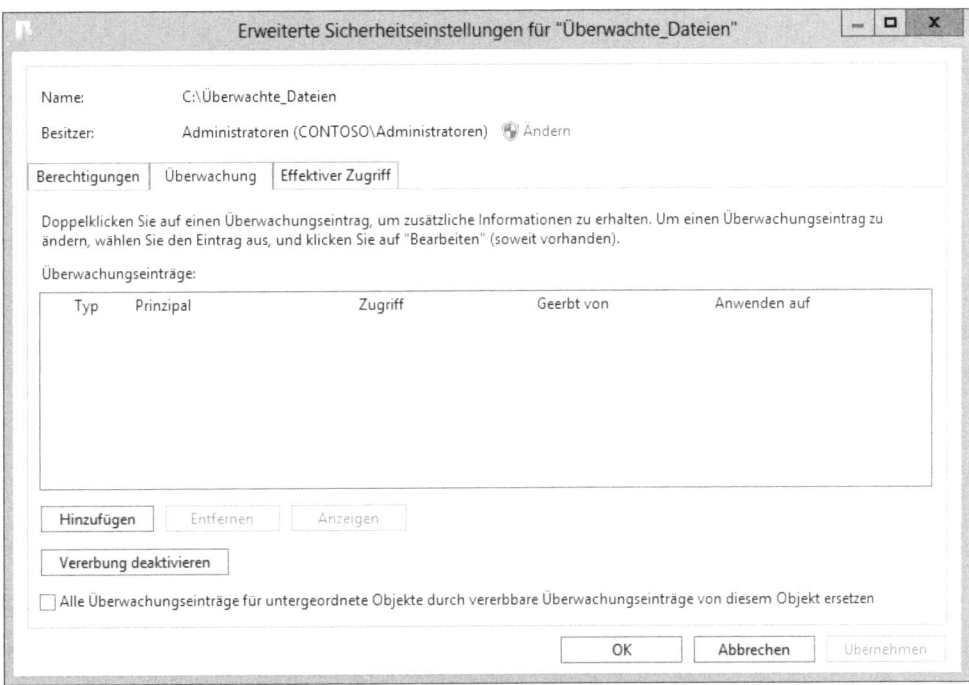

Abbildung 10.64 Konfigurieren der Überwachung für einen bestimmten Ordner

8. Klicken Sie im Dialogfeld *Überwachungseintrag für "Überwachte_Dateien"* auf den Link *Prinzipal auswählen*.

9. Geben Sie im Dialogfeld *Benutzer, Computer, Dienstkonto oder Gruppe auswählen* den Objektnamen **Neptun** ein, klicken Sie auf *Namen überprüfen* und dann zweimal auf *OK*.

10. Ändern Sie den Typ von *Erfolgreich* auf *Fehlgeschlagen*.

11. Klicken Sie auf den Link *Bedingung hinzufügen*.

12. Klicken Sie auf die Schaltfläche *Elemente hinzufügen*.

13. Geben Sie im Dialogfeld *Benutzer, Computer, Dienstkonto oder Gruppe auswählen* den Objektnamen **Saturn** ein, klicken Sie auf *Namen überprüfen* und dann auf *OK*.

14. Stellen Sie sicher, dass das Dialogfeld *Überwachungseintrag für "Überwachte_Dateien"* wie in Abbildung 10.65 aussieht, und klicken Sie auf *OK*.

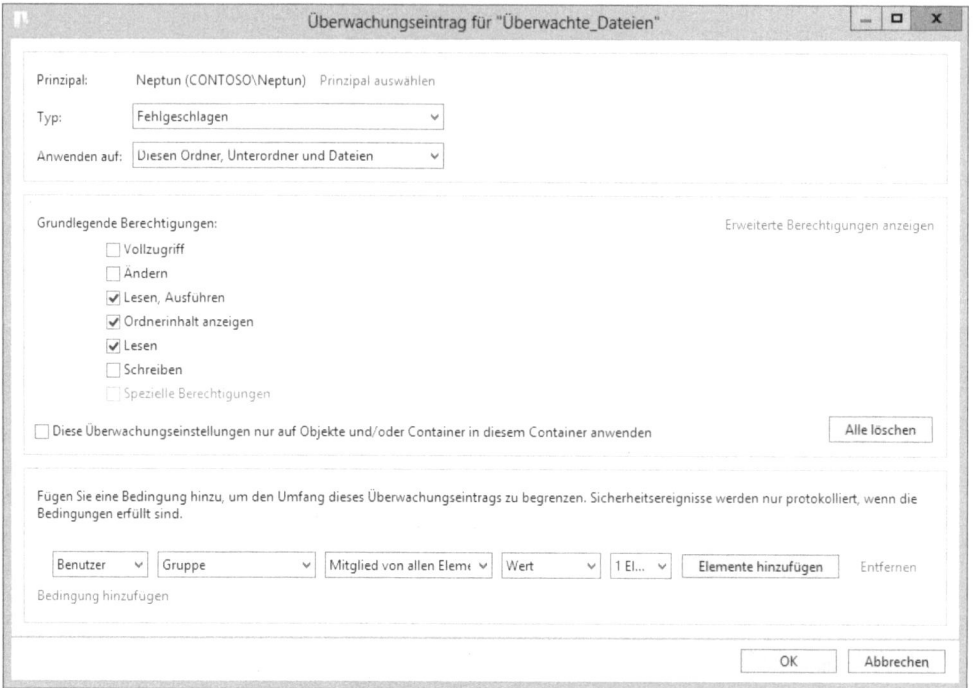

Abbildung 10.65   Fertiger Überwachungseintrag für die Überwachung eines Ordners

15. Klicken Sie zweimal auf *OK*, um alle Dialogfelder zu schließen.

Vorgeschlagene Übungen

Die folgenden zusätzlichen Übungen bieten Ihnen weitere Möglichkeiten, dic in diesem Kapitel behandelten Themen einzuüben und zu vertiefen.

■ **Übung 1**   Aktivieren Sie mit *Auditpol.exe* die Erfolgs- und Fehlerüberwachung für Dateisystem, Registrierung und Dateifreigaben auf *SYD-A*.

■ **Übung 2**   Legen Sie auf *DC* eine Testfreigabe an und legen Sie einige Textdateien darin ab. Fügen Sie Benutzerkonten zu den Gruppen *Mars*, *Jupiter*, *Saturn* und *Neptun* hinzu. Melden Sie sich an *SYD-A* an und greifen Sie über das Netzwerk auf die Dateien zu, während Sie unter unterschiedlichen Konten angemeldet sind. Überprüfen Sie, ob die ausdrucksbasierten Überwachungsrichtlinien die Überwachungsdaten wie erwartet aufzeichnen.

Antworten

Dieser Abschnitt enthält die Antworten zu den Lernzielkontrollfragen aus diesem Kapitel.

Lektion 1

1. **Richtige Antwort: C**

   A. **Falsch:** Der Ressourcenmonitor liefert Echtzeitdaten zur Ressourcenauslastung. Sie können damit keine Ressourcenauslastungsdaten für die spätere Auswertung aufzeichnen.

   B. **Falsch:** Im Task-Manager können Sie sich Daten zur Ressourcenauslastung ansehen, aber er kann diese Daten nicht für die spätere Auswertung aufzeichnen.

   C. **Richtig:** Mit einem Datensammlersatz können Sie Leistungsindikator- und Ablaufverfolgungsinformationen aufzeichnen, die über die Ressourcenauslastung Auskunft geben, und sie später auswerten.

   D. **Falsch:** Im Message Analyzer, dem Nachfolger von Network Monitor, können Sie Netzwerkverkehr aufzeichnen und analysieren. Dieses Tool kann zwar Netzwerkverkehr aufzeichnen, Sie können damit aber keine Daten über die Prozessor- und Arbeitsspeicherauslastung sammeln.

2. **Richtige Antwort: B**

   A. **Falsch:** Der Task-Manager liefert Echtzeitinformationen über die Netzwerkauslastung, er gibt aber keine Auskunft über die Portnutzung und zugehörige Firewallkonfiguration.

   B. **Richtig:** Der Ressourcenmonitor liefert Informationen über Dienste, die von ihnen überwachten Ports und die Firewallkonfiguration.

   C. **Falsch:** Im Message Analyzer können Sie Netzwerkverkehr aufzeichnen und analysieren, er gibt aber keine Auskunft über die Portnutzung und zugehörige Firewallkonfiguration.

   D. **Falsch:** Ein Datensammlersatz kann Leistungsinformationen und Systemablaufverfolgungsinformationen aufzeichnen, er gibt aber keine Auskunft über die Portnutzung und zugehörige Firewallkonfiguration.

3. **Richtige Antwort: B**

   A. **Falsch:** Mit einem Datensammlersatz können Sie Leistungsindikator- und Ablaufverfolgungsinformationen über den Netzwerkverkehr aufzeichnen, aber Sie können damit keinen Netzwerkverkehr aufzeichnen.

   B. **Richtig:** Im Message Analyzer, dem Nachfolger von Network Monitor, können Sie Netzwerkverkehr aufzeichnen und analysieren.

C. **Falsch:** Der Ressourcenmonitor zeigt Echtzeitdaten zur Netzwerkauslastung an. Sie können damit aber keinen Netzwerkverkehr aufzeichnen.

D. **Falsch:** Im Task-Manager können Sie sich die Menge des Netzwerkverkehrs ansehen, aber Sie können damit keinen Netzwerkverkehr aufzeichnen.

4. **Richtige Antwort: D**

A. **Falsch:** Mitglieder der Gruppe *Sicherungs-Operatoren* können Datensicherungen ausführen, sie haben keinen Zugriff auf das Sicherheitsereignisprotokoll.

B. **Falsch:** Die Gruppe *Hauptbenutzer* dient der Abwärtskompatibilität. Mitglieder dieser Gruppe haben keinen Zugriff auf das Sicherheitsereignisprotokoll.

C. **Falsch:** Mitglieder der Gruppe *Ereignisprotokolllleser* haben zwar Zugriff auf die anderen Ereignisprotokolle, aber nicht auf das Sicherheitsereignisprotokoll. Nur Mitglieder der lokalen Gruppe *Administratoren* haben Zugriff auf das Sicherheitsereignisprotokoll.

D. **Richtig:** Wenn Sie Ereignisprotokollabonnements konfigurieren, die Ereignisse aus dem Sicherheitsereignisprotokoll umfassen, müssen Sie das Konto des Sammlungscomputers auf dem Quellcomputer zur lokalen Gruppe *Administratoren* hinzufügen.

Lektion 2

1. **Richtige Antwort: B**

A. **Falsch:** Dieser Befehl aktiviert die Erfolgs- und Fehlerüberwachung für die Unterkategorie *Dateisystem*.

B. **Richtig:** Dieser Befehl aktiviert die Erfolgs- und Fehlerüberwachung für alle Unterkategorien der Kategorie *Objektzugriff*.

C. **Falsch:** Dieser Befehl deaktiviert die Erfolgs- und Fehlerüberwachung für alle Unterkategorien der Kategorie *Objektzugriff*.

D. **Falsch:** Dieser Befehl aktiviert nur die Fehlerüberwachung, nicht die Erfolgsüberwachung für alle Unterkategorien der Kategorie *Objektzugriff*.

2. **Richtige Antwort: A**

A. **Richtig:** Dieser Befehl aktiviert nur die Fehlerüberwachung, nicht die Erfolgsüberwachung für alle Unterkategorien der Kategorie *Objektzugriff*.

B. **Falsch:** Dieser Befehl deaktiviert die Erfolgs- und Fehlerüberwachung für alle Unterkategorien der Kategorie *Objektzugriff*.

C. **Falsch:** Dieser Befehl aktiviert die Erfolgs- und Fehlerüberwachung für alle Unterkategorien der Kategorie *Objektzugriff*.

D. **Falsch:** Dieser Befehl aktiviert die Erfolgs- und Fehlerüberwachung für die Unterkategorie *Dateisystem*.

3. **Richtige Antwort: C**

   A. **Falsch:** Dieser Befehl aktiviert die Erfolgs- und Fehlerüberwachung für alle Unterkategorien der Kategorie *Objektzugriff*.

   B. **Falsch:** Dieser Befehl aktiviert nur die Fehlerüberwachung, nicht die Erfolgsüberwachung für alle Unterkategorien der Kategorie *Objektzugriff*.

   C. **Richtig:** Dieser Befehl aktiviert die Erfolgs- und Fehlerüberwachung für die Unterkategorie *Dateisystem*.

   D. **Falsch:** Dieser Befehl deaktiviert die Erfolgs- und Fehlerüberwachung für alle Unterkategorien der Kategorie *Objektzugriff*.

4. **Richtige Antwort: A**

   A. **Richtig:** Dieser Befehl deaktiviert die Erfolgs- und Fehlerüberwachung für alle Unterkategorien der Kategorie *Objektzugriff*.

   B. **Falsch:** Dieser Befehl aktiviert nur die Fehlerüberwachung, nicht die Erfolgsüberwachung für alle Unterkategorien der Kategorie *Objektzugriff*.

   C. **Falsch:** Dieser Befehl aktiviert die Erfolgs- und Fehlerüberwachung für alle Unterkategorien der Kategorie *Objektzugriff*.

   D. **Falsch:** Dieser Befehl aktiviert die Erfolgs- und Fehlerüberwachung für die Unterkategorie *Dateisystem*.

ANHANG A

Einrichten der Testumgebung für die Übungen

Dieser Anhang beschreibt kurz, wie Sie die Computer *DC*, *SYD-A* und *SYD-B* einrichten, mit denen Sie die Übungen am Ende jedes Kapitels in diesem Training durcharbeiten. Installieren Sie zur Vorbereitung auf allen drei Computern Windows Server 2012 Standard Edition mit grafischer Benutzeroberfläche und geben Sie das Administratorkennwort **Pa$$w0rd** ein.

Übung 1: Vorbereiten eines Computers als Windows Server 2012-Domänencontroller

1. Melden Sie sich am ersten Computer, auf dem Sie Windows Server 2012 installiert haben, unter dem Administratorkonto mit dem Kennwort **Pa$$w0rd** an.

2. Öffnen Sie eine Windows PowerShell-Eingabeaufforderung mit erhöhten Rechten und geben Sie den folgenden Befehl ein:
   ```
   cmd
   ```

3. Geben Sie den folgenden Befehl ein:
   ```
   netsh interface ipv4 set address "Ethernet" static 10.10.10.10
   ```

4. Geben Sie den folgenden Befehl ein:
   ```
   netdom renamecomputer %computername% /newname:DC
   ```

5. Starten Sie den Computer neu und melden Sie sich erneut unter dem Administratorkonto an.

6. Öffnen Sie eine Windows PowerShell-Eingabeaufforderung mit erhöhten Rechten und geben Sie den folgenden Befehl ein:
   ```
   Add-WindowsFeature AD-Domain-Services -IncludeManagementTools
   ```

7. Öffnen Sie den Server-Manager. Klicken Sie auf das Symbol *Aktualisieren*.

8. Klicken Sie auf das Benachrichtigungssymbol und dann auf *Server zu einem Domänencontroller heraufstufen*.

9. Wählen Sie auf der Seite *Bereitstellungskonfiguration* die Option *Neue Gesamtstruktur hinzufügen*. Geben Sie **contoso.com** als Name der Stammdomäne ein und klicken Sie auf *Weiter*.

10. Wählen Sie auf der Seite *Domänencontrolleroptionen* die folgenden Einstellungen und klicken Sie auf *Weiter:*

   - Gesamtstrukturfunktionsebene: *Windows Server 2012*

   - Domänenfunktionsebene: *Windows Server 2012*

   - Kontrollkästchen *DNS-Server* aktivieren

   - Kontrollkästchen *Globaler Katalog* aktivieren

   - Kennwort für den Verzeichnisdienst-Wiederherstellungsmodus: **Pa$$w0rd**

11. Klicken Sie auf der Seite *DNS-Optionen* auf *Weiter*.

12. Klicken Sie auf der Seite *Zusätzliche Optionen* auf *Weiter*.

13. Übernehmen Sie die Standardeinstellungen für Datenbankordner, Ordner für Protokoll-dateien und SYSVOL-Ordner und klicken Sie auf *Weiter*.

14. Klicken Sie auf der Seite *Optionen prüfen* auf *Weiter*.

15. Klicken Sie auf der Seite *Voraussetzungsüberprüfung* auf *Installieren*. Der Computer wird automatisch neu gestartet, sobald die Operation abgeschlossen ist.

Übung 2: Vorbereiten von AD DS

1. Melden Sie sich unter dem Administratorkonto am Server *DC* an.

2. Öffnen Sie die Konsole *Active Directory-Benutzer und -Computer*, erstellen Sie im Container *Users* ein Benutzerkonto namens *Kim_Akers* und weisen Sie ihm das Kennwort **Pa$$w0rd** zu. Stellen Sie ein, dass dieses Kennwort niemals abläuft. Fügen Sie das Benutzerkonto zu den Gruppen *Organisations-Admins*, *Domänen-Admins* und *Schema-Admins* hinzu.

3. Öffnen Sie die Konsole *DNS* und legen Sie eine primäre IPv4-Reverse-Lookupzone für das Subnetz 10.10.10.x an. Stellen Sie ein, dass diese Zone in Active Directory gespei-chert wird, auf alle DNS-Server, die auf Domänencontrollern in der Gesamtstruktur laufen, repliziert wird und nur sichere dynamische Updates erlaubt.

Übung 3: Vorbereiten des ersten Mitgliedservers und Hinzufügen zur Domäne

1. Stellen Sie sicher, dass der Domänencontroller *DC* eingeschaltet und im Netzwerk oder virtuellen Netzwerk erreichbar ist, an das der neue Mitgliedserver angeschlossen ist.

2. Melden Sie sich unter dem Administratorkonto mit dem Kennwort **Pa$$w0rd** am zwei-ten Computer an, auf dem Sie Windows Server 2012 installiert haben.

3. Öffnen Sie eine Windows PowerShell-Eingabeaufforderung mit erhöhten Rechten und geben Sie die folgenden Befehle ein:

```
cmd
netsh interface ipv4 set address "Ethernet" static 10.10.10.20
netsh interface ipv4 set dnsservers "Ethernet" static 10.10.10.10 primary
```

4. Geben Sie den folgenden Befehl ein:

```
netdom renamecomputer %computername% /newname:SYD-A
```

5. Starten Sie den Computer neu und melden Sie sich erneut unter dem Administratorkonto an.

6. Öffnen Sie eine Windows PowerShell-Eingabeaufforderung mit erhöhten Rechten und geben Sie die folgenden Befehle ein:

```
cmd
netdom join SYD-A /domain:contoso.com
```

7. Starten Sie den Computer neu. Melden Sie sich danach als *CONTOSO\Administrator* an und fahren Sie den Computer herunter.

Übung 4: Vorbereiten des zweiten Mitgliedservers und Hinzufügen zur Domäne

1. Stellen Sie sicher, dass der Domänencontroller *DC* eingeschaltet und im Netzwerk oder virtuellen Netzwerk erreichbar ist, an das der neue Mitgliedserver angeschlossen ist.

2. Melden Sie sich unter dem Administratorkonto mit dem Kennwort **Pa$$w0rd** am dritten Computer an, auf dem Sie Windows Server 2012 installiert haben.

3. Öffnen Sie eine Windows PowerShell-Eingabeaufforderung mit erhöhten Rechten und geben Sie die folgenden Befehle ein:

```
cmd
netsh interface ipv4 set address "Ethernet" static 10.10.10.30
netsh interface ipv4 set dnsservers "Ethernet" static 10.10.10.10 primary
```

4. Geben Sie den folgenden Befehl ein:

```
netdom renamecomputer %computername% /newname:SYD-B
```

5. Starten Sie den Computer neu und melden Sie sich erneut unter dem Administratorkonto an.

6. Öffnen Sie eine Windows PowerShell-Eingabeaufforderung mit erhöhten Rechten und geben Sie die folgenden Befehle ein:

```
cmd
netdom join SYD-B /domain:contoso.com
```

7. Starten Sie den Computer neu. Melden Sie sich danach als *CONTOSO\Administrator* an und fahren Sie den Computer herunter.

Index

Der Autor

Orin Thomas ist MVP und MCT, außerdem verfügt er über eine Vielzahl von MCSE- und MCITP-Zertifizierungen. Er hat für Microsoft Press über 25 Bücher geschrieben und ist Redakteur für die Fachzeitschrift *Windows IT Pro*. Seit Anfang der 1990er Jahre arbeitet er in der IT. Er hält in Australien und rund um die Welt regelmäßig Vorträge auf Konferenzen wie der Microsoft TechEd, das Themenspektrum reicht von Windows Server über Windows-Clientbetriebssysteme und System Center bis zur Sicherheit. Orin Thomas ist Gründer und Vorsitzender der Melbourne System Center Users Group. Auf Twitter können Sie ihm unter *http://twitter.com/orinthomas* folgen.

Dieses *Original Microsoft Praxistraining* hilft Unternehmensadministratoren, die für die tägliche Arbeit notwendigen Kenntnisse für das erfolgreiche Installieren und Konfigurieren einer Basisinfrastruktur mit Windows Server 2012 zu erarbeiten. Obwohl das Buch auf Training für die Bewältigung von praktischen Aufgaben im Unternehmensalltag fokussiert, bieten die Inhalte auch eine wertvolle Hilfe bei der Vorbereitung auf das Ablegen der MCSA-Zertifizierungsprüfung 70-410. Zielgruppe sind erfahrene IT-Profis, die bereits Praxiserfahrung mit Windows Server 2008 (R2) besitzen, aber noch nicht im Umgang mit Windows Server 2012.

Bundle – Buch mit E-Book

Autor	Mitch Tulloch
Umfang	688 Seiten
Reihe	Original Microsoft Praxistraining
Preis	69,00 Euro [D]
Druck-ISBN	978-3-86645-480-4

http://www.microsoft-press.de

Microsoft Press-Titel erhalten Sie im Buchhandel.